Abbildungsnachweis

Die Photographen der hier nicht aufgeführten Abbildungen waren nicht zu ermitteln. Die Ziffern bezeichnen die Seiten des Buches und ggf. die genaue Plazierung auf einer Seite (l. m. = links mittig; l. o. = links oben; r. u. = rechts unten; 2. v. l. = 2. von links usw.).

Hans Brack, Schwäbisch Gmünd 70 m.
Photo Eisenschink, Stuttgart 22 l.o.
Martin Gerlach, Wien 17, 25 o., 121, 122, 127 r., 128, 129, 130, 132 l. u.
Photo Glock, Karlsruhe 165 l. u., 170 r., 174 l. m.
Kurt Grimm, Nürnberg 12, 21 u., 23, 24 o., m., 27, 28 o., 30, 31, 35 o., 83, 85, 87 r. u., 89, 92, 93, 94 m. u., 95, 96, 97 r. o., 102 o., 104, 105 o., 106 o., r. u., 107 o., 108 u., 109 o., 110, 111 r., 112 o., u., 113 r., 114 l. u., 136 o., 138 o., 139, 141 o., r. u., 142 o., 143, 144 o., 145 o., u., 169 u., 272 r. o., 276 2. v. l., r., 277 l., 278 l., 2. v. l., 2. v. r., 279 r., 280 r.
Robert Häusser, Mannheim 237
Photo Holl, Bad Mergentheim 146 r. o., 281 2. v. l.
Photo-Atelier Kasenbacher, Schramberg 52 o., 80 r., 81 o., 266 l.
Bruno Krupp, Freiburg 13, 26 u., 29 o., 238 r., 239, 241 o., r. u., 242 l., r. o., 243, 244, 245, 247 o., 248 l. u., 249 r., 300 l.
Bildstelle der Stadt Nürnberg 114 o., r. u., 115 o., 278 r.
Foto Ohler, Stuttgart 147 r.
Photo Reiffenstein, Wien 127 u., 280 2. v. l.
Gustav Salzer, Baden-Baden 177 r. u.
Dieter Storp, Düsseldorf 232

Literatur zum Werk von Otto Ernst Schweizer

Rein projektbezogene Texte sind an entsprechender Stelle aufgeführt und werden hier nicht wiederholt.

Wilhelm Heizer, »Otto Ernst Schweizer«, in: *Baukunst*, hrsg. v. der Bauunternehmung Bernhard Borst, 3. Jg. 1927, Heft 1.
Justus Bier, »Um die neue Gestaltung«, in: *Das neue Frankfurt. Monatsschrift für die Probleme moderner Gestaltung,* 2. Jg. 1928, Heft 9, S. 171 f.
Justus Bier, (Möglichkeit der Altstadterhaltung), in: *Tag für Denkmalpflege und Heimatschutz. Würzburg und Nürnberg. 1928. Tagungsbericht mit Sonderbeiträgen zur Heimat- und Kunstgeschichte Frankens*, Berlin 1929, S. 240 ff.
Rudolf Rösermüller, »Otto Ernst Schweizer«, in: *Die Bauzeitung* (vereinigt mit *Süddeutsche Bauzeitung München*), 26. Jg. 1929, Heft 50, S. 512 ff.
Justus Bier, *Otto Ernst Schweizer*, Berlin/Leipzig/Wien 1929.
Justus Bier, »Otto Ernst Schweizer«, in: *Nürnberger Zeitung – NZ am Mittag* vom 31. 10. 1929.
Wilhelm Hausenstein, »Wieder einmal in Karlsruhe«, in: *Münchener Neueste Nachrichten* vom 22. 7. 1930.
Justus Bier, »Der Architekt Otto Ernst Schweizer«, in: *Münchener Neueste Nachrichten* vom 14. 1. 1930.
Justus Bier, »Nürnberger Architekturspiegel«, in: *Nürnberger Zeitung* vom 11./12. 1. 1930.
Justus Bier, »Architecture of sport. Athletic stadia by architects of present-day Germany«, in: *The Studio*, Vol. 101, 1931, No. 457, S. 266 ff.
Sven Hesselgren, »Otto Ernst Schweizer: *Über die Grundlagen des architektonischen Schaffens*«, Rezension, in: *Byggmästaren, Tidskrift för Arkitektur och Byggnadsteknik,* 1935, Nr. 29.
Bruno Grimschitz: Otto Ernst Schweizer: Über die Grundlagen des architektonischen Schaffens. Rezension, in: *Profil*, 1936, Heft 6, S. 286.
Die Idealstadt. Zu den Grundlagen architektonischen Schaffens, in: *Frankfurter Zeitung* vom 5. 1. 1936.
Alfons Leitl, »Ein Wohnhaus und ein Buch von Otto Ernst Schweizer, Karlsruhe«, in: *Monatshefte für Baukunst und Städtebau*, 24. Jg. 1940, Heft 10, S. 269 ff.
»Otto Ernst Schweizer, *Vom Wiederaufbau zerstörter Städte*«, Rezension, in: *Baumeister*, 46. Jg. 1949, Heft 10, S. 518.
Otto Ernst Schweizer und seine Schule. Die Schüler zum sechzigsten Geburtstag ihres Meisters, Ravensburg 1950.
Hans Eckstein, »Otto Ernst Schweizer – Planer der Bundeshauptstadt«, in: *Süddeutsche Zeitung* vom 27. 4. 1950.
Arnold Tschira, »Otto Ernst Schweizer, der Architekt, in: *Bauen und Wohnen*, 5. Jg. 1950, Heft 4, S. 197 ff.
Justus Bier, Einführung, in: Otto Ernst Schweizer*, Die architektonische Großform. Gebautes und Gedachtes*, Karlsruhe 1957, S. 7 ff.
Paul Zucker, »Serene Spatial Balance«, Rezension des Buches: Otto Ernst Schweizer, *Die architektonische Großform. Gebautes und Gedachtes*, in: *Progressive Architecture,* Vol. 40, 1959, Heft 2, S. 190 ff.
Bernhard Pfau, »Die architektonische Großform von Otto Ernst Schweizer«, in: *Architektur und Wohnform*, 67. Jg. 1959, Heft 2, S. *33* f.
Richard Döcker, »Bauen und Planen. Professor Otto Ernst Schweizer 70 Jahre alt«, in: *Stuttgarter Nachrichten* vom 27. 4. 1960.
Richard Döcker, »Zum 70. Geburtstag von Professor Otto Ernst Schweizer«, in: *Architektur und Wohnform*, 68. Jg. 1960, Heft 4, S. *22*.
Hans Eckstein, »O. E. Schweizer 70 Jahre«, in: *Werk und Zeit. Monatszeitung des Deutschen Werkbundes*, 9. Jg. 1960, Nr. 5, S. 1, und in: *Bauen + Wohnen*, 15. Jg. 1960, Heft 6, S. VI/6.
Arnold Tschira, »Die deutsche Stadt der Neuzeit«, in: *Die Kunst des Abendlandes*, Bd. 4, hrsg. v. Kurt Martin und Jan Lauts, Karlsruhe 1963, S. 186 ff.
Eberhard Schulz, »Otto Ernst Schweizer. Zum 75. Geburtstag des Architekten«, in: *Frankfurter Allgemeine Zeitung* vom 28. 4. 1965.
Adolf Bayer, »Sondervorlesung an der Technischen Hochschule Karlsruhe aus Anlaß des 75. Geburtstages von Professor Dr. Ing. e.h. Otto Ernst Schweizer. Veröffentlichung des Lehrstuhls für Städtebau und Entwerfen (Institut für Stadt- und Landesplanung) an der Abteilung für Architektur«, Karlsruhe 1965.
Hans Eckstein, »In memoriam Otto Ernst Schweizer«, in: *Werk und Zeit. Monatszeitung des Deutschen Werkbundes*, 14. Jg. 1965, Nr. 2, S. 4 f.
Bertrand Monnet, »Otto ErnstSchweizer (1890–1965)«, in: *L'Architecture Française, Equipment Sportif*, III, 1966, S. 100.
»Otto Ernst Schweizer«, in: »Architekten der Fridericiana, Skizzen und Entwürfe seit Friedrich Weinbrenner«, *Fridericiana, Zeitschrift der Universität Karlsruhe*, Heft 18, Karlsruhe 1975, S. 115 ff.
Otto Ernst Schweizer, eine Ausstellung, bearbeitet von Ronald Klein, Karl Wilhelm Meyer und Klaus Richrath. Veröffentlichung 3. Lehrstuhl für Städtebau und Entwerfen. Institut für Orts-, Regional- und Landesplanung. Fakultät Architektur, Universität Karlsruhe, Karlsruhe 1984.
Clemens Klemmer, »Dynamik dreidimensional. Otto Ernst Schweizer (1890–1965), ein Sportstättenbauer der Moderne«, in: *Werk, Bauen + Wohnen*, 45. Jg. 1990, Heft 5, S. 78 ff.
Immo Boyken, »Otto Ernst Schweizer zum 100. Geburtstag«, in: *Bauwelt*, 81. Jg. 1990, Heft 17, S. 868 f.

Schriften von Otto Ernst Schweizer

Rein projektbezogene Texte sind an entsprechender Stelle aufgeführt und werden hier nicht wiederholt.

»Entwicklungspläne für Industriebetriebe und ihre Bedeutung für Stadterweiterungen«, in: *Die Bauzeitung* (vereinigt mit *Süddeutsche Bauzeitung München*), 20. Jg. 1923, Nr. 21, S. 168.

»Das Problem der Stadterweiterung von Gmünd«, in: Walter Klein, *Gmünder Kunst*, Bd. 4: *Gmünder Kunst der Gegenwart*, Stuttgart 1924, S. 49 ff.

»Die Nürnberger Altstadt im entstehenden Groß-Nürnberg«, in: *Denkmalpflege und Heimatschutz*, hrsg. im Preußischen Finanzministerium, 30. Jg. 1928, Nr. 8/9, S. 57 ff.

»Altstadt und Neuzeit, erläutert am Beispiel Nürnberg«, in: *Tag für Denkmalpflege und Heimatschutz. Würzburg und Nürnberg. 1928. Tagungsberichte mit Sonderbeiträgen zur Heimat- und Kunstgeschichte Frankens*, Berlin 1929, S. 253 ff.

»Vom Wesen des Architektonischen. Lehrstuhl Prof. Otto Ernst Schweizer«, in: *Badische Werkkunst*, 3. Jg. 1932, Heft 1–4 (Sonderheft: *Lehrweg und Beruf*), S. 40 ff.

Über die Grundlagen architektonischen Schaffens, Karlsruhe 1935.

»Gedanken zum Bau von Sportstätten«, in: *Frankfurter Wochenschau,* 1936, Heft 31, S. 3 ff.

»Die Wiederbelebung der olympischen Idee und ihr Niederschlag auf die Idee der modernen Stadt«, in: *Olympia und der deutsche Geist. Ausstellung zur XI. Olympiade,* Frankfurter Kunstverein, Ausstellungskatalog, Beiblatt: »Raum III«, (Frankfurt am Main 1936).

Sportbauten und Bäder, Berlin 1938 (Sammlung Göschen).

»Architektur«, in: *Deutsche Wissenschaft. Arbeit und Aufgabe,* Festschrift zu Adolf Hitlers 50. Geburtstag, Leipzig 1939, S. 1 f.

»Preisarbeiten der Technischen Hochschule Karlsruhe«, in: *Bauen und Wohnen*, 3. Jg. 1948, Heft 8/9, S. 183 ff.

»Vom Wiederaufbau zerstörter Städte«, Heft 2 der Schriftenreihe *Der Augenblick*, Baden-Baden 1949.

»Der Lehrstuhl für Architektur, Städtebau sowie Siedlungswesen und Entwerfen«, in: *Die Technische Hochschule Fridericiana Karlsruhe*, Festschrift zur 125-Jahrfeier, Karlsruhe 1950.

»Der Wohnungsbau und die Erhaltung der Landschaft«, in: *Die neue Stadt. Zeitschrift für Architektur und Städtebau*, 5. Jg. 1951, S. 337 ff.

»Die architektonische Bewältigung unseres Lebensraumes«, in: *Darmstädter Gespräch 1951. Mensch und Raum*, Darmstadt 1952, S. 53 ff.

»Abgrenzung des Wohnungsbedarfs bis 1980 und Vorschläge zur Verdichtung des Flachbaues für die soziale Wohnung. Ein Beitrag zur Ordnung des Stadtorganismus«, in: *Veröffentlichungen der Forschungsgemeinschaft Bauen und Wohnen*, Bd. 44, Stuttgart 1956 (zusammen mit Hans Dommer).

»Die neue Architektur«, in: *einhorn. Das neue Schwäbisch Gmünd*, 1956, S. 194 f.

Die architektonische Großform. Gebautes und Gedachtes, Karlsruhe 1957.

»Einfamilienhäuser«, in: *Handbuch moderner Architektur*, Berlin 1957, S. 223 ff. (zusammen mit Karl Selg).

»Nordisches und mediterranes Haus«, in: *Zwischen Glashaus und Wohnfabrik. Ein Leitfaden durch die zeitgenössische Baukunst*, hrsg. v. Eberhard Schulz, Bremen 1959, S. 175.

»Moderner Städtebau«, in: *Der große Herder*. Ergänzungsband I mit den Zeitberichten »Natur und Technik«, Freiburg 1962.

1930–1960. Otto Ernst Schweizer. Forschung und Lehre, Stuttgart 1962.

Bebauungsplan für die Gartenstadt Maria-Hof bei Trier
Wettbewerbsprojekt, 1960

Bebauung zwischen Basilika und Mustorstraße in Trier
Projekt, 1961

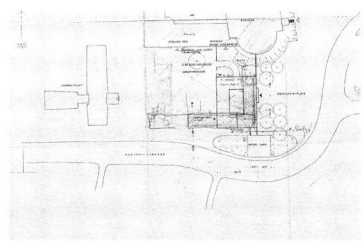

Schweizer schrieb im Erläuterungsbericht: »Was den Typus des zweigeschossigen Reihenhauses anbelangt, so ist es keine Frage, daß dieser lebensfähig bleiben wird, aber für den Ablauf des Lebens der Familien elastisch sein muß, daß also das Haus einmal als Ganzes bewohnt werden kann, oder daß das Haus einen Untermieter erhält. Der Grundriß ist so elastisch, daß er sich darauf einstellen kann, wie die Familie wirtschaftlich in der Lage ist, ihr Haus dem modernen technischen Komfort entsprechend auszubauen. Der schmale durchgehende Raum läßt sich sowohl als Garage, als Laden, als Werkstatt und eventuell als ein durch zwei Geschosse gehender Raum gestalten. Die Hauptsache ist, daß das Ganze von Anfang an auf eine verhältnismäßig kleine Zelle verfestigt wird. Entweder kann das Ganze gleich in einem Guß ausgeführt werden, oder die einzelne Familie verfeinert nach und nach das Innere des Hauses. Es wäre nicht richtig, wie das in der Literatur immer wieder vorgetragen wird, ein wachsendes Haus vorzusehen, wobei man an Anbauten denkt. Daß auf der einen Seite ein durchgehender Raum für zwei Geschosse noch vorhanden ist, der ganz nach Belieben verwendet und ausgebaut werden kann, das ist wohl der bessere Weg, der auch allen Ansprüchen, auch denen einer kinderreichen Familie und einem Bedürfnis nach Heimarbeit usw., entsprechen kann.«

Die Abbildung zeigt eine Modellaufnahme, Blick von Osten über den »technischen Hochbau« hinweg auf den verdichteten Flachbau.

Seite 256

Schweizer sah es als wesentlich an, die Basilika, den Roten Turm und die alte Mauer mit dem Renaissanceportal in ihrer Wirkung nicht zu beeinträchtigen, einen lärmfreien begrünten Freiraum zu schaffen sowie »neue Architektur mit Plastizität«, nicht aber einen Kubus zu bilden.

Die Abbildung zeigt das Projekt des Hochbauamtes, zu dem er Stellung nahm, und seine in den Plan hineinskizzierten Änderungsvorschläge.

Seite 259

Folgende Bauten und Projekte sind nur namentlich oder durch spärliche Unterlagen bekannt:

Mitarbeit an preisgekrönten Bebauungsplänen für Mannheim, 1906, und Pforzheim, 1907

Ingenieurtechnischer Entwurf für die Anlage eines Wasserkraftwerks zwischen Eschach und Schiltach, 1919

Aufstockung des Krankenhauses in Schramberg, 1919

Vorprojekt für eine Wasserkraftanlage der Papiermühle in Schramberg, 1919

Stadterweiterungsplanung für Gernsbach, um 1920

Kriegerdenkmal auf dem Unteren Marktplatz in Schwäbisch Gmünd, um 1922

Städtebauliche Neuordnung des Gebietes Am Plärrer in Nürnberg, um 1925

Städtebauliche Neuordnung des Gebietes an der Burgstraße in Nürnberg 1925

Städtebauliche Neuordnung für das Gebiet Königstraße/Adlerstraße in Nürnberg, um 1925

Katholisches Vereinshaus in Schramberg, 1927

Bebauungsplan für Schiltach, nach 1945

Bebauungsplan für Wolfach, nach 1945

Entwürfe zu einer Sportanlage in St. Ingbert, 1950

Wiederaufbau der Randbebauung am Lorenzplatz in Nürnberg, 1954

Vorschläge zur Fassadengestaltung des Kaufhauses Hansa in Mannheim, 1952

Umbau der Liselotte-Schule in Mannheim, zu einem Theatermagazin, 1952

Pergola für das Hotel Selighof in Baden-Baden, 1954

Kollegiengebäude II der Universität in Freiburg im Breisgau
1955–61

Bebauungsplan für die Trabantenstadt Langwasser bei Nürnberg
Wettbewerbsprojekt, 1956

Idealzentrum
Projekt, 1957

Institutsgebäude für die philosophische Fakultät der Universität in Heidelberg
Projekt, 1957–59

In seiner Rede zur Einweihung des aus einem Wettbewerb hervorgegangenen neuen Kollegiengebäudes sagte Schweizer: »Wenn man heute von einer neuen Universitätsanlage spricht, so hat man die Vorstellung ausgedehnter Gebäudekomplexe im Auge, die sich in einer freien Landschaft in den Formen moderner ätherischer Architektur entwickelt. Solche Freiheit in der Disposition besteht in der Freiburger Altstadt nicht. Die Achtung vor den baulichen großen Leistungen der Vergangenheit bringt starke Bindungen mit sich. Trotzdem muß man die Altstädte auch baulich lebendig erhalten. Es gilt, die Aufgabe zu lösen, wertvolles Vermächtnis der Vergangenheit, das einem lebendigen Gebrauch dient, zu erhalten und mit dem Modernen organisch zu verbinden.«

Die Abbildung zeigt die Ostseite des Neubaus, der mit dem Peterhof einen kleinen Platz bildet.

Das Äußere des Gebäudes am Rotteckring/Bertoldstraße steht weitgehend unverändert, während die großzügig konzipierte Innenraumfolge durch Feuerschutzabschlüsse aus jüngerer Zeit empfindlich gestört wird.

Seite 236

In einem Vortrag sagte Schweizer zur Wettbewerbsentscheidung: »Die Beurteilung des Wettbewerbes hat sich stark nach der Behandlung der vorhandenen Türme des Märzfeldes gerichtet. Warum soll man Türme sprengen, solange der Verwendungszweck noch unbekannt ist? Es ist falsch, den Bebauungsplan nach diesem Gesichtspunkt zu beurteilen, wichtig ist die Bebauungsweise.«

Die Abbildung zeigt eine Entwurfsskizze zum Bebauungsplan. Das ehemalige Märzfeld, die heutige Langwasserwiese, ist als parkartige Fläche angelegt; den bestehenden Türmen sollte durch Baumpflanzungen ihre monumentale Wirkung genommen werden. Das Flüßchen Langwasser sollte an verschiedenen Stellen, auf dem Märzfeld und nordöstlich der beiden nahezu gleichwertig ausgebildeten Freiräume zu kleinen Seen aufgestaut werden. Die Verzahnung der Wohngebiete mit der umgebenden Landschaft ist deutlich herausgestellt.

Seite 250

»Das gewaltige Anwachsen unserer Städte hat die Gestaltung des Stadtzentrums zu einem elementaren Problem werden lassen. Den unorganisch ausgeweiteten Stadtkomplexen, die in ihrer Entwicklung meist nur technischen und wirtschaftlichen Gesetzmäßigkeiten folgten, muß ein menschlicher Kern entstehen. Die neue Architektur hat nun die Aufgabe, ein großes Geschäfts-, Kultur- und Erholungszentrum als Rückgrat für das gesamte Stadtgebiet zu schaffen. In seinen Ausmaßen muß das Zentrum der städtischen Gemeinschaft der angewachsenen Einwohnerzahl entsprechen«, schrieb Schweizer im Jahr 1957 zur Anlage neuer Stadtzentren.

Die Abbildung zeigt einen Blick von der Ladenzeile über den Grünraum auf die öffentlichen Gebäude, die bestehenden Bauten der Stadt und die Stadthalle im Hintergrund.

Seite 252

Schweizer schrieb, daß sein Vorschlag, die Kavalleriekaserne von Friedrich Weinbrenner abzutragen, dazu führen würde, die sehr stark eingebauten Ecktürme des Marstalls im Nordwesten und Nordosten aus ihrer allzu starren Umbauung zu befreien. Damit würde ihnen ihr architektonischer Wert wieder zurückgegeben. Sie müßten unter allen Umständen erhalten bleiben. Die plastische Gestaltung der Neubaufassade, die gekurvte Kontur, die horizontalen Bänder sowie die unterschnittenen Formen hätten sich ebenso mit der historischen Architektur verbunden wie ihren Eigenwert als ein Gebäude des 20. Jahrhunderts betont. So wäre ein Platz entstanden mit Randbauten aus verschiedenen Epochen, die Geschichte lebendig und sichtbar gemacht hätten.

Auf der Perspektive ist der Blick von Westen in den Marstallhof dargestellt mit dem neuen Institutsgebäude rechts.

Seite 254

Bebauungsplan für die Innenstadt von Rheinhausen
Wettbewerbsentwurf und Teilausführung, 1954–60

Schweizer schrieb zu seinem Entwurf: »Was die Grünflächen-Disposition anbelangt, so muß bedacht werden, daß sämtliche öffentlichen Gebäude in Verbindung mit diesen Grünflächen angeordnet werden. Es ist ein wesentliches Merkmal der Architektur von heute, daß jedes Bauwerk, nicht nur der Wohnungsbau, auch die öffentlichen Gebäude, seinen architektonischen Formgehalt bezieht aus der Verbindung von Architektur und Grün. Von diesem Gesichtspunkt aus ist es auch wünschenswert, daß die Grünflächen, wenn auch nicht übermäßig breit, so doch nach der Länge eine große Dimension darstellen, die sich auch für die Bedeutung der Architektur vorteilhaft auswirkt.«

Die Abbildung zeigt den Gesamtplan der linksrheinisch gelegenen Stadt Rheinhausen mit der neuen Stadtmitte im Geviert Krefelder Straße/Schwarzenberger Straße/Friedrich-Alfred-Straße/Parallelstraße/Maisblumenstraße in der die Grünzüge schematisch eingetragen sind.

Seite 232

Wohn- und Geschäftshaus Zieher in Stuttgart
1954–56

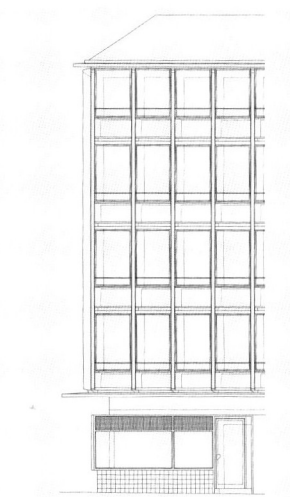

Durch die Betonstützen, die vorkragenden Gesimse und durch Unterschneidungen besonders im Erdgeschoß wollte Schweizer die Fassaden plastisch, so sein Ausdruck, gestalten.

Die Abbildung zeigt die Ansicht an der Kirchstraße. Ursprünglich war geplant, das Vordach weiter in den Straßenraum auskragen zu lassen, was aber an den Vorschriften der Bauordnung scheiterte. Das oberste Geschoß, das niedriger ist als die darunterliegenden, greift in den Dachraum hinein.

Das Gebäude an der Kirchstraße/Sporerstraße steht weitgehend unverändert.

Seite 235

Neubau der Abteilung Bauingenieurwesen der Technischen Hochschule Aachen
Wettbewerbsprojekt, 1955

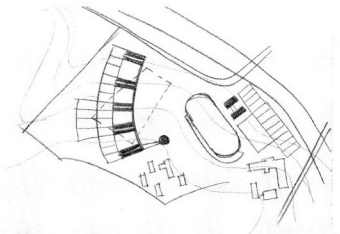

Der Wettbewerb sollte im Rahmen des Wiederaufbaus der Technischen Hochschule die städtebauliche Ordnung des Königshügels im Westen der Aachener Altstadt, auf dem sich die Hochschule ausgeweitet hatte, in Verbindung mit einem Neubau für die Abteilung Bauingenieurwesen klären. Wenige erhaltene Entwurfsskizzen zeigen Schweizers Vorstellung, die Institutsgebäude zu großer segmentartiger Form zusammenzufassen und den Blick aus den Gebäuden heraus in die freie Landschaft zu ermöglichen. Zentrum des Ganzen sollte eine im Grundriß kreisrunde Begegnungsstätte sein. Vermutlich wurde die Arbeit nicht über das Entwurfsstadium hinaus weiterverfolgt.

Lit.: »Der Wettbewerb der Aachener Technischen Hochschule«, in: *Bauwelt*, 47. Jg. 1956, Heft 7, S. 151 ff.

Städtebauliche Einordnung einer neuen Stadthalle in Bremen
Wettbewerbsprojekt, 1955/56

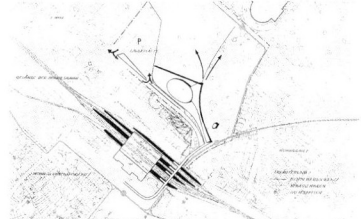

Für den Neubau der Bremer Stadthalle auf der Bürgerweide, einem Gelände zwischen Hauptbahnhof und Bürgerpark, war ein zweistufiger Wettbewerb ausgelobt worden; eine erste Stufe 1955/56 für die Lage der Halle, eine zweite 1957 für den Bau der Halle selbst. Mit der Aufgabenstellung der ersten Stufe, aus der Hans Scharoun als erster Preisträger hervorging, befaßte sich Schweizer als Preisrichter. Er schlug vor, die Stadthalle an die stadtnahe Südwestseite des Geländes zu legen und eine direkte Verbindung zu den Bahnsteigen des Hauptbahnhofes und zum Bahnhofsvorplatz herzustellen. Die Hauptfront sollte nach Nordosten hin orientiert werden, die Fläche der Bürgerweide und des Bürgerparkes mit dem Holler See und dem Parkhotel einen zusammenhängenden Freiraum bilden.

Auf dem Lageplan liegt unten links der Hauptbahnhof, in der Mitte die neue Stadthalle, darüber der Bürgerpark. Die Halle wurde 1961–64 nach Entwürfen von Roland Rainer in Zusammenarbeit mit Günter Hafemann und Max Säume im Nordosten des Geländes gebaut.

Erweiterung der Technischen Hochschule Karlsruhe
Projekt, 1952

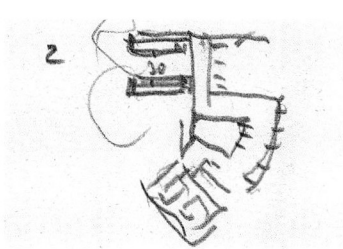

In einem Gutachten Schweizers über den Ausbau des Karlsruher Hochschulgeländes aus dem Jahr 1937, dessen Grundgedanken er für seinen Erweiterungsvorschlag 1952 wieder aufnahm, heißt es: »Als Bebauungsschema für eine Hochschule muß ein System gewählt werden, das dem einzelnen Institut einen selbständigen, individuellen, seinem Wesen entsprechenden Aufbau ermöglicht. Alle Institute zusammengenommen müßten auf den zentralen Aula- und Repräsentationsbau bezogen und zu einer großen einheitlichen Gesamtanlage zusammengefaßt werden. Bis jetzt ist in Europa die Verwirklichung einer solch großartig einmaligen Anlage noch nicht gelungen. Die Amerikaner haben dieses Problem diskutiert und sind auch zu einer schematisch klaren Lösung vorgestoßen, welche von dem Präsidenten Jefferson im Jahre 1819 entworfen wurde. Die neueste Anlage dieser Art ist in Rom die Universität. Ich habe persönlich diese Anlage im Jahre 1935 besichtigt. Formal ist dieselbe für uns nicht überzeugend, sie ist aber in der Anlage sehr großzügig. Auf unseren Karlsruher Fall angewandt würde es sich darum handeln, in diese chaotischen Zustände eine architektonische Ordnung zu bringen. Zu diesem Zweck müßte an irgendeiner Stelle ein bestehendes Bauwerk geopfert werden, um einen großen Zusammenhang unter den Bauten im allgemeinen herzustellen.«

Die Abbildung zeigt eine Entwurfsskizze Schweizers zur Begrenzung des Hochschulgeländes nach Westen zum Schloßpark hin durch das Aula- oder Architekturgebäude mit Erweiterungsbauten.

Seite 225

Nationaltheater in Mannheim
Wettbewerbsprojekt, 1952–54

In seinem Buch *Die architektonische Großform. Gebautes und Gedachtes* schrieb Schweizer zu seinen Mannheimer Theaterentwürfen: »Aus dem Wesen der heutigen Architektur ergibt sich, daß im Bereich der städtebaulichen Disposition für die Gemeinschaftsbauten eine besondere Situation erarbeitet werden muß. Am Beispiel eines Theaterentwurfs für eine Großstadt von heute wird gezeigt, inwieweit eine Bauanlage in ihrer Gesamtdisposition und in ihrer Detailform durch Bindungen der besonderen Situation beeinflußt wird. Der erste Vorschlag stellt das Theater in eine landschaftliche Situation. Der Bau kann sich frei entwickeln und nimmt räumlich architektonische Beziehungen auf. Beim zweiten Vorschlag wird versucht, das Theater auf einem Platz zu errichten, der bisher von der Bebauung freigehalten wurde. Es ergibt sich zwangsläufig ein in die Länge gezogener Baukörper, dessen Breite ein Minimum sein muß, damit ein möglichst großer Freiraum erhalten wird.«

Die Abbildung zeigt einen Blick in das Foyer des Großen Hauses.

Seite 226

Bebauungsplan für das Gebiet Mannheim-Niederfeld
Projekt, 1953

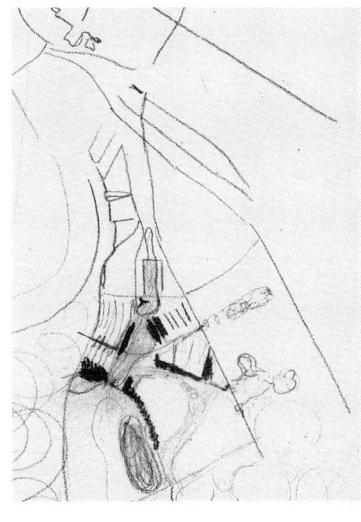

Auf einem rund 1,5 km² großen Gelände im Süden der Mannheimer Altstadt, das nach Süden und Westen in die freie Landschaft übergeht, sollten für rund 30 400 Menschen 9 500 Wohnungen gebaut werden. Schweizers grundlegender Planungsgedanke war, die Wohnungen in verschiedenen Komplexen im Hochhausbau, im Mittelhochbau und im verdichteten Flachbau zusammenzufassen, um Raum für weitläufige Grünzüge zu schaffen, die die freie Landschaft zum Rhein hin in das neue Stadtgebiet hineingezogen hätten. Die Grünzüge sollten durch Gemeinschaftseinrichtungen, Schulen, Kirchen, Ladenzentren, Cafés und andere Begegnungsstätten den Charakter kleinerer Binnenzentren haben sowie der Orientierung in dem weitläufigen Gelände dienen.

Die Abbildung zeigt eine Entwurfsskizze Schweizers, auf der die großräumigen Zusammenhänge dargestellt sind, mit der Mannheimer Altstadt oben und dem Rhein links.

Von der Planung haben sich nur Entwurfsskizzen und Lageplanvarianten erhalten ohne Aussage darüber, welcher Plan letztlich der gültige sein sollte.

Bebauungsplan für die Südwestfunk-Anlage in Baden-Baden
Projekt, 1954

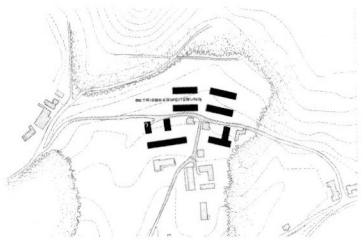

Die Südwestfunk-Anlage auf einem Höhengebiet im Südwesten Baden-Badens sollte um Betriebsgebäude und um Wohnungen für 150 Mitarbeiter erweitert werden. Schweizer schlug vor, die Betriebserweiterung auf einem Hang südlich der bereits bestehenden Rundfunk-Bauten, die Wohnungen nördlich davon als verdichtete Hangbebauung zu errichten und den freien Blick nach Osten nicht zu verstellen. Die Baukörper sollten sich parallel zum Hang entwickeln und zwei, auch drei Geschosse nicht überschreiten.

Die Abbildung zeigt den Lageplan mit den – schwarz angelegten – Neubauten für die Betriebsgebäude und für die Wohnungen unterhalb der bestehenden Rundfunkanlagen in der Bildmitte.

Neues Zentrum für Mannheim
Projekt, 1952

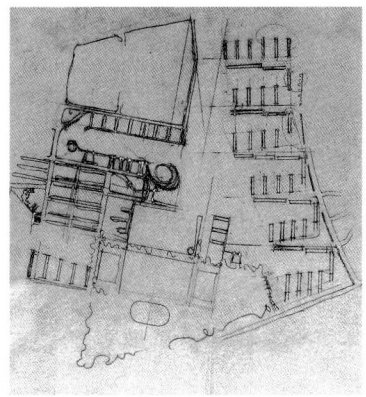

Das neue Zentrum hätte nach Schweizers Ansicht zu kulturellen und sportlichen Impulsen nicht nur für die Randgebiete, sondern für die ganze Stadt Mannheim führen müssen.

Die Abbildung zeigt eine Entwurfsskizze Schweizers, in der alle entscheidenden Gedanken festgelegt sind: die Lage der Wohnungen, die Ausdehnung des öffentlichen Grünraumes, die Situation des Forums und die räumlichen Beziehungen. Für die Wohngebiete war Mittelhochbau vorgesehen. Von jeder Wohnung aus sollte der ungestörte Blick in die Weite möglich sein, ein Grund, die Zuordnung der Wohngebäude im Norden des Geländes später zu ändern.

Seite 219

Wiederaufbau des Zuschauerhauses der Staatsoper Hamburg
Projekt, 1952

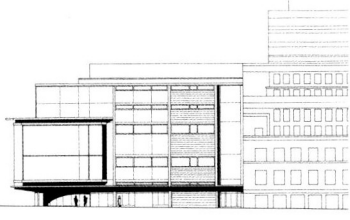

»Die Lage der Staatsoper ist durch den Steinstadtcharakter ihrer Umgebung bestimmt. Diese Situation ist ungünstig«, schrieb Schweizer zu seinem Entwurf. »Auf der ganzen Linie sind beim äußeren Verkehr wie auch beim Verkehr innerhalb des Gebäudes äußerste Bindungen gegeben. In einer solchen Situation ein modernes, räumlich disponiertes Opernhaus zu konzipieren, wird immer mehr oder weniger zu einem Kompromiß führen. So zeigen scheinbare Abweichungen von Programmpunkten eine Tendenz im Dienste einer großen architektonischen Idee, z. B. Auskragung des Foyers über dem Erdgeschoß nach allen drei Straßen, die man gerne noch größer sehen würde. Dadurch würde die räumliche Entwicklung des Foyers aufs beste gesteigert. Ähnliches gilt auch für die Verkehrsbewältigung und ihre Anwendung auf Treppen und Bewegungsräume.«

Die Abbildung zeigt eine Seitenansicht mit dem erhalten gebliebenen Bühnengebäude.

Seite 220

Bebauungsplan für das Gebiet Mannheim-Schönau
Projekt, 1952

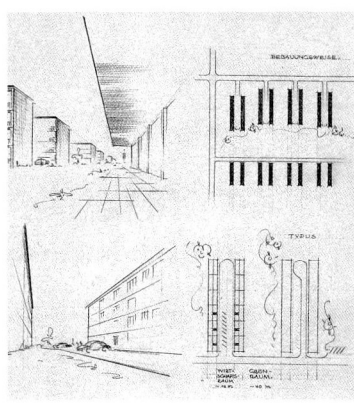

Schweizer schrieb in einem Planungsbericht: »Die vorstädtische Kleinsiedlung, die Schönau, macht den Eindruck der Gottverlassenheit. Flach, sandig, trocken, ohne Charakter und ohne Blickziel. Ein Weiterbau muß diesem Vorort Leben und Charakter bringen. Zugleich Verdichtung mit Rücksicht auf die nahegelegene Industrie.«

Die Abbildung zeigt das System der offenen Bebauung und zwei Perspektiven:

Seite 223

Stadtsparkasse in Mannheim
Projekt, 1952

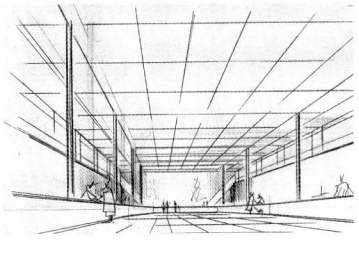

Schweizer wollte mit seinem Entwurf Wege zu einer offenen Architektur für den Wiederaufbau weisen. Zur Fassadenausbildung schrieb er: »Hinsichtlich der baulichen Richtlinien, besonders derjenigen, welche die Außenhaut und die Erscheinung der Gebäude gegen den Platz betreffen, wurde neuen Antrieben gefolgt. Sie liegen einmal in der Schaufenster- und Schaukästen-Anlage, andererseits aber auch in den Konstruktionsmöglichkeiten für diese Bauwerke selbst. Früher hat man ein Skelett mit den dem Raumempfinden und den Bedürfnissen des Menschen angeglichenen Maßen von etwa 5:5 m vorgesehen und die architektonische Konsequenz für die Form der Fassade daraus gezogen, indem man diese Konstruktivität unterstrichen hat. Heute ist es möglich geworden, bei Bauwerken, bei denen es nicht auf eine letzte Kalkulation und Ökonomie ankommt, Spannweiten von 10 und 12 m zu verwenden. Die Stützen werden also als vertikales Gliederungselement für die Architektur gar nicht mehr wirksam. Es bleibt die horizontale Gliederung, der die menschlichen Maße der Geschoßhöhe zugrunde liegen.«

Die Abbildung zeigt einen Blick vom Eingang in die 7 m hohe Schalterhalle, die über hochliegende Fensterbänder an beiden Längsseiten belichtet werden sollte.

Seite 224

Neuordnung des Großraums Mannheim
Projekt, 1950–54

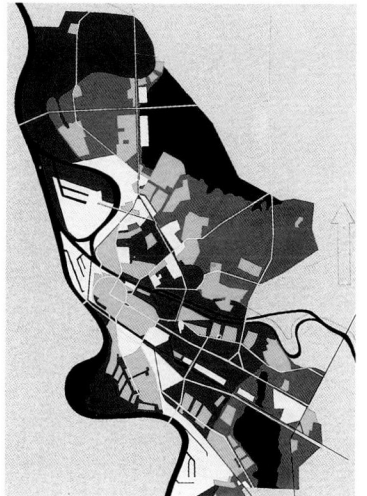

In einem Vortrag sagte Schweizer zu seiner Planung: »Für Mannheim ist neben der Verbindung von Rhein, Schloß und Stadt im besonderen zu beachten, daß der Berufsverkehr bewältigt werden muß, daß man die herrliche Silhouette des Odenwaldes mit in die Stadt hereinzieht, daß man die Siedlungen so anordnet, daß ein schöner Blick gewonnen werden kann. Das sind Voraussetzungen, die sehr bedeutungsvoll sind. Die Hereinziehung der Außengebiete sollte heute in einer Form geschehen, die nicht nur die reinen Wohnverhältnisse berücksichtigt. Der Berufsverkehr durch die Stadt hindurch soll herabgemindert werden, und zwar auf eine Weise, daß man eine Einheit aus Arbeits-, Wohngebieten und Gemeinschaftsanlagen für die Gesellschaft anordnet, so daß es also unter allen Umständen möglich sein muß, daß der Berufsverkehr zu Fuß genommen werden kann und nicht über dreißig Minuten Gehzeit hinausgeht. Diese Möglichkeit ist in Mannheim ausgezeichnet gegeben, schon durch die vorhandenen Bahnlinien.«

Die Abbildung zeigt den seinerzeit voraussichtlichen Entwicklungsstand des Großraumes Mannheim in den Jahren 1970/80 nach Schweizers Vorstellungen.

Seite 214

Bebauungsplan für das Gebiet Bonn-Tannenbusch
Projekt, 1951

Schweizer schrieb zu seinem Entwurf, daß die Siedlungsdichte von 105–120 Einwohnern/ha bei dreigeschossiger bzw. 140–160 Einwohnern/ha bei viergeschossiger Bauweise etwas gering erscheinen möge. Ziehe man aber in Betracht, daß rund vier Zehntel der Siedlungsfläche auf den mittleren großen Grünraum sowie auf die öffentlichen und gewerblichen Gebäude entfielen, so ergäbe sich für das eigentliche Wohngelände eine Wohndichte von ungefähr 200–250 Einwohnern/ha.

Die Abbildung zeigt einen Blick von der Ladenzeile im Osten des Geländes, die sich durch ein weit auskragendes Vordach auszeichnet, in den Freiraum hinein.

Seite 215

Bebauungsplan für das Gebiet Mannheim-Lindenhof
Projekt, 1951

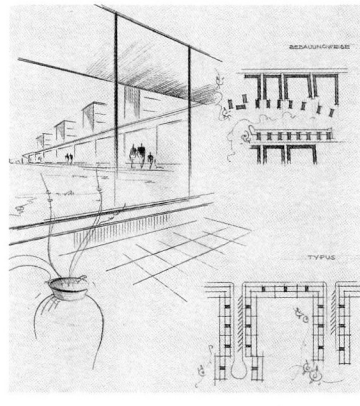

In einem Vortrag vor dem Mannheimer Stadtplanungsrat sagte Schweizer 1950: »Das Stephanien-Ufer ist in Mannheim eine der allerschönsten Wohnanlagen. Wenn man hier nun einen sozialen Gesichtspunkt unterschiebt, so wird man nicht entscheiden, wie man früher vor dem Ersten Weltkrieg entschieden hat, indem man sagte: Das gibt eine Villengegend. Wenn eine Gegend durch eine besondere Gunst der Lage ausgezeichnet ist, so wird man heute wohl darauf sehen, daß dieser Vorteil einem möglichst großen Teil der Bevölkerung zukommt. Man wird den Versuch machen, an dieser Stelle eine Bebauung durchzuführen, die verdichtet wird. Es wird sich also um Hochbauten handeln. Man wird deshalb versuchen, dort möglichst viele Wohnungen unterzubringen, Wohnungen, die dem heutigen Wirtschaftsleben und den heutigen Verhältnissen angemessen sind.«

Die Abbildung zeigt das System der offenen Bebauung, das Binnenzentrum mit der konkav gebogenen Platzwand und den Blick aus einer Erdgeschoßwohnung auf die Ladenzeile und die fünf Geschosse hohen Wohnbauten dahinter.

Seite 216

Grundschule mit Kindergarten in Darmstadt
Projekt, 1951

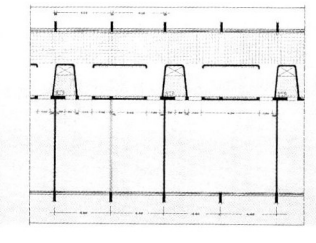

Im Ausschreibungstext heißt es, daß das vom Auftraggeber gestellte Raumprogramm einzuhalten sei, den Vorschlägen der Architekten bezüglich der inneren Raumaufteilung und der Organisation jedoch freie Entfaltungsmöglichkeit belassen werden solle, um eine Planung nach neuzeitlichen Erfahrungen zu ermöglichen. Idealentwürfe ohne Rücksicht auf die Bedürfnisse der Stadt Darmstadt und die technische und finanzielle Durchführbarkeit seien nicht gewünscht.

Die Abbildung zeigt einen Grundrißausschnitt des Klassentraktes im Obergeschoß. Jedem – unterteilbaren – Klassenzimmer ist eine Naßzelle und eine Garderobe zugeordnet.

Seite 218

Studentensiedlung in Karlsruhe
Projekt, 1950

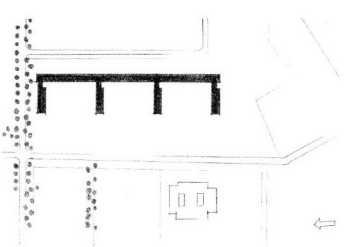

Auf einem Gelände westlich der Technischen Hochschule am Parkring (dem heutigen Konrad-Adenauer-Ring) gegenüber dem Studentenhaus und nördlich der Kinderklinik, war der Bau einer Studentensiedlung für rund 100 Studenten geplant. Schweizer war beauftragt, die Bebauungsmöglichkeiten des damals weitgehend im Grünen liegenden Grundstücks zu klären. Er schlug vor, die Neubauten nach Westen zur Hochschule hin zu orientieren und nach Osten »kulissenartig« gegen die vorhandene Wohnbebauung zu stellen. Die Studentensiedlung sollte drei oder zwei Geschosse hoch sein.

Zeitungskiosk in Baden-Baden
Projekt, 1950

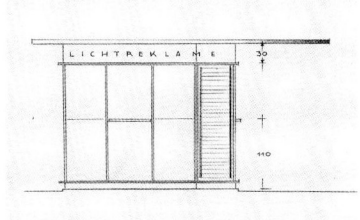

Am Leopoldsplatz in der Stadtmitte Baden-Badens sollte am Anfang der avenueartigen Sophienstraße ein Zeitungskiosk errichtet werden, der, auf einer Verkehrsinsel in der Mittelachse der Sophienstraße stehend, dem zu dieser Straße hin weit geöffneten und zerfließenden Platz einen optischen Halt gegeben hätte. Schweizer plante eine leichte, weitgehend verglaste Stahlkonstruktion über polygonal gebrochener Grundrißkontur.

Wohnhaus Schweizer in Baden-Baden
Projekt, 1950–52

Schweizer plante zunächst eine großflächig verglaste Stahlbetonskelettkonstruktion mit weit ausladendem Dach, deren Hauptwohnseite, dem Lauf der Sonne folgend und seinen Gedanken über organische Form und plastische Gestaltung einer Fassade entsprechend, gebogen ausgebildet werden sollte, ein Gedanke, den er im weiteren Planungsverlauf verwarf.

Die Abbildung zeigt eine Perspektive des Vorprojekts.

Seite 209

Neuordnung und Wiederaufbau der Altstadt von Mannheim
Projekt, 1950–52

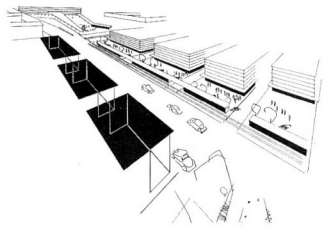

Im Zuge der Altstadt-Neugestaltung sollte auch der Bahnhofsplatz und, damit zusammenhängend, der auf den Bahnhof zuführende Kaiserring neu geordnet werden, wobei ein wesentlicher Planungsgrundsatz war, den Fußgängerverkehr vom Fahrverkehr strikt zu trennen.

Die Perspektive zeigt einen Blick über den Kaiserring mit den durch eingeschossige Geschäftsbauten von den Fußgängerwegen getrennten Fahrbahnen, die auf den Bahnhof und den Bahnhofsplatz zuführen. Ein langgezogenes Vordach sollte die Verbindung vom Bahnhof zur Fußgängerzone des Kaiserrings herstellen.

Seite 210

Bebauungsplan für das Gebiet Mannheim-Ochsenpferch
Projekt, 1949–51

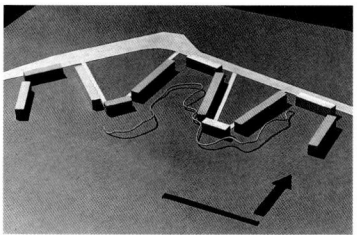

Das Modell – ein Ausschnitt der für das Stadtgebiet Ochsenpferch vorgeschlagenen Bebauung – zeigt das Zusammenwachsen der großräumigen Grünfläche mit den offenen Wohnhöfen sowie die Durchlässigkeit der Bebauung. Der Grünraum sollte der Erholung dienen, nicht in höchster parkmäßiger Verfeinerung, wie Schweizer schrieb, sondern in einer ganz einfachen Form; unter Umständen sei sogar landwirtschaftliche Nutzung denkbar.

Seite 204

Wohnhaus Stahl in Stuttgart
1949–51

Die Perspektive zeigt einen Blick von Süden auf das Haus.

Die Zeichnung entspricht etwa dem ausgeführten Entwurf mit dem Vorbau zum Garten hin, in dem sich die Garage, darüber ein Elternzimmer und die zu den Kinderzimmern gehörende Loggia im Dachgeschoß befinden.

Das Haus an der Breitlingstraße 9 steht weitgehend unverändert.

Seite 205

Regierungsgebäude in Bonn
Wettbewerbsprojekt, 1950

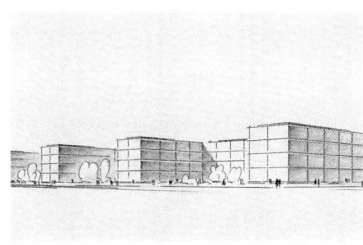

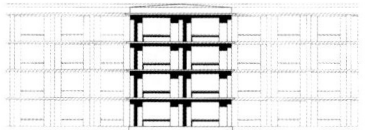

Schweizer hat in seinem Entwurf keine einzelnen Abteilungen oder Büroräume ausgewiesen. Er bemerkte dazu, daß es für den im inneren Wesen und inneren Bedürfnis eines Verkehrsministeriums und einer Bundesbahnverwaltung fremden Verfasser nicht leicht sei, die entsprechenden Raumdispositionen hinsichtlich des inneren Betriebes endgültig zu konzipieren. Dies müsse in einer späteren Phase des Entwurfes durch Auseinandersetzung mit der Bauherrschaft gesichert werden, nachdem ja in seinem Entwurf stadtbaukünstlerische Verfassung, Verkehrsorganismus, Konstruktionsstruktur wesentlich umrissen seien und damit das Gebäude in seinen Wesenszügen doch sehr weitgehend festliege. Die Verteilung der Räume auf die einzelnen Abteilungen von Ministerium und Hauptverwaltung könne bei der ganzen Disposition des Gebäudes mit seinen vielfachen Kommunikationsmöglichkeiten sowohl nach vertikalen als auch nach horizontalen Gesichtspunkten erfolgen.

Die Abbildungen zeigen einen Blick von Norden auf den Neubau und eines der Nebengebäude am Bahnhofsvorplatz (im Hintergrund rechts) und einen Fassadenausschnitt einer Längsseite mit einem der vorgeschobenen, zweiachsigen Trakte.

Seite 206

Omnibusgarage in Schwäbisch Gmünd
Projekt, 1950

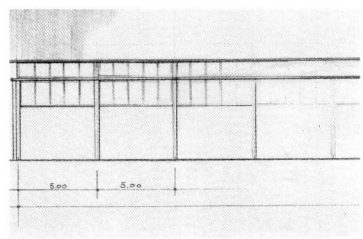

Auf einem Gelände zwischen Rems und Schwerzerallee südöstlich der von Schweizer im Jahre 1922 errichteten Transformatorenstation (S. 268) sollte eine größere Omnibusgarage gebaut werden; Schweizer wurde um ein Gutachten gebeten. Er schrieb: »Was die architektonische Gestaltung des Gebäudes anbelangt, so wäre zu wünschen, daß, wie dies ja bei allen Bauten rein technischen Charakters der Fall ist, die einfachste Form angestrebt wird. Es ist in der Skizze etwa dargelegt, wie ich mir diese Halle vorstelle. Es ist anzunehmen, daß das Giebeldreieck verglast wird und seitwärts die Lichtbänder etwas verstärkt werden, so daß bei einer Länge von 45 m ausreichend Licht hereinkommt. So wäre auch die einfachste Form gefunden.«

Neuordnung des Stadtzentrums von Stuttgart
Projekt, 1948–54

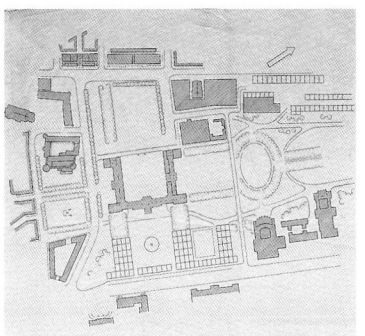

Schweizer schrieb zu seinen Neuordnungsplänen für das Stadtzentrum, daß sich darin eine Welt abzeichne, die wesentlich auf den Menschen abgestellt sei. Dies sei eine Welt für sich. Daneben bestehe eine andere, in der diese Wertung nicht in diesem Maße bestehe. Es sei möglich, in den übrigen Gebieten der Stadt den Bedürfnissen und dem Wesen der Maschine, der Welt der Ratio, in hohem Maße Rechnung zu tragen. Dort könnten alle technischen Bedingungen und Forderungen, welche die zentrale Organisation, der Verkehr, die Industrie und der Handel und die Verwaltung stellen, in einem weniger durch die Tradition eingeschränkten Maße zu ihrem Recht kommen.

Die Abbildung zeigt einen Ausschnitt des neugeordneten Zentrums, den Schloß- und Theaterbezirk. Links im Bild die Planie, die zwischen Altem und Neuem Schloß auf das Kronprinzenpalais zuläuft, und das Palais selbst; unten die von Schweizer vorgeschlagenen, auf das Neue Schloß bezogenen Neubauten für öffentliche Einrichtungen und Verwaltung, rechts daneben die Theater.

Seite 196

Wiederaufbau des Olgabaus in Stuttgart
Projekt, 1948/49

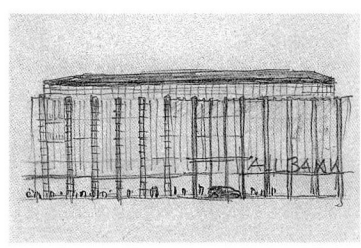

Schweizer schrieb zu seinem Entwurf: »Die Stahlbetonskelettkonstruktion ist besonders für den Wiederaufbau äußerst bedeutungsvoll. Das Skelett kann in einem rationalen und äußerst wirtschaftlichen Baubetrieb sehr rasch vollendet werden und ermöglicht es nun auch dem Bauherrn, den Ausbau nach seinen Wünschen nach und nach zu treffen. Nach meinen Erfahrungen ist es für die rasche Abwicklung eines Baues, für ein wirtschaftliches Bauen, für eine sinnvolle Ordnung des Räumlichen entsprechend dem Benützungszweck, vom Standpunkt der großen Sicherheit für die Fassadengestaltung und ganz besonders hinsichtlich der Kosten dasjenige System, das allein für einen modernen Großbau in Frage kommen kann.«

Die Abbildung zeigt die Schloßgartenfassade des Olgabaus in einer Entwurfsskizze Schweizers.

Seite 200

Wohnhaus Burda in Offenburg
1949–51

Schweizer beschrieb das Gebäude als ein Haus mit elastischer Konstruktionsstruktur, die der Verbindung von Innenraum und Freiraum entgegenkomme.

Die Abbildung zeigt einen Blick auf den Bau von Süden, vom Garten aus gesehen.

Das Haus an der Schanzstraße 11 steht im Äußeren nahezu unverändert.

Seite 201

Raumplanung »Das neue Bonn – Die Stadt der weiten Freiräume«
Projekt, 1949/50

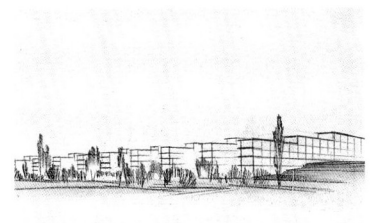

Schweizer faßte seine Gedanken zur Neuplanung in folgenden Thesen zusammen: »Klärung der Verkehrsbänder und möglichst rasche Sicherung des benötigten Geländes vor Überbauung; Abgrenzen und Freihalten größerer Geländeflächen für die Schaffung eines Zentrums der Bundeshauptstadt, vorerst als räumliche Gestaltung im Landschaftlichen; Ausweisung des Geländes für Regierungs- und Verwaltungsgebäude einschließlich der Bauweisen und Typen (solche Gebäude können nach etwaiger Rückverlegung der Bundeshauptstadt später für die Universität verwendet werden); Abgrenzung verschiedener Baugebiete für ausgezeichnete Wohnlagen (Mehrfamilienhäuser im Mittelhochbau und Einfamiliehäuser im Flachbau); Freihalten der für die Blickziele notwendigen Freiräume und Landschaftsflächen.«

Die Abbildung zeigt einen Vorentwurf für eine terrassierte Wohnbebauung am Hochgestade.

Seite 202

Bebauungsplan für ein innerörtliches Gelände in Baden-Oos
Projekt, 1948

Wohnhaus Obermoser in Miesbach
Projekt, 1948

Wiederaufbau und Erweiterung des Rathauses in Karlsruhe
Projekt, 1948

Hotel und Großgarage in Bonn
Projekt, 1948/49

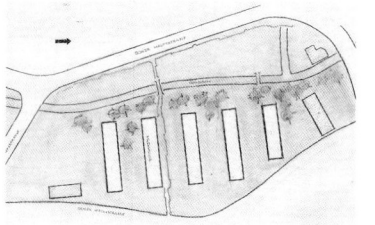

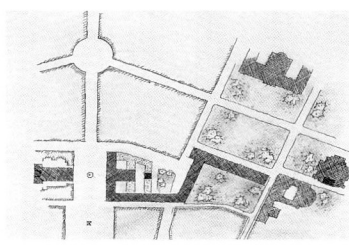

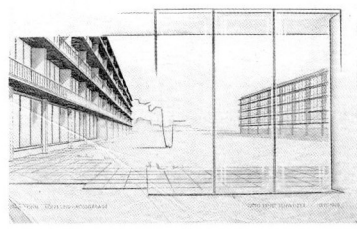

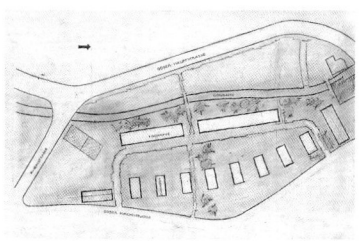

Im Zentrum des Baden-Badener Stadtteils Oos sollte ein Gelände am Oosbach zwischen Hauptstraße, Kirchstraße und Rheinstraße nach Kriegszerstörungen neu bebaut werden. Schweizer ging davon aus, daß dem Stadtteil als Auftakt für die Kurstadt Baden-Baden besondere Bedeutung zukommt und insofern der landschaftliche Charakter des Geländes erhalten werden müsse. Der Grünzug zwischen Hauptstraße und Oosbach sollte von jeder Bebauung freigehalten werden. »Man ist sehr angenehm davon berührt«, schrieb er, »daß man inmitten des von einem sehr stark lebendigen Fahrverkehr durchfluteten Stadtteils Oos eine Stelle findet, an der sowohl der Autofahrer als auch der Fußgänger etwas aufatmen und den Blick in eine schönere, idyllische Situation nehmen kann, eine Situation, die dadurch ausgezeichnet ist, daß inmitten dieses Stadtteils noch Frei- und Grünflächen bestehen im Zusammenhang mit einem Bach, der diese Grünfläche durchfließt.«

Die Abbildungen zeigen zwei Entwurfsvarianten mit etwa fünfzig Wohnungen in zwei und drei Geschosse hohen Häusern.

In Miesbach, Bayern, plante Schweizer für den Fabrikanten Obermoser ein Zweifamilien-Wohnhaus, ein zwei Geschosse hohes Haupthaus mit Wohnräumen im Erdgeschoß und Schlafräumen im Obergeschoß und ein eingeschossiges kleines Nebenhaus, das eine Einliegerwohnung oder auch Nebenräume hätte aufnehmen können. Der umlaufende Balkon und das weit auskragende flachgeneigte Dach sind der bodenständigen Bauweise entlehnt.

Die Abbildung zeigt die Ostansicht.

Schweizer schrieb zu seinem Projekt: »Die wichtigste Fassade des Rathauses, welche den Charakter des Marktplatzes und das Wesen der Architektur Weinbrenners im wesentlichen bestimmt, ist noch erhalten. Meines Erachtens müßte im Interesse der Erscheinung des ganzen Marktplatzes, im Interesse der als so bedeutungsvoll und für den Charakter der Stadt Karlsruhe bestimmenden Architektur Weinbrenners diese Fassade erhalten werden. Nicht nur aus Gründen eines städtebaulich räumlichen Abschlusses als Platzwand, sondern auch im Hinblick auf die sehr wertvolle und schöne Detailverfassung selbst. Damit aber erschöpft sich die Aufgabe der Erhaltung und Wiederherstellung nicht. Die räumliche Disposition der Eingangshallen im Zusammenhang mit dem Treppenhaus, der Geschoßverbindung nach den oberen Stockwerken, die dort anschließende Raumdisposition und der große Saal bilden ein so wesentliches Merkmal Weinbrennerscher Raumorganik, daß sie in ihrer Bedeutung ebenso wie die Wirkung der Außenfassaden im Freiraum des Marktplatzes beispielhaft und damit für alle Zeit erhaltungswürdig sind. Soweit solche Räume aus diesem Hauptrepräsentationsteil zerstört sind, müssen sie wiederhergestellt werden, um wenigstens die räumliche Disposition des Eingangs im Zusammenhang mit der Geschoßverbindung aufzuzeigen. Die übrigen Innenräume treten demgegenüber in den Hintergrund.«

Die Abbildung zeigt den Lageplan mit Schweizers Erweiterungsvorschlag.

Schweizer lag daran, die Gebäudefassade plastisch, so sein Ausdruck, in Erscheinung treten zu lassen, was er durch kräftige Pfeiler, deutlich vorkragende Geschoßdecken und durch den Kontrast von Stahlbetonskelett und weitgehend in Glas aufgelöste Fassaden zu erreichen versuchte.

Die Perspektive zeigt einen Blick aus der Empfangshalle in den nach Südosten geöffneten Freibereich.

Seite 194

Bebauungsplan für die zerstörte
Innenstadt von Böblingen
Projekt, 1947

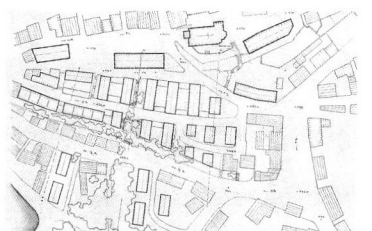

Die Innenstadt von Böblingen war schwer zerstört worden. Zur Neuordnung schlug Schweizer vor, eine großzügige Verbindung vom hochgelegenen Marktplatz zu den tieferliegenden Anlagen am Unteren und Oberen See zu schaffen – eine Folge von Treppen mit weiten Ausblicken, die vom Alten Rathaus über den Wehrgang, der als Grünfläche ausgebildet werden sollte, und die Stadtmauer durch einen neu zu schaffenden Grünzug zu den Seen und den Parkanlagen geführt hätte. Die neue Bebauung sollte vorwiegend aus zwei Geschosse hohen Häusern mit Satteldach bestehen.

Oben im Plan die Stadtkirche und das Rathaus, darunter die – dickumrandete – Neubebauung mit den schraffierten unzerstörten Häusern. In ihrer Mitte die geplante Treppenanlage, unten die neue Grünfläche in Verbindung zu den Anlagen zwischen den beiden Seen.

Großgarage in Baden-Baden
Projekt, 1947

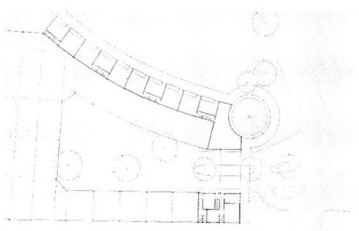

Am südlichen Rand der Baden-Badener Innenstadt, auf dem Augustaplatz, sollte eine Großgarage gebaut werden. Schweizer plante eine im Grundriß asymmetrische Anlage, deren gekurvte Nordostseite, als Ladenzeile ausgebildet, dem Platz eine neue Kontur und städtisches Leben gegeben hätte. Die Einfahrt in den offenen Garagenhof liegt hinter einem Aufenthaltspavillon versteckt; dem Garagenhof selbst sollte durch Baumpflanzungen ein allzu abweisender Charakter genommen werden. Der ganze Bau war als Holzriegelkonstruktion gedacht. Das weit vorkragende Dach zum Augustaplatz hin sollte der Architektur den Eindruck des Leichten geben.

Bebauungsplan für eine Siedlung im
Schußbachtal bei Baden-Baden
Projekt, 1947

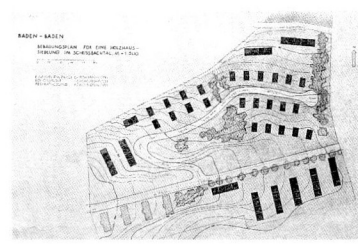

Im Schußbachtal, einem Hanggelände am nordwestlichen Stadtrand Baden-Badens, sollte eine Siedlung aus zwei Geschosse hohen, vorgefertigten Holzhäusern entstehen. Schweizer, der beauftragt worden war, einen Bebauungsplan zu fertigen, schrieb zu seinem Entwurf: »Es ist angestrebt worden, die landschaftliche Situation aufs beste auszuwerten, und zwar sowohl hinsichtlich der Einfügung der Bauten in die Landschaft als auch hinsichtlich der Möglichkeit der Schaffung eines schönen Ausblicks auf den Hochschwarzwald von den einzelnen Gebäuden und dem angeschlossenen Freiraum aus.«

Die Abbildung zeigt Schweizers Vorschlag mit Einzelhäusern und zu Reihenhäusern zusammengefaßten Wohneinheiten.

Neugestaltung des Königsplatzes in
München
Projekt, 1948

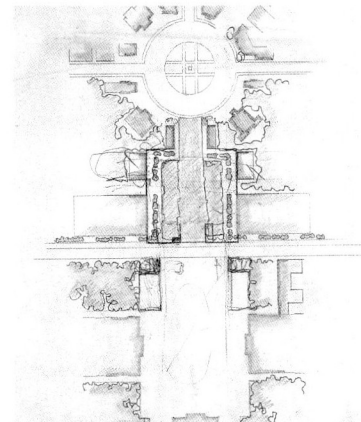

In der Aufgabenstellung des Bayrischen Staatsministeriums des Innern heißt es unter anderem: »Zu lösen ist die Frage der Bebauung der Brienerstraße zwischen Karolinen- und Königsplatz; die Fundamente der früheren Ehrentempel brauchen nicht unbedingt berücksichtigt zu werden; Wohnhäuser kommen nicht in Frage; es sollen Gebäude mit vielseitig verwendbaren Kunstausstellungsräumen errichtet werden; die zwei Galeriebauten (›Führerbauten‹) können nicht abgebrochen werden; eine Errichtung von Bauten auf dem Königsplatz kommt nicht in Frage; nordwestlich der Arcisstraße werden Baumkulissen errichtet, welche den Königsplatz nach Südosten abschließen; der Königsplatz erhält seine Grünfläche (ähnlich wie früher) wieder.«

Die Abbildung zeigt eine Entwurfsskizze Schweizers, in der er sich mit der Verdeutlichung des räumlichen Zusammenhangs von Königsplatz unten und Karolinenplatz oben durch Grünflächen und langen Mauern auseinandersetzt.

Seite 192

Wiederaufbau des Architekturgebäudes der Technischen Hochschule Karlsruhe
Projekt, 1946–52

Schweizer schrieb zu seinem Entwurf, »daß ein Bau wie der Durm'sche, der in einem steinernen Zusammenhang gesehen und entworfen ist, zweifellos ein Defizit darstellt gegenüber einer Anschauung von heute, die vom Gesichtspunkt einer städtebaulichen Disposition aus den Freiraum und die landschaftlichen Werte mit in die Gestaltung einbezieht. Es wird niemand bestreiten, daß dies im Bereich unserer architektonischen Gestaltung und bei einer guten Lösung der Beziehung zwischen Architektur und Landschaft eine wesentliche Bereicherung darstellt. Es tritt also zu der Gestaltung des Gebauten selbst ein Freiraum hinzu, der erst durch den Neubau seinen Wert erhält, und die Formen des Gebäudes erhalten ihren Wert und ihre Bedeutung durch den Freiraum. So ist hier der Hauptakzent verschoben von der Gestaltung des Details hin zu einer räumlich-architektonischen Lösung, die, aus stadbaukünstlerischen Bezirken gespeist, in der Gestaltung des Räumlichen, der Verbindung von Innenraum und Außenraum, seinen eigentlichen Wert erhält.«

Die Abbildung zeigt die neugeplante Eingangshalle in einer Entwurfsvariante.

Seite 188

Bebauungsplan für die zerstörte Innenstadt von Gießen
Wettbewerbsprojekt, 1947

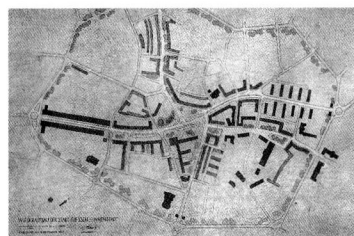

In einer Beurteilung aller Entwürfe zum Wiederaufbau Gießens durch Johannes Göderitz 1948 heißt es zu Schweizers Vorschlag, daß für diesen Entwurf von Meisterhand die starke architektonische Note bezeichnend sei. Zur Verwirklichung seines Planes seien sehr viel Abrisse und Grundstücksankäufe erforderlich; unter den wirtschaftlichen Verhältnissen, die zur Zeit erkennbar seien, werde leider nicht zu erwarten sein, daß die erforderlichen Mittel für die Realisierung aufgebracht werden könnten.

Die Abbildung zeigt den Lageplan mit der weiträumig geplanten Stadtmitte.

Seite 190

Bebauung des Marstallgeländes in Stuttgart
Projekt, 1947

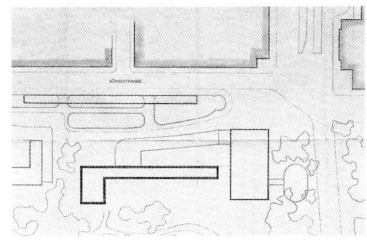

In Zusammenhang mit seiner Tätigkeit als Preisrichter in einem beschränkten Wettbewerb zur »Bebauung des Marstallgeländes« – es waren ein Hotel, ein Saalbau von besonderer städtebaulicher wie architektonischer Aussage für 1000 bis 1500 Personen, Läden, Büroräume sowie ein »Interimsgebäude« für Büros und Läden direkt an der unteren Königstraße gefordert – legte Schweizer ein eigenes Projekt vor, das die Verteilung der Baumassen grundsätzlich klären sollte. Er schlug vor, den Saalbau in Beziehung zum Hauptbahnhof Ecke Königstraße/Schillerstraße anzuordnen und das Hotel, die Büros und Läden in einem zwölf Geschosse hohen, langgestreckten, L-förmigen Trakt unterzubringen, den er weit von der Königstraße abrückte, um nach Aufgabe des Interimsgebäudes, das er einen »produktiven Bauzaun« nannte, einen großen Freiraum zur Königstraße hin zu gewinnen.

Die Abbildung zeigt den Lageplan. Rechts oben der Hauptbahnhof und unten, von links nach rechts, die Schillerstraße, der Saalbau, der zwölf Geschosse hohe Trakt und die Reste des teilzerstörten Reichsbankgebäudes.

Bebauungsplan für die zerstörte Innenstadt von Neckarsulm
Projekt, 1947

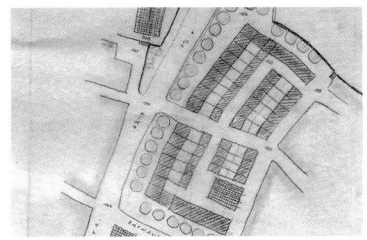

Zur Neuordnung der weitgehend zerstörten Innenstadt von Neckarsulm schlug Schweizer im wesentlichen vor, die schöne Lage der Innenstadt in ihrem Norden oberhalb der Sulm-Niederung städtebaulich zu nutzen und großzügige Aussichtsterrassen anzulegen. Die östliche Flucht der Marktstraße sollte von der Rathausstraße bis zur Höhe der Stadtkirche zurückgeschoben werden, um einen von Baumreihen gesäumten Freiraum zu gewinnen, einen Platz, der durch das Rathaus im Südosten und die Stadtkirche im Nordwesten bestimmt ist. Die Bebauung sollte aus zwei Geschosse hohen Einfamilienreihenhäusern mit kleinen Gärten bestehen.

Nur wenige Skizzen haben sich erhalten.

Theater und Konzerthaus in Freiburg im Breisgau
Projekt, 1946

»Da der neue Versammlungsraum ein kulturelles Zentrum für die Stadt Freiburg werden wird«, schrieb Schweizer im Erläuterungsbericht, »so ist neben der Pflege des Schauspiels und der Vorträge, der Oper und der Musik auch an eine solche der bildenden Kunst gedacht worden. Denn wenn so viele Menschen an einem kulturellen Mittelpunkt zusammengeführt werden, so soll damit gleichzeitig auch die Möglichkeit der Ausstellung von Werken der bildenden Kunst gegeben sein. Für diese Zwecke wäre der reichlich bemessene Parkettflur heranzuziehen, in den auch Kulissenwände zum Aufhängen und als Hintergrund für Werke der Plastik und Malerei vorgesehen werden können.«

Die Abbildung zeigt die Eingangsseite des Theaters.

Seite 184

Bebauungsplan für die zerstörte Stadt Pforzheim
Projekt, 1946

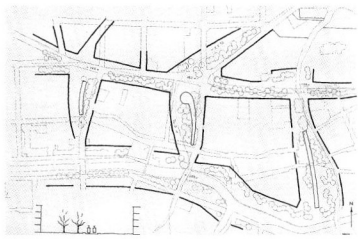

Der Bebauungsplanausschnitt zeigt Schweizers Konzept, die Stadt durch weite Freiräume zu gliedern, die in der Stadtmitte zu neuen Zentren ausgebaut werden sollten. Die neue Bebauung sollte in der Regel vier Geschosse hoch sein. Rechts oben der Bahnhof. Darunter, von Osten nach Westen verlaufend, der eine neugeplante durchgehende Grünzug, unten an den von jeder Bebauung freizuhaltenden Ufern der Enz der zweite, zwischen denen die Nord-Süd gerichteten Zentren eingespannt sind.

Seite 186

Bebauungsplan für die zerstörte Innenstadt von Bruchsal
Projekt, 1946/47

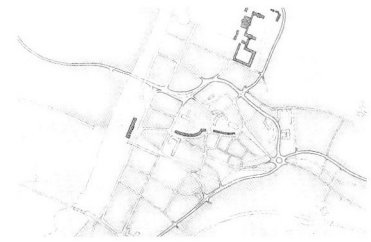

Zum Wiederaufbau und zur Neuordnung der in den letzten Kriegstagen nahezu völlig zerstörten Innenstadt Bruchsals schlug Schweizer vor, das alte Straßennetz des Stadtkernes mit seinen wiederherzustellenden historischen Bauten weitgehend zu erhalten, vom bisherigen Zwang, vom Durchgangsverkehr benutzt zu werden, zu befreien und den Fußgängern zurückzugeben. Diesen Verkehr, der vom Autobahnknoten im Nordwesten, von Heidelberg im Nordosten, von Karlsruhe im Südwesten und von Stuttgart im Südosten bisher in die Stadt hineinfloß, führte er in seiner Planung an die Innenstadt heran, leitete ihn dann aber in Sichtbeziehung zu den Brennpunkten der Innenstadt um sie herum. Der Hauptbahnhof sollte näher als bisher an die Innenstadt angebunden werden durch einen vom Durchgangsverkehr ungestörten Fußgängerfluß vom Markt aus über eine neu anzulegende Grünfläche und vorbei an neu zu bauenden Geschäftsanlagen. Der Verkehr von Nordosten, der bisher durch die Schloßanlage hindurchgeführt worden war, sollte über eine Parallelstraße abgeleitet werden, um der besonderen Bedeutung dieser Anlage für die gesamte Stadt gerecht zu werden.

Die Abbildung zeigt die Innenstadt Bruchsals mit den kräftiger gezeichneten Straßen für den Durchgangsverkehr. Oben die Schloßanlage, links der Hauptbahnhof, in der Mitte der Marktplatz und die neu zu bauenden Geschäftsanlagen, die vom Markt zum Bahnhof hinleiten.

Wiederaufbau der Kaiserstraße in Karlsruhe
Projekt, 1947

Schweizer schrieb zu seiner Planung: »Wenn man die Voraussetzungen für den Wiederaufbau überschaut, so drängt sich die Erkenntnis auf, daß weder die Gesetzgebung noch die Berücksichtigung der soziologischen Probleme, noch die organisatorischen und die finanziellen Voraussetzungen geklärt und mit der Gesamtaufgabe in Einklang gebracht sind. Eine wirkliche Lösung kann erst dann gefunden werden, wenn dies geschehen ist und man also erkennt, daß der Wiederaufbau ein Prozeß ist, der dauert und in den Fragen der Lösung sich mit der Zeit sichert und verdeutlicht. Eine Klärung erfolgt mit der Zeit und in der Zeit, und es ist sehr gefährlich, infolge einer vielleicht durch die finanziellen Fragen der Währungsreform hervorgerufenen Psychose übereilte Lösungen zu beschließen, Lösungen, die den Stempel einer gefährlichen Improvisation in sich tragen.«

Die Abbildung zeigt einen Blick in die Kaiserstraße mit Gebäuden an der alten und neuen Bauflucht und mit den durchlaufenden Kragdächern. In Bildmitte eine der Baulücken, die, zu Grünflächen gestaltet, bestehen bleiben sollten.

Seite 187

Standortlazarett in Karlsruhe Projekt, 1938/39	Neuordnung des Großraums Karlsruhe Projekt, 1943/44	Neugestaltung des Deutschen Ecks in Koblenz Wettbewerbsprojekt, 1946	Bebauungsplan für die zerstörte Innenstadt von Crailsheim Projekt, 1946
		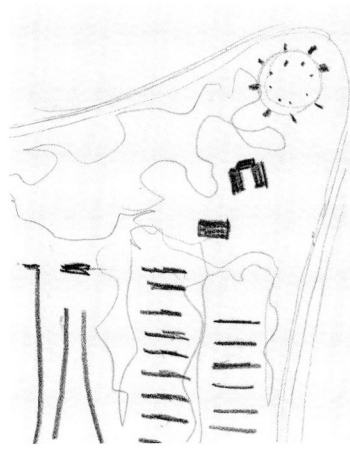	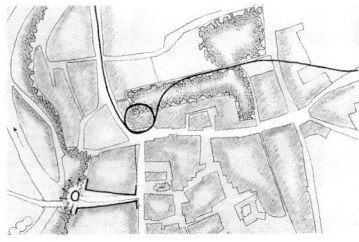

Schweizer sagte 1940 in einem Vortrag vor Offizieren des Heeres: »Wir erwarten von dem Ausdruck der Bauten des Heeres die Schlichtheit des Soldaten. Nicht Primitivität, sondern gesunde Einfachheit. Wir wollen eine kristallene Klarheit des Aufbaus, der Grundrisse und der Fassaden, und wir erwarten vorbildliches handwerkliches Können, solide Baustoffe und eine anständige Baugesinnung. In ihrer Gesamtheit bedingen alle diese Forderungen eine härtere Disziplin im Entwurf. Härtere Disziplin ist aber auch die Vorbedingung einer höheren Kunst, denn in der Beschränkung zeigt sich der Meister.«

Die Abbildung zeigt eine Entwurfsskizze Schweizers mit Gestaltungsmöglichkeiten der West- bzw. Ostecke des gebogenen Hauptbaukörpers.

Seite 178

Schweizer schrieb zu dem Entwurf: »Für eine Neuordnung des Gesamtorganismus der Stadt Karlsruhe werden in dem für die Bearbeitung vorgegebenen Rahmen im wesentlichen die Leitideen und Tendenzen einer zukünftigen Entwicklung umrissen. Es ist nicht möglich, diese Ideen in all ihren Spiegelungen an den Zuständen im Detail festzulegen. Denn Bebauungspläne sind dem ständigen Wechsel der geistigen Zeitströmungen unterworfen. Sie sind nur gültig für ein Gebiet, dessen Gesamtbebauungsidee in einem Guß verwirklicht werden kann. Gerade einem lebendigen Werden und Verwirklichen der Aufgaben in der Zeit sollen alle Möglichkeiten offen gehalten werden. Man kann daher keine starren Pläne zeichnen, so wie dies unter jahrhundertelanger Herrschaft der Alignements geschehen ist. Sondern den in der Zeit reif werdenden Aufgaben sollen die Ideen und Tendenzen, welche aber doch einen allgemeinen, dauerhaften Charakter tragen, elastisch begegnen.«

Die Abbildung zeigt eine Entwurfsskizze. In Bildmitte links die Stadt Karlsruhe.

Seite 180

In einer Zeitungsnotiz zur Neugestaltung des Deutschen Ecks heißt es, daß der Wettbewerb unter dem Thema »Völkerverständigung« ausgeschrieben wurde. Neben der Empfehlung, auf dem erhalten gebliebenen Denkmalsockel ein 40 m hohes Kreuz als Mahnmal zu errichten, wurden Statuen vorgeschlagen, unter anderem von Goethe, Karl dem Großen, Görres sowie eine Dreiergruppe Goethe, Görres, Stein. Die Bekrönung des Sockels mit einem weitgehend verglasten Baukörper als Aussichtscafé fand besondere Beachtung.

Die Abbildung zeigt eine Entwurfsskizze Schweizers zum Lageplan.

Seite 182

Die Innenstadt von Crailsheim war im Zweiten Weltkrieg völlig zerstört worden. Zur Neuordnung schlug Schweizer im wesentlichen vor, der Stadt eine bisher fehlende Mitte zu geben, die er sich in Verbindung mit dem Marktplatz und dem Schweinemarkt als einen langgezogenen, sich zur tiefer gelegenen Jagst hin öffnenden Freiraum vorstellte mit weiter Sicht aus der Stadt hinaus. Zusammenhängende Grünräume sollten parallel zum Jagstufer entstehen sowie im Norden der Stadt, in Verbindung mit dem Alten Friedhof und dem Lammgarten. Die Fernverkehrsstraße, die der heutigen Bundesstraße 14 entspricht, sollte durch diesen Grüngürtel hindurchgeführt und in Höhe des Marktplatzes zu einer »Drehscheibe« als Aussichtsplattform ausgebildet werden.

Die Abbildung zeigt den Bebauungsplan. Die Baufluchten des Freiraumes als neue Stadtmitte und die Fernverkehrsstraße mit der »Drehscheibe« sind stärker hervorgehoben.

Wohnhaus Schweizer in Baden-Baden
Projekt, 1938

Vermutlich auf dem Anwesen Schweizers an der Kronprinzenstraße (S. 166) sollte ein kleines Wohnhaus gebaut werden, vielleicht als Ersatz für das Gärtnerhaus (S. 286). Rechtwinklig im Grundriß mit hohem Satteldach, zeichnet sich das Äußere, seinem Wohnhaus und dem Gärtnerhaus entsprechend, durch das außen sichtbare Ständerwerk des Dachgeschosses aus, durch einen großen Balkon und ein weit überstehendes Dach.

Die Abbildung zeigt die Hauptansicht von Osten.

Umbau der Villa Kann in Baden-Baden
Projekt, 1942

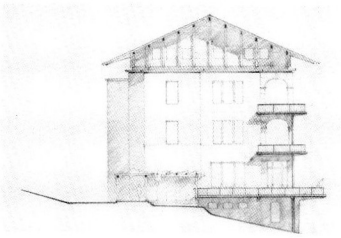

Mit dem Umbau der Villa Kann sollte zugleich das parkartige Grundstück parzelliert werden. Schweizer schlug im Süden und Osten des Geländes zwei Geschosse hohe Wohnbauten vor, die die freie Sicht von den Balkonen der Villa aus nicht verstellt sowie den Gesamteindruck des Villengeländes möglichst unbeeinträchtigt belassen hätten.

Die Abbildung zeigt die Südwestansicht mit dem weit ausladenden neuen Dach, das alle vorspringenden Bauteile überdeckt.

Seite 177

Neugestaltung des Stadion-Haupteingangs in Wien
Projekt, 1941

Vom nationalsozialistischen »Reichsleiter« in Wien wurde Schweizer beauftragt, für sein Stadion (S. 120) einen repräsentativen Haupteingang zu entwerfen. Er schlug vor, von einer neuen Stichstraße aus, die im rechten Winkel von der Prater-Hauptallee abzweigt, eine gabelartig geformte Rampe für Autoverkehr und Fußgänger an das Obergeschoß der Stadiontribüne heranzuführen, von wo aus eine neue Ehrentribüne auf Höhe des mittleren Umgangs über eine Vorfahrt direkt hätte erreicht werden können. Die Rampe sollte eine leichte Stahlbetonkonstruktion sein auf knapp bemessenen Stützen, um freie Durchblicke möglichst wenig zu beeinträchtigen.

Die Abbildung zeigt eine Luftperspektive der Gesamtanlage von Norden.

Gutshof Obermoser in Bruchsal
Projekt, 1941

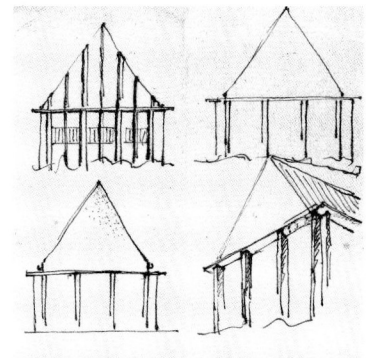

Auf einem Grundstück am westlichen Rand der Stadt Bruchsal sollte ein Gutshof gebaut werden. Schweizer plante eine im Grundriß H-förmige Anlage als Stahlbetonskelettkonstruktion, die eine den sich wandelnden Funktionen entsprechende Flexibilität gewährleisten sollte. Architektonisch bestimmend wären die deutlich vor die Fassaden tretenden Betonpfeiler und die hochaufragenden Satteldächer gewesen. Von der gesamten Planung haben sich nur wenige Skizzen und Studien zur Gestaltung der Giebelseiten, erhalten.

Erweiterung des Gärtnerhauses auf dem Anwesen Schweizers in Baden-Baden
1936

Zur alten Villa auf dem Anwesen Schweizers (S. 284) gehörte ein kleines Gärtnerhaus, das durch Anfügung eines großen Wohnraumes im Erdgeschoß bzw. eines entsprechend großen Schlafraumes im Dachgeschoß erweitert wurde, wodurch das Haus etwa auf das Doppelte seiner ursprünglichen Größe anwuchs. Das Dachgeschoß ist, Schweizers späterem Wohnhausneubau (S. 166) entsprechend, durch eine Art Ständerwerk deutlich abgesetzt; das Krüppelwalmdach sollte an Schwarzwaldhausarchitektur erinnern.

Die Abbildung zeigt die Hauptwohnseite des Hauses.

Das Gebäude an der Kronprinzenstraße 16 steht weitgehend unverändert.

Kultur-, Kunst- und Sportzentrum einer Großstadt
Projekt, 1936

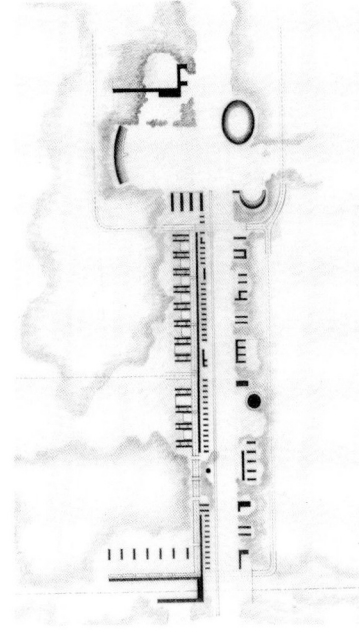

Schweizer schrieb zu seinem Entwurf: »Die Form des Stadtzentrums ist der heutigen Größe der Städte und ihren Bedürfnissen nach gemeinschaftlichen Ereignissen angemessen. Daran angegliedert sind die zentralen Einrichtungen für die Sportwettkämpfe. Am Rande des Forums sind Zuschauerterrassen angeordnet. Die Breite des Forums bestimmt sich nach der besten Sehentfernung zur Mitte, welche durch die Feststraße gegeben wird. In diesem Großraum kann sich die ganze Bevölkerung der Großstadt zu einem gemeinsamen Erlebnis versammeln.«

Die Abbildung zeigt einen Vorentwurf des Zentrums mit parallel geführten Platzwänden und der angedeuteten Feststraße an seinem linken Rand.

Seite 170

Ausbau der Kurstadt Baden-Baden
Wettbewerbsprojekt, 1936/37

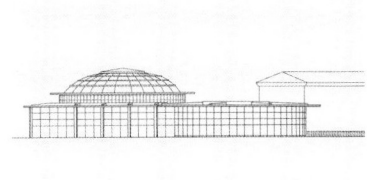

Schweizer nahm beratend an der Formulierung des Auslobungstextes teil und notierte dazu: »Das Vorgehen beim Wettbewerb wird in der Weise zu geschehen haben, daß die beteiligten Architekten aufgefordert werden, für das Kur-, Gesellschafts- und Erholungszentrum von Baden-Baden unter Berücksichtigung der landschaftlichen Gegebenheiten einen Idealplan aufzustellen. Dieser Idealplan soll es ermöglichen, die Zusammenhänge im Gesamtorganismus in überzeugender Form zur Darstellung zu bringen. Diese Gesamtlösung ist nötig, weil man an ihr die Beziehungen und Zusammenhänge der Einzeleinrichtung klar und eindeutig darstellen kann. Etwas Neues mit den modernsten Mitteln in bester Ausführung zu verwirklichen. Dieses Neue muß sowohl in der soziologischen Struktur als auch im zwecklichen Inhalt die neue Zeit treffen und soll auch mit den technischen Mitteln und Möglichkeiten dieser Zeit ausgeführt werden. Erst von dieser Perspektive aus können die bestehenden Gebäude auch in ihrem Wert als Baudenkmäler richtig beurteilt werden.«

Die Abbildung zeigt die Ansicht der Konzert- und Wandelhalle von Süden.

Seite 172

Trabantenstädte und ein neues Zentrum für München
Projekt, 1937

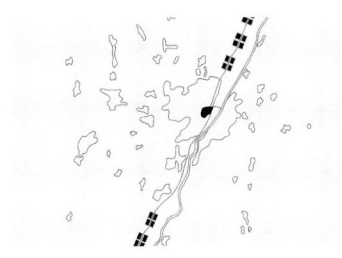

Schweizer schrieb zu seinem Entwurf: »Die allgemeinen städtischen Bedürfnisse einer Großstadt wie München müssen auf der Basis des heutigen Standards der Städtebauwissenschaft zur Lösung gebracht werden. Solche Aufgaben sind nicht zu bewältigen ohne die wissenschaftliche Erkenntnis der Gesamtzusammenhänge. Da die Städtebauwissenschaft sehr jung ist und man erst heute einen Überblick über alle diese zusammenhängenden Probleme gewonnen hat, wird der Um- und Ausbau einer Großstadt heute auch wesentlich ein Erziehungsproblem. Die junge Generation der Architekten muß in ständiger Verbindung mit diesen Aufgaben heranwachsen. Es muß gelingen, den Nachwuchs auf einer geisteswissenschaftlichen Grundlage an diese Probleme heranzuführen. Leider ist die gegenwärtige Generation der Architekten viel zu wenig vertraut mit solchen Aufgaben der Bewältigung großer Zusammenhänge. Dies aber ist die Aufgabe, welche die brennendste ist, um die stadtbaukünstlerischen Probleme zu meistern. Die Gegenwart bringt Aufgaben, welche über eine Generation hinausgreifen. Es muß daher die Jugend in diesem Geist erfüllt und erzogen werden, damit sie Begonnenes zu Ende zu führen vermag. Darum halte ich eine Verbindung mit der Erziehungsstätte des Nachwuchses, der Technischen Hochschule, für so wichtig.«

Die Abbildung zeigt die Lage der Trabantenstädte im Norden und Süden Münchens und das sie mit der Altstadt verbindende Schnellverkehrsband.

Seite 176

»Kunst-Stadt« auf dem Kohlblatt in Karlsruhe
Projekt (Lehrstuhlbearbeitung), 1933/34

»Stadteinheit für 30 000 Menschen«
Projekt, 1935

Wohnhaus Schweizer in Baden-Baden
1935–39

Tankstelle für die Reichsautobahn
Wettbewerbsprojekt, 1935

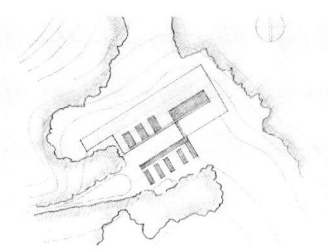

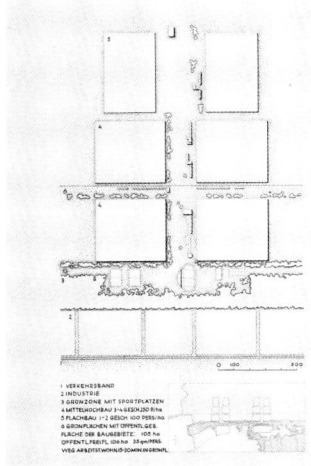

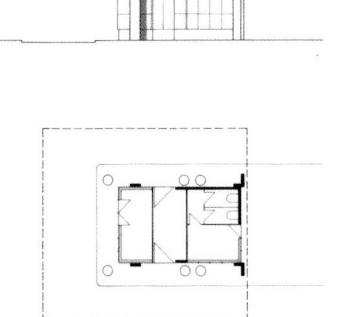

Die Kunst-Stadt solle ein Ausstellungsorganismus sein, schrieb Schweizer, »der die Zusammenhänge zwischen Architektur und Landschaft einerseits, zwischen Landschaft und Architektur, Plastik und Malerei andererseits erkennen und darstellen läßt. Nicht nur für Architektur, sondern auch für Plastik und Malerei muß im Freiland ein großdimensionaler Rahmen geboten sein. Ausstellungsorganismus mit großflächigen, architektonisch streng gebundenen Gartenanlagen, wie auch die Verbindung mit der freien Landschaft und der Weite.«

Die Abbildung zeigt einen frühen Vorentwurf mit einer gewaltigen, in der Länge rund 400 m messenden Terrasse, die in den natürlichen Geländeverlauf erheblich eingegriffen hätte und aus diesem Grund im gültigen Entwurf reduziert wurde.

Seite 165

Aufbauend auf seinen Gedanken zur Idealstadt 1930/31 (S. 150) entwickelte Schweizer das Schema einer »Stadteinheit für 30 000 Menschen«. Die Einheiten mit eigenen kleineren Zentren für Sport und Kultur sollten über ein Hauptverkehrsband untereinander und zugleich mit einer bestehenden Großstadt verbunden oder auch einem übergeordneten Zentrum (S. 161) zugeordnet werden.

Die Abbildung zeigt unten zwei Stadteinheiten im Bereich einer Großstadt und oben eine Stadteinheit im Detail: Eine Grünzone mit Sportanlagen trennt die Industriebezirke und das Hauptverkehrsband von der Wohnbebauung im Mittelhochbau (250 Pers./ha) und Flachbau (150 Pers./ha.), die auf weitere Grünflächen mit öffentlichen Gebäuden bezogen ist.

Lit.: Otto Ernst Schweizer, *Sportbauten und Bäder,* Berlin/Leipzig 1938, S. 134 f. – Otto Ernst Schweizer, »Die Stadt der Arbeit, das Trabantenband«, in: *1930–1960. Otto Ernst Schweizer. Forschung und Lehre*, Stuttgart 1962, S. 38 f. – Otto Ernst Schweizer, Hans Dommer, *Abgrenzung des Wohnungsbedarfs bis 1980 und Vorschläge zur Verdichtung des Flachbaues für die soziale Wohnung. Ein Beitrag zur Ordnung des Stadtorganismus*, Veröffentlichung der Forschungsgemeinschaft Bauen und Wohnen Stuttgart, Stuttgart 1956.

Alfons Leitl schrieb zu Schweizers Haus, der bei dem Erbauer immer wiederkehrende Gedanke sei die innige Abstimmung des gebauten Werkes auf Natur und Landschaft, für die dem Architekten auch in neuen Baustoffen und Konstruktionen manches neue Mittel in die Hand gegeben sei – wenn er es nur verstehe, sie richtig zu gebrauchen.

Die Abbildung zeigt einen Blick auf die Südostseite des Hauses mit dem großen Blumenfenster.

Das Haus wurde um 1985 abgerissen, das Grundstück zugebaut.

Seite 166

Für eine weniger stark frequentierte Autobahnauf- und Autobahnabfahrt entwarf Schweizer eine kleinere Tankstelle, deren dreiseitig weit vorkragende, extrem dünne Dachplatte auf zwei scheibenartigen Betonstützen an ihrer Vorderseite und zwei winklig geformten an ihrer Rückseite ruhen sollte. Die kleine Tankstelle hätte ebenso wie die größere das Anfahren aus allen drei Richtungen ermöglicht.

Seite 169

Neues Zentrum für die Stadt Karlsruhe
Projekt, 1933/34

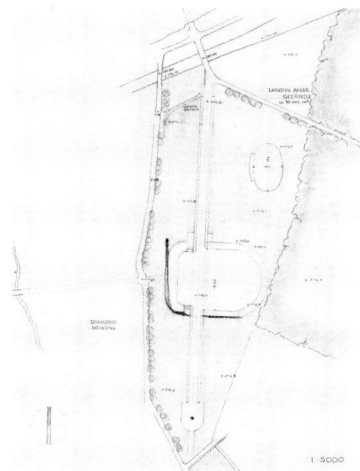

Die Abbildung zeigt einen Vorentwurf zum neuen Zentrum. Die große Achse und das Ehrenmal als Endpunkt im Süden sind festgelegt, ebenso die Lage des Stadions im Osten. Das Spiel- und Versammlungsfeld sollte zunächst Ost-West orientiert sein und von der Achse durchschnitten werden. In der Zeichnung ist eine zweite Fassung mit einem nach Osten und Norden geöffneten Versammlungsfeld von Schweizer als Korrektur eingezeichnet.

Seite 161

Um- und Erweiterungsbau der alten Villa auf Schweizers Anwesen in Baden-Baden
1934

Nach dem Kauf seines Anwesens an der Kronprinzenstraße (S. 166) bewohnte Schweizer zunächst eine auf dem Gelände stehende alte Villa. Mit sparsamen Mitteln und ohne den Charakter der alten Architektur zu stören, fügte er dem Bau einen neuen Wohnraum und eine gedeckte Veranda an.

Die Abbildung zeigt die Hauptansicht der Villa mit den Ergänzungen Schweizers.

Das Gebäude an der Kronprinzenstraße 12 steht weitgehend unverändert.

»Haus der Arbeit«
Wettbewerbsprojekt, 1934

In einer Besprechung des Wettbewerbsergebnisses im *Zentralblatt der Bauverwaltung* 1934 heißt es: »Es war zunächst ein Wettbewerb der politischen, sozialen und kulturellen Einfühlung und sodann erst ein Wettbewerb der baukünstlerischen Gestaltung. Daß auch die Mehrzahl der Bearbeiter verstanden hat, daß es hier gewissermaßen den Bautyp der neuen Zeit zu formen galt, beweist der Vorschlag absolut beherrschender Situationen für das Gebäude durch die meisten Architekten (Stadtkrone, Höhenzüge, zum Teil mit feierlichen Aufmarschstraßen, oder der ›beste Platz im Stadtzentrum‹). Als übereinstimmende Bestandteile eines ›Hauses der Arbeit‹ wurde von fast sämtlichen Bewerbern vorgeschlagen: ein feierlicher Aufmarschplatz, mehr oder weniger streng architektonisch gefaßt und von abweichenden Größenverhältnissen, je nach der Bestimmung für kleinere und größere Städte; ein Festsaalgebäude; sehr häufig auch in Verbindung mit dem Aufmarschplatz oder getrennt von ihm eine thingplatzartige, amphitheatralische Anlage. Diesen Bestandteilen, die der Zusammenführung großer Massen dienen, sind als zweite Gruppe angegliedert die Räume für die körperliche und geistige, insbesondere die politische Bildung; Räume für Feierabendzerstreuung; endlich Restaurations- und Herbergsräume sowie Räume für die Verwaltung.«

Die Abbildung zeigt eine Luftperspektive des Modells von Südosten.

Seite 162

Generalbebauungsplan für Baden-Baden
Projekt, 1934–39

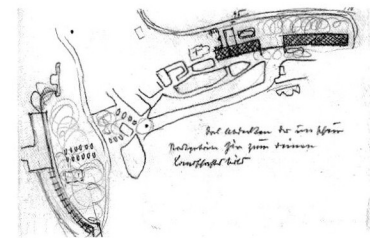

Seit 1934 war Schweizer von der Stadt Baden-Baden zu Neugestaltungs-, Erweiterungs- und Umstrukturierungsprojekten beratend hinzugezogen worden, eine Tätigkeit, die sich bis in die fünfziger Jahre hinzog. Besonderes Gewicht galt der Aufstellung eines Generalbebauungsplanes, für den Schweizer Vorstellungen entwickelte, die in seiner Wettbewerbsarbeit »Ausbau der Kurstadt Baden-Baden 1936/37« (S. 172) ihren Niederschlag fanden. »Das Zentralproblem für Baden-Baden ist«, schrieb Schweizer 1936 in einem Gutachten, »daß für die Bebauung so wenig Fläche als irgend möglich in Anspruch genommen wird, d. h., daß auf der anderen Seite ein Maximum an Grünfläche erhalten bleiben muß. Unsere Zeit zwingt uns dazu, die Entwicklung, Gestaltung und Formung neuer Bautypen in die Wege zu leiten. Die chaotische Verbauung, wie sie bisher üblich war, muß einer geregelten und geordneten Bebauung mit dem stadtbaukünstlerischen Ziel der einheitlichen Form Platz machen. Dabei ist für Baden-Baden das architektonische Problem in erster Linie das, Bauformen zu finden, welche sich einerseits gegenüber der schönen Landschaft in ihrem Eigenwert behaupten und andererseits andere Bauformen, welche sich den bedeutenden landschaftlichen Werten unterordnen.«

Die Abbildung zeigt eine Entwurfsskizze (eines der wenigen Blätter, die sich von Schweizers Planungen erhalten haben) zur Neuordnung Baden-Badens mit der Notiz, die unschönen Stadtgebiete zum reinen Landschaftsbild werden zu lassen. Links der Kurhausbezirk, in der Mitte die Altstadt, rechts ein neu geplantes Thermalbadzentrum.

Städtebauliche Umgestaltung des Stadtteils Norrmalm in Stockholm
Wettbewerbsprojekt, 1932

Rednertribüne in Schramberg
Projekt, 1933

Neugestaltung des Platzes vor dem Ettlinger Tor in Karlsruhe
Projekt, 1933

Erweiterung des Reichshauptbankgebäudes in Berlin
Wettbewerbsprojekt, 1933

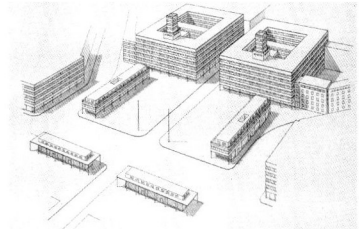

Schweizer schrieb in seinem Erläuterungsbericht: »Bei der Schaffung eines modernen Stadtzentrums ist die Trennung von Fußgänger- und Fahrverkehr eine unumgängliche Voraussetzung. Die architektonischen Schöpfungen unserer Zeit wollen – ebenso wie diejenigen der Vergangenheit – wieder in ruhiger Betrachtung vom Menschen erlebt werden, ohne daß er dabei Verkehrsgefahren ausgesetzt ist. Es ist notwendig, die Disposition über Verkehrsanlagen so zu treffen, daß der Fußgänger Richtlinien und Maßstab bestimmt, nach denen ein architektonischer Aufbau zu erfolgen hat, während der Fahrverkehr als ein den menschlichen Bedürfnissen dienendes Element sich in seinen Funktionen wohl zu entfalten, aber dem Architektonischen unterzuordnen hat.«

Die Abbildung zeigt das Modell aus der Luftperspektive von Osten. Vorn das Opernhaus, links die zum Stadthaus führende Achse mit der mäanderförmigen Randbebauung.

Seite 156

In Schramberg war es ortsüblich gewesen, amtliche Bekanntmachungen öffentlich auszurufen – eine Tradition, die wiederaufgenommen werden sollte. Da vom Rathaus aus nicht angemessen zu einem versammelten Publikum gesprochen werden konnte, wurde nach einer Ersatzlösung gesucht. Schweizer schlug vor, die dem Rathaus gegenüberliegende unbebaute Ecke Oberndorfer Straße/Hauptstraße zu schließen. Ein flachgedeckter Bau mit überdeckter Plattform im ersten Obergeschoß für den Redner (und für Standkonzerte) sollte die Platzwand abrunden.

Die Abbildung zeigt den Blick von Nordwesten auf die neugestaltete Ecke. Links angeschnitten das Rathaus.

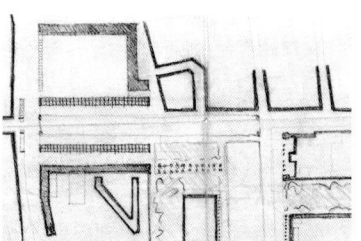

Der Platz vor dem Ettlinger Tor, dem ehemaligen Stadteingang Karlsruhes von Süden, nach dem Abbruch des Stadttores von Friedrich Weinbrenner und anderer Bauten ein ungeordneter, auseinanderfließender Bezirk, sollte neu gestaltet werden. Schweizer nahm zu dem Projekt von Hermann Billing, seinem Kollegen an der Technischen Hochschule in Karlsruhe, der eine geschlossene Platzanlage mit hohen Gebäudewänden als südlichem Abschluß vorgeschlagen hatte und zu einem Entwurf der »Deutschen Arbeitsfront« von Julius Schulte-Frohlinde mit gleichfalls geschlossenen Platzwänden Stellung. Er schlug im Gegensatz zu beiden Planungen vor, den Platz nach Süden nicht etwa zu schließen, sondern zu öffnen und die gegebene Situation, die Lage des Festplatzes und des sich nach Süden anschließenden Stadtgartens für weite Ausblicke zu nutzen.

Die obere Abbildung zeigt das Projekt Billings mit niedrigen Bauten zur Stadtseite hin und den hohen, turmbekrönten Gebäuden als südliche Platzwand, die untere Schweizers Entwurf mit Arkadengängen parallel zur Ettlinger Straße, die den Raum fassen und den Blick auf den Stadtgarten und in die Weite nicht verstellen. In Bildmitte unten der Festplatz, links das Ettlinger Tor und rechts der Stadtgarten. Als weiteren Gutachter schlug Schweizer German Bestelmeyer vor, da dieser in seiner Grundauffassung eher mit Billing übereinstimme als er selbst.

Schweizer schrieb zu seinem Entwurf: »Der Schwerpunkt ist bei der Bearbeitung auf die Belichtungsfrage gelegt, die für sämtliche Räume einwandfrei gelöst ist. Sowohl die Disposition der Baumassen, wie die Verkehrsfragen innerhalb des Gebäudes, als auch Konstruktions- und Materialfragen sind von dem Gedanken einer einwandfreien Belichtung der Arbeitsplätze beeinflußt. Es ist bei modernen Bürogebäuden oft ein übermäßiger Gebrauch von großen Glasflächen gemacht worden. Dabei hat sich als Problem weniger die Kompensation der nachteiligen Wirkungen bei der Beheizung herausgestellt, als vielmehr die außerordentliche Beeinträchtigung durch allzu große Sonnenbestrahlung bei falscher Anwendung von Glas. Horizontale Glasflächen sind grundsätzlich vermieden und stattdessen breite Glasfensterbänder und stützenlose Auskragungen verwendet. Der Grundsatz ist maßgebend gewesen: viel Licht und wenig Sonne für die Arbeitsplätze.«

Die Abbildung zeigt eine Perspektive von Nordosten mit Blick auf den Hauptflügel, den Nebenflügel und die Verbindungsbrücke in einer Planungsvorstufe, in der das Vordach über dem Erdgeschoß um den ganzen Komplex herumgeführt ist. Im Vordergrund der Kupfergraben

Seite 158

»Parkstadt im Hochbau«
Projekt, 1931

»Eine hohe Verdichtung, die aber die menschlichen Belange berücksichtigt, ist nur bei Verwendung eines elastischen Konstruktionssystems zu erreichen, das eine große Verschiedenartigkeit der Raumdisposition ermöglicht«, schrieb Schweizer zu seinem Entwurf. Die Abbildung zeigt das Modell der Stahlbeton-Skelettkonstruktion eines Wohnhochhauses.

Seite 153

Wohnhaus Cahn in Fürth
Projekt (?), 1930

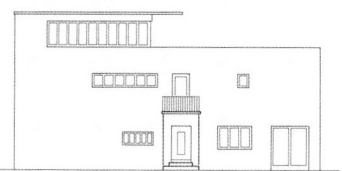

Das Wohnhaus sollte in harten kubischen Formen gestaltet werden, die durch die Vorbauten und durch leicht vorstehende Gesimse gemildert worden wären.

Die Abbildung zeigt die Straßenansicht mit dem Eingang und dem darüberliegenden kleinen Balkon. Das schmale Fensterband im 1. Obergeschoß belichtet das Treppenhaus.

Seite 154

Wohnhaus Kromwell in Nürnberg
Projekt, 1931

Dem herrschaftlichen Charakter des Hauses entsprechend ist der Eingang großzügig ausgebildet worden und wird durch den vorspringenden, ein und zwei Geschosse hohen Ostflügel gefaßt. Die Fenster sind der Wertigkeit der Räume entsprechend unterschiedlich ausgebildet: große Glasflächen und raumhohe Elemente für Wohn- und Schlafräume, kleinere, zu Bändern zusammengefaßte Einheiten für Küche und Anrichte sowie schmale, hochliegende Fenster für die Nebenräume.

Die Abbildung zeigt die Ostansicht mit der Garage und mit der Stirnseite der Rampe, die die Terrasse mit dem Garten verbindet.

Seite 155

Sportpark in Heilbronn
Projekt, 1932

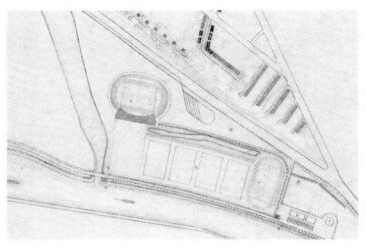

Im Süden Heilbronns nahe der Sontheimer Straße sollte direkt am Neckar und an einem alten Neckararm ein Sportplatz angelegt werden mit Stadion, Schwimmbad, Spielwiesen, Restaurants und Anlagen für den Ruder- und den Polizeisportverein. Schweizer schrieb zu seinem Entwurf, daß bei der Projektierung von Sportanlagen zuerst die Verkehrsfrage zu berücksichtigen sei, weil große Menschenmassen in solchen Anlagen versammelt würden. Die Tendenz gehe dahin, daß eine solche Anlage nicht nur für Sportzwecke geschaffen werde, sondern daß sie Versammlungsmöglichkeiten für den größten Teil der Bevölkerung biete und daß in diesen Anlagen auch die gesamte Stadtbevölkerung körperliche Erholung finden könne.

Die Abbildung zeigt den Lageplan des Sportparks zwischen Neckar (unten), dem altem Neckararm (links) und der von Südwesten nach Nordosten verlaufenden Sontheimer Straße.

Haus Bamberger in Nürnberg (?)
Projekt, 1930

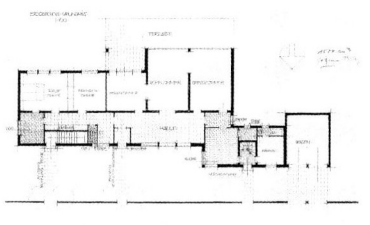

Für ein Nord-Süd gerichtetes Grundstück, vermutlich in Nürnberg, plante Schweizer ein herrschaftliches Wohnhaus für ein kinderloses Ehepaar mit einer Einliegerwohnung im Obergeschoß. Das Erdgeschoß zeichnet sich durch eine großzügige Raumfolge aus: kombinierbares Wohn-, Speise- und Herrenzimmer, das mit einer weiträumigen, hell belichteten Eingangshalle hätte verbunden werden können, separater Schlafbereich sowie abgesonderter Wirtschaftstrakt. Nur die Vorentwurfszeichnung des Erdgeschoßgrundrisses und wenige Skizzen haben sich erhalten.

Corpshaus der Catena in Stuttgart
1930

Zur Einweihung des Corpshauses hieß es in der *Stuttgarter Rundschau* vom 27.6.1931: »In Form und Gestaltung wurde auf größte Zweckmäßigkeit und strenge Einfachheit besonderer Wert gelegt, die ihren Ausdruck in modernster technischer Einrichtung des ganzen Hauses gefunden haben. Alles in allem ein wirklich vorbildliches Verbindungshaus, das weitgehendste Gelegenheit zur Arbeit und Erholung, zur Pflege der Freundschaft, studentischen Korporationsgeistes und vaterländischer Gesinnung bietet.«

Die Abbildung zeigt die Straßenseite. Im erdgeschoßhohen Vorbau der Haupteingang, der Garderobenraum und die WC-Anlagen. Das schmale, mit Glasbausteinen geschlossene Fenster oberhalb des Vorbaus belichtet die Eingangshalle. Im Obergeschoß Fenster der Studentenzimmer.

Die Fassade des Gebäudes an der Bopserwaldstraß 92 steht weitgehend unverändert, die Gartenseite ist bis zur Unkenntlichkeit umgebaut worden.

Seite 146

Wohnhaus am Wannsee in Berlin
Wettbewerbsprojekt, um 1930

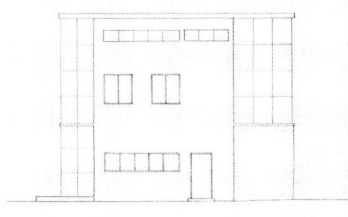

Schweizer versuchte, das Äußere des Hauses trotz seines villenartigen Charakters zurückhaltend zu gestalten. Die Abbildung zeigt die Nordwestansicht mit dem Nebeneingang für Wirtschafts- und Personalräume und den die Terrasse und den Balkon schützenden Glaswänden. Der Balkon wird durch das weit vorkragende Dach des Hauses geschützt. Das Dachgeschoß ist als »Isolierraum« gegen Kälte und Wärme des Schlafgeschosses ausgewiesen »und gestattet«, so Schweizer, »die innere Vergrößerung des Hauses durch Ausbau der gesamten zur Verfügung stehenden Fläche«.

Seite 148

Idealplan einer Großstadt
Projekt, 1930/31

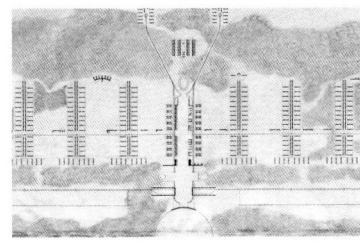

»Die ideale Lösung für die Disposition moderner Arbeitsstätten müßte dem einzelnen Arbeiter ermöglichen, seine Arbeitsstätte auf dem einfachsten und kürzesten Wege zu Fuß zu erreichen, d. h., daß der Weg von der Wohnung zur Fabrik eine Gehentfernung von 20 Minuten nicht überschreiten sollte. Die Industriegebiete werden in Form von Bändern zwangsläufig der geologisch und geographisch günstigen Lage oder bestehenden Verkehrswegen entlang angelegt werden müssen«, schrieb Schweizer in einem Aufsatz »Die neue Stadt« aus dem Jahr 1935, Forderungen, die er mit seinem Idealplan einer Großstadt entwickelt hatte.

Die Abbildung zeigt einen Vorentwurf zum Idealstadt-Plan mit den Wohnungen oben und den durch Grüngürtel abgetrennten Arbeitsstätten unten. Im Norden des Forums sollte in Verbindung zum Stadion und zu den »Villenhochblocks« eine Hochschule liegen, im Süden ein kreisrunder Flugplatz. Beide Gedanken wurden im Hauptentwurf verworfen.

Seite 150

Wohnhaus Lehmann in Nürnberg
1929

Stadion und Schwimmstadion in Wien
1928–31

Ausbau des Pratergeländes in Wien
Projekt, 1929–31

Milchhof in Nürnberg
1929–31

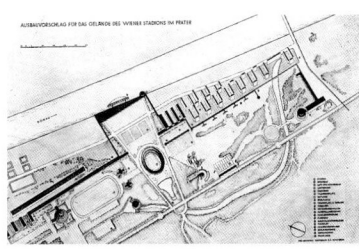

Das Wohnhaus Lehmann ist im Zusammenhang mit den Wohnhäusern Proesler/Scheller (S. 118) und Helander (S. 279) zu sehen und stand auf dem südlichen der benachbarten Grundstücke am Ende einer Stichstraße. Der zwei Geschosse hohe Hauptbaukörper ist durch zwei eingeschossige Anbauten betont, die zugleich als Balkone für die Räume im Obergeschoß genutzt werden können. Durch Abböschungen des Geländes und durch das natürliche Gefälle bedingt, tritt das Untergeschoß nach Südosten frei hervor, so daß zwei natürlich belichtete Räume gewonnen werden konnten. Wie bei den beiden anderen Häusern war Schweizer zur Ausführung eines Walmdaches anstatt eines Flachdaches gezwungen.

Die Abbildung zeigt einen Blick von Osten auf die Südseite des Hauses, das nicht mehr steht, mit dem Wintergarten und den Fenstern des Gartenzimmers sowie der Waschküche im Untergeschoß.

Bruno Grimschitz schrieb zu Schweizers Stadion: »Nach zwei Jahrtausenden erscheint wieder neu die Grundform der antiken Arena. Unverändert sind die riesigen Größenmaße des Bauwerks mit seinen Treppen und Umgängen und die Neigungswinkel der Sitzreihen geblieben. Vergrößert hat sich die Freispielfläche, und grundsätzlich neu gestaltet wurde die Konstruktion. Der massive Steinbau ist durch den Skelettbau in Eisenbeton ersetzt worden. Der Kampfbahnbau des Wiener Stadions erscheint als erster der modernen Stadionanlagen in allen Teilen gestaltet als Eisenbetonständerbau, dessen statische Beanspruchung durch Bauglieder von minimalster Dimensionierung aufgefangen und getragen wird. Das Vertikalband zwischen den Platzrängen innen und die Außenseite des in vertikale und horizontale Betonbänder aufgelösten Arenazylinders sind verglast. Ästhetisch sind in sachlichster und kühnster Weise die Konsequenzen aus dem Eisenbeton gezogen: Die ungeheure Belastung des Baues durch die Zehntausende scheint durch das zwischen riesigen Glaswänden elastisch gespannte Betonstrebewerk aufgehoben.«

Die Abbildung zeigt das Stadion im Rohbau an der Meiereistraße.

Durch Erhöhungen der Ränge ist die große Form völlig verändert worden; das Schwimmstadion steht nicht mehr; der Spiegelteich wurde zugeschüttet.

Seite 120

Schweizer schrieb zu seinem Entwurf: »Entlang der Donau wurde eine verdichtete Siedlung für 20 000 Einwohner geplant. Das kulturelle Zentrum dieser Siedlung fügt sich zusammen mit den Sportanlagen zu einer großen Einheit. So würde hier in einer der schönsten Lagen Europas zwischen Donaustrom und Praterpark ein großartiges Erholungszentrum für die Gesamtgroßstadt Wien entstehen.«

Die Abbildung zeigt den Lageplan in einer Planungsvariante mit mäanderförmig angelegten Wohnhochbauten von zehn und zwölf Geschossen Höhe an der Donau und den weiten Grünflächen dazwischen. Über einen Wandelgang ist die Verbindung zu den öffentlichen Einrichtungen gegeben.

Seite 134

Justus Bier schrieb zu Schweizers Milchhof: »Die lockere Aufreihung der drei in ihren Funktionen streng geschiedenen und daher auch in ihrer formalen Erscheinung eindeutigen Gebäude – Verwaltungsgebäude, Garagenbau, Fabriktrakt, wozu noch der riesige monolithische Eisenbetonkamin tritt – ist zu einer sehr sprechenden, klaren Abwicklung des Gesamtbaukörpers benutzt, die den Eindruck der Bauten, sowohl vom Pegnitztal wie vom Bahnkörper her, bestimmt. Wenn dieser Bau dem ganzen Stadtteil, der bisher als wirres Vorstadtgebiet wirkte, architektonische Festigkeit gibt, so nur durch seine städtebaulich überlegte Plazierung und die natürliche Monumentalität seiner Masse und seines konstruktiven Aufbaus. Die drei Bauten in ihrem lockeren und doch organischen Zusammenhang sind trotz der verzwickten, anscheinend durchaus einmaligen und untypischen Geländeverhältnisse zum Prototyp eines Fabrikbaus geworden, so daß ohne entscheidende Schwierigkeiten auch ein gänzlich anderer Fabrikationszweig sich in ihnen installieren ließe. Und dies, trotzdem der bewältigte Fabrikationsvorgang ein höchst komplizierter ist und durch seine besonderen Anforderungen anscheinend einen besonderen Gebäudetypus erfordert.«

Die Abbildung zeigt das Betriebsgebäude von Nordosten mit dem abgehängten Schutzdach über der Verladerampe und den Schornstein mit Wasserhochbehälter von Süden kurz vor der Fertigstellung.

Der Milchhof an der Tullnaustraße ist weitgehend unverändert erhalten. Die Tankstelle steht nicht mehr. Neubauten und andere Eingriffe haben den ursprünglichen Charakter der Gesamtanlage beeinträchtigt.

Seite 136

Wohn- und Pflegestätte Johannisheim in Nürnberg
1928/29

In einem Zeitungsbericht zur Eröffnung des Johannisheimes heißt es: »Gleich der äußere Eindruck zwingt zum Stehenbleiben. Nach Plänen, die noch vom früheren Oberbaurat Schweizer entstanden und die dann von Baurat Schulte-Frohlinde durchgearbeitet und ausgeführt wurden, entstanden hier in kaum einjähriger Bauzeit zwei in ihrer räumlichen Ausdehnung recht bescheiden anmutende, ganz im Freien stehende Pavillons. Fürs erste mußte man sich mit diesem Heim, das 47 unterstützungsbedürftige Lungenkranke beider Geschlechter aufnimmt, begnügen. Jeder der beiden Pavillons – der eine gehört den Männern, der andere den Frauen – hat im Zusammenhang mit den Krankenräumen, die im allgemeinen für zwei Personen, in wenigen Fällen einbettig oder dreibettig vorgesehen sind, seinen eigenen Liegeraum, einen geschlossenen Aufenthaltsraum, eine eigene Pflegekraft und eine eigene Küche.«

Die Abbildung zeigt die im Rohbau fertiggestellten Trakte. Die Unterzüge, die auskragenden Teile sowie die Decken bestehen aus Stahlbeton, die Wände aus Ziegelstein. Alle Teile wurden einheitlich mit Putz überzogen.

Die beiden ausgeführten Trakte stehen sehr stark verändert an der Schnieglinger Straße 185–187. Der ehemals freie Blick in die Landschaft ist durch einen Erdwall nicht mehr gegeben.

Seite 114

Hochblock-Trabantenstadt
Projekt, 1928/29

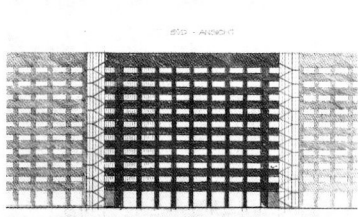

Nicht zuletzt führten auch wirtschaftliche Überlegungen Schweizers zu seinen Studien, zur Zentralisierung, zur Großräumigkeit, zur Konzentration der Baumassen und Erschließungsanlagen, zu unverwinkelten, klaren Grundrissen.

Die Abbildung zeigt die Südansicht des Hochblocks für Kleinwohnungen mit dem schwarz angelegten vorspringenden Bauteil und den verglasten Treppenhäusern im Hintergrund.

Seite 116

Doppelwohnhaus Proesler/Scheller in Nürnberg
1928/29

Justus Bier schrieb zum Flachdachstreit: »Wir haben kürzlich die Nachricht gebracht, daß der Stadtrat von Nürnberg dem Architekten O. E. Schweizer die Errichtung einer Gruppe Flachdachhäuser im Waldgebiet aus ästhetischen Gründen untersagt hat. Eine des grotesken Beigeschmacks nicht entbehrende Situation: Der Architekt, gegen den sich der Beschluß richtet, war selbst bis vor kurzem als Vorstand der Bauberatung für die städtebauliche Gestaltung Nürnbergs an entscheidender Stelle mitverantwortlich. Zudem hat er mit seinen Bauten im Altstadtgebiet bewiesen, wie ernst er es mit der Zurückhaltung nimmt, die eine Stadt wie Nürnberg dem modernen Architekten glaubt auferlegen zu müssen. Schon bei seinen weit draußen gelegenen Stadionbauten dagegen macht er sich von aller nürnbergischen Bedenklichkeit frei und schuf einen modernen Bauorganismus von so großer und überzeugender Gestaltung, daß damit die Bahn für eine neuzeitliche Formgebung, wenigstens für die Außengebiete Nürnbergs, gebrochen schien.«

Die Abbildung zeigt das Haus, das weitgehend unverändert an der Hubertusstraße 6 steht, von Südosten mit dem von der Baupolizeibehörde erzwungenen Walmdach.

Seite 118

Wohnhaus Helander in Nürnberg
1929

Das Haus Helander ist im Zusammenhang mit den Häusern Proesler/Scheller (S. 118) und Lehmann (S. 280) zu sehen und steht auf dem nördlichen der drei benachbarten Grundstücke. Dem zwei Geschosse hohen Hauptbaukörper mit großer Eingangshalle, Wohnzimmer, Speisezimmer und Küche im Erdgeschoß, Schlafräumen, Bad und Mädchenzimmer im Obergeschoß, sind zwei eingeschossige Anbauten angefügt, die zugleich als Balkons für die Räume im Obergeschoß genutzt werden können: eine dem Salon zugeordnete Bibliothek nach Osten und eine dem Eßzimmer vorgelagerte Veranda nach Süden. Ein weiterer ursprünglich vorgesehener Anbau nach Westen wurde nicht ausgeführt. Wie bei den beiden benachbarten Häusern war Schweizer gezwungen, dem kubischen Hauptbaukörper ein Walmdach aufzusetzen.

Die Abbildung zeigt das Haus, das weitgehend unverändert an der Hubertusstraße 10 steht, von Südwesten.

Hochbauten der Stadionanlage in Nürnberg
1927–29

Zum Wert der Hochbauten Schweizers für die Nürnberger Stadionanlage schrieb Justus Bier: »Für den Maßstab, der an die Stadionhochbauten angelegt werden muß, ist ausschlaggebend, daß der an sich schon 31 Hektar große Sportplatz nur 1/10 des zusammenhängenden riesigen Grünflächengebietes ausmacht, das Nürnberg mit Luitpoldhain, Dutzendteich und Sportplatz besitzt. Es ist der wesentlichste Wert der Schweizerischen Bauten, daß sie sich in diesem ungeheuren Raum auch für den Fernblick behaupten mögen.«

Die Abbildung zeigt den Haupteingang und eine der Freitreppen, die auf den Umgang auf der Krone des Stadionwalls führen.

Die Alkoholfreie Gaststätte und das Sonnenbadcafé wurden im Krieg zerstört, ebenso die meisten der Nebenbauten. Das erhalten gebliebene Tribünengebäude mit Kassen und Verwaltungstrakt an der heutigen Hans-Kalb-Straße wurde erst in den letzten Jahren überbaut und zum größten Teil abgerissen.

Seite 102

Rathausschmuck zum Dürerjahr in Nürnberg
1928

Anläßlich des Dürerjahrs 1928 waren verschiedene Architekten und Künstler zur Ausschmückung der Stadt herangezogen worden. Schweizer wurde der Schmuck des Rathauses übertragen. Er schlug vor, aus den obersten Geschossen der Ecktürme und des Mittelteils lange Fahnen herabhängen zu lassen sowie das weitgehend geschlossene Erdgeschoß durch wenige an die Wand gehängte vergoldete Messingkränze zu beleben. Die Architektur des Renaissance-Gebäudes sollte durch den Schmuck nicht gestört, sondern in ihren Hauptgliedern betont werden.

Lit.: *Bericht über die Veranstaltungen und den Verlauf des Dürerjahres. Nürnberg 1928*, hrsg. v. Stadtrat, Nürnberg 1928, S. 20 ff.

Umbau des Bayrischen Hofes in Nürnberg
1928

Der Bayrische Hof, ein Komplex aus mittelalterlichen Häusern und einem repräsentativen Renaissancegebäude, war nach entstellenden Zutaten und Umbauten im Laufe der Zeiten – er diente verschiedenen Zwecken, war Fürstenherberge, Hotel, Wohngebäude und Amtshaus – von Schweizer restauriert und durch behutsame Eingriffe einer neuen Funktion zugeführt worden, »unter Wahrung des Altnürnberger Charakters«, wie es in einer Pressenotiz heißt.

Die Abbildung zeigt einen Blick in den neugestalteten Innenhof. Außer der Photographie haben sich keine Unterlagen erhalten. Das Gebäude, das nahe der Karlsbrücke direkt an der Pegnitz lag, wurde im Krieg zerstört.

Unterstand einer Straßenbahnhaltestelle in Nürnberg
1928

Unter der planerischen Federführung Schweizers als Oberbaurat und Leiter der Neubauabteilung der Stadt Nürnberg entstanden verschiedene kleinere Bauten im Stadtbezirk Nürnbergs wie zum Beispiel der Unterstand einer Straßenbahnhaltestelle mit zwei Telephonzellen an der Ecke Pirckheimer/Bucherstraße, der sich durch zurückhaltende Gestaltung und durch das weit vorkragende, knapp dimensionierte Stahlbetondach auszeichnete. Die Verglasung an der Rückseite sollte ein Durchscheinen der durch den Neubau überschnittenen Straßenrandbebauung ermöglichen.

Der Bau steht nicht mehr.

Lit.: *Architektur in Nürnberg 1900 bis 1980*, hrsg. v. Centrum Industriekultur Nürnberg, Stuttgart 1981, S. 56.

Umbau der Friedhofskapelle in Nürnberg-Mögeldorf
1927

Die Kapelle auf dem Mögeldorfer Friedhof, ein kleiner Bau über rechteckigem Grundriß mit Satteldach und Dachreiter, sollte erweitert werden. Schweizer fügte an der Längsseite eine Vorhalle mit drei hohen Bögen an, deren notwendige Höhe er dadurch erreichte, daß die vorhandene Dachneigung durch einen Knick wenig unterhalb der Firstlinie verringert wurde. Die Vorhalle, die seitlich durch zwei schmale hohe Fenster zusätzlich Licht von außen erhält, besteht dem Altbau entsprechend aus Sandstein mit einer Holzbalkendecke, deren Untersicht unverkleidet ist.

Die Friedhofskapelle steht unverändert.

Corpshaus der Catena in Stuttgart
Projekt, 1927

Im Gegensatz zur monumentalen Architektur der Gartenansicht versuchte Schweizer, das Gebäude zur Straße hin durch stärkere Gliederung, durch Anbauten, die sich in ihrer Höhe herunterstaffeln, aufzulockern, um so eine größere Einbindung in die Landschaft zu erreichen.

Die Abbildung zeigt die Straßenansicht, an der Schweizer (wie auch an der Gartenseite) der Symmetrie durch kleinere Unregelmäßigkeiten, etwa der Lage des Haupteingangs oder der unterschiedlichen Gestaltung der den Hauptbaukörper flankierenden Ecktürme, entgegenwirkte.

Seite 98

Erweiterung des Deutschen Museums in München
Wettbewerbsentwurf, 1927

Die Wettbewerbsaufgabe bestand darin, dem bestehenden, »monumentalen, wenn auch nicht mehr dem heutigen Zeitgeist entsprechenden« Museumskomplex einen fast ebenso großen Baukörper zuzuordnen. Schweizers Grundgedanke war, den vorhandenen Bau durch die Neubauten nicht in ein städtebauliches Abseits zu drängen, sondern beide Teile zu einer geschlossenen Einheit zu verbinden.

Die Abbildung zeigt eine Skizze, aus der die Absicht der Massenverteilung erkennbar wird.

Seite 99

Bebauungsplan für das Schloßgut Großhesselohe bei München
Projekt, 1927–29

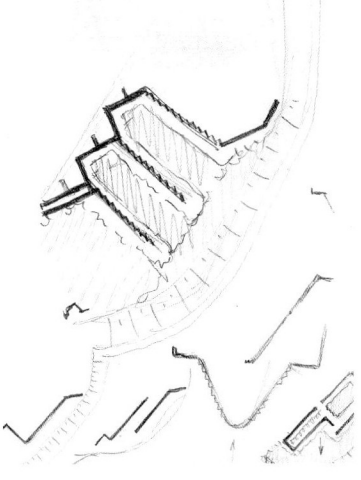

Für das Projekt lagen keine konkreten Ausnutzungsziffern vor. Schweizer betonte, daß die Dinge lediglich im Stadium der Erwägung seien und seine Studien eher grundsätzliche Züge trügen.

Die Abbildung zeigt eine Entwurfsskizze Schweizers mit dem Versuch, die Wohnblöcke unter Beibehaltung weitflächiger Grünräume in die Landschaft zu integrieren.

Seite 100

Um- und Erweiterungsbauten für das Städtische Krankenhaus in Nürnberg
1926/27

Unter die Umbaumaßnahmen im Areal des Städtischen Krankenhauses fiel auch die Erweiterung des Wirtschaftsgebäudes.

Die Abbildung zeigt einen Blick auf die geschlossene Anlage, die durch das Zusammenfassen verschiedener bestehender Bauteile entstand. Rechts im Bild die Spülküche, links die Speisentransport-Wagenhalle. Im hohen Flügel befinden sich die – im Inneren über zwei Geschosse durchgehende – Hauptküche. Die vorkragenden Dachplatten, mit denen Schweizer alle seine Neubauten auf dem Klinikgelände versah, sollten ihren Zusammenhang verdeutlichen. Das Städtische Krankenhaus befindet sich auf dem Areal an der Flurstraße. Das Wirtschaftsgebäude sowie Bau 21 (heute Bau 30) stehen noch, Bau 11 ist durch den neuen Bau 14 ersetzt worden.

Seite 83

Planetarium in Nürnberg
1926/27

Justus Bier schrieb in einem Zeitungsbericht über Schweizers Planetarium: »Die architektonische Gestaltung eines solchen Bauwerks hat zunächst mit einer Halbkugel zu rechnen, die, je nachdem, ob man die notwendigen Nebenräume unter oder um den Kuppelbau verlegt, gehoben oder von Anbauten umfaßt wird. Während die meisten der bisher erstellten Bauten die Monumentalität der Aufgabe durch verkleinlichende Auflösung des Gesamtkörpers schwächen, hat der Architekt des Nürnberger Planetariums, Otto Ernst Schweizer, ebenso wie Wilhelm Kreis, der Erbauer des Düsseldorfer, im Gelände der Gesolei gelegenen Planetariums und Adolf Meyer, der ein bisher noch nicht ausgeführtes Planetarium für die Zeisswerke entworfen hat, die strenge Geschlossenheit des Baukörpers bewahrt. Im Gegensatz zu Adolf Meyer, der die Kuppel selbst unbeschädigt durch in sie hineinschneidende Portalbauten sprechen läßt, haben Schweizer und Kreis einen hohen Mantel um die Kuppel gelegt, der den Bau zu einer zylindrischen Masse emporstylt. Während für Kreis bei dieser Lösung das Bedürfnis führend war, dem Bau den Ausdruck des Emporgestylten zu geben, bei dem die enge Kette der den Zylinder umfassenden Strebepfeiler ebenso wie die leichte Anspitzung der Kuppel und die senkrechte Falzung der Dachhaut mitwirken, waren für Schweizer bei der Wahl der Zylinderform in erster Linie städtebauliche Rücksichten maßgebend.«

Die Abbildung zeigt einen Blick auf das Planetarium von Südosten.

Das Planetarium wurde 1934 abgerissen.

Seite 84

Völkerbundgebäude in Genf
Wettbewerbsprojekt, 1926/27

Das rund 66 000 m² große Grundstück, das von Westen nach Osten, von der Erschließungsstraße zum See hin auf rund 250 m Tiefe um etwa 12 m fällt, sollte später durch Zukauf um fast das Doppelte erweitert werden. Bei der Planung mußte diese Erweiterungsabsicht berücksichtigt werden.

Die Skizze zeigt Schweizers Absicht, die Gebäude möglichst niedrig zu halten und den Plenarsaal aus der Gesamtanlage dominierend hervortreten zu lassen.

Seite 90

Arbeitsamt in Nürnberg
1926–29

Zur Wiederveröffentlichung des Arbeitsamtes in seiner Schrift *Vom Wiederaufbau zerstörter Städte* schrieb Schweizer 1949: »Neubau eingefügt zwischen zwei vorhandenen Gebäuden; rechts wertvolles Baudenkmal. Durch diese Bezogenheit äußere Gestaltung mit Steildachform, Plastik und Material festgelegt. Die räumlich-plastische Baugruppe, zu einer architektonischen Einheit zusammengebunden, gibt für die nähere Umgebung und auch aus der Ferne von der Grabenpromenade einen bedeutungsvollen Anblick. Im Gegensatz zur architektonischen Bezogenheit des Äußeren herrscht im Innern reine Zweckmäßigkeit. Die Abstellung auf einen klaren Ablauf von Verwaltungsbetrieb und Publikumsverkehr ergab einen zeitgemäßen Organismus in den Formen und Konstruktionen der Gegenwart.«

Die Abbildung zeigt einen Ausschnitt der Nordwestfassade mit dem anschließenden Waizenbräuhaus rechts.

Das Arbeitsamt auf dem Gelände zwischen der heutigen Karl-Grillenberger-Straße und der Hinteren Ledergasse ist weitgehend unverändert erhalten. Das Weizenbäuhaus steht nicht mehr, der zum Weizenbäuhaus überleitende Baukörper ist umgebaut worden.

Seite 92

Stadthalle Nürnberg
Verschiedene Projekte, 1925–32

»Eine moderne Stadthalle muß eine universelle Verwendungsmöglichkeit bieten«, schrieb Schweizer. »Sie muß sowohl für Versammlungen, Kundgebungen des politischen, wirtschaftlichen und kulturellen Lebens als auch als Tagungsort für große Verbände und Organisationen, für Ausstellungen, für Theater und gesellschaftliche Darbietungen, Massenchöre, große Orchester u. a. den Rahmen geben, sie muß aber auch für Sportveranstaltungen, welche nicht im Freien stattfinden, verwendbar sein.«

Die Entwurfsskizze zeigt eine Ansicht seines Projektes von 1929, das er für ein Gelände im Pegnitzgrund nördlich des Wöhrder Talübergangs plante.

Seite 78

Umbau des Wohn- und Geschäftshauses Schlauder in Schramberg
1926

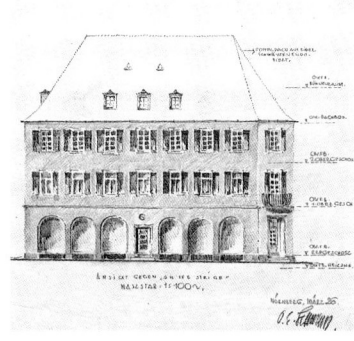

In einem Bericht der *Süddeutschen Zeitung* heißt es zu Schweizers Entwurf: »Dieser vortrefflich gelungene Umbau stammt aus der Bautätigkeit Schweizers in seinem Heimatland; mit wenig Mitteln ist ein Bau entstanden, der nicht nur für sich gut wirkt, sondern auch städtebaulich eine glückliche Lösung bedeutet.«

Die Abbildung zeigt die Nordwestansicht mit zwei Eingängen in den Geschäftsbereich. Die Zeichnung entspricht weitgehend dem ausgeführten Bau.

Das Gebäude steht heute an der Ecke Hauptstraße/An der Steige weitgehend unverändert.

Seite 80

Krankenhaus mit 500 Betten
Projekt, 1926

Schweizer schrieb zu seinem Entwurf: »Das Pavillonsystem im Krankenhausbau erfordert neben hohen Baukosten große Gebäudeflächen, und außerordentlich hohe Erschließungskosten verteuern diese Anlagen sehr. Um die Anlagekosten nicht ins Unerschwingliche zu steigern, müssen die Abstände zwischen den einzelnen Pavillonbauten auf das Mindestmaß reduziert werden. Damit ist das Pavillonsystem weder ein architektonisch städtebauliches Problem, noch ist die Trennung durch Grünflächen so groß, daß die verschiedenen Bauten als Einzelleistungen für sich zu optischen Auswirkungen kommen könnten.« Sein Vorschlag einer geschlossenen Anlage habe in zweifacher Hinsicht große Vorteile für sich. Er mache den Krankenhausbau zu einem architektonischen Problem und sei auch in wirtschaftlicher Beziehung weit günstiger als das Pavillonsystem, heißt es in einer Kritik.

Die Abbildung zeigt einen Blick auf das Krankenhaus von Südwesten. Links im Bild der nach Norden gelegte Anbau mit Betriebsräumen und Haupteingang.

Seite 82

Umgestaltung der Laufertor-Anlage in Nürnberg
Projekt, 1926

Im Zusammenhang mit der Planung des Nürnberger Planetariums (S. 84) schlug Schweizer vor, die Laufertor-Anlage neu zu ordnen. Dem Planetarium im Süden des langgestreckten Platzes gegenüber sollten im Norden zwei walmgedeckte, durch einen Arkadengang verbundene Häuser sowohl der Platzanlage als auch dem Verkehrsknoten am Laufertor-Turm einen räumlichen Halt geben. Die Begrenzung im Norden sollte durch Baumpflanzungen gekennzeichnet werden, um den Laufertor-Turm in seiner großen Form eindeutig hervortreten zu lassen.

Die Abbildung zeigt ein Arbeitsmodell – Blick aus der Luftperspektive von Norden – mit dem Laufertor-Turm rechts, den zwei geplanten walmgedeckten Häusern links daneben und dem Planetarium im Hintergrund.

Umbau des Schlößchens Lichtenhof in Nürnberg (Bauberatung)
Projekt, 1926

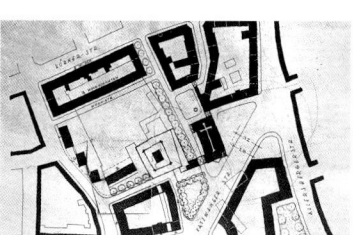

Ein seinerzeit am südlichen Rand Nürnbergs gelegenes Gelände im Bereich des heutigen Ritter-von-Schuh-Platzes sollte neu geordnet und ein kleiner historischer Bau, das Schlößchen Lichtenhof, in die Planung mit einbezogen werden. Statt einer zunächst geplanten großen Kirche mit hohem Turm, die den alten Bau nahezu erdrückt hätte, reduziert Schweizer die Baumassen, rückt die Kirche mit nur niedrigem Westwerk vom Schlößchen ab und bildet einen von Wohnbauten gefaßten nahezu quadratischen Freiraum, der das Schlößchen und die Kirche räumlich erlebbar werden läßt.

Bebauungsplan Am Hasenbuck in Nürnberg (Bauberatung)
Projekt, 1926

Für ein Gelände zwischen dem Stadtteil Gibitzenhof und dem Volkspark, das von der Ingolstädter-, der Tiroler- und der Frankenstraße begrenzt wird, sollte im Zusammenhang mit der Kirche St. Theresia ein Bebauungsplan erstellt werden. Im Gegensatz zu einem eingereichten Entwurf, der weitgehend geschlossene Blockbebauung vorsah, schlug Schweizer hintereinandergestaffelte, gekoppelte Wohnzeilen vor, die er auf einen zwischen die Kirche im Nordosten und einem Denkmal im Südwesten eingespannten weiten Freiraum bezog. Der Freiraum, der sich zur Kirche hin weitet, zum Denkmal hin verjüngt, ist den Fußgängern vorbehalten, während der Fahrverkehr um die Siedlung herumgeführt wird.

Die Abbildung zeigt das Massenmodell aus der Luftperspektive, Blick von Südwesten. Rechts die Ingolstädter Straße.

Lit.: *Baukunst* (Sonderheft Otto Ernst Schweizer), 3. Jg. 1927, Heft 1, S. 17.

Katholische Kirche St. Karl Borromäus in Nürnberg-Mögeldorf (Bauberatung)
Projekt, 1926

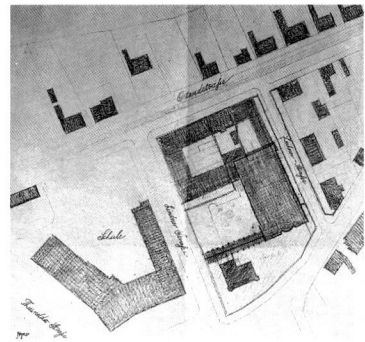

Im Nürnberger Stadtteil Mögeldorf sollte eine neue Kirche, St. Karl Borromäus, gebaut werden auf einem Grundstück zwischen der Lindner- und der Lechnerstraße, auf dem bereits ein Pfarrhaus stand. Im Gegensatz zu einem – nicht erhaltenen – eingereichten Entwurf, der die Kirche senkrecht zur Lechnerstraße orientierte und damit das Grundstück ungünstig zerschnitten hätte, schlug Schweizer vor, die Kirche zu drehen und parallel zur Lechner-Straße zu legen, um damit einen größeren quadratischen Freiraum im Südwesten des Grundstücks zu gewinnen.

Die Abbildungen zeigen Schweizers Vorschlag im Modell mit dem Pfarrhaus im Vordergrund und der Kirche rechts. Darunter der Lageplan: rechts, von Nordwesten nach Südosten führend, die Lechnerstraße, links die parallel dazu verlaufende Lindnerstraße.

Neugestaltung des Bahnhofplatzes in Nürnberg (Bauberatung)
Projekt, 1926

Zur Neugestaltung des Bahnhofplatzes schlug Schweizer vor, die Baufluchten im Nordosten und Norden des Platzes in ihrer Lage, die Bauten selbst in ihren Höhen zu vereinheitlichen und im Nordwesten jenseits des Stadtgrabens einen hohen Gebäudezug als Platzwand und Raumabschluß für den Königs- und Frauentorzwinger zu bilden.

Die Abbildung zeigt eine Postkarte der Nürnberger Altstadt, Blick von Südosten über das Bahnhofsgebäude hinweg, mit hineinskizzierten Verbesserungsvorschlägen Schweizers.

Umbau Haus Mangold in Nürnberg (Bauberatung)
Um 1925

Als Oberbaurat der Stadt Nürnberg und Leiter der Abteilung für Bauberatung und Denkmalpflege gehörte es zu Schweizers Aufgabenbereich, seiner Meinung nach unausgereifte Bauprojekte »nach architektonischen und ästhetischen Gesichtspunkten durchzuprüfen und mit eventuellen Verbesserungsvorschlägen zu beraten«. Dem historischen Haus Mangold gab er durch zurückhaltende Eingriffe, durch um die Ecken herumlaufende große Öffnungen als Schaufenster und Eingang eine einheitliche Gesamtform.

Bebauungsplan für Nürnberg-Gibitzenhof (Bauberatung)
Projekt, 1925

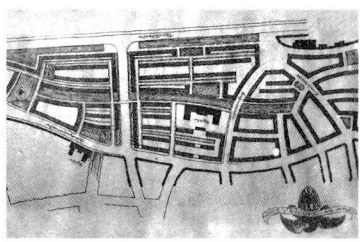

Ein Gelände im Südwesten Nürnbergs, das vom Ludwig-Donau-Main-Kanal (heute: Frankenschnellweg) im Westen, der Linnestraße im Norden, der Gibitzenhofstraße im Osten und der heutigen Otto-Brenner-Brücke im Süden begrenzt wird, sollte neu geordnet werden. Im Rahmen seiner Tätigkeit in der Bauberatungsbehörde schlug Schweizer langgestreckte, zum Teil gekoppelte Wohnzeilen vor und bezog das Ganze auf einen breiten, das Gelände von Norden nach Süden durchziehenden breiten Grüngürtel mit einem Schulgebäude als Mittelpunkt.

Die Abbildung zeigt den Lageplan mit der bereits geplanten Schnellstraße parallel zum Kanal unten und der Gibitzenhofstraße oben.

Lit.: *Baukunst* (Sonderheft Otto Ernst Schweizer), 3. Jg. 1927, Heft 1, S. 2.

Umgestaltung des Hauptmarktes in Nürnberg (Bauberatung)
Projekt, 1925

Zur Umgestaltung des Hauptmarktes schlug Schweizer vor, einen zurückliegend geplanten Baukörper zwischen Frauenkirche und Engelsgasse an der Ostseite des Platzes vorzuziehen, um eine durchgehende Bauflucht und dadurch eine eindeutige Ecklösung zu erreichen. Er plante, an das viergeschossige Telegraphenamt, das sich durch einen hohen Giebel mit Ecktürmen an seiner Nordseite auszeichnete, einen freistehenden, nur drei Geschosse hohen und walmgedeckten Bau anzugliedern. Geschoßhöhen und Fassadengliederung sollten sich der des Telegraphenamtes angleichen, die niedrige Bauhöhe die benachbarte Frauenkirche umso mächtiger erscheinen lassen.

Die Abbildung zeigt die Ostseite des Marktplatzes mit der Frauenkirche links, dem geplanten Neubau und dem Telegraphenamt rechts.

Wohngebäude in Nürnberg-Zerzabelshof (Bauberatung)
Projekt, 1925

Im Nürnberger Stadtteil Zerzabelshof sollten für eine Baugenossenschaft Wohnungen für zwanzig Familien als Straßenrandbebauung errichtet werden. Anstatt der vorgeschlagenen drei Einzelhäuser verschiedener Größe mit Krüppelwalmdächern und kräftigen Dachausbauten, die durch niedrigere Schuppen verbunden sein sollten, schlug Schweizer einen geschlossenen, langgestreckten Gebäudezug in einfacherer als der vorgeschlagenen Gestaltung vor, dessen Enden durch Vorsprünge aus der Hauptflucht gefaßt werden sollten.

Die Abbildung zeigt das eingereichte Projekt mit Schweizers daraufgeheftetem Plan.

Fassadenneugestaltung für das Verlagsgebäude der DAZ, Berlin
Wettbewerbsprojekt, 1924

In der *Deutschen Bauzeitung* heißt es zum Wettbewerb: »Von den beiden Möglichkeiten einer Fassadenaufteilung ist die senkrechte Gliederung immer die einfachere. Sie ist immer monumental, entwicklungsfähig und bequem. Im vorliegenden Fall bieten vertikale Glieder bei kräftiger Ausbildung die Möglichkeit, die Verschiedenheit der Stockwerkshöhen dem Gefühl des Beschauers zu entziehen. Aber ein entschiedener Vertikalismus bringt in die Wilhelmstraße ein ganz neues Element und trotz der repräsentativen Eigennote, die ein Pressegebäude von der Bedeutung desjenigen der DAZ für sich beanspruchen kann, darf die Rücksichtnahme auf die Umgebung gerade hier nicht außer Acht gelassen werden.«

Die Abbildung zeigt einen Blick in die Wilhelmstraße hinein mit dem Neubauvorschlag Schweizers und die angrenzenden Häuser.

Seite 76

Bezirkskrankenhaus in Schwäbisch Gmünd
Projekt, 1925

Für ein ansteigendes Gelände, vielleicht im Norden der Altstadt, wie er es in seinem Bebauungsplan-Entwurf von 1920 (S. 54) vorgeschlagen hatte, entwarf Schweizer einen drei Geschosse hohen, walmgedeckten Baukörper mit kräftiger Betonung seiner Mitte und besonderer Gestaltung der Gebäudeecken durch große Fensteröffnungen und Ausweitungen des Erdgeschosses, an den sich ein zweigeschossiger Flügel anschließt. Nur die abgebildete Perspektive hat sich erhalten. Möglicherweise steht das Projekt im Zusammenhang mit dem 1930 ausgelobten Wettbewerb für ein neues Bezirkskrankenhaus (vgl.: *Deutsche Bauzeitung*, 65. Jg. 1931, Beilage zu Heft 47/48, S. 37 ff, und: *BauWettbewerbe*, hrsg. v. E. Deines, Karlsruhe, o. Jg. 1931, Heft 63).

Bebauung des Rampengebietes der Köln-Deutzer Brücke
Wettbewerbsprojekt, 1925

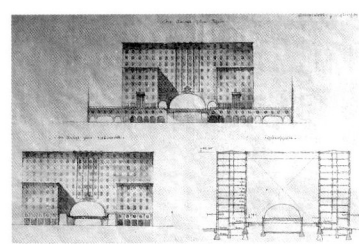

Die Architekten der eingereichten Wettbewerbsentwürfe lassen sich im wesentlichen in zwei Hauptgruppen zusammenfassen: Die eine Gruppe sah die Aufgabe darin, dem Neubau einen möglichst monumentalen Ausdruck zu geben und den vorhandenen Dominanten, den Türmen des Domes und von Groß St. Martin, eine weitere hinzuzufügen. Die andere Gruppe, der auch Schweizer zuzurechnen ist, ging davon aus, daß der Neubau wohl eine gewisse Belebung der Silhouette des Stadtbildes bewirken dürfe, sich aber im übrigen dem Dom und Groß St. Martin unterzuordnen habe.

Seite 77

Brunnen für den Südfriedhof in Nürnberg
1925 und 1927

Für Kreuzungspunkte von Hauptwegen des Friedhofes baute Schweizer verschiedene Brunnen zur Orientierungshilfe, die zugleich als Gießwasserreservoir dienen sollten. Beide abgebildeten Brunnen, der von 1925, eine im Grundriß achteckige, kräftig profilierte Schale mit kegelförmigem Überlaufaufsatz, und der von 1927 in einfacher zylindrischer Gestaltung, wurden aus Stahlbeton hergestellt.

Die Brunnen stehen unverändert.

»Kunststadt Schwäbisch Gmünd«, auf der Bauausstellung 1924 in Stuttgart, 1924

Für die Räume der »Kunststadt Schwäbisch Gmünd« auf der Stuttgarter Bauausstellung, in der Erzeugnisse aus Industrie und Kunsthandwerk sowie Arbeiten aus dem Stadtbauamt vorgestellt wurden, entwarf Schweizer die innere Ausgestaltung.

Die Abbildung zeigt einen Raum, in dem er die gefaltete Decke mit den Formen des Vitrinenschrankes von Hans Herkommer abgestimmt hat.

Sporthalle in Schwäbisch Gmünd
Projekt, 1924

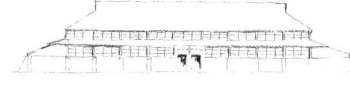

Die vorhandenen Sport- und Spielplätze sollten mit der neuen Sporthalle zu einem Zentrum ausgebaut werden. Die Abbildung zeigt einen Vorentwurf der sportplatzzugewandten Längsansicht. Im endgültigen Entwurf wurden die beiden äußeren Felder des oberen Lichtbandes geschlossen. Das Mittelportal dieser Seite entfiel zugunsten zweier gleichwertiger Eingänge.

Seite 71

Ausbau des Festhallengeländes in Frankfurt am Main
Wettbewerbsprojekt, 1924

Im Auslobungstext heißt es, die im vorgegebenen Lageplan eingezeichneten Gebäude seien unter sich sowie mit den geplanten Neubauten in eine organische Verbindung zu bringen. Sie seien als Messebauten zu behandeln, im allgemeinen nur mit Erd- und einem Obergeschoß. Um das richtige Maß zu finden zwischen der Erfüllung des Notwendigen unter weitgehender Ausnützung des wertvollen Geländes und der Erzielung eines wirkungsvollen Gesamteindrucks, seien im Programm keinerlei bestimmte Forderungen über die durch Überbauung zu gewinnende Ausstellungsfläche gestellt worden.

Die Abbildung zeigt die Ansicht des Ausstellungs- und Konzertsaalbaus am neugebildeten Vorplatz mit der Festhalle von Friedrich von Thiersch dahinter.

Seite 72

Umgestaltung des Münsterplatzes in Ulm
Wettbewerbsprojekt, 1924

Zum Wettbewerbsergebnis schrieb Paul Bonatz: »Die Ulmer Wettbewerbsarbeiten kann man in zwei Kategorien teilen. In völliger Verkennung der schuldigen Rücksichten auf das Münster ergehen sich die einen in Gewaltsamkeiten, suchen auffallende Motive, setzen stark bewegte Umrisse gegen das Münster, Zickzackzinnen, Hochbauten und Türme, oder sie suchen aus dem Platz ein symmetrisches Regelgebilde mit Achsenbeziehungen zu machen, sie legen vor das Münster ovale Kolonnadenplätze in der Art des Petersplatzes in Rom. Das ist Formalismus. Die Gotik hat die Achse in diesem Sinne nirgends angewandt, weil der Blick aus jeder Schrägrichtung auf ein gotisches Bauwerk dem Achsenblick vorzuziehen ist. Die zweite Kategorie sind die Arbeiten, die sich einordnen, an richtiger Stelle unterordnen, die aus der Not der unregelmäßigen Voraussetzungen eine Tugend machen und die Baumasse suchen, welche die auseinanderstrebenden Einzelteile zu einem harmonischen Raum zusammenbindet. Das ist Fischerschule! Theodor Fischer hat bei seiner Schulung im Gegensatz etwa zu Ostendorf, der alles in feste Regeln bindet, immer die vorgefaßte Meinung bekämpft. Der Ostendorfschüler muß bei einer Aufgabe wie dem Münsterplatz scheitern, weil ihn seine Theorien ›irreführen‹.«

Die Abbildung zeigt einen Blick von Nordwesten auf die Südwestecke des Münsters und den von Schweizer vorgeschlagenen Neubau.

Seite 74

Schaltstation am städtischen Wasserwerk in Schwäbisch Gmünd
1923

Mit den kräftigen Pfeilern aus Sichtmauerwerk wollte Schweizer dem schlichten Bau wegen seiner exponierten Lage an einer Straßenkurve in weitgehend freier Landschaft architektonisches Gewicht geben.

Die Abbildung zeigt das Gebäude auf einer Photographie kurz nach der Fertigstellung von Südosten mit einem der Eingänge. Die Freileitungshalterungen sind durch ein der Kapitellform der giebelseitigen Pfeiler entsprechend ausgebildetes Schleppdach vor Regen geschützt.

Die Schaltstation steht heute nahezu unverändert an der Benzholzstraße 3.

Seite 68

Wohnungsbau und Betriebsgebäude für das Bauunternehmen Bernhard Borst in München
Wettbewerbsprojekt, 1923

Schweizer schrieb zu der Aufgabe: »Gegenstand des Wettbewerbs ist erstmals eine große Aufgabe, die für die Bebauung des Geländes neben der Neuanlage von Wohnhäusern auch noch die Projektierung von Baubetriebsanlagen verlangt. Wenn auch die Projektbearbeitung eines ›Bau‹betriebes dem Architekten am nächsten liegt, so ist der Grund für das große Interesse, das die Architektenschaft an diesem Wettbewerb nimmt, darin zu suchen, daß sie eine ihrem Betätigungsdrang entsprechende zeitgemäße Aufgabe darin erblickt.«

Die Abbildung zeigt die Randbebauung der Dachauer Straße.

Seite 69

Reihenhaus an der Karlstraße in Schwäbisch Gmünd
1923

Als das Gebäude 1933 durch einen talseitigen Anbau an der Nordecke, der auch ausgeführt wurde, erweitert werden sollte, warnte Schweizer vor der architektonischen Beeinträchtigung eines seiner, wie er schrieb, in städtebaulicher Disposition und Ausgestaltung gelungensten Bauten in Schwäbisch Gmünd ebenso wie vor der Schädigung der anschließenden Reihenhauseinheiten.

Die Abbildung zeigt einen Blick von Westen auf die Giebelseite mit Krüppelwalm und herumgekröpften Traufen sowie auf die Eingangsfassade am angerartigen Vorplatz.

Das Gebäude an der heutigen Walter-Klein-Straße steht in seiner großen Form, ist in den Einzelheiten aber stark verändert worden.

Seite 70

Gemeindehaus, Schulen und Wohnungen in Sindelfingen
Wettbewerbsprojekt, 1924

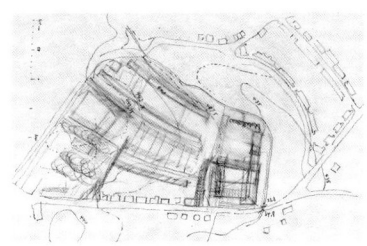

Für das Ziegeläckergelände, einem leicht fallenden Hang am östlichen Rand der Sindelfinger Altstadt zwischen Vaihinger Straße, Schiller- und Burghaldenstraße, sollten Entwürfe für den Bau eines Gemeindehauses, einer Turnhalle, einer technischen Schule und ein Bebauungsvorschlag für Wohnungen eingereicht werden. Schweizer schlug vor, die Wohnungen auf dem oberen, stadtnahen Teil des Geländes anzuordnen und die öffentlichen Bauten am östlichen Rand zu einem Zentrum zusammenzufassen.

Nur wenige Skizzen haben sich erhalten. Auf dem Lageplan links die Wohntrakte und rechts das Zentrum.

Siedlung an der Gutenbergstraße in Schwäbisch Gmünd
1922

Schweizer versuchte generell, freistehende Einfamilienhäuser mit Einzelgärten zu vermeiden und die notwendigen Wohnungen zu Reihenhäusern mit größeren, gemeinsam zu nutzenden Freiflächen zusammenzufassen.

Die Abbildung zeigt einen Blick von Westen auf die beiden Hauszeilen. Im Hintergrund das verbindende Portal. Vorn der mächtige Zwerchgiebel, der Erker im Obergeschoß und die herumgekröpften Traufen, die die Hausecke betonen sollten.

Die beiden Gebäude an der Gutenbergsstraße/Klarenbergstraße/Rappenstraße stehen in ihrer großen Form, sind in den Einzelheiten aber stark verändert worden.

Seite 64

Neugestaltung des westlichen Stadteingangs an der Buchstraße in Schwäbisch Gmünd
1922–25

Die Platzfolge des neuen Stadteingangs sollte ein Gegengewicht zu dem schräg gegenüberliegenden Gebäudeensemble der Neuen Kaserne bilden.

Die Abbildung zeigt einen Blick von Südwesten auf die den östlichen Platz begrenzenden, parallel zu einem Bach stehenden Wohnhäuser. Ganz links, angeschnitten, die von Schweizer entworfene Wohnzeile.

Die Wohnzeile steht in ihrer großen Form weitgehend unverändert an der Buchstraße/Bismarckstraße.

Seite 65

Neuordnung der Ledergasse in Schwäbisch Gmünd
Projekt, 1923

Schweizers Projekt war in einer Schwäbisch Gmünder Ausstellung gezeigt worden. Dazu hieß es in einer Zeitungsnotiz: »Mit einer Sicherheit, die das Ergebnis beinahe selbstverständlich erscheinen läßt, gliedert Stadtbaurat Schweizer die ausdruckslose Leere der Ledergasse durch Einschiebung zweier Querriegel in zwei wohlgegliederte größere und einen kleinen, traulichen dreieckigen Platz. Die Verwirklichung dieses Planes würde das bauliche Gesicht unserer Stadt um charakteristische, sich tief einprägende Züge bereichern.«

Die Abbildung zeigt die Südwestansicht des altstadtseitigen Neubaus, der, wohl bedingt durch die mögliche Fernsicht, in seinen Einzelformen reicher ausgebildet ist als sein Pendant im Nordosten. Die Gebäudeecke wird durch den zwei Geschosse hohen Erker besonders betont. Der niedrige Seitenflügel bildet die Überleitung zur bestehenden Bebauung.

Seite 66

Lagergebäude der Spiralfedernfabrik Pfaff & Schlauder in Schramberg
1923

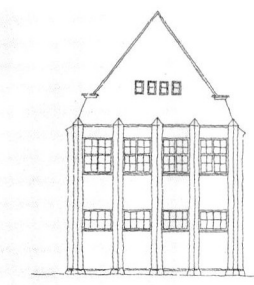

Durch die Wandpfeilerarchitektur, die sowohl das Lagergebäude als auch die eigentliche Fabrik auf der gegenüberliegenden Straßenseite (S. 267) bestimmt, sollte die Zusammengehörigkeit beider Gebäude gezeigt werden.

Auf der Abbildung ist die Straßenansicht des Baueingabeplanes wiedergegeben.

Das Gebäude steht weitgehend unverändert an der Berneckstraße 91.

Seite 67

Stadthalle in Mülheim an der Ruhr
Wettbewerbsprojekt, 1922

Schweizer schrieb im Erläuterungsbericht zur Einordnung der Stadthalle in die umgebende städtebauliche Situation: »Entsprechend der schönen Lage des Bauplatzes im Zusammenhang mit architektonisch bedeutungsvollen Bauwerken lagert sich das Bauwerk an dem Ufer der Ruhr. Sowohl die Beziehung zu den umgebenden Gebäuden als auch zu der Landschaft besonders mit Rücksicht auf den Anblick von Süden her im Zusammenhang mit der Ruhrbrücke ist wichtig und wurde beachtet. Die Massenverteilung ist am Modell genau untersucht worden.«

Die Abbildung zeigt das Modell, Blick aus der Luftperspektive von Südosten, mit der Ruhrbrücke im Vordergrund und dem oktogonal geformten Vorbau, der zwischen dem mächtigen Baukörper der Stadthalle und der Brücke vermittelt.

Seite 62

Transformatorenstation an der Weißensteiner Straße in Schwäbisch Gmünd
1922

Die Transformatorenstation bestand aus einem drei Geschosse hohen Turm mit einem eingeschossigen Anbau für nur von außen zugängliche Transformatorenkammern. Der niedrige Anbau, die Ausbildung der Dächer, die Fenster- und Türformate sowie das Material, Biberschwanzdeckung und verputztes Mauerwerk, waren an der umgebenden Wohnbebauung orientiert.

Die Station steht nicht mehr.

Transformatorenstation Auf dem Schwerzer in Schwäbisch Gmünd
1922

Die Transformatorenstation steht als drei Geschosse hoher Turm mit Zeltdach über quadratischem Grundriß auf einem ufernahen, ehemals baumbepflanzten Grundstück zwischen der Rems und dem Hauberweg. Kräftige, nach oben hin abgestufte Eckpfeiler sowie je zwei weit ausladende Wasserspeier an allen vier Ecken, die nicht mehr bestehen oder auch nicht verwirklicht wurden, zeichnen die Architektur aus.

Das Gebäude steht am Hauberweg (nahe dem Schwerzerweg).

Die Photographie wurde im Jahr 1988 aufgenommen.

Marktbrunnen und Kriegerdenkmäler in Rottweil
Wettbewerbsprojekt, 1922/23

In der Wettbewerbsauslobung wird ausdrücklich die Forderung nach schlichter Gestaltung der Kriegerdenkmäler erhoben. Auf dem Rottweiler Friedhof sollte das Ehrenmal zugleich die ungeordnete Haupteingangssituation räumlich fassen.

Die Abbildung zeigt Schweizers Entwurf einer Kapelle, auf deren Portal der Friedhofsweg vom Haupteingang direkt zuführt.

Seite 63

Wohn- und Geschäftshaus Bauknecht in Schramberg
Projekt, 1921/22

Schweizer schrieb zu seinem Entwurf, daß er den Eingang in das Ladengeschoß architektonisch nicht besonders gestaltet und hervorgehoben hätte, um seine Lage zwischen zwei Pfeilern und damit die Aufteilung des Inneren jederzeit variieren zu können.

Die Abbildung zeigt die Ansicht von Westen. Rechts der zwei Geschosse hohe Anbau, der zur Nachbarparzelle vermitteln sollte.

Seite 58

Erweiterung der Spiralfedernfabrik Pfaff & Schlauder in Schramberg
1922

Das bestehende Fabrikationsgebäude, zwei Geschosse hoch, langgestreckt und durch Wandpfeiler sowie Gesimsbänder gegliedert, sollte erweitert werden. Schweizer führte das unfertig gebliebene, an die Fabrik direkt anschließende Turbinenhaus (im Vordergrund der Abbildung) zu Ende und versah es mit einem zusätzlichen Geschoß. Er nahm die vorhandene Architektur auf, bildete gleiche Fensterformate und verwendete gleiche Materialien. Durch rahmenartige Wandvorlagen werden die Fassaden mit den fünf Fensterachsen blockartig zusammengefaßt. Ein kräftiges Gesims schließt den Bau nach oben ab, wodurch das aus der Flucht zurückgezogene neue Geschoß noch weiter zurückgesetzt erscheint. Hier sind die Fenster einfacher, mit waagerechtem statt gebogenem Sturz ausgebildet, das Gesims weniger stark ausladend. Verschiedene Farben sollten die Architekturteile voneinander absetzen: braun für die Wände, rot für die Fenster, gelb für die Wandvorlagen und das Hauptgesims, blau für das Gesims des aufgesetzten Geschosses.

Der Bau steht weitgehend unverändert an der Berneckstraße 70.

Kriegsgefallenendenkmale im Schwarzwald
Wettbewerbsprojekt, 1922

Die Abbildung zeigt Schweizers Entwurf für Mitteltal (2. Preis) – ein im Grundriß quadratischer, dreiseitig geöffneter überwölbter Baukörper aus örtlichem Naturstein mit flachgeneigtem Zeltdach, der die Baumkronen nicht überragt. Die Namen der Gefallenen sollten im Inneren auf großen, in die Wände eingelassenen Sandsteintafeln vermerkt sein, die verbleibenden Flächen mit »Freskomalerei in starken Farben«, wie Schweizer schrieb, geschmückt werden.

Seite 59

Bürogebäude und Hotel in Königsberg
Wettbewerbsprojekt, 1922

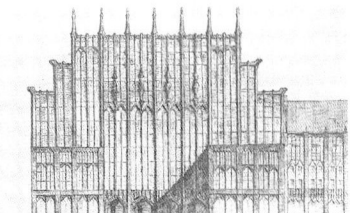

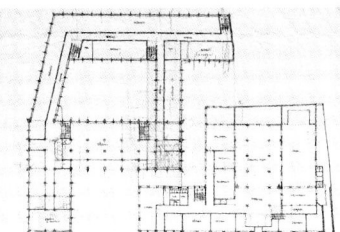

Schweizer schrieb zu seinem Projekt: »In dem Entwurf ist angestrebt, unter Berücksichtigung der wirtschaftlichsten Bauart die dem größten Bauwerk der Stadt Königsberg würdige Form zu geben. Sowohl der Aufbau im Gesamtstadtbild, besonders in der Pregelansicht, als auch die Gliederung der Baumassen und die Architekturdetails sind eingehend untersucht und dem baulichen Charakter der Stadt angepaßt.«

Die Abbildungen zeigen die Hauptansicht mit rechts anschließendem Hotel und den Erdgeschoßgrundriß in einem Vorentwurf.

Seite 60

Waldkapelle am Marienbild bei Schramberg
1921

Die Kapelle steht im Nordwesten Schrambergs auf dem Gebiet des Schloßberges in westlicher Verlängerung des Burgweges unweit der Eretkapelle mitten im Wald. An einem steil abfallenden Hang wurde ein Sockel aus Natursteinquadern aufgemauert, dessen rückseitige Umfassungswände etwa einen Meter hoch über Bodenniveau geführt sind. Hierauf steht eine auf drei Seiten offene Holzkonstruktion mit einer Apsis aus massiven, verputzten Wänden. Das mit Holzschindeln gedeckte Dach – nach innen verschalt und ursprünglich ausgemalt – wird von den Apsiswänden und, im vorderen Teil, von einem als Hängewerk ausgebildeten Binder getragen, der auf zwei kräftigen hölzernen Stützen mit Kopfbändern ruht und zugleich Träger eines kleinen Dachreiters ist. Der Ständer des Hängewerkes ist durch einen Querbalken als Kreuz gestaltet. Zwei kleine runde Fenster geben dem Altarbezirk zusätzliches Licht.

Die Abbildung zeigt eine Photographie der Kapelle gleich nach ihrer Fertigstellung.

Der Bau steht weitgehend unverändert.

Reihenhaus in Schwäbisch Gmünd
Projekt (?), 1921

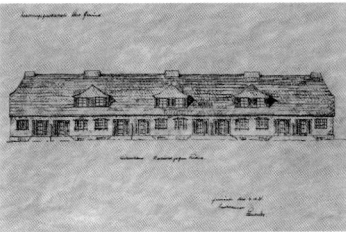

Für die Schwäbisch Gmünder Siedlungsgesellschaft entwarf Schweizer ein eingeschossiges Reihenhaus für acht Familien, dessen Architektur durch das hohe Satteldach mit Krüppelwalm, die kräftigen Dachgauben und die kleinen Erker an der Südseite bestimmt ist.

Außer der Zeichnung, die die Südseite zeigt, hat sich nichts erhalten, auch keine Angaben darüber, ob das Gebäude ausgeführt wurde.

Siedlung an der Fachschule in Schwäbisch Gmünd
1921/22

Die Siedlung wurde nahe der Fachschule auf der ihr gegenüberliegenden Seite der (nicht mehr bestehenden) Kaiserstraße gebaut, die von der Fachschule direkt auf das Lehrerseminar (heute: Staatliches Schulamt) zuführte. Auf fallendem Gelände entstanden, senkrecht zur Straße stehend, eine langgestreckte, walmgedeckte Wohnzeile und vier Doppelwohnhäuser mit Satteldächern. Alle Häuser waren zwei Geschosse hoch, die Wände verputzt bzw. mit Schindeln belegt. Außer wenigen Photographien haben sich keine Unterlagen erhalten.

Die Abbildung zeigt einen Blick entlang der Wohnhäuser auf das Lehrerseminar.

Die Siedlung steht nicht mehr.

Lit.: *Baukunst* (Sonderheft Otto Ernst Schweizer), 3. Jg. 1927, Heft 1, S. 3 f. – Albert Gut, *Der Wohnungsbau in Deutschland nach dem Weltkriege*, München 1928, S. 179, 217.

Hochhaus am Bahnhof Friedrichstraße in Berlin
Wettbewerbsprojekt, 1921/22

In seinem Aufsatz »Grundsätzliches zur Hochhausfrage« schrieb Max Berg zum Hochhaus-Wettbewerb: »Wie eine Pflanze organisch zum Licht steht, soll das Hochhaus in der Anordnung seiner Teile so angelegt sein, daß es nach den lichtgebenden Seiten strebt. Aber nicht wie die Pflanze rücksichtslos sich vordrängend, kleinere, schwächere ihrer Gattung unterdrückend, ist es von der ordnenden Hand des Architekten als Gärtner so zu stellen, daß die umgebenden kleineren Bauten in ihrem Licht- und Luftbedürfnis nicht geschädigt werden« – ein Gedanke, der auch Schweizers Entwurf bestimmt, in der Verteilung der Baumassen, der Höhenstaffelung und der Auflösung des Ganzen in einzelne Flügel.

Die Abbildung zeigt eine Perspektive von Südosten mit dem Bahnhof Friedrichstraße im Hintergrund.

Seite 56

Friedhofskapelle in Schramberg
1919–21

Gefallenen-Ehrenmal und Soldatenfriedhof in Schramberg
1919/20

Bebauungsplan für Schwäbisch Gmünd
Wettbewerbsprojekt, 1920

Neuordnung des Bahnhofsvorplatzes in Stuttgart
Wettbewerbsprojekt, 1920/21

Nachdem sich der Schramberger Stadtrat für den Bau der Friedhofskapelle nach Schweizers Plänen entschieden hatte, hieß es im *Schwarzwälder Tagblatt* vom 21.4.1919: »Die Zweckschönheit, die sich in den Plänen dieses Entwurfes kundtut, hat vor kunstgewohnten Augen solcher, die im Auftrage der Bewohner darüber richteten, die Annahme des Entwurfes bestimmt. Es wäre zu wünschen, daß der neue Entwurf der Öffentlichkeit zur Einsicht zugänglich gemacht würde. Es würde sich dann wohl die Überzeugung Bahn brechen, daß die Ebenmäßigkeit der Flächen, die der Umgebung angepaßten feierlich-ernsten Formen künstlerischen Schöpferstunden entsprungen sind, hinter denen Tage der Überlegung und Ausreife gestanden haben.«

Die Abbildung zeigt die Friedhofskapelle von Norden (vom Friedhof aus gesehen) mit ihrem dreigeteilten Portal und dem Leichenhallenbau im Hintergrund.

Die Kapelle steht nach geringfügigen Änderungen aus dem Jahr 1955, die im Zusammenwirken mit Schweizer vorgenommen wurden, weitgehend unverändert an der Friedhofstraße/Tiersteinstraße.

Seite 52

Das Gefallenen-Ehrenmal und die Soldatengräber liegen auf dem Waldfriedhof am Ende der langen Friedhofsmauer an der Tiersteinstraße und wurden als Gegenpol zur Friedhofskapelle am anderen Ende der Mauer angelegt (S. 52). Schweizer bildete einen von Hecken eingefaßten Bezirk mit Soldatengräbern zu beiden Seiten eines Weges, der an seinem Abschluß von einer U-förmigen, etwa 1,60 m hohen Wand aus Muschelkalk begrenzt wird. In diese Wand, die eine mit Platten belegte Fläche umschließt, sind Tafeln aus gleichem, aber geschliffenem Material mit den Namen der Gefallenen eingelassen. In der Achse des Weges wächst aus der Wand eine etwa sechs Meter hohe, im Grundriß quadratische Stele heraus. Über die Wand und die gleichhohen Hecken hinaus hat man einen weiten Blick in das Tal und auf die Höhen des Schwarzwaldes. Schweizer sagte zur Einweihung des Ehrenmales: »Die Umgebung, eines der schönsten Landschaftsbilder unserer Gegend, wird das ihrige dazu beitragen, dieser Stätte eine besondere Weihe zu geben. Wer könnte diesen gewaltigen Formenakkord der Natur mit formender Kunst überbieten wollen? Auch deshalb mußte beim Entwurf des Denkmals mit den einfachsten Mitteln gearbeitet werden.«

1955 wurde das Ehrenmal nach Vorschlägen von Schweizer umgestaltet, Tafeln mit den Namen der im Zweiten Weltkrieg Gefallenen in Verlängerungen der seitlichen Wände in den Boden eingelassen. Die Holzkreuze der Soldatengräber wurden durch steinerne ersetzt.

Lit.: »Die Einweihung des Kriegerdenkmals in Schramberg«, in: *Schramberger Zeitung* vom 22.11.1920. – »Die Kriegerdenkmals-Einweihung in Schramberg«, in: *Schwarzwälder Tagblatt* vom 23.11.1920. – Justus Bier, *Otto Ernst Schweizer*, Berlin/Leipzig/Wien 1929, S. VI, 2.

Ein besonderes Anliegen Schweizers bei der Planung seines Wettbewerbsentwurfs war, die Stadteingänge sowohl in die Vorstädte als auch in die Altstadt neu zu ordnen. Die Abbildung zeigt seinen Verbesserungsvorschlag zur städtebaulichen Situation am Königsturm im Südosten der Altstadt. Der vormals isoliert stehende Turm, sollte durch einen Mauerzug und ein neues Stadttor an die bestehende Bebauung angebunden werden.

Seite 54

Schweizer schrieb im Erläuterungsbericht zu seinem Vorschlag, ein Hochhaus zu errichten: »Für Stuttgart kann dafür nur ein Platz in Betracht kommen, der den an ihn gestellten Anforderungen vollauf entspricht, und das ist das Marstallgelände. Das darauf errichtete Geschäftshochhaus stünde direkt am Bahnhofsvorplatz und könnte auf dem kürzesten Wege mit dem Bahnhofsgebäude für Fußgänger und Frachtverkehr unterirdisch verbunden werden. Der Grund und Boden ist öffentlicher Besitz. Es könnten daher besondere Bauvorschriften für diesen Platz bearbeitet werden. Diese Ausnahmebestimmungen dürften natürlich nur auf diesen einen Platz beschränkt werden, und überhaupt sollte die Anlage eines Hochhauses für Stuttgart vereinzelt bleiben.«

Die Abbildung zeigt den geplanten Neubau von der Königstraße aus gesehen. Links der Bahnhofsturm.

Seite 55

Bebauungsplan für Schramberg	Trabantenstadt für Schramberg	Bebauungsplan für Schramberg	Baugenossenschaftlicher Mietwohnungsbau in Schramberg
Projekt, 1919	Projekt, 1919	Projekt, 1919	Projekt, 1919

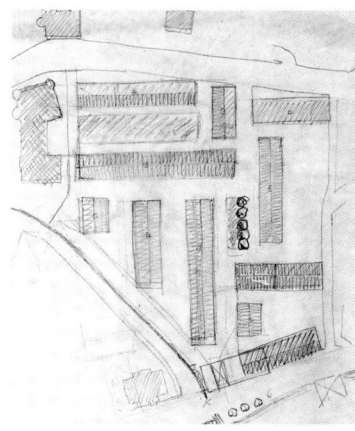 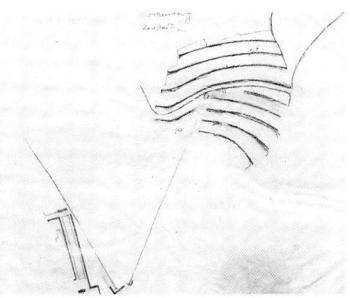 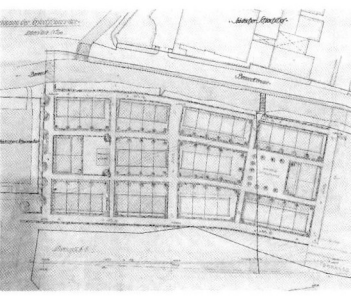 

Auf einem Baugelände zwischen der Schiller-, der Berneckstraße und dem Mühlengraben, an das im Norden die im Grundriß U-förmige Realschule grenzt, sollten Wohnungen für etwa 470 Angehörige der Firma Junghans AG gebaut werden. Schweizer schlug – als Variante zu einem ihm unzulänglich erscheinenden firmeneigenen Entwurf – ein System rechtwinklig aufeinander bezogener, unterschiedlich langer Zeilen vor, mit denen er, auch im Zusammenhang mit der Realschule, interne Höfe und weite Freiräume bildet. Die Baugruppen selbst sollten wiederum um einen zentralen Platz geordnet werden.

Die Abbildung zeigt Schweizers Entwurfsskizze. Oben links die Realschule.

Im Nordosten Schrambergs sollte eine Trabantenstadt gebaut werden. Schweizers Planungsziel war, die Steilhänge vor einer planlosen Bebauung zu bewahren, und er schlug vor, an einem leicht geneigten Südhang in landschaftlich schöner Lage Kleinwohnungen in konzentrierter Bauweise zu errichten. Die Verbindung zum Ortskern sollte über eine Bergbahn erfolgen.

Die Entwurfsskizze, das einzig erhaltene Blatt, zeigt unten links den Schloßbezirk am nordwestlichen Stadtrand Schrambergs und oben die geplante Trabantenstadt.

Ein langgestrecktes, von Südwesten nach Nordosten sich erstreckendes Baugelände, das dem Schlachthof gegenüber neben dem Schwimmbad zwischen dem Fluß Berneck und einem steilen Hang im Westen liegt, sollte mit Wohnhäusern für Bedienstete des Schlachthofes bebaut werden. Schweizer schlug Reihenhausgruppen mit zwei, vier und fünf Wohnungen und eigenen kleinen Gärten vor, die durch schmale Wege voneinander getrennt sind. Ein gemeinsam zu nutzendes Waschhaus im Norden und ein Kinderspielplatz im Süden sollten die Anlage abrunden. Nach Süden schließt sich eine Spiel- und Festwiese an.

Die Abbildung zeigt den Lageplan. Oben, jenseits der Berneck, der Schlachthof; links das Schwimmbad, rechts die Spiel- und Festwiese.

Mit dem langgestreckten hohen Baukörper wollte Schweizer der weitgehend ungeordnet bebauten Umgebung eine ruhende Mitte geben.

Die Abbildung zeigt die Ostansicht mit dem Kopfbau des Komplexes. Der mächtige Erker sollte ein Blickpunkt sein in der Flucht der stark ansteigenden, in großem Bogen auf die Gebäudeecke zuführenden Straße.

Seite 51

Heimstätten-Siedlung in Weilimdorf bei Stuttgart
Wettbewerbsprojekt, 1918

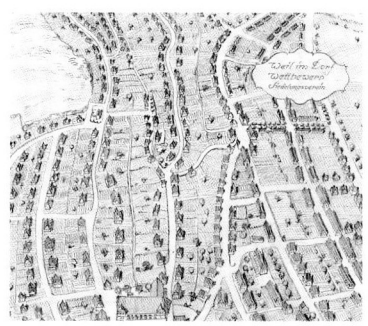

In der Wettbewerbsauslobung heißt es: »Entsprechend seiner Lage ist das Gelände verhältnismäßig teuer. Es ist daher begreiflich, daß gewünscht wird, daß die gesamte Aufschließung möglichst zweckmäßig und sparsam gestaltet werde. Größere Grünflächen sind nicht erforderlich; im übrigen werden Anordnung und Aufteilung dem Architekten überlassen. Für die Gestaltung des Bebauungsplanes sind weitere Vorschriften nicht gemacht; es sollen lediglich vorgesehen werden ein Platz oder mehrere Plätze für ein gemeinsames Bade- und Waschhaus sowie für ein Gemeindehaus, an das sich ein Platz für Kinderspiele und Leibesübungen Erwachsener anschließen soll.«

Die Perspektive zeigt einen Blick über das Gelände von Westen.

Seite 50

Bebauungsplan für eine Erweiterung der Stadt Böblingen
Wettbewerbsprojekt, 1919

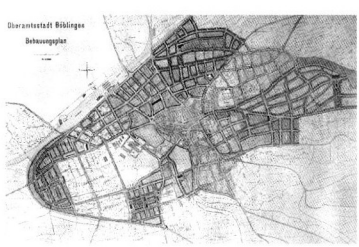

Zur Erweiterung der Stadt Böblingen schlug Schweizer vor, die historische Altstadt mit klar voneinander abgesetzten Bebauungsflächen zu umgeben und sie durch ein übersichtliches Straßennetz zu erschließen. Verschiedene Nebenzentren, Grünräume und Platzanlagen sollten die Freizügigkeit der Bebauungsflächen unterstreichen.

Nur eine Photographie, die den Wettbewerbsentwurf mit der Altstadt in der Mitte zeigt, hat sich erhalten, und eine Entwurfsskizze mit Schweizers Vorstellungen für die Bebauungsweise und die Anlage weiträumiger Freiflächen.

Lit.: »Wettbewerbsnachrichten«, in: *Deutsche Bauzeitung*, 53. Jg. 1919, Heft 13, S. 64, und Heft 63, S. 368.

Erweiterung der Stadt Bad Boll
Wettbewerbsprojekt (?), um 1919

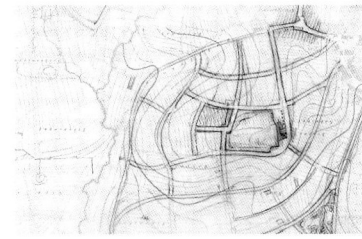

Für eine Stadterweiterung auf hügeligem Gelände im Osten Bad Bolls schlug Schweizer eine weitgehend unabhängige Siedlung vor, deren Gevierte um ein Zentrum, eine großangelegte Doppel-Platzanlage mit einer Kirche an ihrem höchsten Punkt im Westen, herumgelegt sind. Schweizer vermied lange, gerade Straßen, um stadträumlicher Eintönigkeit zu begegnen.

Die Abbildung zeigt eine der wenigen erhaltenen Lageplanskizzen. Links unten im Bild schließt sich Bad Boll an.

Neuordnung des Schloßbezirks in Schramberg
Projekt, 1919

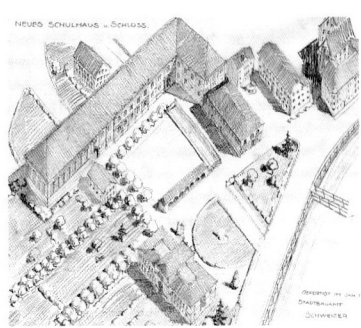

Zur Neuordnung des städtebaulich ungeordneten Bezirkes vor dem Schloß, einem Gebäude aus dem späten 19. Jahrhundert, des nahezu willkürlich überbauten Schloßgartens und zur Anlage eines neuen stadtnahen Bahnhofes machte Schweizer den Vorschlag, den Schloßplatz, der im Südwesten parallel zum Fluß Schiltach von Industriebauten begrenzt wird, im Südosten durch einen langgestreckten, abgewinkelten Baukörper, einem Schulgebäude mit Turnhalle, zu schließen. Damit wäre eine engere räumliche Beziehung des Schlosses zur Stadt erreicht worden. Gleichzeitig hätte das geplante neue Bahnhofsgebäude im Osten in die Stadt mit einbezogen werden können, denn die Rückseite des Schulgebäudes sollte südwestlicher Abschluß einer großen, trapezförmigen, zur Stadt hin geöffneten Platzanlage sein und ihr nordöstlicher Abschluß der neue Bahnhof. Den Schloßgarten wollte Schweizer als Grünfläche wiederherstellen.

Die Abbildung zeigt eine Luftperspektive von Westen: rechts die Schiltach, unten das Schloß, darüber das winkelförmige Schulhaus.

| Bebauungsplan für das Havelufer bei Gatow/Kladow/Groß-Glienicke, Berlin
Wettbewerbsprojekt, 1913 | Teilbebauungsplan für Schorndorf
Projekt, 1913/14 | Studienarbeiten
1914–1917 | Katholische Kirche St. Magdalena in München
Wettbewerbsprojekt, 1917 |
|---|---|---|---|
| 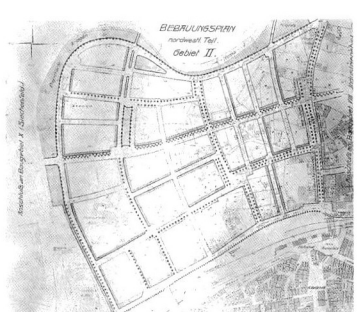 | 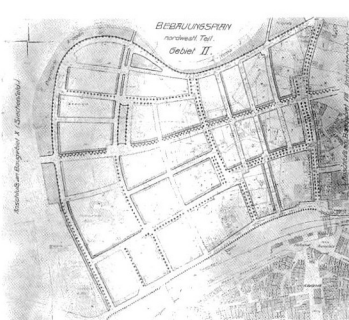 | 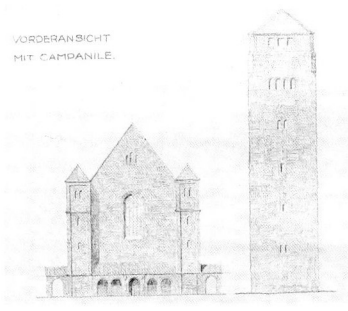 |  |
| Schweizer versuchte der Gefahr der Monotonie durch die Aneinanderreihung von Baublöcken nicht nur durch gekrümmte Straßenzüge zu begegnen, sondern auch durch verschiedene Breiten der Wege und Straßen, die in kleinere und größere Plätze unterschiedlicher Formate münden.

Die Abbildung zeigt den Kirchplatz nördlich des Dorfes Kladow als Endpunkt einer langgestreckten Straßen- und Platzfolge.

Seite 44 | Während seiner Tätigkeit als Geometer erarbeitete Schweizer einen Teilbebauungsplan für die im Norden Schorndorfs gelegene Neustadt. Er bildete ein weiträumiges Netz nahezu rechtwinklig sich kreuzender, baumbestandener Straßen und Wege mit einer Ringstraße, die im Norden und Westen dem Lauf der Rems, im Süden den Bahnanlagen folgt und im Osten in ein anderes Gebiet eingreift. | Im Wintersemester nahm Schweizer in Stuttgart das Studium der Architektur auf, das er in München fortsetzte. Nach dem Diplom arbeitete er im Büro seines Lehrers Theodor Fischer.

Der abgebildete Entwurf war Bestandteil des Hauptdiploms.

Seite 45 | In der Wettbewerbsankündigung heißt es in der *Süddeutschen Bauzeitung*: »Wir glauben nicht fehlzugehen, wenn wir die Befürchtung aussprechen, daß der Beschluß der Kirchenverwaltung, nur katholische Architekten zum Wettbewerb zuzulassen, starkes Befremden erregen wird. Wir wollen in einer Fachzeitschrift das religiöse Moment ganz außer Acht lassen; wir wollen nur den Erfolg eines solch beschränkten Wettbewerbs im Auge behalten; daß der Erfolg viel größer sein muß, je größer die Beteiligung ist, daß der durch die Konkurrenz zutage geförderte Ideenreichtum ein viel mannigfaltigerer sein würde, wenn die Beteiligung nicht eingeschränkt wäre, liegt doch auf der Hand. Die Kirchenverwaltung schädigt also durch solch hemmende Vorschriften ihre eigenen Interessen, sie bringt sich um den Vorteil, den ein freier Wettbewerb bringen soll.«

Seite 48 |

Werkverzeichnis 1913–1961

Das Werkverzeichnis führt die Bauten und Projekte Schweizers in chronologischer Reihenfolge auf. Neben Abbildungen, den wichtigsten Daten und charakterisierenden Texten sind Angaben zum Zustand der Bauten heute gemacht sowie die Anschriften angegeben. Literaturhinweise sind nur dann aufgeführt worden, wenn die Objekte im Hauptteil des Buches nicht behandelt werden; auf diesen verweisen die Seitenzahlen.

Bebauung zwischen Basilika und Mustorstraße, Trier

Projekt
1961

Schweizer nahm Stellung zu einem Plan, am Konstantinplatz zwischen der Basilika und dem Roten Turm, jenseits einer alten Mauer mit einem Renaissanceportal ein atriumförmiges, 2 1/2 Geschosse hohes Verwaltungsgebäude zu errichten. Er schrieb:

»Die Architektur und hier im besonderen Maße die Stadtbaukunst ist dazu berufen, in unseren historischen Stadtorganismen drei große Aufgabenbereiche zu bewältigen: 1. die Erhaltung historisch bedeutender Baudenkmäler und raumorganischer Schöpfungen; 2. die Errichtung neuer Bauorganismen innerhalb dieser Altstädte und 3. die Bewältigung des immer stärker anwachsenden Verkehrs.

Hart im Raum prallen heute in unseren Altstädten die baulichen und verkehrstechnischen Probleme aufeinander. Zwei Welten – die Welt des Menschen und die Welt der Ratio – stehen einander gegenüber. Schreitet der Verkehr wie bisher eigengesetzlich fort, dann wird der Mensch immer mehr aus den ihm angestammten Räumen, den bestehenden historischen Bauanlagen, Zentren und Lebensräumen, verdrängt. Gleichzeitig wirft die Erstellung neuer Bauorganismen, welche im Geiste des 20. Jahrhunderts in Verbindung mit den historischen Bauanlagen errichtet werden müssen, weitere entscheidende Probleme auf. Es ist keine Frage, daß die Achtung vor den baulichen großen Leistungen der Vergangenheit starke Bindungen mit sich bringt. Trotzdem müssen die Altstädte auch baulich lebendig erhalten werden. Es gilt die Aufgabe zu lösen, wertvolles Vermächtnis der Vergangenheit, das einem lebendigen Gebrauch dient, zu erhalten und mit dem Modernen organisch zu verbinden. Die Denkmalpflege, der die Aufgabe obliegt, wertvolles historisches Baugut zu erhalten, muß dabei vom Standpunkt der modernen Architektur aus belebt werden. Es müssen große stille Freiräume geschaffen werden, in denen sich der Fußgänger unabhängig und unbelästigt vom modernen Verkehr bewegen kann und in denen er sowohl die Baudenkmäler als auch die im Geiste der modernen Architektur gestalteten und eingeordneten Neubauten betrachten kann. Es werden stille Inseln, gestaltet mit einem neuen Maßstab, entstehen, Arbeits- und Lebensräume, welche vom Verkehr abgewandt sind und so den Bedürfnissen des Menschen unserer Industriegesellschaft gerecht werden.

Bei der vorliegenden Aufgabe in Trier ist die seltene Gelegenheit, einen neuen Bauorganismus mit einem wertvollen Baudenkmal auf einem noch unbebauten großen Gelände organisch zu verbinden ... Die alte bestehende Mauer und der Rote Turm müssen in all ihren Details sorgfältig erhalten bleiben. Das ist eine denkmalpflegerische Forderung. Zwei Lösungen der Aufgabe bieten sich an:

1. Der zu errichtende Neubau kann direkt hinter der Mauer stehen, und die Struktur desselben muß so ausgebildet sein, daß die Arbeitsräume nach dem neu geschaffenen begrünten Freiraum orientiert sind. Das bedeutet, daß die Gänge eindeutig zur Mauer und zur Mustorstraße, dem Verkehrsband, gelegt werden. Der Gebäudetrakt entlang der Mauer kann zweigeschossig, der entlang der Mustorstraße dreigeschossig ausgebildet sein. Die Längenausdehnung der Baumassen entlang der Mauer ist begrenzt. Ein Abrücken von der Apsis der Basilika und vom Roten Turm ist erforderlich. Um trotzdem den wechselnden Platzbedürfnissen der unterzubringenden Verwaltung gerecht zu werden, kann der Bautrakt entlang der Mustorstraße in seiner Längenentwicklung zum Landratsamt hin elastisch angelegt sein. Bei der Dreigeschossigkeit des Neubaues auf dieser Seite könnte das Erdgeschoß so ätherisch gestaltet werden, daß ein Blick auf den Freiraum und die Apsis der Basilika möglich ist. Besondere Aufmerksamkeit wird man auf die eindeutige Führung des Fußgängers vom Konstantinplatz zum Landratsamt und der daran anschließenden Grünfläche richten müssen. Der Fußgänger wird durch das in der Mauer vorhandene Portal zwangsläufig in den neu geschaffenen begrünten Freiraum hineingeführt und kann von hier aus den neuen Bauorganismus und die Basilika vom Fußgänger-Aspekt aus erfassen und ungehindert vom Verkehr zu den anderen öffentlichen Gebäuden gehen.

2. Der zweite Vorschlag unterscheidet sich vom ersten dahingehend, daß die Mauer und der Rote Turm als Einheit für sich bestehen bleiben und nur entlang der Mustorstraße ein einhüftiger dreigeschossiger Bautrakt errichtet wird. Auch hier bleibt die Winkelform: alte Mauer mit Turm und Neubautrakt bestehen. Der lärmfreie begrünte Freiraum ist ebenfalls geschaffen. Die Fußgängerführung ist identisch mit derjenigen im ersten Vorschlag ... Man sieht also, daß neben der Architekturform, welche sich aus der freien Landschaft zu einer künstlerischen Einheit vermählt, diejenige entsteht, die sich aus den Bindungen an die baulichen Werte unserer Altstädte bildet. Es ist eine abendländische Verpflichtung, diese Architektur wieder aus ihren Wurzeln herauszuheben und mit modernem Geiste und den Mitteln unserer Zeit zu durchsetzen. Die Gestaltung der Fassaden muß hier meines Erachtens eine deutliche plastische Durchformung erfahren. Es ist eine praktische Erfahrung, daß Bauten, die zu wenig Plastizität in ihrer äußeren Gestaltung aufweisen, sich weder mit den anderen Bauten noch mit dem Baumgrün, das hier vorhanden ist, verbinden.«

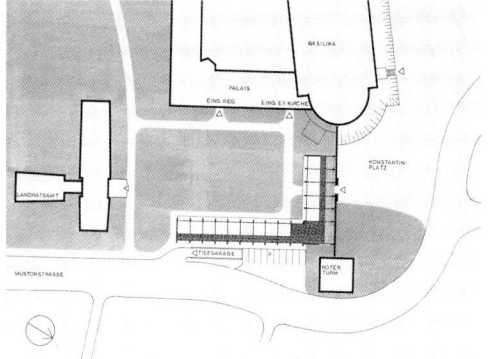 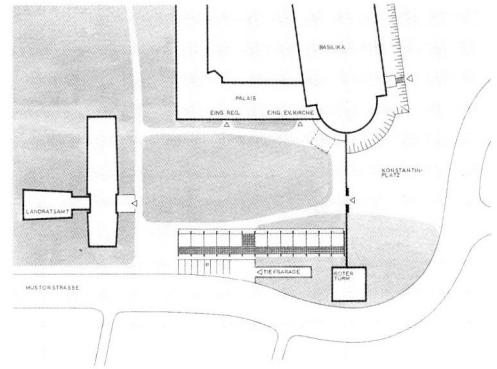

Gartenstadt Maria-Hof

Die beiden oberen Abbildungen zeigen die Massenmodelle des zweiten und dritten Vorschlags, zu denen Schweizer schrieb: »In zwei Vergleichsmodellen wird hier dargestellt, wie die Überbauung der Kuppe ist, wenn die gleiche Zahl der im Hoch- und Flachbau untergebrachten Personen in eine viergeschossige Bebauung übersetzt wird. Man erkennt deutlich, wie die angestrebte Verdichtung der Bauten eine größtmögliche Erhaltung der landschaftlichen Werte ergibt.«
Auf der Abbildung darunter Lagepläne und schematische Ansichten der drei von Schweizer vorgelegten Varianten. Oben der Vorschlag mit einem Wohnhochhaus als äußerster Verdichtung der Baumassen, zu dem Schweizer schrieb, daß das Problem der übersteigerten Punkthochhäuser schon verschiedentlich realisiert worden sei, ihnen aber doch in allen diesen Fällen die Abklärung des Bautyps in seiner Höhe fehle. Durch diese Punkthochhäuser versuche man, die Einförmigkeit im Mittelhochbau aufzulockern und interessanter zu machen. Sie seien als eine architektonische Dominante betrachtet worden, eine Aufgabe, die ihnen aber nicht zukäme, wie man an den vielen ausgeführten Beispielen sehen könne. In der Mitte der von Schweizer bevorzugte Entwurf mit »technisiertem Hochbau« und verdichtetem Flachbau, der gute Verhältnisse zwischen Baumassen und Freiräume schaffe, und darunter der Vorschlag mit üblicher Verteilung von Flachbau und Mittelhochbau, der die Freiräume kleiner werden lasse und die Landschaft stark beeinträchtige.

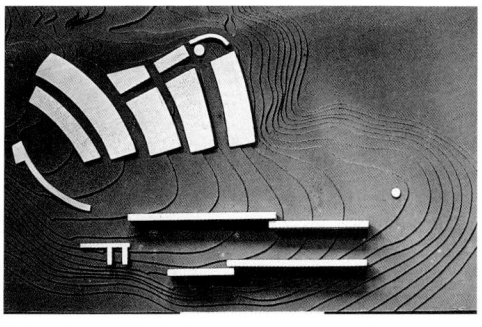

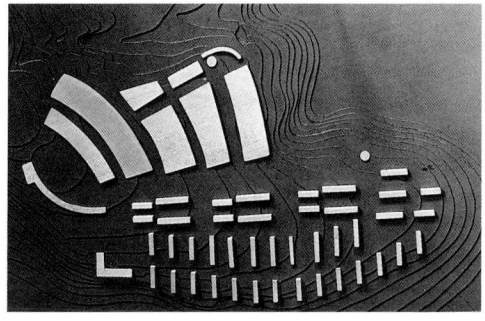

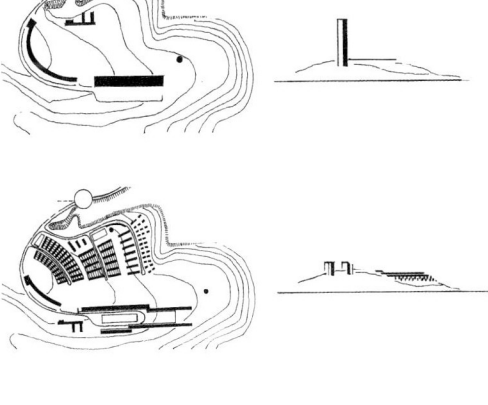

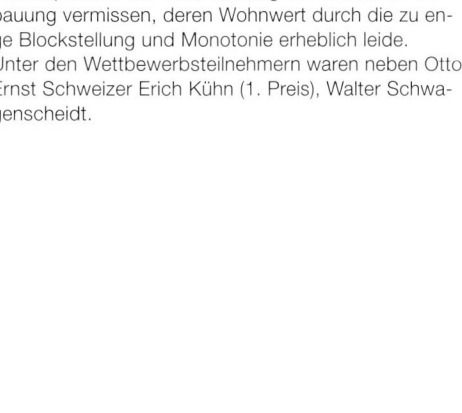

Das Preisgericht, dem unter anderem Hans Bernhard Reichow und Wilhelm Wichtendahl angehörten, stellte fest, daß die Argumentation des Verfassers gegen den Mittelhochbau nicht überzeuge. Der 3-geschossige und 4-geschossige Miethausbau behaupte sich nach wie vor durch seine wirtschaftliche Überlegenheit. Von diesem Mißverständnis ausgehend und unter soziologischen Voraussetzungen, die nicht geteilt werden könnten, komme der Verfasser zu einer in der Landschaft gewaltsam erscheinenden Baumassengruppierung. Der herausgestellte Vorzug des Gewinns an Freifläche innerhalb der Siedlung erscheine nicht als Vorzug, weil ringsherum Frei- und Erholungsflächen reichlich vorhanden seien und lasse die gleiche Konsequenz in der Durchführung der westlichen Bebauung vermissen, deren Wohnwert durch die zu enge Blockstellung und Monotonie erheblich leide.
Unter den Wettbewerbsteilnehmern waren neben Otto Ernst Schweizer Erich Kühn (1. Preis), Walter Schwagenscheidt.

Blick auf das Modell von Nordwesten. Links im Bild das Restaurant, vorn in der Mitte die Kirche mit dem Kindergarten.

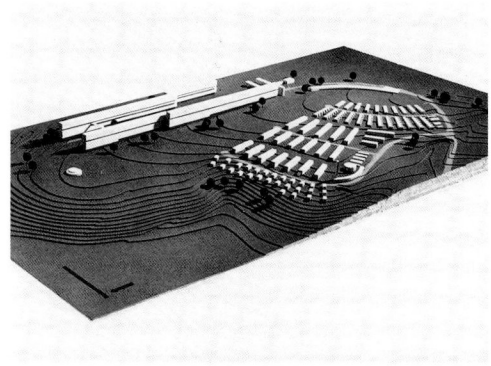

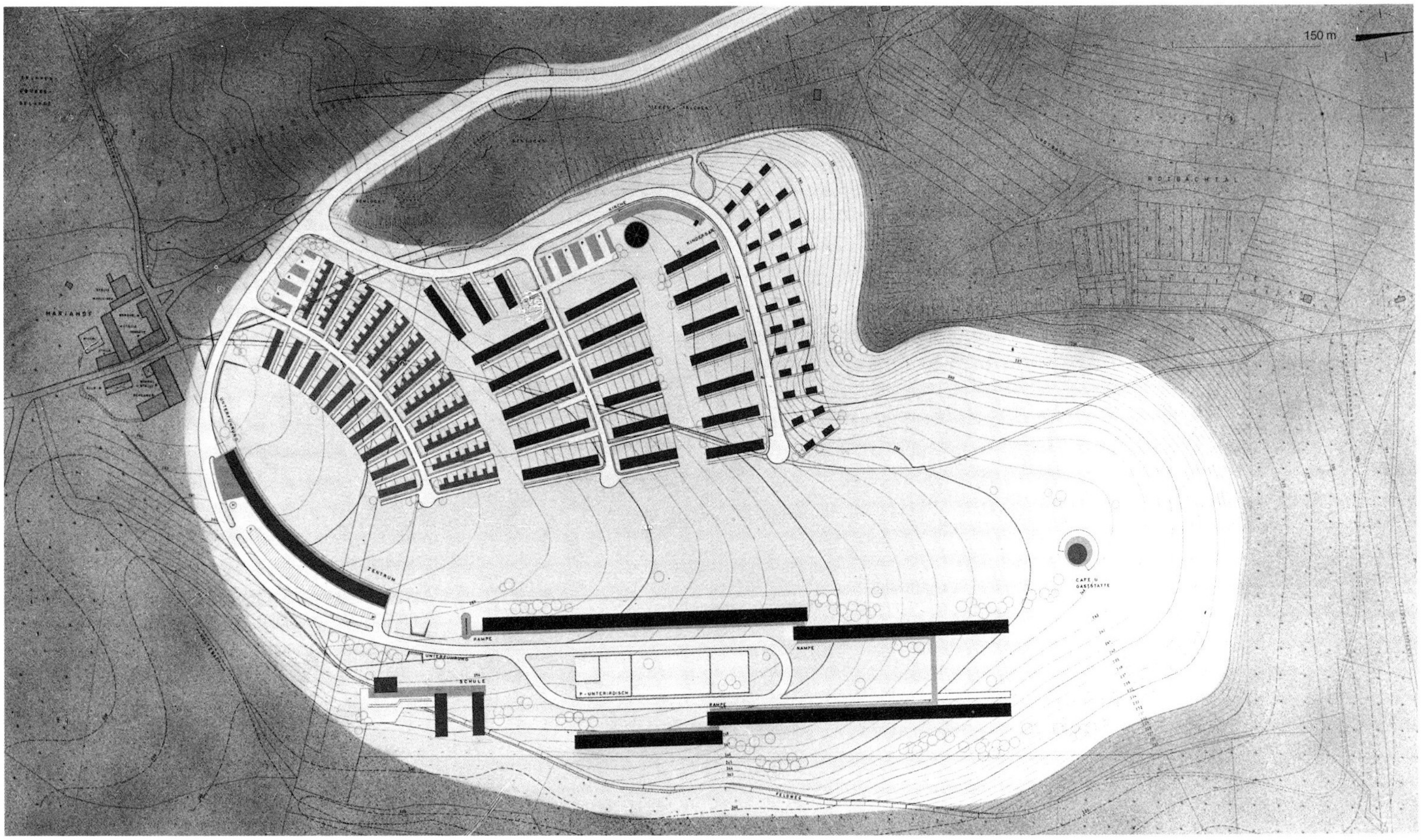

Lageplan. Oben der verdichtete Flachbau und die im Grundriß kreisförmige Kirche mit Kindergarten und hohem Turm, unten die langgestreckten Hochbauten mit Tiefgaragen dazwischen; links das bogenförmige Zentrum, darunter die Schule; ganz rechts das Restaurant und Café.

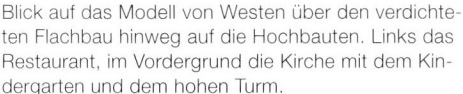

Blick auf das Modell von Westen über den verdichteten Flachbau hinweg auf die Hochbauten. Links das Restaurant, im Vordergrund die Kirche mit dem Kindergarten und dem hohen Turm.

Bebauungsplan für die Gartenstadt Maria-Hof bei Trier

Wettbewerb 1960

Im Südwesten Triers sollte in landschaftlich schöner Lage ein etwa 40 ha großes Gelände mit Wohnungen für 5 000 Menschen bebaut werden, das nach Norden zur Stadt hin leicht abfällt und im Süden, Osten und Westen von unbebauten Tälern begrenzt wird. Die Erschließung und die Anbindung an die Stadt Trier waren über eine bestehende Straße vorgesehen, die das Baugelände im Südwesten streift. Die Bewohner des künftigen Wohngebietes sollten nicht einer bestimmten sozialen Schicht angehören, so heißt es im Auslobungstext, sondern sich aus allen Schichten zusammensetzen und so einen Querschnitt der heutigen Gesellschaft bilden. Dementsprechend waren verschiedene Wohntypen gefordert worden: 50% Mehrfamilienhäuser, 25% zweigeschossige Einfamilienreihenhäuser, 15% eingeschossige Siedlungshäuser und 10% Einzelhäuser. Weiter waren eine Volksschule, eine Kirche mit Kindergarten, eine Gastwirtschaft, Geschäfte sowie Spiel-, Sport- und Erholungsflächen einzuplanen. Auf einwandfreie Trennung von Fußgänger- und Fahrverkehr wurde Wert gelegt.

Schweizer legte drei Varianten vor: die eine mit »äußerster Verdichtung der Baumassen durch Anordnung eines Wolkenkratzers«, die zweite mit »sinnvollem Ausgleich durch den technischen Hochbau einerseits und den verdichteten Flachbau andererseits« und eine dritte mit »üblicher Verteilung von Flachbau und Mittelhochbau«. Er gab der zweiten Lösung den Vorzug und schrieb:

»Bei der Besichtigung des Geländes ist man überrascht von der Großartigkeit des Ausblicks und der landschaftlichen Bedeutung dieser einmaligen Situation mit ihren schönen weichen Berglinien und -kuppen. Es ist keine Frage, daß, wenn diese Situation in der üblichen Weise überbaut wird, die landschaftlichen Werte zerstört werden.

In jedem Falle belastet die Divergenz zwischen dem schönen Ausblick einerseits (eine Forderung, die heute nicht mehr übersehen werden darf) und einer guten Sonnenlage andererseits den Aufbau und die Gestaltung des Planes Maria-Hof. Um eine gute Besonnung zu gewährleisten, ist die Nord-Süd-Richtung der Gebäude-Trakte zwangsläufig angelegt. Grundsätzlich sind nur zwei Bebauungsformen zur Anwendung gekommen: der verdichtete Flachbau mit Garten und der technisierte Hochbau in 8- bis 10-geschossigen Bautrakten, deren Struktur auf das Maß des Menschen bezogen wurde.

Es ist gar keine Frage, daß hier bei dieser herrlichen landschaftlichen Lage die Verdichtung der Bauten angestrebt werden sollte, um möglichst große Freiflächen zu erhalten, so daß von jeder Wohnung aus die Einmaligkeit dieser Situation erlebt werden kann und in Verbindung von Architektur und Landschaft das Dokument für unsere Zeit gegeben wird.

Es ist angestrebt worden, den Großteil der Bebauung in konzentrierten Hochbauten unterzubringen. Es zeigt sich dann, daß ganz große Landschaftsräume nicht überbaut werden müssen, sondern als Freiräume erhalten bleiben (nach dem Bebauungsplan wird die Hälfte des Geländes für Grün- und Sportflächen freigehalten). Die Begrenzung der Höhe liegt eindeutig darin, daß sie auf den Menschen abgestellt wird; d. h., um die Wohnbauten nicht allzu sehr abhängig zu machen von der Technik, wird es notwendig sein, auch bei Ausfall des technischen Betriebes die Möglichkeit zu eröffnen, zu Fuß in die einzelnen Stockwerke zu kommen. Eine Mutter z. B. kann selbst mit dem Kinderwagen die Rampen aufsteigen, so, wie wenn sie durch eine Hügellandschaft langsam aufwärts geht. Darüberhinaus geschieht die Überwindung der Höhe der nächsten vier oder mehr Stockwerke wie sie sonst im Mittelhochbau allgemein üblich ist, also durch Treppen.

In schönster Lage sind die Läden mit einem Zentrum untergebracht. Von hier aus ist ein herrlicher Ausblick freigehalten, einmal über die ganze freie Fläche und zum anderen über das Flachbaugebiet hinweg. Vom Freiraum ist auf schönem Weg, der ebenfalls durchs Grüne führt, die Kirche am Rande des Baugebiets zu erreichen. Jeder Weg zur Schule aus den verschiedensten Wohngebieten ist so angelegt, daß die Kinder keinen gefährlichen Auto-Verkehrsweg überqueren müssen.

Über den Verkehr selbst ist zu sagen: Es ist absolute Trennung von Fußgänger- und Fahrverkehr erreicht. Zwischen den großen Gebäudetrakten stehen ausreichend gedeckte Parkplätze zur Verfügung. Ebenso können Garagen ausreichend untergebracht werden.

Hinzuweisen ist noch auf den großen Abstand der Hochbauten von den Einfamilienhäusern, die so in gar keiner Weise beeinträchtigt sind und ganz für sich stehen.

Die 8-geschossigen Bautrakte des technisierten Hochbaues sind in ihrer Architektur wesentlich dadurch hervorgehoben, daß sie durch vorspringende Balkone und Architekturglieder eine hohe Plastizität erhalten. Vom 4. Geschoß ab muß dem Schwindelgefühl, das bei vielen Menschen vorhanden ist, durch entsprechende Bauglieder entgegengewirkt werden.

Gerade diese Elemente, architektonisch ausgewertet, werden der Architektur dieser Hochbauten ein besonderes Gepräge geben. Die Erstellung von 8- bis 10-geschossigen Gebäuden zwingt ja ohnehin zu einem elastischen Konstruktionsprinzip; es können die verschiedenartigsten Wohnungsgrößen abgetrennt werden. Die Wirtschaftlichkeit solcher technisch bestens ausgerüsteten Bauten ist damit gewährleistet.

Der Verfasser ist sich dessen bewußt, daß der aufgezeigte Weg heute noch als Neuland in der Verwirklichung bezeichnet werden kann. Doch sollte der Versuch gemacht werden, die Wohnungsform für unsere moderne Industriegesellschaft in einer Weise zu lösen, die dem Schritt des Zeitalters entspricht.

Es wäre wohl denkbar, daß durch eine so gestaltete Wohnstadt eine Sehenswürdigkeit als weithin wirkender Anziehungspunkt geschaffen würde, die es durch die einmalig günstige Lage des Geländes, wie es der Stadt Trier zur Verfügung steht, geben könnte.«

Lit.: »Trabantenstadt«, in: *1930–1960. Otto Ernst Schweizer. Forschung und Lehre*, Stuttgart 1962, S. 62 ff. – »Trier Mariahof. Wettbewerb 1960 –.Realisierung ab 1961«, in: Thomas Bandholtz u. Lotte Kühn, *Erich Kühn. Stadt und Natur*, Hamburg 1984, S. 308 ff.

Blick auf das Modell von Norden. Ganz rechts die Kirche mit dem Kindergarten, links im Anschluß an die langgestreckten Hochbauten die Schule, im Vordergrund das Restaurant.

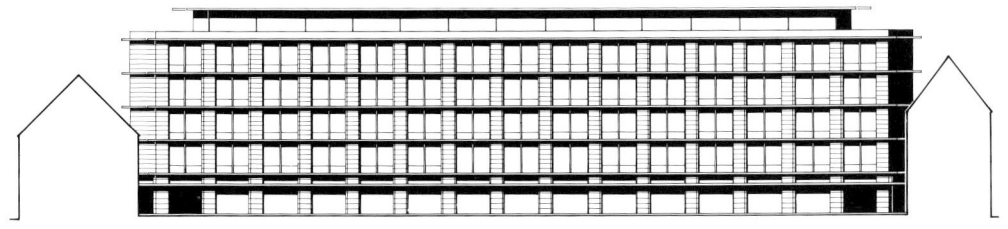

Zum Abbruch der Kavalleriekaserne von Friedrich Weinbrenner und zur Eingliederung des Neubaus in die gewachsene Umgebung schrieb Schweizer:

»Bei der Errichtung eines Institutsgebäudes im Marstallhof stellt sich die entscheidende Frage, ob der sogenannte Weinbrennerbau erhalten werden kann. Nach meiner Ansicht ist es nicht möglich, wenn man heute einen Neubau in dieser Gegend diskutiert, den alten Bau in die Planung mit einzubeziehen. Eine Einbeziehung würde eine einheitliche und klare architektonische Durchführung des Neubaues und eine sinnvolle Organisation des Betriebsablaufes schwer möglich machen. Alles spricht dafür, diesen Bau vollständig zu entfernen, um einem sinnvollen Bauorganismus und einem schönen architektonischen, raumorganischen und stadtbaukünstlerischen Neuaufbau nicht hinderlich zu sein. Es sollte hier also ein vollwertiges, zeitgemäßes Gebäude errichtet werden mit allen Merkmalen guter Architektur. Damit würde eine befriedigende Lösung für die Universität erzielt und gleichzeitig ein Anziehungspunkt für die Stadt Heidelberg geschaffen werden.

Selbstverständlich ist es nicht möglich, die Architektur von heute ganz den Formen anzupassen, wie sie aus der mittelalterlichen Stadt auf uns gekommen sind. So schön und interessant diese Formen auch sind, so stellt doch das moderne Leben an den Organismus eines Gebäudes besondere Anforderungen, aus denen zwangsläufig neue Formen resultieren. Wir haben heute auch andere Baumethoden und andere technische und organisatorische Bedingtheiten. Der heutige Bau muß bestimmte Betriebsvorgänge berücksichtigen und erfordert entsprechende Konstruktionen und Materialien. Dennoch sollten aber wesentliche Merkmale der mittelalterlichen Architektur wieder belebt werden. Diese Architektur ist dadurch bestimmt, daß sie eine hohe Elastizität aufweist, daß sie ihre Großbauten in einem ausgezeichneten Material (Sandstein) zur Verwirklichung gebracht hat und daß sie alle ihre Elemente auf den menschlichen Aspekt bezog.«

Nordansicht. Die Institutsräume werden durch die vorkragenden Geschoßdecken vor Witterungseinflüssen geschützt, die zum Marstallhof hin zwei Geschosse hohe Eingangshalle zusätzlich betont durch ein rund drei Meter vorkragendes Dach, das einen offenen und zugleich geschützten Wandelgang bildet.

Auf der Abbildung unten ein Geländeschnitt. Am Neckar, links im Bild, das Marstallgebäude. Weiter nach rechts der Neubau mit anschließender Tiefgarage und neuem Geschäftshaus an der Hauptstraße, in deren Achse die Turmsilhouette der Heiliggeist-Kirche sichtbar wird.

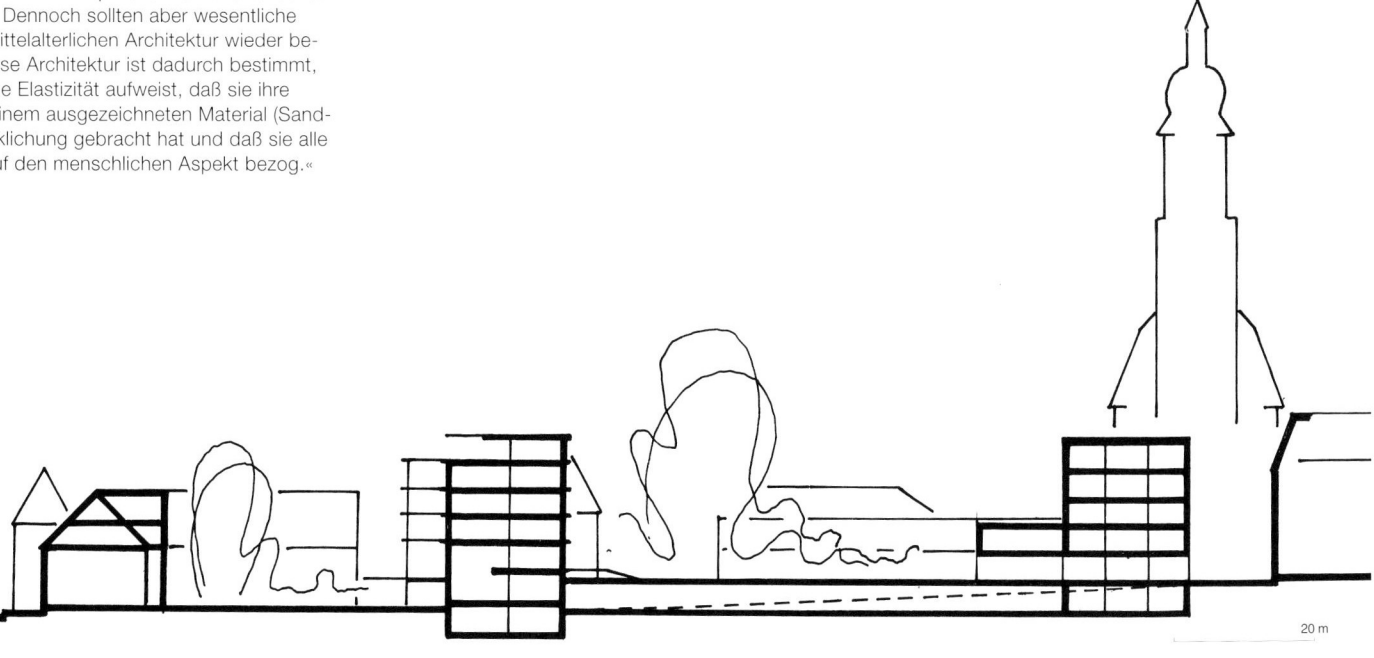

Institutsgebäude für die philosophische Fakultät der Universität Heidelberg

Projekt
1957–59

Die Universität Heidelberg hatte den Entschluß gefaßt, die geisteswissenschaftlichen Fakultäten trotz räumlicher Enge nicht in neue Gebäude in die Außenbezirke zu verlegen, sondern in der Altstadt zu belassen. Für die philosophische Fakultät sollten im Bereich des ehemaligen Marstallgebäudes, in der Innenstadt am Neckar auf leicht fallendem Gelände gelegen, neue Räume für Lehre und Forschung sowie für die ägyptologischen und archäologischen Sammlungen geschaffen werden.

Schweizer ging in seinem Entwurf, der auf einem Vorschlag des Universitätsbauamtes aufbaut, davon aus, daß die Kavalleriekaserne, ein Bau Friedrich Weinbrenners, der den Marstallhof im Südosten schloß, abgetragen wird, das Marstallgebäude selbst mit seinen Ecktürmen erhalten bleibt und der Hof zur Stadtseite hin durch einen Neubau geschlossen wird. Die Arbeitsräume dieses Neubaus sollten sich größtenteils zum ruhigen Hof hin öffnen, ebenso eine großzügige, im Mittelteil über zwei Geschosse reichende Eingangs- und Wandelhalle, die nahezu das gesamte Erdgeschoß einnimmt und, bedingt durch das Geländegefälle, stadtseitig von oben erschlossen wird. Die Pfeiler sollten, dem Material des Marstallgebäudes entsprechend, aus Sandstein aufgemauert werden.

Schweizer schrieb zu seinem Entwurf:
»Der heutige Marstallhof ist eine stille Oase. Er steht in keiner unmittelbaren Beziehung zu den Hauptstraßenzügen und zu den vorhandenen Platzräumen. Trotzdem stellt dieser Bezirk an die räumlich architektonische Eingliederung eines neuen Baues besondere Anforderungen. Es muß nämlich berücksichtigt werden, daß sich in Zukunft Veränderungen ergeben können, welche über den Bereich des heutigen Marstallhofes hinaus städtebauliche Bezogenheiten zu der Hauptstraße und zum Universitätsplatz werden entstehen lassen.

Die Unterbringung der für den heutigen Schnellverkehr notwendigen Parkplätze wird naturgemäß zu einem schwerwiegenden Problem, wenn ein Neubau von diesem Umfang in einer verdichteten Altstadt errichtet wird. Es ist jedoch unbedingt notwendig, die Parkplätze so anzuordnen, daß die freiräumliche Gestaltung des Umgebung des Marstallhofes nicht beeinträchtigt wird.

Um diesen Erfordernissen gerecht zu werden, wird vorgeschlagen, im Süden des Gebäudes einen großen Freiraum zu schaffen, der die Geländehöhe der Hauptstraße aufnimmt. Da das Baugelände am Marstallhof etwa ein Geschoß tiefer liegt, wäre es möglich, unter die neue Freifläche Tiefgaragen zu legen. Damit könnten die nötigen Parkplätze für die Universität bereitgestellt werden, ohne daß der gewonnene Freiraum zerstört wird und ohne daß eine Lärmbelästigung des Institutsgebäudes auftritt.

Durch den neu geschaffenen Freiraum kann der Bereich des Marstallkomplexes in optische Beziehung zur Hauptstraße treten; außerdem entsteht eine direkte Verbindung zu den Bewegungsräumen der Fußgänger in der Altstadt. Der Marstallhof wird damit in das allgemein städtische Erlebnis einbezogen, ohne daß die Stille des Bezirkes zerstört wird. Die alten Bauten des Marstallhofes, der neue Institutsbau und die Freiräume werden zu einer organischen stadtbaukünstlerischen Einheit zusammengefügt. Die Höhenentwicklung des neuen Gebäudes wird bestimmt werden einmal durch die Rücksicht auf die umgebende Altstadt und zum anderen durch den Maßstab des Marstallhofes. Die Breite des Hofes beträgt 40 m, die Höhe des neuen Baues muß also so bemessen sein, daß der Hofraum gute Proportionen behält. Bei der Gestaltung des neuen Baukörpers wird man aber noch einen weiteren wesentlichen Faktor berücksichtigen müssen: Der Philosophenweg ist in Heidelberg eine viel besuchte Promenade und ein besonderes Ausflugsziel. Von dort aus erfaßt der Blick das ganze weite Neckartal um Heidelberg, die umgebenden Höhen und die Altstadt. Von hier aus kann auch ein sehr schöner Blick auf den Marstall und auf die umgebenden Freiräume gewonnen werden. Es müßte also darauf gesehen werden, daß sich auch von dort aus das neue Gebäude in einer ausgewogenen Form darstellt.

Bei der Architektur des Gebäudes ist daran gedacht, der Höhenentwicklung dadurch entgegenzuwirken, daß die Horizontalgliederung stärker betont wird. Es ist auch versucht worden, dem heute so häufig festzustellenden übertriebenen Rationalismus dadurch zu begegnen, daß die Fassade gegen den Marstallhof eine geschwungene Form erhält. Gewiß könnte auch bei einer geraden Fassade durch eine starke Plastizität die allzu starre und rationale Wirkung vermieden werden. Es wäre aber wünschenswert, vielleicht doch eine irrationale Tendenz in die Plastizität der Fassade hereinzutragen. Außerdem ist der Schwung der Fassade ein wesentliches raumbildendes Element, das den freiräumlichen Charakter des Hofes unterstreicht.«

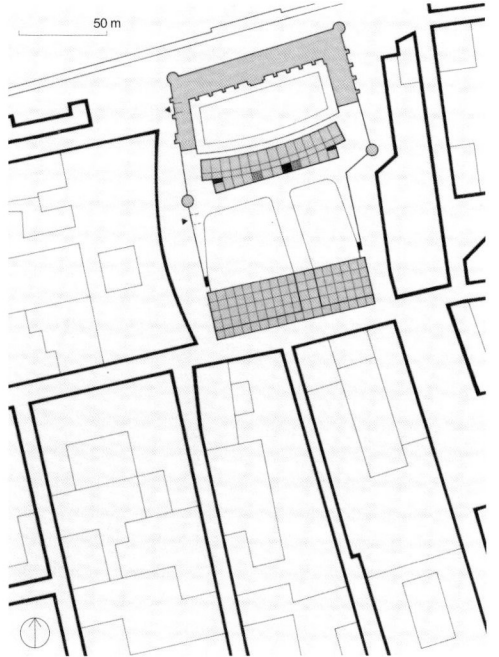

Lageplan mit dem alten Marstall parallel zum Neckar im Norden, dem neuen Institutsgebäude und zwei ebenfalls von Schweizer vorgeschlagenen Geschäftsbauten an der in Ost-West-Richtung laufenden Hauptstraße, die die neugewonnene Freifläche, unter der die Tiefgarage angeordnet ist, nach Süden faßt.

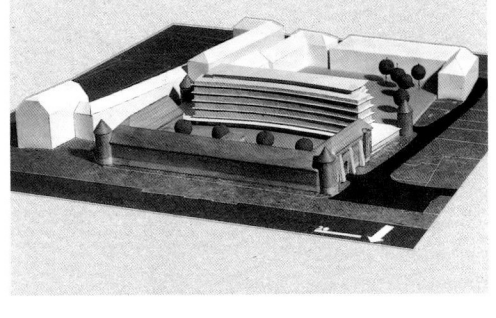

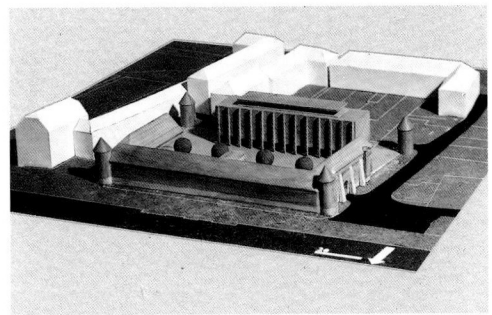

Arbeitsmodelle mit gekurvter Fassade und Betonung der Horizontalen sowie mit geradliniger Fassade und Betonung der Vertikalen. Blick aus der Luftperspektive von Nordwesten.

In seinem Aufsatz »Die moderne Großstadt« aus dem Jahr 1957 schrieb Schweizer:

»Die Zentren der alten Städte waren in den meisten Fällen quadratische Plätze, auf welchen die Bewohner der alten Stadt die ganze Fläche für sich einnehmen konnten. Sie haben im wesentlichen dadurch Besitz von den Zentren ergriffen, daß sie mehr auf diesen Plätzen herumgestanden oder auf- und abgegangen sind, als daß hier ein großer Strom von Menschen hin- und hergeflutet wäre. Das ist heute, nachdem die Städte so volkreich geworden sind, ganz anders. Die Bevölkerung bewegt sich in großen Massen durch die Straßen der Innenstadt. Daraus ist ein entscheidendes Moment für die Form des modernen Stadtzentrums abzuleiten:

Hatten in früherer Zeit die Plätze meist mehr den Charakter von Ruhepunkten im Straßennetz, so sind die Zentren unserer Zeit dem dynamischen Charakter der Gegenwart angemessen. Die Form eines solchen Bewegraumes muß demnach eine in die Länge gezogene Fläche sein, welche den gewaltigen Fußgängerstrom ohne Unterbrechungen und ohne Gefahr an den großen Einrichtungen der Gemeinschaft vorbeischleust. Diese Fläche mit einer Breite von 400 bis 600 m und einer Länge von 1 bis 2 km muß von einem ausgezeichnet disponierten Verkehrssystem umfahren werden, welches imstande ist, den motorisierten Zielverkehr zum Stadtzentrum aufzunehmen und auf vielgeschossige Parkflächen zu leiten, welche sich entlang dieses Verkehrssystems aufreihen. Das Innere der Fläche kann nur zu bestimmten Zeiten befahren werden. Auf diese Weise wird dem Menschen eine Citywelt geschaffen, in der er ungestört leben und ungefährdet von den Einrichtungen der modernen Technik das Leben der großen Gemeinschaft fördern kann.

Derartige neustädtische Forumanlagen mit der Möglichkeit zur Aufstellung und Konzentration der kulturellen Einrichtungen und öffentlichen Gebäude, mit der Möglichkeit, große Promenaden anzulegen, die dem Grün zugehören und die das Hin- und Herfluten der zahlreichen Bevölkerung ermöglichen, können natürlich nicht immer in ihrer idealen, allgemeingültigen Form verwirklicht werden. Die Kulturzentren sollen ja charakteristisch sein für die einzelnen Städte. Es wird sich daher immer darum handeln, die Besonderheiten der Lage zu berücksichtigen und alle charakteristischen landschaftlichen und architektonischen Merkmale in die Planung einzubeziehen wie z.B. Blickbeziehungen auf weite Grünflächen, Wasserflächen, Berge und auf hervorragende architektonische Anlagen. Unter allen Umständen müssen diese Gebilde, die für unsere Stadtbaukunst etwas Neues sind, in allen ihren Merkmalen eine Architektur der Gegenwart darstellen. Es wäre falsch, wenn den Bildungsgesetzen der überholten alten Stadt gefolgt würde.«

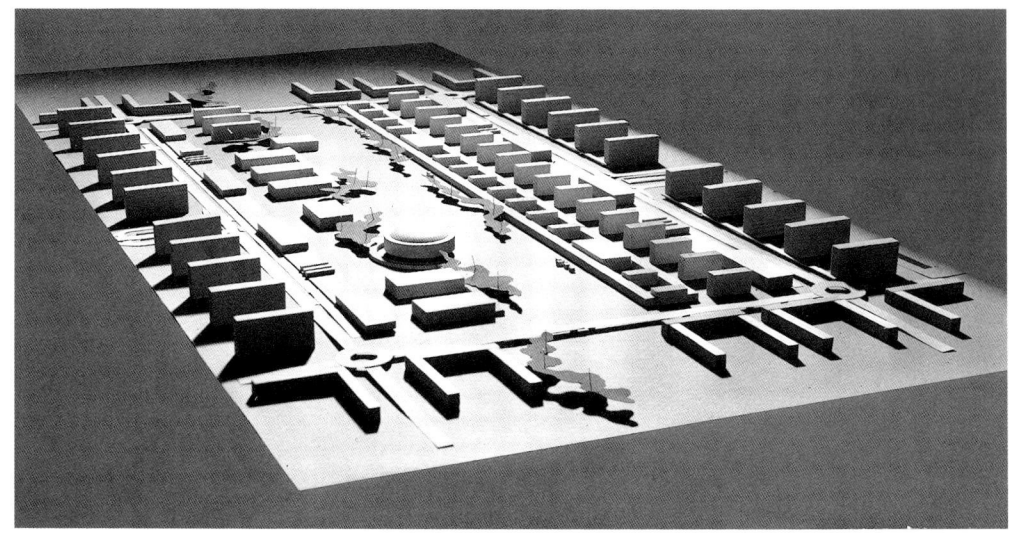

Blick auf das Modell. Rechts die Läden mit überdeckten Wandelgängen, dahinter die Verwaltungsbauten, Parkhäuser und jenseits der Straße Bauten der bestehenden Stadt; links die öffentlichen Einrichtungen mit der Stadthalle im Vordergrund und wiederum Parkhäuser an der Umfahrungsstraße.

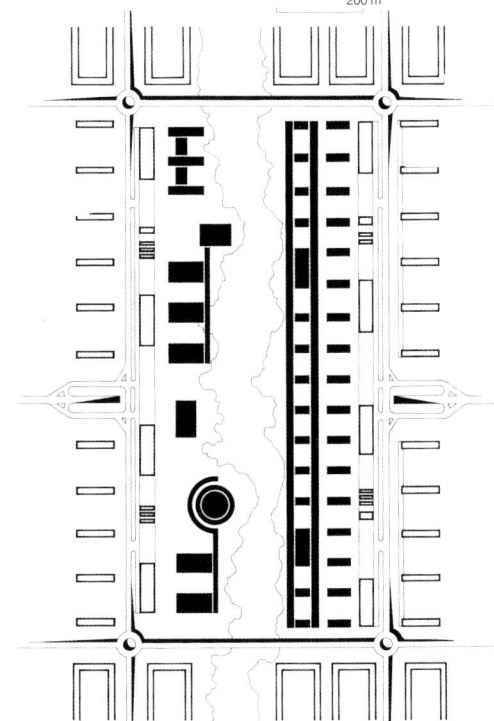

Lageplan. Rechts Läden, die durch überdeckte Wandelgänge miteinander verbunden sind, dahinter eine Reihung von Verwaltungsbauten; unten die Stadthalle und andere öffentliche Einrichtungen, die sich in den langgestreckten Grünraum öffnen. Zwischen der Umfahrungsstraße und den Gebäudereihen liegen Parkhäuser. Jenseits der Straße Bauten der bestehenden Stadt.

Idealzentrum

Projekt
1957

Aufbauend auf seinen Studien zur Idealstadt mit ihrem Idealforum aus den Jahren 1930/31 (S. 150) und seinem Kultur-, Kunst- und Sportzentrum einer Großstadt 1936 (S. 170) befaßte Schweizer sich erneut mit dem Projekt eines Idealzentrums. Er schrieb zu seinem Entwurf:

»Früher ergriff der Fußgänger Besitz von den städtischen Straßen und Plätzen. Der moderne Schnellverkehr saugt heute alle diese Flächen auf und verweist den Fußgänger auf schmale Streifen an den Hauswänden. Das Leben in den Städten ist gefährlich und ungesund geworden.

Ein nach unseren heutigen Gesichtspunkten angelegtes Zentrum bietet dem Fußgänger wieder Gefahrlosigkeit und Ruhe. An einem etwa 100 m breiten Grünraum, der nur dem Fußgänger vorbehalten ist, entwickeln sich auf der einen Seite Läden und Geschäftsbauten und auf der gegenüberliegenden Seite öffentliche Gebäude und kulturelle Einrichtungen. Die Architektur verbindet sich mit dem Grün des Freiraumes zur neuen architektonischen Großform. In das Schema der Ummaße lassen sich auch bestehende und historische Bauten einbeziehen.

Der motorisierte Verkehr ist auf einen Schnellverkehrsring verwiesen, der die ganze Anlage umfährt. An diesem Ring sind große Parkplätze und Hochgaragen angeordnet, von denen aus der Kraftfahrer jeden Punkt des Zentrums in wenigen Minuten zu Fuß erreichen kann. Eine Verkehrsader ist als Querspange unter dem Zentrum hindurchgeführt. Die Belieferung der Läden erfolgt von einem Tunnel aus, der sich längs unter der Ladenzone hinzieht«.

Lit.: »1957. Idealzentrum«, in: Otto Ernst Schweizer, *Die architektonische Großform. Gebautes und Gedachtes*, Karlsruhe 1957, S. 154 f. (grundsätzliche Gedanken zum Idealzentrum: S. 21 ff.). – »1957. Idealzentrum«, in: *1930–1960. Otto Ernst Schweizer. Forschung und Lehre*, Stuttgart 1962, S. 83.

Entwurfsskizze Schweizers. Schnitt durch das Zentrum mit Blick auf die Stadthalle. Links die Ladenzeile, rechts die an das Zentrum anschließenden hohen Verwaltungsbauten.

Blick vom überdeckten Wandelgang vor der zwei Geschosse hohen Ladenzeile in den Grünraum hinein auf die Stadthalle. Im Hintergrund weitere öffentliche Gebäude und, sie überragend, Bauten der bestehenden Stadt.

Bebauungsplan. Links im Bild, von Norden nach Süden verlaufend, die Allersberger Straße, die in die Koblenzer Straße führt und dort den Anschluß an die Nordost-Südwest liegende Breslauer Straße als Haupterschließungsstraße gewinnt. Im Bild oben das Märzfeld, die heutige Langwasserwiese mit dem neuen Schwimmbad und den Bebauungsgrenzen der Erweiterungsmöglichkeit rechts. Im Bild unten die beiden Nordwest-Südost verlaufenden Freiräume mit zwei Volksschulen im linken, mit Oberschule, evangelischer Kirche, Verwaltungsgebäude, Gemeinschaftshaus und winkelförmiger Ladenzeile im rechten Raum. Weitere Kirchen, Zentralbauten, die als Punkte markiert sind, sind außerhalb der Freiräume in die Wohnbebauung integriert, ebenso kleinere Läden, die den verschiedenen »Wohninseln« zugeordnet sind. Als Doppelstrich ist die Schnellbahn gekennzeichnet, die neben der Bundesbahn die öffentliche Verkehrsbindung mit der Innenstadt herstellt.

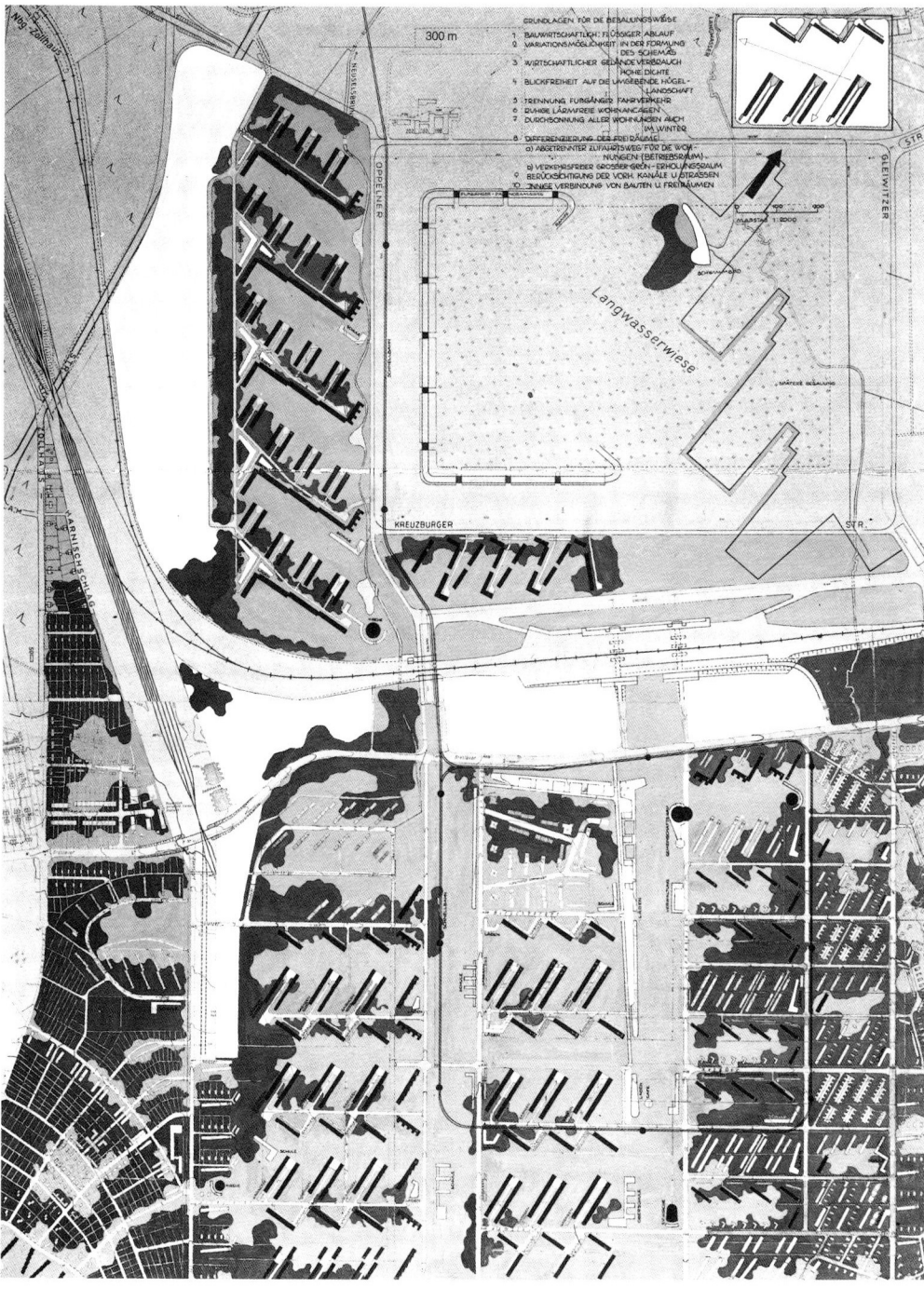

Dem Preisgericht gehörten unter anderem Rudolf Hillebrecht und Friedrich Seegy an. Gerhard Jobst, Hans Bernhard Reichow, Wilhelm Schlegtendal, Otto Ernst Schweizer und andere waren zur Teilnahme an dem Wettbewerb eingeladen worden. Das Preisgericht stellte in einer Empfehlung an den Auslober fest, daß die einmalige städtebauliche Gegebenheit eines großen Bebauungsgebietes in unmittelbarer Grünlage zwischen dem Stadtkern und der Landschaft zu einer bewußten Erhaltung und Betonung der landschaftlichen Vorzüge führen sollte. Dabei sollte die Abgrenzung zwischen Bebauungsgebiet und Landschaft nicht starr den Grundbuchgrenzen entsprechen, sondern in aufgelockerter Weise landschaftlich verzahnt werden.

Bebauungsplan für die Trabantenstadt Langwasser bei Nürnberg

Wettbewerb 1956

Im Südosten Nürnbergs sollte eine Trabantenstadt für 25 000 Einwohner gebaut werden mit einer Erweiterungsmöglichkeit auf 40 000. Das etwa 600 ha große Gelände lag eingebettet in Wäldern und offener Landschaft und sollte über eine Ausfallstraße, die Allersberger Straße, und über eine Schnellbahn mit der Innenstadt Nürnbergs verbunden werden. Etwa in der Mitte durchschneiden Gleisanlagen mit einem zentral gelegenen Bahnhof das Gelände, die den nordwestlichen, weitgehend ebenen Teil vom südöstlichen, von Norden nach Süden rund 25 m ansteigenden Teil trennen. Von Westen greifen weitere Bahnanlagen in das Gelände ein. Auf dem nördlichen Teil lag das Märzfeld des ehemaligen Reichsparteitaggeländes, die heutige Langwasserwiese, dessen Turmbauten noch weitgehend erhalten waren; nach Norden grenzt der Volkspark an mit den Sportanlagen, die Schweizer in den zwanziger Jahren baute, dem Zeppelinfeld und der Ruine der Kongreßhalle an den Dutzendteichen.

Aufgabe des – beschränkten – Wettbewerbs war es, einen Flächennutzungsplan zu entwickeln und einen Bebauungsplan zu entwerfen. Die Bevölkerung sollte sich nicht auf eine bestimmte soziale Schicht beschränken, heißt es im Auslobungstext, sondern sich vielmehr aus allen Schichten zusammensetzen und so einen Querschnitt der heutigen Gesellschaft bilden. Deshalb müßten alle Wohnungsformen geschaffen werden. Daraus ergäbe sich die Möglichkeit einer lebendigen und abwechslungsreichen städtebaulichen Gestaltung. Es waren 50% mehrgeschossige Mehrfamilienhäuser gefordert, 25% zweigeschossige Einfamilienreihenhäuser, 15% erdgeschossige Siedlungshäuser und 10% Einzelhäuser. Punkthochhäuser waren nicht ausgeschlossen. Außerdem waren Volksschulen und Kindergärten, eine Oberschule, zwei evangelische und zwei katholische Kirchen, Verwaltungsgebäude, Kinos und Gemeinschaftsanlagen sowie Sportplätze und ein öffentliches Bad gefordert, außerdem Geschäfte und kleinere Gewerbebetriebe. 1000 Kleingärten sollten angelegt werden. Die Siedlungsdichte war mit 70 Einwohnern/ha festgesetzt worden.

Schweizer geht in seinem Entwurf davon aus, das Märzfeld und seine Türme als Freifläche mit neu angelegtem Schwimmbad zu erhalten und schlägt nur die nordöstliche Seite für die geforderte Erweiterungsmöglichkeit der Trabantenstadt vor. Zunächst aber ordnet er die Wohnbauten im Südwesten und Südosten des Märzfeldes an sowie auf dem gesamten südöstlichen Gelände jenseits der Bahnlinie und der parallellaufenden Haupterschließungsstraße, der Breslauer Straße. Hier sind die Wohngebiete durch zwei langgestreckte, das ganze Gelände in Nordwest-/Südost-Richtung durchziehende Freiräume mit Gemeinschaftsanlagen voneinander getrennt. Ladenzeile, Verwaltung, Gastronomie, Gemeinschaftshaus, eine Kirche und Oberschule weisen den Freiraum im Nordosten als das eigentliche Zentrum der gesamten Anlage aus. Auf Punkthochhäuser hat Schweizer bewußt verzichtet – Blickziele und Orientierungshilfen seien schon durch die Freiräume gegeben.

Lit.: Guido Harbers, »Ein städtebaulicher Ideenwettbewerb für das Nürnberg-Langwassergebiet«, in: *Deutsche Bauzeitung*, 61. Jg. 1956, Heft 6, S. 231 ff. – »Bebauungsweise für den mehrgeschossigen Wohnungsbau«, in: Otto Ernst Schweizer, *Die architektonische Großform. Gebautes und Gedachtes*, Karlsruhe 1957, S. 164 f. – »Bebauungsweisen, aus örtlichen Gegebenheiten entwickelt«, in: *1930–1960. Otto Ernst Schweizer. Forschung und Lehre*, Stuttgart 1962, S. 20 f.

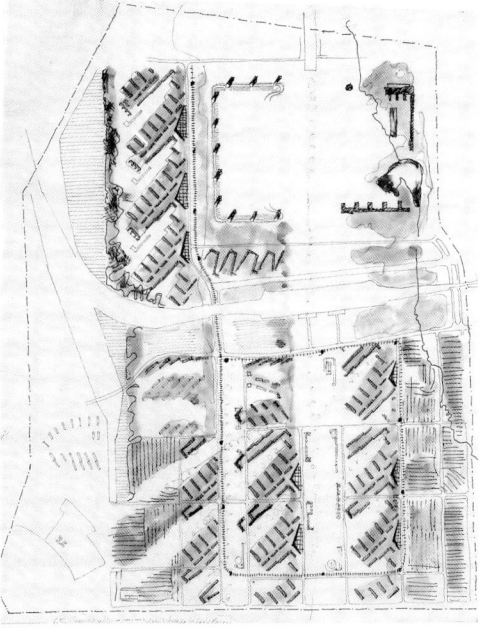

Entwurfsskizze zum Bebauungsplan, in dem die langgestreckten Freiräume, besonders das Zentrum mit seinem Durchblick über das Märzfeld hinaus, sichtbar werden sowie die enge Verzahnung der umgebenden Landschaft mit den Wohngebieten.

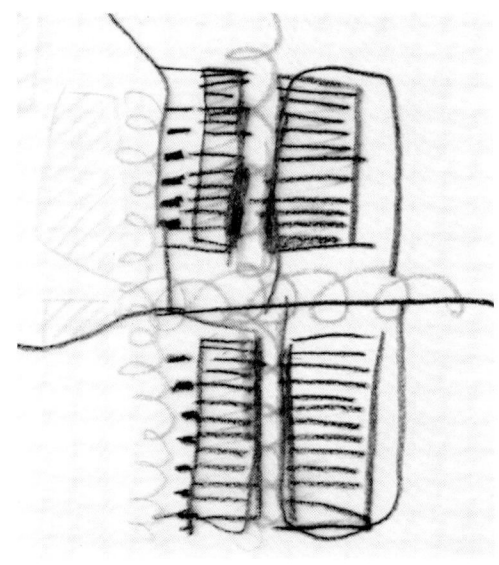

Ideenskizze Schweizers. Die Freiräume mit dem Zentrum sind schon ebenso gefunden wie das Zusammenfassen der Wohngebiete in eine große Ordnung. Die waagerechte Linie zeigt die Gleisanlagen und die Breslauer Straße als Erschließungsstraße an. Die Bebauung nordwestlich, d. h. oberhalb dieser Linie auf dem ehemaligen Märzfeld, wird im endgültigen Entwurf weitgehend reduziert.

Kollegiengebäude II
der Universität Freiburg

Blick von Südwesten, vom alten Kollegiengebäude auf den Neubau. Das Kragdach sollte die mächtigen Sandsteinpfeiler optisch zusammenbinden. Unten eine Entwurfsskizze Schweizers zur Fassadengestaltung.

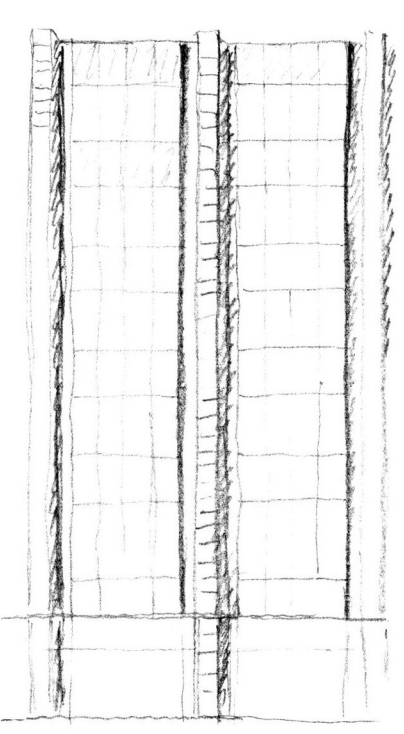

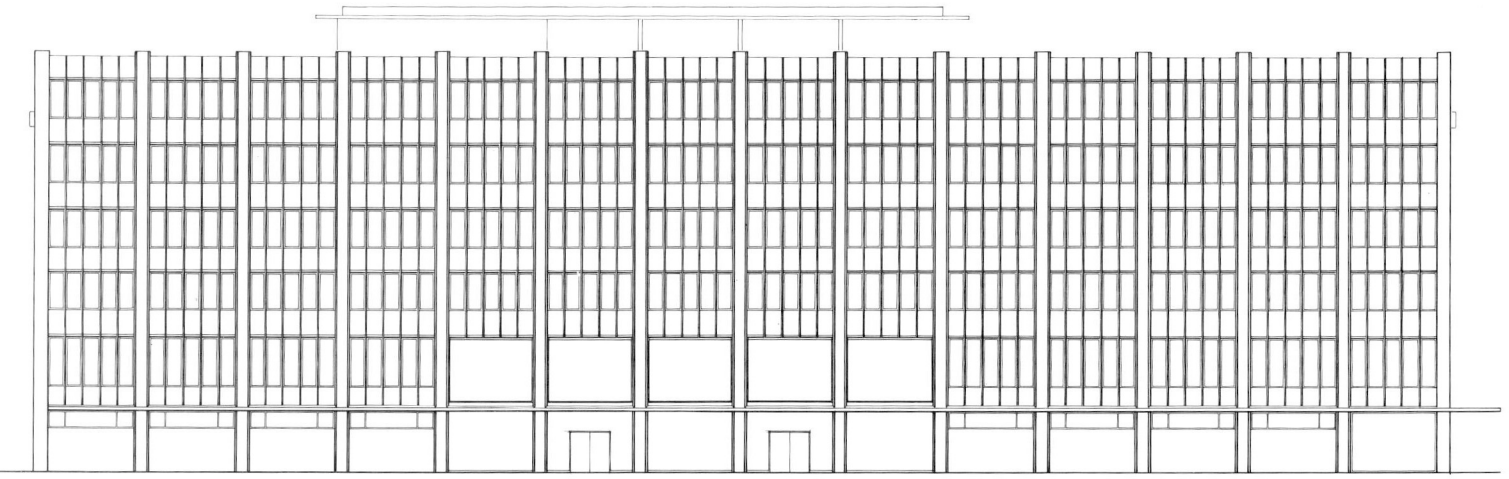

Gesamtansicht von Osten, die der Westansicht auf der Seite gegenüber entspricht. Die großflächigen Fenster lassen die Größe der Eingangshalle schon außen erkennen. Auf dem Dach ein Studentencafé.

Westansicht. Vorentwurf mit einem zusätzlichen Geschoß. Die horizontalen Bänder der Geschoßdecken greifen über die Pfeiler hinweg, so daß eine eher gelagerte Wirkung entsteht. Auf der Abbildung links die Stirnseite des Kollegiengebäudes mit der Außenwand des Auditorium Maximum und den Läden im Erdgeschoß an der Bertoldstraße. Rechts angeschnitten die Universitätskirche, im Hintergrund das Stadttheater.

Kollegiengebäude II
der Universität Freiburg

Blick von Westen, vom Stadttheater aus auf das neue Kollegiengebäude. Links die Bertoldstraße mit der Universitätskirche und dem Münsterturm im Hintergrund. Auf der Perspektive ein Blick von der Bertoldstraße auf den Neubau, das alte Kollegiengebäude und, angeschnitten, auf das zunächst geplante Studentenrestaurant.

Blick von Westen auf den Rohbau des Kollegiengebäudes, auf das Münster im Hintergrund und auf das alte Kollegiengebäude mit seinem Turm. Auf der Abbildung rechts die Auflage der Stahlbinder auf die massiv gemauerten Sandsteinpfeiler.

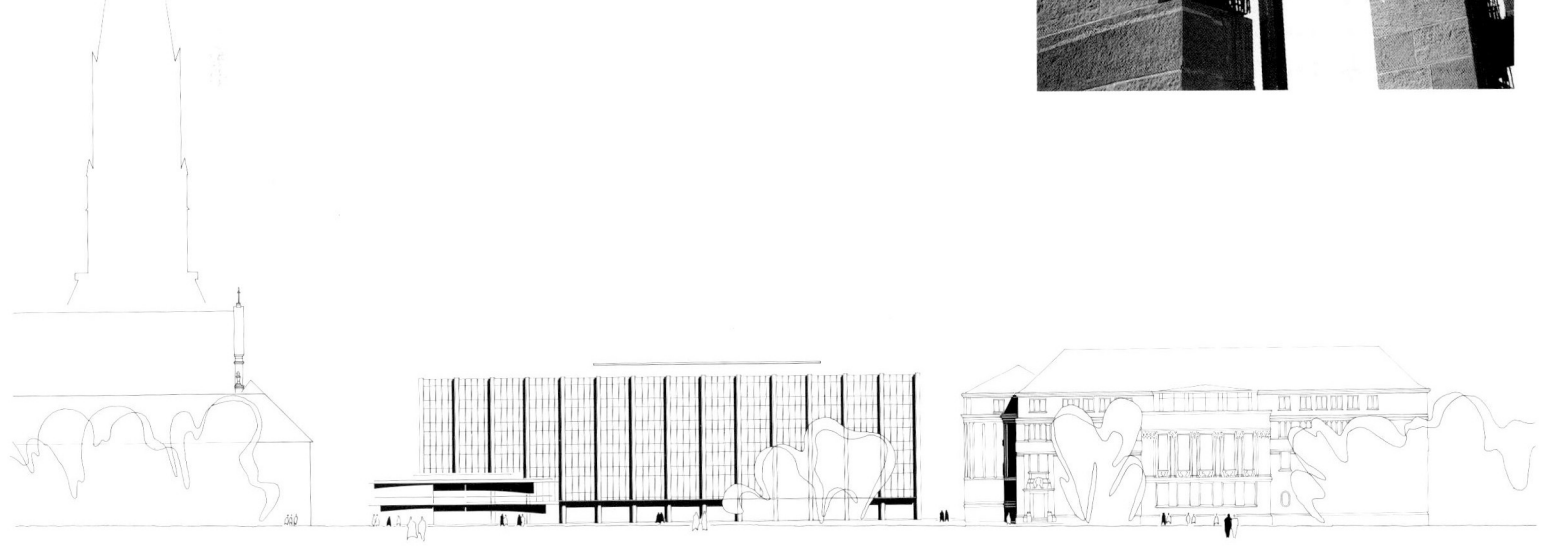

20 m

Gesamtansicht von Westen, vom Rotteckring aus gesehen. Links die Universitätskirche mit der Kontur des Münsters darüber. Vor dem Neubau des Kollegiengebäudes das vom Auslober geforderte Studentenrestaurant, das nicht ausgeführt wurde. Rechts das alte Kollegiengebäude.

Kollegiengebäude II
der Universität Freiburg

Blick vom Studentencafé auf dem Dach des Kollegiengebäudes über die Stadt Freiburg auf die Hänge des Schwarzwaldes.

Das Preisgericht, dem unter anderem Otto Bartning, Werner Hebebrand und Karl Moser angehörten, stellte zum Abschluß des Wettbewerbs fest, daß der gesamte Wettbewerb zu keinem durchführbaren Projekt geführt habe. Dies habe jedoch nicht so sehr an den Bewerbern gelegen, sondern daran, daß das geforderte Programm zu groß gewesen sei, um auf dem gegebenen Gelände in einer städtebaulich annehmbaren Form durchgeführt werden zu können.

An dem – beschränkten – Wettbewerb nahmen Egon Eiermann, Alois Giefer & Hermann Mäckler, Friedrich Wilhelm Kraemer, Johannes Krahn, Eduard Ludwig, Otto Ernst Schweizer, Hans Schwippert und weitere teil. Im Abschlußprotokoll des Wettbewerbs heißt es zu Schweizers Entwurf:

»Die Seminare und Hörsäle sind in einem einzigen mehrgliedrigen Baukörper von 88 m Länge, 47 m Gesamtbreite und 21 m Höhe zusammengefaßt. Dies ist nur dadurch in einem 5-geschossigen Gebäudetrakt möglich, daß zwei Haupttrakte mit Quertrakten H-förmig verbunden sind und einen Innenhof und zwei offene Höfe umschließen, mit allen wirtschaftlichen Vorteilen eines solchen Gebäudes. Die Höfe sind unter dem Zwang der Gegebenheiten sehr eng geworden.

Der freie Raum am Werthmannplatz und damit auch die freie Sicht zur Nordfront des Billing-Baues sind ein großer städtebaulicher Gewinn. Die Beziehung der Gebäudeflügel zur Bertoldstraße ist hart und ungelöst. Der Zusammenstoß der beiden Gebäudeecken und die Beziehung des Neubaues zum alten Kollegiengebäude ist kritisch.

Der ganze Bau stellt eine klare Gesamtkonzeption dar, die sich bemüht, die geistige Einheit der Aufgabe zum Ausdruck zu bringen. Allerdings ist diese Konzeption in einem so starren Schema durchgeführt, daß der Baukörper an dieser Stelle sich nicht genügend einfügt. Leider geben die Pläne über die mögliche Durchbildung im einzelnen zu wenig Auskunft. Die geforderten Ladenbauten fehlen ganz, sie sind nur in Form von zwei Kiosken an der Peterstraße vorgesehen.

Zugänge, Hallen, Wandelhalle und Hörsäle sind gut gelöst. Insbesondere ist zu begrüßen, daß die drei Hörsäle mit einer dazugehörigen ausreichenden Halle im Erdgeschoß liegen und dadurch auch für Publikumsveranstaltungen gut zugänglich sind. Diese innere Gesamtanlage bringt die geistige Bedeutung der Hörsäle gut zum Ausdruck.«

Blick vom dritten Umgang der oberen Halle auf die nördliche Glaswand und die des Dachgartencafés. Auf der Seite gegenüber die obere Halle mit den Umgängen. Unten ein Blick in die Institutsräume und auf eine der Nebentreppen (rechts); ganz oben die Glaswand des Dachgartencafés.

Kollegiengebäude II
der Universität Freiburg

Blick in die Eingangshalle. Die Stützen bestehen aus Stahlrohren, die durch aufgeschweißte Bandeisen mit zur Mitte hin erweitertem Querschnitt verstärkt sind.

Die Abbildungen zeigen einen Blick aus der Eingangshalle auf die Haupttreppe, die Glaswand, die verglasten Aufzugsschächte und das Studentencafé im Erdgeschoß und einen Blick von der Empore der Eingangshalle auf die Außenwände des Auditorium maximum, die Empore selbst und die Treppen.

Blick von der Empore aus in die Eingangshalle. Links die Haupttreppe und die Eingänge in einen Hörsaal unten und in Seminarräume oben. Die Abbildung unten zeigt die Außenwand des Auditorium maximum und die beiden Emporentreppen.

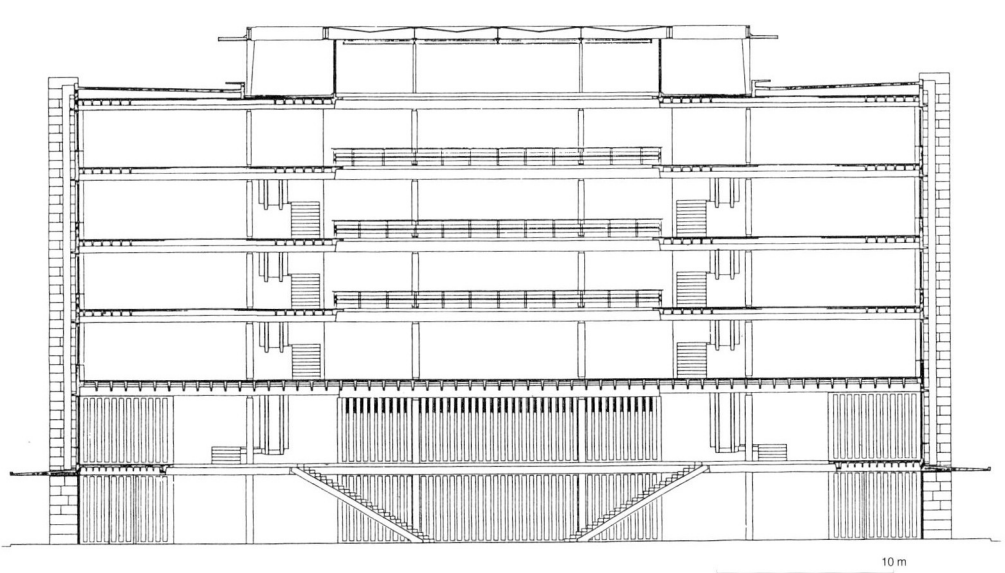

Querschnitt mit Blick auf die Stirnwand des Auditorium Maximum. Die fünf Geschosse hohe obere Halle wird im wesentlichen über zwei durchgehende Glaswände im Süden und Norden und von oben über die Glaswände des Studentencafés belichtet.

Kollegiengebäude II
der Universität Freiburg

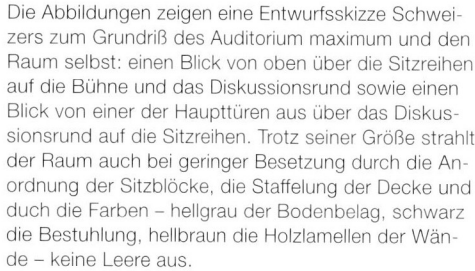

Die Abbildungen zeigen eine Entwurfsskizze Schweizers zum Grundriß des Auditorium maximum und den Raum selbst: einen Blick von oben über die Sitzreihen auf die Bühne und das Diskussionsrund sowie einen Blick von einer der Haupttüren aus über das Diskussionsrund auf die Sitzreihen. Trotz seiner Größe strahlt der Raum auch bei geringer Besetzung durch die Anordnung der Sitzblöcke, die Staffelung der Decke und duch die Farben – hellgrau der Bodenbelag, schwarz die Bestuhlung, hellbraun die Holzlamellen der Wände – keine Leere aus.

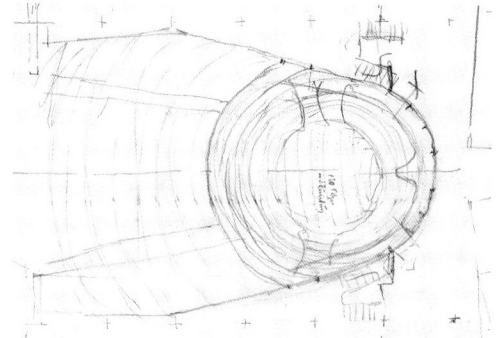

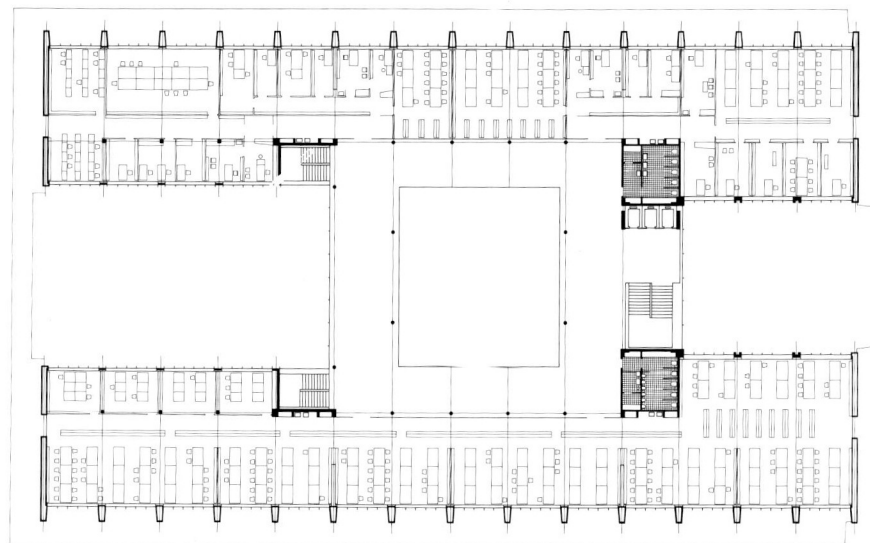

Obergeschoßgrundriß mit den Institutsräumen, die von großzügig bemessenen Umgängen erschlossen werden.

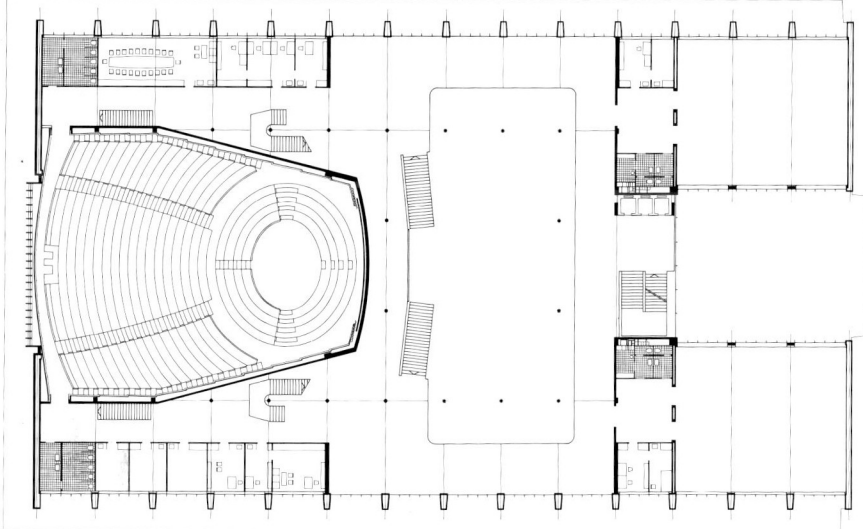

Emporengeschoßgrundriß. Licht fällt durch die Fenster der Längsseiten des Gebäudes und durch die Glaswand des Treppenhauses. Rechts Seminarräume.

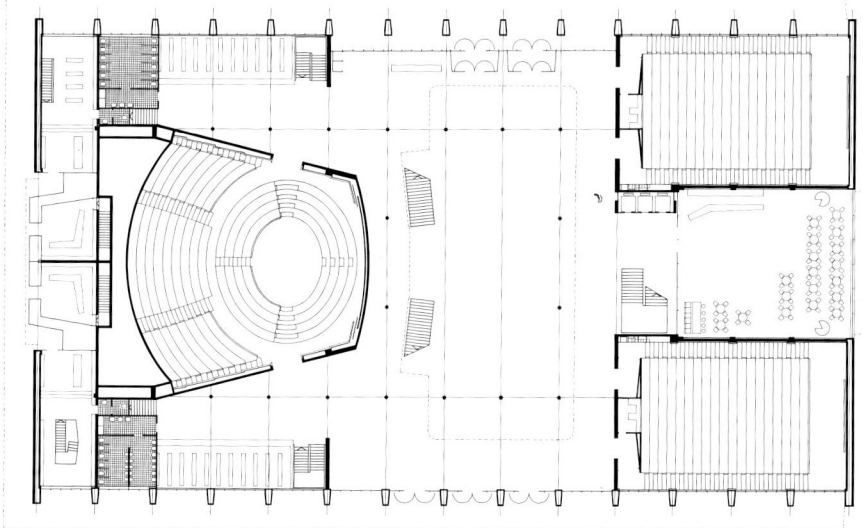

Erdgeschoßgrundriß. Links das Auditorium Maximum mit Garderoben, WC-Anlagen und Nebentreppen ins Untergeschoß und in die Obergeschosse. In der Mitte die zwei Geschosse hohe Eingangshalle mit zwei einläufigen Treppen vor der Stirnwand des Auditorium Maximum auf die umlaufende Empore. Rechts zwei Hörsäle, die Haupttreppe, Aufzüge und ein Studentencafé. Ganz links an der Bertoldstraße Läden.

Kollegiengebäude II
der Universität Freiburg

Blick in die Eingangshalle. Rechts vor der Stirnwand des Auditorium Maximum die Treppen auf die umlaufende Empore. Im Hintergrund, jenseits des Rotteckrings, das Stadttheater.

Höhenentwicklung des gesamten Bauwerkes zu ermöglichen und eine Abschirmung gegen den Verkehrslärm zu erhalten. Die allzu starke Sonneneinstrahlung wird durch die vorgezogenen Sandsteinpfeiler in Verbindung mit den Leichtmetall-Lamellen abgemildert. Durch diese Plastizität der Architektur in zeitgemäßer Form wird die Abschirmung im gleichen Maße erreicht wie durch die traditionellen Fensterfassaden früherer Zeiten.

Im übrigen kann die Einteilung der einzelnen Institute jederzeit nach den Bedürfnissen und Wünschen der Fakultäten verändert oder neu auftauchenden Anforderungen angepaßt werden. Die elastische Konstruktionsstruktur des Bauwerkes entspricht im Grundriß diesen variablen Raumvorstellungen. Die Organisation der Institute ermöglichte es, in den Obergeschossen eine gewisse Auflockerung vorzusehen. So können nach der Seite gegen den Peterhof zu in den einzelnen Geschossen Parlatorien, Aufenthaltsräume für größere und kleinere Gruppen von Studierenden entstehen. Hier wird besonders der Blick von diesen Gemeinschaftsräumen auf das Münster und auf die Stadtlandschaft einen sehr bedeutungsvollen Akzent schaffen.

Da hier im Gegensatz zu einem in grüner Umgebung, also nicht im Rahmen der steinernen Altstadt errichteten Bauwerk natürlich für Erholungszwecke der Studenten und der Besucher jede Freiraumfläche innerhalb und außerhalb des Gebäudes auszuwerten ist, wurde auf der Südseite eine begehbare Dachterrasse zwischen den beiden Haupttrakten geschaffen. Nach allen übrigen Seiten des Hauptgebäudes hin sind schöne Freiräume, Plätze entstanden, die sowohl als Bewegungsräume der Studierenden im Grünen als auch als Parkplätze für Fahrräder und Autos verwendet werden können. Zwei Untergeschosse bieten Platz für das entsprechend einer solchen Großbauanlage sehr umfangreiche Programm an technischen Räumen. Trotzdem konnten hier zusätzliche Parkflächen für ca. 80 Kraftfahrzeuge vorgesehen werden.

Bei der Bedeutung des Gebäudes ist versucht worden, die Architektur zu einer äußersten Klarheit zu führen. Entscheidend dabei war, die architektonisch räumliche Konzeption unter Verwendung traditioneller und modernster Materialien, des Sandsteins mit Beton, Stahl und Leichtmetall, mit einer statisch sinnvollen, jedem Material gerecht werdenden Konstruktion in Einklang zu bringen. So übernimmt z.B. der Sandstein in der Form der Pfeiler und der Scheiben in Verbindung mit Stahl und Beton die ihm gebührende, bis an die Grenzen seiner Tragfähigkeit gehende Aufgabe volltragender Glieder. Der Bau ist damit in allen seinen Teilen mit dem Streben der heutigen Zeit verbunden; er ist dies in seiner Struktur, in seiner Konstruktivität, seiner räumlichen Konzeption und im besonderen Maße in seiner städtebaulichen Eingliederung, die ihm verschiedenste entscheidende Grenzen setzte und damit seine Form nicht unwesentlich mitbestimmte.«

Das ausgeführte Kollegiengebäude unterscheidet sich im wesentlichen nicht vom Wettbewerbsentwurf; ein nach Südosten anschließend geplanter Trakt sowie das vom Auslober geforderte Restaurant, das nach Schweizers Auffassung den Entwurf von vornherein belastete, wurden nicht gebaut.

Lit.: »Erweiterung des Kollegiengebäudes der Universität Freiburg – Ergebnisse eines engeren Ideenwettbewerbs«, in: *Architektur und Wohnform*, 64. Jg. 1955, Heft 1, S. 4 ff. (Anhang). – »Wettbewerb Neubau der Universität Freiburg«, in: *Die Bauzeitung*, 60. Jg. 1955, Heft 11, S. 453 ff. – »1955. Kollegiengebäude der Universität Freiburg«, in: Otto Ernst Schweizer, *Die architektonische Großform. Gebautes und Gedachtes*, Karlsruhe 1957, S. 130 ff. – *Festschrift der Universität Freiburg zur Eröffnung des zweiten Kollegiengebäudes*, hrsg. v. Johannes Vincke, Freiburg im Breisgau 1961 (hierin: Otto Ernst Schweizer, »Zweites Kollegiengebäude«). – O. Freese, »Neubauten der Universität Freiburg. II. Kollegiengebäude«, in: *Die Bauverwaltung*, 11. Jg. 1962, Heft 6, S. 288 ff. – Ekkehardt Hangarter, »Über das zweite Kollegiengebäude der Universität Freiburg«, in: *Welt am Oberrhein*, 1962, Heft 3, S. 162 ff. – »1961. Otto Ernst Schweizer. Kollegiengebäude der Universität Freiburg«, in: *1930 bis 1960. Otto Ernst Schweizer. Forschung und Lehre*, Stuttgart 1962, S. 154 ff. – Heinrich Wefing, »Raum aus Licht. Kollegiengebäude II der Universität Freiburg«, in: *Deutsche Bauzeitung*, 125. Jg. 1991, Heft 9, S. 118 ff.

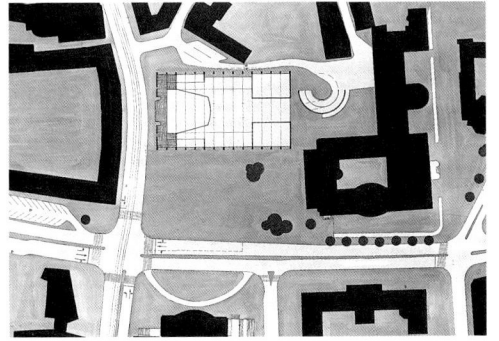

Lageplan. Links, von Westen nach Osten führend, die Bertoldstraße, von Süden nach Norden der Rotteckring. Oberhalb des neuen Kollegiengebäudes der Peterhof und die Universitätskirche jenseits der Bertoldstraße. Rechts vom Neubau der Komplex des alten Kollegiengebäudes und die alte Universitätsbibliothek. Am unteren Bildrand von links nach rechts das Verwaltungshochhaus, das Stadttheater und das Rotteck-Gymnasium, das später dem Neubau der Universitätsbibliothek weichen mußte.

Auf dem Luftbild ein Blick vom Verwaltungshochhaus über die Kreuzung Rotteckring/Bertoldstraße auf das neue und das alte Kollegiengebäude mit seinem Turm. Im Hintergrund die Freiburger Altstadt, aus deren Dachlandschaft die beiden noch erhaltenen Stadttore herauswachsen. Rechts, angeschnitten, das Stadttheater.

Blick von Nordwesten auf das neue Kollegiengebäude mit den charakteristischen Sandsteinpfeilern und der weit vorkragenden Stahlbetondachplatte über dem Erdgeschoß. Die Sonnenschutzlamellen sind aus Aluminium.

Kollegiengebäude II der Universität Freiburg

Wettbewerb und Ausführung
1955–61

Im Jahr 1955 wurde für die Erweiterung des Kollegiengebäudes der Universität Freiburg ein engerer Ideenwettbewerb ausgelobt. Zwei gleichwertige zweite Preise wurden an Otto Ernst Schweizer und an die Architektengemeinschaft Alois Giefer & Hermann Mäckler vergeben mit der Empfehlung des Preisgerichts, in einer zweiten Stufe die Entwürfe zu überarbeiten. Daraufhin wurde Schweizer mit der weiteren Planung beauftragt.

Das Baugelände liegt am Rande der Freiburger Innenstadt am Kreuzungspunkt zweier verkehrsreicher Straßen, dem Rotteckring und der Bertoldstraße, und in Sichtbeziehung zum Stadttheater, zu einem Verwaltungshochhaus, zum alten Kollegiengebäude mit seinem Turm und zur alten Universität mit der Universitätskirche.

Wesentliches Anliegen des Wettbewerbs waren die Eingliederung des Neubaus in die umgebenden Bauten, deren besondere plastische Wirkung im Stadtbild hervorgehoben worden war und die weitgehende Isolierung der künftigen Arbeits- und Lehrräume gegen den Lärm der sich kreuzenden Hauptstraßen. Außerdem war weitgehende Variabilität der inneren Raumaufteilung gefordert worden.

Das Raumprogramm umfaßte eine Wandelhalle, die zugleich Eingangs-, Pausen-, Kongreß- und Ausstellungshalle sein sollte, Hörsäle, Räume für die philosophische und die Rechts- und Staatswissenschaftliche Fakultät, Räume für studentische Einrichtungen, Läden an der Bertoldstraße, ein Restaurant, verschiedene andere Räume und eine Tiefgarage.

Schweizer schrieb zu seinem Wettbewerbsentwurf:

»Hart im Raum stößt sich in der Altstadt von Freiburg das Bestehende mit dem Neuen. Wertvolles Vermächtnis der Vergangenheit, das einem lebendigen Gebrauch dient, zu erhalten und mit dem Modernen organisch zu verbinden, das ist hier die Aufgabe gewesen.

Zu Beginn des 20. Jahrhunderts haben sich in der Technik gewaltige Wandlungen und Veränderungen vollzogen. Seit den zwanziger Jahren sind auch die Formen der Architektur von diesem großen Umwandlungsprozeß erfaßt worden.

Die Entwicklung aber hat gezeigt, daß die Technik nicht eigengesetzlich weiterschreiten kann. Der Zusammenhang von neuen Konstruktionssystemen, neuen Formen, neuen Materialien muß von der Architektur bewältigt werden. Dieser Aufgabe ist auch das Bauwerk des neuen Kollegiengebäudes unterworfen. Nicht die aus der Technik resultierende Idee einer modernen Industriegesellschaft ist bestimmend, sondern hier mußte für eine geistige Welt ein architektonischer Ausdruck gefunden werden. Das Kollegiengebäude kann daher nicht mit einem normalen Verwaltungsgebäude verglichen werden. Das drückt sich naturgemäß nicht nur im Inneren des Gebäudes mit seiner Großräumigkeit aus. Es ist auch für das Äußere des Baues versucht worden, durch die Anwendung von tragenden Sandsteinpfeilern einer Betonmonotonie entgegenzuwirken.

Es erschien auch – der Situation in der Altstadt entsprechend – wertvoll, den Naturstein wieder zur Geltung zu bringen, besonders deshalb, weil hier der Haustein das bevorzugte traditionelle Baumaterial ist, das durch Jahrhunderte hindurch immer wieder verwendet wurde. Im Zusammenhang mit modernen Konstruktionsmethoden wurde ein traditionelles Baumaterial, der Sandstein, mitverwendet, das der Bedeutung des Bauwerkes gerecht wird.

Die Gegend, in der das zweite Kollegiengebäude der Universität errichtet werden mußte, ist mit starken Bindungen belastet. Betrachtet man die städtebauliche Situation in dieser Gegend, so ist es keine Frage, daß die Baumassen des ersten Kollegiengebäudes von Billing, des Rotteck-Gymnasiums, des Theaters und des Regierungsgebäudes sehr stark hervortreten. Es konnte also der neue Bau nicht auch noch durch eine Aufgliederung der Baumassen dieses Konzert der verschiedenartigsten Baukörper-Formen und Dimensionen verstärken. Vielmehr mußte eine räumliche, architektonische Wirkung erreicht werden mit der Begrenzung durch das neue Gebäude. Dabei wünschte man den Freiraum am Werthmannplatz zum Theater hin möglichst groß zu bemessen. Dies ist dadurch erreicht worden, daß man den Neubau soweit als irgend möglich an den Peterhof heranrückte und zur Vergrößerung des Freiraumes wertvollstes Gelände aus fremder Hand erwerben konnte.

Der Neubau rückt mehr als die anderen umliegenden Großbauten nach der Mitte der Stadt zu und damit in architektonisch plastische Beziehung zum Münster. Deshalb war eine allzu große Höhenentwicklung oder gar ein Hochhaus an dieser Stelle unter gar keinen Umständen vertretbar. Auch durfte die Plastik der verschiedenen historischen Türme nicht beeinflußt werden durch eine übermäßige Höhe des im Bereich der Altstadt stehenden neuen Gebäudes. Der Bau wurde deshalb so konzipiert, daß er praktisch innerhalb der Höhen der ostwärts des Rotteckrings vorhandenen Gebäudemassen aufgenommen wird. Somit ist keine Beeinträchtigung für die Wirkung der traditionellen architektonischen Dominanten der Altstadt gegeben. Es schien beinahe, als ob es unmöglich sei, die vielerlei Forderungen und Bindungen des Programms zu erfüllen und gleichzeitig die vorerwähnten städtebaulichen Erfordernisse in bezug auf die Höhenbeschränkung und den Freiraum zu berücksichtigen. Das notwendig große Raumprogramm mußte daher in einem massierten Baukörper mit begrenzter Höhe untergebracht werden. Es erwies sich ein Typus mit H-förmigem Grundriß als die beste Lösung. Man erreicht dadurch: 1. Die äußerste Verdichtung der Baumassen bei gleichzeitiger Berücksichtigung einwandfreier Belichtung. 2. Abschirmung gegen den Verkehrslärm: Drei Längsfronten sind vom Verkehr vollständig abgewandt, die vierte Front ist durch die große Freifläche vom Straßenverkehr distanziert.
3. Vor dem Gebäude ist ein großer grüner Freiraum für Fußgänger entstanden, von dem aus es möglich ist, den Bau in seiner ganzen Ausdehnung zu erfassen.

Das Gebäude selbst besteht über der Erde aus sechs Geschossen und zwei Kellergeschossen. Eine große Halle mit Empore (29 x 44 m; 7,5 m Höhe) bildet den Kernpunkt des gesamten Organismus. Die Organisation des Gebäudes ist so getroffen, daß der Verkehr von dieser Halle aus nach dem Auditorium Maximum mit einem Fassungsvermögen von 1000 Personen und den beiden Hörsälen mit je 450 Personen sich vollständig im Erdgeschoß abwickeln kann. In unmittelbarer Nähe des Auditorium Maximum befinden sich Garderoben und Sanitärräume, im Emporengeschoß Räumlichkeiten für Gastprofessoren, Fakultätseinrichtungen sowie zwei große Seminar- und Prüfungsräume.

Das Zu- und Abströmen dieser Menschenmassen wird also von einem groß angelegten Bewegungsraum, der Halle, erfaßt, die in ihrer Verbindung zu den Freiräumen noch bereichert wird durch ein besonderes Zwischenglied, nämlich durch eine 3,6 m vorkragende Platte, welche an drei Seiten des Baukörpers angebracht ist. Diese Kragplatte macht es möglich, daß bei Sonne und Regen die Studierenden Wetterschutz finden. Als architektonisches Bauglied erfüllt sie sozusagen auch die Funktion eines Arkadenganges. Um in der großen Halle die ganze Studentenschaft für eine gemeinsame Veranstaltung versammeln zu können, ist hier noch ein weiterer Raumgedanke verwirklicht: Es stehen außer der Grundfläche im Erdgeschoß noch ein geräumiges Emporengeschoß sowie die verbindenden Treppenanlagen zur Verfügung.

In den darüberliegenden vier Normalgeschossen, deren Längstrakte eine durch vier Geschosse gehende obere Halle (29 x 27 m) verbindet und erschließt, sind die geisteswissenschaftlichen Institute untergebracht. In der oberen Halle ist für eine ausgezeichnete Belichtung Sorge getragen. Die einzelnen Geschosse sind durch übersichtlich angeordnete Treppen- und Aufzuganlagen verbunden. Es wurde nach Möglichkeit eine große Zahl von ganz ruhigen, stillen Räumen geschaffen, wie sie besonders für den Betrieb wissenschaftlicher Institute eine Notwendigkeit sind. Soweit die einzelnen Räume nicht an den Außenseiten liegen, gruppieren sie sich um innere, zur Stirnseite des Bauwerkes offene Höfe. Diese sind für die Belichtung der Institutsräume äußerst günstig. Gerade diese Anordnung hat es erlaubt, eine große Verdichtung der Baumassen bei gleichzeitiger Beschränkung der

Wohn- und Geschäftshaus Zieher in Stuttgart

1954–56

In der Altstadt Stuttgarts zwischen Rathaus und Altem Schloß wurde auf dem Eckgrundstück Kirchstraße/Sporerstraße das Juwelierhaus Zieher gebaut, ein Geschäfts- und Wohngebäude, dem als point de vue in der Achse der Stiftstraße besondere stadträumliche Bedeutung zukommt. Der fünf Geschosse hohe Baukörper mit flachgeneigtem Walmdach, das die Bauordnung vorschrieb, ist aus der Baufluent der Kirchstraße zurückgeschoben; er bildet die östliche Begrenzung eines kleinen Platzes, der sich aus den hier kreuzenden und weitenden Straßen ergibt und zugleich, in Übersicht, den optischen Endpunkt der Stiftstraße, die die Verbindung zur Hauptgeschäftsstraße, der Königstraße, herstellt. Im Verlauf der Planung wurde auf der dem Juwelierhaus benachbarten Parzelle an der Kirchstraße ein Gebäude mit gleichen architektonischen Mitteln gebaut, so daß die vierachsige Fassade des Hauses Zieher und die drei neuen Achsen nun einheitlich als ein Gebäude erscheinen. Der Anschluß an die angrenzende Bebauung ist an der Kirchstraße durch den starken Rücksprung des Neubaues aus der Straßenflucht gegeben; an der Sporerstraße vermittelt ein Zwischentrakt über einer Durchfahrt zwischen Vorhandenem und Neuem. Die Fassaden werden durch deutlich vortretende Betonstützen, die oberhalb des Kragdaches aufsteigen, bestimmt. Das Walmdach tritt im engen Straßenraum kaum in Erscheinung. Über dem Ladengeschoß befinden sich Wohnungen.

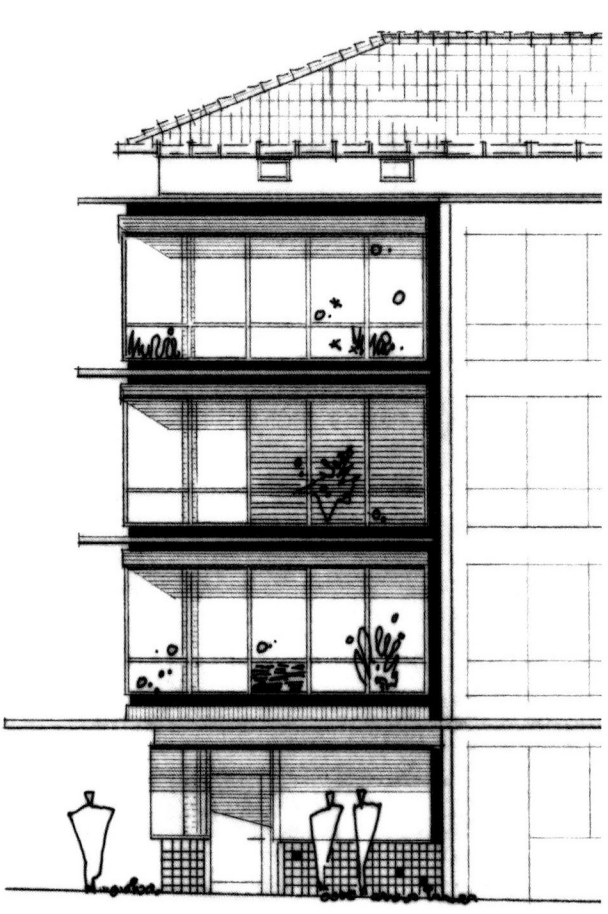

Vorentwurf. Ansicht Kirchstraße mit dem geplanten, weit auskragenden Vordach über dem Erdgeschoß und den ursprünglich vorgesehenen Umgängen vor den Fenstern aller Geschosse. Das Gebäude sollte zunächst nur vier Geschosse hoch sein und durch das zurückgesetzte Dachgeschoß mit Kniestock aus Fußgängersicht flachgedeckt erscheinen.

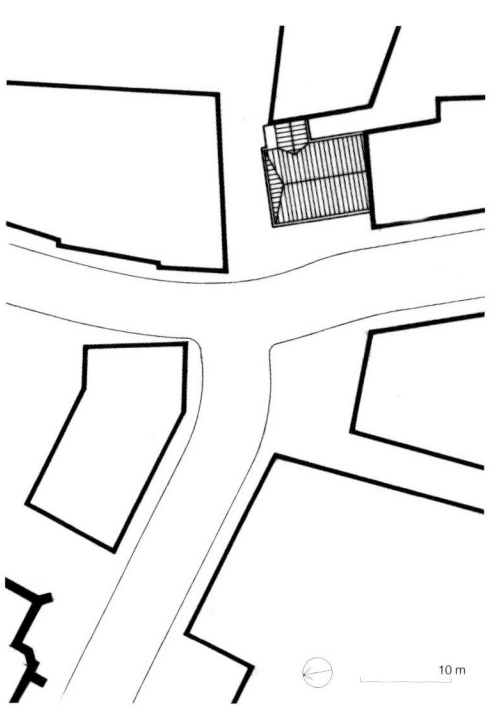

Lageplan. Von Norden nach Süden führend die Kirchstraße, nach Westen abzweigend die Stiftstraße und, in ihrer Verlängerung nach Osten, die Sporerstraße. Oben links angeschnitten die Stiftskirche. Der Platz vor dem Haus Zieher kommt erst heute, nach Aufgabe der Fahrstraßen und Bildung einer Fußgängerzone zur beabsichtigten stadträumlichen Wirkung. Auf der Abbildung rechts ein Blick aus der Stiftstraße heraus auf das Wohn- und Geschäftshaus.

Stadtmitte Rheinhausen

Grundriß des Stadtzentrums in einer überarbeiteten Fassung aus dem Jahr 1956. Links im Bild die zentrale Gaststätte mit anschließenden Läden, Kinos, etc.; rechts unten der Bahnhof und das Hotel, daran anschließend die evangelische Kirche mit Gemeindezentrum, Amtsgericht, Finanzamt, Post und Rathaus.

Dem Preisgericht gehörten unter anderem Werner Hebebrand, Hans Schoszberger und Wilhelm Riphahn an. Unter den eingeladenen Architekten befanden sich Konstanty Gutschow, Friedrich Wilhelm Kraemer, Ernst May, Walter Schwagenscheidt, Otto Ernst Schweizer, Ferdinand Streb und Max Taut. In der Beurteilung des Entwurfes von Schweizer heißt es: »Die Zusammenfassung der Grünflächen ist der Hauptvorzug dieses Entwurfes; besonders zu loben ist die Großzügigkeit und Großräumigkeit der Anlage. Die städtebauliche Gestaltung zeigt einen großen Wurf. Das Projekt ist eines der wenigen, dem eine große Idee der Gesamtanlage zugrunde liegt.« Schweizer schrieb 1958 zum Ausbau des Stadtzentrums von Rheinhausen: »Ein Stadtzentrum von heute unterscheidet sich in seiner Größe und in seiner Form wesentlich von dem früherer Zeiten, da es der heutigen Einwohnerzahl und der heutigen kulturellen Bedeutung der Stadt entsprechend angelegt werden muß. Natürlich waren auch die Fora des Altertums und die Marktplätze des Mittelalters nicht nur Geschäftszentren, sondern sie hatten für die Stadt und für ihre Umgebung entscheidende kulturelle Aufgaben zu erfüllen. Heute jedoch sind die geschlossenen Marktplätze, die wir in unseren alten Städten als Zentren kennen, überwunden. Sie können den technischen, wirtschaftlichen, kulturellen und architektonischen Erfordernissen unserer Zeit nicht mehr gerecht werden. Unser heutiges Stadtzentrum muß eine neue Form annehmen, und seit nahezu 30 Jahren versuche ich nun in Wort und Schrift, in der Stellungnahme zu Konkurrenzen eben dieses Zentrum der Stadt von heute in seiner strukturellen und architektonischen Form zu umreißen. In meiner Lehrstuhl-Publikation *Die architektonische Großform* habe ich die Entwicklung dieser Idee in den letzten Jahrzehnten dargelegt, und es ist von keiner Seite her die Wahrheit des Gedankens bestritten worden, den neuen Siedlungsgebieten dadurch eine wirtschaftliche und kulturelle Bedeutung zu geben, daß man ihnen eine lebensfähige Mitte schafft. Die Siedlungsgebiete sollen sich nicht, wie das bisher immer Gepflogenheit gewesen ist, wie ein Brei über ebenes oder hügeliges Gelände ergießen, sondern es soll immer wieder für eine bestimmte Zahl von Menschen ein Zentrum geschaffen werden, nach dem sich das ganze Stadterweiterungsgebiet orientiert.«

Entwurfsskizze Schweizers zum Stadtzentrum, das sich in diesem Stadium in den parallel zur Bahnlinie erstreckenden Grünraum nach Südwesten hineinziehen sollte.

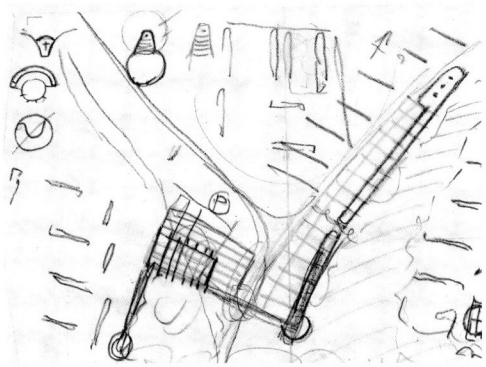

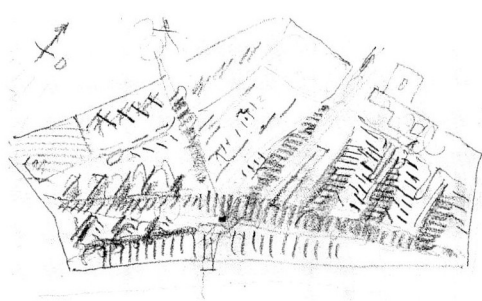

Bebauungsplan. Durch zwei Linien sind die von Südwesten nach Nordosten und von Süden nach Norden verlaufenden Hauptgrünzüge markiert. Im Bild unten die Bahnlinie, in der Mitte der Bahnhof, ein Hotel und eine Ladenzeile – Bauten, die einen Platz umschließen, von wo aus sich das Stadtzentrum nach Norden und weiter nach Osten abknickend erstreckt, mit zentralem Café, Läden, Kinos etc. links, evangelischer Kirche, Amtsgericht, Finanzamt, Post und Rathaus rechts; nach Osten anschließend Stadthalle und Theater. Die katholische Kirche, ein Zentralbau, eine Schule und eine winkelförmige Ladenzeile liegen nordwestlich des Cafés, weitere Schulen im Südwesten und Nordosten des Geländes. Ebenso sind Kindergärten an mehreren Stellen vorgesehen sowie eine Schwimm- und Sporthalle im Bild unten rechts. Ganz links das bestehende Krankenhaus mit geplanter Erweiterung. Auf der Abbildung links eine Entwurfsskizze Schweizers zur Grundkonzeption des Bebauungsplanes, in dem die Hauptgrünzüge und die in die Wohnbereiche eingreifenden Freiräume festgelegt sind.

Bebauungsplan für die Stadtmitte von Rheinhausen

Wettbewerb (1. Preis) und Teilausführung in Zusammenarbeit mit Karl Selg
1954–60

Die heutige Stadt Rheinhausen, linksrheinisch Duisburg gegenüber gelegen, ist durch den Zusammenschluß einer Anzahl kleinerer Gemeinden entstanden und zählte 1954 etwa 60 000 Einwohner; mit 100 000 Einwohnern in den nächsten Jahren wurde gerechnet. Der verwaltungsmäßige Zusammenschluß hatte jedoch keinen räumlichen Zusammenschluß bewirkt, die Ortsteile waren nur locker miteinander verbunden und ein urbaner Charakter war nicht zu erkennen. So wurde ein beschränkter Ideenwettbewerb ausgelobt, der zu Vorschlägen für eine Stadtmitte Rheinhausens führen sollte, mit Wohnungen für 20 000 Menschen und öffentlichen Einrichtungen wie Rathaus, Kirchen, Schulen, Geschäftshäusern und Verwaltung. Es sei Sache des Bearbeiters, heißt es in der Auslobung, die öffentlichen Gebäude, Anlagen und Grünflächen sowie die Wohngebäude nach eigenem Ermessen hinsichtlich Lage und Höhe zu verteilen.

Schweizer schrieb zu seinem Entwurf:

»Das Eigenartige der Situation besteht darin, daß im geometrischen Zentrum der Verwaltungseinheit Rheinhausen noch ein großes Vakuum vorhanden ist, das nun der Bebauung – vornehmlich mit Wohnbauten – erschlossen wird. Es liegt hier also eine sehr seltene, beinahe einmalige Aufgabe vor, eine neue Mitte für eine Stadt so zu gestalten, daß eine große raumorganische Einheit aus einem Guß und in einheitlichen Formen mit einem ganz neuen Gesicht erstehen kann.

Die Hauptidee des Entwurfes liegt darin, durch starke Konzentration der einzelnen Wohngruppen eine große zusammenhängende Grünfläche zur allgemeinen Benutzung der Einwohner zu schaffen und dieser Fläche umbaute Grünsektoren zuzuordnen. Von dem Hauptgrünzug, der sich längs des Südostrandes des Gebietes hinzieht, stoßen sieben Freiraumsektoren nach Norden. Diese Sektoren werden von Einheiten fünfgeschossiger Wohntrakte räumlich gefaßt. Situation und Abstände der teils in Nord-Süd-, teils in Ost-West-Richtung aufgereihten Blöcke sind so gewählt, daß die Wohnräume selbst im Winter noch durchsonnt werden. Die örtliche Zufahrt ist auf Sicherung und Verkehrsruhe abgestellt. Die Verkehrsräume der einzelnen Wohnelemente erweitern sich bei der Einmündung in die Wohnsammelstraße trichterförmig und nehmen Garagen, Wäschereien, Werkstätten und ähnliche Einrichtungen auf.

Die geforderten Einfamilien- und Einfamilienreihenhäuser sind als verdichteter Flachbau im Grünen vorgesehen und liegen als selbständiger Komplex im Südosten entlang der Bahn zwischen Bahnlinie und Hauptgrünzug.

An einem breiten Grüngürtel, der das Gelände in Nord-Süd-Richtung durchschneidet, soll das Zentrum der künftigen Stadt der Hunderttausend entstehen. Es gehört ganz den Bedürfnissen des modernen Lebens. Hier konzentrieren sich Geschäftshäuser, öffentliche Gebäude, Ruheplätze, Cafés, Restaurants und Hotels. Das neue Zentrum wird durch zwei Begleitstraßen erschlossen. Der Grünraum in der Mitte der Anlage ist ausschließlich dem Fußgänger vorbehalten. »Die räumliche Zuordnung der umbauten Grünsektoren zum weiten Freiraum ist der tragende architektonische und städtebau-künstlerische Gedanke der gesamten Stadtanlage.

Von der hochgelegenen Plattform des Bahnhofgebäudes aus gewinnt der Besucher des eben gelegenen Rheinhausen einen in dieser Form wohl einmaligen Einblick in das neue langgestreckte Zentrum der Gesamtstadt. Vom Bahnhof aus gesehen ist dies ein großartiger Empfangsraum. An dem in die Länge gezogenen Freiraum findet man alles, was zu den Bedürfnissen des modernen Lebens gehört, Ruheplätze, Cafés, Restaurants, Hotels, etc., alles mit dem Blick in einen groß dimensionierten Grünraum ...

Die Straßenführung ist bestimmt durch den Gedanken, eine möglichst große Wohnruhe zu erreichen. Es werden daher mehr Stichstraßen als Verbindungsstraßen geschaffen, auch auf die Gefahr hin, daß im Fahrverkehr Umwege in Kauf genommen werden müssen.«

5 200 Wohnungen wurden eingeplant, davon rund 4600 in fünfgeschossigen Mehrfamilienhäusern, 580 in Einfamilienreihenhäusern und 20 in Einfamilienhäusern. Von dem zum Ausbau verfügbaren Bruttogelände von 104 ha sind für Wohnflächen 38 ha verwendet worden, für Verkehrsflächen 18 ha, für Sport- und Grünflächen 34 ha und für die öffentlichen Gebäude einschließlich zugehöriger Freiflächen 14 ha. Die Siedlungsdichte hätte rund 190 Einwohner/ha betragen.

Lit.: Fritz Jaspert, »Städtebaulicher Wettbewerb Rheinhausen«, in: *Baukunst und Werkform*, 8. Jg. 1955, Heft 1, S. 22 ff. – »Wettbewerb Rheinhausen«, in: *Neue Heimat, Monatshefte für neuzeitlichen Wohnungsbau*, 1955, Heft 2, S. 24 ff. – »Rheinhausen (Wettbewerb 1954)«, in: Otto Ernst Schweizer, *Die architektonische Großform. Gebautes und Gedachtes*, Karlsruhe 1957, S. 166 ff. und S. 164 f. – »1954. Otto Ernst Schweizer. Wettbewerb: Bebauungsplan und Stadtzentrum Rheinhausen«, in: *1930–1960. Otto Ernst Schweizer. Forschung und Lehre*, Stuttgart 1962, S. 86 ff. und S. 20 f.

Blick aus der Luftperspektive von Süden auf den östlichen Teil des Planungsgebietes mit den Wohninseln und, im Norden, einem Teil des sich nach Osten erstreckenden Zentrums.

Nationaltheater Mannheim

Modellaufnahme von Osten. Blick auf das Kleine Haus und in das Foyer mit den Treppen.

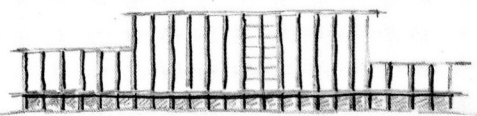

Entwurfsskizze Schweizers zur Gestaltung der Längsansichten. Die Höhen des Großen Hauses (links), des Bühnenapparates und des Kleinen Hauses (rechts) sollten unterschiedlich sein, die Seitenwände der durch ein Zwischenglied voneinander getrennten Bühnentürme nicht zurückgesetzt werden, sondern in gleicher Ebene liegen wie die Seitenwände des Hauptgebäudes.

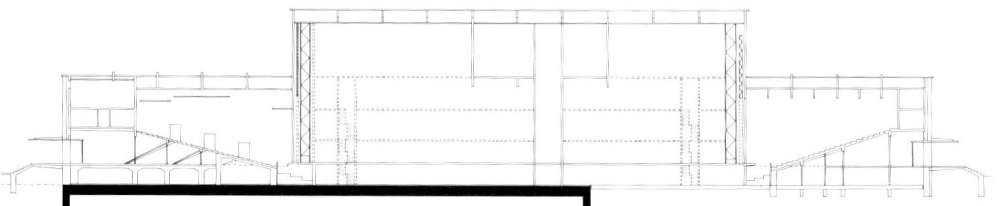

Längsschnitt. Links das Große, rechts das Kleine Haus.

Blick vom Eingang in das Foyer des Großen Hauses. Links im Hintergrund Treppen, die in den Zuschauerraum führen.

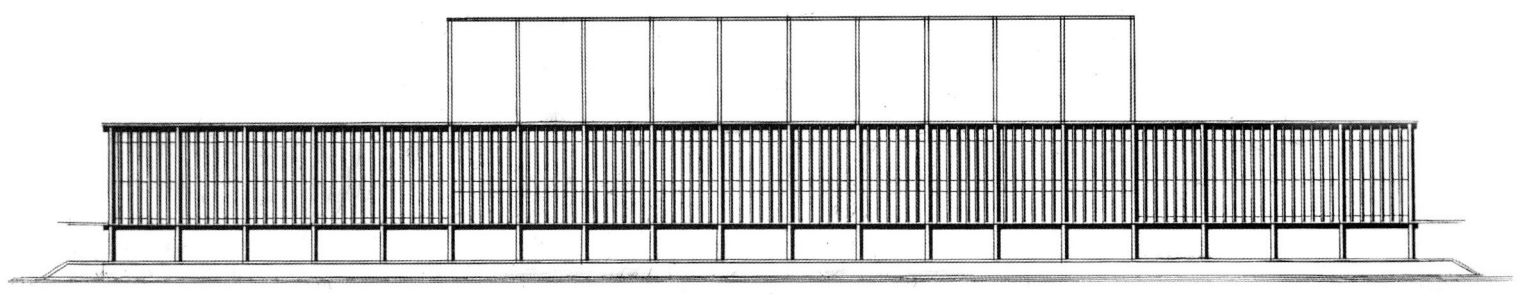

Südansicht. Links das Große, rechts das Kleine Haus.

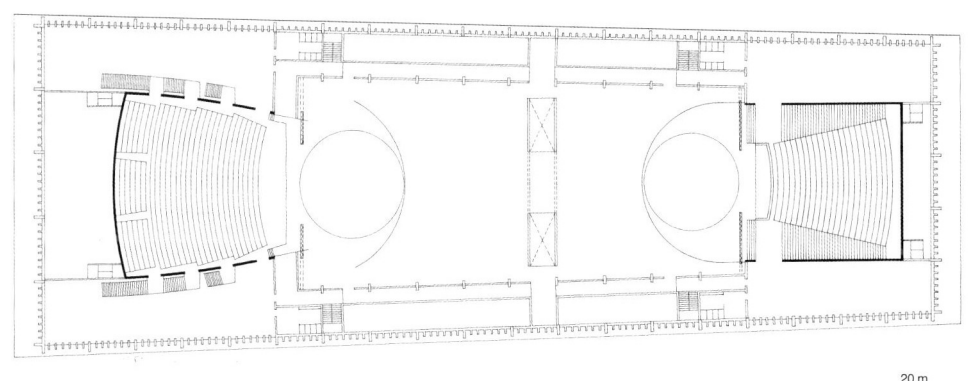

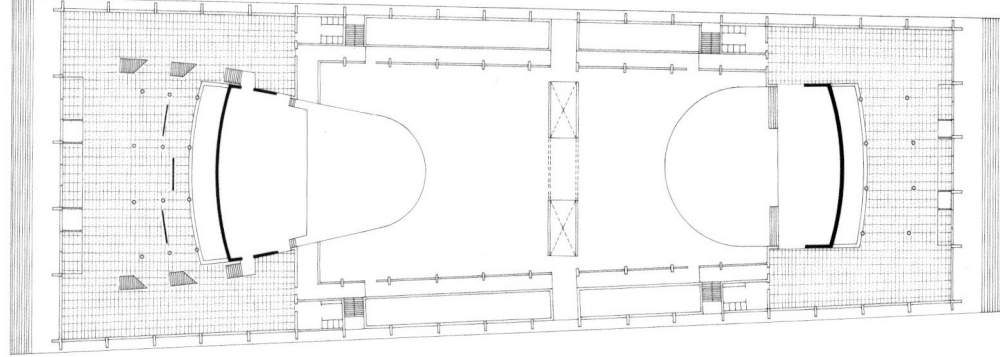

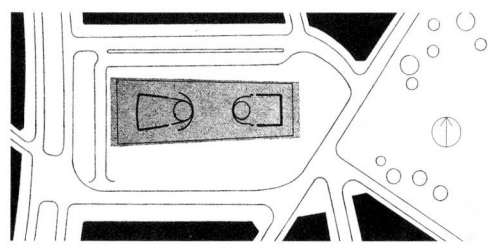

Lageplan für das Theater auf dem Goetheplatz (2. Wettbewerbsstufe). Links der Friedrichsring, rechts an den Goetheplatz anschließend der Luisenpark.

Die Abbildung oben zeigt das Parkettgeschoß. Der Zuschauerraum des Großen Hauses sollte über außenliegende Treppen erschlossen werden, der des Kleinen Hauses über innenliegende, die als zusätzliche Spielebenen hätten genutzt werden können.

Auf der Abbildung unten der Erdgeschoßgrundriß. Links das Große, rechts das Kleine Haus. Großzügige Freitreppen, die sich über die ganze Gebäudebreite erstrecken, sind den Foyers und Eingangshallen vorgelagert.

Nationaltheater Mannheim

Im Erläuterungsbericht zu seinen Entwürfen für die erste Wettbewerbsstufe schrieb Schweizer:

»Wenn bei der Diskussion moderner Theaterbauten immer wieder davon die Rede ist, daß die alte Form des Theaters den modernen Anschauungen nicht mehr genügen soll, so soll in diesem Zusammenhang doch ein Gesichtspunkt in den Vordergrund gerückt werden, der die Situation des Theaters vom Standpunkt der architektonischen Gestaltung aus regeln soll. Bei vielen Großbauanlagen der heutigen Zeit finden wir eine Parallele zu einer gleichlaufenden Epoche der Geschichte zur Zeit des antiken Roms, zur Zeit des klassischen Griechentums.

Immer wieder zeigt sich, daß in der Vergangenheit großdimensionale Bauten geschaffen worden sind, welche nicht nur einem beschränkten intellektuellen Kreise dienen sollen, sondern welche der Gesamtheit des Volkes dienen. Die Stadionbauten haben nahezu dieselbe Form wieder hervorgetrieben, die ähnliche Vorgänge in der Antike erforderten. Der Verkehrsfluß in diesen Großbauten zeigt einen ganz gleichen parallelen Ablauf. So bedarf es zur Entleerung des Wiener Stadions, das 60 000 Personen faßt, derselben Zeit wie beim Colosseum in Rom mit 50 000 bis 60 000 Besuchern. Wenn man also davon spricht, daß etwas Neues geschaffen werden soll, so kann dies meines Erachtens nur so geschehen, daß dem Theater neben dem Kino eine größere Zahl von Besuchern zugeführt werden muß. Noch sind die Stücke nicht geschrieben, welche hier entstehen müssen, und man kann sich vielleicht aus einer architektonischen Formulierung des Gedankens die Richtlinien für ein Experimentiertheater in diesem Sinne entnehmen. Denn es wird sich darum handeln, daß zuerst einmal ein derartiger Bau errichtet werden muß, der einer großen Zahl von Zuschauern dient, und daß dann in diesem Bau experimentiert wird und wie von selbst dabei auch im Bereich des Wortes, der Musik und der Schau etwas Neues entsteht. Etwas, das nicht nur an die vielleicht manchmal überspitzte Verfassung der Intelligenz appelliert, sondern auch die tieferen Schichten des Seelischen vom Unterbewußtsein her mit anspricht. So wie dies ja schon im griechischen Theater gewesen ist. Nur bei dieser Größenordnung des Theaterraumes und seiner Abstellung auf Tausende von Besuchern kann es heute ein Experimentiertheater geben.«

Blick von der Bühne in den Zuschauerraum des Großen Hauses.

Modellaufnahme des Großen Hauses mit dem Kragdach der Vorfahrt im Vordergrund.

Zum ersten Wettbewerbsentwurf waren unter anderem Richard Döcker, Ludwig Mies van der Rohe, Hans Scharoun, Rudolf Schwarz mit Wilhelm Riphahn und Otto Ernst Schweizer eingeladen. Zur Weiterbearbeitung ihrer Entwürfe wurden Mies van der Rohe, Schwarz mit Riphahn und Schweizer aufgefordert und dazu Gerhard Weber geladen, nach dessen Plänen das Theater dann gebaut wurde.

Luftperspektive des Modells von Südwesten. Links der Friedrichsring, ganz rechts der Luisenpark. An der platzabgewandten Nordwestecke des Theaters ist das weit vorkragende Dach über der Vorfahrt erkennbar, das zum Hauptzugang des Großen Hauses hinleitet.

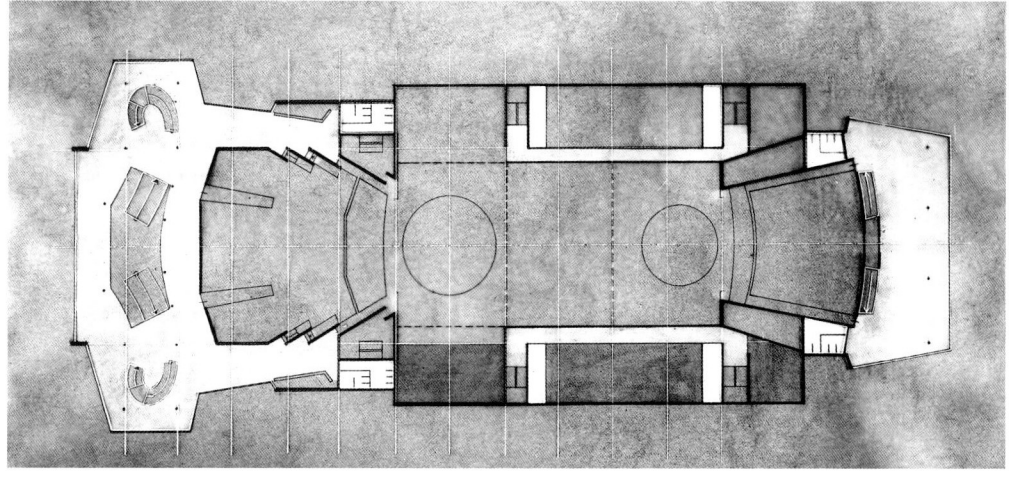

Grundriß des 1. Obergeschosses. Große Deckenöffnungen fassen die Eingangshalle und die Foyergeschosse optisch zusammen. Die Treppen in Raummitte führen vom Erdgeschoß ins Obergeschoß, die beiden geschwungenen verbinden die Foyergeschosse.

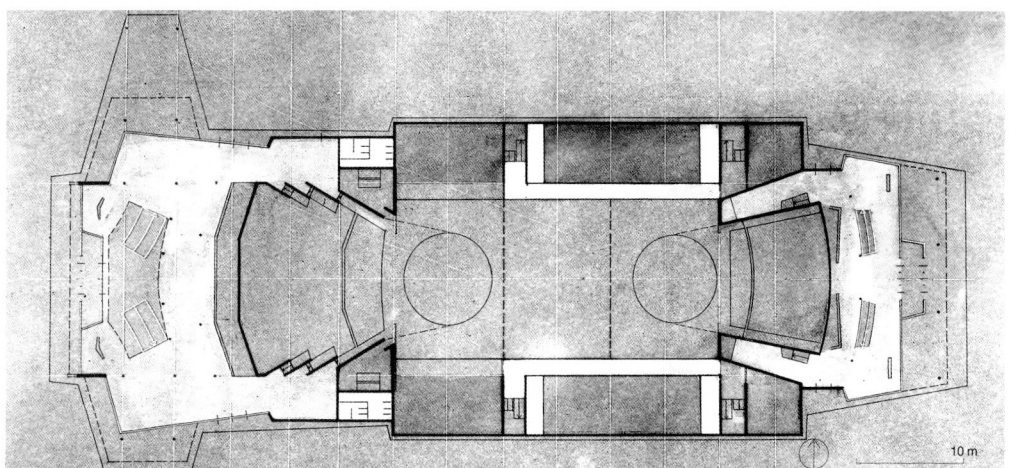

Erdgeschoßgrundriß. Links das Große, rechts das Kleine Haus, in der Mitte eingestrichelt der Schnürboden, der beide Häuser bedient. Links oben das weit vorkragende Dach über der Hauptvorfahrt.

und Verwaltungsräume, welche nicht in dem Haupttrakt untergebracht werden konnten, finden in nächster Nähe im Zusammenhang mit der Wiederherstellung der Liselotte-Schule nordöstlich des Goetheplatzes ihren Standort. Ebenso können dort die notwendigen Magazine untergebracht werden.

Für die Konstruktion des Theatergebäudes ist eine einfache Klarheit gesucht worden, die sich sowohl in übersichtlicher Grundrißdisposition ausdrückt, wie auch in einer rationalen Bauweise. Diese Konstruktionsstruktur ist so elastisch, daß unter Umständen auch räumliche Veränderungen vorgenommen werden können, ohne daß man an die statische Substanz rührt.«

Zu seinem Entwurf in der zweiten Wettbewerbsstufe schrieb Schweizer, daß er bereits in seinem ersten Entwurf alle Wesenszüge des modernen Theaters niedergelegt habe. Besondere Aufmerksamkeit sei dort auf die städtebauliche Eingliederung des repräsentativen Bauwerks gelegt worden. Nachdem der Goetheplatz als Bauplatz gewählt worden sei, müßten nun alle Fragen im Zusammenhang mit dem Tiefbunker und den Belastungsproblemen gelöst werden. Es gäbe nur die eine Möglichkeit, die Längsachse des Bunkers mit der des Neubaus zusammenfallen zu lassen, um so die einzig mögliche, die zentrische Belastung des Bunkers zu erreichen. Allein schon dadurch werde der auf dem Goetheplatz südlich verbleibende Freiraum breiter als der nördliche.

Das Gebäude selbst sei auf Symmetrie eingestellt. Die konische Form des Grundrisses sei daraus entwickelt, daß der aus städtebaulichen Gründen wünschenswerte Zusammenhang der neu geschaffenen Freiräume als Reststücke des Goetheplatzes mit dem Luisenpark in bestmöglicher Form erzielt werden kann.

Lit.: Otto Ernst Schweizer, »Entwurf für das Nationaltheater Mannheim« (und weitere Berichte), in: *Die neue Stadt*, 7. Jg. 1953, Heft 4, S. 149 ff. – »Strukturwandel im Theater. Bau eines Theaters in Mannheim«, in: *Die Bauzeitung*, 58. bzw. 45. Jg. 1953, Heft 3, S. 95 ff. – Werner Harting, »Das Mannheimer Nationaltheater und die Baukunst«, in: *Bauwelt*, 44. Jg. 1953, Heft 21, S. 401 ff. – Otto Ernst Schweizer, »Zum zweiten Entwurf für das Nationaltheater der Stadt Mannheim«, in: *Moderne Architektur*, Sonderausgabe der Zeitschrift *Das Kunstwerk*, *Kunstwerk-Schriften*, Bd. 49/50, Baden-Baden 1955, S. 77 ff. – »Theaterbau«, in: Otto Ernst Schweizer, *Die architektonische Großform. Gebautes und Gedachtes*, Karlsruhe 1957, S. 136 ff.

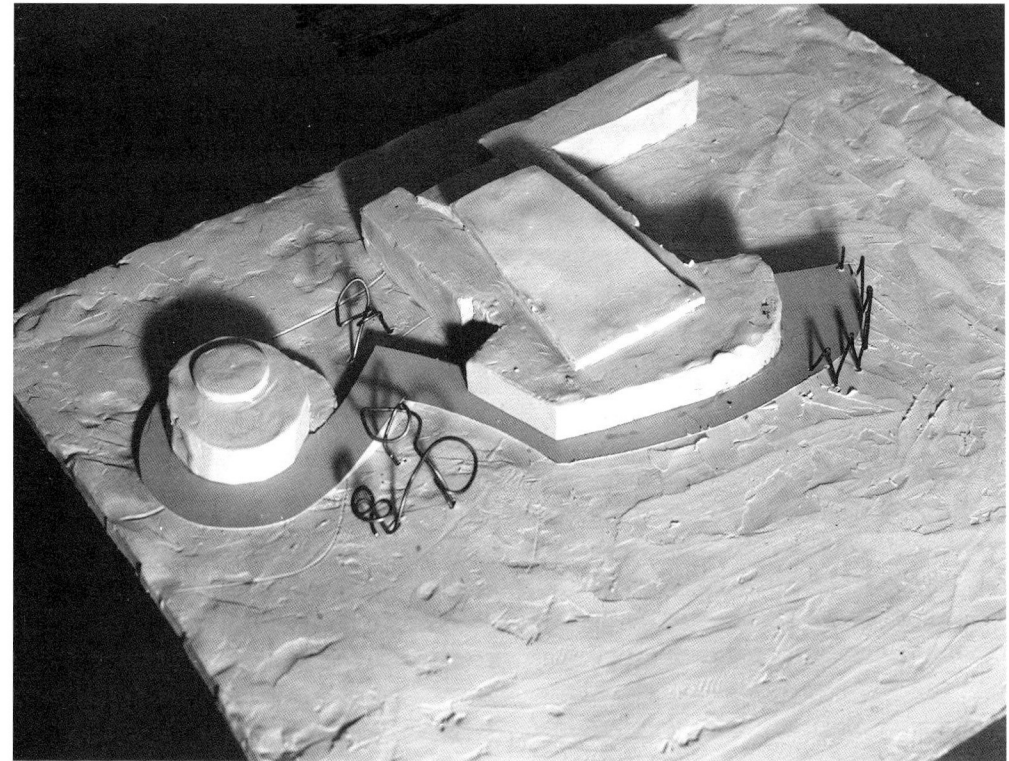

Luftperspektive des Modells von Westen. Rechts das Große Haus mit abgewinkeltem Verwaltungstrakt an seiner Rückseite, links das Kleine Haus. Beide Häuser sind über einen gedeckten Gang miteinander verbunden.

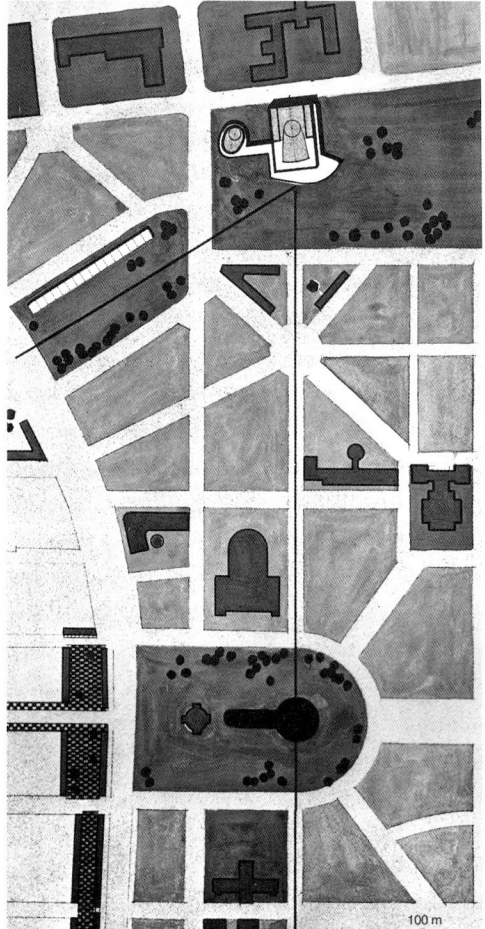

Lageplan für das Nationaltheater im Luisenpark (1. Wettbewerbsstufe) mit Blickachsen und Gehverbindungen vom Theater über den Goetheplatz und den Friedrichsring nach Westen in die Stadtmitte sowie über die Stresemannstraße nach Südwesten zum kreisrunden Charlottenplatz und weiter zum Friedrichsplatz – ein Vorschlag, der erst nach einem Durchbruch der Stresemannstraße vom Charlottenplatz zum Luisenpark möglich gewesen wäre. Schweizer schrieb zu diesem Entwurf: »Beste Situation für ein Bauwerk mit kulturellen und gesellschaftlichen Aufgaben. Architektonische Entwicklung im Rahmen einer schönen Parklandschaft. Opernhaus und Schauspielhaus getrennt, verbunden durch vorgelagerte Terrassen. Blick von den Foyers in den Park und zur Stadt. Sinnvolle Einbezogenheit des Theaters in die große Linie des Mannheimer Stadtaufbaus. Wünschenswert wäre: Goetheplatz durch langgestreckte Glashalle räumlich zu gliedern und so den Rahmen für die Aufnahme des Theaters vom Ring her zu schaffen.«

Nationaltheater Mannheim

Wettbewerb
1952–54

Im Zweiten Weltkrieg war das Mannheimer Nationaltheater völlig zerstört worden. Einem Neubau an alter Stelle hätte das innerstädtisch gelegene, kleine Grundstück nicht mehr genügen können. Nach Versuchen, ein neues Theater in das Mannheimer Schloß zu integrieren (vgl. *Neue Bauwelt*, 5. Jg. 1950, Heft 14, S. 223 ff.), wurde ein beschränkter Wettbewerb unter in- und ausländischen Architekten ausgelobt. Es waren Entwürfe für ein Theater mit Großem Haus für Oper, Operette, Ballett und Schauspiel, mit Kleinem Haus für Schauspiel, Kammermusikabende und Kleinkunstveranstaltungen auf dem im Nordosten der Innenstadt zwischen Friedrichsring und Luisenplatz gelegenen Goetheplatz gefordert. Außerdem war den Architekten freigestellt, Entwürfe für andere, ihnen geeigneter scheinende Bauplätze zu erarbeiten. Nachdem sich als Ergebnis der ersten Wettbewerbsstufe erwiesen hatte, daß der Goetheplatz sowohl städtebaulich als auch organisatorisch am ehesten den Bedingungen, die sich aus einem Theaterneubau ergaben, entsprach, wurde unter anderem auch Schweizer eingeladen, sein Projekt zu überarbeiten.

In der ersten Wettbewerbsstufe reichte Schweizer einen Entwurf für den nordöstlich der Mannheimer Innenstadt und jenseits des Friedrichsrings liegenden Luisenpark ein und zwei weitgehend gleiche Projekte für den Paradeplatz und daran südwestlich anschließende Gevierte in der Stadtmitte sowie für den Goetheplatz. Er schrieb zu seinen Entwürfen: »Ist bei einem Wiederaufbau oder einem Anbau das Problem meist ein formales, so wächst es hier in Mannheim zu einem strukturell-organischen und städtebaulich-räumlichen. Im vorliegenden Entwurf werden verschiedene Plätze untersucht, und der Verfasser legt besonderen Wert darauf, anhand der Beispiele zu zeigen, wie sich die Gesamterscheinung des Bauwerks nicht allein aus den strukturellen Gegebenheiten der Bühnenanlage, des Zuschauerraumes, der Bewegungsräume und der technischen Räume entwickelt, sondern auch in jedem einzelnen Fall von der Situation in einer anderen Richtung beeinflußt wird. Auf diese Weise werden auch die Einzelformen jeweils anders, ob sich nun das Theater mit den Gegebenheiten einer steinernen oder einer landschaftlichen Umwelt mit Bezogenheit auf die Werte auseinandersetzen muß.«

Für den Luisenpark schlug er ein Theater mit Großem und eigenständigem, abgetrennten Kleinen Haus in frei entwickelten Formen vor, dessen Stellung im Park durch räumliche architektonische Beziehungen zum Goetheplatz einerseits und, über die verlängerte Stresemannstraße, zum Friedrichsplatz andererseits bedingt ist.

Für den Parade- und den Goetheplatz plante Schweizer ein Projekt, bei dem er wegen der Enge der Plätze zur Konzentration der Baumassen gezwungen sei; eine räumliche Auflockerung der einzelnen Bautrakte besonders bei dem großzügig angelegten Raumprogramm sei kaum zu vertreten. »Es sind also hier sowohl das Große Haus mit seiner Bühne und seiner Hinterbühne, die notwendigen Verwaltungsräume, Garderoben, Proberäume, die in unmittelbarer Verbindung mit dem Theater stehen müssen, dann das Schauspielhaus mit seinem Zuschauerraum und seiner Bühne in einen einzigen Komplex einbezogen worden. Die Hinterbühne des Großen Hauses kann auch zugleich als Hinterbühne für das Kleine Haus benützt werden. So ergibt sich hier ein sehr organischer Zusammenhang aller Funktionen, welche für den Theaterbetrieb notwendig sind.«

Der Goetheplatz war bestimmt zum einen durch eine nahezu geschlossene, vier und fünf Geschosse hohe Randbebauung an seinen Längsseiten, zum anderen durch den avenueartigen Friedrichsring an seiner westlichen Schmalseite und seine räumliche Beziehung zum Luisenpark im Osten. Außerdem lag unter dem Baugelände ein großer Tiefbunker, der laut Ausschreibungstext erhalten werden mußte und wegen schlechter Gründungsverhältnisse durch den Neubau nicht exzentrisch belastet werden durfte.

Schweizer schrieb zu seinem Entwurf:
„Das Opernhaus kehrt seine Eingangsseite dem Ring zu. Auf dieser Eingangsseite liegen die Treppenanlagen, sie sind in ihrer Breite der Anzahl der Sitzplätze angemessen. Die Treppenanlagen verbinden in modernster Konstruktion die Bewegungsräume in den drei Geschossen und ordnen sie in klarer Übersicht zu einem einheitlichen Raumgefüge zusammen. Die Abmessungen der Foyers sind ausreichend, sie stellen großräumige Wandelhallen dar, die zu einem Opernhaus gehören.

Das Zuschauerhaus für 1200 Personen ist eine ziemlich gebundene Raumform; die 1200 Sitzplätze (davon 912 im Parkett und 288 im Rang) mit guter Sicht im stark ansteigenden Parkett und einem Rang sind so angelegt, daß Sicht, Akustik, Verkehrsablauf und Raum zu einer Einheit zwangsläufig sich verbinden. Den Einrichtungen des Zuschauerraumes und der Bühne sind im wesentlichen die Programmforderungen unterlegt worden. Die Logen sind in einer modernen Konstruktion als kragende Elemente in Vorschlag gebracht. Es ist das Wesen der modernen Architektur, daß sie ihr Gehalt im wesentlichen aus der Gestaltung des Räumlichen bezieht. Da die Verfeinerung sich nicht in einem modernen Detail ausleben kann, müssen die zur Anwendung gebrachten Einzelformen organisch aus den Bedingungen und Zwecken herauswachsen. So gilt dies für die Anordnung der Seitenbalkone, die in je drei freikragende Logen ausfließen, für die Auflockerung der Wände, die einen klaren Verkehrsfluß zu den Sitzreihen des Parketts eröffnen, für die Decke, in welcher eine indirekte Beleuchtung angebracht ist, welche es ermöglicht, jede Lichtnuance dem gesamten Zuschauerraum zu geben. Alle diese Formen sind auch im Hinblick auf eine gute Akustik entwickelt ...

In unserer Zeit wird sehr viel über die Verbindung von Zuschauerhaus und Bühne diskutiert. Für die Oper und bei einem mittelgroßen Haus von 1200 Sitzplätzen sind jedoch sehr starke Bindungen gegeben durch Dirigent, Orchester, Solopersonal und Chor, die in fester Abfolge ihren räumlichen Ort erhalten müssen. Es zeichnen sich aber doch Tendenzen ab, die darauf schließen lassen, daß auch bei der Oper eine Lösung für die Überwindung der allzu starren Guckkasten-Bühne angestrebt wird. Aus diesem Grunde ist einmal vor dem Vorhang eine 1,5 bis 2 m breite Fläche angeordnet. Weiterhin kann für große Schauspiele und Schaustücke die Fläche für das Orchester als Vorbühne herangezogen werden, und es ist möglich, das Bühnenportal von normal 12 m auf 17 m, evtl. sogar mehr, zu erweitern, so daß Bühne und Zuschauerraum eine räumliche architektonische Einheit bilden. Dies wird erreicht dadurch, daß die Bühnenöffnung elastisch gehalten wird und vergrößert oder verkleinert werden kann.

Der architektonische Gesamteindruck der früheren Opernhäuser wurde meistens sehr durch den stark hervortretenden Schnürboden bestimmt. Konnte bei der monumentalen Haltung der Theater des 19. Jahrhunderts eine solche Form noch bewältigt werden, so zeigt sich heute immer mehr, daß diese Gebilde unorganisch aus der Baumasse herausragen. Deshalb wurde hier der Schnürboden soweit reduziert, wie es unter Berücksichtigung der bühnentechnischen Belange tunlich erschien.

Für das Schauspielhaus gelten dieselben Voraussetzungen wie sie für das Opernhaus eingeführt worden sind. Ein Schnürboden ist hier nicht vorgesehen. Der Eingang zu dem Schauspielhaus ist auf der gegenüberliegenden Seite des Opernhauses, dem Luisenpark zu, gelegen.

Auf den Zusammenhang zwischen Schauspieler und Zuschauer ist im Schauspielhaus besonderer Wert gelegt. Bei einer möglichen Abdeckung der Orchestervertiefung kann der Schauspieler bis zu 5 m vor den Vorhang aus dem Bühnenhaus heraustreten. Die durchgehenden Seitengänge geben Auftrittmöglichkeit für die Schauspieler durch den Zuschauerraum. Die Breitenentwicklung des Zuschauerhauses vermindert die Entfernung von der letzten Reihe der Zuschauer zur Bühne auf 17 m. Das Schauspielhaus hat nur Parkettplätze für insgesamt 487 Personen. Die für den Theaterbereich notwendigen Nebenräume sind hier in verhältnismäßig großem Umfang in Verbindung mit Opernhaus und Schauspielhaus vorgesehen. Ein großer Teil der Werkstätten und derjenigen Betriebs-

Erweiterung der Technischen Hochschule Karlsruhe

Projekt 1952

Im Zusammenhang mit Zerstörung und Wiederaufbau eines großen Teils der Institutsgebäude befaßte sich Schweizer grundsätzlich mit dem Ausbau des Hochschulgeländes und nahm Gedanken wieder auf, die er schon in einem Gutachten aus dem Jahr 1937 entwickelt hatte, insbesondere, daß die Hochschule, die als geschlossene Anlage an die Stadt Karlsruhe im Osten angrenzt, nicht parallel zur Kaiserstraße in Ost-West-Richtung, sondern senkrecht dazu nach Norden zu entwickeln sei, und daß ein elastisches System der Bebauung gefunden werden müsse. Er schrieb: »Die Karlsruher Technische Hochschule hat eine ausgezeichnete Lage sowohl zum Stadtzentrum als auch zur freien Landschaft. Diese Situation ist einzigartig in Deutschland, wenn man bedenkt, daß die übrigen Hochschulen mitten im Verkehrsgetriebe der Großstädte sich entfalten und auf einem so kleinen Raum eingeengt sind, daß viele ihrer Institute außerhalb der Zentralgebäude oft in großer Entfernung von ihnen errichtet werden mußten. Man kann heute überall die Tendenz wahrnehmen, daß man sich damit beschäftigt, die Hochschulen mit allen ihren Instituten zusammenzufassen und sie irgendwo im freien Gelände neu zu errichten. Diese Zwangslage und dieser entscheidende Schritt wird in Karlsruhe nicht notwendig werden, weil das Erweiterungs- und Entwicklungsgelände für alle Bedürfnisse des Hochschulbetriebes in unmittelbarem Anschluß an den bestehenden Komplex zur Verfügung steht. Leider besteht aber ein großer Mangel insofern, als die Bebauung des derzeitigen Hochschulgeländes mit seinen Neuanlagen und Erweiterungen völlig chaotisch und ohne inneren Zusammenhang vor sich gegangen ist. Dementsprechend ist das äußere Bild, das diese Hochschulanlage mit Ausnahme ihres alerältesten Teiles darbietet, ein sehr unerfreuliches. Es ist aber noch bedauerlicher, daß man nicht schon in früherer Zeit einen großzügigen Bebauungsplan aufgestellt hat, welcher die Ausdehnung der einzelnen Fakultäten und Institute sowie die hinzugekommenen Neuanlagen in ihrer ganzen Bedeutung und Entwicklung erfaßt hätte.«

Schweizer schlug vor, die neuen Institutsbauten breiten Grünräumen zuzuordnen, die sich nach Norden mit dem an die Stadt angrenzenden Hardtwald verbinden. Ein neuer Hauptzugang sollte – in enger Beziehung zur Stadt – an der Kaiserstraße liegen, ebenfalls angelegt als Grünbezirk, der den Anfang der Hauptentwicklungslinie in Nord-Süd-Richtung gebildet hätte. Schweizer ging davon aus, daß das Hochschulstadion (von dem er schrieb, daß man damit zu einer Zeit, zu der man die Entwicklungstendenzen der geistigen Komplexe schon ganz genau hätte erkennen können, den Fehlgriff begangen habe, die Hauptentwicklungslinie für die Hochschule zu verbauen) bestehen bleiben muß und versteckt es sozusagen – nach einem von ihm vorgeschlagenen Abbruch des Tribünengebäudes – in einer weiträumigen Grünzone, die den Studenten als Bewegungs- und Erholungsgebiet dienen sollte.

»Vom Standpunkt des Architekten müssen in die Neuplanung großräumige Gesichtspunkte hereingetragen werden«, schrieb er, »wobei die Bauten in einer großzügigen Weise aufgestellt und auf eine Großform bezogen werden können. Das ist der Weg, der bei der Erweiterung von solchen großen Baukomplexen oder Hochschulstädten allgemein nun zu beschreiten ist.

Die Gebäude selbst teilen sich in der Technischen Hochschule in einen geisteswissenschaftlichen Bereich mit Vortragssälen und Übungsräumen und in einen Institutskomplex, dem gewissermaßen ein industrieller Charakter zukommt. Diese Institutsanlagen müssen elastisch den Bedürfnissen der Lehrstühle Rechnung tragen bzw. erweitert werden können, ohne daß dabei die architektonische Großform berührt wird. Man hat daher früher von einem Typus gesprochen, bei dem der wissenschaftliche Bauteil einem architektonischen Großraum zugekehrt wird, währenddem die Institutsbezirke auf der Rückseite dieser Gebäude vorstoßen können, und zwar ganz elastisch je nach Bedarf der einzelnen Institute. Diese Gedanken, die hier formuliert sind, sind alle in dem Plan aufgenommen.«

Lit.: Otto Ernst Schweizer, »Preisarbeit an der Technischen Hochschule Karlsruhe«, in: *Bauen und Wohnen*, 3. Jg. 1948, Heft 8/9, S. 183 ff. – Heiner J. Gremmelspacher, »Über die bauliche Entwicklung der Universität Karlsruhe«, in: *Fridericiana. Zeitschrift der Universität Karlsruhe*, 1969, Heft 5, S. 15 ff.

Bebauungsplan. Links die Achse Schloßbezirk/Marktplatz. Im rechten Winkel dazu am unteren Bildrand die Kaiserstraße. Rechts das Hochschulgelände mit den bestehenden Bauten unterhalb der breiten, Ost-West gerichteten Grünzone. Links an der Kaiserstraße das Hauptgebäude der Hochschule, nordwestlich davon das abgewinkelt stehende Aula- oder Architekturgebäude mit den Erweiterungsvorschlägen. Aus dem breiten Grünbezirk mit dem Hochschulstadion, das Schweizer zu einem späteren Zeitpunkt zu verlegen vorschlug, entwickeln sich die Grünräume und die neuen Institutsgebäude nach Norden.

Stadtsparkasse Mannheim

Projekt
1952

In der Altstadt Mannheims sollte an der nordwestlichen Seite des Paradeplatzes ein Dienstgebäude für die Stadtsparkasse gebaut werden. Zusätzlich zu dem von der Sparkasse geforderten Programm, Schalterhalle und zugehörige Büroräume im Erdgeschoß, sparkasseninterne Räume im 1. Obergeschoß, waren für das Erdgeschoß Läden vorgesehen und für die Obergeschosse vermietbare Büroflächen. Schweizer war nicht in erster Linie an der Ausarbeitung eines baureifen Entwurfs gelegen, sondern an der Darstellung des Typischen für Geschäftshausbauten im Mannheimer Stadtkern (weswegen er seinen Entwurf auch ausdrücklich außerhalb eines ausgelobten Wettbewerbes bearbeitete). Wesentlich war ihm dabei die städtebauliche Einordnung im Zusammenhang mit seinen Gedanken zur Aufsprengung der Karree-Bebauung in der Mannheimer Altstadt durch diagonal verlaufende Grünzüge (S. 210) und die Ausbildung der Fassaden, insbesondere das durchlaufende Kragdach über dem Erdgeschoß als ordnendes Element. In seinem Aufsatz »Der Ausbau der Altstadt von Mannheim und das Problem der Citybauten« schrieb Schweizer zu seiner Planung: »Der Aufbau eines großen Baukomplexes mit öffentlichem Charakter am Paradeplatz, dem Hauptzentrum des geschäftlichen Lebens der Altstadt, verlangt besondere Berücksichtigung. Es ist wichtig, daß bei der Neugestaltung dieses Lebenszentrums, die sich auf jedes einzelne seiner Bauwerke auswirkt, dem Fußgänger mehr Lebens- und Bewegungsraum verschafft wird. Die Anordnung der vergrößerten Fußgängerfläche bei der Sparkasse gewinnt auch noch insofern städtebauliche Bedeutung, als sie auf die spezielle Situation abgestimmt und in den Gesamtplan der abkürzenden Diagonalverbindung eingeordnet ist. Hier wird ein zusätzlicher von grünen Freiräumen begleiteter Fußgängerweg herausgearbeitet. Er gibt einen Durchblick vom Paradeplatz auf die Jesuitenkirche frei und schafft eine günstige Verbindung zu den Schloßanlagen, dem Friedrichspark, zum Rhein und nach Ludwigshafen.«

Lit.: Otto Ernst Schweizer, »Der Ausbau der Altstadt von Mannheim und das Problem der Citybauten«, in: *Mannheimer Hefte*, hrsg. v. d. Gesellschaft der Freunde Mannheims und der ehemaligen Kurpfalz (Mannheimer Altertumsverein von 1859), 1953, Heft 1, S. 4 ff.

Blick vom Paradeplatz auf das Sparkassengebäude und in den diagonal verlaufenden Grünzug hinein. Im Hintergrund die Jesuitenkirche. Auf der Abbildung unten der Erdgeschoßgrundriß mit »organischer Einbeziehung der Kassenhalle in den Baukörper« und vermietbaren Läden an der Südwest- und Südostseite des Gebäudes, die auch zum Sparkassenbetrieb hätten mit herangezogen werden können.

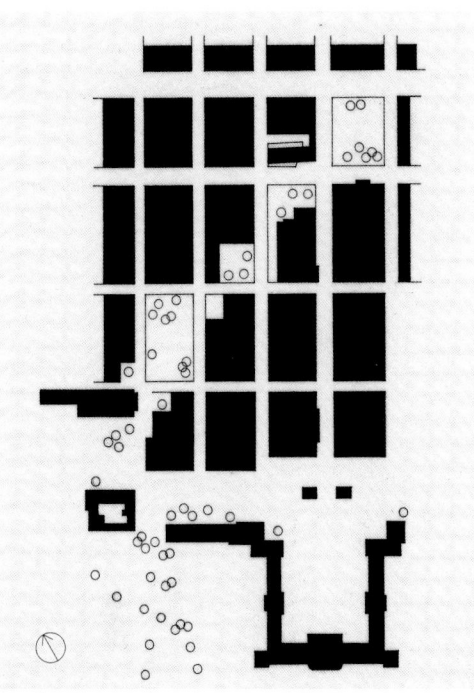

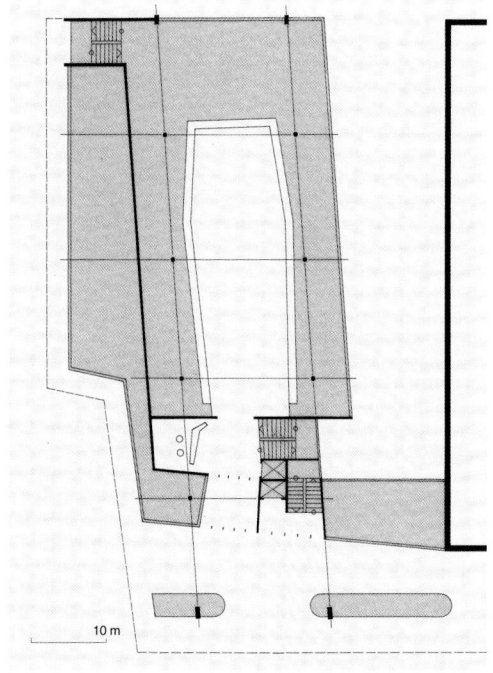

Situationsplan mit Schweizers Vorschlag, eine Diagonalverbindung für Fußgänger vom Paradeplatz oben rechts an der Sparkasse vorbei zur Jesuitenkirche unten links und zum Schloßbezirk zu schaffen.

Bebauungsplan für das Gebiet Schönau in Mannheim

Projekt 1952

Auf einem Vorstadtgelände im Norden Mannheims, etwa 6 km vom Stadtzentrum entfernt, der Schönau, sollte eine Wohnsiedlung im verdichteten Mittelhochbau entstehen. Schweizer schlug ein System gekoppelter, Nord-Süd gerichteter Wohnzeilen vor, die um einen zentralen Platz mit Kirche, Schule und Läden gruppiert werden sollten. Er befaßte sich grundsätzlich mit dem Problem der Vorstadtarchitektur und führte in einem Vortrag vor dem Mannheimer Stadtplanungsrat 1950 aus: »Immer wieder habe ich darauf aufmerksam gemacht und gefragt, woher es kommt, daß man unbedingt die Stadt aus der Verdichtung der Innenstadt nach der Landschaft auflösen will. Ich bin darauf gekommen: Es können nur ästhetische Antriebe sein, der Umstand, daß es möglich sei, durch eine niedere, zerteilte Bebauung – die vielleicht unter einem Baumgrün oder der Landschaft verschwinden könnte – den Stadtrand zu retten. Aber das ist ein Irrtum. Das tatsächliche Bild ist so, daß diese Dinge meistens verunglückt sind. Wenn man vor 20 Jahren von Karlsruhe nach Stuttgart gefahren ist, so hatte man den Eindruck, daß man durch das schöne schwäbische Land fährt. Wenn Sie heute dort fahren, dann sehen Sie, daß der Schwäbische Siedlungsverein mit seinen 400-qm-Grundstücken und der Nationalsozialismus mit seinen 2 000–3 000 qm großen Grundstücken diese ganze Landschaft in zwanzig Jahren völlig zerstört haben. Die ganze Landschaft ist durchsetzt mit Bauten, die vielleicht vollendete Architektur darstellen mögen; aber dadurch, daß sie am falschen Fleck sitzen, zerstören sie eine Landschaftseinheit, die unter allen Umständen zusammengehalten werden müßte.

Man sieht das auch, wenn man das Gelände der Schönau näher betrachtet. Wenn man hinauskommt, so hat man das Gefühl der Offenheit, die viel zu weitläufig ist. Die Gebäude stehen in einem großen Abstand voneinander entfernt, und man hätte das Bedürfnis, daß diese Dinge gärtnerisch verbunden werden. Das ist aber nur dann möglich, wenn wirkliche Baumassen vorhanden sind, die gegen eine Grünfläche abgesetzt werden können.«

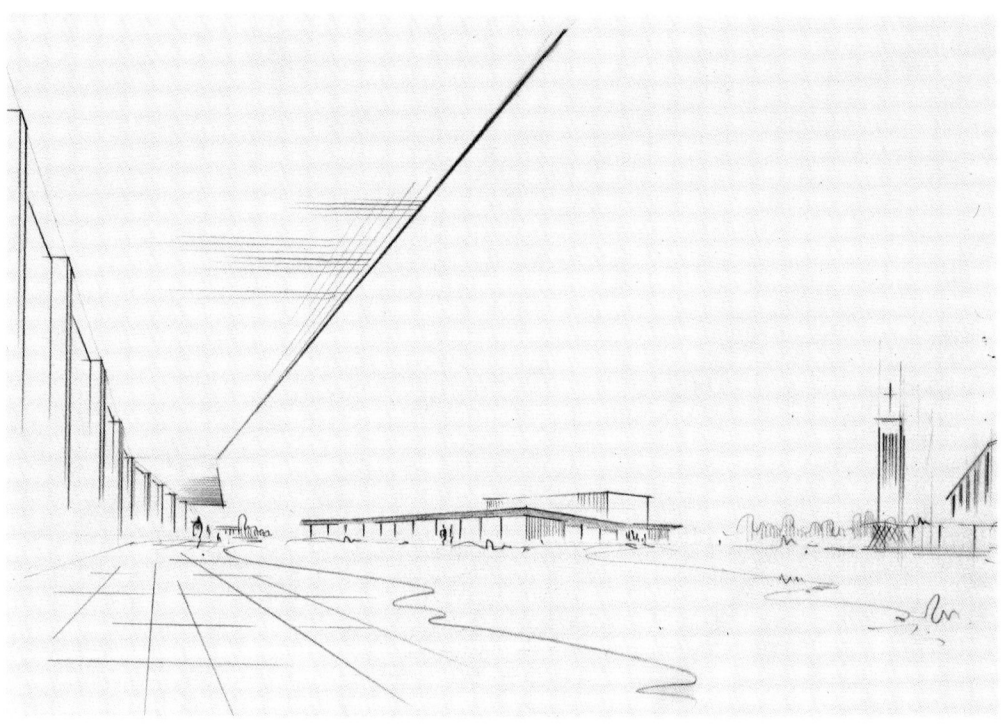

Blick von Osten, von der Markthalle (links im Bild) auf den zentralen Platz mit Schule und Kirche.

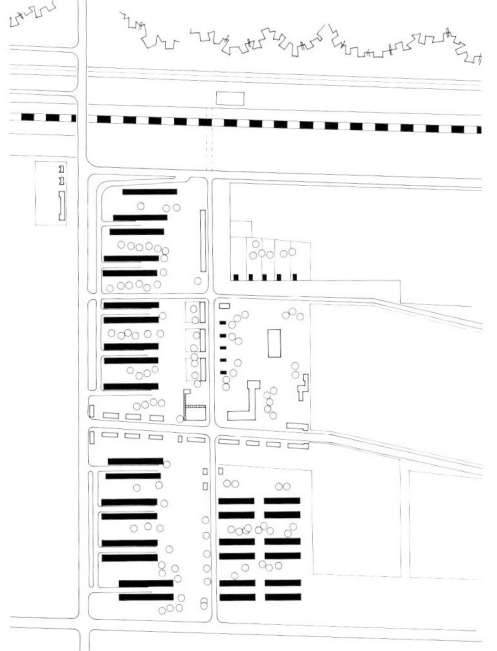

Lageplan. Die nur zum Teil eingezeichneten gekoppelten Zeilen sollten auf einen zentralen Platz mit Kirche, Schule, Läden und Markthalle bezogen sein; weitere Läden sind an der mittleren Erschließungsstraße, der Kattowitzer Straße, angeordnet. Zwischen den Wohnzeilen hätten langgestreckte, Ost-West gerichtete Grünzonen die räumliche Verbindung zu einem Waldgebiet jenseits der Bahnlinie und einer geplanten Hauptverbindungsstraße zum Zentrum Mannheims hergestellt.

Staatsoper Hamburg

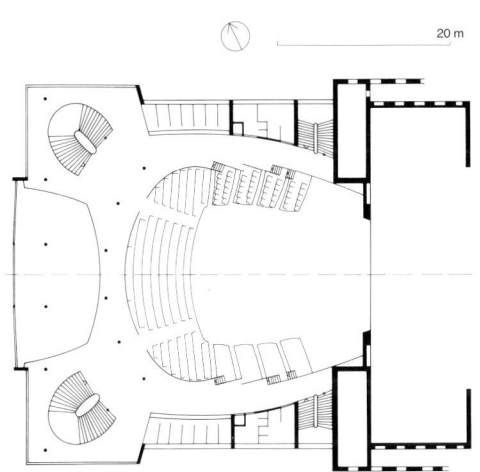

Grundriß des 2. Ranggeschosses, das mit dem Hauptfoyer im 1. Obergeschoß durch die beiden geschwungenen Treppen und optisch durch die große Deckenöffnung verbunden ist.

Blick in den Zuschauerraum über das Parkett auf die Bühne mit Vorderbühne.

Blick in das sich über zwei Geschosse erstreckende Foyer auf eine der repräsentativen geschwungenen Treppen. Links die zwei Geschosse hohe Glasfassade zur Dammtorstraße.

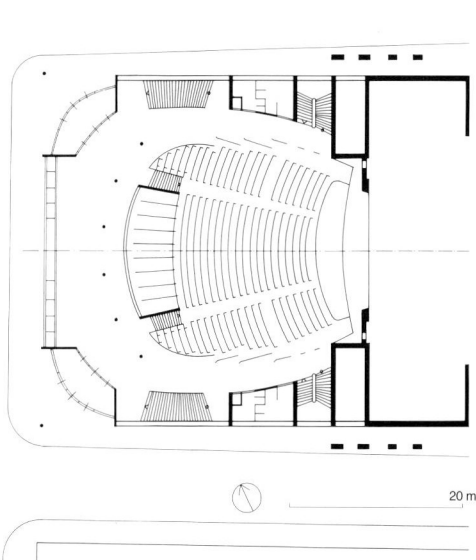

Grundriß des Eingangs- und Parkettgeschosses mit den von der Straße zurückgesetzten Hauptzugängen und den seitlich angeordneten einläufigen Treppen in das Foyergeschoß. Die zweiläufigen Nebentreppen verbinden alle Geschosse.

Blick auf das Opernhaus von Nordwesten. Im Vordergrund, parallel zur Hauptfassade, die Dammtorstraße. Das weit vorkragende Dach über dem Erdgeschoß läuft um das neugeplante Foyer- und Zuschauerhaus herum und sollte den Neubau optisch mit dem Vorhandenen verbinden.

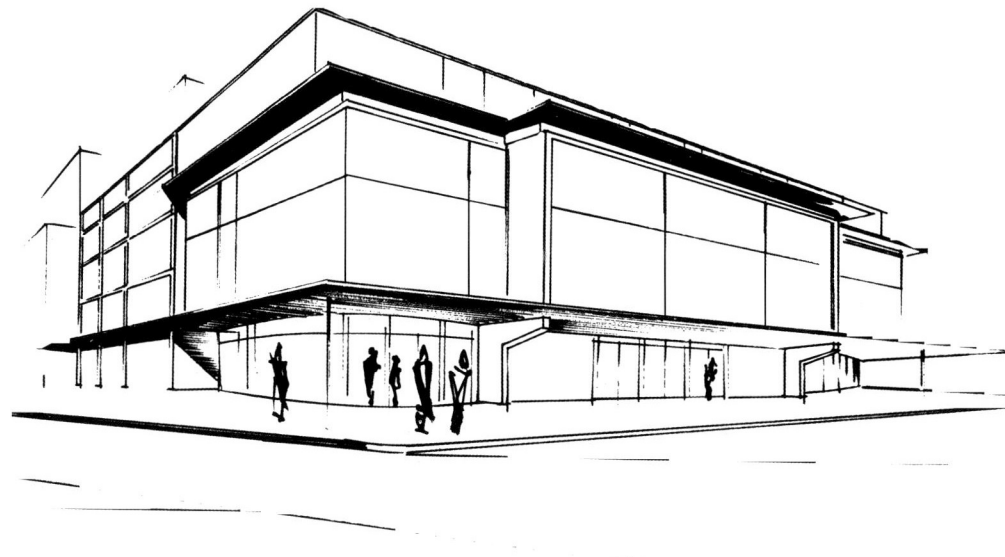

Blick auf die Staatsoper von Südwesten vor der Teilzerstörung. Im Vordergrund, parallel zur Hauptfassade, die Dammtorstraße.

Schweizer schrieb: »Die architektonische Aufgabe im Innern hat ihren Schwerpunkt in allererster Linie in der Disposition des Räumlichen. Die Ausstattung kann noch nicht ihrer Gänze dargestellt werden, sie ist eine Frage der bereitstehenden Mittel und läßt sich um so mehr in einer schönen Weise anordnen, je mehr diese Ausstattung in einem groß disponierten Rahmen zur Geltung kommt.«

Die Architekten, die der Einladung folgten, zum Wiederaufbau der Staatsoper Stellung zu nehmen, waren Paul Bonatz und Henry van de Velde mit Gutachten zum Entwurf von Werner Kallmorgen, mit eigenen Entwürfen Werner Harting, Godber Nissen, Karl Wilhelm Ochs, Werry Roth, Erich Boltenstern, Otto Ernst Schweizer und Gerhard Weber. Zur Kommission, die die eingereichten Arbeiten zu beurteilen hatte, gehörten Otto Bartning und Werner Hebebrand.

Entwurfsskizzen Schweizers zur Hauptfassade an der Dammtorstraße mit beidseitig kräftig auskragendem Foyergeschoß und zu einer Variante mit außenliegenden Treppenhäusern.

Wiederaufbau des Zuschauerhauses der Staatsoper Hamburg

Projekt 1952

Im Zweiten Weltkrieg brannte das Zuschauerhaus der Hamburgischen Staatsoper bis auf die Umfassungsmauern aus, während das Bühnenhaus mit den technischen Einrichtungen vollständig erhalten blieb. Nach Plänen von Werner Kallmorgen war zunächst ein Provisorium gebaut, die Hauptbühne als Zuschauerraum, die Hinterbühne als Spielfläche benutzt worden. 1952 wurde Kallmorgen zur Planung eines Wiederaufbauvorschlags beauftragt und anschließend mehrere Architekten des In- und Auslandes eingeladen, mit einem Gutachten zum Entwurf von Kallmorgen Stellung zu nehmen oder auch einen eigenen Entwurf einzureichen.

Im Raumprogramm heißt es, daß dem Mehrrangtheater mit einer Unterteilung der Ränge durch Logen anderen Lösungen gegenüber der Vorzug gegeben werde. Der Bühnenausschnitt sei unveränderlich. Auf weiträumige Wandelflächen werde Wert gelegt. 1800 Personen sollten Platz finden. Es war freigestellt, die noch stehenden Umfassungswände aus der Gründerzeit wiederzuverwenden oder abzureißen. Aus verschiedenen Gründen sollten statt eines zentralen Eingangs, der wie im Altbau direkt auf die Dammtorstraße geführt hätte, zwei seitliche vorgesehen werden. Es wurde ausdrücklich darauf hingewiesen, daß der Zuschauerraum als festlicher Theaterraum zu gestalten sei und daß »bei einer Neugestaltung des Hauses den Hamburgern an einer Konzeption im Sinne der Schlichtheit Schinkels (liegt)«.

Schweizer ging – nach ersten Überlegungen, Bestehendes zu erhalten – vom Abbruch der Ruine aus und plante einen klar geformten, großflächig verglasten Baukörper, der sich – in Anlehnung an den Altbau mit seinem portikusähnlichen Vorbau – durch Auskragen des Foyers aus der Flucht der Dammtorstraße heraushebt, weiter einen Zuschauerraum mit Parkett und zwei Ranggeschossen sowie weiträumige Foyers, die durch großzügige Treppen miteinander verbunden sind. Er schrieb zu seinem Entwurf:

»Die Gesamtanlage wurde sowohl durch die Dispositionen im Innern als auch außerhalb des Hauses beeinflußt: Bei der Enge der vorhandenen Fußgängerwege wurde zur Schaffung einer größeren Fläche für die ein- und ausströmenden Besucher das Erdgeschoß mit den Haupteingängen zurückgesetzt, die Obergeschosse jedoch ausgekragt, um mehr Bewegungsraum im Inneren zu schaffen.

Zur Sicherung klarer Verhältnisse liegen die Treppenaggregate übersichtlich an der konkaven Seite der Wandelgänge. Sie gehen in einem Zuge durch alle Ranggeschosse durch. Ihre Bemessung in den einzelnen Geschossen erfolgt einerseits im Sinne einer schnellen und reibungslosen Entleerung, andererseits aber auch aus gestalterischen Gründen, um die Bewegungsräume räumlich miteinander zu verbinden.

Der Ausformung des Zuschauerraumes mit seinen 1712 Plätzen lagen in erster Linie Absichten der räumlichen Gestaltung zugrunde. Selbstverständliche Voraussetzung war gute Sicht und Akustik. Die frei auskragenden Logen sind ein Gestaltungsergebnis moderner Konstruktivität.«

Lit.: »Das neue Hamburger Opernhaus«, in: *Baukunst und Werkform*, 5. Jg. 1952, Heft 11, S. 28 ff. – Otto Ernst Schweizer, *Die architektonische Großform. Gebautes und Gedachtes*, Karlsruhe 1957, S. 138.

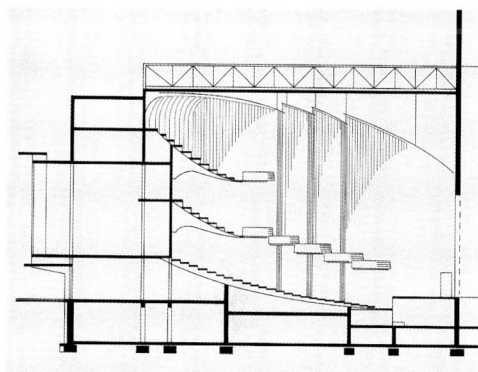

Querschnitt durch das Zuschauerhaus mit dem weiträumigen, sich über zwei Geschosse erstreckenden Foyer.

Blick von der Bühne in den Zuschauerraum mit den weit vorgezogenen Logen im 1. Parkettgeschoß.

Neues Zentrum für Mannheim

Projekt
1952

Im Norden Mannheims, jenseits der Vorstadt Neckarstadt, sollten auf dem Gelände des Herzogenriedparkes Wohnungen entstehen. Schweizer schlug darüber hinausgehend vor, die altstadtnahe Lage des Herzogenriedparkes und daran angrenzende Gebiete (ein zusammenhängender »Innenraum« von rund 1 km² Größe) zu nutzen, um – neben den erforderlichen Wohnungen – für die Stadt Mannheim ein großflächiges Sport- und Erholungszentrum, ein Forum, zu schaffen. Wegen seiner zentralen Lage sowohl in Bezug zur Altstadt als auch zu den Vorstädten, die sich als ein weitgehend ungeordnetes Konglomerat aus Wohn- und Industriegebieten darstellen, sah Schweizer die Fläche als ideal an, zumal an Rhein oder Neckar Areale dieser Dimension nicht mehr zur Verfügung standen.

Über die Kurpfalzstraße in der Altstadt, die Kurpfalzbrücke und die Max-Joseph-Straße sollte man direkt auf das Forum geleitet werden, an dessen Rändern öffentliche Einrichtungen, Ausstellungshallen und ein Theater geplant waren sowie im Osten ein Freibad in Verbindung zu bereits bestehenden Sportanlagen. Vom Forum wäre man weiter in einen großflächigen Grünraum mit zusätzlichen Gemeinschaftseinrichtungen wie Cafés, Restaurants und anderen Treffpunkten geleitet worden, den Schweizer mit seinem Projekt »Das neue Bonn – Die Stadt der weiten Freiräume« aus den Jahren 1949/50 (S. 202) in einem Zusammenhang sah.

Im Süden und im Norden des Geländes waren die Wohnungen geplant. Grünräume und Forum sollten allein den Fußgängern vorbehalten sein, der Fahrverkehr um das Gelände herum und von hinten an Wohnungen und Gemeinschaftseinrichtungen herangeführt werden.

Lageplan. Unten links angeschnitten, die Altstadt Mannheims mit der Kurpfalzstraße, der Kurpfalzbrücke und, leicht abknickend, der Max-Joseph-Straße – eine Achse, die direkt auf das Forum führt und, vorbei an Ausstellungshallen und Theater, in den öffentlichen Grünraum mit weiteren Gemeinschaftseinrichtungen links und rechts vom »Ausgang« des Forums. Im Norden und Süden die Wohngebäude, im Osten das Freibad und die bestehenden Sportanlagen.

Grundschule mit Kindergarten in Darmstadt

Projekt 1951

Im Rahmen des »Darmstädter Gesprächs 1951«, in dem Philosophen und Architekten über das Thema »Mensch und Raum« diskutierten, fand eine Ausstellung von Bauten und Projekten namhafter Architekten statt, die einen Überblick über die Leistungen und Tendenzen der Architektur seit der Jahrhundertwende geben sollte. Als aktuelle Ergänzung zu dieser Ausstellung wurden Otto Bartning, Paul Bonatz, Wilhelm Marinus Dudok, Peter Grund, Ernst Neufert, Hans Scharoun, Franz Schuster, Rudolf Schwarz, Otto Ernst Schweizer und Hans Schwippert beauftragt, Entwürfe für konkrete Bauaufgaben in Darmstadt zu bearbeiten, »in meisterhafter architektonischer Formung, mit den neuesten Erkenntnissen und Erfahrungen des jeweiligen Fachgebietes«, wie es in der Ausschreibung heißt.

Schweizer wurde der Entwurf einer Grundschule übertragen. Als Grundstück war ein in ländlicher Struktur gelegenes Gelände südlich Darmstadt-Eberstadt ausgewiesen. Im Raumprogramm waren Räume für 300 Schüler und 60 Kinder gefordert.

Schweizer schrieb zu seiner Arbeit:

»In dem vorliegenden Entwurf ist eine Auseinandersetzung mit den Bemühungen um einen geeigneten Typus des modernen Schulhauses versucht worden. Ich bin dabei von dem Gedanken ausgegangen, daß die Auflösung der Baumassen nicht zu weit getrieben werden darf – einmal aus wirtschaftlichen Gründen, sodann, weil bei einer ausgeweiteten Flachbauanlage der Flächenbedarf zu groß wäre. Deshalb habe ich einen maßvollen Ausgleich zwischen den vielleicht etwas übersteigerten Reformideen (zur Flachbauschule) und den praktischen und örtlichen Verhältnissen gesucht, bei dem auch die gegebene Landschaft berücksichtigt wurde, die zwar schon im Bereich der Großstadt liegt, aber doch noch etwas vom Charakter des Ländlichen bewahrt hat ...

Für die Ausarbeitung des Entwurfs war die Erforschung der Belichtung und des Schulraumes in allen seinen Teilen grundlegend. Diese Untersuchungen wurden soweit durchgeführt, daß als Ergebnis ein Bauorganismus vorgelegt werden kann, dessen Schwerpunkt im Typischen liegt.«

Lit.: *Darmstädter Gespräch 1951. Mensch und Raum*, hrsg. v. Otto Bartning, Darmstadt 1952 (S. 53 ff.), S. 149 ff. – »Darmstädter Ausstellung im Sommer 1951«, Sonderdruck aus: *Die neue Stadt, Zeitschrift für Architektur und Städtebau*, 5. Jg. 1951, Heft 5, S. 167 ff. (S. 199 ff.). – »1951. Schulhausarchitektur«, in: Otto Ernst Schweizer, *Die architektonische Großform. Gebautes und Gedachtes*, Karlsruhe 1957, S. 122 f.

Blick auf die Schule von Norden. Rechts der eingeschossige Kindergarten. Die Wände der Klassenzimmer im Erdgeschoß sind in den Schulgarten vorgezogen, um Unterricht im Freien zu ermöglichen. Bestimmend für die Architektur sind die, so Schweizers Ausdruck, »plastisch« aus der Fassade heraustretenden Pfeiler und die über sie hinweggreifenden Sonnenschutzdächer.

Lageplan. Unten das Schulgebäude, dessen drei Flügel, Turnhalle, Klassentrakt und nach Südwesten offene Pausenhalle, einen windgeschützten Schulhof bilden. Oben der durch einen gedeckten Gang mit der Schule verbundene Kindergarten. Die Verkehrsflächen, Eingangshallen, Flure und Pausenhalle sind gerastert, die Sanitärräume und Garderoben schraffiert dargestellt, die Treppenhäuser schwarz angelegt.

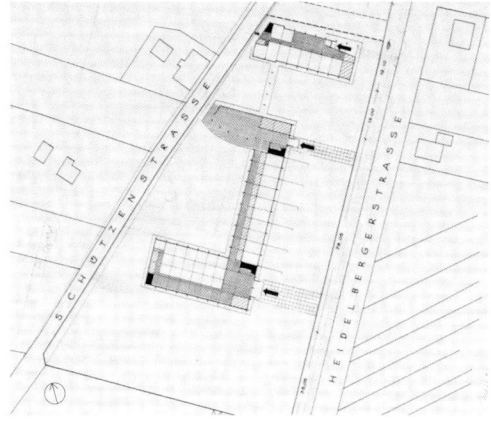

Blick von Westen auf die Johanniskirche, ein Bau der Architekten Curjel & Moser aus den Jahren 1901–04. Links und rechts am Kirchplatz sechs, im Hintergrund fünf Geschosse hohe Wohnbauten.

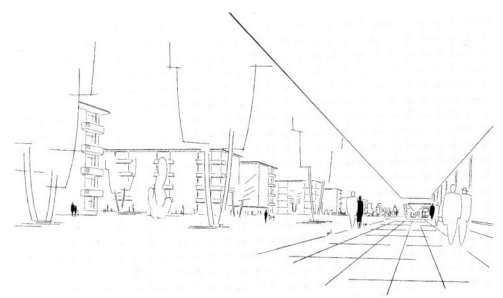

Auf der Abbildung rechts ein Blick von Norden über die Promenade am Stephanienufer auf den Rhein mit sechs Geschosse hohen Wohnbauten, die, nach einer späteren Lageplanvariante, senkrecht zum Fluß angeordnet sind. Die mittlere Abbildung zeigt einen Blick von Westen in das südliche Binnenzentrum. Fünf Geschosse hohe Wohnbauten, die an konkav gebogener Bauflucht aufgereiht sind, und die Ladenzeile mit der charakteristischen Kragplatte bilden den Raum.

Bebauungsplan für das Gebiet Lindenhof in Mannheim

Projekt
1951

Für das stark zerstörte Stadtgebiet Lindenhof, südlich der Altstadt Mannheims an Rhein und Schloßgarten gelegen und im Nordosten durch Bahn- und Industrieanlagen begrenzt, plante Schweizer unter weitgehender Beibehaltung des vorhandenen Straßennetzes (mit ursprünglich nahezu geschlossener Bauweise) eine offene, fünf und sechs Geschosse hohe Wohnbebauung. Ihm lag daran, die landschaftlichen Vorzüge des Gebietes, besonders in den rheinnahen Lagen, zu nutzen und von jeder Wohnung aus den freien Blick in die Weite zu ermöglichen. Zwei durchgehende, senkrecht zum Rhein verlaufende Freiräume, die Schweizer in Verbindung mit der katholischen St. Josephskirche im Osten und der evangelischen Johanniskirche im Westen zu kleineren Binnenzentren mit Läden und öffentlichen Einrichtungen ausbauen wollte, sollten die Weiten der Flußlandschaft in das Stadtgebiet eingreifen lassen. Am Rhein, am Stephanienufer, war eine Promenade geplant, die die Promenade und die Rheinterrasse im Schloßgartenbezirk (S. 210) und den »Waldplatz«, ein Naturgelände flußaufwärts, zu einem kilometerlangen Grünzug am Strom zusammengebunden hätte.

Lageplan des südlichen Binnenzentrums. Unten der Rhein und die Promenade am Stephanienufer, oben die St. Josephskirche. Rechts eingeschossige Läden und öffentliche Einrichtungen in Verbindung mit fünf Geschosse hohen Wohnbauten. Links unten über quadratischem Grundriß die Johanniskirche.

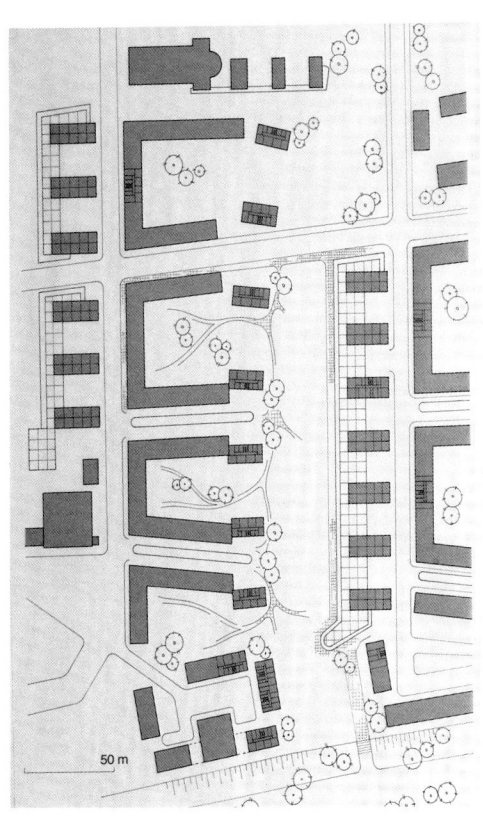

Lageplan. Links das Schloß und der Hauptbahnhof. Unten der Schloßgarten mit einer von Schweizer vorgeschlagenen Wohnbebauung und der Rhein. Im Planungsgebiet von Westen nach Osten verlaufend die beiden durchgehenden Binnenzentren in Verbindung mit der evangelischen Johanniskirche (über quadratischem Grundriß) unten und der katholischen St. Josephskirche oben. Die parallel zum Rhein stehenden Wohnblöcke am Stepahnienufer wurden in einer späteren Lageplanvariante durch senkrecht zum Rhein stehende ersetzt.

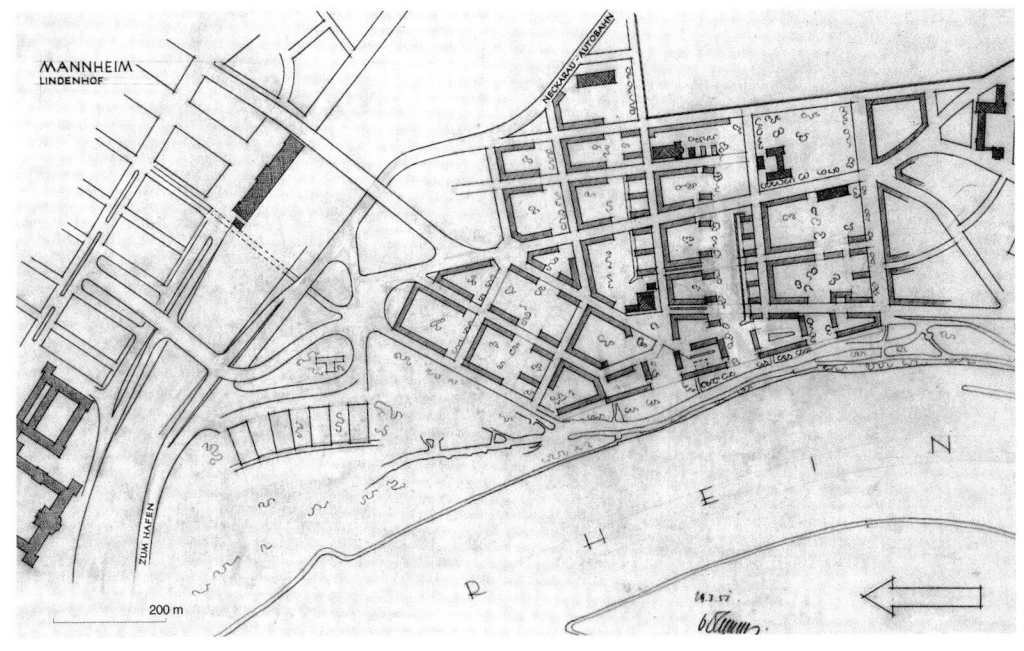

Bebauungsplan für das Gebiet Tannenbusch in Bonn

Projekt 1951

Das Baugebiet Tannenbusch, etwa 13,5 ha groß, schließt sich an den aufgelockert bebauten Westrand der Stadt Bonn an und liegt etwa 2,5 km vom Stadtzentrum entfernt. Gegen Süden und Osten wird das Gebiet durch eine unter Naturschutz stehende Sanddüne abgeschlossen; im Süden führt im Abstand von rund 100 m die Bahnlinie Köln–Bonn vorbei. Die Fläche zwischen Siedlungsgebiet und Bahn sollte unbebaut bleiben. Das Bauprogramm sah mehrgeschossige Wohnbauten für deutsche Angestellte der U.S. High Commission for Germany vor, eine Schule, Läden und ein Restaurant.

Schweizer gruppierte vier »Wohninseln« mit insgesamt 408 Wohnungen bei dreigeschossiger bzw. 544 bei viergeschossiger Bauweise um einen kreuzförmig angelegten Freiraum, der das Gelände als weite Grünfläche – mit einer Ladenzeile an ihrem östlichen Ende – von Westen nach Osten, als Zentrum mit den Gemeinschaftsanlagen von Norden nach Süden durchzieht. Diese Freiräume sind den Fußgängern vorbehalten, ebenso die etwa 45 m breiten Räume zwischen den Wohnzeilen, in die sich die Wohnzimmer mit Blick in die linksrheinische Hügellandschaft öffnen. Die Nebenräume je zweier Zeilen sind auf schmalere Wirtschaftshöfe bezogen, die zu einer um das Baugelände herumgeführten Ringstraße hin durch überdeckte PKW-Abstellplätze abgeschlossen sind.

Lit.: Otto Ernst Schweizer, »Ein Bebauungsplan für 500 Wohnungen in der Bundeshauptstadt Bonn«, in: *Bauen und Wohnen*, 6. Jg. 1951, Heft 8, S. 446 ff. – »Bebauungsweise für den mehrgeschossigen Wohnungsbau«, in: Otto Ernst Schweizer, *Die architektonische Großform. Gebautes und Gedachtes*, Karlsruhe 1957, S. 164 f. – »Bebauungsweisen, aus örtlichen Gegebenheiten entwickelt«, in: *1930–1960. Otto Ernst Schweizer. Forschung und Lehre*, Stuttgart 1962, S. 120 f. – Werner Durth u. Niels Gutschow, *Architektur und Städtebau der fünfziger Jahre*. Schriftenreihe des Deutschen Nationalkomitees für Denkmalschutz, Bd. 33, Bonn 1987, S. 59.

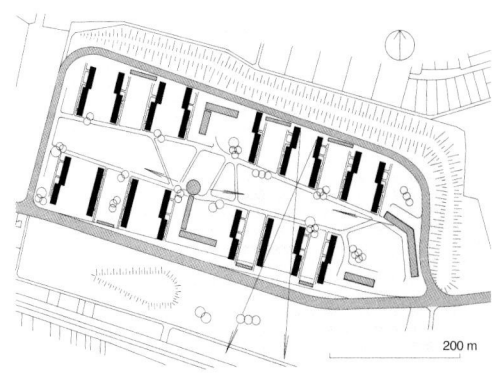

Bebauungsplan. Im Zentrum am Schnittpunkt der Freiräume das Café. Rechts im Bild die Ladenzeile. Die Sichtlinien von den Wohnräumen der Zeilen in die freie Landschaft sind eingezeichnet.

Blick aus dem Café über den Freiraum auf die Wohnzeilen. Im Hintergrund die Ladenzeile.

Neuordnung des Großraums Mannheim

1950–54

Als Mitglied des Stadtplanungsrates befaßte sich Schweizer mit Projekten zur Neuordnung der Stadt und des Großraumes Mannheim »im Sinne einer Ordnung von Arbeit, Wohnung und Erholung«. Er strebte die zweckmäßigste Gliederung des Stadtbereiches in Industriegebiete, Verkehrsflächen und Wohngebiete unter Freihaltung der landschaftlich wertvollen Umgebung Mannheims von jeder Bebauung an. Unter dem »Gesichtspunkt der Vermenschlichung des Verkehrs« sollte ein Verkehrsnetz für den Fern- und Industrieverkehr geschaffen werden, der das Stadtzentrum umgeht, und ein städtischer Zielverkehr, der an nur wenigen bestimmten Stellen in das Stadtzentrum vordringen kann. Besonderes Gewicht wurde auf die Führung der Eisenbahn gelegt, die die Innenstadt, so Schweizers Warnung, nach einem geplanten Ausbau des bisherigen Kopfbahnhofes zu einem Durchgangsbahnhof für eine neu anzulegende Nord-Süd-Trasse zwischen Stadt und Industriehafen wie ein eiserner Ring umschließen und mit ihren Rampen, Dämmen und Brücken noch stärker als bisher von der Flußlandschaft, den Rheinauen, abschneiden würde.

Neue Erweiterungsgebiete für Wohnungen sollten – besonders im Norden und Süden Mannheims – unter weitgehender Hereinziehung von Grünräumen geschaffen werden, mit kurzen Wegen zu den Arbeitsstätten, guten Verbindungen zum Stadtzentrum und in möglichst hoher Verdichtung, um den Bedarf an neuen Wohnungen, seinerzeit etwa 60% der noch vorhandenen, zu decken. Geeignete Bebauungsweisen waren zu entwickeln unter besonderer Berücksichtigung der Beziehung zur Landschaft, der Wohnruhe und der Abschirmung vom Verkehrslärm.

Das Stadtzentrum selbst sollte in einen verkehrsgeschützten Bezirk für Fußgänger umgewandelt werden; unter größtmöglicher Verdichtung waren hier in unmittelbarer Nähe der Lebenszentren Wohnungen für etwa 42 000 Menschen vorgesehen. Die Karree-Bebauung sollte durch diagonal verlaufende Grünzüge aufgelockert, diese wiederum an weiträumige Grünflächen außerhalb des Innenstadtrings, besonders an die Uferzonen von Rhein und Neckar angebunden werden, um den Bewohnern Mannheim als Stadt in der Landschaft, als Stadt am Fluß wieder ins Bewußtsein zu bringen.

Lit.: Otto Ernst Schweizer, »Der Städtebau hat heute neue Aufgaben«, auszugsweiser Abdruck eines Vortrages im *Amtsblatt für den Stadtkreis Mannheim* vom 31.8.1951.

Raumordnungsplan für den Großraum Mannheim, der besonders Schweizers Bemühen einer Verbindung von – dunkel angelegten – Wohngebieten und Grünräumen zeigt, nicht zuletzt auch durch die Grünzonen in der Innenstadt. Rechts im Bild zwischen Wohngebieten und Industriehafen die Bahntrasse, die als neue Nord-Süd-Verbindung vorgesehen war, die Schweizer aber nur als Vorort-Schnellbahnstrecke möglich fand. Zum Kernproblem Mannheimer Stadtplanung, der Anlage der Eisenbahnlinien, schrieb er 1951:

»Die heutige Führung der Bahnanlagen in Mannheim, welche in keiner Weise die schöne Situation der Stadt berücksichtigt, ist in den letzten 75 Jahren hingenommen worden; in der Zwischenzeit ist der Gedanke aufgetreten, daß ein unmittelbarer Durchgangsverkehr von Süden nach Norden über den Hauptbahnhof und eine neu anzulegende Strecke (im Westen der Stadt am Industriehafen) vorsieht.

Es ist keine Frage, daß eine Programmstellung in dieser Form die Situation der Verbindung von Stadt und Rhein wiederum sehr entscheidend verschlechtern kann. Die Stadt wird durch einen eisernen Ring, durch ansteigende Gleisrampen, durch schmale Brückendurchfahrten, durch Abriegelung des Blicks vom Rhein abgetrennt. So einleuchtend die Durchgangslinie auf den ersten Moment scheinen muß, so muß diese Neuanlage im Zusammenhang mit der Verwirklichung in der Zeit, mit der Bedeutung des Schnellverkehrs auf den Eisenbahnen usw. diskutiert werden. Es scheint, daß vom Standpunkt des Architekten aus die Verschlechterung des heutigen Zustands nicht verhindert werden kann, und es müssen daher von einem weiter gespannten Gesichtspunkt aus diese Probleme ausgeholt werden.

Es ist aber im Hinblick auf die Vervollkommnung der Beziehung zwischen Arbeit, Wohnung, Erholung, Industriewohngebieten und Landschaft der Blick darauf zu richten, daß für die Stadt der Arbeit ein System geschaffen wird, das im höchsten Maße einerseits den Anforderungen, welche eine moderne Produktion zu stellen hat und andererseits den sozialen Forderungen, welche in diesem Zusammenhang eindeutig gelöst werden müssen, gerecht wird. Das Vordringlichste und Wichtigste wird daher sein, unter allen Umständen das Zwischenglied einer Vorortschnellbahn für den verkehrstechnischen Zusammenhang dieses Trabantenbandes zu schaffen. Die Beschränkung einer neuen Bahnlinie über das Hafen- und Schloßgebiet auf die Bedürfnisse des Nahverkehrs würde die Anlage beweglicher und einfacher machen. Die Steigungsverhältnisse können hier den städtebaulichen Anforderungen eher begegnen, als wenn die Durchfahrt größerer internationaler Schnellzüge berücksichtigt wird.

Sollte wiederum schicksalhaft ein derartiger eiserner Ring die Stadt Mannheim noch weiter von ihren natürlichen Bedingungen abschnüren, so wäre es vom städtebaukünstlerischen Standpunkt aus, wahrscheinlich aber auch vom menschlichen und von der in Mannheim lebenden Bevölkerung aus kaum verständlich. Daß hier einzelne internationale Schnellzüge reibungslos durch den Hauptbahnhof hindurchgeleitet werden könnten, wäre vielleicht dadurch doch zu teuer erkauft.«

214

Altstadt Mannheim

ze Gebiet wird den Charakter eines Kulturparks erhalten. Zu dem Schloß mit seinen Museen wird ein neues Theater, mitten im Park stehend, hinzutreten. So bilden also Schloß, Jesuitenkirche, Theater, Restaurant, neue Rheinterrasse mit dem Blick auf Rhein und Park eine neue stadtbaukünstlerische Einheit, die zu einem der schönsten Anziehungspunkte für die Stadt ausgebaut werden kann.«

In einem Vortrag vor dem Mannheimer Stadtplanungsrat führte Schweizer aus: » Es wurde der Vorschlag gemacht, aus den neuen Bedürfnissen eine neue Form zu entwickeln. Man muß nach einer architektonischen Lösung suchen. Diese architektonische Lösung, so wie sie hier dargestellt ist, würde einen Weg weisen. Sie würde ein großartiges neues Erlebnis in architektonischer Beziehung für Mannheim schaffen. Ich erinnere nur an die Brühlsche Terrasse in Dresden. Auch dort geht der Verkehr unter einem anderen vorbei. Auch beim Donaukanal in Wien hat man unten den Schnellverkehr und anschließend den Donauverkehr. Dort sind die Verhältnisse ganz ähnlich. Man wird sich an die Technik gewöhnen. Der vorbeibrausende Verkehr stört; deshalb muß ihm seine lästige Spitze genommen werden. Vielleicht muß man auch aus derartigen Gesichtspunkten die Frage der Verkehrsführung der Bahn noch einmal einer Prüfung unterziehen.«

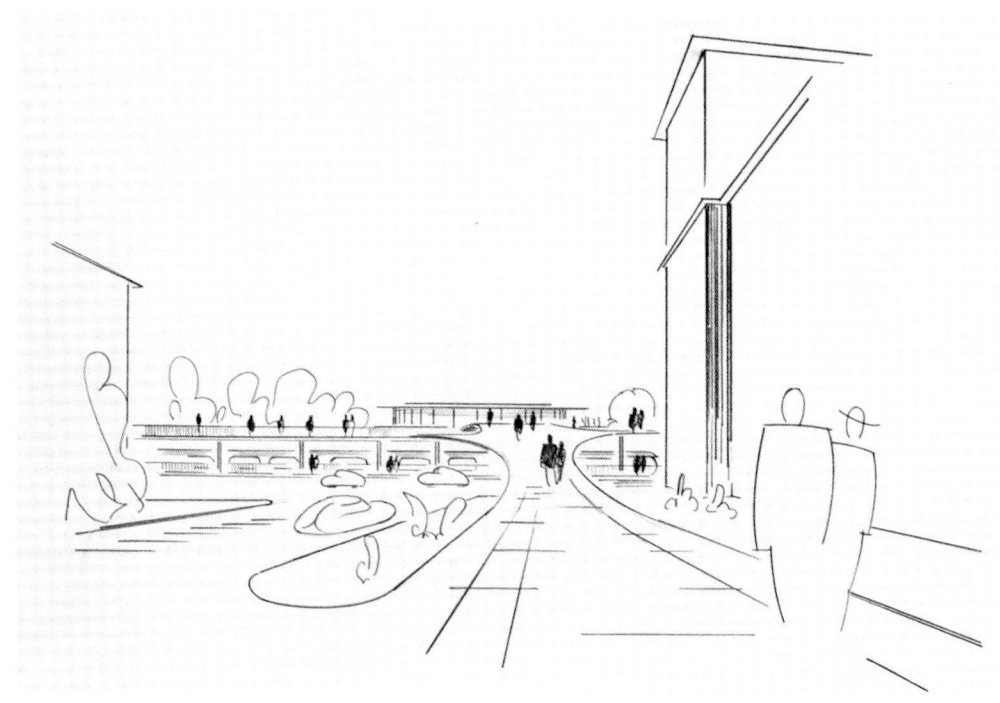

Blick vom Schloß über eine Zugangsrampe zur Rheinterrasse mit dem Verkehrsband darunter auf das Aussichtsrestaurant.

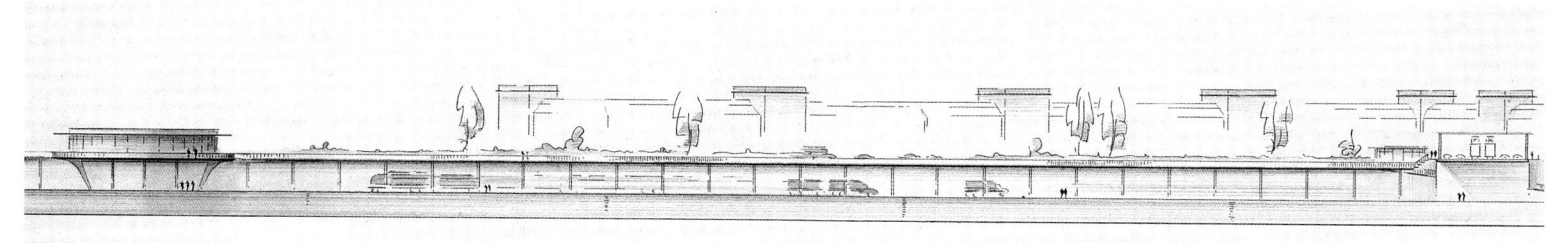

Blick vom Rhein auf die die Verkehrsbänder überdeckende Rheinterrasse. Links das Aussichtsrestaurant, rechts neben den Rheinbrücken der Aussichtspavillon. Im Hintergrund die Kontur des Schlosses.

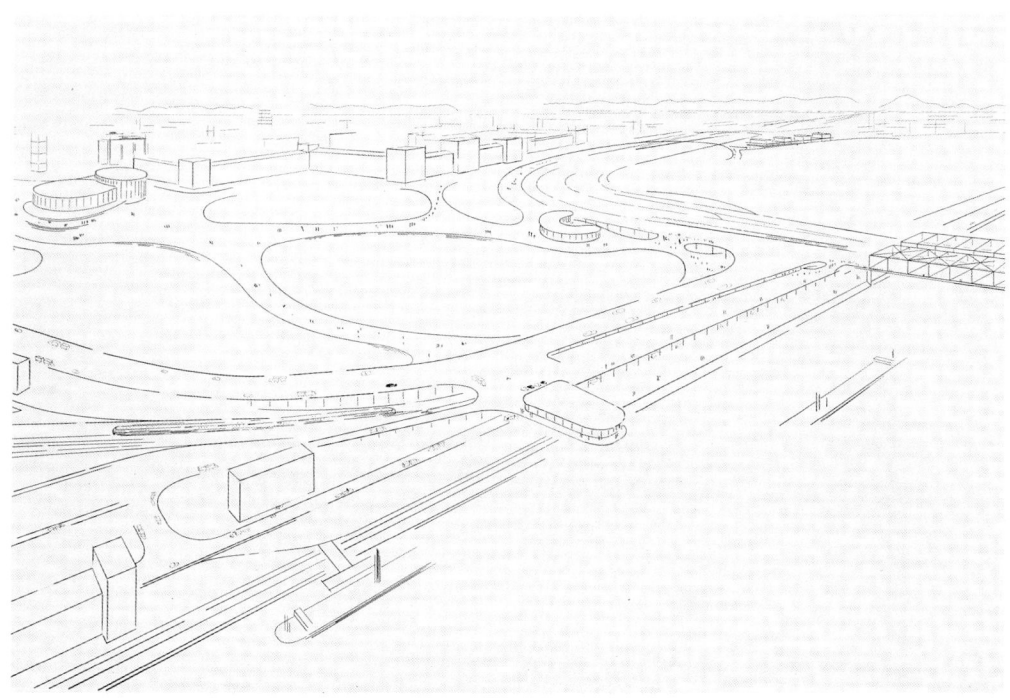

Luftperspektive der Gesamtanlage von Westen. Im Vordergrund der Rhein, das Aussichtsrestaurant, die Rheinpromenade und die Rheinterrasse sowie die Brücken für Fußgänger, Straßen- und Bahnverkehr. Im Hintergrund in Bildmitte das Schloß und, links anschließend, die Jesuitenkirche. Davor das von Schweizer geplante Theater. Rechts vom Schloß eine ebenfalls von Schweizer geplante Wohnbebauung am nordöstlichen Rand des Schloßgartens. Zwischen Schloß und Rheinbrücken der Aussichtspavillon.

Blick aus dem Schloß über die vorgelagerte Terrasse mit dem Verkehrsband darunter in die Weite der Rheinlandschaft.

In einem Gutachten über »Städtebauliche Richtlinien für die Verbindung der Stadt Mannheim mit dem Rhein« schrieb Schweizer:

»Der Erfolg der Bemühungen, der Stadt Mannheim wieder ein Gesicht zu geben, hängt wesentlich davon ab, inwieweit es gelingt, die Stadt mit ihren natürlichen landschaftlichen Gegebenheiten wieder in Verbindung zu bringen. Friedrichspark und Schloßgarten waren im 19. Jahrhundert eine Einheit, bis sie durch die Bahn getrennt wurden. Diese großen Grünflächen mit dem anschließenden Stephanienufer, die sich ja vom Schloß aus viele Kilometer nach Süden ausdehnen, müssen wieder in Ordnung gebracht und der Versuch unternommen werden, die durch die Verkehrsanlagen herbeigeführte Trennung auszugleichen. Besonders aber ist es eine Aufgabe der Gegenwart, diese großen Grünflächen zwischen Stadt und Fluß so zu gestalten, daß die Stadt in innige Verbindung mit dem Rhein gebracht wird. Entsprechend den Anschauungen unserer Zeit nehmen die großen städtischen Baugebiete Besitz von den sie umgebenden landschaftlichen Werten, also nicht so wie im 18. Jahrhundert, daß Stadt und Schloß dem Rhein eigentlich den Rücken kehren, sondern vielmehr so, daß Stadt, Schloß, Grünflächen und Rheinufer eine innige Verbindung eingehen. Die Herstellung der Verbindung wird heute dadurch erschwert, daß der eiserne Ring der Eisenbahnanlagen, der Stadt und Park zerreißt, und der Stadt und Schloß vom Rhein abriegelt, durch die Neuanlage einer Nord-Süd-Bahn auf der Westseite der Stadt vollständig geschlossen werden wird. Es handelt sich nun darum, die neuanzulegende Bahn und die damit zusammenhängenden Gleiseinführungen zum Hauptbahnhof so zu disponieren, daß die städtebaulichen Forderungen von heute nach Verbindung von Stadt, Grünfläche und Rhein dennoch möglich werden.

Die Durchführung des neuen Bahnverkehrs ist entscheidend für den Aufbau der wirtschaftlichen Struktur, darum müssen die neue Bahn und die damit verbundenen Notwendigkeiten am örtlichen Verkehrsnetz hingenommen werden. Aber es muß für den Fußgänger eine Fläche neu geschaffen werden, die die Verbindung zwischen Stadt und Fluß über den Verkehrsanlagen herstellt. Sowohl dem Schienenverkehr als auch dem Straßenverkehr wird voll Rechnung getragen. Die Vorschläge zeigen auch, daß auf dieser Basis eine Durchführung möglich ist, und sie geben auch die neuen Einrichtungen an, die notwendig sind, um für den Fußgänger den neuen verbindenden Lebensraum zu schaffen. Die neu zu schaffende große Rheinterrasse liegt über Bahn und Umgehungsstraße.

Entsprechend der oben angegebenen Problemstellung für den Ausbau dieses Gebiets muß versucht werden, sowohl die beiden durch die Verkehrslinien getrennten Parkteile durch Fußgängerüberführungen wieder miteinander in Verbindung zu bringen, wie auch vom Bahnhof aus die Verbindung für den Fahrverkehr über die Lindenhofüberführung zu verbessern bzw. zu verlegen. In Verfolgung dieses Gedankens ergibt sich, daß der Friedrichspark im Zusammenhang mit der neu anzulegenden Terrasse eine große Belebung dieser Gegend bringen wird. Die Situation kann so herausgearbeitet werden, daß aus den gegebenen architektonischen Ansatzpunkten sich in allerbester Lage neue Bauwerke entwickeln können. Dieses gan-

Blick aus dem Aussichtsrestaurant nach Südosten über die Rheinpromenade auf die Rheinbrücken und die Bögen des Brückenkopfes. Links die Rheinterrasse.

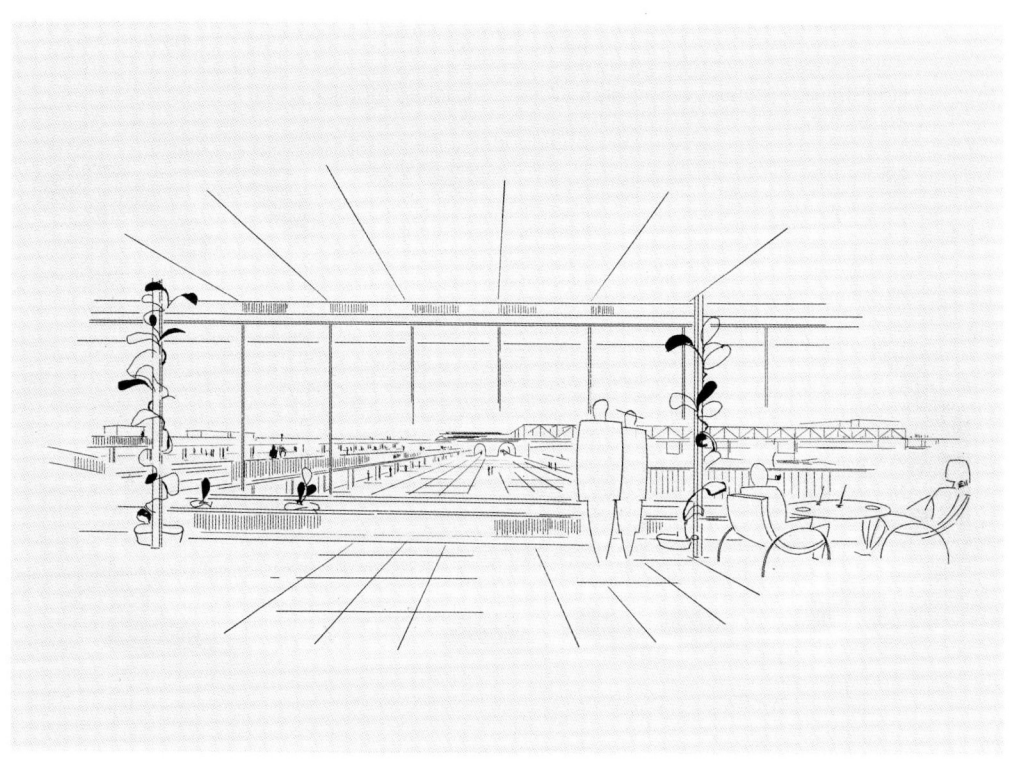

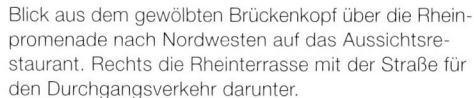

Blick aus dem gewölbten Brückenkopf über die Rheinpromenade nach Nordwesten auf das Aussichtsrestaurant. Rechts die Rheinterrasse mit der Straße für den Durchgangsverkehr darunter.

Blick von Südosten am Aussichtspavillon vorbei über die Rheinpromenade auf die Rheinbrücken und die Rheinterrasse rechts.

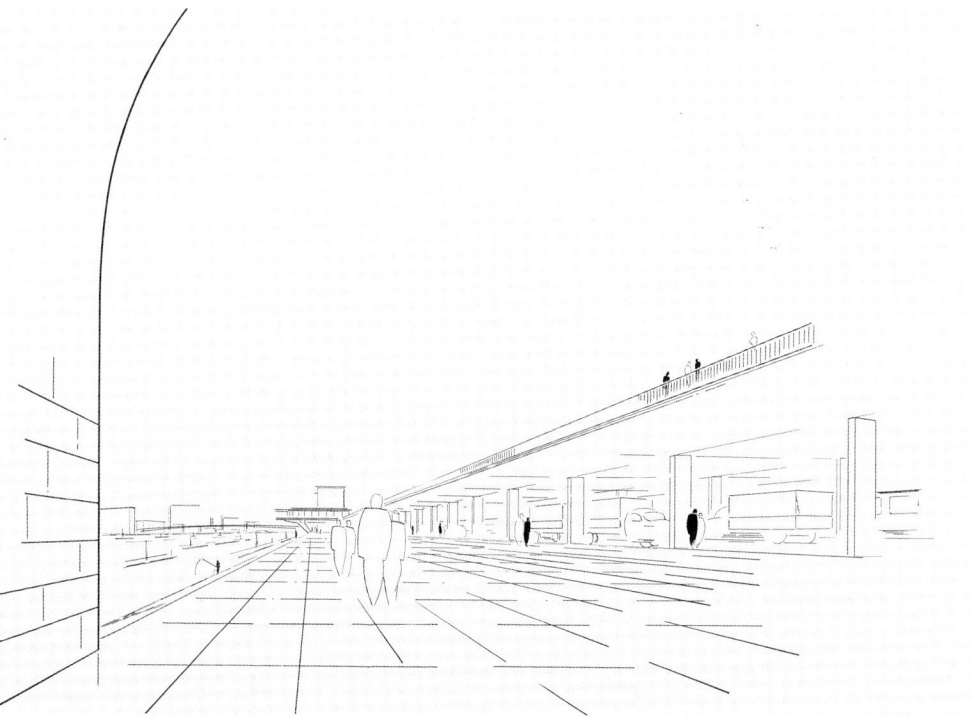

Neuordnung und Wiederaufbau der Altstadt von Mannheim

Projekt 1950–52

Im Zusammenhang mit seinen Vorschlägen zur Neuordnung des Großraums Mannheim (S. 214) befaßte sich Schweizer mit dem Wiederaufbau der Altstadt Mannheims, mit der Umstrukturierung der Karree-Bebauung, der Neugestaltung der Hauptgeschäftsstraßen, insbesondere der Planken, sowie mit der Neuordnung des Gebietes zwischen Schloß und Rhein, dem Schloßgarten. In seinem Aufsatz »Der Ausbau der Altstadt von Mannheim und das Problem der Citybauten« nahm er zu seiner Planung Stellung und schrieb:

»Die Altstadt von Mannheim kann in der historischen Form nicht wieder aufgebaut werden. Denn an das bisher übliche Baublocksystem und die Verbauung des Blockinnern mit Hinterhäusern darf heute nicht mehr gedacht werden. Eine reine Auskernung, das heißt eine Ausräumung des Blockinnern und Anlage von Grünflächen innerhalb der Baublöcke, wäre zwar ein neuer Weg, doch zwingen andere Überlegungen dazu, die geschlossene Baublockform überhaupt aufzulockern. Das Schachbrettsystem, nach dem das alte Mannheim angelegt war, berücksichtigt nämlich den Diagonalverkehr überhaupt nicht. Es wäre sehr erwünscht, dem Fußgänger die Möglichkeit zu schaffen, die einzelnen Stadtzentren auf kurzen Querverbindungen, welche von Grünzügen begleitet sind, zu erreichen. Dies ist im Hinblick auf die Zerstörungen in der Innenstadt durch entsprechende Umlegungen von Grundstücken möglich ...

So würde nicht nur der Fußgängerverkehr verbessert, sondern durch die neuen Grünzüge auch das Schachbrettsystem aufgelockert und dem frei entfalteten Grün große Einbrüche in die steinernen Stadtgebiete ermöglicht. Die Verkehrsstraßen würden dann nicht mehr von einem Rand der Altstadt bis zum anderen durchlaufen, sondern durch die Grünzüge unterbrochen. Das ergäbe eine Verringerung des Durchgangsverkehrs und eine Verbesserung der Wohnruhe. Durch die vom Fahrverkehr mit allen seinen lästigen Nebenwirkungen befreiten neuen Grünzüge werden sich die Fußgänger bewegen. Es ist deshalb damit zu rechnen, daß dort Geschäftslagen und eventuell Einrichtungen für lokale Wochenmärkte entstehen. So würde auf der systematischen Grundlage der Altstadt und unter besonderer Berücksichtigung der Bedürfnisse der Fußgänger etwas Neues entstehen, das nach freiräumlichen Gesichtspunkten gestaltet ist und neue Beziehungen zwischen Architektur und Landschaft herstellt.«

Zur Neuordnung des Gebietes zwischen Schloß und Rhein heißt es in einem Gutachten Schweizers: »Eine Verbindung von Stadt und Schloßgarten ist nur dann gegeben, wenn sie nicht durch Kanalzugänge, sondern durch einen freien Überblick gesichert ist. Die Bedeutung des Schlosses als Baudenkmal und die Wiederherstellung desselben muß respektiert werden. Dementsprechend sind auch die modernen architektonischen Bauanlagen zu disponieren, die sowohl auf das Baudenkmal als auch auf den Parkcharakter und den Baumbestand Rücksicht nehmen müssen. Die Belebung der Freiflächen am Rhein und ihre Inbesitznahme von der großstädtischen Bevölkerung als Erholungs- und Bewegungsraum ist nur dann gegeben, wenn diese Freiflächen eindeutig im oben angegebenen Sinne miteinander verbunden sind und wenn von ihnen ein freier Blick und Zugang zum Rhein gegeben ist.«

Lit.: Otto Ernst Schweizer, »Der Städtebau hat heute neue Aufgaben«, auszugsweiser Abdruck eines Vortrags im *Amtsblatt für den Stadtkreis Mannheim* vom 31.8.1951. – Otto Ernst Schweizer, »Der Ausbau der Altstadt von Mannheim und das Problem der Citybauten«, in: *Mannheimer Hefte*, hrsg. v. d. Gesellschaft der Freunde Mannheims und der ehemaligen Kurpfalz (Mannheimer Altertumsverein von 1859), 1953, Heft 1, S. 4 ff. – »1950. Otto Ernst Schweizer. Stadt am Fluß«, in: *1930–1960. Otto Ernst Schweizer. Forschung und Lehre*, Stuttgart 1962, S. 118 f.

In seinem Vortrag »Der Städtebau hat neue Aufgaben« führte Schweizer aus:

»Um die Jahrhundertwende hat sich auch im Städtebau eine Wendung vollzogen. Es haben sich seit dieser Zeit ganz entscheidende Veränderungen vollzogen, die man auf allen Gebieten und in allen Städten wahrnehmen kann. Nachdem früher die Bindung an das Schachbrettsystem gegeben war, ist dieses System eben zu Beginn des 20. Jahrhunderts gesprengt worden. Es haben Auflockerungen stattgefunden. Entscheidend ist aber, daß mit der Loslösung von der gegebenen geometrischen Grundlage eine gesunde Strukturgrundlage zu schaffen versucht worden ist ... Mehr und mehr wird aus der Geschichte heraus der Städtebau unserer Zeit verlebendigt, und es werden die neuen Errungenschaften des 19. Jahrhunderts, die Errungenschaften der Maschine, der Technik und des Verkehrs, mit in ein Großordnungssystem aufgenommen. Das ist die wissenschaftliche Grundlage für unsere heutige Arbeit. Wir sind viel mehr, als es früher der Fall gewesen ist, in der Lage, die einzelnen Komplexe zu durchdringen. Wir können z. B. heute mit viel größerer Sicherheit die Geschäftslage, den Fußgängerverkehr beurteilen und anderes mehr.

Von größter Bedeutung ist aber, daß durch diese Aufsprengung der Städte und durch die gewaltige Ausdehnung nur ein Griff hinaus in die Natur gemacht werden mußte. Es mußte die Landschaft mit in die Stadt hineingezogen werden. Dieses landschaftliche Erlebnis konnte natürlich mit dem alten System nicht bewältigt werden, denn von einem rein schematischen, geometrischen Gesichtspunkt aus lassen sich die natürlichen Gegebenheiten nicht in dem Maß berücksichtigen, wie es notwendig wäre.«

Rechts der Lageplan der Altstadt Mannheims mit der »aufgesprengten« Blockbebauung. Die Grünzüge sollten eine Verbindung vom Schloßgarten einerseits, von einem neugeplanten Wohnbezirk zwischen Schloß und Hauptbahnhof (rechts unten) andererseits zum Neckar im Norden herstellen. In Bildmitte, von Südosten nach Nordwesten verlaufend, die Planken.

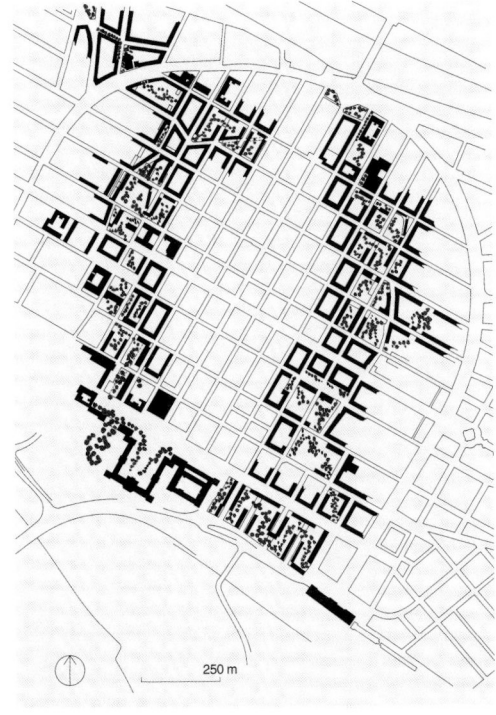

Wohnhaus Schweizer in Baden-Baden

Projekt
1950–52

Auf seinem Anwesen an der Kronprinzenstraße plante Schweizer den Neubau eines Hauses, vielleicht als Ersatz für sein von der Besatzungsmacht seinerzeit noch beschlagnahmtes Wohnhaus von 1935–39 (S. 166). Das Gebäude sollte am Rande des Grundstücks direkt an der Straße stehen, auf einem nach Nordosten fallenden Hang. Zunächst plante Schweizer einen zwei Geschosse hohen, flachgedeckten Stahlbetonskelettbau, der längsseitig parallel zu den Höhenlinien nach Südosten orientiert sein sollte, wodurch starke Eingriffe in den natürlichen Geländeverlauf notwendig geworden wären. Das zweite Projekt mit flachgeneigtem Satteldach ist so in den Hang hineingeschoben, daß die Hauptwohnseite, die Giebelseite, nach Nordosten gerichtet ist und einen voll belichteten Arbeitsraum im Untergeschoß zuläßt.

Perspektive des Vorentwurfes mit Flachdach, eine Stahlbeton-Skelettkonstruktion. Im Vordergrund die Fenster des Herrenzimmers und des Wohnraumes, daran anschließend die der Schlafräume. Im Obergeschoß sollten Arbeitsräume liegen.

Lageplan. Schweizers Anwesen an der Kronprinzenstraße mit seinem Wohnhaus von 1935–39 (1), der Garage (2), der Remise (3), dem umgebauten Gärtnerhaus (4), seiner alten Villa (5) und dem Wohnhausprojekt von 1950/52 (6).

Blick von Osten auf das Haus in einer Planungsvorstufe.

Erdgeschoßgrundriß des Hauptprojektes. Das Wohnzimmer ist nach Südosten orientiert, der Anbau für das Eßzimmer mit vorgelagertem Balkon nach Osten. An den Wohnraum schließen Arbeitszimmer und Schlafräume an. Nach Nordwesten liegen Eingang mit Garage, Bad und Küche, nach Nordosten ein Personalzimmer.

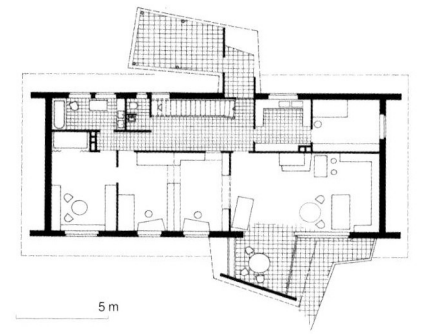

Regierungsgebäude in Bonn

Blick aus dem niedrig gehaltenen Windfang in die hohe Eingangshalle, die hier noch mit seitlichen Emporen versehen ist.

Zur Wettbewerbsteilnahme waren unter anderem Friedrich Wilhelm Kraemer und Otto Ernst Schweizer eingeladen worden; das Preisgericht tagte unter dem Vorsitz von Hans Schwippert.

Schweizer schrieb zu seinem Entwurf: „Es ist für den Betrieb und die innere Kommunikation des Raumorganismus notwendig, daß eine Verbindung zwischen den beiden Haupttrakten geschaffen wird. Diese Verbindung soll so ätherisch und elegant angelegt werden, daß sie beinahe durchsichtig ist. Es sind nur verglaste Gänge vorgesehen. Im Untergeschoß wäre es sogar möglich, im Interesse einer Übersicht über den ganzen Innenhof, auf eine Verglasung zu verzichten und damit also nur einen überdeckten Durchgang zu schaffen, so daß die beiden architektonischen Hauptakzente, die an diesem Freiraum einerseits angeordnete Eingangshalle und andererseits das die Enden der beiden Haupttrakte verbindende Restaurant, miteinander in optisch-räumliche Beziehung gebracht werden."

Blick von Norden auf die Nordost- und die Nordwestseite mit dem Haupteingang. Im Hintergrund rechts der neue Bahnhof.

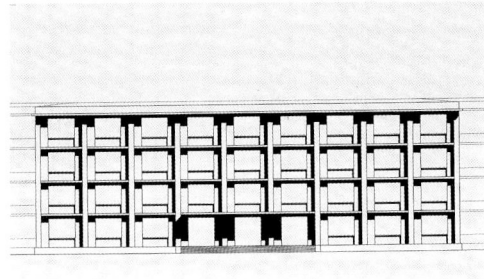

Teilansicht der Eingangsfassade.

Blick in die Eingangshalle, die hier, in einem Vorentwurf, nur drei Geschosse hoch und seitlich mit Emporen versehen sein sollte.

Entwurfsskizze Schweizers, in der die Struktur des Gebäudes festgelegt ist.

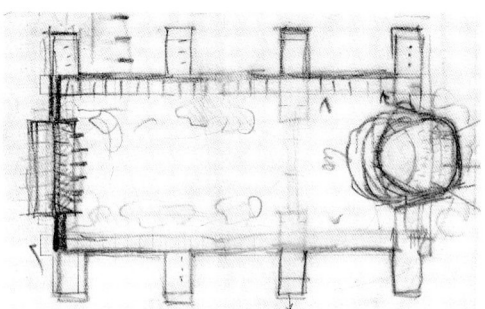

Erdgeschoßgrundriß. Links die zentrale Eingangshalle, in der Mitte der Verbindungsgang zwischen den Längstrakten und rechts das Restaurant.

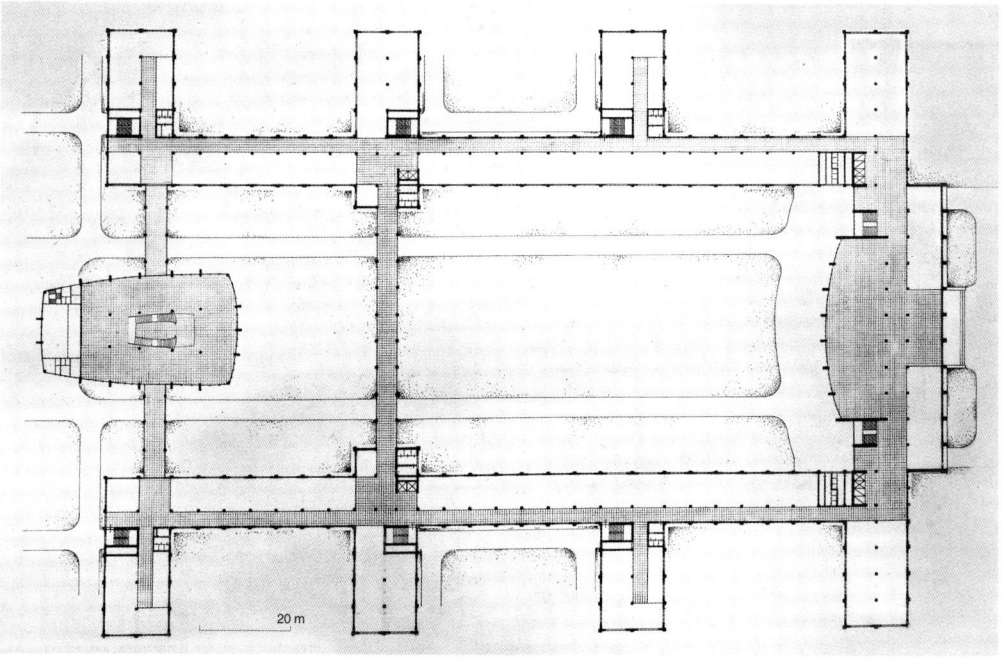

Regierungsgebäude in Bonn

Wettbewerb 1950

Auf einem langgestreckten Gelände von etwa 250 m Breite, unweit des Bundeshauses im Südosten der Stadt Bonn zwischen zwei stark frequentierten Verkehrsbändern, der Koblenzer Straße (später: Friedrich-Ebert-Allee) und der Rheintal-Bahnlinie gelegen, sollte ein Dienstgebäude für das Bundesverkehrsministerium und die Hauptverwaltung der Deutschen Bundesbahn gebaut werden, auf eben jenem Grundstück, für das Schweizer ein Jahr zuvor ein Hotel und eine Großgarage geplant hatte (S. 194). Für das Ministerium waren 6400 m^2 Bürofläche und 1550 m^2 Nebenraumflächen, für die Bundesbahnverwaltung 7400 bzw. 1300 m^2 gefordert, außerdem ein gemeinsam zu nutzendes Restaurant von 1750 m^2. Es solle keine Monumentallösung geschaffen werden, heißt es in der Auslobung, sondern die Gruppierung und Höhenentwicklung dem Charakter von Bonn Rechnung tragen. Bei der Planung des Dienstgebäudes sei darauf Rücksicht zu nehmen, daß es ggf. später auch einer anderen Verwendung zugeführt werden könne. Den Wettbewerbsteilnehmern war freigestellt, einen zusammenhängenden Baukörper oder, den beiden Verwaltungen entsprechend, zwei Gebäude zu entwerfen. Auf den für das Dienstgebäude nicht benötigten Geländeflächen sollten Wohnungen errichtet werden.

Schweizer entwarf einen vier Geschosse hohen, geschlossenen Gebäudezug um einen 60 m breiten und etwa 149 m langen, durch einen die Längstrakte verbindenden, verglasten Gang unterbrochenen Innenhof mit je vier nach außen vorgeschobenen Trakten an den Längsseiten. Wegen der Lärmbelästigung durch die beiden Verkehrsbänder sind die Längstrakte einbündig angelegt mit außenliegenden Fluren. Die vorgeschobenen Trakte werden, durch ihre Stellung bedingt, vom Lärm nur indirekt betroffen und durch Baumpflanzungen geschützt. Aus den Querseiten wachsen die Blöcke des zentralen Eingangsbereiches und das Restaurant heraus.

Man betritt das Gebäude nahe einem geplanten Bahnhof, der besonders für die Zwecke des Bundeshauses gebaut werden sollte, im Nordwesten von der zum Bundeshausbezirk führenden Walter-Flex-Straße aus und gelangt über einen Windfang von niedriger Raumhöhe in die zur Gebäudehauptachse quergelagerte, über alle vier Geschosse reichende großzügige Eingangshalle, die sich zum Innenhof öffnet. Von dieser Halle führen Treppen und Flure zu den verschiedenen Abteilungen. Den Abschluß zum Innenhof hin bildet eine konkav gestaltete, über alle Geschosse reichende Glaswand. Am anderen Ende des Komplexes, der großen Halle gegenüber und in Sichtbeziehung zu ihr, liegt das zwei Geschosse hohe Restaurant.

Schweizer schrieb zu seinem Entwurf: »Die Errichtung von Regierungsgebäuden im Bonner Gebiet berührt allgemeine Züge eines Bebauungsplanes, der für diese Gegend, die in ihrem Charakter verändert wird, diskutiert werden muß. Die Errichtung dieses Gebäudes ist schon ein Teil der architektonischen Grundhaltung und der stadtbaukünstlerischen Verfassung, die diese Gegend bestimmt.

Allgemein ist zu den Bauaufgaben in Bonn vom Standpunkt des Architekten und Städtebauers zu bemerken, daß sie sehr schwierig sind bei der Ungewißheit, ob die auszuführenden Bauten auf die Dauer für die Zwecke in Gebrauch genommen werden, für die sie heute konzipiert werden. Man muß damit rechnen, daß unter Umständen das Bundeszentrum von Deutschland in eine andere Stadt verlegt wird und daß dann die errichteten Gebäude auch für andere Zwecke nutzbar gemacht werden können. Eine derartige Forderung drückt sich weniger in der städtebaulichen Disposition aus, die ja meines Erachtens ohnehin auf die gegebene Verfassung der Stadtlandschaft abgestellt werden muß, als mehr in der Disposition der Gebäudeorganismen. Man kann jedoch auch dieser schwankenden Grundlage dadurch Rechnung tragen, daß man die städtebauliche Disposition, ebenso wie auch die bauliche Organisation der einzelnen Regierungsgebäude selbst, elastisch gestaltet und diesen Voraussetzungen entsprechend ein elastisches Konstruktionssystem wählt, das solchen Veränderungen zu begegnen vermag. Der moderne Eisenbetonskelettbau, der für die Konstruktionsstruktur vorgesehen ist, läßt solche Möglichkeiten offen. Das Regierungsgebäude selbst wird also in einer elastischen Konstruktionsstruktur so disponiert werden, daß alle Räume und Arbeitsplätze eine ausreichende Belichtung erhalten.

Die architektonische Gestaltung des Gebäudes selbst ist so gedacht, daß in Ergänzung der elastischen Konstruktionsstruktur die Außenhaut des Gebäudes durch die Einordnung von Haustein-Pfeilern dem Charakter des Gebäudes entsprechen kann.

Ohne in der architektonischen Haltung eine Monumentalität anzustreben, ist es doch wichtig, bei einem so großen Bauwerk die Eingangsverhältnisse so zu gestalten, daß hier auch im Innern ein räumlicher Eindruck entsteht, der der Würde und der Bedeutung dieser Bauten zukommt. Das geschieht unabhängig davon, wie die beiden Komplexe, einerseits das Verkehrsministerium und andererseits die Hauptverwaltung der Bundesbahn, sich in diesem Zentrum (als gemeinsame Repräsentation) begegnen. Das… Gebäude ist zu einem Typus in einfachster Form und Gliederung geworden. Man kann sich sehr wohl denken, daß es auch späterhin für Bedürfnisse der Verwaltung, ja sogar für Bauten der Universität, für die der stille Hof einen wesentlichen Wert vermitteln wird und dann auch für die vorgezogenen Trakte, welche so groß sind, daß in ihnen Hörsäle unterzubringen sind, Verwendung finden kann.«

Lit.: Wettbewerbsentscheidung, in: *Die neue Stadt*, 4. Jg. 1950, Heft 5, S. 206. – Otto Ernst Schweizer, »Entwurf für ein Regierungsgebäude«, in: *Die neue Stadt*, 4. Jg. 1950, Heft 10, S. 386 ff. – 1950. »Vorschlag für ein Regierungsgebäude«, in: Otto Ernst Schweizer, *Die architektonische Großform. Gebautes und Gedachtes*, Karlsruhe 1957, S. 126 f.

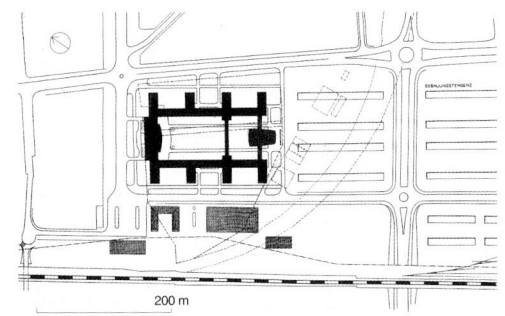

Lageplan. Oben die Koblenzer Straße (später: Friedrich-Ebert-Allee), unten die Rheintal-Bahnlinie, links die Walter-Flex-Straße mit dem neu geplanten Bahnhof und, nach rechts anschließend, zum Regierungsgebäude gehörende Anlagen wie Werkstätten, Garagen und ein Betriebsgebäude. Die Blöcke rechts vom Neubau geben die Bebauungsweise für die geforderten Wohnbauten wieder.

Wohnhaus Stahl in Stuttgart

1949–51

Das Haus steht auf einem längsrechteckig geschnittenen Hanggrundstück im Osten Stuttgarts, das zwischen zwei Straßen eingespannt ist und von Nordwesten nach Südosten fällt, so daß das Untergeschoß zum Garten hin frei hervortritt. Der Haupteingang liegt an der oberen Straße, von wo man über einen Windfang und eine Diele in das große Wohnzimmer gelangt, das mit dem Eßraum und dem Arbeitszimmer zu einer geschlossenen Einheit verbunden werden kann und das sich nach Südosten und Südwesten auf einen um das Haus herumgreifenden Balkon öffnet. Von hier ist der freie Blick in die Landschaft möglich. Auf gleicher Etage liegen die Küche mit Nebeneingang und, in einem Vorbau, die Elternzimmer mit zugehörigem Bad. Auf Gartenniveau, das über eine Freitreppe direkt mit dem Balkon verbunden ist, befinden sich voll belichtete Arbeits- und Nebenräume und die Garage, im rückwärtigen Teil Kellerräume. Im Dachgeschoß sind die Kinder- und Gästezimmer angeordnet.

Blick von Süden auf das Haus. Die Perspektive zeigt Schweizers ursprüngliche Absicht, sowohl die Geschoßdecken als auch die Stahlbetonstützen »stark plastisch«, so sein Ausdruck, aus der Fassade hervortreten zu lassen. Das Dachgeschoß sollte oberhalb der Wohngeschoßdecke ganz aus Holz hergestellt werden und dies auch nach außen zeigen, die Südostfassade ohne den Vorbau über die ganze Flucht hinweg einheitlich verlaufen.

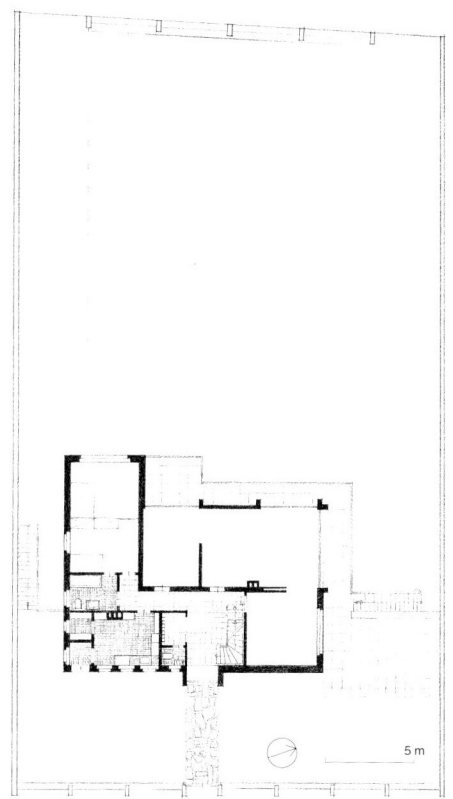

Links der Erdgeschoßgrundriß mit Haupt- und Nebeneingang im Nordwesten. Rechts eine Rohbauphotographie, auf der Schweizers Konstruktionskonzept deutlich wird: Die Holzkonstruktion des Dachgeschosses wird durch ein kräftiges Betongesims – hier noch im eingeschalten Zustand – vom Mauerwerksbau getrennt.

Bebauungsplan für das Gebiet Ochsenpferch in Mannheim

Projekt
1949–51

Nördlich der Mannheimer Altstadt, zwischen Neckar und Industriehafen gelegen, sollten auf dem Gelände Ochsenpferch, das die Vorstadt Neckarstadt nach Norden abschließt, für etwa 2400 Menschen Wohnungen geschaffen werden. Schweizer lag daran, die Wohnbauten auf eine großräumige Grünfläche zu beziehen, die zugleich zu einer Art ordnender Mitte der schachbrettartig angelegten Neckarstadt werden sollte; denn, so führte Schweizer in einem Vortrag vor dem Mannheimer Stadtplanungsrat 1950 aus, im Schachbrettsystem sei eine Orientierung nicht möglich; der moderne Städtebau müsse räumlich disponiert werden, das heiße, man müsse große Räume schaffen, die man mit neuen Gebäuden umgeben könne. Er nennt als Beispiel den Étoile in Paris, der ein gewaltiges Gebiet der Stadt ordne; von jeder Straße, von der man ihn sehe, habe man das Gefühl einer Orientierung.

In verschiedenen Lageplanvarianten – offenes Gebäudeensemble, geschlossener Gebäudezug, blockartige Wohnhäuser – machte Schweizer seinen Ordnungsgedanken deutlich, wobei er selbst der offenen Hofbildung mit Durchblicken zwischen den Gebäuden den Vorzug gab.

Lit.: »Bebauungsweise für den mehrgeschossigen Wohnungsbau«, in: Otto Ernst Schweizer, *Die architektonische Großform. Gebautes und Gedachtes*, Karlsruhe 1957, S. 164 f. – »Bebauungsweisen, aus örtlichen Gegebenheiten entwickelt«, in: *1930–1960. Otto Ernst Schweizer. Forschung und Lehre*, Stuttgart 1962, S. 20 f.

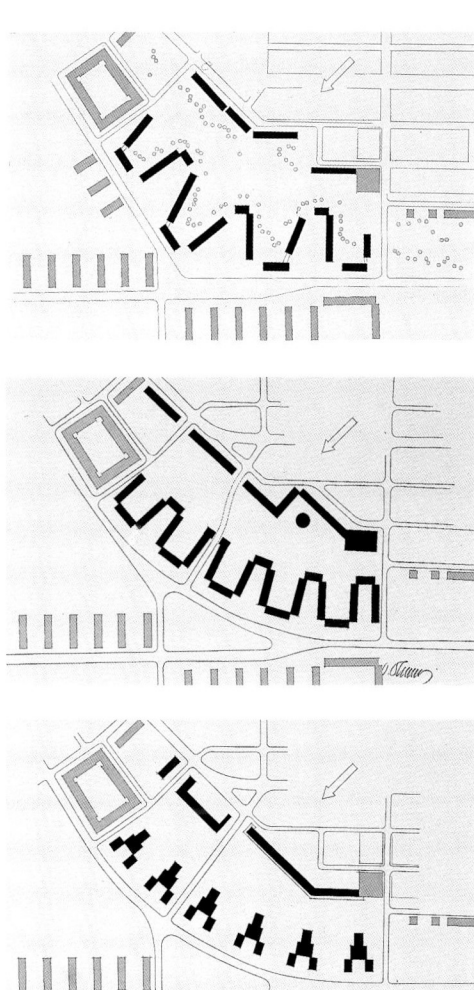

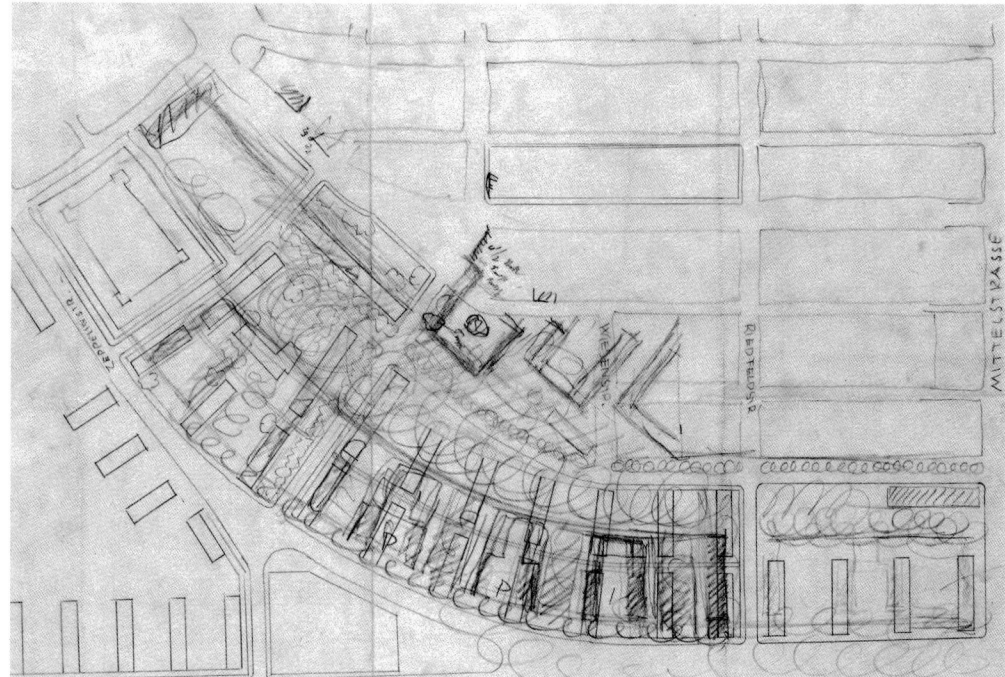

Die oberste Abbildung zeigt den Lageplan mit der von Schweizer bevorzugten offenen Bebauung, die Durchblicke in benachbarte Gebiete ermöglicht. Die Wohnbauten sollten vier Geschosse hoch sein und als aneinandergereihte Zweispänner ausgebildet werden. Darunter zwei Lageplanvarianten mit geschlossener, mäanderartig gestalteter Bebauung oben und einzeln stehenden Punkthäusern unten. Öffentliche Einrichtungen, Läden, oder, wie im mittleren Lageplan, ein Café über kreisrundem Grundriß, sollten zur Belebung des Freiraumes beitragen. Links eine Entwurfsskizze Schweizers, die Versuche mit verschiedenen Bebauungsmöglichkeiten zeigt, in der aber die Grundzüge des öffentlichen Grünraumes und seine Verbindung zu den Wohnhöfen bereits festgelegt ist.

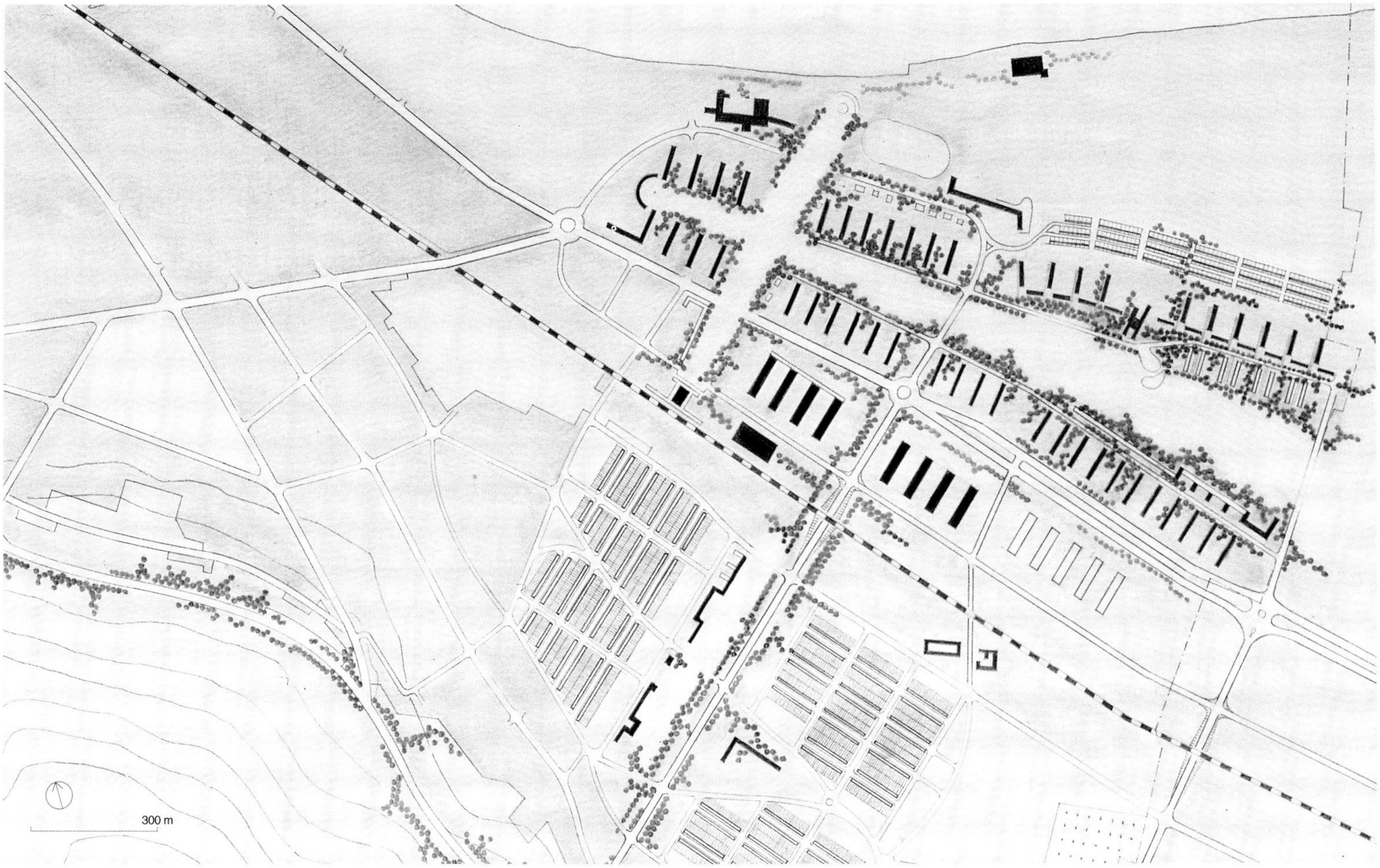

Bebauungsplan. Oben am Rheinufer das Bundeshaus mit dem von Osten nach Westen verlaufenden Freiraum, der am neuen Bahnhof endet. Rechts vom Bahnhof eine Großgarage (S. 194), darüber, senkrecht zur zum Teil doppelspurig geführten Koblenzer Straße, Regierungs- und Verwaltungsbauten. Südwestlich der Bahn zu beiden Seiten der von Ost nach West verlaufenden Haupterschließungsstraße die Flachbausiedlung mit den Vororten Dottendorf rechts und Kessenich links. Ganz im Westen am Hang die neue Umgehungsstraße.

Auf der Abbildung links ein Blick vom Rheinufer aus auf die Wohnbebauung am Hochgestade. Schweizer schrieb in seinem Erläuterungsbericht:

»Bei den Wohnbaugebieten ist vor allem der Wert zu beachten, den die einzelnen Wohnlagen besitzen. Das Gebiet am Hochgestade wird das bedeutungsvollste und schönste an Wohnlage darstellen. Hier wird man versuchen müssen, diese Gunst der Lage einer möglichst großen Anzahl von Wohnungen zugute kommen zu lassen. Der Blick auf den Rhein, auf den lebendigen Schiffahrtsbetrieb, auf die umgebenden Grünflächen und Gebirgszüge: das alles ist einmalig, und Wohnungen, welche in die Gunst einer so besonders schönen Situation kommen, sind besonders bevorzugt. Man wird also unbedingt darauf sehen müssen, möglichst viele Bewohner an diesem beglückenden Landschaftserlebnis teilnehmen zu lassen.«

»Das neue Bonn – Die Stadt der weiten Freiräume«

Projekt 1949/50

Die ersten planerischen Überlegungen zur Gestaltung Bonns als Regierungssitz wurden durch den politischen Aspekt bestimmt, daß Bonn als Hauptstadt nur ein Provisorium sein könne und durch die Festsetzung, daß Frankfurt am Main die Funktion eines wirtschaftlichen Zentrums einnimmt und in Bonn nur die politischen und verwaltungsmäßigen Funktionen konzentriert werden. Schweizer ging als Mitglied eines Planungsrates (S. 194) in seinem Entwurf, der als Rahmenplan nur grundsätzliche Lösungen und keine Festlegungen und Vorschriften über die architektonische Gestalt der einzelnen Bauten zeigen will, davon aus, daß das Bundeshaus Ausgangs- und Ansatzpunkt für einen neu entstehenden Stadtbezirk, das »neue Bonn«, bildet. Es könne nicht isoliert stehen, sondern in seiner Nähe müßten Gebäude verschiedenster Zweckbestimmung, Regierungs- und Verwaltungsgebäude, Hotels, Großgaragen und Läden errichtet und, in nächstmöglicher Entfernung von den Arbeitsstätten des Regierungs- und Verwaltungszentrums, entsprechende Wohnungen geschaffen werden. Außerdem müßten die neuen Anlagen und Einrichtungen auch dann sinnvoll genutzt werden können, wenn Bonn nicht mehr Sitz der Bundeshauptstadt sein sollte. Der Verkehr werde sich durch den Ausbau Bonns erheblich verstärken, so daß der Bau einer Umgehungsautobahn mit Zubringerstraßen notwendig sei, um den Durchgangsverkehr aus der Stadt herauszuhalten und den Zielverkehr geordneter führen zu können.

Schweizer schlug vor, am Hang im Südwesten Bonns in 30 m Höhe oberhalb der Talsohle eine Umgehungsstraße, die etwa parallel zum Rhein geführt ist, zu bauen, um die Stadt weiträumig umfahren zu können. Das Gelände in unmittelbarer Nähe des Bundeshauses, besonders das Areal zwischen der Bahnlinie und der Koblenzer Straße, der späteren Friedrich-Ebert-Allee, sollte Regierungs- und Verwaltungsgebäuden vorbehalten sein, während auf dem Hochufer nordöstlich der Koblenzer Straße etwa 2 000 Wohnungen im Mittelhochbau für rund 8 000 Bewohner vorgesehen waren. Im Südwesten der Bahnlinie sind zwei Flachbaugebiete ausgewiesen, 1300 Wohnungen für rund 5 000 Bewohner, die an der Hauptzufahrtsstraße in das »neue Bonn« liegen und die beiden Vororte Dottendorf und Kessenich zusammenbinden sollten.

Bestimmend für Schweizers Entwurf sind weite Freiräume – ein parallel zur Koblenzer Straße verlaufender, der sich aus freier Landschaft entwickelt und keilförmig in einem konkav gebildeten Gebäude endet, ein nahezu senkrecht dazu verlaufender, der die Verbindung vom Bundeshaus zu einem neu geplanten Bahnhof bildet, und schließlich ein das Wohngebiet südwestlich der Bahnlinie durchziehender, der das Zentrum dieser Siedlung werden sollte.

Schweizer schrieb zu seinem Entwurf:

„Auf die Bundeshauptstadt richten sich heute die Augen und das Interesse ganz Deutschlands, und wenn es die Zeit und die Einrichtungen ermöglichen, so wird dieses Zentrum eine große Zahl von Besuchern anziehen. Für besondere Anlässe werden sogar besondere Einrichtungen geschaffen werden müssen, um diese große Zahl der Besucher aufnehmen zu können, um ihnen das Erlebnis eines repräsentativen Vorganges zu vermitteln. So wird also eine neue Stadt entstehen.

Die Landschaft von Bonn und seiner Umgebung ist charakterisiert durch den Rheinstrom und durch die den Raum einschließenden Höhenzüge, ganz besonders durch das Siebengebirge, das von allen Stellen dieses Raumes aus aufgenommen und gesehen werden kann. Dazu kommt eine üppige Vegetation. Die klimatischen Gegebenheiten gestatten die Anlage schöner Rasenflächen und ein schönes Wachstum der Bäume im Zusammenhang mit großflächigem Rasen. Das Wasser, der Strom, das Gebirge, die hügeligen Flächen und das Grün sind also die Elemente, die für den Aufbau des neuen städtischen Gebildes bestimmend sind. Die erste Forderung, die dabei erhoben werden muß, ist die, von dieser herrlichen Landschaft so wenig wie möglich in Anspruch zu nehmen, um soviel wie möglich unberührte Naturlandschaft zu erhalten. Das bedeutet, daß alles Gebaute stark zusammengehalten bzw. verdichtet werden muß.

Wenn Aussichtsmöglichkeiten und Blickrichtungen bestehen, wie sie die Silhouette des Siebengebirges gewährt, so ist es auch eine stadtbaukünstlerische und raumorganisatorische Verpflichtung, das Gebaute so anzuordnen, daß von allen Teilen des neuen städtischen Gebildes aus diese charakteristischen Wesenszüge der Landschaft mitsprechen. Die städtebauliche Konsequenz ist, daß die Freiräume, welche sich nach dieser Blickrichtung hin öffnen, erhalten bleiben und so die Einbeziehung eines großartigen Landschaftserlebnisses gesichert wird.

Der Bonner Raum ist linksrheinisch durch einige mit Baumgrün bestandene Höhenzüge begrenzt. Es wird eine besonders wichtige pflegerische Aufgabe sein, diese zusammenhängenden Waldbezirke mit dem Baumgrün zu erhalten, ja, sie sogar in ihrer landschaftlichen Wirkung und in ihren Wachstumsbedingungen noch zu verbessern. Mit aller Entschiedenheit muß die Forderung erhoben werden, daß die in die dritte Dimension ansteigende begrünte Hügelkette für immer einen lebendigen Kranz um die städtischen Gebilde legt. Von jeder Straße, jedem Weg, von jedem Haus aus sollte man, wo irgend möglich, einen ausruhenden Blick auf diese naturgegebene Schönheit haben können. Damit sind die Hauptrichtlinien für den Aufbau der neuen Gebiete dargelegt."

Lit.: Otto Ernst Schweizer, »Das neue Bonn, die Stadt der weiten Freiräume«, in: *Die neue Stadt*, 5. Jg. 1951, Heft 8, S. 297 ff. – »Bonn, Stadt der weiten Freiräume«, in: Otto Ernst Schweizer, *Die architektonische Großform. Gebautes und Gedachtes*, Karlsruhe 1957, S. 176 f. – »1951. Otto Ernst Schweizer. Bonn, Stadt der weiten Freiräume«, in: *1930 bis 1960. Otto Ernst Schweizer. Forschung und Lehre*, Stuttgart 1962, S. 120 f.

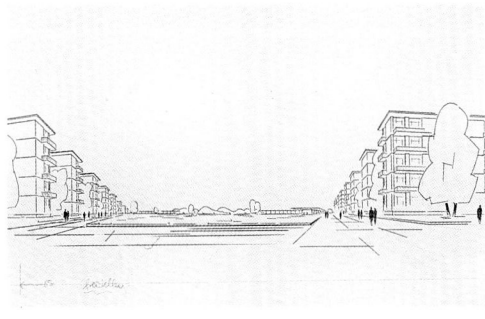

Blick aus dem langgestreckten Freiraum nach Südosten in die freie Landschaft.

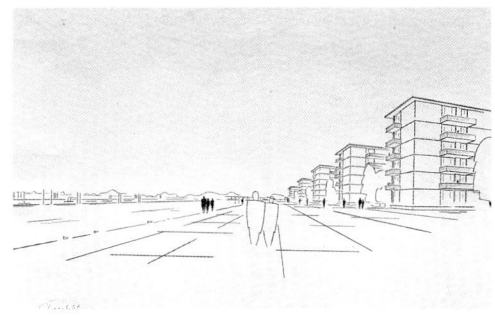

Blick vom Hochufer über die Rheinniederung. Im Hintergrund links der Rhein und die Höhen des Siebengebirges.

Wohnhaus Burda in Offenburg

1949–51

Auf einem nach Südwesten fallenden, länglich geschnittenen Grundstück am südlichen Rand der Stadt Offenburg baute Schweizer ein Wohnhaus für die Verlegerfamilie Franz Burda. Das fünf Achsen breite, im Grundriß rechteckige, zwei Geschosse hohe Gebäude mit flachgeneigtem Satteldach nimmt die nordöstliche Schmalseite des Grundstücks an der Erschließungsstraße ein. Ein langer, schmaler Atelier- und Küchentrakt schützt die Gartenseite des Hauses gegen Nordwesten; sein flachgeneigtes Satteldach machte den Anschluß des Traktes an das Hauptgebäude ohne Verschneidung der Dächer möglich.

Das Haus ist eine Stahlbeton-Skelettkonstruktion mit deutlich hervortretenden äußeren Pfeilern, die das innere Gefüge auch außen sichtbar machen, und einer innenliegenden Stützenreihe. Die Geschoßdecken sind nach außen vorgezogen und binden – besonders im Erdgeschoß – das Hauptgebäude, den Atelier- und Küchentrakt sowie die Garage zusammen. Deutlich abgesetzt baut sich über der Obergeschoßdecke der hölzerne Dachstuhl auf.

Schon während der Bauzeit wurde die Struktur des Hauses, besonders im Inneren im Bereich der großen Halle, durch den Bauherrn maßgebend verändert.

Lit.: »1951. Einfamilienhaus mit elastischer Konstruktionsstruktur«, in: Otto Ernst Schweizer, *Die architektonische Großform. Gebautes und Gedachtes*, Karlsruhe 1957, S. 124 f.

Perspektive von der Straßenseite aus gesehen. Rechts die Garage, in der Mitte der Haupteingang mit dem vor der Hauptflucht liegenden Windfang, links das große Fenster des Kamin- und Blumenzimmers; darüber der um die Fassade herumgeführte Balkon, der hier als Sonnenschutz dient.

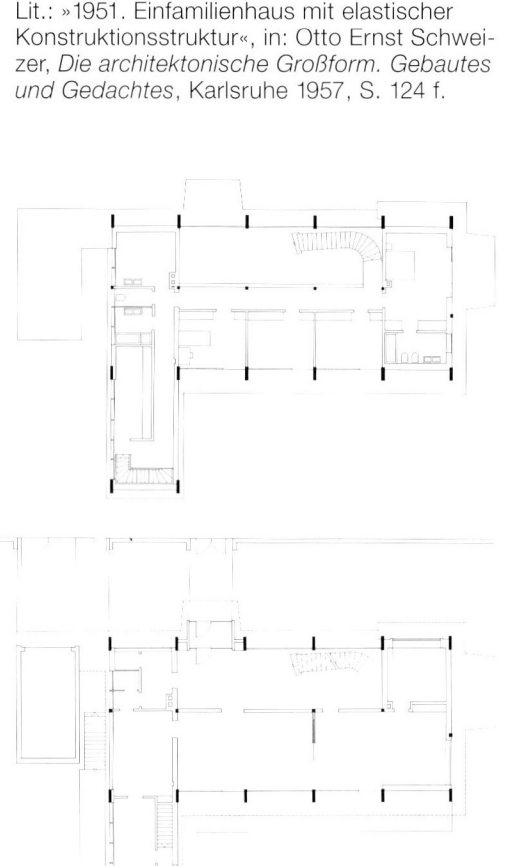

Grundriß des Erdgeschosses. Unten im Plan von links nach rechts Kaminzimmer, Treppenhalle, Garderobe, Nebeneingang und Garage; oben Wohnzimmer, Speisezimmer und Wirtschaftsraum mit Anrichte; daneben im Anbau die Küche und der Eingang vom Garten aus zum Atelier und in den Keller.

Grundriß des Obergeschosses. Unten im Plan von links nach rechts Elternschlafzimmer, Luftraum der Treppenhalle und Mädchenzimmer; oben Elternbad, drei Kinderzimmer und zugehörige Sanitärräume; daneben im Anbau das Atelier.

Blick von Süden auf die Fenster des Speisezimmers und der Kinderzimmer darüber. Der Atelier- und Küchentrakt trifft unterhalb der aus der Fassade vorkragenden Obergeschoßdecke auf das Haupthaus, wodurch ein sauberer Anschluß möglich wurde.

Wiederaufbau des Olgabaus in Stuttgart

Projekt 1948/49

Nach der Zerstörung des Olgabaus im Jahr 1944, des Hauses der Dresdner Bank an der nordöstlichen Ecke Schloßplatz/Königstraße neben dem Kunstgebäude von Theodor Fischer und der Eberhard-Kirche, wurde 1946 mit den Planungen zum Wiederaufbau begonnen, die besonders wegen der vorgesehenen sieben Geschosse – nicht zuletzt durch Warnungen Paul Bonatz' vor den städtebaulichen Folgen einer Maßstabsverschiebung am Stuttgarter Schloßplatz – zu erbittertem Streit in der Architektenschaft führte. Schweizer wurde zur gutachterlichen Beratung herangezogen.

In einem Brief an Otto Bartning, der sich im Rahmen des Deutschen Werkbunds für eine »zeitgemäße Geschäftshausarchitektur« eingesetzt hatte, schrieb Schweizer 1950: »Die Lage des Gebäudes am Schloßplatz in Stuttgart ist einzigartig und äußerst bedeutungsvoll. Und nachdem man doch in Stuttgart hauptsächlich mit den Exponenten der Stuttgarter Schule zu rechnen hat, ist sehr zu befürchten, daß die Lösung entweder in eine traditionelle oder eine moderne formalistische Lösung abgleitet. Das müßte meines Erachtens verhindert werden.«

Nachdem Bemühungen gescheitert waren, die ebenfalls zerstörte Eberhard-Kirche an anderer Stelle wiederaufzubauen und das Grundstück dem Bauplatz für den Olgabau zuzuschlagen, ein Vorschlag, den sowohl Paul Bonatz als auch Paul Schmitthenner, unter dessen planerischer Federführung der Neubau ausgeführt wurde, befürwortet hatten, schlug Schweizer vor, durch eine Grenzkorrektur den Neubau als freistehenden Baukörper auszubilden und damit gleichzeitig die Kirche aus ihrer eingeengten Lage herauszulösen, ihre südwestliche Längsseite freizustellen. Das Bankgebäude plante er als Stahlbeton-Skelettkonstruktion, die mit fünf Geschossen und einem Staffelgeschoß 17,50 m bzw. 20,50 m hoch werden sollte, Höhen, die den Vorschlägen Bonatz' nahekamen. Anfang 1949 zog Schweizer sich aus seiner beratenden Tätigkeit zurück.

Lit.: Paul Bonatz über das Olgabau-Projekt, in: *Stuttgarter Zeitung* vom 22. 2. 1950.

Blick auf den neuen Olgabau von Südwesten. Links die Fassade an der Königstraße, rechts die – stärker plastisch ausgebildete – am Schloßplatz. Das weit zurückgesetzte Staffelgeschoß hätte kaum stadträumlich gewirkt, die abgerundete Ecke einen fließenden Übergang von Platz und Straße bilden sollen.

Zur Konstruktion und zur Fassadengestaltung seines Entwurfes schrieb Schweizer: »Die Konstruktionsstruktur moderner Großbauten ist allgemein heute diejenige des Skelettbaus geworden. Die von mir entworfenen Bauten sind in dieser Form ausgeführt worden, und seit Jahrzehnten setze ich mich dafür ein, dieser Konstruktionsstruktur allgemein zum Durchbruch zu verhelfen. Das Wesen eines solchen Skeletts ist darin zu sehen, daß dasselbe in der minimalsten statischen Verfassung die einzelnen Konstruktionsglieder verwirklicht ... Ganz anders als bei Mauerbauten, wie es der frühere Olgabau gewesen ist, kann das Skelett durch seine äußerste Dimensionierung so disponiert werden, daß es den allergeringsten Raum in Anspruch nimmt. »Die Wände erfüllen keinerlei statische Funktion. Es ist durch dieses System ein Höchstmaß von Elastizität und Ordnung gegeben. Was die Ausformung anbelangt, so besteht besonders am Äußeren jede Möglichkeit, das Skelett zu verkleiden und unter Umständen auch gemauerte Wände, Fenster mit Maßwerk usw. einzufügen. Das wichtigste ist aber, daß die Entscheidung darüber, zu welcher Fassadenbehandlung man sich entschließt, auf einen Zeitpunkt verschoben ist, in dem man schon mit großer Sicherheit die Maße der architektonischen Details im Gesamtzusammenhang bestimmen kann.« Links eine Entwurfsskizze Schweizers zur Gestaltung der Fassade am Schloßplatz.

Stadtzentrum in Stuttgart

Im Rahmen der Wiederaufbau- und Neuordnungspläne war von verschiedenen Stellen der Durchbruch der Planie und, damit zusammenhängend, der Abbruch des Kronprinzenpalais gefordert worden, derart, wie es später dann auch ausgeführt wurde. Schweizer schrieb in seinem Gutachten:

»Geht man von Süden herkommend auf der linken Seite der Königsstraße dem Kronprinzenpalais zu, eröffnet sich der Blick auf einen freien Platz und in die Tiefe desselben. Es tritt eines der großartigsten Bauwerke abendländischer Stadtbaukunst ins Blickfeld, der Schloßplatz von Stuttgart. Ähnlich, wenn man von der anderen Seite, vom Bahnhofsplatz, hervorkommt. Auf 200 m Länge hat man von hier aus die Überschau über diesen herrlichen Platz, an dem sich die schönsten Gebäude von Stuttgart aufreihen. Die ganze Entwicklung des württembergischen Landes wird jedem Besucher hier vor Augen geführt. Eine großartige gewordene und gestaltete Einheit tritt hier vor das Auge des Betrachters, wenn er sich vor dem Kronprinzenpalais und dem Königsbau vorbeibewegt. Im Königsbau ist dieser menschliche Vorgang in der schönen Architektur einer Säulenhalle gefaßt. Das Kronprinzenpalais bietet den rückwärtigen Rahmen. Gerade hier an dieser Stelle, wo der schönste Blick in Stuttgart gewonnen werden kann, soll nun eine ungewöhnliche, über 1/2 hundert Meter breite Lücke aufgerissen werden, und die Fläche, welche für eine geruhsame Betrachtung des schönen Bildes gegeben ist, soll auf diese Länge verschwinden. Der Strom der Betrachter, 100 000 und mehr Menschen am Tage, soll durch Einbruch des Verkehrs über einen Knotenpunkt gestoppt und so der schönste Ort für den Genuß des großstädtischen Lebens vernichtet werden. An Stelle des großartigen Raumes für die Fußgänger soll ein System von Löchern, Rampen gezeigt werden, das den ganzen Raumgrund zerstört und durch den anhaltenden Fluß der Fahrzeuge für das städtische Leben ein Vakuum schafft. Ein Vakuum, über dessen Auswirkungen man sich heute noch gar kein Bild macht. Dieser gefährliche und zerstörende Einbruch auf das Forum ist mindestens ebenso wichtig wie die Einstellung zu dem Wert und zur Erhaltung des Kronprinzenpalais selbst.

Das Kronprinzenpalais, etwa 10 Jahre vor dem Königsbau errichtet, ist ein Sandsteinbau, mit sehr schönen bildhauerischen Details geschmückt. Die bauliche Tradition, welche hinter diesem Werk steht, läßt die sichere Bewältigung des Gesamtzusammenhangs der einzelnen Bauglieder und ihrer plastischen Werte erkennen. Würde ein derartiges Bauwerk verschwinden, so verschwände auch eine ganze Epoche in ihrer anschaulichen Darstellungskraft und ihrer historischen Bedeutung. Nach den riesigen Verlusten an Bau- und Kulturwerten durch den Krieg ist es umso wichtiger, die wenigen noch erhaltenen Zeugen der Vergangenheit zu erhalten und zu pflegen.«

(Das Kronprinzenpalais vor seiner Zerstörung. Blick von Nordosten in die Königstraße. An der Sockellinie des Palais ist das Geländegefälle deutlich ablesbar.

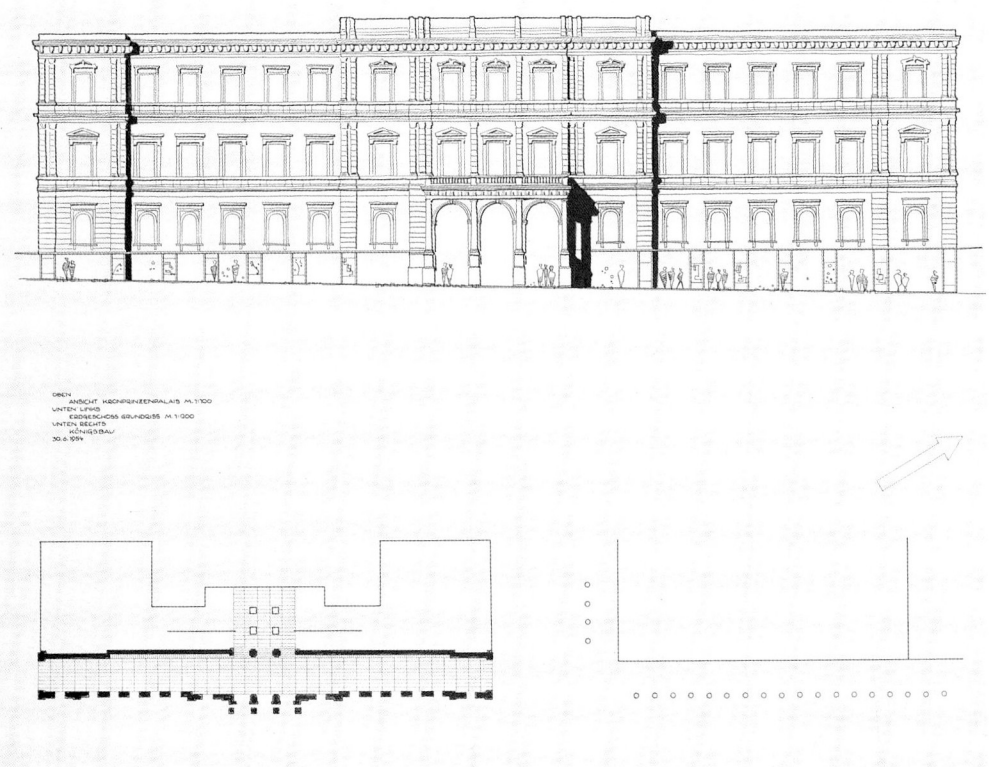

Ansicht des Kronprinzenpalais an der Königstraße mit den von Schweizer vorgeschlagenen Durchgängen in Längs- und Querrichtung des Gebäudes. Große Öffnungen, die in ihrer Lage den Fenstern des Obergeschosses entsprechen, sollten den sechs Meter breiten Gang parallel zur Königstraße belichten, ein weit auskragendes Vordach zwischen neuer und alter Architektur vermitteln. Darunter der Grundriß und, angedeutet, der Grundriß des Königsbaus, dessen Säulenhalle sich in dem Gang des Kronprinzenpalais fortsetzt.

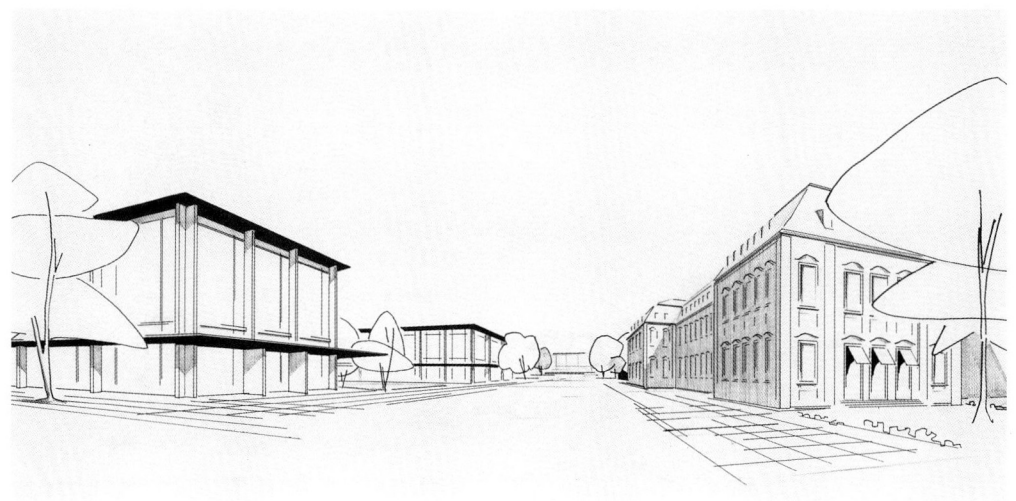

Blick von Nordosten auf das Neue Schloß und die von Schweizer vorgesehenen Bauten für öffentliche Einrichtungen und Verwaltung am Schnellverkehrsring. Die Bauten sollten sich durch eine leicht erscheinende, durchsichtige Architektur auszeichnen.

Paul Bonatz schrieb in einem Brief 1953 an Schweizer: »Erst dieser Tage bekam ich vom Staatsministerium Ihren Bericht über die Stadtplanung Stuttgart. Ich bin sehr glücklich darüber, daß Sie mit dieser Eindeutigkeit die Schonung des Herzstückes der Stadt verlangen. Ihre Formulierungen sind überzeugend. Ihr Verkehrsschema bringt alles auf die einfachste Form: Verlockendes Angebot von guten Parkplätzen in der Nähe des großen Ringes entlastet die Innenstadt. Eindeutige Heraushebung der Neckarstraße. Beibehaltung der Flucht an der Bergseite, Erweiterung nach der Talseite. Sehr schön der Fußgängerweg aus dem Bahnhofsturm heraus über eine leichte Stahlbrücke in die Anlagen, Fußgängerwege ... Schützende Randbauten an den Anlagen ... Auf diese Weise ist der verheerende Planie-Durchbruch unnötig.«

Blick von Süden auf die Fußgängerbrücke, die über die Schillerstraße (im Vordergrund) und die Cannstatter Straße am Bahnhof direkt in die Bahnsteighalle führt. Im Hintergrund der Bahnhofsturm.

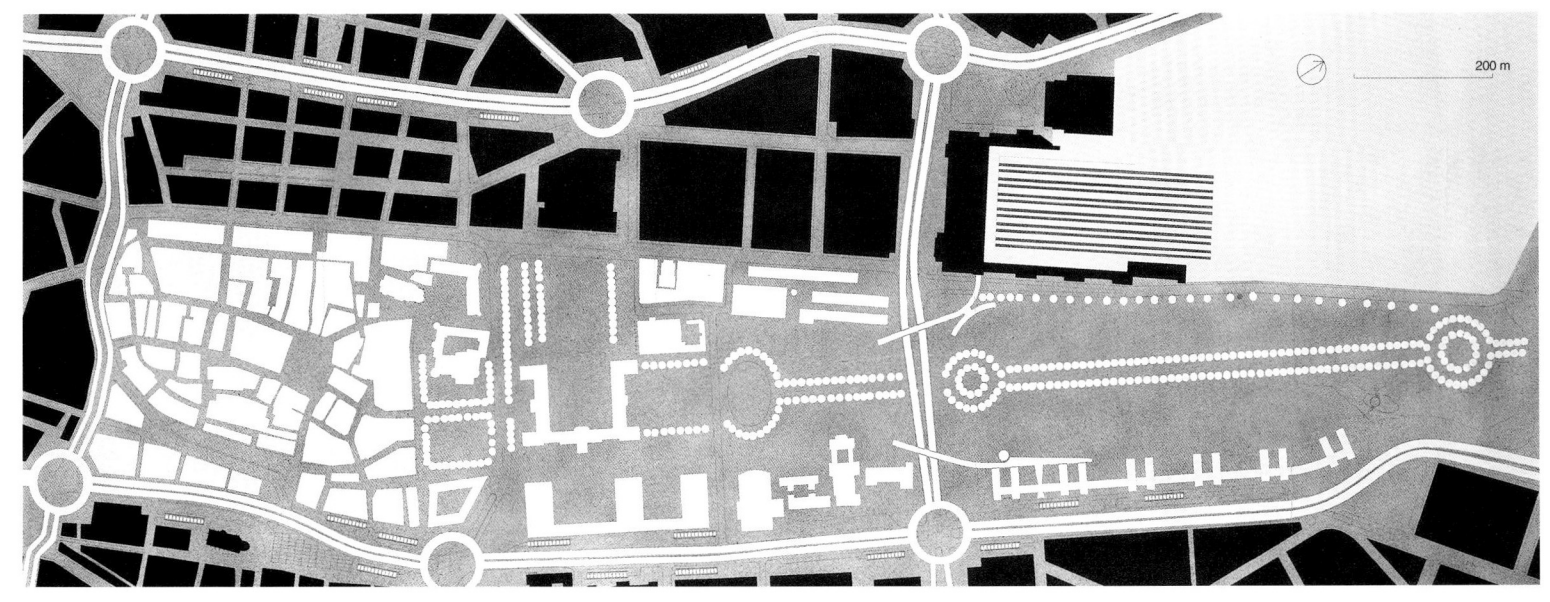

Lageplan der Innenstadt mit dem Schnellverkehrsring im Zuge der Schillerstraße rechts, der heutigen Theodor-Heuss- und der Friedrichstraße oben, der Fritz-Elsas- und der Torstraße links und der ehemaligen Neckarstraße, heute Hauptstätter- und Konrad-Adenauer-Straße, unten. Rechts oben der Hauptbahnhof und die Fußgängerbrücke, die aus der Bahnsteighalle heraus über die Cannstatter Straße und die Schillerstraße in die Anlagen führt; unten die Randbebauung an der Neckarstraße, die hier aus einer Reihe von Wohnhochhäusern bestehen sollte. Daran nach links anschließend die Theater. In Bildmitte das Neue Schloß mit Schloßplatz und dem Königsbau als seine obere Begrenzung; unten die von Schweizer vorgeschlagenen Neubauten für öffentliche Einrichtungen und Verwaltung. Die Planie zwischen Neuem und Altem Schloß sollte nicht als Querspange für den Fahrverkehr durchgeführt werden und endet am Kronprinzenpalais neben dem Königsbau.

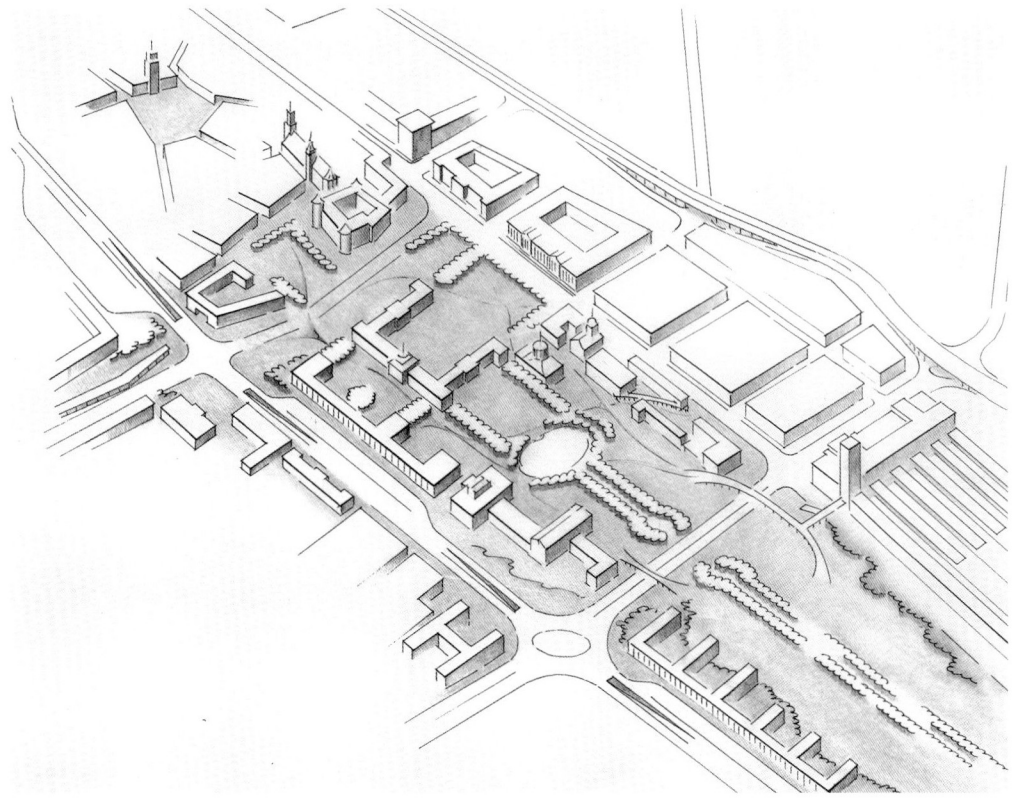

Luftperspektive der Innenstadt Stuttgarts. Blick von Nordosten. Links die Altstadt mit Marktplatz, Stiftskirche, Altem Schloß und Karlsplatz. In Bildmitte das Neue Schloß und die von Schweizer vorgeschlagenen Neubauten an der südöstlichen Tal-Längsstraße des Schnellverkehrsringes, an die die Theater anschließen, und, jenseits der Schillerstraße, weitere Neubauten – hier noch, im Gegensatz zum späteren Entwurf, im Mittelhochbau. Rechts oben der Bahnhof mit der Fußgängerbrücke, die aus der Bahnsteighalle durch den Turm über die Cannstatter- und die Schillerstraße direkt in die Anlagen führt.

Neuordnung des Stadtzentrums von Stuttgart

Projekt
1948–54

Nach der Zerstörung Stuttgarts war Schweizer zu einem Planungsgutachten für die Neuordnung der Innenstadt aufgefordert worden. Er setzte sich in diesem Zusammenhang mit grundsätzlichen Gedanken zur städtebaulichen Neuordnung von Innenstädten, zur Beziehung zwischen Mensch und Verkehr auseinander und baute auf Erkenntnissen auf, die er schon in den dreißiger Jahren mit seinem Entwurf »Haus der Arbeit« (S. 162) entwickelt hatte. Schweizer schrieb:

»Das traditionelle Zentrum inmitten des Talkessels bestimmt noch heute das Gesicht der Landeshauptstadt. Es ist gekennzeichnet durch die Altstadt mit ihrem mittelalterlichen Stadtgrundriß und deren Aufbauten, die zum Teil erhalten bzw. wiedererstanden sind, sodann durch die Renaissance-Anlage des Alten Schlosses und des Schillerplatzes und weiterhin aus der Barockzeit durch den großzügigen Aufbau des Neuen Schlosses mit den Stuttgarter Anlagen, die sich vom Zentrum der Stadt nach dem Neckar ziehen. Dazu kommen die klassizistischen Bauten aus dem 19. Jahrhundert am Schloßplatz und an der Neckarstraße und endlich die Auswertung der Anlagen bis in den Aufbau der Theater vor dem Ersten Weltkrieg. Diese charakteristischen Merkmale der Stadt Stuttgart sind es, welche heute im höchsten Maße bedroht sind durch die Ausweitung der verkehrstechnischen Anlagen.

Man muß daher ins Auge fassen, daß diejenigen Verkehrszüge, welche in das umrissene Gebiet eingreifen oder durch es hindurch führen, unter allen Umständen entlastet werden müssen. Und zwar entlastet auf ein Maß, das unter der Beanspruchung durch den heutigen Verkehr liegt. Das gilt besonders für die Planie. Gerade an der Planie reihen sich die großartigen Schöpfungen der Vergangenheit auf: Als Auftakt die Neckarstraße (heute Hauptstätter Straße/Konrad-Adenauer-Straße) mit Archiv und Wilhelmspalais, sodann das Waisenhaus (das »Haus des Deutschtums«), der Karlsplatz, das Alte Schloß, der Schillerplatz, die Alte Kanzlei, der Prinzenbau, das Kronprinzenpalais, der Königsbau und endlich der großartige geschlossene Schloßplatz mit dem Neuen Schloß. Diese Gebäude, die von der Geschichte der Stadt Stuttgart, von dem Leben der Vergangenheit Kenntnis geben, sie reihen sich hier in einer großen Form am Zentrum auf, und man muß erkennen, daß es hier nicht nur das eine oder andere Gebäude ist, sondern daß der ganze Aufbau des alten Stadtzentrums als eine gewachsene Einheit gesehen werden muß. Diese Einheit greift sogar bis in die Altstadt hinein, bis in die Altstadtstraßen, ja im räumlichen Sinne bis zum Marktplatz vor, so daß eine Hauptverkehrsstraße, die diesen Bereich durchquert, schon an sich den natürlichen Zusammenhang zwischen der mittelalterlichen Stadt, dem Schloßplatz und den Anlagen aufreißt.

Besonders was die Planie anbelangt, hat man heute das Gefühl, als ob der angrenzende Raum zwischen dem Neuen Schloß und dem Schloßplatz einerseits, dem Alten Schloß, dem Waisenhaus und dem Schillerplatz andererseits nicht gesehen wird als ein zusammengehöriger Raum, sondern man hat die Vorstellung, als stünden diese alten Bauwerke an einer Verkehrsstraße. Die Verkehrsstraße reißt wie ein Graben den Raum auseinander, und wenn hier nicht auf Abhilfe gesehen wird, wird der Verkehr in noch viel höherem Maße den Graben aufwerten und nach und nach alle Werte in dieser Gegend verschlingen. In dieser Gegend müssen also unter allen Umständen Verkehrsflächen wieder dem Lebensbereich des Fußgängers zurückgegeben werden.

Es ist vorgesehen, entlang der beiden Talseiten zwei große Autostraßen neu zu schaffen, Autostraßen, die jedem Verkehr gewachsen sein sollen. Zur Vermittlung des Verkehrs zwischen den beiden Talachsen stehen Hauptquerstraßen zur Verfügung. Die Tal-Längsstraßen und die beiden in gleicher Weise ausgebildeten Querspangen, die Schillerstraße im Nordosten und die Tor- und Eberhard-Elsas-Straße im Südwesten, bilden einen Schnellverkehrsring, der sich als Versorgungsader um die City legt und den aus allen Richtungen kommenden Zielverkehr aufnimmt. Der für einen flüssigen Großverkehr berechnete Umfang muß den ganzen Verkehrsfluß aufnehmen können. Deshalb müssen Parkplätze, vor allem aber mehrgeschossige Parkgaragen, am Rande des Umrings so angelegt werden, daß dort die Wagen abgestellt werden können, und der Weg nach den Zielen der Innenstadt wird hauptsächlich zu Fuß zurückgelegt werden ... Durch eine breite Öffnung hinter dem Neuen Schloß wird ein Weg entlang der Talsohle dergestalt entwickelt, daß vom Waisenhaus und dem Karlsplatz aus eine unmittelbare Fußgängerverbindung nach den Theatern entsteht. Da die Schillerstraße, die mit Rücksicht auf die tatsächlichen Verkehrsverhältnisse als Hauptquerspange sehr stark verbreitert und ausgebaut werden muß, sich einer weiteren Längsentwicklung in den Weg stellen würde, müssen hier für den Fußgänger eine oder zwei Überführungen geschaffen werden. Diese Überführungen können im elegantesten ätherischen Geiste der Architektur zur Durchführung kommen und in ihrer irrationellen Formgebung sich mit dem Gewachsenen sehr schön verbinden, so daß sie sehr wenig in Erscheinung treten.

Innerhalb dieser Anlage selbst aber dürfen gar keine verkehrstechnischen Einrichtungen vorgesehen werden. Südöstlich der Anlagen muß die Tal-Längsstraße für den stärksten Verkehr ausgebaut werden. Um diesen Teil der Anlagen wieder lebendig zu gestalten, ist daran gedacht, zwischen deren Rand und der Straße einen etwa 500 m langen Trakt von Hochhäusern zu errichten, die sich mit ihren Gebäudeflügeln unmittelbar nach den Anlagen öffnen. Ein solcher Aufbau wird besonderen Zwecken, wie etwa der öffentlichen Verwaltung oder auch der Wirtschaft dienen. Dadurch werden die Anlagen gegen den störenden Schnellverkehr der Tal-Längsstraße abgedeckt.

Weiter ist daran gedacht, daß, nachdem 80 000 berufstätige Menschen täglich den Weg vom Hauptbahnhof in die City bzw. umgekehrt zu Fuß zurücklegen, hierfür ein neuer Fußgängerweg, der Straßenkreuzungen vermeidet, geschaffen wird. In der Höhe der so großartigen Bahnsteighalle ansetzend, führt sozusagen als natürliche Fortsetzung eine Fußgängerbrücke über die Cannstatter Straße hinweg; sie senkt sich einerseits durch eine Rampe in die Anlagen hinab, andererseits führt sie den Fußgänger über die Schillerstraße hinweg und ermöglicht so einen straßenfreien Fußgängerverkehr vom Hauptbahnhof durch die Anlagen nach dem Schloßplatz und in die Altstadt. Hinter dem Neuen Schloß gegen die Tal-Längsstraße werden ebenfalls neue Bauten angeordnet, bei denen es sich wiederum darum handelt, gegen die Störung durch den Lärm des Kraftverkehrs der Tal-Längsstraße abzuschirmen und ruhige große Aufenthaltsflächen zu schaffen.«

Lit.: »Stadtzentrum Stuttgart«, in: Otto Ernst Schweizer, *Die architektonische Großform. Gebautes und Gedachtes*, Karlsruhe 1957, S. 158 ff. – »1953. Otto Ernst Schweizer. Stadtzentrum Stuttgart«, in: *1930–1960. Otto Ernst Schweizer. Forschung und Lehre*, Stuttgart 1962, S. 90 ff.

Die Abbildung oben zeigt einen Blick auf eine der Garagenfassaden. Durch die verglasten Außenwände ist die im Inneren liegende Konstruktionsstruktur ablesbar. Unten ein Fassadenausschnitt und ein Schnitt. Bestimmend sind die vorkragenden Deckenplatten, die die großflächige Verglasung beschatten, und die kastenförmigen Oberlichter des Mittelteils. Die Konzeption der Garage ist an der des Nürnberger Milchhof-Betriebsgebäudes (S. 142) orientiert.

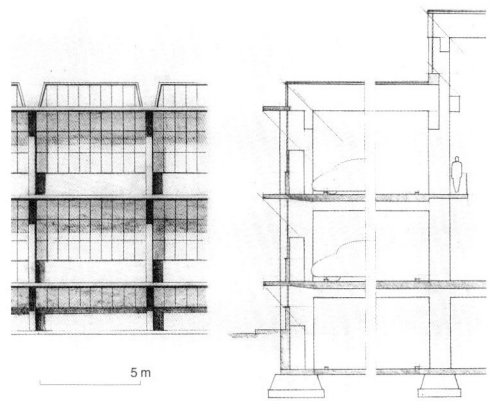

5 m

Hotel und Großgarage in Bonn

Projekt
1948/49

Erdgeschoßgrundriß des Hotels. Oben im Bild, zur Koblenzer Straße hin orientiert, die durch ein langgestrecktes Vordach geschützte Ladenzeile.

Auf einem Grundstück unweit des Bundeshauses zwischen der Koblenzer Straße (später: Friedrich-Ebert-Allee) und der Rheintal-Bahnlinie gelegen und nach Nordwesten von der Walter-Flex-Straße begrenzt, war insbesondere für die Zwecke des Bundesparlamentes der Bau eines Hotels mit 200 Zimmern und Gemeinschaftsräumen für 400 Personen sowie einer Großgarage für 400 Autos mit Erweiterungsmöglichkeiten geplant, Bauten, die im Zusammenhang mit einem neuen Bahnhofsgebäude am Ende der Walter-Flex-Straße ein Zentrum bilden sollten. Als Verbindung zwischen Bundeshaus und Zentrum war ein langgestreckter Grünzug vorgesehen. Das Projekt entstand im Zusammenhang mit Schweizers Tätigkeit in einem Planungsrat, in dem er vom „Vorbereitenden Ausschuß für die Einrichtung der Stadt Bonn als provisorisches Regierungszentrum" berufen worden war.

Um die Lärmbelästigung aus der verkehrsreichen Koblenzer Straße und auch der Bahnlinie möglichst gering zu halten, schlug Schweizer einen U-förmig gebildeten, parallel zu den beiden Verkehrsbändern liegenden Hotelkomplex vor, dessen Bettenzimmer sich – in zwei fünf Geschosse hohen Flügeln – mit Blick auf die Silhouette des Siebengebirges auf einen nach Südosten geöffneten, großzügig angelegten Hof orientieren. An der geschlossenen Stirnseite dieses Hofes liegt eine weiträumige, zwei Geschosse hohe Empfangshalle mit zwei Hauptzugängen an ihren Schmalseiten, an die sich nach Nordwesten, um ein Atrium gruppiert, ein Restaurant mit Café und weitere Gesellschaftsräume anschließen. Schweizer rückte das Hotel um etwa 25 m von der Koblenzer Straße ab, um hier eine mit Bäumen bepflanzte, zum Flanieren einladende Fläche zu schaffen, und er schlug vor, im Erdgeschoß an dieser Seite des Hotels Läden einzurichten, die sich in einem weiteren, niedrigen Bau nach Nordwesten fortsetzen.

Die drei Geschosse hohe Garage mit erhöhtem Mittelschiffteil liegt südwestlich des Hotels, ist gegen die Walter-Flex-Straße vorgeschoben und bildet mit Hotel und Ladenbau einen weiteren gefaßten Freiraum. Zu- und Abfahrt können über weit ausschwingende Straßen und Brücken an beiden Stirnseiten erfolgen. Tankstelle, Waschanlage und kleinere Reparaturwerkstätten sind in niedrigen Baukörpern der Garage im Nordwesten vorgelagert. Zu Konstruktion und Architektur beider Bauten schrieb Schweizer: »Was die Konstruktion und architektonische Disposition der verschiedenen neuen Gebäudetrakte anbelangt, so ist davon ausgegangen worden, daß Zweckbestimmung und reibungsloser Ablauf des Betriebes in erster Linie vollständige Erfüllung finden müssen. Alle Gebäude sind als Stahlskelettstruktur in Stahlbeton vorgesehen. Es ist dies diejenige Konstruktionsform, welche in ihrer Elastizität den Bedürfnissen des heutigen Lebens am meisten entgegenkommt und bei einer klaren Disposition zugleich eine kurze Bauzeit sichert. So sind räumliche Veränderungen an den Gebäuden selbst möglich, ohne daß der konstruktive Bestand angetastet wird. Was die architektonische Gestaltung anbelangt, so hält sie sich an eine räumlich-organische Ordnung der oben abgezeichneten Strukturgrundlage, d.h., aus der Dimensionierung der einzelnen Bauglieder erwächst zugleich auch ihre Form ... Es wurde versucht, die Konstruktionsstruktur für eine Plastizität der Gebäude auszuwerten. Damit sind an den Gebäuden selbst unterschnittene Formen bewußt gewollt, welche die besondere Eigenschaft haben, sich mit den Schattenwerten, wie sie in der Landschaft auftreten, zu einer Einheit von Architektur und Landschaft zu verbinden.«

Lit.: Arnold Tschira, »Otto Ernst Schweizer der Architekt«, in: *Otto Ernst Schweizer und seine Schule. Die Schüler zum sechzigsten Geburtstag ihres Meisters*, Ravensburg (1950), S. 5 ff. (S. 16), und in: *Bauen und Wohnen*, 5. Jg. 1950, Heft 4, S. 197 ff. (S. 205 f.). – »1949. Großgaragenprojekt in Bonn«, in: Otto Ernst Schweizer, *Die architektonische Großform. Gebautes und Gedachtes*, Karlsruhe 1957, S. 122.

Blick in die Empfangshalle mit einem der Hauptzugänge im Hintergrund.

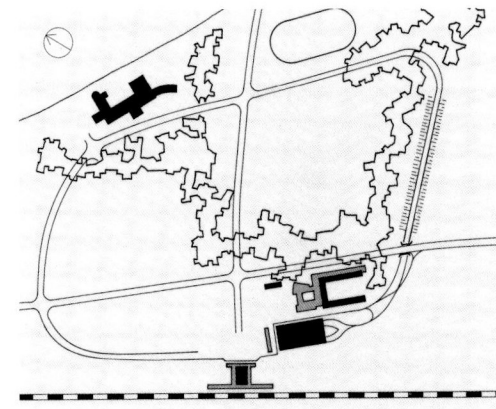

Lageplan. Oben das Rheinufer und das Bundeshaus links, unten die Rheintal-Bahnlinie. Nahezu parallel zur Bahn verläuft die Koblenzer Straße (später: Friedrich-Ebert-Allee), die die vom Bahnhof nach Nordosten zum Bundeshausbezirk führende Walter-Flex-Straße kreuzt. Rechts vom Bahnhof die Großgarage, darüber an der Koblenzer Straße das Hotel.

Wenn man von solchen Voraussetzungen ausgeht, so ist es ein entscheidendes Faktum, daß Baumassen, welche sich in die dritte Dimension erheben, keinesfalls mehr vermehrt werden dürfen, sondern daß unter allen Umständen bestehende Lücken nicht mehr dem Geiste der Ideologie des geschlossenen Platzes angenähert werden dürfen, sondern nur dem einen Gedanken dienstbar gemacht werden müssen, daß die Weite, das Gewachsene, der Himmel und das Grün überall dort in den Platz vorstoßen können, soweit hier noch eine Möglichkeit gegeben ist. Es dürfen also keine Gebäude mehr entstehen, auch die Reste der beiden sogenannten Tempel müssen mit der Zeit verschwinden. Selbstverständlich kann der Platzraum, der in seiner Breite nahezu dieser Lücke gleichkommt, nicht ungehemmt nach dem Karolinenplatz zu zerfließen, sondern es muß durch eine hohe Wand mit dahinter aufstrebendem Baumgrün dem Zerfließen des Freiraumes Einhalt geboten werden.«

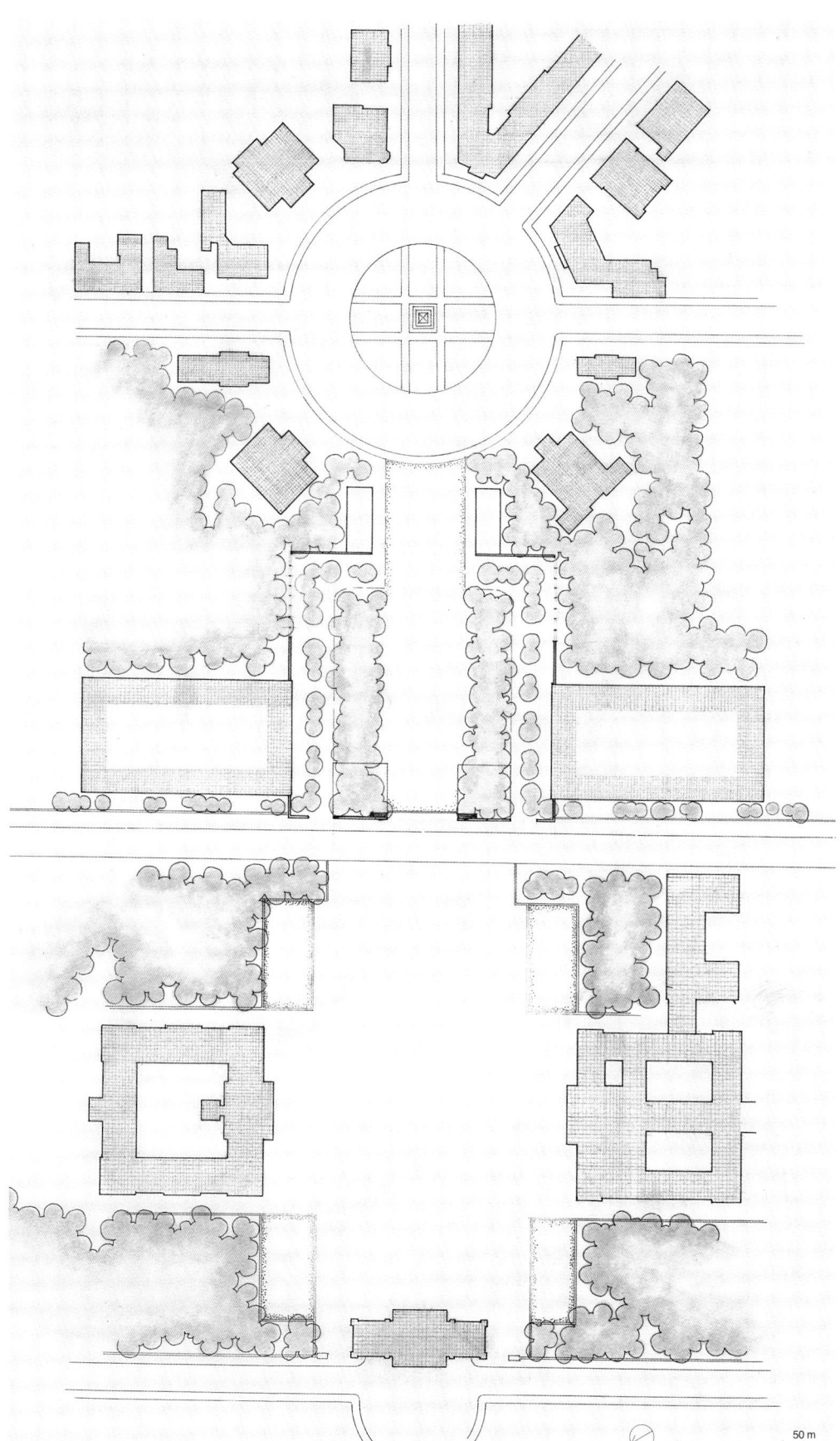

Lageplan der Raumfolge Königsplatz – Brienner Straße – Karolinenplatz. Im Bild unten die Propyläen von Leo Klenze, links die Glyptothek, ebenfalls von Klenze, und rechts das ehemalige Kunstausstellungsgebäude von Georg Friedrich Ziebland. Darüber, an der Arcisstraße, die Parteibauten und, angedeutet, die Sockel der »Ehrentempel«. Auf der gegenüberliegenden Seite die Architektur der Platzwand von Nordwesten, von den Propyläen aus gesehen.

Neugestaltung des Königsplatzes in München

Projekt
1948

In den Jahren um 1935 war die Südostseite des Königsplatzes an der Arcisstraße durch Bauten von Paul Ludwig Troost geschlossen worden, durch das Verwaltungsgebäude der NSDAP, durch den sogenannten Führerbau und durch die beiden »Ehrentempel«, die, wie es seinerzeit hieß, an die ersten Opfer der nationalsozialistischen Bewegung erinnern sollten. Damit war das ursprüngliche Konzept des Königsplatzes, die Idee des Zusammenwirkens von Architektur und Landschaft (nach Eingriffen schon in früherer Zeit) zerstört, der stadträumliche Zusammenhang von Königsplatz und Karolinenplatz unterbrochen.

Die Bauten hatten den Krieg überdauert, die »Ehrentempel« waren 1946 bis auf ihren etwa 2,20 m hohen Sockel abgerissen worden. 1947 wurden 22 Architekten, darunter Adolf Abel, Richard Döcker, Hans Döllgast, Martin Elsässer, Rudolf Esterer, Gustav Gsaenger, Werner Hebebrandt, Sep Ruf, Rudolf Schwarz, Otto Ernst Schweizer, Robert Vorhoelzer und Otto Völckers beauftragt, Vorschläge für eine Neuordnung der klassizistischen Raumfolge zu machen.

Schweizer ging in seiner Planung davon aus, die Platzwand im Südosten weitgehend zu öffnen und von jeder neuen Bebauung freizuhalten, um dem Königsplatz wieder soweit wie möglich den Charakter eines Freiraums zu geben, der die Landschaft mit einbezieht. So wird in den Ecken des Platzes durch dichte Baumpflanzungen jede Sichtbeziehung zu umgebender Bebauung unterbrochen und damit allseitig einfließende Landschaft vorgegeben. Den Straßenzug vom Königsplatz zum Karolinenplatz läßt Schweizer unbebaut und gestaltet ihn als parkartig angelegte Grünfläche. Einem Zerfließen des Königsplatzes nach Südosten sollte eine die Parteibauten verdeckende Baumkulisse hinter etwa drei Meter hohen Wänden entgegenwirken, der vorhandene durchgehende Plattenbelag durch Rasenflächen und niedrige Terrassierungen gegliedert werden, um den klassizistischen Bauten einen Maßstab zu geben.

Lit.: Otto Ernst Schweizer, »Die Neugestaltung des Königsplatzes in München, in: *Das Kunstwerk. Eine Monatszeitschrift über alle Gebiete der bildenden Kunst*, 2. Jg. 1948, Heft 5/6, S. 78 ff. – Hans Eckstein, »Gute, endgültige Lösung am Königsplatz?«, in: *Süddeutsche Zeitung* vom 6.4.1948. – »Die Ehrentempel am Königsplatz«, in: *Aufbauzeit. Planen und Bauen 1945–1950*, hrsg. v. Winfried Nerdinger, München 1984, S. 112 ff. – Hans-Michael Herzog, »Der Königsplatz in München«, in: *Bauwelt*, 79. Jg. 1988, Heft 28/29, S. 1222 ff.

Schweizer schrieb zu seinem Entwurf:
»Die Idee des Königsplatzes und deren Bedeutung im Rahmen der europäischen Stadtbaukunst ist etwas ganz Besonderes und für die Zeit der Entstehung durchaus Neues. Zum ersten Mal stellten sich auf deutschem Boden Freiräume dar, welche nicht mehr, wie das bis dahin üblich gewesen ist, in geschlossener Bebauung den Platzraum seitlich begrenzen. Der Platz zeigt eine Loslösung aus einer steinernen Begrenzung, Teile seiner Wände öffnen sich und lassen das Grün und die Landschaft im Zusammenhang mit den architektonischen Werken zu einer einheitlichen Wirkung kommen. Es ist der Vorstoß der Naturlandschaft in die bisher geschlossenen steinernen Räume der Stadtzentren.

Im Laufe der Zeit, und insbesondere in den letzten 15 Jahren haben sich hier entscheidende Veränderungen an dem Platze ergeben. Vor der Hitlerzeit ist es das Herandrängen von Bauwerken der Umgebung in eine so dichte Nähe des Platzes, daß dadurch seine freiräumige Leichtigkeit schon sehr in Mitleidenschaft gezogen worden ist. Aber auch der moderne Schnellverkehr hat die Platzflächen in ihrem Wesen verändert und den Fußgänger oder den sich in Ruhe auf dem Platze hin- und herbewegenden Menschen aus dem Zentrum verdrängt und auf die Seite geschoben. Es ist also schon seit Jahrzehnten nicht mehr möglich gewesen, den Platz in seinem ureigensten Wesen mit allen seinen achsialen Blickzielen und in seiner Weite in dem herrlichen Lichte des Münchener Himmels in Ruhe von der innersten Mitte aus aufzunehmen. Wenn also heute Verbesserungen und Wiederherstellungen früherer Erscheinungsformen zur Aufgabe gemacht werden, so muß man auch alle im Laufe der Zeit erfolgten Schädigungen mit in die Diskussion ziehen. Im Ganzen gesehen ist es bedauerlich, daß die ursprünglich in dem Platz angeschlagene Note der Beziehung und Offenheit gegenüber dem Grün und der Landschaft im 19. Jahrhundert völlig versunken und als Wert ganz verlorengegangen ist. Erst in der Gegenwart treten Tendenzen in der architektonischen Großraumgestaltung auf, welche uns rückschauend solche Ansätze in früherer Zeit hoch bewerten lassen. Aus diesem Grunde ist eine Wiederherstellung des Königsplatzes in seinen Wesenszügen

in den Werten, wie sie bei seiner Entstehung angesetzt worden sind, für das architektonische Schaffen der Gegenwart von allergrößter Bedeutung. So wie es scheint, sind verschiedene Eingriffe, die in dem Platz vorgenommen worden sind, irreparabel. Trotzdem kann eine Grundlage geschaffen werden, auf der auch neue Elemente und Beiträge hereingebracht werden können, um den Platz in dem ihm ureigensten Wesen und Geiste in neuer Gestaltung zu vollenden. An die Stelle zerstörter Werte müssen neue treten. Dazu ist es aber notwendig, sich die Hauptwesenszüge und die entscheidenden Werte, welche den Charakter einer so großartigen Platzanlage bestimmen, in ihrem Geiste zu erfassen und verstehen zu lernen.

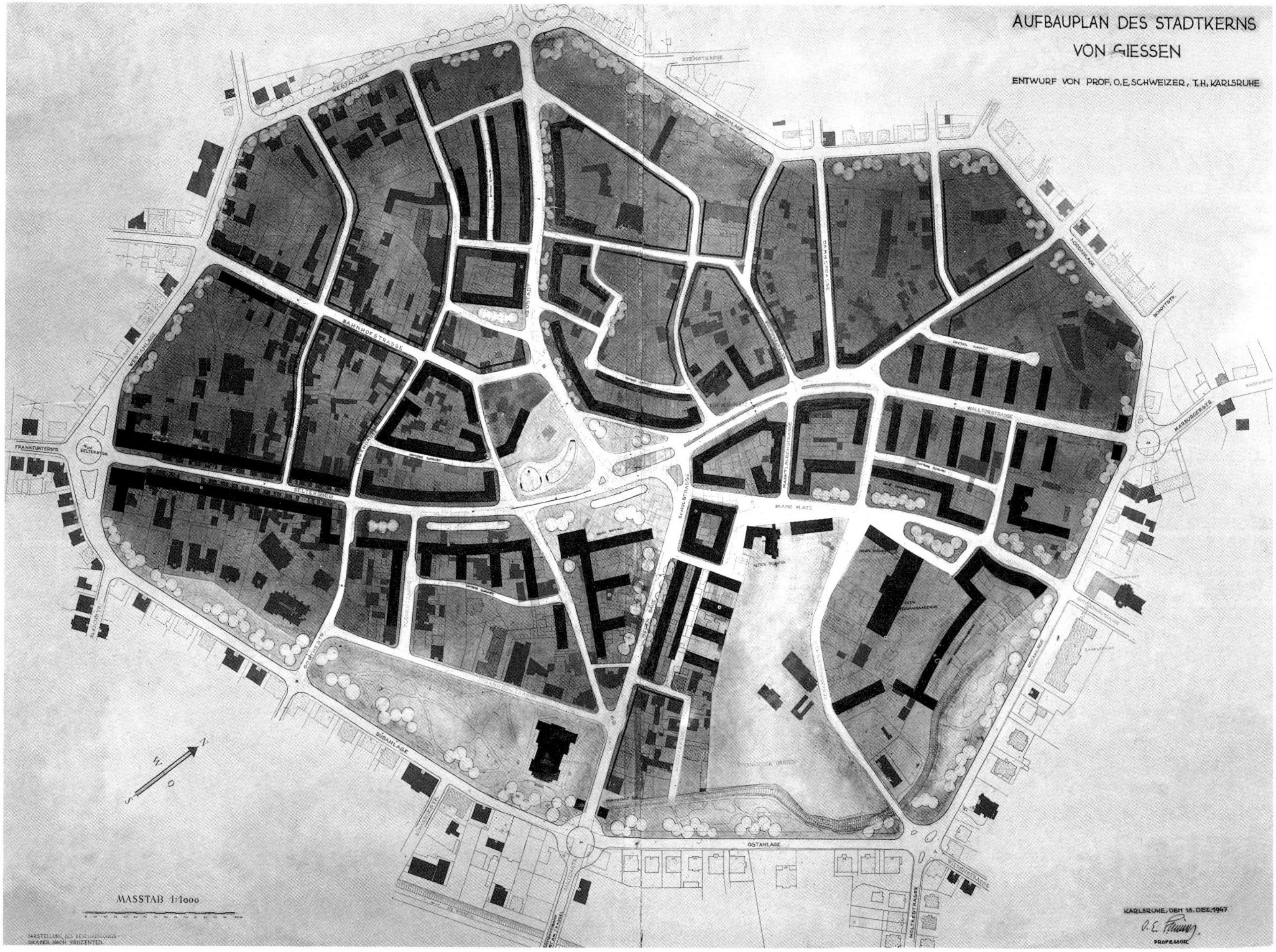

Bebauungsplan. Links im Bild das Selterstor, von dem aus nach Nordosten die Hauptverkehrsstraße, der Seltersweg, verläuft, der sich im Bereich des Forums auf 38 m Breite ausweitet und im Kopfbau des Rathauses im Südosten der zentralen Freifläche mit Marktlauben im Westen einen räumlichen Halt findet. Südöstlich des Rathauses liegt das Stadttheater, im Norden der Freifläche jenseits der Randbebauung die Stadtkirche. Rechts im Bild der Botanische Garten, in den die Verwaltungsbauten und öffentlichen Einrichtungen eingreifen; im Nordwesten des Gartens das Schloß, weiter nach Nordosten das Neue Schloß und der Landgraf-Philipp-Platz mit der ehemaligen Zeughauskaserne. Die Abbildung links zeigt einen Blick auf die Randbebauung des Seltersweges.

Bebauungsplan für die zerstörte Innenstadt von Gießen

Wettbewerb
1947

Die Stadtmitte von Gießen war im Zweiten Weltkrieg nahezu völlig zerstört worden. Nachdem ein Wiederaufbauvorschlag von Karl Gruber aus dem Jahr 1945 im Gemeinderat keine Mehrheit gefunden hatte, wurde – nach Erarbeitung weiterer Vorschläge – unter drei Architekten, Peter Grund, Otto Ernst Schweizer und dem damaligen Gießener Stadtbaudirektor ein Gutachterwettbewerb ausgelobt, der aber aus politischen Gründen nicht entschieden wurde.

Schweizers grundlegender Gedanke war, den Schnell- und Schwerverkehr aus der Innenstadt herauszuhalten, den Fußgänger wieder in seine alten Rechte, die er früher in den Städten hatte, einzusetzen und zugleich die Brennpunkte der Stadt für den Stadtfernverkehr leicht zugänglich zu machen, wobei das Gebaute und Gewachsene, wie dies in früheren Zeiten der Fall gewesen sei, auf den ruhenden Menschen und nicht auf ein schnell fahrendes Fahrzeug bezogen werden müsse. Er bildete in der geometrischen Stadtmitte einen weiten Freiraum mit anschließendem neuen Rathaus, der im Zusammenhang mit der Hauptgeschäftsstraße, dem Seltersweg, mit neuen Verwaltungsgebäuden und öffentlichen Einrichtungen sowie mit Durchblicken und räumlichen Verbindungen zum Botanischen Garten, zum Landgraf-Philipp-Platz und zu den wenigen erhaltenen oder nur teilzerstörten historischen Bauten wie das Stadttheater, die Stadtkirche, das Alte und Neue Schloß und die ehemalige Zeughauskaserne zu einem langgestreckten Forum zusammenwachsen sollte.

Schweizer schrieb zu seinem Entwurf: »Die Neuanlage eines Zentrums muß nicht nur für den Fahrverkehr, sondern auch für den Fußgängerverkehr so eingerichtet werden, daß es den Bedürfnissen des modernen Lebens, des modernen Menschen, der im Stadtzentrum gerne den Betrieb sucht und an den Geschäften vorübergeht, auch im Hin- und Hergehen ein räumliches Erlebnis im Zusammenhang mit dem verdichteten städtischen Verkehr einerseits und andererseits mit den landschaftlichen Werten sucht, gerecht wird. Diese Forderung führt dazu, daß ein modernes Stadtzentrum nur ein in die Länge gezogenes Gebilde sein kann, auf dem sich die städtische Bevölkerung hin und her bewegt, promeniert, die Geschäfte betrachtet, Einkäufe besorgt, sich erholt und ausruht. Darum müssen an diesem in die Länge gezogenen Zentrum alle jene Einrichtungen erstehen, welche der heutige Mensch für seine Bedürfnisse und für seine Wünsche braucht. Das städtische Zentrum, das hier in einer neuen Form gezeigt wird, schließt sich im wesentlichen durchaus an die Geschäftsanlagen und Wege an, wie sie bis vor der Zerstörung bestanden haben. Es folgt im wesentlichen dem Zuge der früheren Geschäftsstraßen und der hintereinander so reizvoll gelegenen, aus dem Mittelalter stammenden Plätze. Als Ersatz für diese reizvolle Folge von Plätzen, welche als gebaute geschlossene Räume gewirkt haben, sollen nun neue Wirkungsfaktoren treten, welche aus dem Leben und aus dem Geiste der modernen Zeit und deren Bedürfnissen und Anschauungen entwickelt sind. So ist gerade die Errichtung des Rathauses ein Markstein und beispielgebend auch für andere Gebäude, welche an diesem neuen Zentrum entwickelt werden, nämlich, daß es wohl im Zusammenhang mit den Lebens- und Verkehrszentren aufgebaut, aber durchaus soweit von dem störenden Fahrverkehr abgerückt wird, daß Arbeit und Betrieb in seinen Räumen nicht von dem Verkehrsbetriebe beeinträchtigt werden. Durch eine solche Anlage des Rathauses wird auch für den Fußgängerverkehr Raum geschaffen. Diese räumliche Weite wird sich auch vorteilhaft als Lebensraum für die Bevölkerung und auch als günstige Lage für die Geschäfte, an denen der Fußgängerverkehrsstrom zwangsläufig vorbeigeleitet wird, erweisen.«

Lit.: »Gießener Wiederaufbauprojekte vom Gesichtspunkt ihrer Schöpfer gesehen. (Entwürfe und Texte von Peter Grund, Otto Ernst Schweizer und Stadtbaudirektor Harth)«, in: *Gießener Freie Presse* vom 30. 04. 1948 – »1947. Stadtzentrum Gießen«, in: Otto Ernst Schweizer, *Die architektonische Großform. Gebautes und Gedachtes*, Karlsruhe 1957, S. 156 f. – Andreas Romero, »Karl Gruber und der Wiederaufbau kriegszerstörter Städte. Gießen«, in: *Bauwelt*, 75. Jg. 1984, Heft 48 (*Stadtbauwelt*, Heft 84), S. 2125 f. (S. 421 f).

Die Abbildungen zeigen einen Blick in den Seltersweg hinein mit den beidseitig durchlaufenden Kragplatten in Erdgeschoßhöhe und einen Vorschlag zur Neugestaltung des Selterstors. Blick von Süden auf die beiden Kopfbauten, deren Architektur durch kräftige Betonpfeiler und auskragende Dächer bestimmt sein sollte.

Blick auf Treppenläufe und Glaswand der Eingangshalle, die sich in dieser Entwurfsvariante mit einer Aufstockung des Gebäudes über drei Geschosse erstreckt.

Schweizer schrieb zu seinem Entwurf: »Ich bin der Meinung, daß, wenn das Durm'sche Gebäude mit einem einfachen Treppenhausvorbau geschlossen wird, das architektonische Problem und die architektonische Lösung sich in jedem Fall, welche Formen auch gewählt werden, immer als ein Kompromiß darstellen wird. Es wird heute niemand einfallen, die Formen des neuen Vorbaues denjenigen des alten Durm-Baues anzugleichen, weil damit »von einem späteren Zeitpunkt aus gesehen sich der Kompromiß genauso enthüllte, wie wenn dieser Abschluß in modernen Formen ausgeführt würde. Es wird also dadurch das eigentlich Architektonische nicht berührt. Die Lösung der Aufgabe verbleibt im Rahmen des Notwendigen, Wirtschaftlichen, Gewerblichen. Ich bin aber fest davon überzeugt, daß es eine Verpflichtung unserer Zeit ist, die entstehenden Aufgaben von dem Standpunkt unseres Aspektes aus zu lösen.«

Die Abbildung links zeigt die Eingangsansicht des Architekturgebäudes vor der Zerstörung. Im Obergeschoß über dem Ausstellungssaal befand sich die Aula. Unten die Eingangsansicht des Architekturgebäudes nach Zerstörung und notdürftiger Reparatur.

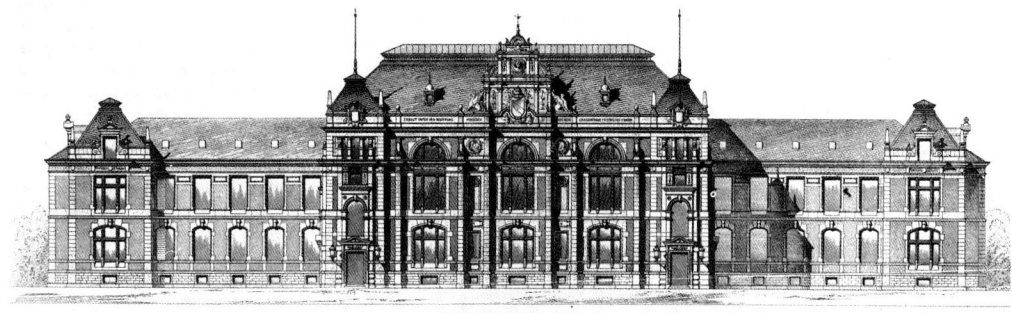

Wiederaufbau des Architekturgebäudes der Technischen Hochschule Karlsruhe

Projekt 1946–52

Im Zweiten Weltkrieg war das von Josef Durm geplante Aula- oder Architekturgebäude der Technischen Hochschule stark zerstört worden, besonders in seinem Mittelteil mit den Treppenhäusern, dem großen Ausstellungssaal im Erdgeschoß und der Aula im Obergeschoß. Schweizer ging in seinem Entwurf davon aus, Aula und Ausstellungssaal nicht wieder in das Gebäude zu integrieren, um Raum für eine weiträumige Treppen- und Eingangshalle zu finden; sie sollten im Norden als Erweiterungsbauten, die das Hochschulgelände nach Westen zum Schloßbezirk hin abgrenzen, neu entstehen, so, wie es Schweizer in seinen Neuordnungsplänen von 1952 vorsieht (S. 225). Er schrieb: »Der wichtigste architektonisch räumliche Gedanke ist der, daß versucht worden ist, die beiden großzügigen zweischiffigen Flure, die zum großen Teil noch stehengeblieben sind, miteinander zu verbinden und ein Treppenhaus so anzugleichen, daß diese großartige Raumdisposition nicht beeinträchtigt, sondern eher noch bereichert wird. Es ist daran gedacht worden, diesen in seinem Charakter neu entstehenden Raum für Ausstellungszwecke der Architektur-Abteilung zu verwenden.«

Schweizer plante einen in seiner Formensprache bewußt vom Bestehenden abgesetzten Vorbau als neue Eingangshalle, der sich durch stark plastisch vor die Fassade tretende Betonpfeiler und große Glasflächen auszeichnet. Zwei einläufige, breite Treppenzüge sollten die Verbindung zum Obergeschoß herstellen und mit den Bewegungsräumen einen einheitlichen Organismus bilden.

Um die Proportionen des Gebäudes nicht zu beeinträchtigen, riet Schweizer zunächst von einer Aufstockung des Gebäudes ab, auch, um die Innenhöfe nicht zu eng werden zu lassen. Im Verlauf der Arbeit versuchte er, ein niedriges zweites Obergeschoß mit dem Vorhandenen zu verbinden, schrieb aber, daß die architektonische Auswirkung eine Beeinträchtigung der gegebenen Architektur von Durm wäre, die besonders in ihrem Organismus und ihren Maßen ausgezeichnet sei.

Lit.: Joseph Durm, »Der Aula- und Hörsaalbau der Technischen Hochschule in Karlsruhe«, in: *Zeitschrift für Bauwesen*, 49. Jg. 1899, S. 203 ff. (Atlas: Blatt 21 ff.). – *Otto Ernst Schweizer und seine Schule. Die Schüler zum sechzigsten Geburtstag ihres Meisters*, Ravensburg (1950), S. 15. – Joachim Hotz, »Die ehemalige Aula der Technischen Hochschule in Karlsruhe«, in: *Fridericiana. Zeitschrift der Universität Karlsruhe*, 1979, Heft 24, S. 35 ff.

Perspektive der neugeplanten zwei Geschosse hohen Eingangshalle, die von plastisch vor die Fassade tretende Betonpfeiler und große Glasflächen bestimmt wird.

Vorentwurf zur Eingangshalle. Der Haupteingang liegt an der Seite, geschützt durch ein weit vorkragendes Dach; auf der ihm gegenüberliegenden Seite führt im Inneren eine breite Treppe ins Obergeschoß. Bestimmend ist die großflächige geschlossene Wandscheibe und, als Kontrast, die Fensterflächen am Eingang und jenseits der Treppe.

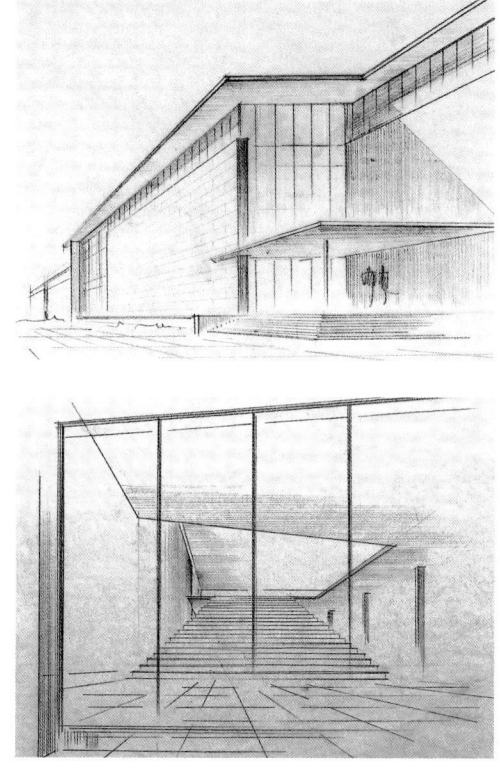

Wiederaufbau der Kaiserstraße in Karlsruhe

Projekt 1947

Als Mitglied des Preisrichterkollegiums für den im Jahr 1947 ausgelobten »Ideenwettbewerb Karlsruhe Kaiserstraße« und als Mitglied eines Planungsbeirates zum Wiederaufbau der Kaiserstraße befaßte sich Schweizer mit ihrer Neugestaltung, die sich, wie er schrieb, »nur im Zusammenhang mit den Bedürfnissen des modernen Lebens, mit den bindenden Aufgaben des Schnellverkehrs einer modernen Großstadt entwickeln lassen kann«. Im wesentlichen schlug er vor, den Schwerverkehr aus dem Zentrum der Stadt herauszuhalten, den Personenwagenverkehr aber auf getrennten Fahrbahnen in der Kaiserstraße zuzulassen. Ein Mittelstreifen – mit den Gleisen der Straßenbahn – sollte den Verkehr eindeutig in Richtungen trennen und das Überschreiten der Straße zur Beruhigung sowohl der Fußgänger als auch der Autofahrer ohne Komplikationen möglich machen. Breite Gehwege auf beiden Straßenseiten sollten von weit auskragenden, durchlaufenden Vordächern über dem Erdgeschoß geschützt werden, die zugleich die unterschiedlichen Architekturen der neu entstehenden Bauten optisch zusammengefaßt hätten. Dementsprechend schlug Schweizer vor, die Baufluchten beidseitig um etwa fünf Meter zurückzuschieben und die Gesamtbreite der Straße von etwa 23 auf 33 Meter zu weiten. Verschiedene erhaltenswerte Bauten sollten bestehen bleiben, den Straßenwänden durch die damit gegebenen Vor- und Rücksprünge ein plastisches Profil geben und einen allmählichen Wiederaufbau zulassen.

Lit.: Hans Eckstein, »Ideenwettbewerb Karlsruhe Kaiserstraße, in: *Bauen und Wohnen*, 3. Jg. 1948, Heft 8–9, S. 206 ff. – *Wiederaufbau der Kaiserstraße. Eine Denkschrift zum Bebauungsplan für die westliche Kaiserstraße, Marktplatz und Platz an der Hauptpost in Karlsruhe*, hrsg. v. der Stadtverwaltung, Stadtplanungsamt, Karlsruhe 1949. – »Karlsruhe. Ideenwettbewerb Kaiserstraße«, in: *Otto Ernst Schweizer und seine Schule. Die Schüler zum sechzigsten Geburtstag ihres Meisters*, Ravensburg 1950, S. 49 ff.

Blick auf die Südseite der Kaiserstraße mit Gebäuden an der alten und der neuen Baulucht, dem durchlaufenden Kragdach und einer Baulücke, die, zu einer Grünfläche gestaltet, den Ausblick in andere Stadtbezirke ermöglichen sollte.

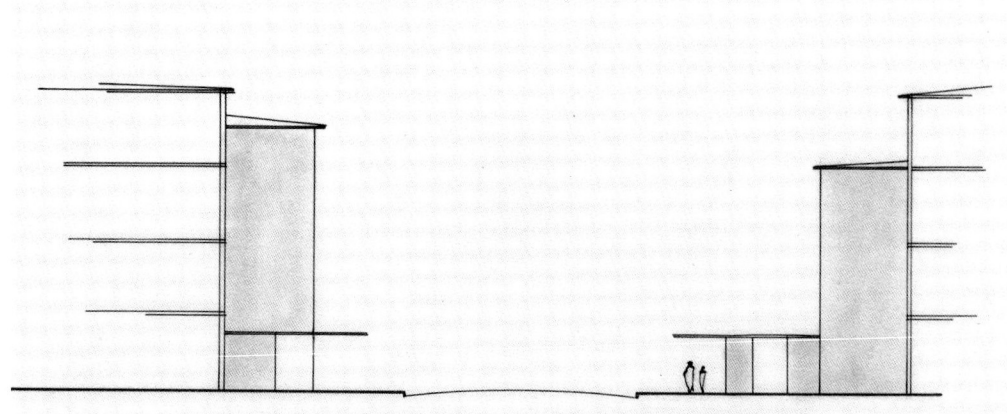

Schematischer Schnitt durch die Kaiserstraße mit bestehenden Gebäuden an der alten Baulucht und den zurückgesetzten Neubauten.

Bebauungsplan für die zerstörte Stadt Pforzheim

Projekt
1946

Im Jahr 1945 war die Stadt Pforzheim nahezu völlig zerstört worden. Für den Wiederaufbau schlug Schweizer eine weitgehende Neuordnung vor unter besonderer Berücksichtigung der landschaftlichen Werte, die durch die Hänge des Schwarzwaldes gegeben sind. Wesentlich war ihm dabei, der Stadt durch weite Freiräume einen neuen Charakter zu geben, durch Grünflächen, die das Stadtzentrum von Osten nach Westen und senkrecht dazu durchziehen und eine Verbindung zu dem von jeder Bebauung freizuhaltenden Enz-Ufer herstellen sollten. Mit den Grünräumen verzahnt plante er öffentliche Gebäude hauptsächlich im Norden, östlich und westlich des Bahnhofs sowie zwei neue, langgestreckte, Nord-Süd gerichtete Zentren, die den Bahnhof und die neuen öffentlichen Gebäude an das parkartige Enz-Ufer angeschlossen hätten.

Schweizer schrieb zu seinem Vorschlag: »Die Aufgabe des Wiederaufbaus der zerstörten Stadt bietet so viele neue Probleme, daß ein Vergleich mit der Bearbeitung von Bebauungsplänen für die Sanierung bestehender Städte oder für Erweiterungsgebiete nicht gezogen werden kann. Es muß daher mit der größten Vorsicht vorgegangen werden, um die Aufgabe einer sinnvollen und dauerhaften Lösung zuzuführen. Eine solche Aufgabe ist einmalig, und die Richtlinien, die heute gelegt werden, sind bestimmend für die Entwicklung der Stadt auf Menschenalter hinaus. Ansätze, die heute geschaffen werden, sind unabänderlich. Es ist daher verständlich, daß die Festlegung solcher Richtlinien gründlichster Erarbeitung bedarf.«

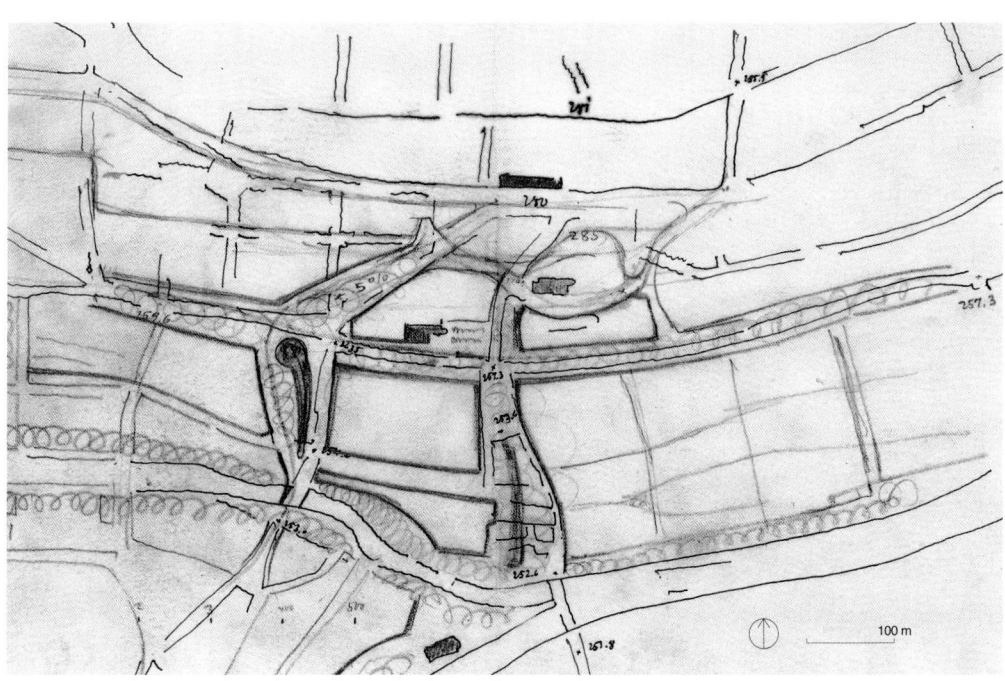

Entwurfsskizze Schweizers mit den zusammenhängenden Grünzügen. Oben der Bahnhof, von dem die zwei Nord-Süd gerichteten Freiräume mit den neuen Zentren in weitem Bogen zur Parklandschaft der Ufer von Enz und Nagold am unteren Bildrand hinleiten.

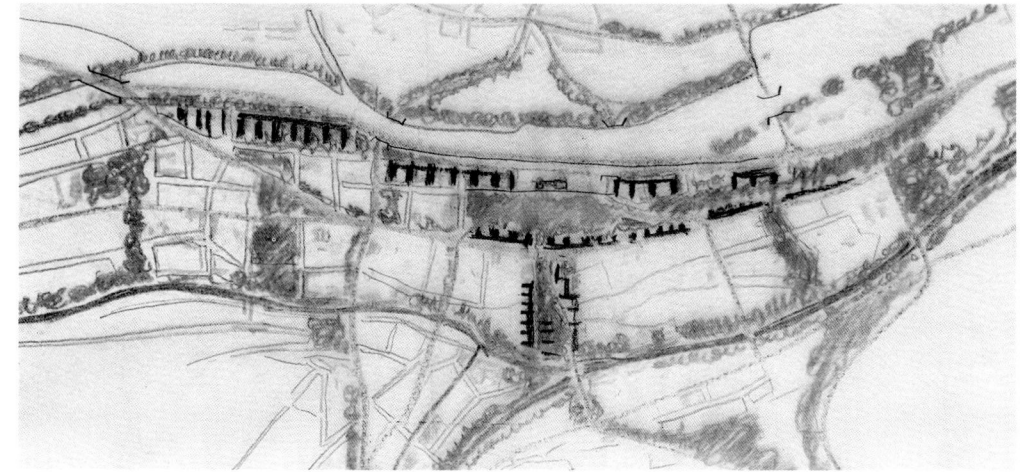

Entwurfszeichnung zur Neuordnung der Stadt mit den sie bestimmenden Freiräumen. Oben der Bahnhof und die Bahnanlagen. Parallel dazu der langgestreckte Grünzug in Ost-West-Richtung, an dessen Rändern die neuen öffentlichen Bauten stehen sollten. In der Achse des Bahnhofes das Hauptzentrum, das zum Zusammenfluß von Enz und Nagold führt. Das zweite weiter westlich geplante Zentrum ist in dieser Planungsstufe nicht vorgesehen.

Blick in den Zuschauerraum auf Bühne und Vorbühne. Bestimmend für die Wirkung des Raumes – und für eine gute Akustik – sind die mächtigen Binder und Rahmen.

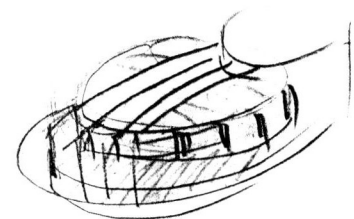

In seinem Erläuterungsbericht schrieb Schweizer:
»Die konstruktive Struktur, welche unabänderlich verfestigt werden muß, enthält soviel Elastizität, daß heute noch nicht klar ausdeutbare Anschauungen und Bestrebungen später noch verwirklicht werden können, ohne daß an das konstruktive Gerüst gerührt werden muß. Diese Elastizität in der Berücksichtigung der verschiedenartigsten Verwendungsmöglichkeiten drückt sich auch in einer elastisch veränderbaren Gestaltung und Bemessung der Bühnenöffnung aus, welche sich durch entsprechende Vorkehrungen verschiedenen Forderungen anpassen kann.

Die Konstruktion und die Materialverwendung ist darauf abgestellt, daß der Bau sehr rasch errichtet werden kann. Rationelle Baumethoden und entsprechend vorgerichtete Materialien werden dies im Rahmen einer sehr wirtschaftlichen Bauweise ermöglichen. Dies ist heute umso mehr nötig, als man in den letzten Jahrzehnten gelernt hat, das Holz als konstruktives Element und als Baustoff ebenso wie auch als Wand- und Deckenausbildung so zu bewältigen, daß man an dem vollendeten Bauwerk nicht den Charakter des allzu Behelfsmäßigen erkennt. Eine sinnvolle Ausdeutung solcher Materialgegebenheit in der architektonischen und formalen Behandlung der einzelnen Bauglieder wird dies im besonderen sichern. Die Einfügung und gestalterische Synthese in der Begegnung dieser Voraussetzung mit der Landschaft bestimmt den ganzen architektonischen Charakter.«

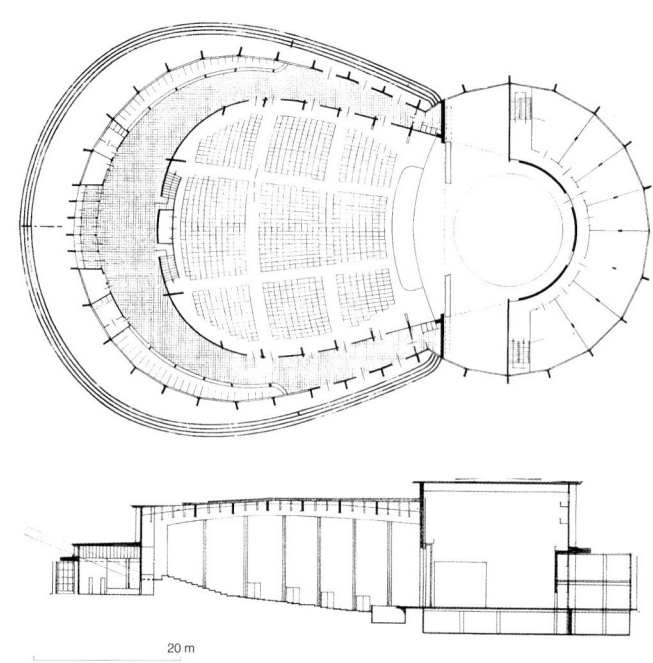

Die obere Zeichnung zeigt den Grundriß mit der langgestreckten, sich um den Zuschauerraum herumlegenden Wandelhalle, in die durch die Fenster hinter den Garderoben und durch das Oberlichtband über dem Kragdach Licht fällt. Rechts und links vom Haupteingang befinden sich die WC-Anlagen. Darunter der Längsschnitt. Das starke Gefälle im Zuschauerraum läßt von jedem Platz aus die ungestörte Sicht auf die Bühne zu.

Theater und Konzerthaus in Freiburg im Breisgau

Projekt 1946

Im Jahr 1946 wurde Schweizer nach einem internen Wettbewerb beauftragt, für die zerstörte Stadt Freiburg einen »Hallenneubau für Theateraufführungen und Konzerte wie für große Versammlungen« mit 1200 Plätzen zu planen. Bedingt durch die wirtschaftliche Notlage sollte das Gebäude nicht als Massivbau, sondern, wie es in dem Programm heißt, »präfabriziert und standardisiert« konstruiert werden. Als Bauplatz war eine Fläche im Stadtgarten am nordöstlichen Rand der Altstadt vorgesehen.

Schweizer schrieb zu seinem Entwurf: »Die Lage des neuen Bauwerks im Stadtgarten hat den großen Vorzug, daß es sich im Zusammenhang mit einem vorhandenen Baumgrün aufbauen kann. Neben sehr schönen Baumexemplaren in unmittelbarer Nähe des Gebäudes ist für die Gestaltung auch der grüne Hintergrund des Schloßbergs mit seiner stark hervortretenden Silhouette sehr bedeutungsvoll. Solche Voraussetzungen sind für die Entwicklung einer neuen architektonischen Idee besonders günstig, wenn man daran denkt, daß das Gebäude nicht im Bereich einer Steinstadt und in Beziehung zu gegebenen Gebäuden, sondern in einer schönen Landschaft errichtet wird. Bauformen, die in diese Umgebung eingefügt werden, müssen einen anderen Charakter erhalten als solche, welche sich im Zusammenhang mit einer bebauten Situation zu entwickeln hätten. Formen zu wählen, welche eine Höhenentwicklung des Gebäudes betonen, wäre angesichts der Lage derselben am Fuße des dominierenden Schloßberges nicht verständlich. Diese Absicht zu unterstützen, sind am Bau selbst stark auskragende und unterschnittene Bauglieder, Kragdächer mit ebener Untersicht, hervorgehoben worden. Der bauliche Charakter wird aber auch dadurch bestimmt werden, daß als wichtigstes und hervortretendstes Baumaterial Holz verwendet werden soll.«

Der Grundkonzeption lag, wie Schweizer ausführte, die Hinwendung zum griechischen Theater zugrunde, der enge Kontakt der Zuschauer untereinander, mit den Darstellern und den Vorgängen auf der Bühne. Deshalb verwarf er die Anlage eines Rangtheaters und faßte Zuschauerparkett, Vorbühne und Bühne zu einer Raumeinheit zusammen.

Das Foyer sollte als großzügig bemessener Wandelgang ausgebildet werden, um »jene gesellschaftlichen Funktionen zu übernehmen, die seither von den Logen mit ihren Vorräumen erfüllt wurden«. Großflächige Verglasung war geplant, um den Übergang zur Landschaft fließend zu machen.

Das Zuschauerhaus sollte von zwei 37 m langen geleimten Holzbindern und quer dazu verlaufenden genagelten Rahmen überspannt werden. Die Außenwände waren als Rahmenfachwerk gedacht mit einer äußeren Füllung aus Holzwollzementplatten.

Lit.: Otto Ernst Schweizer, »Entwurf für ein Theater in einer ausgebombten Stadt«, in: *Das Kunstwerk*, 1. Jg. 1946/47, Heft 10/11, S. 66 f. – »1946. Otto Ernst Schweizer. Entwurf für ein Theater mit 1200 Sitzplätzen«, in: *1930–1960. Otto Ernst Schweizer. Forschung und Lehre*, Stuttgart 1962, S. 168 f.

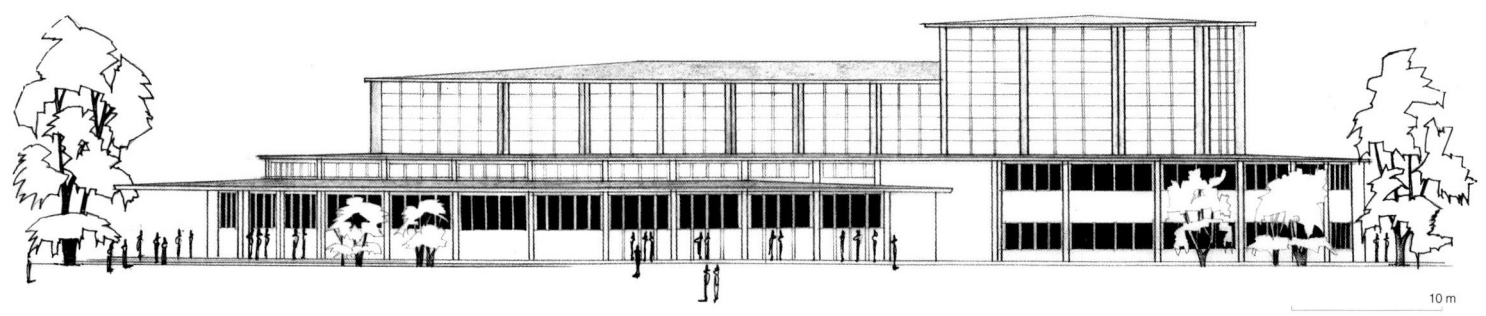

Seitenansicht. Die konstruktiven Bauglieder treten »plastisch«, so Schweizers Ausdruck, aus der Fassade heraus. Über dem Kragdach liegt ein Fensterband, das der Wandelhalle zusätzliches Licht gibt.

Entwurfsskizze Schweizers zum Zentralbau »Pantheon des Geistes«, der das Kaiser-Wilhelm-Denkmal erstzen sollte.

Über Teilnehmer am Wettbewerb, Preisrichter und Ergebnis konnten weder im Nachlaß Schweizers noch in der Literatur oder im Archive de l'occupation française en Allemagne et en Autriche in Colmar Hinweise gefunden werden.

In einem Konzept zum Auslobungstext heißt es: »Für den Wettbewerb muß der allgemeinen Lage Rechnung getragen werden (Ansicht der Täler des Rheins und der Mosel) und des Vorhandenseins von alten Denkmälern an den Ufern der beiden Flußläufe, ebenso dem Innern der Stadt, von wo ihre Kirchtürme auftauchen und das Stadtbild beherrschen. Das Kaiser-Wilhelm-Denkmal wird ganz oder teilweise beibehalten werden können; gleichzeitig kann eine Totalbeseitigung des Denkmals vorgesehen werden, um die Ausarbeitung eines neuen Entwurfes zuzulassen (Architektur, Bildhauerei, Gärten usw.). Die einzige Bedingung, die bei der Ausarbeitung des Projektes auferlegt wird, ist eine Wegeverbindung, eine bepflanzte Ringstraße, die sich an den Ufern des Rheins und der Mosel entlangzieht, zu schaffen.«

Neugestaltung des Deutschen Ecks in Koblenz

Wettbewerb 1946

Für die Neugestaltung des Deutschen Ecks mit dem gewaltigen Sockel des im Krieg zerstörten Reiterstandbilds Kaiser Wilhelms I. war von der französischen Militärregierung ein Ideenwettbewerb ausgelobt worden. Der Platz sollte, so heißt es in der Ausschreibung, zu einem Symbol der Völkerversöhnung und des Friedens werden. Schweizer formulierte seine Gedanken in einem Gutachten und reichte nur skizzenhafte Vorschläge ein – die Unmöglichkeit, die Situation an Ort und Stelle näher zu studieren, hätten ihm nichts anderes erlaubt. In seinen Überlegungen ging er davon aus, den Sockel des Denkmals abzutragen und an seiner Stelle einen Zentralbau als »Pantheon des Geistes« zu errichten. Jenseits einer ausgedehnten Grünzone, die parallel zu den Ufern von Rhein und Mosel fortgeführt werden sollte, schlug er den Bau von Wohnungen vor.

In seinem Gutachten heißt es:

»Der Zusammenfluß von Rhein und Mosel bei Koblenz ist eine der schönsten und bedeutungsvollsten Situationen im Herzen Europas. Es gibt kaum ein ähnliches Zusammenwirken geographischer, landschaftlicher und auch historischer Gegebenheiten. Kaum an einer anderen Stelle finden sich so viele Voraussetzungen solcher Art zusammen. Es ist der Übergang von einer der schönsten, vom Strom durchflossenen Gebirgslandschaften ins Flachland. Der Rhein hat schon eine Breite von mehreren hundert Metern. Die von der Feste Ehrenbreitstein gekrönte Bergeshöhe ist noch sehr eindrucksvoll. Im Gegensatz zur bisherigen Enge des Stromtales verbreitert sich nun die Landschaft, und der Blick kann in die Weite schweifen. Rhein und Mosel mit ihren Nebenflüssen greifen weit hinein in die Länder Europas. Der Schicksalsstrom, der Rhein, ist der schönste aller. Eine von Natur, Kultur und Tradition so ausgezeichnete Stelle ruft nach Betonung und Vollendung, welche alle Werte zusammenfaßt und gestaltet. Ein Denkmal als Werk der Plastik kann diese Aufgabe nicht erfüllen, nur die Architektur vermag diese bedeutenden Inhalte ganz darzustellen.

Gibt es eine schönere und bessere Gelegenheit, als hier einer völkerverbindenden Menschheitsidee in einem Bauwerk Ausdruck zu geben? Ich denke an ein Pantheon des Geistes; jede große persönliche Leistung, welche auf die Geschichte eingewirkt hat, soll hier vermerkt werden, allen Persönlichkeiten, welche einen Beitrag zur Menschheitserhöhung geleistet haben, soll ein Denkmal gesetzt werden. Dieses Bauwerk soll am Deutschen Eck errichtet werden, hier inmitten einer lebensvollen Konfluenz (Koblenz), einer Begegnung der Intensitätsströme des Lebens, inmitten der dichtesten Verkehrsströme des Rheins und der Mosel und der sie begleitenden Verkehrswege und doch von einer herrlichen Landschaft umgeben, distanziert von allem Störenden.

Ich denke mir einen Zentralbau mit einer Kuppel, im Äußeren ein Umgang, von dem aus der Blick nach der Rhein- und Mosellandschaft hinein in das Gebirge und in die Weite genommen werden kann. Das Bauwerk stellt somit eine Durchdringung von Architektur und Landschaft, von Innenraum und Freiraum dar. Die Stufen seines Unterbaues werden von den Wassern des Rheins wie auch von denen der Mosel bespült. Der gestalterische Ausdruck des Baues ist ganz im modernen Geiste und in modernen Formen gehalten. Es ist möglich, der soeben skizzierten Idee einen rein architektonischen Ausdruck zu geben in der Form, daß größte Eleganz der Bauglieder aus bestem Material eine strahlende Wirkung ergibt, Durchblick, Freiheit und Leichtigkeit sich wechselseitig mit den Werten der Landschaft begegnen und durchdringen. Zur anschaulichen Formulierung des Gedankens können Plastik und Malerei noch mit herangezogen werden. In der konsequenten Verfolgung der Bauidee ist die Pflege und Gestaltung der Landschaft, die Abstellung hinsichtlich ihrer Wirkung auf dieselbe zu bedenken. Eine weitere Auswirkung ergibt sich auch auf die Uferbebauung der Stadt Koblenz. Durch die schweren Zerstörungen sind hier neue Möglichkeiten gegeben. Diese liegen einmal in der Vergrößerung der Freiflächen des Ufergeländes, also in der Zurückdrängung der Bebauung gegenüber dem seitherigen Zustand, zum andern in einer neuen Zuordnung dieser Randbebauung zu dem Zentralbauwerk und der Durchsetzung der Bau- und Wohngebiete mit Grünflächen. Die großartigen Möglichkeiten des Ausblicks in die herrlichen Stromlandschaften müssen auch für die Wohngebiete ausgewertet werden. Von jeder Wohnung aus soll ein Blick in die Weite der Landschaft gesichert sein. Aus diesem Grunde ist nicht nur die Fassadengestaltung der Uferbebauung von Bedeutung, sondern auch die Struktur und Anordnung des gesamten Baugebietes. Die gesamte Aufgabe umfaßt also nicht nur die Gestaltung des Deutschen Ecks, sondern sie ist neben der höchsten architektonischen Formulierung des Zentralbauwerkes eine Aufgabe der Landschaftsgestaltung und des Städtebaues.«

Lit.: *Otto Ernst Schweizer und seine Schule. Die Schüler zum sechzigsten Geburtstag ihres Meisters*, Ravensburg (1950), S. 35, 37 (Schülerarbeit).– Wettbewerbsnachrichten in: *Bauwelt*, 1 Jg. 1946, Heft 18, S. 2.

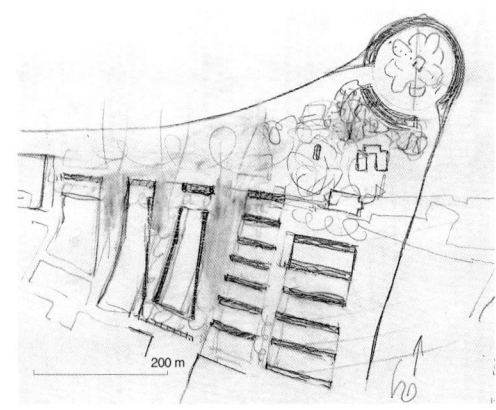

Skizze zum Lageplan. Oben im Bild der anstelle des Denkmalsockels geplante Zentralbau, darunter, jenseits der Grünzone mit erhalten gebliebenen historischen Bauten, die von Schweizer vorgeschlagene Wohnbebauung.

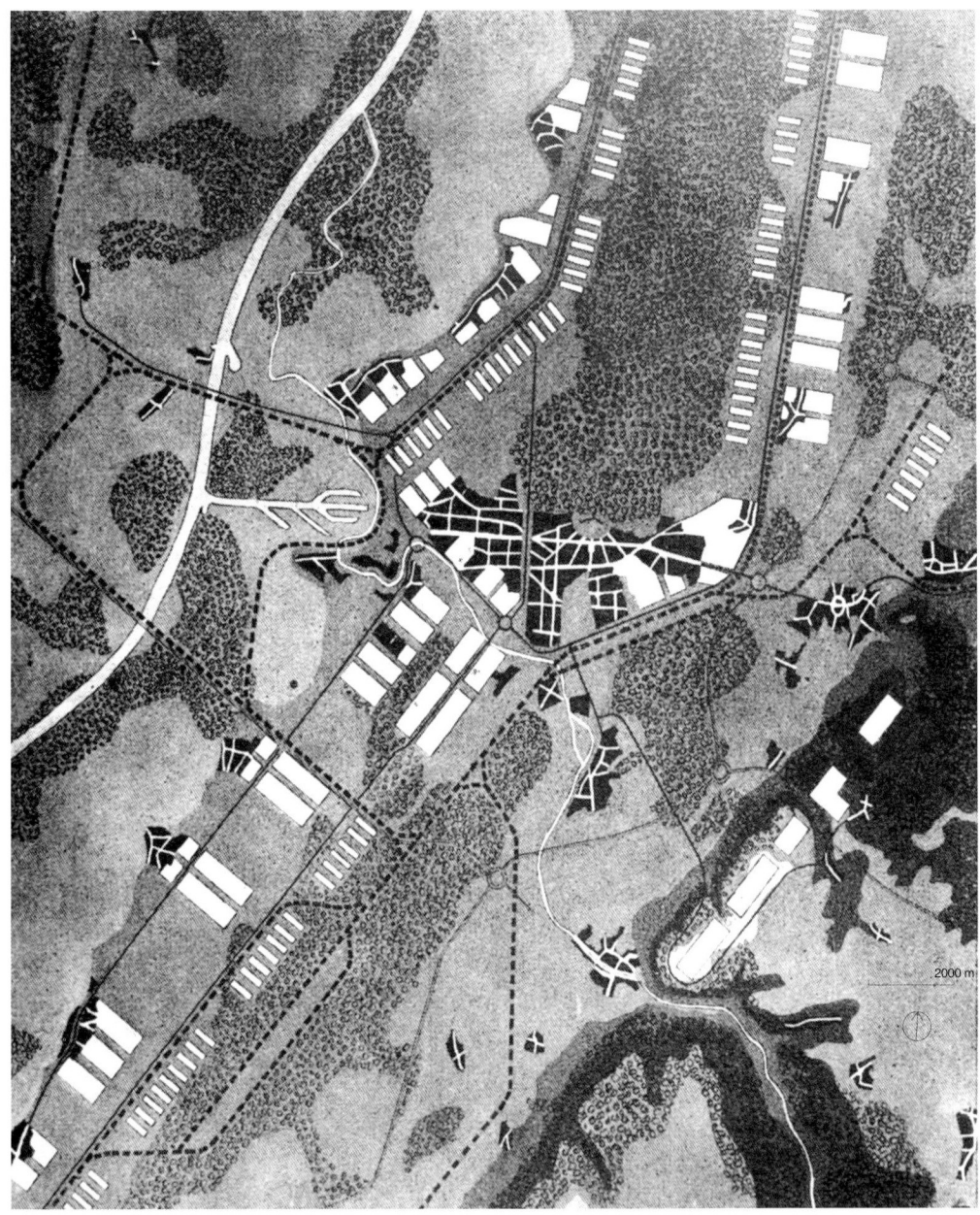

Lageplan. In Bildmitte die Stadt Karlsruhe. Links der Rhein mit der alten Brücke oberhalb und der neuen unterhalb des Rheinhafens. Im Südwesten und Nordosten die zu Trabantenstädten ausgebauten Ortschaften. Die bestehenden Stadtgebiete sind schwarz, die neugeplanten weiß angelegt – großflächig die Wohngebiete, kleinflächig die Industrien, die parallel zu den gestrichelt dargestellten Bahntrassen angeordnet sind.

Die Perspektive auf der Seite gegenüber zeigt einen Blick von Nordwesten auf den Großraum Karlsruhe. Im Vordergrund der Rhein und der gabelförmige Karlsruher Rheinhafen, die Rheinebene und die Kante des Hochgestades. Im Hintergrund die Höhen des Schwarzwaldes. Links die Stadt Karlsruhe, nach Norden anschließend der Hardtwald. Am Rande des Hochgestades die bestehenden Ortschaften, von Schweizer zu Trabantenstädten ausgebaut. Die durchgehende Linie in Bildmitte kennzeichnet die Eisenbahntrasse und eine neue Rheinbrücke südlich des Rheinhafens.

Schweizer schrieb zu seiner Planung: »Vorbedingung für eine einwandfreie Gestaltung ist eine Klärung der Struktur im städtebaulichen Bereich. Es ist entscheidend, daß dabei alle Grundlagen einbezogen werden, um sie nach Richtung, Wert und Grenze in ihrer wahren Bedeutung zu verarbeiten und einer angestrebten großen Einheit unterzuordnen.«

Neuordnung des Großraums Karlsruhe

Projekt 1943/44

Noch während des Krieges wurde Schweizer gemeinsam mit Friedrich Raab, Professor für Straßen- und Eisenbahnwesen an der Technischen Hochschule in Karlsruhe, mit Planungen zur Neuordnung der Stadt und des Großraums Karlsruhe beauftragt, hervorgerufen durch die starken Zerstörungen und die damit zusammenhängende Möglichkeit, die ungünstige Lage der Bahnanlagen, die die Stadt ringförmig einschlossen und ihrer Weiterentwicklung im Wege standen, zu verbessern. Schweizer schrieb zu dem Entwurf: »Zwischen der Rheinebene und den Ausläufern des Nordschwarzwaldes erstreckt sich das sogenannte Hochgestade der Rheinebene, eine Mittelterrasse mit dem durch die Stadtmitte Karlsruhes unterbrochenen Hardtwald. Zu beiden Seiten des Hardtwaldes sind sogenannte Trabantenstädte angeordnet, welche durch großzügig angelegte Schnellverkehrsbänder mit dem bestehenden Stadtzentrum verbunden sind. Diese Trabantenbänder setzen sich zusammen aus Komplexen von Wohnsiedlungen mit direkt zugeordneten Arbeitsstätten, die dadurch auf dem kürzesten Weg zu Fuß erreichbar sind und so die Anlage der Wohnsiedlungen ermöglichen. Neben Neubaugebieten am Stadtrand entstehen ausgezeichnete Wohngebiete direkt am Rande des Hochgestades mit Ausblick auf die Rheinlandschaft, auf der Ostseite des Hardtwaldes mit Ausblick auf den Nordschwarzwald und seine Vorberge sowie auf dem Gebirgsplateau, das der Stadt Karlsruhe direkt zugewendet ist. Je nach der Lage der Wohnbaugebiete und der Bebauung der bestehenden Siedlungskerne kommen Wohnformen in Flach-, Mittel- und Hochbau zur Anwendung.«

Schweizer berief sich ausdrücklich auf seine Gedanken zur Idealstadt, die er im Jahre 1931 entwickelte (S. 150) und auf seine »Stadteinheit für 30 000 Menschen«. (S. 285)

Für die Stadt Karlsruhe selbst empfahl er, ein dem starken Anwachsen entsprechendes neues Zentrum zu bilden, das im Westen, im Bereich der heutigen Reinhold-Frank-Straße/Brauerstraße liegen sollte, als Mittelpunkt der historischen Stadt mit ihren sich nach Westen entwickelnden Außenbezirken.

Lit.: Otto Ernst Schweizer, »Zur städtebaulichen Neuordnung von Karlsruhe«. Aus einem 1943 von der Stadtverwaltung angeforderten Vorschlag zum Gebrauch der Studierenden der Technischen Hochschule zu Karlsruhe bei städtebaulichen Studienaufgaben, Karlsruhe 1948. – *Otto Ernst Schweizer und seine Schule. Die Schüler zum sechzigsten Geburtstag ihres Meisters*, Ravensburg 1950, S. 54 f. – Karl Selg, *Stadtrandsanierung*, hrsg. v. d. Forschungsgemeinschaft Bauen und Wohnen, Stuttgart 1952, S. 24 f. – »1944. Neuordnung und Entwicklung des Raumes Karlsruhe«, in: Otto Ernst Schweizer, *Die architektonische Großform. Gebautes und Gedachtes*, Karlsruhe 1957, S. 178 f. – *1930 bis 1960. Otto Ernst Schweizer. Forschung und Lehre*, Stuttgart 1962, S. 24 ff.

Nordtrakt eines Vorentwurfes. Die Mauerflächen sollten verputzt und weiß gestrichen sein, der Sockel aus grauem Naturstein bestehen. Auf der Abbildung unten die Fassadenabwicklung der Südansicht. Hinter den großflächigen Verglasungen der beiden Haupteingangsbereiche befinden sich im Erdgeschoß die Eingangshallen, in den Obergeschossen Tagesräume, hinter denen der ursprünglich vorgesehenen Eckpavillons im Osten und Westen normale Bettenzimmer.

In einem Vortrag vor Offizieren des Heeres führte Schweizer im Jahr 1940 aus: »Stil ist Entwicklung, nicht Zustand. Er ist Ausdruck der geistigen Haltung seiner Zeit – auch im Bauwerk. Sein ärgster Feind ist das Modische und die Sucht, etwas Ausgefallenes, unerhört Originelles schaffen zu wollen. Der Architekt muß sich der Tatsache bewußt sein, daß Architektur noch nicht gleichbedeutend ist mit monumentalen Säulenhallen, Marmor und Stuck, auch nicht gleichbedeutend ist mit einem kostbaren Mäntelchen, welches man einem irgendwie geformten Bau einfach umzuhängen hätte. Architektur ist die Kunst, Körpern und Räumen glückliche und charaktervolle Verhältnisse zu verleihen, zusammenzufassen, aufzulösen, die für den jeweils erstrebten passenden Ausdruck richtige Aufteilung der Flächen in Öffnung und Wand zu finden und vieles andere mehr in rücksichtsvoller Einordnung. Die Wahl der Baustoffe ist abhängig von der Form der Bauten. Diese Gesetze der Architektur gelten auch für den Zweckbau.«

Standortlazarett in Karlsruhe

Projekt
1938

Am östlichen Rand Karlsruhes sollte auf einem nach Süden trichterartig zulaufenden Grundstück ein Standortlazarett für rund 270 Krankenbetten gebaut werden. Als Entwurf lag ein vom Heeresbauamt Karlsruhe gefertigtes, weitgehend verbindliches Projekt vor, das wiederum auf einem Typenentwurf des Oberkommandos Heer Berlin aufbaute: ein nach Süden konkav gebogener, drei Geschosse hoher Bettenbau von rund 206 m Fassadenlänge mit mächtigen Eckpavillons, zwei nach Norden anschließenden Trakten für die medizinischen Räume, Verwaltung sowie Personalwohnungen. Als Dach war ein Walmdach mit 40° Neigung vorgesehen. Im Norden des Grundstücks sollten eine Kapelle, ein Wirtschaftsgebäude, Wohnbauten, Krankenwagengaragen und die Pförtnerei als gesonderte, freistehende architektonische Einheiten errichtet werden.

Schweizer wurde nur die Gestaltung der Fassaden aller Gebäude und die künstlerische Ausgestaltung bevorzugter Räume wie Haupteingangshalle, Treppenhäuser, Festsaal und Kapelle übertragen. Als wichtigsten Eingriff in das vorgegebene Konzept befreite er den gebogenen Bettenbau von den Eckpavillons, die nicht vorteilhaft für die Wirkung der Gesamtmasse des Bauwerkes seien, besonders dann, wenn der zweckdienlichen Bedingtheit entsprechend die horizontale Gliederung der Veranden und ihre Abdeckung als stark unterschnittene Flächen durchgingen, schrieb Schweizer. Er bildete eine Architektur, die die Enden der Kurve eher zurückstuft als betont, indem er dort zum einen die Walme zugunsten flachgeneigter Dächer ersetzt, die nun gegen die dadurch entstehenden Giebelwände des Hauptbaues stoßen, zum anderen die Fassaden darunter gleich den jeweils drei Achsen der beiden Eingangsbereiche weitgehend in Glas auflöst. Diese »Glasfelder« bestimmen mit dem Wechsel von schweren Natursteinpfeilern und leichteren Betonstützen den Rhythmus der Gesamtfassade. Weit vorkragende, durchlaufende Balkone an der Südseite in allen Geschossen, die um das Gebäude herumgekröpft sind und ein kräftig ausgebildetes Betongesims binden die Architekturglieder aneinander. »Zusammenfassend ist zu dem Entwurf zu sagen«, so Schweizer, »daß meines Erachtens die betonte Krümmung der Vorderseite in der Form so anspruchsvoll ist, daß die Detailgliederung dem großen Gesamtmaßstab des Gebäudes entsprechend sich nicht durch einen Reichtum an Kurvenformen auszeichnen kann, sondern daß für die gestalterischen Werte der Fassadengliederung die Proportionalität sowohl in der Fläche als auch in der plastischen Gliederung das Entscheidende ist, d. h., daß es nicht so sehr an der Gestaltung der Detailformen selbst gelegen ist, als es an der Bedingtheit der Detailformen im gesamten städtebaulichen und großdimensionalen Massengefüge des Bauwerkes liegt.

Lit.: *Otto Ernst Schweizer. Die Schüler zum sechzigsten Geburtstag ihres Meisters*, Ravensburg 1950, S. 14 f. – »1938. Projekt für ein Standortlazarett in Karlsruhe«, in: Otto Ernst Schweizer, *Die architektonische Großform. Gebautes und Gedachtes*, Karlsruhe 1957, S. 120 f.

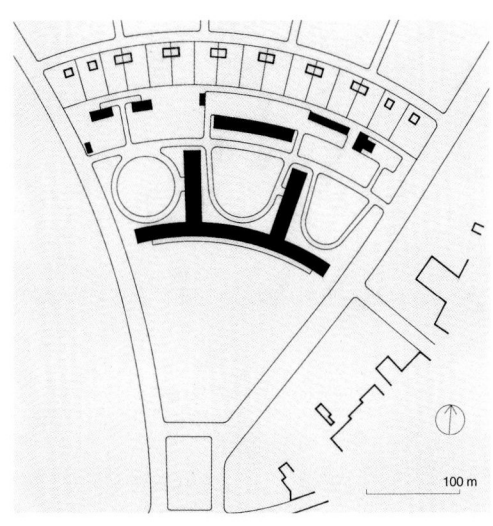

Lageplan. Im Süden, von Westen nach Osten führend, die Rintheimer Straße, nach Nordosten die Mannheimer Straße, nach Nordwesten der Ostring. Im Norden des Grundstücks liegen die Pförtnerei mit Hauptzufahrt am Ostring, Ärztewohnungen, Heizzentrale, Wirtschaftsgebäude, Garagenhalle für Krankenwagen und, ganz rechts, die Kapelle.

Umbau der Villa Kann in Baden-Baden

Projekt
1941/42

Die Villa Kann, ein herrschaftliches Wohngebäude aus der Gründerzeit im Südwesten Baden-Badens an einem Hang in Nachbarschaft des eigenen Hauses von Schweizer gelegen, sollte umgebaut werden, um zusätzliche Wohnungen zu gewinnen und um die Architektur des Äußeren der seinerzeit modernen Formensprache anzugleichen. Schweizer schlug vor, die Aufbauten oberhalb des 2. Obergeschosses und den Turm abzutragen und auf der so neu gewonnenen Ebene einen hölzernen Dachstuhl mit weit ausladendem, flachgeneigten Satteldach für zwei Wohnungen zu errichten. Eine kräftige, horizontal umlaufende Fuge und ein schmales Gesims darüber sollte das neue Geschoß vom Bestehenden trennen, das Holzständerwerk nach außen deutlich sichtbar hervortreten – eine Architektur, die der des eigenen Hauses von Schweizer (S. 166) ebenso entsprochen hätte wie auch die weit ausladenden Balkone in allen Geschossen.

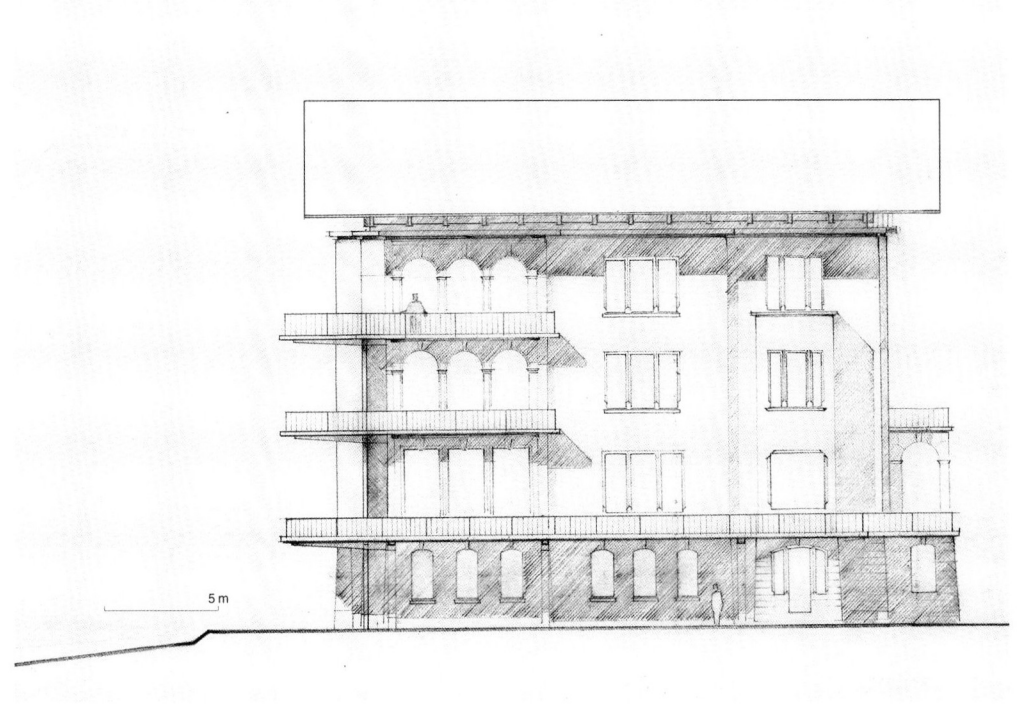

Südostansicht.

Blick auf die Villa Kann von Süden.

Links die neue Nordostansicht mit dem nach außen deutlich hervortretenden hölzernen Ständerwerk des Dachgeschosses. Rechts ein Blick auf die Villa Kann von Süden. Photographie aus der Zeit um die Jahrhundertwende. Der bauliche Zustand hatte sich bis zu Schweizers Umbau-Projekt kaum verändert.

Trabantenstädte und ein neues Zentrum für München

Projekt
1937

Im Rahmen eines engeren Wettbewerbes befaßte sich Schweizer mit der Neuordnung Münchens, mit der Anlage von Trabantenstädten und einem ihnen entsprechenden neuen Zentrum am nordwestlichen Rand des Englischen Gartens parallel zur Ludwig- und zur Leopoldstraße. Er schrieb zu seinem Entwurf:

»Die Gegenwart stellt für die heutigen Großstädte große Aufgaben. Der gesunde Lebensablauf ist gestört. Diese Störungen stellen sich in den chaotischen Stadtbildern von heute eindringlich vor Augen. Die Beziehungen zwischen Arbeit (Industrie), Wohnung, Erholung und Verkehr müssen, bezogen auf das menschliche Leben als Konstante, neu geordnet werden.

Ein schöner Stadtaufbau ist ohne solche Ordnung nicht zu erreichen. Das große Ziel der Gegenwart ist es, alle organischen, stadtaufbauenden Kräfte zusammenzufassen zu einer gestalteten Einheit, zur Stadt als Gesamtkunstwerk.

Diese Zielsetzung ist eine Aufgabe der Baukunst geworden. Die Gestaltungsbedingungen zur Bemeisterung dieses architektonischen Problems werden langsam wieder erkannt. Nachdem die vergangenen Jahrzehnte darin wesentlich eine ingenieurtechnische Aufgabe erblickt haben, ist es nun zur Gegenwartsaufgabe geworden, allen Kunstschaffenden die neuen Erkenntnisse bewußt zu machen ...

München bietet städtebaulich noch eine große Möglichkeit. In bester Beziehung zu dem Monumentalbauviertel von dem Königlichen Platz über die Brienner Straße, könnte in nächster Nähe des Stadtzentrums ein weiterer, aus dem Geiste der neuen Zeit entwickelter Stadtraum angelegt werden. Im Anschluß an das Haus der Deutschen Kunst, parallel der Ludwigstraße und der Leopoldstraße, entlang dem Englischen Garten, ergäbe sich eine neue große, in eine Länge von 2 km gezogene, 100 m breite Platzanlage, an welcher öffentliche Großbauten mit bester Wirkung errichtet werden könnten. Die Situation ist so geschaffen, daß die Wechselbeziehungen zwischen Architektur und Landschaft in einer großartigen Form gestalterisch auswertbar sind. Diese am wasserreichen Englischen Garten erhöht gelegene Platzanlage ist ganz dem Fußgänger vorbehalten und frei vom störenden Fahr- und Schnellverkehr. Von der Ludwigstraße aus können offene Verbindungen in der schönsten Form geschaffen werden. Es bietet sich auf diesem Platz die Möglichkeit, bei besonderen Anlässen die ganze Stadt, bis zu einer Million Menschen, zum Erlebnis großer Ereignisse zu versammeln.

In lebendiger Beziehung hierzu müssen neue Wohngebiete zugeordnet werden. Diese neuen verdichteten Wohngebiete müssen im nördlichen Isartal auf dem Hochufer in gesunder Lage angeordnet werden, so daß sie in unmittelbarer Verbindung mit dem Fluß und den am Fluß entlang führenden Grünanlagen stehen. Der Verkehr von den neuen Wohngebieten wird entlang der 2 km langen Platzanlage hinter der Ludwigstraße im Einschnitt bis ins Herz der Stadt herangeführt. Die Weiterführung eines solchen tiefer gelegenen Verkehrsbandes am Rande der Altstadt entlang nach Süden zu neuen verdichteten Wohngebieten auf dem Hochufer der Isar im Süden der Stadt ist eine Aufgabe späterer Zeit.«

Das Armeemuseum, ein mächtiger Komplex aus der Zeit um 1900, der dem Hofgarten im Osten wie ein Riegel vorgelagert worden war und den räumlichen Bezug Hofgarten/Englischer Garten zerstört hatte, wollte Schweizer durch eine niedrige Thermenanlage ersetzen. Außer einer Photographie und dem Erläuterungsbericht hat sich nichts von Schweizers Arbeit erhalten.

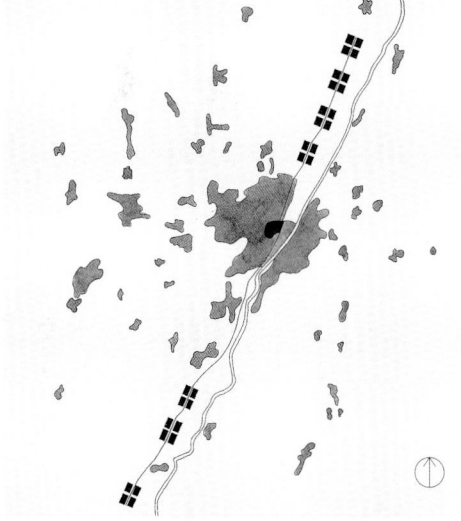

Übersichtsplan (links). Im Norden und Süden der Altstadt liegen parallel zum Isartal die Trabantenstädte für jeweils 30 000 Menschen; die Industrien sollten im Osten angeordnet werden. Oben links Schleißheim, rechts Ismanning; unten rechts Oberhaching.

Rechts der Lageplan des neuen Zentrums. Unten die Residenz und der Hofgarten, der nach Osten vom Armeemuseum abgeschlossen wird. Darüber das »Haus der deutschen Kunst« und, nach Osten anschließend, das Nationalmuseum, Gebäude, die die südliche Begrenzung des Englischen Gartens bilden. Rechts die Isar. Links die Ludwigstraße und, weiter nördlich, die Leopoldstraße. Am westlichen Rand des Englischen Gartens liegt Schweizers Zentrum mit öffentlichen Einrichtungen an seiner Westseite. In den Englischen Garten greifen nur ein »Pantheon« auf Höhe der Universität und zwei im Grundriß quadratische Gebäude weiter nördlich ein. Den Abschluß des Zentrums bildet im Norden eine Ehrenhalle, im Süden ein Tor zum Hofgarten. An der Rückseite der östlichen Gebäudereihe an der Ludwig- und Leopoldstraße verläuft das vertieft liegende Schnellverkehrsband.

»Wenn in den modernen Großstädten die Gesamtsituation dem Wesen des Architektonischen entsprechend entwickelt wird«, schrieb Schweizer, »entstehen auch gute Bedingungen für den Einzelbau, und die Architekten des Einzelbaus werden einfachere Gestaltungsvoraussetzungen vorfinden.«

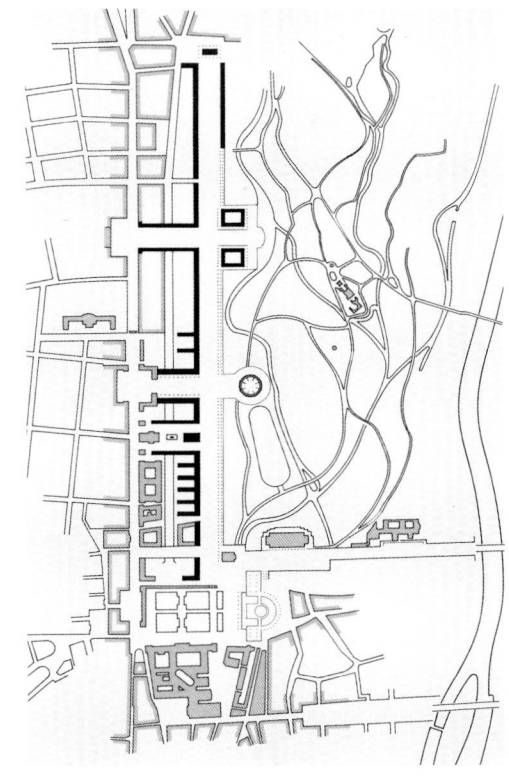

Kurstadt Baden-Baden

Die Abbildungen zeigen das Gesamtmodell und eine Skizze Schweizers, in der die Lage des Thermalbadzentrums im Stadtgefüge und die Höhenentwicklung festgelegt sind sowie die von Nordosten nach Südwesten führende Höhen- und Aussichtsstraße, die das Neue Schloß in weitem Bogen umfährt. Rechts unten in der Skizze ein Schnitt durch die Thermalbadanlage, die sich von der Höhen- und Aussichtsstraße nach Süden zur Stadt herunterstaffelt.

Im Modell rechts die Hotels oberhalb der neuen Straße; in der Mitte unterhalb des Neuen Schlosses das neue Thermalbadzentrum und die Stadtkirche; im Hintergrund links der Kurhausbezirk.

Fassadenausschnitt der neuen Spielbank. Die Architektur sollte sich durch kräftige Pfeiler, tiefe Unterschneidungen und weitgehende Verglasung auszeichnen.

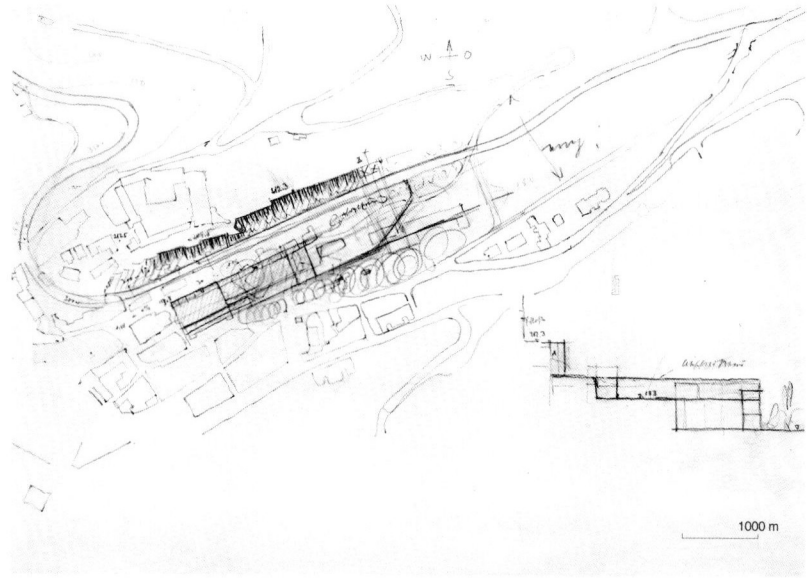

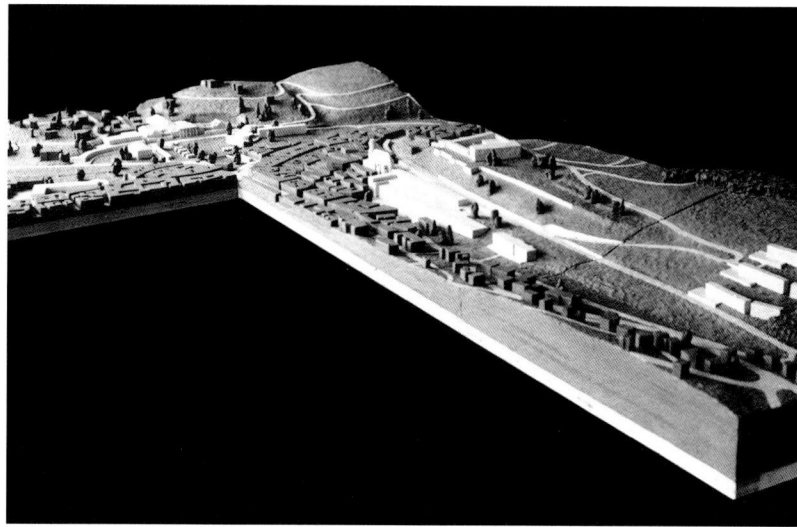

In der Wettbewerbsauslobung heißt es: »Zur Klärung der Zukunftsaufgaben Kur-Baden-Badens und ihrer baulichen Lösung soll eine möglichst vielseitige Diskussion eröffnet werden. Sie besteht darin, daß die einzelnen Teilnehmer aufgefordert werden, 1. Ideenvorschläge zu geben für den Aufbau der zukünftigen Kurstadt Baden-Baden, die allen Bedürfnissen eines modernen Kur- und Badeortes Rechnung träg, 2. zu prüfen, wie weit und auf welche Art die bestehenden Bauten und sonstigen Anlagen dem neuen Organismus eingegliedert und unter Umständen in ihrer Zweckbestimmung umgedeutet oder beseitigt werden können. Der aufgeforderte Architekt hat bei der Bearbeitung der Aufgabe völlige Freiheit.«

Zu den zur Wettbewerbsbearbeitung eingeladenen Architekten gehörten Adolf Abel, Paul Bonatz und Friedrich Eugen Scholer, Hans Freese, Werner March und Otto Ernst Schweizer; die Beurteilung der Arbeiten erfolgte – ohne Preisvergabe oder Festlegung einer Rangordnung – durch ein Gremium von vier staatlichen und städtischen Bauräten unter der Federführung von August Stürzenacker.

Blick von Osten auf die alte Trinkhalle und den Erweiterungsbau mit der für Schweizers Architektur charakteristischen weit überstehenden Dachplatte.

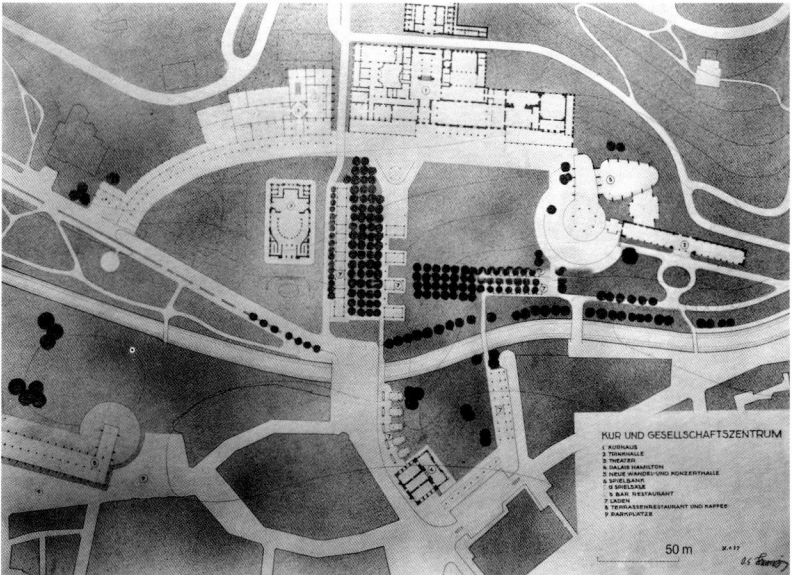

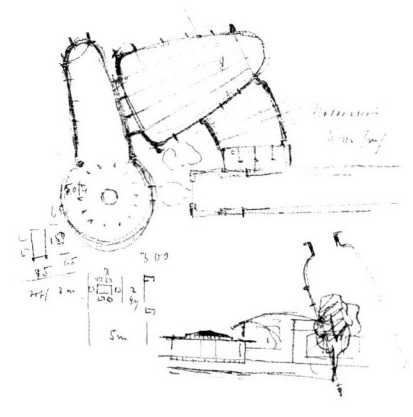

Lageplan des Bezirkes am Kurhaus, des Kur- und Gesellschaftszentrums. Oben das Kurhaus, links anschließend die neue Spielbank und die Ausstellungshalle an der Lichtentaler Allee. Parallel zur Längsseite des alten Theaters die Werderstraße, die den Spielbank- und Kurhauskomplex durchschneidet. Rechts die neue Konzert- und Wandelhalle und die Trinkhalle. Unten links das geplante Terrassencafé auf dem Gelände des Augustaplatzes, unten in der Mitte das Palais Hamilton; an den Wegen von hier zum Kurhaus und zur Trinkhalle sind niedrige Ladenbauten angeordnet.

Darunter das Modell des Bezirkes am Kurhaus. Blick aus der Luftperspektive von Osten über das von Schweizer geplante Terrassencafé hinweg auf das Kurhaus, den links anschließenden gebogenen Neubau für die Spielbank und eine Ausstellungshalle direkt an der Lichtentaler Allee sowie, rechts, auf die Trinkhalle und die neue Konzert- und Wandelhalle als Verbindungsbau.

Bei der vorgeschlagenen neuen Wandel- und Konzerthalle ist die bestehende, jetzt abgelegene Trinkhalle wieder in den lebendigen Kurbetrieb einbezogen, denn diese ist von dem kurstädtischen Badeleben nicht wegzudenken. In architektonischer Beziehung muß sich diese neue Wandelhalle den bestehenden Bauten des Kurhauses und der Trinkhalle unterordnen. Der bestehende landschaftliche Eindruck vom Kurplatz aus darf in keiner Weise beeinträchtigt werden. Trotzdem muß eine lebendige Beziehung des Bauwerks zu den gegebenen Bauten erreicht werden. Diese Forderungen können erfüllt werden, indem die Halle in der größten Leichtigkeit, Eleganz und Durchsichtigkeit gestaltet wird. Sie wird allen verlangten Anforderungen genügen. Demjenigen der Besucher, der Musik zuhören und durch den Promenadenverkehr nicht gestört werden will, wird die nötige Beschaulichkeit gesichert. Wer vor oder in dieser Wandelhalle promenieren will, kann ebenfalls das Konzert mit anhören. So wird diese Halle, die das ganze Jahr einen großartigen Blumengarten in sich schließt, bei schlechtem Wetter der Treffpunkt und das Zentrum des gesamten gesellschaftlichen Kurbetriebs werden. Das Gebäude kehrt seine Breitseite der Sonne zu. Dadurch werden auf dem Kurplatz windgeschützte Sitzgelegenheiten geschaffen.

An diese Halle schließen sich im bestehenden Kurhaus die Räume der Spielbank an. Diese Räume müssen ihrem ursprünglichen Zweck als Lese- und Konversationssäle für den gesellschaftlichen Kurbetrieb zurückgegeben werden. An der Verschiedenartigkeit der Räume im Kurhaus, wie sie nun einmal geworden sind, sollen keine Veränderungen vorgenommen werden. Vielleicht läßt sich von Fall zu Fall der eine oder andere Anbau wegnehmen, um sich so dem ursprünglichen baulichen Zustand des alten Kurhauses wieder anzunähern. Für die Spielbank ist ein Neubau vorgesehen, der die geforderten Bedürfnisse voll erfüllt und darüber hinaus noch Konferenzzimmer und einen Kongreßfestsaal enthält. Ebenso sind angeordnet: Verwaltungs- und Diensträume. Dieser Neubau ist organisch einbezogen in den Betrieb des Kurhauses und durch einen Übergang über die Werderstraße mit demselben verbunden.

Zur Zusammenfassung all dieser gesellschaftlichen Einrichtungen für den Kurbetrieb ist eine Terrasse angelegt, die von einer neuen Ausstellungshalle an der Lichtentaler Allee über die Spielbank bis zur alten Trinkhalle reicht.

Die Einbeziehung des Parks des »Palais Hamilton« wird eine wesentliche Bereicherung des Kurzentrums mit sich bringen. Es wird so ein zweiter Weg zu der neuen Wandelhalle eröffnet, der ganz im Grünen dahinführt und an welchem neue Läden errichtet werden können. Überhaupt sind Läden an all den Stellen im Kurgebiet angeordnet, an denen vorbei ein reger Promenadenverkehr sich entwickelt. Die neuen Verkaufspavillons müssen so angeordnet werden, daß sie das Zusammenfließen der Grünflächen im Kurgebiet nicht hindern und nicht trennend zwischen die einzelnen Parkflächen hineingestellt sind.

Um einen guten architektonischen Abschluß der Anlagen gegen die Lichtentaler Straße zu erreichen, werden die Bauten am Augustaplatz abgebrochen und an dieser Stelle ein Neubau errichtet mit Restaurants, Kaffees und Läden, der sich in Terrassenform gegen die Anlagen zu öffnet. Gegen die Lichtentaler Straße trennt er große Autoparkplätze ab. Das gesamte Untergeschoß ist als gedeckter Parkplatz gedacht. In diesem großen Neubau können auch ausgedehnte Büro-, Geschäfts- und Verwaltungsräume untergebracht werden.

Um die Durchschneidung des Kurbezirks zu vermeiden, müssen alle ins Tal ausmündenden Verkehrswege von einer durchlaufenden Randstraße hinter dem Kurgebiet zusammengefaßt werden, um den Zufahrtsverkehr zu den westlichen Wohngebieten abzuleiten.

So sind hier alle Einrichtungen geschaffen, welche das moderne Badeleben von Baden-Baden, gesehen vom Standpunkt unserer heutigen Zeit aus, erfordert.«

Von Schweizers Arbeiten haben sich nur Skizzen und einige Photographien erhalten.

Lit.: »1937. Vorschlag für eine Wandel- und Konzerthalle Baden-Baden«, und: »1937. Skizze einer Kurhausarchitektur«, in: Otto Ernst Schweizer, *Die architektonische Großform. Gebautes und Gedachtes*, Karlsruhe 1957, S. 116 ff.

Blick auf die neue Wandel- und Konzerthalle über die von Schweizer vorgeschlagene Terrasse vor dem Kurhaus. Rechts die Erweiterung der Trinkhalle und, im Hintergrund, die Trinkhalle selbst.

Ausbau der Kurstadt Baden-Baden

Wettbewerb
1936/37

Um die Voraussetzungen eines neuzeitlichen, großzügigen Kur- und Badelebens auf Dauer zu schaffen, war ein Ideenwettbewerb zum Um- und Ausbau der Kurstadt Baden-Baden ausgelobt worden. Schweizers Vorschläge betrafen im wesentlichen die Neugestaltung des Bezirkes am Kurhaus, die Verbindung von Trinkhalle und Kurhaus durch eine Wandel- und Konzerthalle sowie die Neuordnung des Kurhauses selbst mit einem nach Südosten anschließenden gebogenen Gebäudezug bis an die Lichtentaler Allee heran für eine neue Spielbank und eine Ausstellungshalle, den Bau eines Terrassencafés in stadträumlicher Beziehung zum Kurhaus- und Spielbank-Komplex auf dem Gelände des Augustaplatzes, die Anlage eines Sportbezirkes mit Hallen- und Freibad an der Oos auf dem Gelände der Gönneranlagen und die Errichtung eines Thermalbadzentrums unterhalb des Neuen Schlosses zwischen Stiftskirche und dem Landesbad, das – ebenso wie neue Hotelbauten weiter östlich am Hungerberg – durch eine Höhen- und Aussichtsstraße erschlossen werden sollte.

Schweizer schrieb zu seinem Entwurf: »Das Problem der Entwicklung der Kur- und Bäderstadt Baden-Baden muß in der ganzen Breite betrachtet werden, wenn es zu sicheren Richtlinien für die Zukunft führen soll. Es muß hinsichtlich seiner landschaftlichen und baulichen Werte, der Bedeutung seiner Quellen, der allgemeinen baulichen Entwicklung der Stadt, der Auswirkung dieser Anlagen auf das städtische Leben überhaupt und in wirtschaftlicher Beziehung untersucht werden.

Es ist wichtig, die allgemeinen Gesichtspunkte für die Erhaltung und Pflege der schönen Landschaft, die ja in gewissem Sinne das Kapital der Stadt darstellt, zu berücksichtigen. Bei der baulichen Entwicklung der Stadt und des Kurgebietes sind es immer wieder die Beziehungen zwischen Architektur und Landschaft und die Auseinandersetzungen mit den bestehenden Baudenkmalen, welche den Charakter von Baden-Baden wesentlich mitbestimmen. Es ist schade um jeden Teil des wertvollen Geländes, das zur Erweiterung von Baden-Baden herangezogen werden muß. Aus diesem Grunde müssen die Bauformen so entwickelt und gestaltet werden, daß sie sich der Landschaft unterordnen. Bezüglich der Stadterweiterung muß die Bebauung so viel wie möglich verdichtet bzw. zusammengehalten werden, um so möglichst wenig von der schönen Landschaft in Anspruch zu nehmen.

Für das Kurgebiet liegen die Verhältnisse noch verwickelter. Eine bauliche Erweiterung darf hier niemals auf Kosten der Landschaft, sondern immer auf Kosten des Abbruchs bestehender Bauwerke erfolgen. Im Kurgebiet selbst verdichten sich die baulichen Probleme besonders dadurch, daß wertvolle Baudenkmäler wie die Trinkhalle von Hübsch, das Kurhaus von Weinbrenner und das Theater von Derchy und Couteau im Wesen ihres baulichen Charakters erhalten werden müssen. Die Trinkhalle ist in der Baukunst des XIX. Jahrhunderts ein einzigartiges Bauwerk. Es ist in dieser Zeit kaum ein solches entstanden, das unabhängig von dem klassizistischen Formkanon sich in selbständigen und neuartigen Formen darstellt. Außerdem ist es im XIX. Jahrhundert nur der Romantik gelungen, eine großartige Verbindung zwischen Architektur und Malerei in der Form wie in der Trinkhalle zu verwirklichen. In Baden-Baden ist neben der Verbindung von Architektur und Malerei auch noch eine außerordentlich glückliche Situation gewählt und so eine Verbindung mit der Landschaft geschaffen. Die Erhaltung dieses Baudenkmals ist also eine dringende Notwendigkeit. Sie liegt nicht nur im Interesse Baden-Badens, sie liegt im Interesse der deutschen Kunst und der Kunst überhaupt.

Nicht so eindeutig ist die Bewertung des Kurhauses als Baudenkmal. Die vielen Veränderungen haben den Charakter dieses an sich sehr bedeutenden Weinbrennerbaues nicht rein erhalten. Die Umgebung ist besonders nach Süden zu eine allzu »bauliche« geworden. Zudem gibt es klassizistische Bauwerke dieser Art überall, und die eingebauten Säle sind gleichwertig in anderen Orten vorhanden. Doch stellt das Kurhaus für Baden-Baden und auch für das badische Land etwas besonderes dar und kann daher von dem kurstädtischen Leben der Stadt und ihrer Tradition nicht weggedacht werden. Deshalb müßte auch dieses Bauwerk erhalten, ja vielleicht sogar wieder mehr seinem ursprünglichen baulichen Charakter zugeführt werden. Nach den bestehenden An- und Umbauten zu urteilen, erscheint es jedenfalls ausgeschlossen, in dieser Weise mit Veränderungen und Erweiterungen fortzufahren.

Der Bäderbezirk muß über seine heutige Form hinaus erweitert werden durch Thermalschwimmbäder, Hallenbäder und Freibäder mit ausgedehnten Liegeterrassen »Am Ursprungsort der Quellen soll sich diese Anlage entfalten. Die Terrassenbauten kehren ihre Breitseite der Sonne zu. Hier an dieser Stelle ist das günstigst gelegene Gelände, diesen Freibadebetrieb in Verbindung mit den Thermalschwimmbädern großzügig zu gestalten. Entscheidend ist, dieses Bädergebiet verkehrstechnisch für den Fahrverkehr und für den spazierenden und erholungssuchenden Fußgänger aufs beste anzulegen. Es wird daher vorgeschlagen, diese Höhe durch eine neue Autostraße zu erschließen, welche den Anschluß an das große Netz der Verkehrserschließungsstraße von Baden-Baden findet.

Diese Straße wird als ebene Aussichtsstraße für eine weite Promenade und den Automobilausflugsverkehr geplant. Sie verläuft in der Höhe von etwa 190 m über dem Meeresspiegel (rund 30 m oberhalb des Geländeniveaus vor dem Kurhaus) und eröffnet für das Kur- und Erholungsleben von Baden-Baden ganz neue Aspekte ... Die Straße muß für den Fußgänger und für den Autoverkehr durch schöne Aussichtsplatten, Ruhepunkte, – Kioske, Gaststätten, Kaffees usw. erschlossen werden. Für Parkplätze und Tankstellen ist zu sorgen. Diese Straße zieht das jetzige Quellengebiet in den lebendigen Fluß des Kurlebens herein. Der Bäderbezirk wird von einem neuen Leben durchströmt und schafft dadurch für das Kur-, Bade- und Gesellschaftsleben von Baden-Baden einen ganz neuen Anziehungspunkt und neue Erlebnismöglichkeiten. Diese Erweiterung fordert in der Nähe neue Hotels für eine große Zahl von Erholungsbedürftigen und Passanten. Diese Hotels sind unterhalb des Hungerbergs im Anschluß an die neue Aussichtsstraße vorgesehen. Die Fassaden sind nach Südosten gerichtet. Aus jedem Zimmer ist eine freie Aussicht möglich. Der Wald ist in unmittelbarer Nähe zu erreichen, und für die Übergangsmomente bieten Terrassen eine herrliche Aussicht. Eine großzügige Lösung dieses Gedankens kann nur erreicht werden, wenn starke Einschnitte und Veränderungen an Bestehendem vorgenommen werden.

In den Bäderneubauten werden sämtliche Einrichtungen für den Heilbetrieb erweiterungsfähig untergebracht. Im Rahmen und im Anschluß an den Badebetrieb können auf ausgedehnten Terrassen und in großen Hallen Luft- und Sonnenbäder genommen werden, in offenen und in geschlosssenen Räumen. Die Schwimmhalle verlangt ausgedehntes Ruhe- und Lagergelände. Es wird damit zu rechnen sein, daß sich die Badebesucher über einen ganzen Tag in diesen Stätten aufhalten; sie müssen hier alles finden, was zur Zerstreuung dient und für ihre verschiedenartigsten Bedürfnisse erforderlich ist. Es sind deshalb anzulegen: Kaffees, Lesesäle, Bibliotheken, Gymnastikhallen etc. ... Bei der Anlage der Aussichtsstraße und der neuen Bäderbauten ist darauf geachtet worden, daß der schöne Aufbau der Altstadt mit seinen beiden Dominanten, dem Neuen Schloß und der Stadtkirche, nicht beeinträchtigt wird. Die neuen Bauten sind Terrassenanlagen, die sich an den Berg anlehnen. In ihren gelagerten Baumassen ordnen sie sich aber dem beherrschenden Stadtaufbau bestimmt unter.

In der Gönneranlage ist ein großes Hallenschwimmbad im Anschluß an das bestehende Freibadebecken vorgesehen. Hier handelt es sich um ein ausgesprochenes Sportbad, um ein Kaltwasserbad. Hier ist der Ort, an dem die Jugend sich austoben kann. Es wird eine bewegtere und geräuschvollere Stimmung herrschen als in der Gegend der warmen Quellen, wo ein für das Warmbad charakteristischer, ruhiger, geräuschloser Betrieb gesichert sein muß. Ausgedehnte Liegeflächen sollen in Verbindung gebracht werden mit Kaffees, Restaurants, Gymnastikhallen, Lesesälen, Bibliotheken usw.

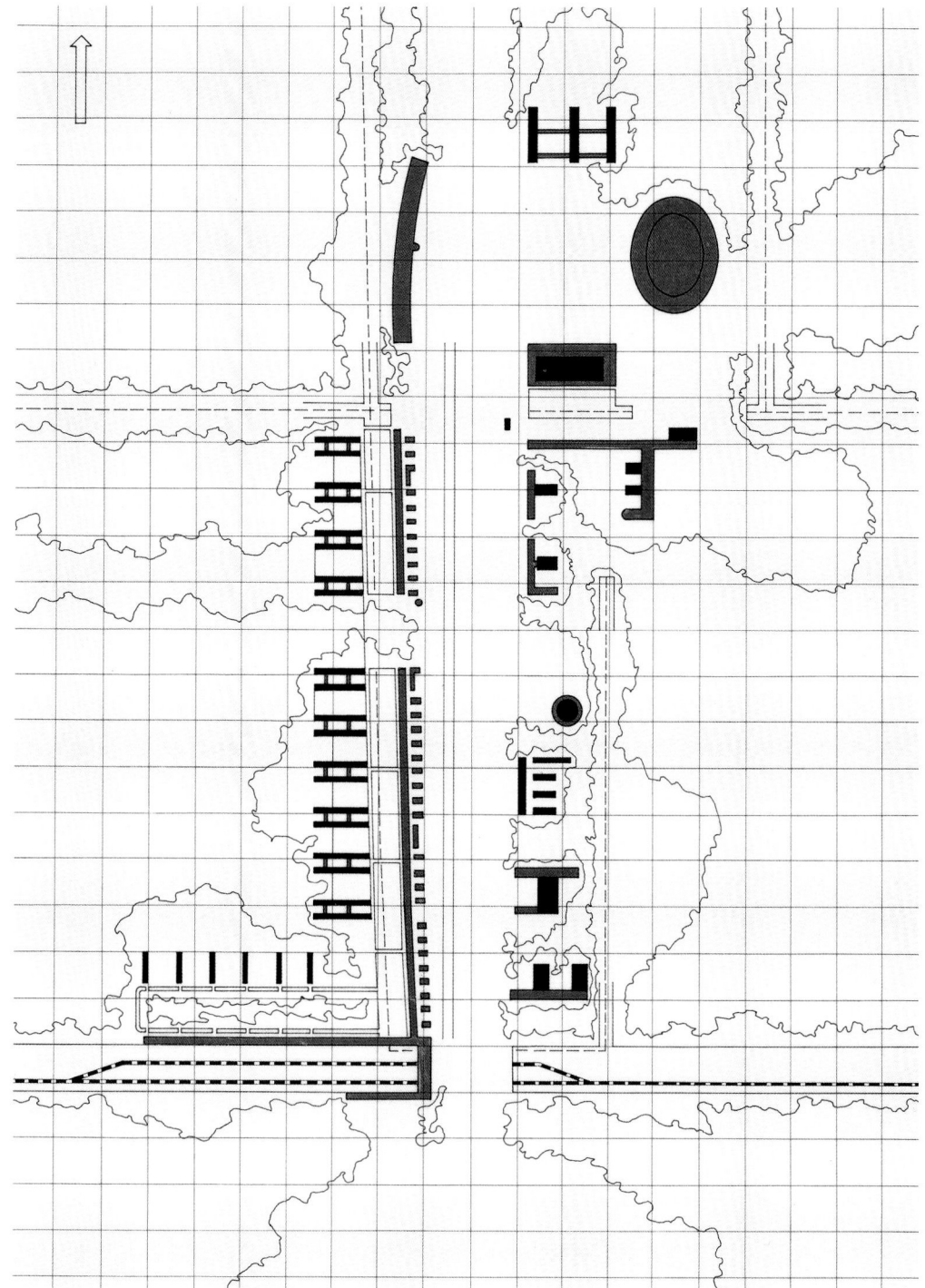

Lageplan. Unten im Süden die Hauptverkehrsader mit Bahnhof und Hotels im Westen. Daran anschließend nach Norden die Kette der Läden mit durchgehendem Wandelgang parallel zur Feststraße und dahinter die Verwaltungsbauten. Auf der Ostseite von Süden nach Norden ein Gebäude für Kinos und Varieté, ein Theater, zugehörige Verwaltungsbauten und eine im Grundriß kreisrunde Kirche. Weiter ein Bibliotheksgebäude, eine Thermenanlage mit Aussichtsturm und eine Versammlungshalle für 25 000 Personen. Daran anschließend im Norden des Forums das Stadion mit 65 000 Plätzen, gegenüberliegend eine Zuschauertribüne für Großveranstaltungen mit 40 000 Plätzen und, als räumlicher Abschluß des Ganzen, ein Komplex von Ausstellungshallen.

Schweizer schrieb in einem Beitrag zum Katalog der Ausstellung »Olympia und der deutsche Geist«: »Das heutige Gemeinschaftsbedürfnis und Gemeinschaftserlebnis führt dazu, in den modernen Städten Anlagen zu schaffen, welche die Möglichkeit bieten, sich in Massen zu versammeln und an einem gemeinschaftlichen Erlebnis teilzunehmen. Sowohl aus der Antike als auch aus der städtischen Gemeinschaftskultur der mittelalterlichen Städte sind Gebäude und Einrichtungen bekannt, welche so geschaffen waren, daß die ganze Bevölkerung der Stadt in ihnen zu einem gemeinschaftlichen Ereignis versammelt werden konnte. Auch in unserer Zeit stellt sich das Problem wieder von Neuem, und zwar nicht nur für mittlere und kleinere Städte, sondern auch für Groß- und Weltstädte. Ein Maßstab für solche großdimensionalen Anlagen kann aus der römischen Antike gewonnen werden.«

Kultur-, Kunst- und Sportzentrum einer Großstadt

Projekt
1936

Aufbauend auf seinen Studien zur Idealstadt mit ihrem Idealforum aus den Jahren 1930/31 (S. 115) entwickelte Schweizer ein Kultur-, Kunst- und Sportzentrum für eine Großstadt – ein Projekt, das auf einer Ausstellung zur XI. Olympiade 1936 in Berlin, »Olympia und der Deutsche Geist«, gezeigt wurde und das »die Wiederbelebung der olympischen Idee und ihren Niederschlag auf die Idee der modernen Stadt« verdeutlichen sollte.

Auf einer etwa 2,5 km langen und sich von rund 240 m Breite im Norden auf 170 m Breite im Süden verjüngenden Freifläche sind Läden, Geschäfts- und Verwaltungsbauten im Westen, Bauten der Gemeinschaft und Sportanlagen im Osten, Hotels nahe dem Bahnhof im Süden angeordnet. Die Läden sind durch einen gedeckten Wandelgang miteinander verbunden, der ebenso wie eine parallel laufende Feststraße vom Bahnhof zur Zuschauertribüne für Großveranstaltungen im Nordwesten der Anlage und zum Stadion im Nordosten führt. Schweizer schrieb zur Wiederveröffentlichung seines Projektes im Jahr 1957:

»Das Idealbild der heutigen Stadt zeigt sich als gestaltete Einheit von Arbeit, Wohnung und geistiger wie körperlicher Erholung. Diese Struktur der modernen Stadt wird den Menschen bestimmen, einen ausgeprägten Lebensrhythmus aufzunehmen: wohnen, arbeiten, sich erholen; und er wird diesen Lebenslauf dann als seinem Wesen entsprechend empfinden.

Auf der Grundlage solcher Erkenntnisse ist das gezeigte Idealbild eines Stadtzentrums entwickelt worden. In dieser Anlage werden das Geschäfts- und Verwaltungszentrum und der Erholungsbezirk für die Gemeinschaft zu einer Einheit verbunden. Fußgänger und Fahrverkehr sind eindeutig getrennt.

Die konkave Raumform ergibt sich aus der Forderung nach guter Übersicht und räumlicher Faßbarkeit. Bei dieser großen Dimension werden die landschaftlichen Gegebenheiten mit einbezogen und aus der Beziehung zwischen Architektur und Landschaft neue Werte geschaffen.«

Lit.: »Progetto della sistemazione urbanistica di una moderna città eseguito dal prof. Ernst Schweizer di Karlsruhe«, in: *Tecnica ed organizzazione*, 2. Jg. 1938, Märzheft, S. 70 f. – Otto Ernst Schweizer, *Vom Wiederaufbau zerstörter Städte*, Heft II der Schriftenreihe *Der Augenblick*, Baden-Baden 1949, S. 18 f. – Arnold Tschira, »Otto Ernst Schweizer, der Architekt«, in: *Bauen und Wohnen*, 5. Jg. 1950, Heft 4, S. 197 ff. (S. 204). – »1936. Idealforum eines Stadtzentrums«, in: Otto Ernst Schweizer, *Die architektonische Großform. Gebautes und Gedachtes*, Karlsruhe 1957, S. 152 f.

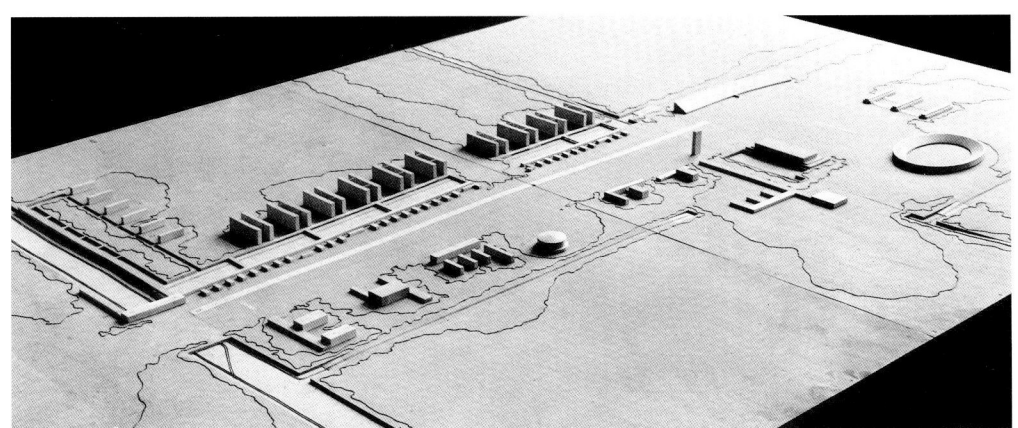

Modellaufnahme aus der Luftperspektive. Blick von Südwesten. Der Turm im Nordosten der Anlage nahe der Thermen und der Versammlungshalle zeigt aus der Fernsicht den Übergang aus dem langgestreckten Platz in den Bereich für Großveranstaltungen an.

Auf der Abbildung oben eine Entwurfsskizze Schweizers, in der die östliche »Platzwand« konkav gebogen ist, um die Dimension dem menschlichen Auge erfaßbar zu machen – ein Gedanke, der später zugunsten der sich verjüngenden Anlage aufgegeben wurde.

Tankstelle für die Reichsautobahn

Wettbewerb 1935

Ein vom »Generalinspektor für das deutsche Straßenwesen« ausgelobter beschränkter Wettbewerb für die Gestaltung von Tankstellen an den Autobahnen sollte zu beispielhaften Entwürfen unter Berücksichtigung verschiedener landschaftlicher Gegebenheiten und verschiedener Verkehrssituationen führen. Die aufgeforderten Architekten waren Ludwig Mies van der Rohe, Walther Schmidt, Otto Ernst Schweizer, Friedrich Tamms, Robert Vorhoelzer, Lois Welzenbacher, Thomas Wechs und Otto Zollinger.

Schweizer entwarf in offensichtlicher Anlehnung an seine Tankstelle für den Nürnberger Milchhof (S. 145) eine Stahlbetonkonstruktion: Sechs quer zur Hauptachse und zwei parallel dazu ausgerichtete scheibenartige Betonstützen tragen eine extrem dünne, nach vorn und seitlich weit auskragende Dachplatte, die den Kassenraum, WC-Anlagen, Sanitär- und technische Räume und einen Gastraum als weitgehend in Glas aufgelöste Einheit überdeckt sowie die Stellflächen für sechs Autos, zwei an der Vorderseite und je zwei seitlich, die gleichzeitig hätten bedient werden können.

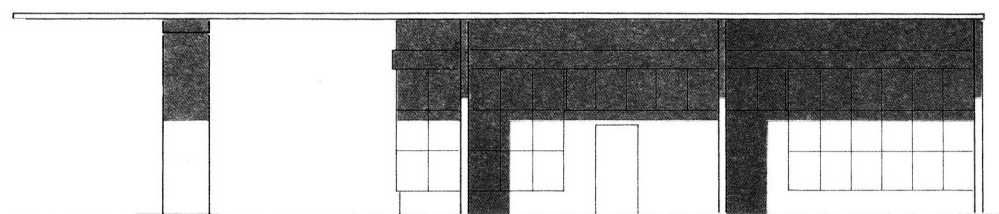

Die Abbildungen zeigen eine Perspektive der Tankstelle mit weitgehend freistehender, nahezu völlig in Glas aufgelöster und damit deutlich von der Betonkonstruktion abgesetzter Kassen- und Gastraumeinheit, eine Seitenansicht, und den Rohbau der Tankstelle des Nürnberger Milchhofs, der im System der Reichsautobahn-Tankstellenplanung entspricht.

Nordostansicht. Unter dem weit vorkragenden Eckbalkon im Hauptgeschoß liegt ein separater Zugang zum Arbeitsraum im Untergeschoß.

Die Abbildung oben zeigt einen Fassadenausschnitt der Hauptgiebelseite mit der weißgestrichenen Holzschalung des vorkragenden Daches und den dunkel abgesetzten Pfetten und Sparren. Links ein Blick von Norden auf das Haus und die hohen Bäume. Im Hintergrund, tiefer liegend, die alte Remise.

Blick von Osten auf die Hauptgiebelseite des Hauses mit dem aus der Fassade vorgezogenen Blumenfenster des Wohnraumes und dem durchgehend verglasten Arbeitsraum im Untergeschoß.

Alfons Leitl schrieb zu Schweizers Haus: »Das Haus ist bezeichnenderweise nicht mit einer Paradeaufnahme zu erfassen. Um dem hier Gewollten nachzugehen, müssen Durchblicke und Teilaufnahmen Hilfe leisten. An ihnen sieht man, wie sehr bei diesem Bau ein Durchdringen von außen und innen erstrebt ist und wie stark dieses Haus, das sich in der Durchbildung der baulichen Einzelheiten der modernen Bautechnik bedient, die Werte der Landschaft und die typischen Merkmale des bodenständigen Hauses in sich trägt: Im Umriß sind die Züge des Schwarzwaldhauses mit weitausladendem Dach und Galerien erhalten. Dem Architekten ging es aber nicht um billige und unzulässige Nachahmung, sondern um eine Neufassung der wesentlichen Baugedanken des bodenständigen Hauses, die er für den heutigen Bewohner fruchtbar machen wollte.«

Wohnhaus Schweizer in Baden-Baden

1935–39

Auf einem parkartigen Gelände im Südwesten Baden-Badens, oberhalb des Kurhauses an einem Hang gelegen, mit hohen alten Bäumen und weiter Sicht ins Tal, errichtete Schweizer sein eigenes Haus. Sein wesentlicher Entwurfsgedanke war, das Gebaute den natürlichen Gegebenheiten, den landschaftlichen Werten, wie er es ausdrückte, unterzuordnen. So trat das Haus, rechtwinklig im Grundriß, zwei Geschosse hoch, mit weit ausladendem Satteldach, zwischen den Bäumen nur zurückhaltend in Erscheinung. Der Besucher wurde nicht direkt, sondern über einen Umweg zunächst auf die Längsseite, dann aber in weitem Bogen um die Rückseite herum zum Haupteingang auf der dem Zugangsweg abgewandten Seite zugeführt. Mit seinem Hauptgiebel öffnete sich der sonst eher geschlossen wirkende Bau auf eine Lichtung des Geländes mit Fernblick ins Tal nach Südosten, auf die auch die Haupträume orientiert waren, die Schlafräume im Obergeschoß, das Eßzimmer und das Wohnzimmer im Hauptgeschoß sowie Arbeitsräume im Sockelgeschoß, das zum Hang hin frei hervortrat. Weitausladende Balkone und Terrassen weiteten die Innenräume nach außen und sorgten im Sommer für ausreichende Verschattung der Glasflächen. Die Wände waren verputzt und erdfarben gestrichen, das Dachgeschoß durch eine Art Ständerwerk deutlich vom Unterbau abgesetzt. Um 1985 wurde das Haus abgebrochen, das Grundstück weitgehend überbaut.

Lit.: Alfons Leitl, »Ein Wohnhaus und ein Buch von Otto Ernst Schweizer«, in: *Monatshefte für Baukunst und Städtebau*, 24. Jg. 1940, Heft 10, S. 269 ff. – Gottfried Edel, »Der Freiraum im Städtebau. Prof. Dr. Otto Ernst Schweizers architektonische Prinzipien«, in: *Rheinischer Merkur* vom 6.5.1960.

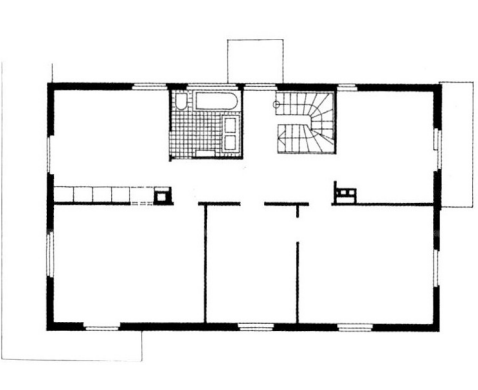

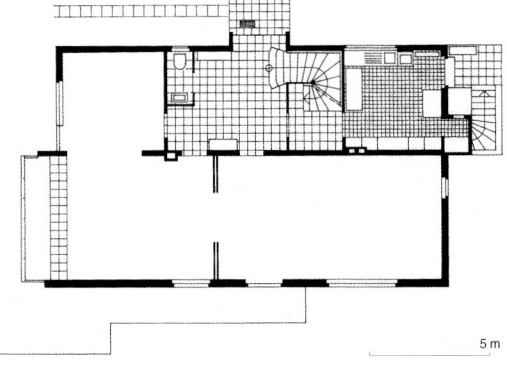

Die Grundrisse zeigen das Obergeschoß mit den Schlafräumen (oben), das Hauptgeschoß mit Wohn- und Eßraum nach Südosten und, mit dem Wohnraum durch eine Schiebetür verbunden, den Arbeitsraum (in der Mitte) sowie das Untergeschoß mit einem weiteren großen Arbeitsraum, der nur durch die konstruktiv notwendigen Stützen und Mauervorlagen unterteilt ist, mit Heizung, Waschküche, Bügelzimmer nach Südwesten und einem gewölbten Weinkeller (unten).

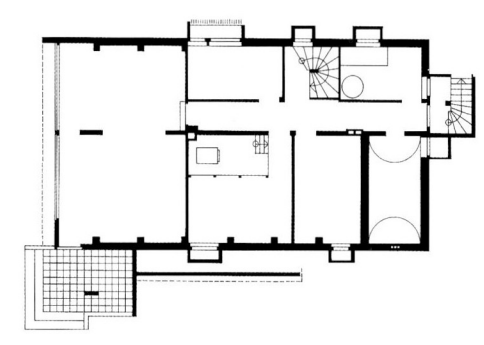

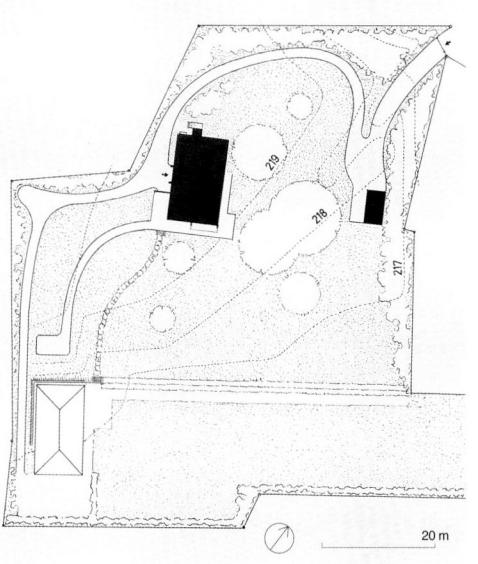

Lageplan. Vom Hauptzugang im Norden führt der Weg zur Garage und von dort weiter zum Wohnhaus, das sich hinter hohen Bäumen verbirgt. Im Süden eine alte Remise, die ursprünglich zu einem Schwimmbad ausgebaut werden sollte, dann aber als Büro genutzt wurde.

»Kunst-Stadt« auf dem Kohlblatt bei Karlsruhe

Projekt (Lehrstuhlbearbeitung)
1933/34

Für einen Studentenwettbewerb der Technischen Hochschule Karlsruhe, der »Preisarbeit 1933«, war von Schweizer das Thema »Kunst-Stadt« gestellt worden, mit der, so Schweizer, »für die Förderung der bildenden Kunst die notwendigen Einrichtungen (geschaffen werden sollten), die das Zusammenwirken der drei Künste Architektur, Plastik und Malerei eindringlich darstellen, um die aus unserer Zeit zu entwickelnden Gesetzmäßigkeiten zu einer einheitlichen Auswirkung im größten Maßstab hinzuführen«. Zur Klärung der Aufgabe wurde das Projekt unter Schweizers Leitung von Mitarbeitern seines Lehrstuhls bearbeitet.

Als Bauplatz war ein Gelände im Südosten Karlsruhes auf einem Ausläufer des Schwarzwaldes bestimmt worden, das »Kohlblatt« zwischen den Orten Grünwettersbach und Wolfartsweier, ein Hanggelände mit weitem Blick nach Nordwesten in die Rheinebene, nach Nordosten in den Pfinzgau, eingebettet in zusammenhängende Waldgebiete. Das Raumprogramm umfaßte im wesentlichen ein Ateliergebäude für 50 Meisterateliers, eine Bibliothek für 50 000 bis 100 000 Bände, Vortragssäle, Werkstätten mit Freiräumen, Ausstellungshallen, ein Gesellschaftshaus in zentraler Lage mit einem Festsaal für 3 000 Personen, Wohnungen für 200 Familien, zur Hälfte mit Atelierräumen ausgestattet, und ein Hotel für Gäste.

Der grundlegende Gedanke für den Entwurf war, die »Kunst-Stadt« nicht zu zergliedern, sondern die einzelnen Baukörper zu geschlossener Form zusammenzufassen. Drehpunkt der winkelförmigen Anlage, die sich zum großen Teil über einer Plattform erhebt, ist das Gesellschaftshaus. Nach Südwesten schließen die Ausstellungshallen an, nach Südosten die Bibliothek, die Ateliers und die Werkstätten. Gesellschaftshaus und Ausstellungshallen öffnen sich auf eine gemeinsame Terrasse mit Blick in die weite Rheinebene. Die Bibliothek, die Ateliers und die Werkstätten sind wie die als Einzelbauten ausgebildeten Wohnungen und das Hotel dem ruhigen Landschaftsbild des Pfinzgaues zugewendet. Die Wohngebäude sollten zwei, die Gemeinschaftsbauten drei und vier Geschosse hoch sein. Als Verbindung mit der Stadt Karlsruhe waren eine Schnellbahn und eine gesonderte Zufahrtsstraße vorgesehen.

Im Jahr 1952 gab Schweizer eine Diplomarbeit mit dem Thema »Die Kulturstadt« heraus, das auf seinen Gedanken zur »Kunst-Stadt« von 1933 aufbaute.

Lit.: »Preisarbeit 1933: Kunststadt«, in: Otto Ernst Schweizer, *Über die Grundlagen des architektonischen Schaffens*, Karlsruhe 1935, S. 27 f. – »1956. Otto Ernst Schweizer. Die Kulturstadt. Stätte für Forschung und Lehre«, und: »1934. Preisarbeit Kunststadt. Bearbeitung des Lehrstuhls«, in: *1930–1960. Otto Ernst Schweizer. Forschung und Lehre*, Stuttgart 1962, S. 144 und S. 145.

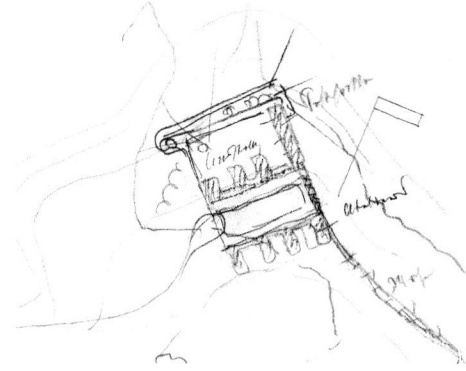

Die Abbildungen zeigen eine Entwurfsskizze Schweizers, in der die Ateliergebäude und Werkstätten parallel und nicht, wie im endgültigen Entwurf, im rechten Winkel zueinander ausgerichtet sind. Bestimmend für die Gesamtanlage ist in diesem Entwurfsstadium die weitflächige Terrasse.

Darunter das Modell der Gesamtanlage. Luftperspektive von Nordosten. Im Vordergrund rechts das Gesellschaftshaus und die Ausstellungshallen mit der die Baukuben zusammenfassenden Terrasse; nach hinten anschließend die Ateliergebäude und Werkstätten sowie die Einzelbauten für Wohnungen und Hotel.

Rechts der Lageplan. Oben links der Ort Wolfartsweier, unten rechts Grünwettersbach. Von der Aussichtsterrasse fällt das Gelände nach Nordwesten bis zur Ortsgrenze Wolfartsweier um etwa 130 Meter. In Bildmitte die Wendeschleife der nach Westen geleiteten Schnellbahn. Die Zufahrtsstraße führt zunächst nach Süden, an Grünwettersbach vorbei, und weiter nach Nordwesten durch den Wald nach Wolfartsweier und Karlsruhe.

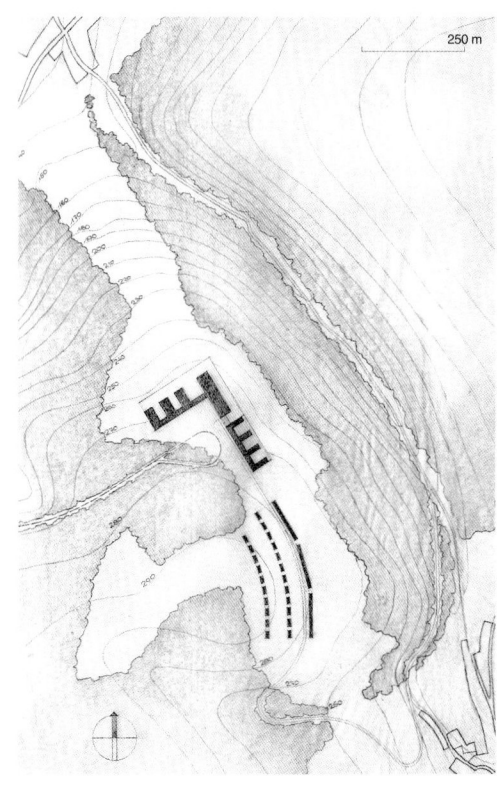

»Haus der Arbeit«

In der Wettbewerbsankündigung heißt es: »Der Leiter des Kulturamtes der Deutschen Arbeitsfront ruft alle deutschen Maler, Musiker, Dichter und Architekten zu einem großen Wettbewerb auf. Die baukünstlerische Aufgabe ist der Entwurf des ›Hauses der Arbeit‹. Die Entwürfe für die Häuser der Arbeit sollen die ersten Unterlagen für Bauten darstellen, die dem schaffenden Volk gehören und außerdem von dem architektonischen Gestaltungswillen unserer Zeit Zeugnis ablegen.«

Dem Preisgericht gehörten unter anderem Paul Bonatz, Kurt Frick, Fritz Schupp, Albert Speer und Heinrich Tessenow an. 692 Arbeiten wurden eingereicht, darunter von Adolf Abel, Otto Bartning, Martin Elsässer, Walter Gropius mit Rudolf Hillebrecht, Hans und Wassily Luckhardt, Walter Schwagenscheidt, Otto Ernst Schweizer, Hans Schwippert, Bruno Taut und Karl Wach.

Modellaufnahme aus der Luftperspektive. Blick von Norden über die »Ehrenhalle« hinweg in den Platz hinein. Durch die konkav gekrümmten Platzwände wird die Dimension der Anlage faßbar.

Möglichkeit der Integrierung einer großräumigen Platzanlage in Berlin zwischen dem Spreebogen am Kronprinzenufer im Norden und dem Kemperplatz im Süden. Über eine Querachse sollte das Reichstagsgebäude in das Ganze eingebunden werden. In Bildmitte rechts das Brandenburger Tor mit dem Pariser Platz.

Möglichkeit der Integrierung einer großräumigen Platzanlage in Stuttgart im Bereich der Königstraße zwischen Bahnhofsplatz und Schloßplatz. Rechts im Bild der Schloßgarten mit den Theatern und dem Schloß.

Möglichkeit der Integrierung einer großräumigen Platzanlage in Nürnberg, die am westlichen Rand der Altstadt zwischen dem Pegnitzgrund mit Ausblick in den Grüngürtel der ehemaligen Stadtbefestigung und dem Bahnhofsplatz eingespannt werden sollte.

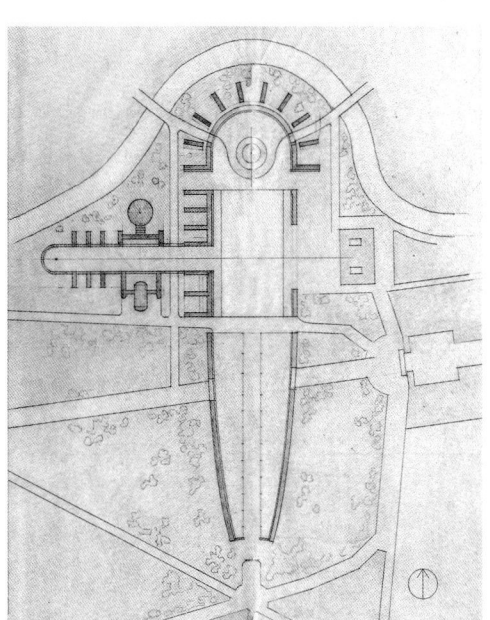
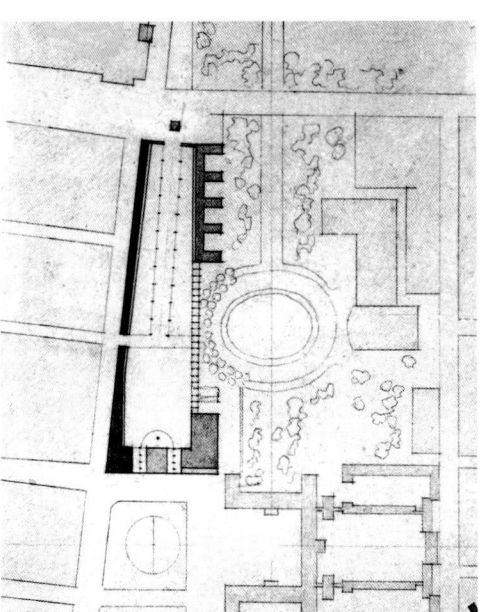
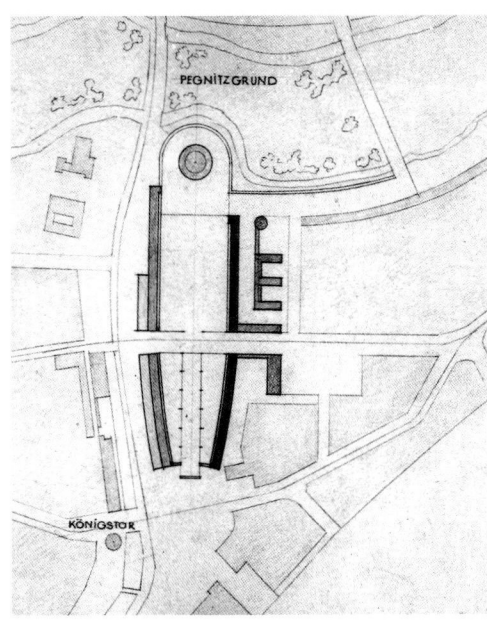

Blick von Südosten auf die Gesamtanlage. Im Hintergrund die Randbebauung der gedachten Altstadt, vorn das Parkgelände.

Grundriß der Gesamtanlage. Oben, im Westen, der Altstadtrand einer gedachten Großstadt und die fünf Geschosse hohe Randbebauung; unten, im Osten, die zwei Geschosse hohe Randbebauung und die in ein Parkgelände eingreifenden Bauten für Gemeinschaftseinrichtungen sowie die Festhalle. »Einmarschtor«-Bezirk, »Aufmarschstraße« und »Aufmarschplatz« sind grau hervorgehoben. Die Denkmäler parallel zur »Aufmarschstraße« sollten das »Erlebnis der Tradition der Stadt und des Landes«, so Schweizer, vermitteln.

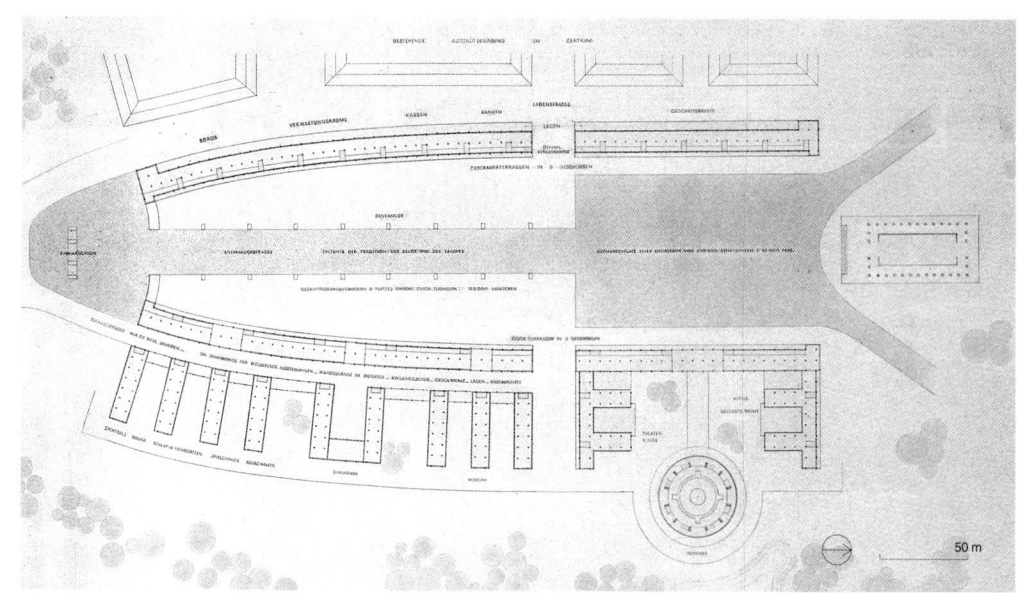

Entwurfsskizze Schweizers für großräumige Platzanlagen in Nürnberg (Mitte), Berlin (links) und Stuttgart (rechts).

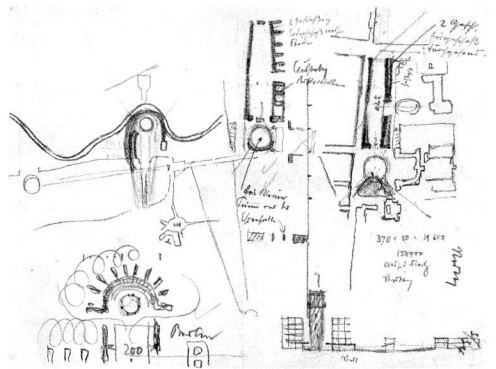

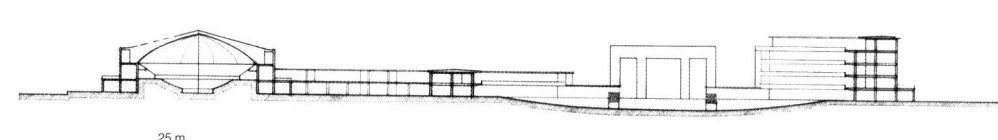

Querschnitt durch Festhalle und Platzanlage mit Blick auf die »Ehrenhalle«. Von einem Umgang der Festhalle sowie durch Öffnungen im Erdgeschoß der Randbauten sollte der Blick in die weite Landschaft möglich sein.

»Haus der Arbeit«

Von der »Deutschen Arbeitsfront«, einer nationalsozialistischen Institution, wurde ein Ideenwettbewerb ausgelobt »für ein Gebäude des Gemeinschaftslebens des schaffenden Volkes«, wie es in der Wettbewerbsausschreibung heißt. »Das Haus der Arbeit wird nicht allein gemeinsamer Erholung und künstlerischem Genuß, gleichsam als Klubhaus, sondern auch gemeinsamen Festakten und Feiern, gleichsam als Kultstätte deutschen Arbeitsgeistes dienen. Es soll damit eine bleibende und eindringliche Verkörperung einer neuen, keine Klassenunterschiede kennenden Gemeinschaftsidee darstellen.« Es wurde angeregt, »alle Einrichtungen, welche die Ausspannung, Erholung und Unterhaltung des arbeitsamen Menschen ermöglichen, also Spiel- und Klubzimmer, Sportsäle, Bäder und Theater, aber auch Schlaf- und Heimstätten für durchwandernde Volksgenossen zu berücksichtigen. Die Mitte des Gebäudes kann auch ein großes Forum für 10–15tausend Menschen bilden«.

Um die künstlerische Freiheit der Wettbewerbsteilnehmer nicht einzuschränken, wurde dem Wettbewerb weder ein ins einzelne gehendes Raumprogramm zugrundegelegt noch ein bestimmtes Grundstück vorgeschrieben oder die Bausumme begrenzt.

Schweizer plante einen von mehrgeschossiger Bebauung gefaßten Platz zwischen Altstadt und Parkgelände einer gedachten Großstadt, der insgesamt 175 000 Menschen aufnehmen sollte, 65 000 davon auf einem hervorgehobenen »Aufmarschplatz« am Ende einer »Aufmarschstraße«. Außerhalb der Anlage liegen zum Park hin orientiert die Festhalle – ein Zentralbau – und alle anderen Gemeinschaftseinrichtungen wie Sportstätten, Bibliotheken, Museen, Theater, Kinos und Hotels – das eigentliche »Haus der Arbeit«. Die Randbauten, im Westen an der Stadtseite fünf Geschosse, im Osten an der Parkseite zwei Geschosse hoch, in denen sich Geschäftsräume, Banken, Verwaltung, Läden und Restaurants befinden, sind zum Platz hin konkav gebogen, um die Dimension dem menschlichen Auge erlebbar zu machen; hier sind auf allen Geschossen Zuschauerterrassen bzw. offene Wandelgänge vorgesehen. Im Erdgeschoß sollten weite Öffnungen im Westen die Verbindung zur Altstadt, im Osten zur Festhalle und zu den Gemeinschaftseinrichtungen sowie zum Park herstellen. Zwischen dem Randbau und den Bauten für die Gemeinschaftseinrichtungen auf der Parkseite befinden sich gedeckte Passagen für Ausstellungen zum Flanieren, die zu bestimmten Zeiten für den Fahrverkehr zur Anlieferung geöffnet werden sollten. Im Norden ist die rund 360 m lange Anlage durch eine ›Ehrenhalle‹, im Süden durch ein »Einmarschtor« gefaßt.

Zu seinem Idealentwurf reichte Schweizer drei konkrete Vorschläge ein, für Berlin zwischen Spreebogen am Kronprinzenufer und Kemperplatz in Beziehung zum Reichstagsgebäude gelegen, für Nürnberg am westlichen Altstadtrand und für Stuttgart (mit geradlinig sich verjüngender Platzanlage) in Verbindung zum Hauptbahnhof, zu den Theatern und zum Schloß.

Zu seinem Wettbewerbsentwurf schrieb er: »Der Baugedanke des ›Hauses der Arbeit‹ stellt eine Anlage dar als ›Brennpunkt des Gemeinschaftslebens des schaffenden Volkes‹, eine Einrichtung, die ein Anziehungspunkt für alle Klassen der Bevölkerung sein wird.

Eine solche neue Anlage kann nur in den Stadtmittelpunkten verwirklicht werden. Die bestehenden, meist geschichtlichen Mittelpunkte sind dem gewachsenen Umfang der Städte nicht mehr angemessen. Gerade unsere Großstädte müssen neue Zentren städtischen Gemeinschaftslebens erhalten. Diese Zentren dürfen nur dem Fußgängerverkehr vorbehalten sein. Der moderne Schnellverkehr mit seinen Bahnhöfen und Parkplätzen darf sie nicht beeinträchtigen. Er muß aber sehr nahe an sie herangeführt werden.

Damit werden auch die Voraussetzungen geschaffen, architektonische Schöpfungen wieder in Beziehung zum Menschen zu bringen, der sie dann beschaulich aufnehmen kann. Durch die Trennung von Fußgänger- und Schnellverkehr sind wieder die wichtigsten Voraussetzungen für die Entwicklung einer gesunden Architektur und auch für deren Verfeinerung im Detail gegeben.

Das ›Haus der Arbeit‹ verlangt ein Aufmarsch- und Versammlungs-Forum als Brennpunkt der Gesamtanlage. Aufgabe des Architekten ist es nun, jedem einzelnen Teilnehmer an den großen ›gemeinsamen Festakten‹ ein ganzes Gemeinschaftserlebnis zu vermitteln. Die Übertragung auf das Ohr kann mechanisch durch Lautsprecher geschehen. Dem Auge dagegen ist für das Erfassen der Zusammengehörigkeit eine Grenze gesetzt. Die beste Sehentfernung ist folglich die Voraussetzung sowohl für Platzbegrenzungen als auch für das architektonische Raumerlebnis.«

Lit.: »Das Haus der Arbeit. Zur Ausstellung der Wettbewerbsentwürfe in Berlin«, in: *Bauwelt*, 25. Jg. 1934, Heft 29, S. 699 f. – Friedrich Paulsen, »Häuser der Arbeit. Das Ergebnis des Wettbewerbs der Deutschen Arbeitsfront«, in: *Bauwelt*, 25. Jg. 1934, Heft 32, S. 771 ff., und in: *Monatshefte für Baukunst*, 18. Jg. 1934, Heft 9, S. 425 ff. – »Wettbewerb ›Häuser der Arbeit‹, in: *Baugilde*, 16. Jg. 1934, Heft 3, S. 74. – Hans Stephan, »Der Wettbewerb ›Haus der Arbeit‹ in Berlin«, in: *Zentralblatt der Bauverwaltung*, 54. Jg. 1934, S. 632 ff. – »Ein Haus der Arbeit für Stuttgart«, in: *Monatshefte für Baukunst und Städtebau*, 18. Jg. 1934, S. 445 ff. – »Progetto della sistemazione urbanistica di una moderna città eseguito dal prof. Ernst Schweizer di Karlsruhe«, in: *Tecnica ed organizzazione*, 2. Jg. 1938, Märzheft, S. 70 f. –

Wettbewerb (Kennwort: »Vorherrschen der Landschaft«)
1934

»Haus der Arbeit – Wettbewerb 1934«, in: Otto Ernst Schweizer, *Über die Grundlagen des architektonischen Schaffens*, Karlsruhe 1935, S. 3 f. – »1934. Otto Ernst Schweizer. Wettbewerb: Modernes Zentrum einer Großstadt«, in: *1930–1960. Otto Ernst Schweizer. Forschung und Lehre*, Stuttgart 1962, S. 84.

Modellaufnahme aus der Luftperspektive. Blick von Nordosten. Im Vordergrund rechts die »Ehrenhalle«, links eine Freilichtbühne, die zunächst anstatt der Festhalle vorgesehen war.

Neues Zentrum für die Stadt Karlsruhe

Projekt
1933/34

Für die stark anwachsende Stadt Karlsruhe hatte Schweizer den Vorschlag gemacht, »den schleichenden und dauernden Einwirkungen des modernen Lebens, des modernen Verkehrs und seinen Folgen dadurch zu begegnen«, so schrieb er rückblickend 1949, als er sich mit dem Wiederaufbau der Stadt befaßte, »daß die Innenstadt mit ihren schönen klassizistischen Bauwerken, mit ihren glücklich disponierten Straßen und Platzräumen in sich abgeschlossen gehalten und an der Peripherie dieser sogenannten Weinbrennerstadt ein modernes, dem heutigen Leben entsprechendes Stadtzentrum neu aufgebaut wird«.

Schweizer plante das neue Zentrum, ein Sportforum, für ein Gelände im Süden der Stadt, jenseits der Bahnanlagen von Hauptbahnhof und Rangierbahnhof in Verlängerung der Ettlinger Straße östlich der Dammerstocksiedlung, so daß sich ein direkter Zusammenhang zwischen Schloßplatz, Markt, Rondellplatz, Ettlinger Tor und dem neuen Zentrum ergeben hätte. Räumlicher Abschluß der langgestreckten Anlage mit tribünengesäumter Zugangsstraße, weiträumigem Spiel- und Versammlungsfeld, Stadion, Waldbühne und einem öffentlichen Gebäudekomplex sollte im Norden zur Stadt hin ein Torbau, nach Süden ein obeliskartiges Ehrenmal sein. Im Osten hätte der Rand des Waldes eine natürliche Platzwand ergeben. Der Entwurf ist in engem Zusammenhang mit Schweizers Planungen für die Praterbebauung in Wien 1929 (S. 134), für eine Idealstadt 1931 (S. 150) und für den Wettbewerb »Haus der Arbeit« 1934 (S. 162) zu sehen.

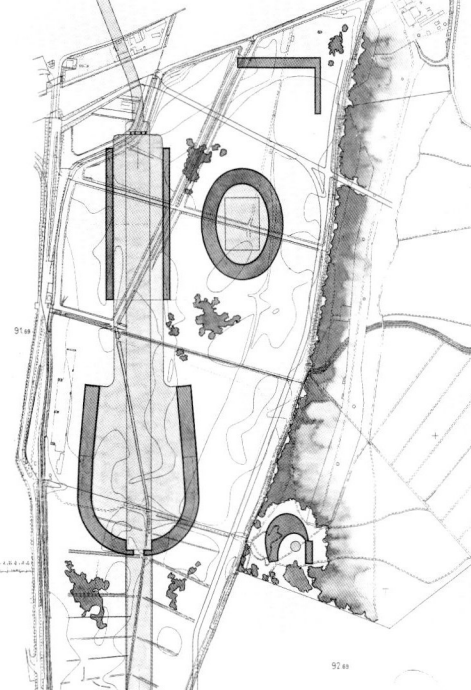

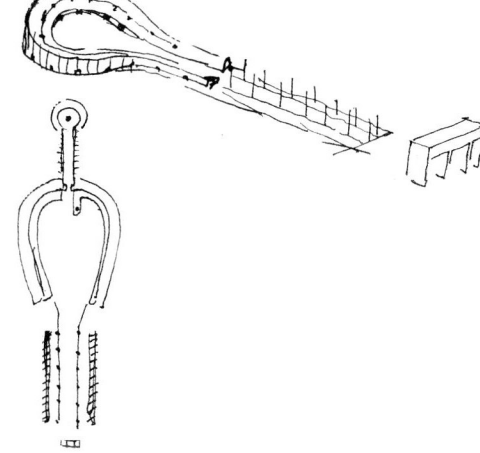

Lageplan. Links oben im Norden die abgeknickte Verlängerung der Ettlinger Straße, die auf den Torbau zuläuft. Von hier aus entwickelt sich eine Blickachse über die tribünengesäumte Zugangsstraße und das hufeisenförmige Spiel- und Versammlungsfeld zum Ehrenmal und, darüberhinaus, in die freie Landschaft. Rechts am Waldrand ein öffentlicher Gebäudekomplex, das Stadion und, im Süden in den Wald eingebettet, die Waldbühne.

Die Skizze links zeigt eine Studie Schweizers zur Disposition der Gesamtanlage und zur Gestaltung des südlichen Bezirkes als Freilufttheater.

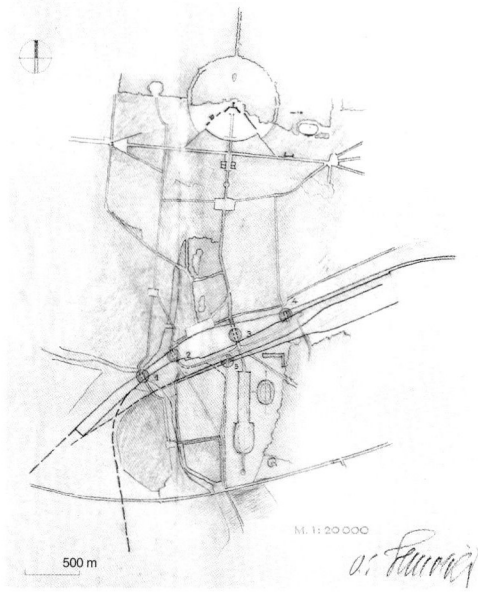

Einbindung des Zentrums in die Stadt. Im Norden der Schloßbezirk, darunter der Markt, der Rondellplatz und das Ettlinger Tor. Im weiteren Verlauf der (stärker hervorgehobenen) Ettlinger Straße der Karlsruher Stadtgarten links, die von Südwest nach Nordost querenden Bahnanlagen und darunter das neue Zentrum östlich der Dammerstocksiedlung. Die Ziffern 1 bis 5 kennzeichnen die wichtigsten Übergänge und Unterführungen der Bahnanlagen.

Reichshauptbanktgebäude in Berlin

Perspektive von Nordwesten mit Blick auf die Hauptfassade, den Haupteingang und die darüberliegende Verbindungsbrücke zum Altbau rechts im Bild.

Die zur Wettbewerbsteilnahme eingeladenen Architekten waren Fritz Becker, German Bestelmeyer, Erich Blunck, Richard Döcker, Emil Fahrenkamp, Alfred Fischer, Friedrich Fischer, Kurt Frick, Gerhard Graubner, Walter Gropius, Karl Gruber, Konstanty Gutschow, Otto Haesler, Fritz Höger, Hans Holzbauer, Hanns Kopp und Georg Lucas, Edmund Körner, Wilhelm Kreis, Walter und Johannes Krüger, Paul Mebes und Paul Emmerich, Ludwig Mies van der Rohe, Arthur Pfeifer und Hans Großmann, Karl Pinno und Peter Grund, Hans Poelzig, Wilhelm Riphahn, Ludwig Ruff, Max Säume und Günter Hafemann, Otto Ernst Schweizer, Heinrich Tessenow und Wolf Zschimmer.

Es war von vornherein vorgesehen, keine abgestuften Preise zu vergeben, sondern verschiedene Arbeiten auszuwählen, die die Forderungen des Auslobers in wirtschaftlicher und künstlerischer Hinsicht am besten erfüllen. An diesen Entwürfen wollte die Reichsbank das Urheberrecht erwerben.
Vom Preisgericht, dem unter anderem Peter Behrens, Paul Bonatz, Fritz Schumacher und Martin Wagner angehörten, wurden die Arbeiten von Becker, Frick, Mebes und Emmerich, Mies van der Rohe, Pfeifer und Großmann sowie Pinno und Grund ausgezeichnet. Gebaut wurde schließlich der Entwurf des Reichsbankbaudirektors.

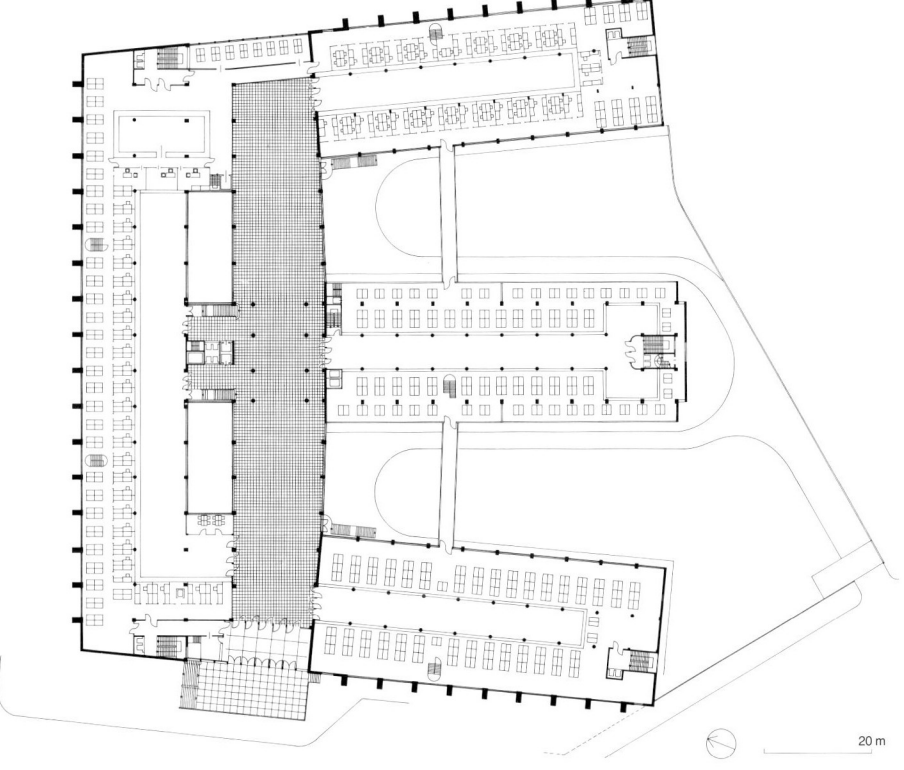

Erdgeschoßgrundriß. Unten im Bild an der Kurstraße der Haupteingang in die langgestreckte Eingangshalle. Zwischen der Kassenhalle im Hauptflügel und der Eingangshalle liegen Fahrstühle und Treppen für den Publikumsverkehr.

Die Abbildungen unten zeigen zwei Schnitte: rechts ein Querschnitt durch den Hauptflügel und die Eingangshalle im Bereich eines Lichthofes; links ein Schnitt durch die drei südlichen Flügel mit Blick auf die verglaste Fassade der Eingangshalle.

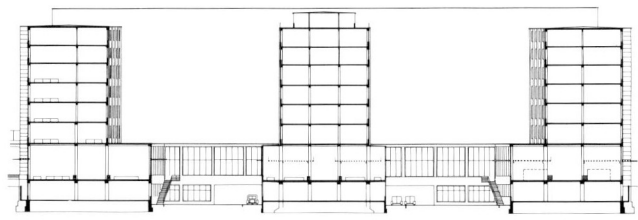
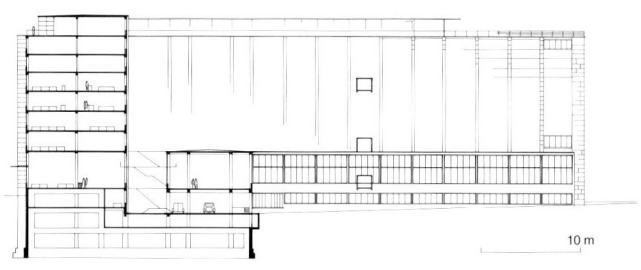

Perspektive von Nordosten mit Blick auf die Hauptfassade und den Altbau im Hintergrund.

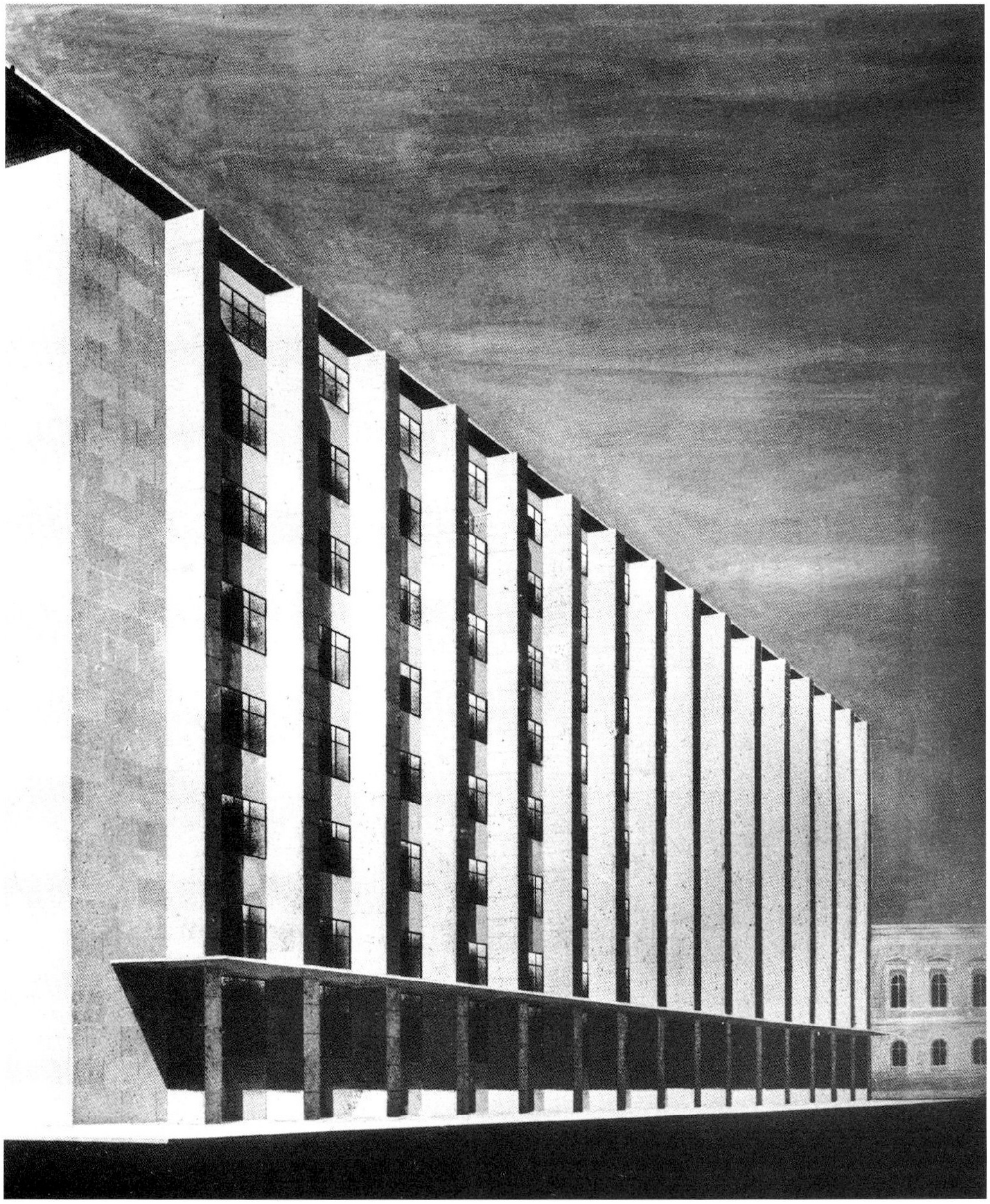

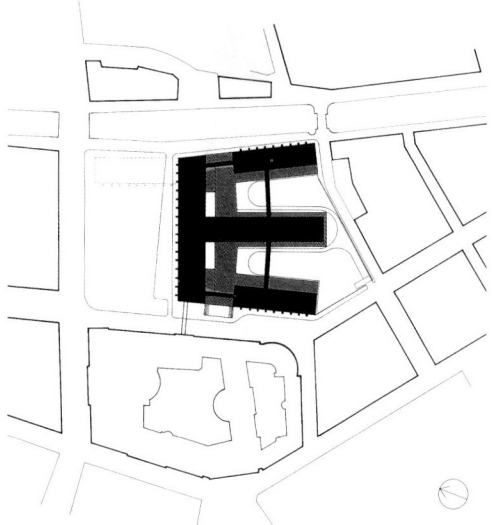

Lageplan mit dem alten Reichshauptbankgebäude an der Kurstraße im Bild unten. Links die Jägerstraße, oben die Unterwasserstraße am Kupfergraben. Rechts die das Baugelände abschließende Alte Leipziger Straße. Vor dem Hauptflügel des Neubaus die von Bebauung freie Fläche des ehemaligen Münzbezirks. Die Erschließungsstraße parallel zur Hauptfront entspricht der Trasse der ehemaligen Holzgartenstraße. Eingestrichelt ist die mögliche Erweiterung.

Erweiterung des Reichshauptbankgebäudes in Berlin

Wettbewerb
1933

Im Jahr 1933 wurde ein beschränkter Wettbewerb für die Erweiterung des Reichshauptbankgebäudes in Berlin ausgelobt, in dem neben der Verwaltung dienenden Räumen und einem Kasino im wesentlichen vier Raumgruppen untergebracht werden sollten: eine große Kassenhalle, die Wechseleinziehungskasse, das Girokontor und die geheime Kredit- und Diskontabteilung. Als Nutzflächen waren 47 663 m² (mit einer Erweiterungsmöglichkeit von 4 500 m²) bei 3 700 im Neubau Beschäftigten gefordert.

Das fast 16 000 m² große Grundstück, von dem 7/10, also rund 1200 m², überbaut werden durften, liegt im Zentrum Berlins südlich des Werderschen Marktes und wurde begrenzt durch die Unterwasser-Straße am Kupfergraben im Osten, die Alte Leipziger Straße im Süden, die Holzgartenstraße im Norden und die Kurstraße im Westen, an der das alte, von Friedrich Hitzig um 1870 errichtete und von Max Hasak 1890 erweiterte Reichsbankgebäude stand, das zukünftig hauptsächlich der Reichsbankdirektion und der Repräsentation dienen sollte.

Eine wesentliche Vorgabe für die Neuplanung war die Absicht des Auslobers, die Jägerstraße durch den Bezirk der Münze hindurch über den Kupfergraben hinweg bis hin zum Schloßplatz zu führen und somit eine zusätzliche Fläche zwischen Holzgarten- und neuer Jägerstraße zu gewinnen.

Ein weiterer wichtiger Aspekt war, daß das geforderte Raumprogramm nur knapp auf dem gegebenen Grundstück zu verwirklichen war, somit eine baukörperliche Entwicklung in die Höhe nahelag und damit die Gefahr einer Störung der sensiblen Umgebung gegeben war.

Schweizer ging von dem vorgesehenen Durchbruch der Jägerstraße als Voraussetzung für eine akzeptable städtebauliche Lösung aus und ließ einen großzügigen Platz (mit Sichtbeziehung zum Schloß) unbebaut, der sowohl der Hauptfront seines Neubaus als auch dem Altbau, der bisher zwischen engen Straßen weitgehend eingezwängt lag, die notwendige Weite geben sollte. Er plante eine im Grundriß achsensymmetrische Vier-Flügel-Anlage, die sich fächerartig nach Süden zur Alten Leipziger Straße öffnet. So werden offene Höfe von rund 34 m lichter Weite bei etwa 35 m Gebäudehöhe geschaffen und damit eine ideale Belichtung aller Räume garantiert, ein Problem, das Schweizer als wichtigsten Schwerpunkt seiner Arbeit ansah.

Hiermit begründete er auch das starke Vorziehen der Pfeiler nach außen und die in 5 m Höhe vorkragende Platte vor den äußeren, weitgehend verglasten Wänden des 7 m hohen Erdgeschosses, wodurch eine notwendige Verschattung erreicht werden sollte.

Der Haupteingang liegt nicht in der Hauptachse der Gesamtanlage an dem neugewonnenen Platz, sondern, in Beziehung zum Altbau, an der Westseite und erschließt, um 1,50 m über Geländeniveau angehoben, eine repräsentative, etwa 96 x 16 m messende Eingangshalle, über die der Publikumsverkehr in übersichtlicher Weise geregelt wird und deren eine Wand durch ihre konkave Form zu den drei Kassenhallen in den südlichen Flügeln hinleitet. Die Kassenhalle im Nordflügel ist über zwei breite Durchgänge und optisch über Lichthöfe mit ihr verbunden.

»Der repräsentative Eindruck der Eingangshalle wird dadurch erhöht«, schrieb Schweizer, »daß durch die Glaswände ein schöner Ausblick auf die zusammengezogenen Grünflächen geboten ist. Die Durchsichtigkeit läßt das gesamte Raumgefüge des Erdgeschosses erkennen. Zur Vermeidung lästiger Schallübertragungen sind die Decken des Eisenbetonskeletts außen auf geschichtete Hausteinpfeiler gelegt, die im wesentlichen den Schub der Windkräfte auffangen, so daß die Mittelstützen als Pendelstützen geringsten Durchmessers den Durchblick nicht behindern.

Das Schema ist elastisch. Die Konstruktion, als Skelett in der minimalsten Abmessung der Konstruktionsglieder, verfestigt die Auswertung dieses Konstruktionsgedankens und bestimmt die Architektur des Bauwerks.« Nebenräume und Tresore sind im – natürlich belichteten – Sockelgeschoß und in Tiefkellern untergebracht, das Kasino mit Dachgarten und Gymnastikterrasse als Staffelgeschoß auf dem nördlichen und dem mittleren der südlichen Flügel, die über den Nordtrakt und zusätzlich im Erdgeschoß, 1. und 4. Obergeschoß durch verglaste Brücken miteinander verbunden sind. Eine gleiche Brücke stellt im 1. Obergeschoß die Verbindung zwischen Neu- und Altbau her und bildet gleichzeitig einen Akzent für den neuen Haupteingang. Als Erweiterung sah Schweizer einen Flügel parallel zur Spree als östliche Begrenzung des neugewonnenen Platzes vor.

Lit.: »Reichsbank Berlin. Wettbewerb 1933«, in: Otto Ernst Schweizer, *Über die Grundlagen des architektonischen Schaffens*, Karlsruhe 1935, S. 5. – Philipp Nitze, »Grundsätzliches zum Reichsbank-Wettbewerb«, in: *Deutsche Bauzeitung* 67. Jg. 1933, Heft 31, S. 605 ff. – Heinrich Wolff, »Der Wettbewerb der Reichsbank«, in: *Deutsche Bauzeitung*, 67. Jg. 1933, Heft 32, S. 607 ff. – Martin Kießling, »Wettbewerb für den Erweiterungsbau der Reichshauptbank in Berlin«, in: *Zentralblatt der Bauverwaltung*, 53. Jg. 1933, Heft 33, S. 385 ff. – »Der Reichsbank-Wettbewerb«, in: *Bauwelt*, 24. Jg. 1933, S. 845 ff., und in: *Wasmuths Monatshefte für Baukunst und Städtebau*, 17. Jg. 1933, S. 337 ff. – »Reichsbankwettbewerb«, in: *Baugilde*, 15. Jg. 1933, Heft 15, S. 693 ff.

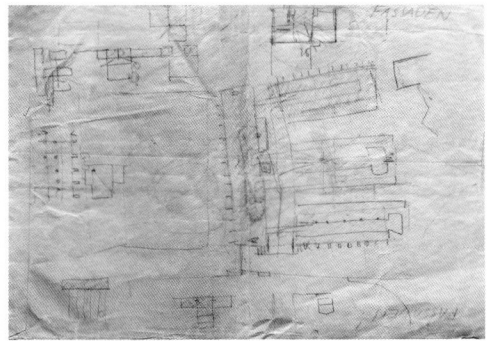

Entwurfsskizze Schweizers zur Grundrißdisposition und zur Aufteilung der Baumassen.

Schweizer schrieb in seinem Erläuterungsbericht:
»Jeder Reisende, der von Süden her kommt und das erste Mal die Stadt Stockholm besucht, ist überrascht von der Großartigkeit ihrer Lage und der Disposition ihrer Bauwerke in Verbindung mit einer einzigartigen Landschaft. Diese seltene Verbindung von Wasser, Land und Grün ist es, welche den Charakter der Stadt bestimmt. Jeder Eingriff in die städtebauliche Substanz dieser Stadt muß geschehen unter Berücksichtigung der Beziehungen von Architektur und Landschaft.

Stockholm ist, wie alle europäischen Großstädte, an ein Stadtzentrum gebunden, das den Bedürfnissen der historischen Stadt genügte, aber den heutigen Anforderungen der Großstadt nicht mehr entspricht. Es wird darunter nicht nur die Befriedigung verkehrstechnischer Bedürfnisse gesehen, sondern es wird auch darin jene architektonische Notwendigkeit erkannt, Stadträume und Platzanlagen zu schaffen, welche der Größe und der Bedeutung der schwedischen Reichshauptstadt angemessen sind. Der Maßstab für das architektonische Schaffen ist aus der früheren Zeit übermittelt worden durch die grandiose Anlage des Schlosses. Man muß daher auch für die architektonischen Forderungen unserer heutigen Zeit eine Annäherung an diese architektonische Leistung zu geben versuchen.«

An dem Wettbewerb nahmen unter anderem Le Corbusier, Sigurd Lewerentz und Hans Bernhard Reichow teil. Preisrichter waren Erik Gunnar Asplund, Hermann Jansen, Ragnar Östberg und weitere. In der Beurteilung des Vorschlags von Schweizer heißt es, daß der Entwurf sicher und klar ausgestaltet sei, daß aber zu wenig für eine Sanierung des Stadtteils geschehe.

Lageplan. In Bildmitte der große Komplex des Königlichen Schlosses. Darüber die Insel mit dem Reichstagsgebäude und, oberhalb davon, der Gustav-Adolf-Platz am Norrström mit dem Gustav-Adolf-Denkmal. Rechts das Opernhaus und der nach Norden anschließende Kungsträdgården, in den die Freiräume zwischen den Hochbauten hineinlaufen. Ganz links das Stadthaus, am Ende des Forums im Bild oben das Konzerthaus mit anschließendem Sveavägen, der unterhalb der Fußgängerebene bis zum Gustav-Adolf-Platz geführt wird.

157

Städtebauliche Umgestaltung des Stadtteils Norrmalm in Stockholm

Wettbewerb (Kennwort: »Forum-Stadt«)
1932

Der international ausgeschriebene Wettbewerb sollte zu Vorschlägen für eine Umgestaltung des Stockholmer Stadtteils Norrmalm führen, der mit seinen repräsentativen Straßen, Plätzen und Bauten, mit dem Königlichen Schloß, dem Reichstagsgebäude, dem Stadthaus, dem Opernhaus am Kungsträdgården und dem Konzerthaus und auch infolge seiner zentralen Lage der eigentliche Stadtkern Stockholms ist.

Die Aufgabe des Wettbewerbs bestand darin, den Stadtteil, dessen enge Straßen zum großen Teil noch aus der Zeit um 1650 stammten und den gegenwärtigen Ansprüchen nicht mehr genügten, »innerhalb ökonomisch angemessener Grenzen« und allmählich »unter Berücksichtigung zeitgemäßer Forderungen sowohl betreffs der Aufnahmefähigkeit der Straßen wie des Bedarfs an Licht und Luft in den Baublocks«, wie es im Auslobungstext heißt, umzugestalten. Der Charakter eines Citygebietes sollte klar zum Ausdruck kommen. Das nördliche Ufer des Norrström mit dem Gustav-Adolf-Platz, dem Opernhaus und dem Kungsträdgården, über den »das Gefühl des freien Raumes über dem Wasser tief in den Stadtteil hinein vermittelt« wird, sollte unangetastet bleiben, der Gustav-Adolf-Platz mit seiner – durch spätere Bebauungen – eingeschränkten Tiefe in Beziehung zum Königlichen Schloß und zum Reichstagsgebäude zu einem Mittelpunkt der Stadt aufgewertet werden. Schweizer schlug vor, den Gustav-Adolf-Platz in ganzer Breite nach Nordwesten bis hin zum Konzerthaus am südöstlichen Ende des Sveavägen, einer wichtigen, das Universitätsgelände streifenden breiten Straße, auszudehnen und somit ein neues, großzügiges Stadtzentrum mit Blickbeziehungen zwischen wesentlichen Gebäuden der Stadt herzustellen. Nach Nordosten und Südwesten sollten acht Geschosse hohe Zeilen mit weiten Freiräumen angrenzen, die sich nach Nordosten mit dem Kungsträdgården verbinden. Nach Südwesten plante Schweizer eine zweite Achse mit im Grundriß mäanderförmiger Randbebauung an ihrer Nordwestseite, die die freie Sicht auf das Stadthaus von Ragnar Östberg freigibt. Die neuen Flächen sollten in zwei Ebenen angelegt werden, um den Fußgänger- und den Fahrverkehr streng voneinander trennen zu können. Ein- und zweigeschossige Hallenstraßen an ihren Längsseiten waren für Geschäfte, Restaurants, Kinos etc. vorgesehen mit den notwendigen Parkflächen auf der unteren Ebene. Schweizer schrieb zu seinem Vorschlag: »Der wichtigste Gedanke in dem Entwurf ist die Schaffung eines neuen Stadtzentrums, eines Forums, das nach architektonischen Gesichtspunkten der Größe und Bedeutung gestaltet ist und das in seiner Dimension der Reichweite der menschlichen Organe entspricht. Von diesem Forum aus können die Hauptwesenszüge der Stadt, ihre Tradition und unvergleichliche Lage augenfällig aufgenommen werden; es ist möglich, die wichtigsten öffentlichen Gebäude zu überschauen, sich zu orientieren und einen Blick in die Weite zu nehmen – eine großzügige Synthese von Architektur und Natur.«

Lit.: Fritz Jaenecke, »Der Stockholmer Wettbewerb für die Umgestaltung des Stadtteils Norrmalm«, in: *Monatshefte für Baukunst und Städtebau*, 18. Jg. 1934, Heft 2, S. 97 ff. – Martin Pfannschmidt, »Internationaler Ideenwettbewerb Stockholm-Norrmalm«, in: *Deutsche Bauzeitung*, 68. Jg. 1934, Heft 6, S. 99 ff. – Friedrich Tamms, »Der Stockholmer Städtebauwettbewerb«, in: *Baugilde*, 16. Jg. 1934, Heft 4, S. 115 ff. – »Anwendung des Forumgedankens auf eine europäische Großstadt«, in: Otto Ernst Schweizer, *Über die Grundlagen des architektonischen Schaffens*, Karlsruhe 1935, S. 4. – »Stadtzentrum für Stockholm Norrmalm«, in: Otto Ernst Schweizer, *Die architektonische Großform. Gebautes und Gedachtes*, Karlsruhe 1957, S. 150 f. – Weitere Wettbewerbsbeiträge in: Willy Boesiger, *Le Corbusier et Pierre Jeanneret, Oeuvre complète 1929 à 1934*, Erlenbach-Zürich 1947, S. 155; Janne Ahlin, *Sigurd Lewerentz, architect*, Stockholm 1987, S 111 ff.

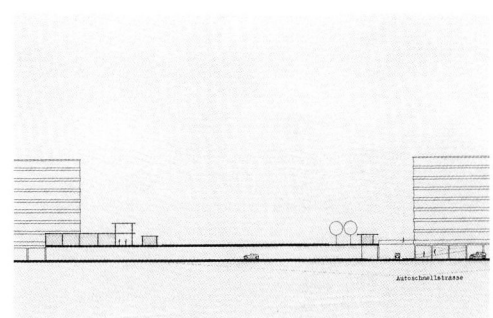

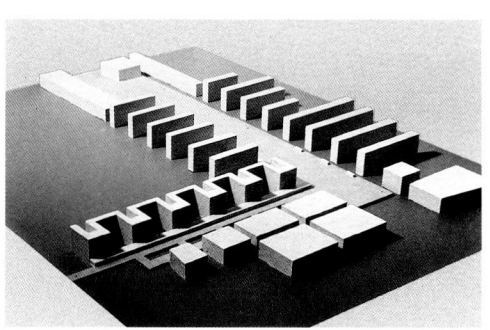

Die Abbildung oben links zeigt einen Schnitt durch das Forum mit den seitlich angrenzenden, acht Geschosse hohen Zeilen. Links und rechts die Hallenstraßen mit Geschäften, Restaurants und Kinos. Darunter der Fahrverkehr und die notwendigen Parkflächen. Rechts, unter der Brücke zwischen Forum und Zeile, die in Verlängerung des Sveavägen angelegte Straße zum Gustav-Adolf-Platz.

Auf der Abbildung darunter eine Aufsicht auf das Modell von Südwesten. Der flache trapezförmige Block ganz rechts stellt das Opernhaus dar, der quadratische Block oben das Konzerthaus.

Rechts eine Entwurfsskizze Schweizers, in der die Idee, ein großes zusammenhängendes Forum zu bilden, festgelegt ist, die Bebauung im Nordosten aber als langgestreckter Wohnblock ausgebildet werden sollte.

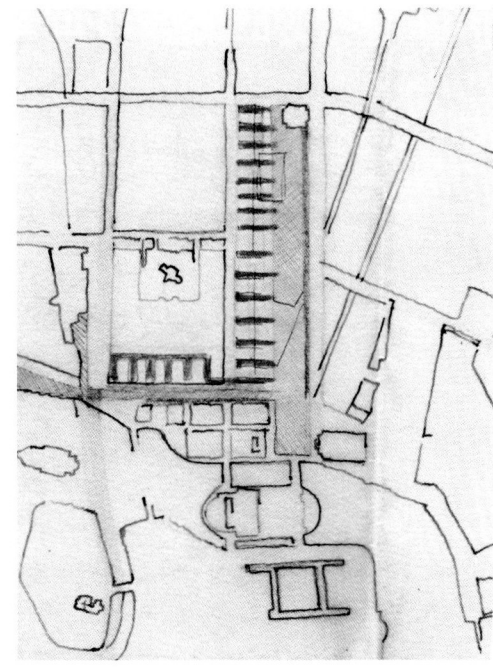

Wohnhaus Kromwell in Nürnberg

Projekt
1931

Das Haus sollte auf einem rund 25 000 m² großen Gelände am östlichen Stadtrand Nürnbergs gebaut werden, das von einer Bahnanlage und verschiedenen Häusern begrenzt wird. Schweizer sah vor, das Wohnhaus nahezu in die Mitte des Grundstücks zu plazieren, um es durch Bäume von den bestehenden Bauten und Bahnanlagen abschirmen zu können.

Er bildete einen zwei Geschosse hohen, flachgedeckten Baukörper, der im Inneren durch eine repräsentative einläufige Treppe bestimmt ist und außen durch eine Rampe, die vom Garten auf eine Terrasse im 1. Obergeschoß führt. Zwei lange Zufahrtswege, die Hauptzufahrt von Norden und eine Nebenzufahrt von Osten, erschließen Haus und Garage. Die große Treppe führt vom Erdgeschoß mit Vestibül und Kleiderablage, mit Gästezimmern, einem Gartenzimmer, Wirtschaftsräumen und Personalzimmer direkt in eine große Wohnhalle, die sich nach Süden auf die Terrasse öffnet. Mit der Wohnhalle verbunden sind, nach Westen gelegen, ein großes Wohnzimmer mit verglaster Veranda, unter der ein geschützter Spielplatz liegt und ein ebenso großes Speisezimmer. Beide Räume sind durch eine Schiebetür voneinander getrennt und können zu einer geschlossenen Einheit zusammengefaßt werden. Nach Osten liegen die Schlafräume mit kleinen Balkonen und zugeordneten Bädern. Die Küche ist über eine parallel zur Haupttreppe liegende Nebentreppe mit den Wirtschaftsräumen im Erdgeschoß verbunden. Neben der Haupttreppe ist ein Personenaufzug vorgesehen. Das Haus sollte als Stahlbeton-Skelettkonstruktion ausgeführt werden.

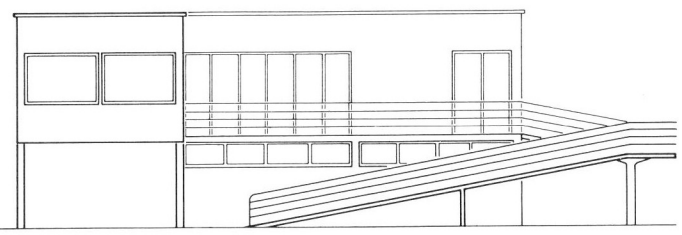

Südansicht mit der Rampe, die von der Terrasse vor der Wohnhalle in den Garten führt.

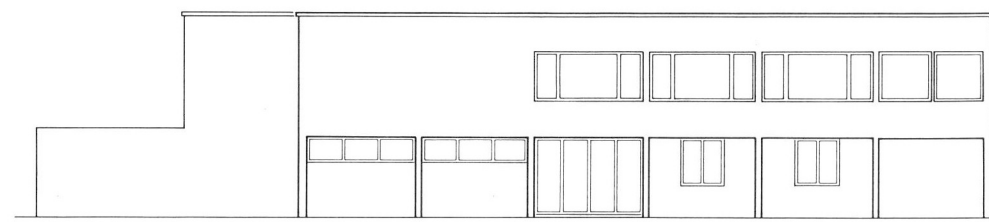

Westansicht. Die großen Fenster im Erdgeschoß belichten das Gartenzimmer, die hochliegenden den Abstellraum und die Kleiderablage. Links im eingeschossigen Bauteil die Garage. Im Obergeschoß die Fenster von Speisezimmer, Wohnzimmer und Veranda.

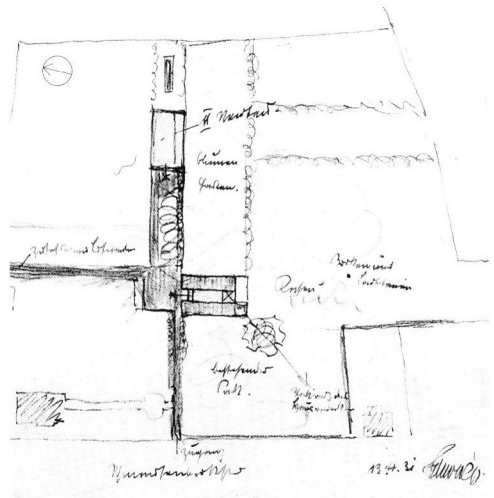

Lageplan. Entwurfsskizze Schweizers. Unten, im Westen, die Schmausenbuckstraße mit zwei bestehenden Häusern, links im Norden die Bahnanlagen. Auf der Skizze sind die beiden Zufahrtswege, die den Neubau in das Baugelände einspannen, festgelegt. Im Osten sollte ein vom Wohnhaus abgesetztes Schwimmbad liegen.

Die Zeichnung rechts zeigt den Obergeschoßgrundriß mit der zentralen Treppe, der Wohnhalle und der großen Terrasse, die über eine Rampe mit dem Garten verbunden ist. Auf der Zeichnung darunter der Erdgeschoßgrundriß. Im Norden der Hauseingang, der aus der Bauflucht um zwei Meter zurückgesetzt und durch den vorspringenden Flügel gefaßt ist.

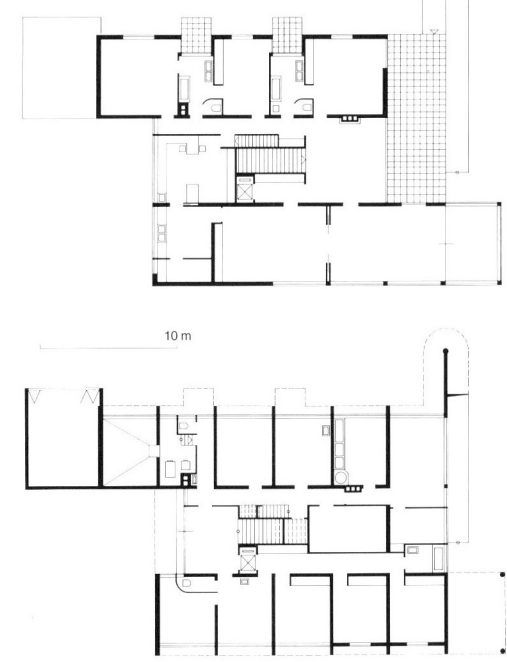

Wohnhaus Cahn in Fürth

Projekt
1930

Für ein Wohnhaus, das in einem Neubaugebiet südöstlich von Fürth stehen sollte, plante Schweizer eine Anlage in strengen kubischen Formen mit flachem Dach. Das Erdgeschoß ist bestimmt durch eine große Eingangshalle, die in räumlicher Verbindung zum nur optisch abgetrennten Wohnzimmer steht. Eingangshalle, Wohnzimmer und das zum Teil als Veranda ausgebildete Speisezimmer öffnen sich nach Süden auf eine windgeschützte Terrasse und in den Garten. Im Obergeschoß befinden sich die Schlafräume. Die Kinderzimmer, denen ein Balkon über dem Speisezimmer vorgelagert ist, sind derart angelegt, daß sie – mit Bad und kleiner Küche – zu einer Einliegerwohnung zusammengefaßt werden können. Das zweite Obergeschoß ist nur zum Teil überbaut. Hier liegen Personalzimmer, Gästezimmer und ein großer Studierraum. Die freibleibende Dachfläche ist als Sonnenterrasse ausgewiesen, die durch eine etwa 1 m hohe Brüstung geschützt ist.

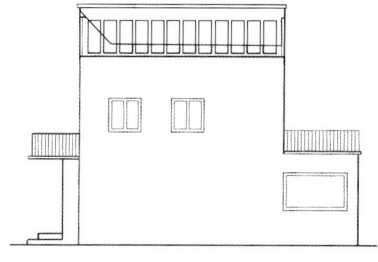

Westansicht mit der Speisezimmerveranda und den Fenstern des Studierraumes sowie des Gästezimmers, die sich auf einen Dachgarten öffnen.

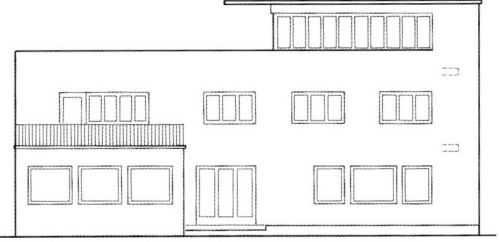

Gartenansicht von Süden. Die dreiteilige Fenstertür im Erdgeschoß führt in die große Halle. Die Fensterreihung im obersten Geschoß belichtet den Studierraum.

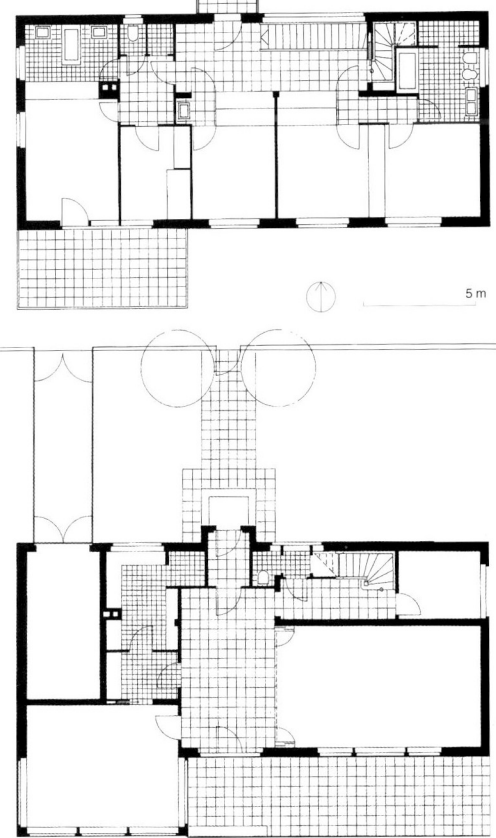

Schlafgeschoßgrundriß. Die Elternschlafzimmer mit eigenem Bad sind durch einen internen Flur zusammengefaßt. Eine gesonderte Treppe führt in das oberste Geschoß mit Studierraum und Sonnenterrasse.

Erdgeschoßgrundriß. Die Trennung zwischen Eingangshalle und Wohnzimmer war als verschiebbare Glaswand vorgesehen, um beide Räume als Einheit gemeinsam nutzen zu können.

„Parkstadt im Hochbau"

Projekt
1931

Ausgehend von seinen Gedanken zur Idealstadt (S. 150) entwickelte Schweizer eine »Stadteinheit optimaler Größe« für 12 000 Einwohner, seine »Parkstadt im Hochbau«. Hohe Verdichtung sollte mit der Berücksichtigung menschlicher Belange, das schöne Wohnen mit einwandfreier Belichtung, Besonnung, Durchlüftung und dem Blick in die Weite von jeder Wohnung aus verbunden werden. Mit 8 bis 12 Geschosse hohen Wohnblöcken, Laubenganghäusern, sollte eine Verdichtung von 375 Personen/ha erreicht werden. Schweizer lag daran, die Stadt wie auch die einzelnen Hochbauten »elastisch«, so sein Ausdruck, auszubilden, was zum einen durch den bandartigen Charakter der Gesamtanlage gegeben ist, zum anderen durch die Skelett-Bauweise der Wohnblöcke mit variablen Wohnungsgrundrissen. »In jedem Wohnstadtkomplex soll ein individuelles Eigenleben der Gemeinde wie in einer deutschen Mittelstadt ermöglicht werden«, schrieb Schweizer zu seinem Entwurf. »Die Lage dieser konzentrierten Neustadt wird mit Rücksicht auf die Erhaltung der individuellen Naturlandschaft gewählt. Das Problem der Bauform wird darin erkannt, bei größter Wohndichte die günstigste Besonnung zu erhalten und damit diejenige Siedlungsform zu finden, welche am wenigsten Gelände beansprucht. So wird ein Maximum an Naturlandschaft erhalten. Die Landschaft bleibt unberührt, die Bauten und Wege werden in strenger Form als Massen und Linien hineingelegt. Für die Verkehrsführung ist nicht die Wegkürze, sondern die Zeitkürze entscheidend. Konzentration der Baumassen, Erhaltung der Naturlandschaft in ihrer maximalsten Ausdehnung, Scheidung von Verkehr und Bebauung, die Maschine (Rationalisierung von Industrie und Verkehr) wird in den Dienst des Menschen gestellt.«

Lit.: Kurt Martin, »Architekt Otto Ernst Schweizer«, in: *Badisches Tagblatt* vom 17.2.1932. – »Studie einer Parkstadt im Hochbau«, in: Otto Ernst Schweizer, *Über die Grundlagen des architektonischen Schaffens*, Karlsruhe 1935, S. 7. – »Ville verte en bandeau«, in: *L'Architecture d'Aujourd'hui*, 6. Jg. 1935, Heft 7, S. 8. – »Progetto della sistemazione urbanistica di una moderna città eseguito dal prof. Ernst Schweizer di Karlsruhe«, in: *Tecnica ed organizzazione*, 2. Jg. 1938, Märzheft, S. 70 f. – »1931. Parkstadt im Hochbau«, in: Otto Ernst Schweizer, *Die architektonische Großform. Gebautes und Gedachtes*, Karlsruhe 1957, S. 174 f. – »1931.Otto Ernst Schweizer. Parkstadt im Hochbau«, in: *1930 bis 1960. Otto Ernst Schweizer. Forschung und Lehre*, Stuttgart 1962, S. 56 f.

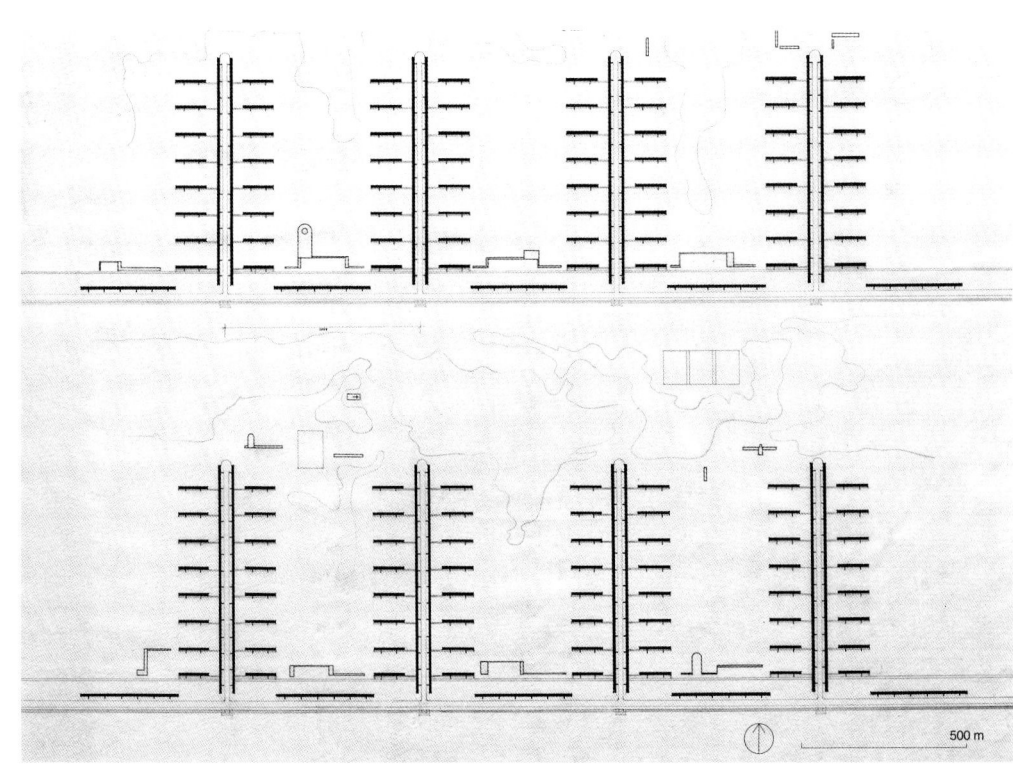

Lageplan zweier Stadteinheiten. Läden und Verwaltungsbauten sollten jeweils im Norden an der Haupterschließungsstraße liegen, Sportanlagen und kulturelle Einrichtungen im Süden in Verbindung zur freien Landschaft.

Schweizer schrieb zur Wiederveröffentlichung seiner »Parkstadt im Hochbau« im Jahr 1962: »Mit dem Jahr 1918 beginnt im Mittelhochbau die Entwicklung seiner Formen nach hygienischen und wirtschaftlichen Gesichtspunkten. Sie führte zu einer wesentlichen Verbesserung gegenüber der früheren Mietskasernenstadt der Gründerzeit. Nach 40 Jahren stellen wir indessen fest, daß die Typologie des Mittelhochbaues zu einer Monotonie geführt hat. Man kann wohl mit dem Mittelhochbau unter Berücksichtigung der Forderungen nach Wohnruhe, Besonnung, wirtschaftlicher Verdichtung, Ausblick aus jeder Wohnung eine zeitgemäße und einwandfreie Lösung erreichen. Aber wenn man durch die Lande fährt und überall die Gleichförmigkeit im Mittelhochbau sieht, muß man sich Gedanken machen, ob dies, soweit es sich um die Geschoßwohnung handelt, der einzige Weg ist, die Wohnungsfrage zu lösen. So erscheint es notwendig, daß sich eine neue Form für den Wohnungsbau herausbildet. Dort, wo eine architektonische Wirkung angestrebt wird und die Voraussetzungen vorhanden sind, wird der Mittelhochbau stark zurücktreten müssen. An seine Stelle tritt der konzentriert zusammengefaßte Hochbau.«

Idealstadt

mit einer optimalen Bevölkerungsdichte bietet durch ihre Struktur die dauerhafte Form für eine architektonische Verfestigung. Die Industriestadt ist verbunden mit dem Kultur- und Geschäftszentrum, sie ist eine Einheit der Arbeit, der Wohnung und Erholung. Die Industriestadt ist das Problem des Maschinenzeitalters, das sich als einheitlicher Ausdruck sämtlicher lebendigen Kräfte darstellen muß. Frei von allen Bindungen an Bestehendes muß die Form der Industriestadt rein aus den Bedingungen der Zeit entwickelt werden, ohne ästhetische Ideologie und ohne die Formensprache vergangener Epochen.«

Zum Zentrum der Stadt, seinem »Idealforum«, schrieb er: »Versucht man, die Form eines derartigen Zentrums zu zeichnen, so kann man für unsere heutigen Verhältnisse des Massenverkehrs nicht mehr mit den geschlossenen Platzdimensionen vergangener Zeiten auskommen. Das moderne Zentrum wird sich nicht als geschlossener Raum, sondern als eine Aneinanderreihung offener und geschlossener Raumteile entwickeln, die in Auswertung der gegebenen baulichen und landschaftlichen Situation gestaltet werden müssen. Als wesentliche Dimension ist die Länge zu betrachten, denn es kommt darauf an, allen Bewohnern das Werden und die Geschichte der Stadt, die Gunst ihrer Lage, kurz, ihre lebendige Bedeutung an dieser bevorzugten Stelle eindrücklich zu vermitteln. Nur so wird es möglich sein, daß jeder, der diese Stätte betritt, dieses Zentrum als den großartigsten Ausdruck einer lebendigen Kultur empfindet, denn das Forum ist die Idee, welche von den Funktionen weg zum Menschlichen und damit zum Erlebnis des Architektonischen führt. Infolgedessen müssen hier alle Einrichtungen vorgesehen sein, welche der Erholung, der Zerstreuung und der kulturellen Vertiefung dienen. Hallen mit Bibliotheken und Lesesälen, Ausstellungsräume u.a.m. Lange, oben und unten begehbare Wandelgänge wären vorzusehen, damit sowohl ein Überblick möglich ist, als auch gegen schlechtes Wetter Schutz geboten wird. Alle Anlagen stehen im Idealfall in Verbindung mit Wasser und Grün. Sie sind eingebettet in die Natur und stehen im Wechsel mit den bestehenden Werten der Baukunst vergangener Zeit.«

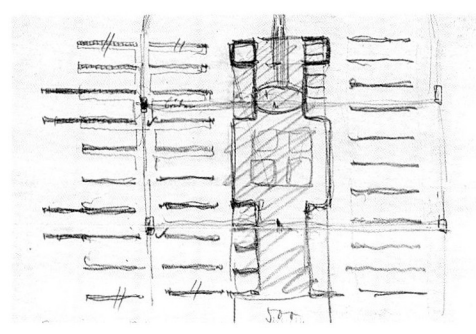

Entwurfsskizze Schweizers, in der den einzelnen Wohntrabanten kleinere Binnenzentren zugeordnet und diese wiederum über ein Schnellbahnsystem mit dem Hauptzentrum verbunden sind.

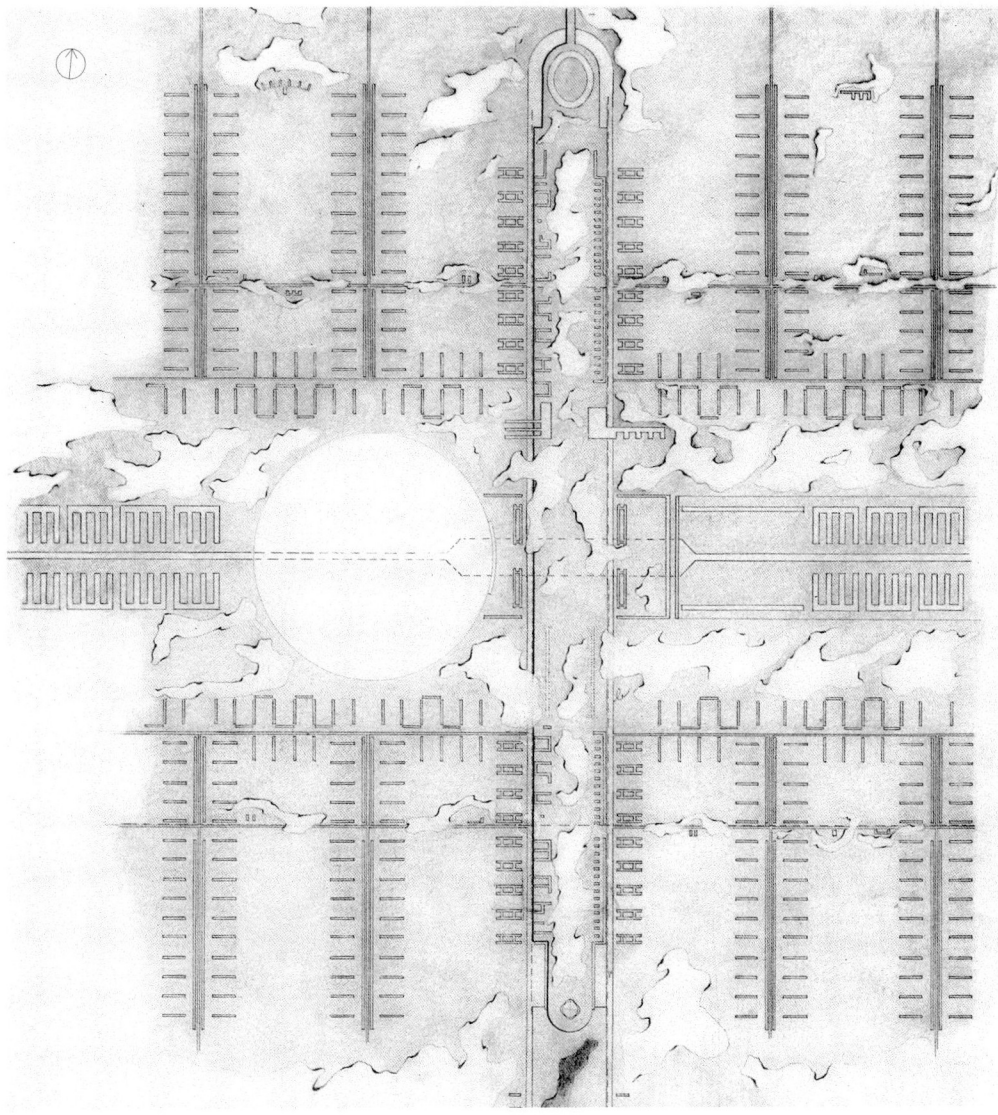

Vorentwurf, in dem die Wohntrabanten im Norden bzw. im Süden, also zu den Industrieanlagen hin, zusammengebunden sind. Westlich des Forums ist ein im Grundriß kreisrunder Flugplatz vorgesehen.

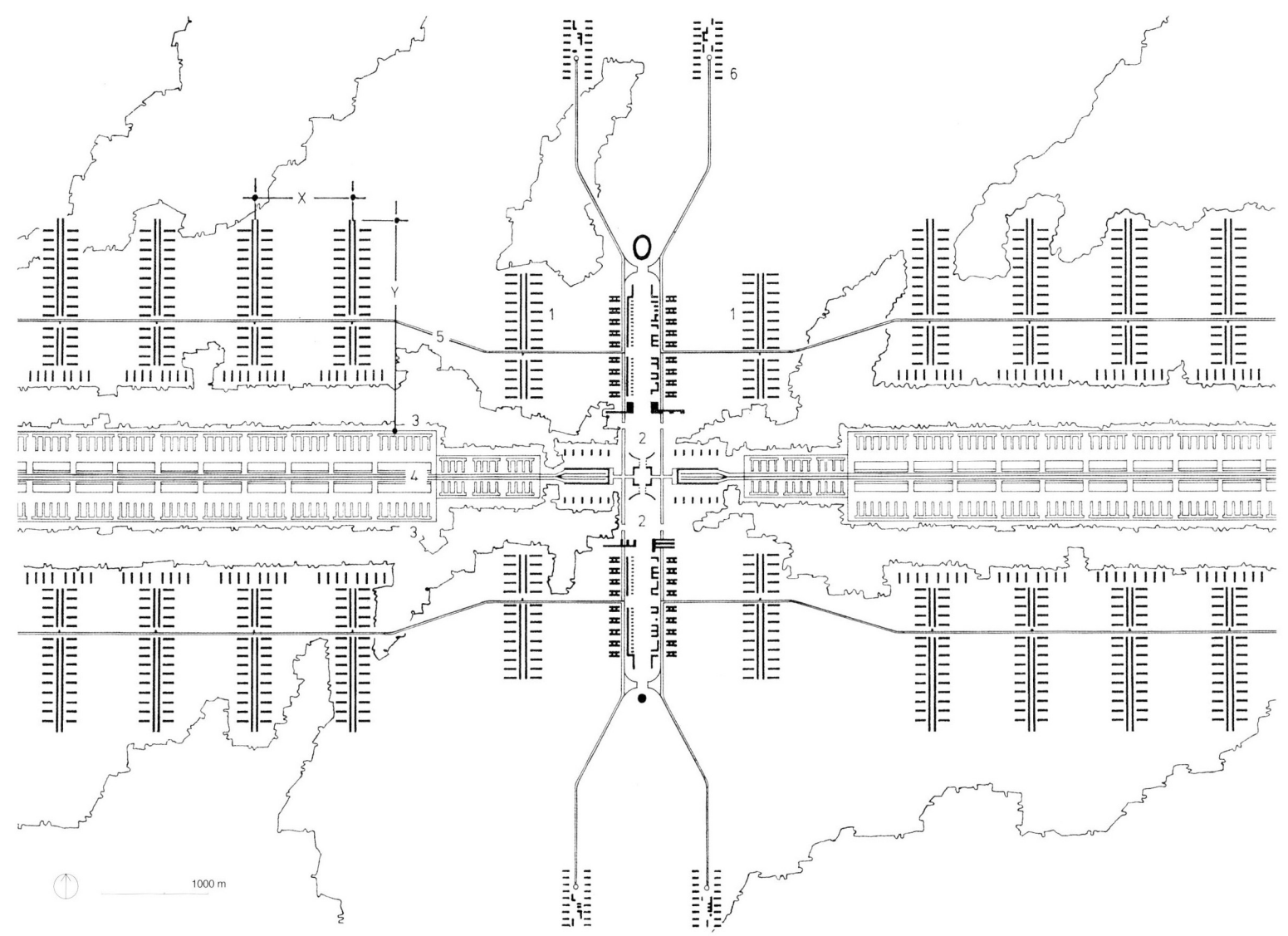

1 Wohntrabant mit 10 000 bis 15 000 Einwohnern
2 Forum
3 Laufseite mit Läden
4 Öffentliche Gebäude mit Vergnügungsstätten
5 Zehngeschossige Geschäftshäuser
6 »Großdimensionale Anlagen« wie Bäder und Museen
7 Bahnhof
8 Hotels
9 Industrie
10 Fernbahn
11 Örtliche Schnellbahn
12 »Villenhochblocks« (S. 116)
x mindestens 800 m
y 20 Minuten Gehzeit

Schweizer schrieb zum Idealplan in seinem Aufsatz »Die neue Stadt« 1935: »Verwertet man die Erfahrungen der Vergangenheit und das Raschlebige aller technischen Einrichtungen, so ergibt sich, daß alle Organismen, welche wir heute zu errichten haben, nur dann dauernd und lebensfähig sind, wenn wir alle im Laufe der Zeit auftretenden Bedürfnisse elastisch aufzunehmen vermögen. Nur die elastisch veränderbare Stadt

Idealplan einer Großstadt

Projekt 1930/31

Als Reaktion auf Le Corbusiers Stadtplanungen für Paris aus den Jahren 1922–30, seiner »Ville contemporaine« und seinem »Plan voisin de Paris«, legte Schweizer einen Idealentwurf vor, der sich im Gegensatz zu Le Corbusiers starrem Schema, so seine Kritik, durch Erweiterungsfähigkeit, durch Elastizität auszeichnet. Die einzelnen Bereiche der Stadt, die Wohntrabanten, die Industrieanlagen und das Stadtzentrum, Schweizers Forum, dem er später als »Idealzentrum 1931« besonderes Gewicht gab, werden durch Verkehrsstränge aneinandergebunden. Es entsteht eine Bandstadt, deren einzelne Bezirke sich in eigenen zusammenhängenden Räumen entwickeln können und die durch Grünzonen, Schweizers weiten Freiräumen, voneinander getrennt sind. Er schrieb zu seinem Idealplan 1931: »Diskutiert werden die Zusammenhänge zwischen Arbeit, Wohnen und Erholen, bezogen auf ein der heutigen Großstadt entsprechendes Wirtschafts- und Kulturzentrum. Dieses Stadtzentrum ist weitgehend vom Wohnen entlastet. Die Stadt ist in einzelne in sich abgeschlossene Siedlungen im Flach-, Mittel- oder Hochbau mit 10 000 bis 20 000 Einwohnern aufgeteilt. Mittelpunkt des gesamten Stadtorganismus ist ein langgezogenes Forum, das die wirtschaftlichen und kulturellen Intensitätsströme eindeutig zum Ausdruck bringt. Die Wohngebiete sind von der Industrie durch einen breiten Gürtel mit hohem Baumbestand als Schutzstreifen getrennt. Der Arbeiter soll die Möglichkeit haben, seine Arbeitsstätte in 20 bis 30 Gehminuten zu erreichen. Dieses Zeitmaß bestimmt die Ausdehnung der Wohnzone in ihrer Tiefe. Nach demselben Grundsatz sind die Wohnungen der Angestellten zu den Bürohäusern disponiert. Um der Freizügigkeit der von ihrer Arbeitsstätte entfernter wohnenden Arbeiter entgegenzukommen, ist eine innerörtliche Schnellbahn vorgesehen, die auch dem Verkehr zum Forum dienen soll. Die Haltestellen liegen immer im Schwerpunkt der Wohndichte. Das innerörtliche Schnellbahnsystem berührt alle wesentlichen Punkte des Forums, auch den Fernbahnhof, an dem die Schnellbahnen entlanggleiten. Der Fernverkehr wird in das mathematische Zentrum des Stadtorganismus hineingeführt. Die Forumsflächen steigen in Richtung auf diesen Verkehrsmittelpunkt an, so daß an dieser Stelle die notwendige Höhenentwicklung für die Kreuzung der verschiedenen Verkehrsbahnen in getrennten Ebenen gegeben ist. Für einen Flugplatz, der in dem Plan nicht eingezeichnet ist, stehen Flächen in ausreichender Größe zur Verfügung.«

Lit.: »Die neue Stadt: Idealplan einer Großstadt (1931)«, in: Otto Ernst Schweizer, *Über die Grundlagen des architektonischen Schaffens*, Karlsruhe 1935, S. VII ff., S. 1. – »1931. Idealplan einer Großstadt«, in: Otto Ernst Schweizer, *Die architektonische Großform. Gebautes und Gedachtes*, Karlsruhe 1957, S. 181. – George R. Collins, »Cities on the line«, in: *The Architectural Review*, Vol. 128, 1960, Nr. 765, S. 341 ff. – »1931. Die neue Stadt: Idealplan einer Großstadt«, in: *1930 bis 1960. Otto Ernst Schweizer. Forschung und Lehre*, Stuttgart 1962, S. 13 ff. – Arnold Tschira, »Die deutsche Stadt der Neuzeit«, in: *Die Kunst des Abendlandes*, hrsg. v. Kurt Martin und Jan Lauts, Karlsruhe 1963, S. 186 ff.

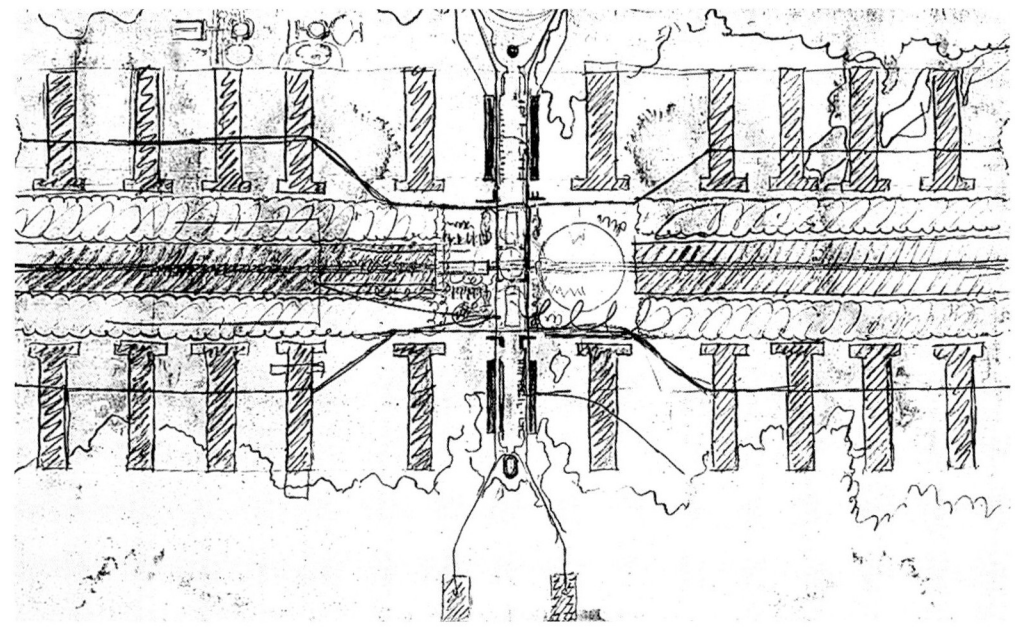

Entwurfsskizze Schweizers, in der die Struktur der Idealstadt in ihren wesentlichen Grundzügen festgelegt ist. Der Flugplatz westlich des Forums entfiel im Hauptentwurf.

Blick vom tiefer liegenden Garten, von Osten auf das Haus. Terrasse und Balkon sind nach Nordwesten durch geschoßhohe Glaswände geschützt. Etwa in der Mitte des Balkons der Bezirk des Sonnenbades, der durch zwei aus der Flucht vortretende Wandscheiben gefangen ist.

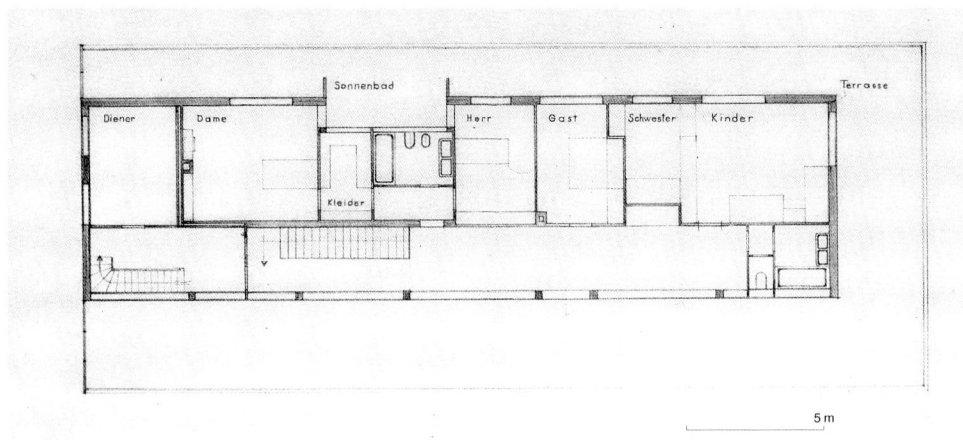

Obergeschoßgrundriß. Eine weiträumige Treppenhalle und der um das Gebäude herumgreifende Balkon geben dem reinen Schlafgeschoß eine dem Charakter des Hauses entsprechende Großzügigkeit.

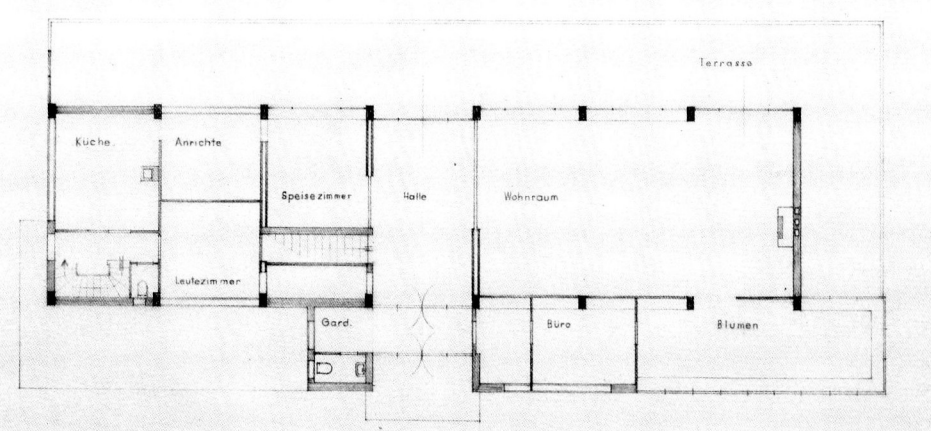

Erdgeschoßgrundriß mit der durchgehenden Eingangshalle, dem großen Wohnraum und dem Wintergarten. Das Büro mit Vorzimmer ist von der Wohnung abgetrennt und vom Windfang aus zugänglich. Eingang, Windfang und die Gartenseite der Eingangshalle sind geschoßhoch verglast.

Wohnhaus am Wannsee in Berlin

Wettbewerb um 1930

Auf einem Grundstück am Wannsee-Ufer, das vom Wasserspiegel bis zur Straße von Nordosten nach Südwesten um rund elf Meter ansteigt, sollte ein herrschaftliches Haus gebaut werden. Schweizers Vorschlag – vermutlich ein Wettbewerbsbeitrag, tragen die Pläne doch Kennziffern – sah vor, das längsrechteckige, drei Geschosse hohe Gebäude trotz der Himmelsrichtung nah an die Straße zu stellen, um einen weiträumigen Garten zu erhalten, der sich mit dem See landschaftlich verbindet. Über einen Umweg wird der Besucher an das Haus herangeführt und hat vom Haupteingang durch eine geräumige Eingangshalle hindurch den freien Blick über den Wannsee. Vor der Gartenseite des Erdgeschoßgrundrisses mit einem etwa 70 m² großen Wohnraum, zugehörigem Wintergarten, Speisezimmer und Büro, erstreckt sich eine gedeckte Terrasse. Das Obergeschoß, ein reines Schlafgeschoß, ist durch einen um das Haus herumgreifenden Sonnenbalkon erweitert. Nebeneingang, Küche und Bedienstetenzimmer im Erdgeschoß, Dienerzimmer im Schlafgeschoß und Wohnräume für das Personal im Dachgeschoß sind durch eine separate Treppe miteinander verbunden. Das Dachgeschoß war zum Ausbau für einen späteren Zeitpunkt vorgesehen. Das Erdgeschoß sollte eine Stahlbeton-Skelettkonstruktion sein, die beiden Obergeschosse aus verputztem und weiß gestrichenem Mauerwerk bestehen. »Das einheitlich durchgehende Stützensystem des Erdgeschosses gestattet größte Variabilität der Aufteilung in die erforderlichen Raumeinheiten, bei Änderung der Bedürfnisse einfache Umbaumöglichkeit«, schrieb Schweizer zu seinem Entwurf. »Reichliche Terrassenanlagen im Obergeschoß rings um das Haus führend gestatten beste Ausnützung des Sonnenlichtes (Sonnenbad, Luftbad, Gymnastik) und weitgehendsten Sonnen- und Regenschutz des Hauses, im Innern kühle Räume und angenehme Sitzplätze im Freien.«

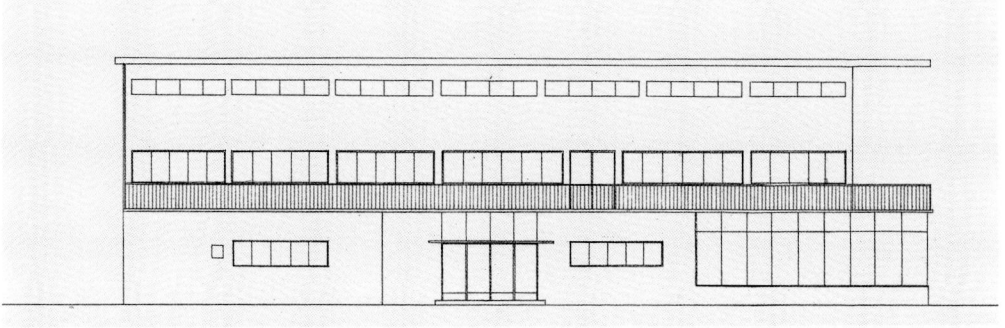

Straßenansicht. Rechts der verglaste Wintergarten. Die hochliegenden Fensterbänder neben dem Eingang belichten das Büro und das Bedienstetenzimmer.

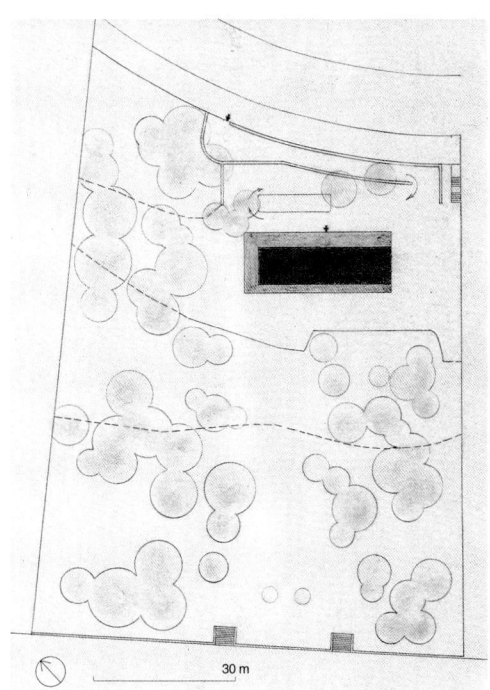

Lageplan. Oben das Ufer des Wannsees, unten die Straße. Die Zufahrt ist durch Mauern gesäumt, die das Gebäude weitgehend nach außen abschirmen. Links unten der Wirtschaftseingang.

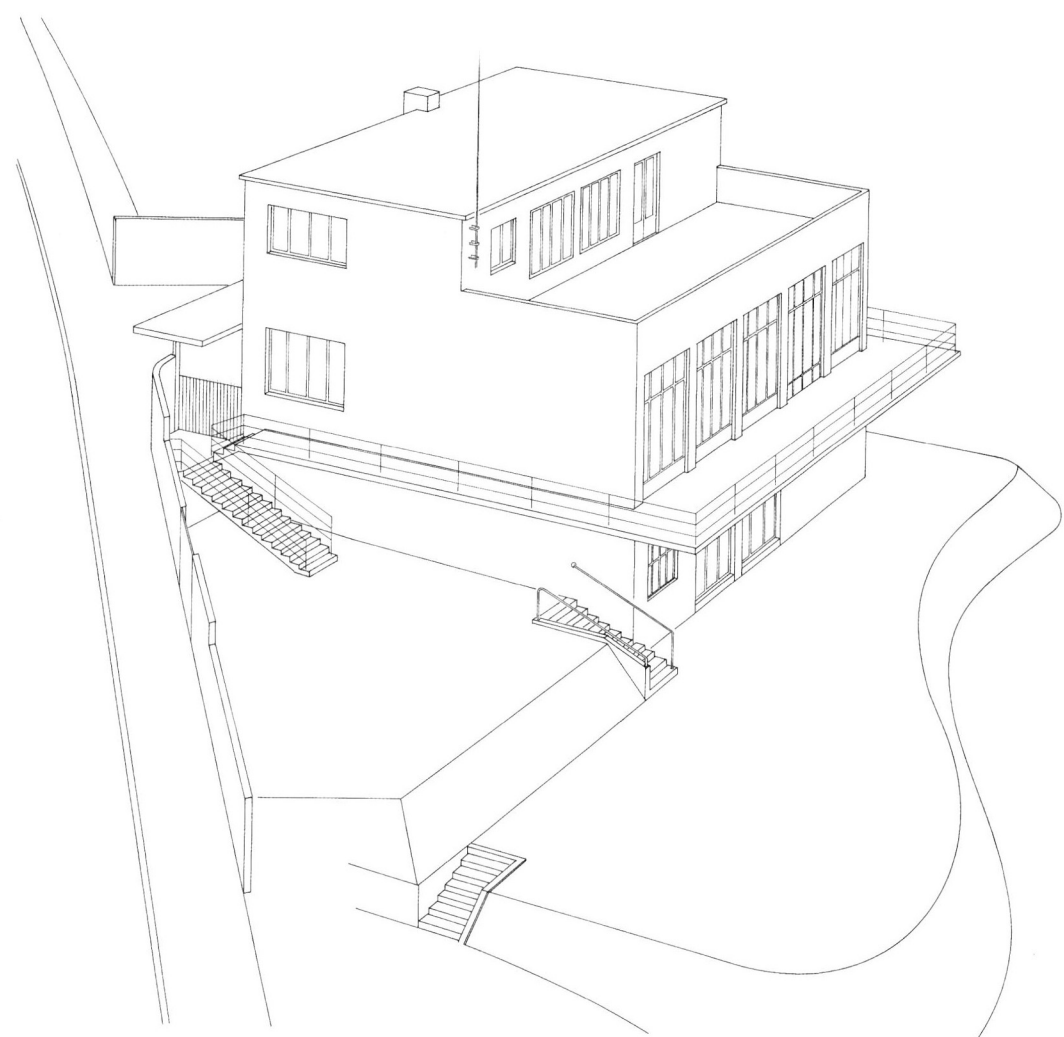

Luftperspektive. Blick von Nordwesten auf das Corpshaus. Die auskragende Terrasse vor den Fenstern des Festsaals überdeckt zugleich einen geschützten Vorplatz vor dem Paukraum.

Blick in den Festsaal während des Rohbaus. Stützen und Unterzüge sollten betonsichtig bleiben. Um den Blick in die weite Landschaft nicht zu beeinträchtigen, wurde, im Gegensatz zur Dachterrasse, die Brüstung nicht massiv, sondern als Stabgeländer ausgebildet.

Corpshaus der Catena in Stuttgart

1930

Nachdem sich Schweizer bereits im Jahre 1927 mit dem Projekt eines Corpshauses für die Catena-Studentenverbindung befaßt hatte (S. 98), erarbeitete er drei Jahre später für dasselbe Grundstück erneut einen Entwurf, der verwirklicht wurde. Im Gegensatz zu seinem Projekt von 1927 setzt er das Gebäude nicht gegen den natürlichen Verlauf des Geländes ab, sondern nimmt das Gefälle auf und bildet einen dementsprechend terrassierten Baukörper. Im Hauptgeschoß betritt man durch eine großzügig bemessene Vorhalle den Festsaal, der die ganze Breite des Hauses einnimmt und nach Westen hin durchgehend verglast ist. Von der freitragenden Terrasse, die das Haus auf drei Seiten umfaßt, hat man einen freien Blick über die Stadt und in die weite Landschaft. Im Staffelgeschoß, dem eine großflächige Terrasse vorgelagert ist, sind Studentenzimmer und ein Aufenthaltsraum untergebracht. Im Untergeschoß befinden sich der Paukraum, der vom etwas höher liegenden Flur und einem seitlich laufenden Zuschauerpodest eingesehen werden kann, die Hausmeisterwohnung mit separatem Außenzugang sowie Nebenräume.

Luftaufnahme von Südwesten. Die Einfügung des Hauses in das parkartige Hanggelände wird deutlich. Bestimmend für das Äußere ist die Fensterfront vor dem Festsaal mit der vorkragenden Terrasse.

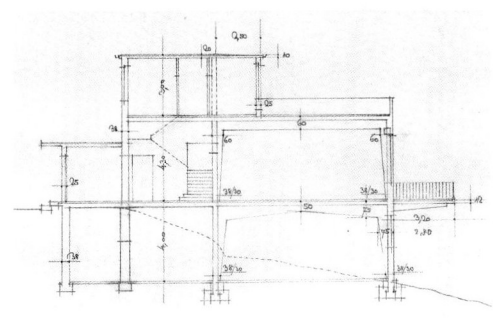

Schnitt. Vorentwurf. Die Stellung des Hauses im Hanggelände ist ebenso festgelegt wie das konstruktive Gerüst, das Untergeschoß aber noch ohne die späteren Niveauunterschiede ausgebildet.

Grundriß des Untergeschosses. Der Paukraum, ein fünf Stufen höher liegendes Zuschauerpodest an seiner rechten Seite und der um weitere zwei Stufen angehobene Flur bilden eine räumliche Einheit mit nur optischer Trennung durch zwei kräftige Betonstützen.

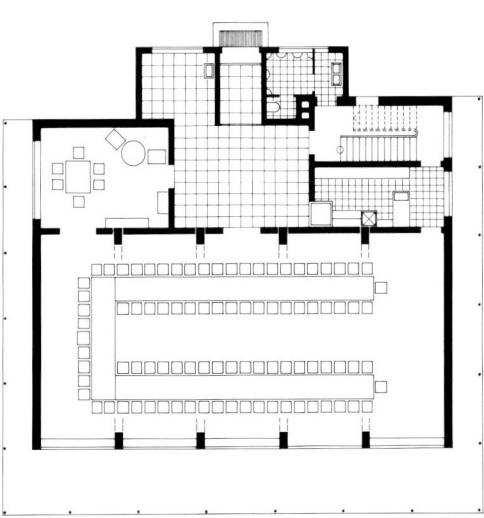

Hauptgeschoßgrundriß. Der Festsaal wird durch Stahlbetonstützen an den Längswänden und durch sichtbare Unterzüge gegliedert. Ihm zugeordnet sind ein Sitzungszimmer und eine Bierschenke. Oben der Haupteingang, von dem man einen Blick durch die Eingangshalle und den Festsaal hindurch ins Freie hat.

Milchhof Nürnberg

Blick in die langgestreckte, zwei Geschosse hohe Ausgabehalle im Erdgeschoß über Straßenniveau. Links der Erschließungssteg für das Zwischengeschoß.

Blick in das Erdgeschoß im Rohbau vor dem Einbau von Zwischenwänden, die, den Anforderungen entsprechend, leicht wieder entfernt werden können.

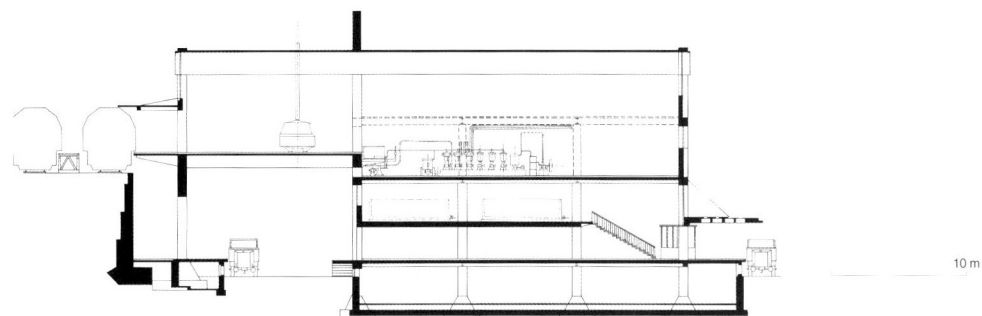

Schnitt durch das Betriebsgebäude im Bereich der Annahmehalle. Links die Bahntrasse und die vertieft liegende Umfahrungsstraße, rechts die Ausgabe-Rampe, in der Mitte oben der mächtige Überzug.

Tankstelle. Ansicht von der Garage aus mit Blick in den Pegnitzgrund.

Maschinenhalle im Betriebsgebäude mit den Kältemaschinen und den Warmwasserkesseln.

Grundriß des Betriebsgebäudes auf Höhe der Bahntrasse (obere Zeichnung). In der Mitte die Annahmehalle, die bis an die Bahn herangeschoben ist und die die Fahrstraße überbrückt. Links davon Labors, ein Vortragssaal, der Luftraum der Maschinenhalle und des Kesselhauses, rechts der Trockenmilchraum, die Butterei und die Käserei.

Auf der unteren Zeichnung der Grundriß des Betriebsgebäudes auf Straßenniveau. Links von der Durchfahrt die Maschinenhalle und dahinter das Kesselhaus mit dem sternförmigen Unterbau für den Schornstein mit Wasserhochbehälter, rechts davon die langgestreckte Ausgabehalle mit den Kühlräumen und der Flaschenabfüllanlage ganz rechts.

Milchhof Nürnberg

Blick von Nordosten auf das Betriebsgebäude mit der Rampe und dem abgehängten Schutzdach vor der Ausgabehalle.

Verladerampe und Schutzdach vor der Ausgabehalle im Rohbau. Die abgedeckten Öffnungen in der Dachplatte wurden mit Glasbausteinen geschlossen.

Blick von Nordwesten auf die Garage, den Schornstein mit Wasserhochbehälter und das Betriebsgebäude. Im Vordergrund, angeschnitten, die Tankstelle.

Blick von Osten auf die Annahmehalle an der Bahnlinie, die, wie der Steg im Vordergrund, die Umfahrungsstraße überbrückt.

10 m

Betriebsgebäude. Ansicht von Norden. Rechts die durch großflächig verglaste Betonraster-Wände belichtete Maschinenhalle. Im anschließenden niedrigeren Gebäude, hinter dem der Schornstein mit Wasserhochbehälter aufragt, befinden sich die Pförtnerei, zur Maschinenhalle gehörige Räume und im Obergeschoß Büros. Links von der Maschinenhalle die Durchfahrt durch das Gebäude, daran anschließend die Verladerampe zur Milchausgabe.

Milchhof Nürnberg

Justus Bier schrieb zu Schweizers Milchhof: »Die Leistung des Architekten liegt in der Durchsetzung der reinsten knappsten Form, in der konsequenten Verfolgung des konstruktiven Minimums, soweit es sich wirtschaftlich rechtfertigt. Wie überhaupt in der konsequenten Eingliederung der Arbeit des Ingenieurs in die architektonische Gesamtordnung einer der wesentlichsten Werte der Schweizerischen Bauten besteht. Diese Bauten sind nicht stilistische Umbildung konstruktiv und grundrißlich gegebener Typen, sie sind von Grund aus neu entwickelt, die Leistung des Architekten ist hier in erster Linie die funktionelle Organisation des ganzen Bauorganismus, die sich in der klaren, sprechenden Form der einzelnen Baukörper ebenso auswirkt wie in der gelenkigen artikulierten inneren Raumfolge«

In der Plastik der Baumassen wie dem Relief ihrer Wandungen, in dem Zusammensprechen der Materialien, in der Folge und Abwandlung der Räume und ihrer Verschränkung mit dem Außenraum ist trotz der funktionellen und konstruktiven Bedingtheit dieser Architektur eine höchst verfeinerte und gegliederte Ordnung entwickelt, eine Formensprache von großer Ausdruckskraft. Diese Formensprache entbehrt aber jedes individuellen Eigenwillens, sie hat ihren Wert ganz im Kollektiven und damit Überpersönlichen, nicht in der einmaligen, sondern in der typischen Lösung. Dieser Bau von Schweizer, so sehr er persönliche Leistung in der Strenge und Reinheit seiner Gestaltung ist, ist im Grund seines Wesens anonym, Verkörperung einer neuen kollektiven Architektur, er dient der Verwirklichung und Weiterbildung einer alle verpflichtenden architektonischen Sprache.«

Blick in die große Halle des Verwaltungsgebäudes auf die Glastür des Windfangs. Die Felder im 1. Obergeschoß wurden später mit Wandbildern geschmückt. Auf der Abbildung unten ein Blick aus dem Innenhof des Wohntraktes auf die verglaste Betonraster-Wand der großen Halle im Verwaltungsgebäude.

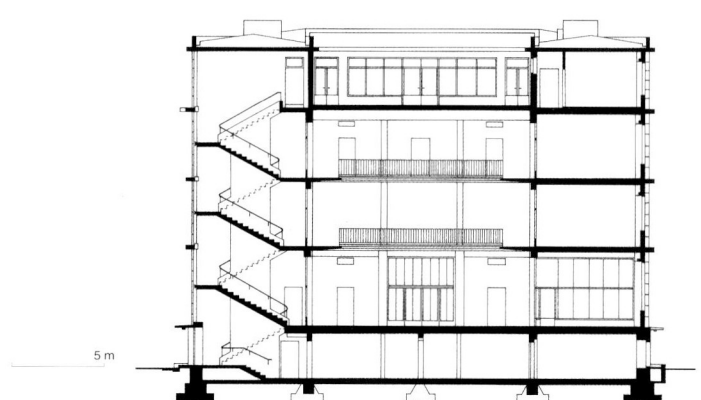

Querschnitt durch das Verwaltungsgebäude mit Blick auf den Haupteingang. Über der großen Halle der windgeschützte Dachgarten.

Vorentwurfsperspektive des Verwaltungsgebäudes mit den als Veranden ausgebildeten Eckräumen im obersten Geschoß und den Balkonen davor. Der Haupteingang liegt hier noch an der östlichen Seite in Verbindung mit einem der Treppenhäuser. Im Hintergrund der anschließende Garagentrakt.

Erdgeschoßgrundriß des Verwaltungsgebäudes mit anbindendem Wohntrakt. Oben im Bild, im Norden, der Haupteingang, der in die große Halle führt. Rechts und links die beiden Treppenhäuser, die die Umgänge der Halle erschließen. Unten der Innenhof für die Wohnungen, deren Hauptzugang im Süden liegt. Rechts die Exportabteilung.

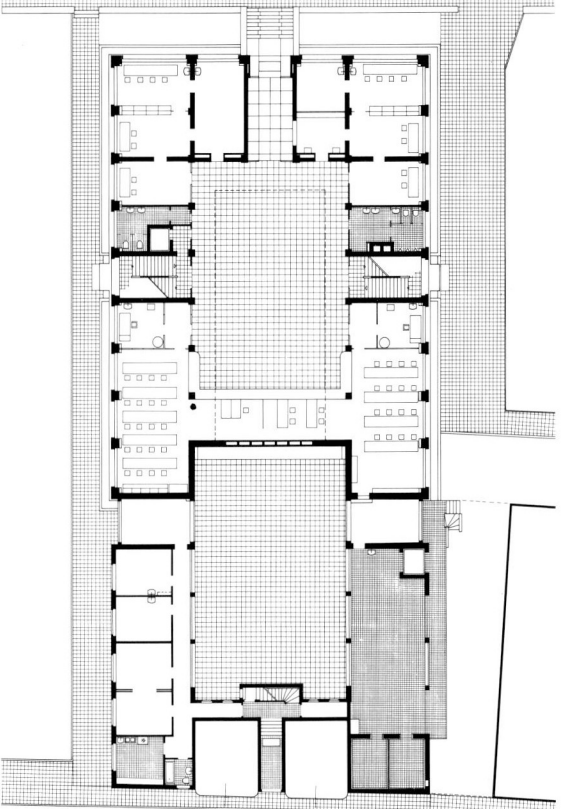

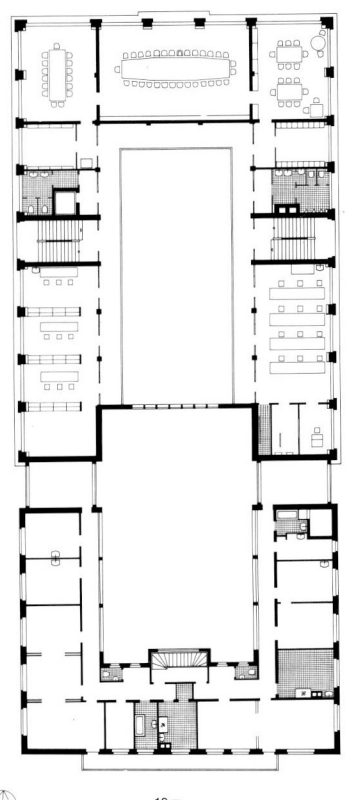

Ganz rechts der Grundriß des 1. Obergeschosses des Verwaltungsgebäudes mit Büroräumen und Besprechungszimmern nach Norden sowie des Wohntraktes, der durch eingezogene Räume vom Hauptbau abgesetzt ist.

Milchhof Nürnberg

Blick auf Umgänge und verglaste Büro-Trennwände in der großen Halle des Verwaltungsgebäudes. Links im Bild die verglaste Betonraster-Wand und unten der Kassen- und Auktionstresen.

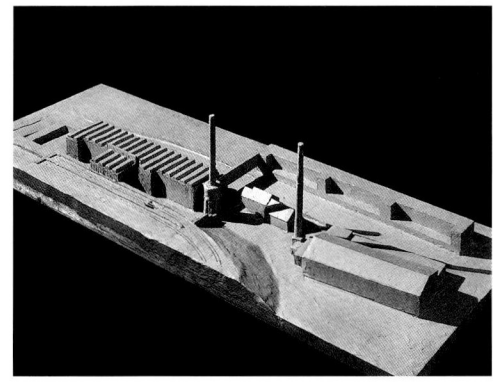

Modell eines Vorentwurfs aus der Luftperspektive von Südosten, in dem die Garagen und das Verwaltungsgebäude als ein langgestreckter Block im Osten des Betriebsgebäudes liegen.

Milchhof in Nürnberg. Besondere konstruktive Lösungen«, in: *Baugilde, Zeitschrift des Bundes deutscher Architekten,* 13. Jg. 1931, Heft 16, S. 1324 ff. – Justus Bier, »Der Milchhof der bayerischen Milchversorgung, Nürnberg«, in: *Moderne Bauformen, Monatshefte für Architektur und Raumkunst,* 32. Jg. 1933, Heft 6, S. 303 ff. – »Tankstellen von Otto Ernst Schweizer, Karlsruhe, Karl Schneider, Hamburg, und Clauss & Daub, Cleveland«, in: *Moderne Bauformen, Monatshefte für Architektur und Raumkunst,* 33. Jg. 1934, Heft 4, S. 194 ff. – Otto Ernst Schweizer, *Vom Wiederaufbau zerstörter Städte,* Heft 2 der Schriftenreihe *Der Augeblick,* Baden-Baden 1949, S. 22 f. – Arnold Tschira, »Otto Ernst Schweizer, der Architekt«, in: *Otto Ernst Schweizer und seine Schule. die Schüler zum 60. Geburtstag ihres Meisters,* Ravensburg (1950), S. 5 ff. und in: *Bauen und Wohnen,* 5. Jg. 1950, Heft 4, S. 197 ff. – »Milchhof Factory. Nürnberg. 1930«, in: *World's Contemporary Architecture,* Vol. 5: Germany, Tokio 1953, S. 88. – »1930. Milchhof Nürnberg«, in: Otto Ernst Schweizer, *Die architektonische Großform. Gebautes und Gedachtes,* Karlsruhe 1957, S. 82 ff. – *Architektur in Nürnberg 1900–1980,* hrsg. v. Centrum Industriekultur Nürnberg, Stuttgart 1981, S. 86 ff.

Blick von Nordwesten auf das Verwaltungsgebäude. Im Hintergrund links das Betriebsgebäude und der freistehende Schornstein mit Wasserhochbehälter; davor, noch eingerüstet, die Tankstelle. Ganz rechts der anschließende zwei Geschosse hohe Wohntrakt.

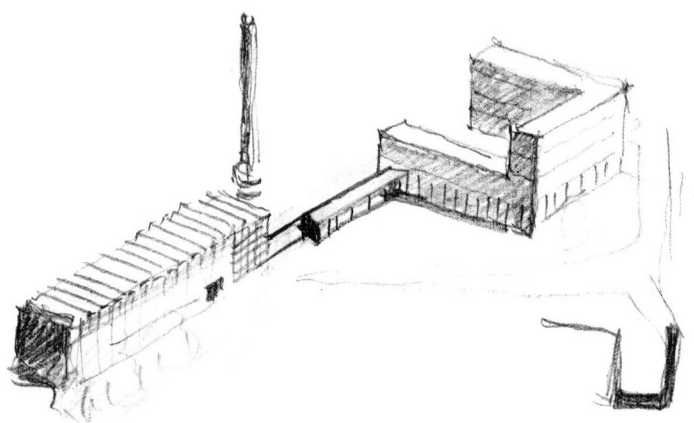

Entwurfsskizze Schweizers, in der die Disposition der Gesamtanlage bereits festgelegt ist.

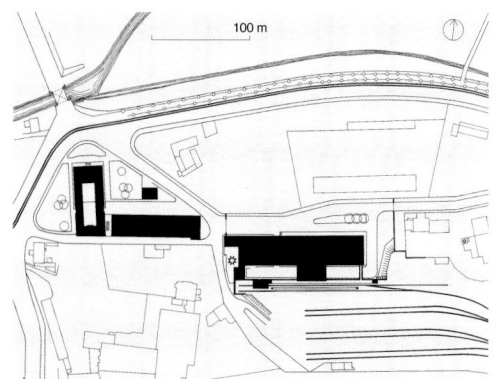

Lageplan. Oben links die Pegnitzbrücke und, von Westen nach Osten führend, die Kressengartenstraße. Unten die Bahnanlagen.

Für den Bau des Milchhofes war ein langgestrecktes, von Süden nach Norden abfallendes Gelände östlich der Nürnberger Altstadt ausgewiesen worden, das zwischen der Bahnlinie Nürnberg–Regensburg im Süden und einer Ausfallstraße im Norden, der Kressengartenstraße, eingespannt liegt, und das sich in ein unbebautes Geländes landschaftlichen Charakters jenseits dieser Straße, dem Pegnitzgrund, öffnet.

180 000 Liter Milch pro Tag sollten im Neubau angenommen, verarbeitet und in Form von Vollmilch, Flaschenmilch, Butter, Käse und Quark sowie anderen Milchprodukten wieder abgegeben, die Milchkannen, Flaschen, Milchkästen aufbereitet und gereinigt werden können. Die Anlieferung der Rohmilch erfolgte über Straße und Bahn, die Auslieferung größtenteils durch betriebseigene Lastwagen. Die Organisation wurde durch einen großen Verwaltungsapparat geleistet, in dem die Verbände der Erzeuger, der Konsumenten und des Zwischenhandels zusammengefaßt waren.

So günstig das Baugelände aus betriebstechnischer Sicht war durch den Anschluß an Straße und Bahn sowie die stadtnahe Lage, um so schwieriger war für die Planung eines zusammenhängenden Ganzen die Zerstückelung des Geländes durch sich kreuzende Straßen und schon vorhandene Fabrikanlagen.

So bildete Schweizer, der eben aus Nürnberger städtischen Diensten ausgeschieden und an die Karlsruher Technische Hochschule berufen worden war, eine im wesentlichen zweigeteilte Anlage, das Verwaltungsgebäude zum einen und das Betriebsgebäude zum anderen, die, von ungefähr gleicher Höhe, durch den niedrigen, an das Verwaltungsgebäude direkt anschließenden Garagen- und Kantinentrakt optisch zusammengefaßt werden und in dem mächtigen, freistehenden Schornstein und Wasserhochbehälter als Drehpunkt der Anlage einen Halt finden.

Das Verwaltungsgebäude, viergeschossig und auf einem Sockel stehend, ist als Point de vue auf die Achse der Pegnitzbrücke bezogen. Es ist als Dreiflügelanlage konzipiert, dessen Flügel eine drei Geschosse hohe Halle umschließen, die über eine durchgehende verglaste Betonraster-Wand im Süden belichtet wird und zusätzlich – indirekt – durch die Büroräume, die sich zum größten Teil mit verglastem Raumabschluß auf zwei Umgänge öffnen. Die Halle hat nicht nur Verteilerfunktion (die Verbindung zu den Umgängen ist über zwei nach außen hin durchgehend verglaste Treppenhäuser in den Seitenflügeln gegeben), sondern sie ist zugleich Kassen- und Auktionshalle, deren Tresen vor der verglasten Betonraster-Wand liegt, dem Haupteingang im Norden mit dem großzügig gestalteten Windfang direkt gegenüber. Den oberen Abschluß der Halle bildet eine stark profilierte Stahlbeton-Rippendecke, über der sich ein dreiseitig windgeschützter Dachgarten befindet.

Nach Süden bindet ein nur zwei Geschosse hoher Trakt direkt an das Verwaltungsgebäude an, ebenfalls eine Dreiflügelanlage, die einen als Wohnhof für die Wohnungen in diesem Gebäudeteil dienenden Bezirk umschließt.

Das Verwaltungsgebäude ist eine Betonskelett-Konstruktion mit Decken aus gleichem Material. Die Außenpfeiler und der Sockel sind aus Muschelkalksteinen aufgemauert (nicht zuletzt, um die Schallübertragung in einem geschlossenen Stahlbetonskelett zu unterbrechen), über die die Geschoßdecken um ein Weniges auskragen. Die Eckräume im obersten Geschoß der Eingangsseite waren zunächst als offene Veranden mit Balkonen geplant; hieraus erklären sich die an dieser Stelle stärker als vor den anderen Räumen vorkragenden Betondecken.

Leicht vom rechten Winkel abweichend, schließt sich das Garagen- und Kantinengebäude an den Wohnkomplex in gleicher Höhe an, direkt verbunden durch eine überdeckte Durchfahrt für die Expeditionsabteilung, die an dieser Stelle im Erdgeschoß des Wohntraktes untergebracht ist. Die Garage, eine stützenlose Halle mit Falt-Toren auf beiden Seiten, die von hohen Stahlbindern überspannt wird, bietet 40 Lastwagen Platz, die von Süden in die Garage einfahren und nach Norden hinausfahren können. Im Osten liegt die Werkstatt und, zweigeschossig, die Kantine für 100 Personen. Sie bildet den Abschluß der Garage und liegt damit etwa in der Mitte der gesamte Anlage.

Vor der Garage befindet sich für die ausfahrenden Lastwagen eine Tankstelle, eine Beton-Scheibenkonstruktion mit weit vorkragendem Dach und voll verglastem Werkraum (S. 169).

Jenseits einer kreuzenden Straße steht in gleicher Flucht wie der Garagen- und Kantinentrakt das langgestreckte Betriebsgebäude, das hart an den abfallenden Hang zum Pegnitzgrund gestellt ist, so daß das Erdgeschoß auf Höhe der Hauptzufahrtsstraße liegt, das Obergeschoß auf Höhe der Bahntrasse. Eine auf der Bahnseite vertieft angelegte Straße und eine Durchfahrt durch das Betriebsgebäude hindurch (in dem an die Maschinenhalle anschließenden Joch) ermöglichen das Umfahren des gesamten Komplexes.

Die Rohmilch gelangt in Kannen von der Bahn aus auf Transportbändern, von den Lastwagen über Aufzüge direkt in die Annahmehalle auf Bahngleisniveau, die sich quer zur Längsachse des Gebäudes vier Joche breit bis zur Bahntrasse vorschiebt. In dieser Halle werden die Milchkannen geleert und zur Rückbeförderung aufbereitet, die Milch gereinigt und pasteurisiert. Nach Osten schließen sich Räume zur Herstellung von Butter, Käse und Trockenmilch an, nach Westen die Labors und ein Vortragssaal. Die ausgabefertige Milch fließt – abgekühlt – in Sammelräume, die in einem in das Erdgeschoß eingeschobenen Zwischengeschoß liegen, und wird von hier, in Kannen oder Flaschen abgefüllt, zur Ausgabehalle zurückgeführt. Sie erstreckt sich in ganzer Höhe und Länge des Erdgeschosses und ist außen durch ein weit auskragendes Vordach geschützt. Den westlichen Abschluß des Betriebsgebäudes bildet das Kessel- und Maschinenhaus, dessen zwei Geschosse hoher Maschinensaal mit Kompressoren für die Kühlanlagen und Warmwasserkessel nach Norden durch eine verglaste Betonraster-Wand belichtet wird, die der in der Halle im Verwaltungsgebäude entspricht. Im obersten Geschoß liegen unter dem Dachfaltwerk seitlich der durchgehenden Annahmehalle Lagerräume und Sozialanlagen für die im Milchhof Beschäftigten, im Untergeschoß, das natürlich belichtet wird, im wesentlichen Lagerräume, Kühlräume und Anlagen für die Eisherstellung.

Eine Grundforderung für den Entwurf des Betriebsgebäudes war größtmögliche Variabilität, so daß es jederzeit den schwankenden Bedürfnissen der Milchversorgung angepaßt werden kann. Schweizer schlug deshalb ein Stahlbeton-Skelettsystem vor mit sechs Metern Stützabstand in der Längsrichtung, das in Querrichtung die Bautiefe von 25 m mit zwei Stützenreihen überbrückt. Das gefaltete Betondach spannt bei etwa 8–10 cm Stärke frei von Außenwand zu Außenwand und wird im Bereich der sich aus der Baufluent herausschiebenden Annahmehalle durch einen mächtigen Überzug überfangen. Sämtliche Zwischenwände sind ohne tragende Funktion und können jederzeit versetzt werden. Der Beton ist schalungsrauh belassen, die verbleibenden Flächen sind mit Sichtmauerwerk gefüllt.

Der 76 m hohe schlanke Schornstein wächst aus einem Wasserhochbehälter heraus, der auf einem über 20 m hohen, im Grundriß sternförmigen Sockel ruht und über eine separate Wendeltreppe aus Eisen erreichbar ist. Schornstein, Wasserhochbehälter und Sockel sind aus Beton gegossen.

Lit.: Justus Bier, *Otto Ernst Schweizer*, Berlin/Leipzig/ Wien 1929, S. VI f., S. 51. – *Süddeutsche Molkerei-Zeitung*, 51. Jg. 1930 (Sondernummer außer der Reihe zur Eröffnung des neuerbauten Milchhofes der Bayerischen Milchversorgung, Nürnberg). – Justus Bier, »Die Bauten der bayerischen Milchversorgung«, in: *Die Form, Zeitschrift für gestaltende Arbeit*, 6. Jg. 1931, Heft 3, S. 81 ff. – Gustav Lampmann, »Der Milchhof in Nürnberg, in: *Zentralblatt der Bauverwaltung*, 51. Jg. 1931, Heft 9, S. 132 ff. – Hermann Meier, »Die Neubauten der bayrischen Milchversorgung GmbH in Nürnberg«, in: *Zement, Wochenschrift für Hoch- und Tiefbau*, 20. Jg. 1931, Heft 12, S. 274 ff. und Heft 13, S. 304 ff. – Rudolf Rösermüller, »Der Milchhof Nürnberg«, in: *Die Bauzeitung* (vereinigt mit *Süddeutsche Bauzeitung*, München), 28. Jg. 1931, Heft 43, S. 403 ff. – Alwin Weiß, »Der

Milchhof Nürnberg

1929–31

Blick vom Haupteingang des Verwaltungsgebäudes in die große Halle. Rechts und links im Vordergrund die Glastüren zu den beiden Treppenhäusern, hinten vor der verglasten Betonraster-Wand der Kassen- und Auktionstresen.

Luftaufnahme. Blick von Südosten. Links die Bahntrasse, rechts oben im Bild der Pegnitzgrund und die Brücke darüber, auf deren Achse die Lage des Verwaltungsgebäudes bezogen ist.

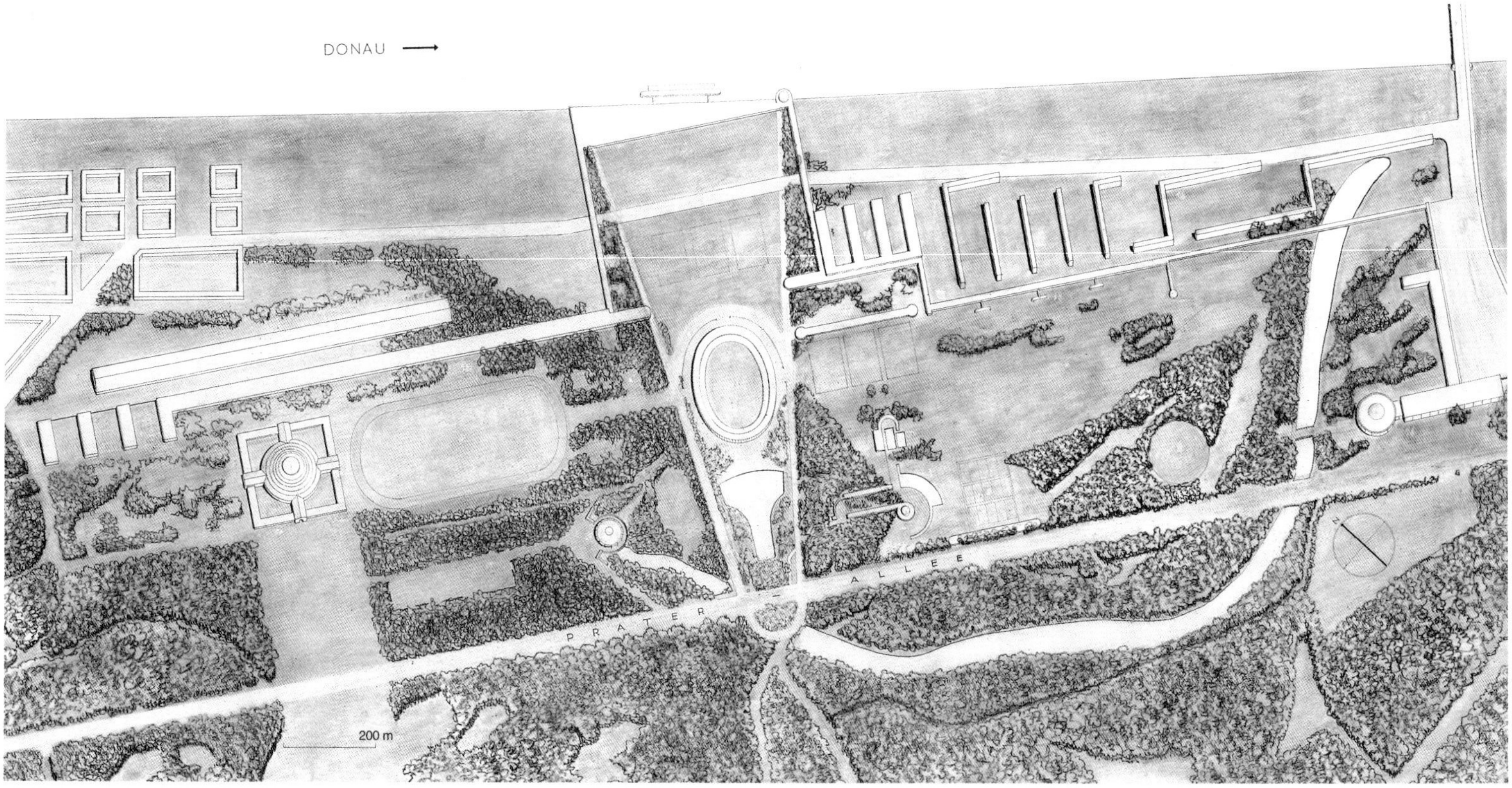

DONAU ⟶

Lageplan der Gesamtanlage. In der Mitte das Stadion mit dem Spiegelteich, darüber Spielplätze und, oberhalb einer keilförmig geschnittenen Wandelhalle mit Café direkt an der Donau, ein Freibad. Links vom Spiegelteich ein Tanzcafé, daran anschließend ein Denkmalhain, in dem Plastiken Wiener Bildhauer aufgestellt werden sollten. Oberhalb der Rotunde und der Trabrennbahn langgestreckte Ausstellungsgebäude. Rechts vom Spiegelteich das Schwimmstadion mit Sonnenbad und Café, Tennisplätze, eine Eisbahn und Spielplätze. Rechts vom Stadion Spielplätze mit einer Unterstellhalle; darüber der große Komplex für Ausstellungen. Daran anschließend die sieben und acht Geschosse hohen Wohnblocks, die durch den – oberhalb der Rotunde beginnenden – Wandel- und Ausstellungsgang gegen die Grünfläche mit den Spielplätzen abgegrenzt sind. Ganz rechts die Thermenanlage, die über den Wandelgang mit den anderen Bauten verbunden ist. Schweizer schrieb zu seinem Entwurf: »Der heutige Mensch verlangt nach einem Ausgleich für das Leben in der streng rationalisierten Industrie- und Arbeitswelt. Diesen Ausgleich könnten die Bewohner unserer Großstädte finden, wenn ihnen Gelegenheit zu einer Erholung geboten würde, die den ganzen Menschen erfaßt. Es müßten also Zentren geschaffen werden, in denen die Menschen der modernen Industriegesellschaft körperliche Erholung finden könnten und gleichzeitig Gelegenheit hätten, die verschiedenartigsten geistigen Bedürfnisse zu pflegen.«

Entwurfsskizze Schweizers, in der die Grundzüge der endgültigen Planung festgelegt sind.

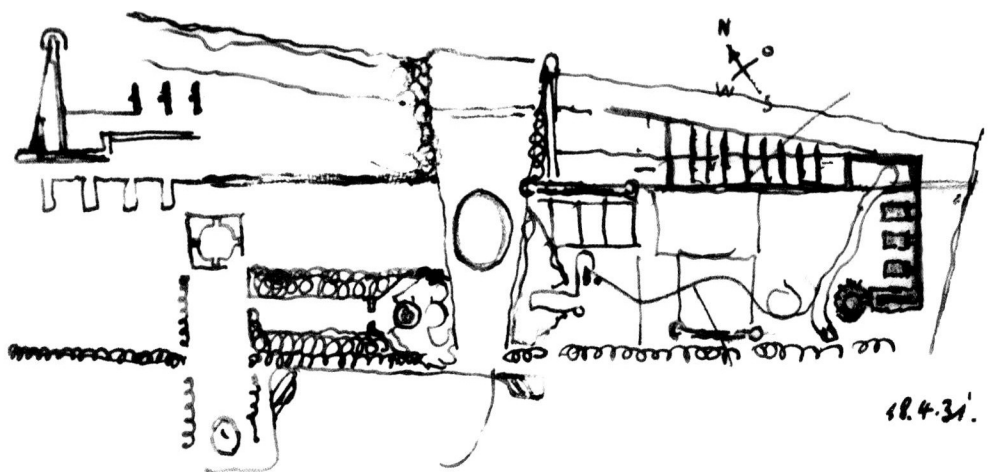

Ausbau des Pratergeländes in Wien

Projekt
1929–31

Parallel zu seinen Planungen für das Wiener Stadion (S. 120) schlug Schweizer vor, das Pratergelände im Zusammenhang mit dem Stadion und der »Rotunde«, einem anläßlich der Weltausstellung 1873 errichteten Ausstellungsgebäude, zu einem großstädtischen, von weiten Grünräumen durchzogenen Zentrum mit Ausstellungshallen, Einrichtungen für körperliche und geistige Betätigung und Wohnbebauungen im Uferbereich der Donau auszubauen.

Schweizer schrieb zu seinem Entwurf: »Der Ausbau des Wiener Stadiongeländes im Prater ist eines der aktuellsten Probleme der städtebaulichen Entwicklung. Die günstige Lage der etwa 700 Hektar großen Grünfläche gegenüber den bestehenden Baugebieten der Stadt, die Nähe der Donau, die einzigartigen Parkgebiete und Wasserflächen, der weltberühmte Vergnügungspark, die Hauptallee und die Rotunde ergeben in lebendiger Verbindung mit der Bevölkerung und der Kultur der Stadt Wien eine Situation, wie sie kaum anderswo zu finden ist. Diese Situation für die Bedürfnisse des modernen Lebens auszuwerten, könnte als städtebauliches Problem eine der großartigsten Aufgaben für Wien werden.

Die Gunst der hervorragenden Lage des Geländes soll durch eine sieben- bis achtgeschossige Randbebauung einer möglichst großen Zahl der Bevölkerung zugute kommen. Durch die starke Konzentration der Baumassen wird nicht nur die wirtschaftlichste Form erreicht, sondern sie ist auch der einzige Weg, Grün- und Freiflächen in ihren größten Dimensionen zu erhalten. Die notwendige Besonnung bedingt bei solcher Bebauung weite Abstände, die als Grünflächen den sportfreudigen und erholungsbedürftigen Bewohnern zur Verfügung stehen sollen. Beim Ausbau des Stadiongeländes müßte angestrebt werden, daß die Rotunde, das daran anschließende Messegelände, der Trabrennplatz und die Hauptkampfbahn eine Einheit bilden.

Für den Ausbau des Wiener Stadiongeländes wären auch Anlagen denkbar, die neben der sportlichen Betätigung eine kulturelle Vertiefung der Menschen ermöglichen.

Solche Anlagen wären Hallen mit Bibliotheken und Lesesälen, ein Naturtheater, ein gedecktes Tanzforum, Ausstellungsräume, die in graphischen und plastischen Darstellungen Entwicklung und Stand der heutigen Kulturleistungen zeigen, und lange, im ersten Stockwerk etwa in vier Meter Höhe über dem Erdboden angelegte Wandelgänge, die einen Überblick über alle Anlagen und den schönen Park bieten und zugleich bei schlechtem Wetter als Unterstandshallen dienen könnten.

Der Gedanke Wiener Bildhauer, in Verbindung mit dem Stadion Werke plastischer Kunst aufzustellen, ist sehr zu begrüßen; es ist Aufgabe der Architektur, den Rahmen für diese schöne Idee zu schaffen.«

Lit.: Franz Xaver Friedrich: *Das Wiener Stadion*, Wien 1931, S. 22 f. – Justus Bier, »Das Wiener Stadion von Otto Ernst Schweizer«, in: *Der Baumeister*, 30. Jg. 1932, Heft 1, S. 23 ff. (S. 28). – »Stadtzentrum«, in: Otto Ernst Schweizer, *Die architektonische Großform. Gebautes und Gedachtes*, Karlsruhe 1957, S. 148 f. – »1929. Otto Ernst Schweizer. Die Thermen. Wien, großstädtisches Kultur- und Erholungszentrum«, in: *1930–1960. Otto Ernst Schweizer. Forschung und Lehre*. Stuttgart 1962, S. 126 f.

Luftperspektive. Blick von Nordwesten auf die Gesamtanlage. Links im Bild der nah der Rotunde beginnende Wandelgang, der sich über die Halle am Freibad (mit dem Café an der Donau) vorbei am Ausstellungskomplex und den Wohnblocks bis zur Thermenanlage hinzieht. Im Vordergrund am unteren Bildrand das Tanzcafé.

Stadion in Wien

Modell der Gesamtanlage des Schwimmstadions in einem Vorentwurf. Im Vordergrund das Café mit konzentrisch angelegtem Planschbecken; rechts das Schwimmstadion. Der weitausgreifende Verbindungsgang zwischen beiden Bauten ist weitgehend von Bäumen verdeckt.

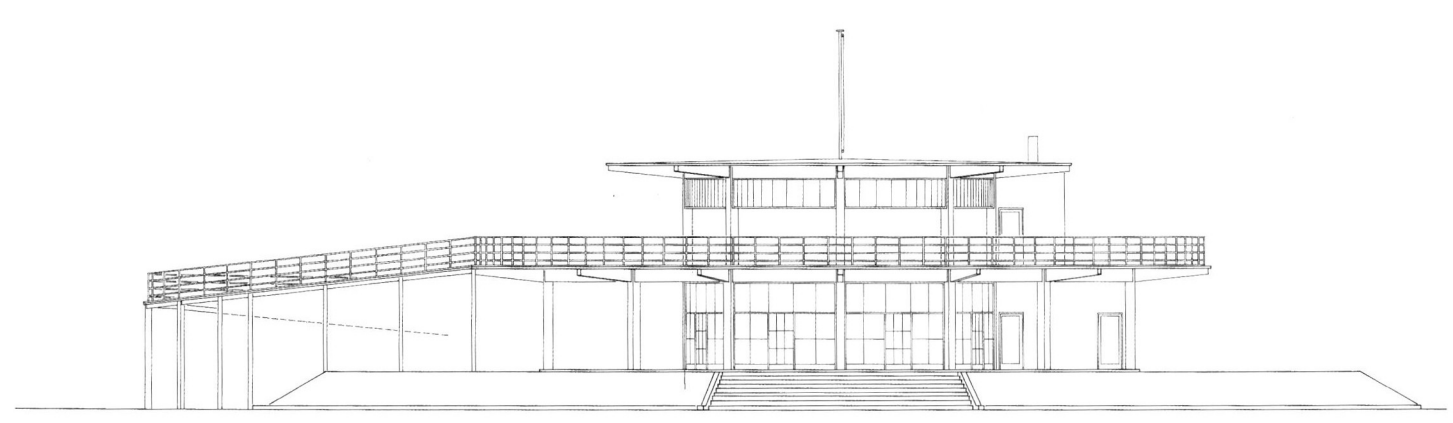

Ansicht des auf einer Erdschüttung erhöht stehenden Cafés vom Planschbecken aus gesehen. Links die das Obergeschoß erschließende Rampe.

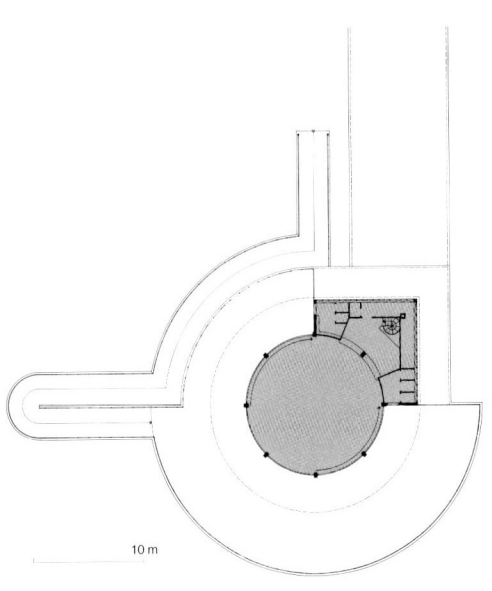

Rechts ein Blick auf das Café im Rohbau mit der weitausladenden Platte über dem Erdgeschoß, die als Caféterrasse vorgesehen war. Links der Obergeschoßgrundriß des Cafés. Die Küche sollte im Erdgeschoß liegen und über eine Wendeltreppe mit dem Buffetraum oben verbunden sein.

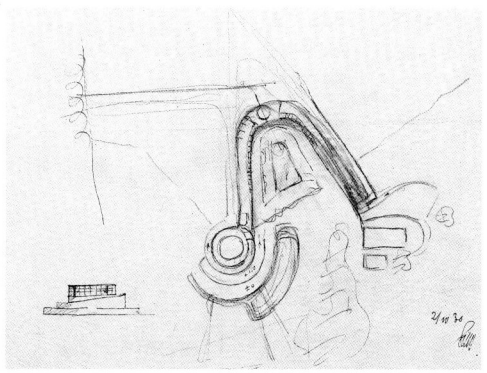

Entwurfsskizze Schweizers zur Gesamtanlage des Schwimmstadions mit Café.

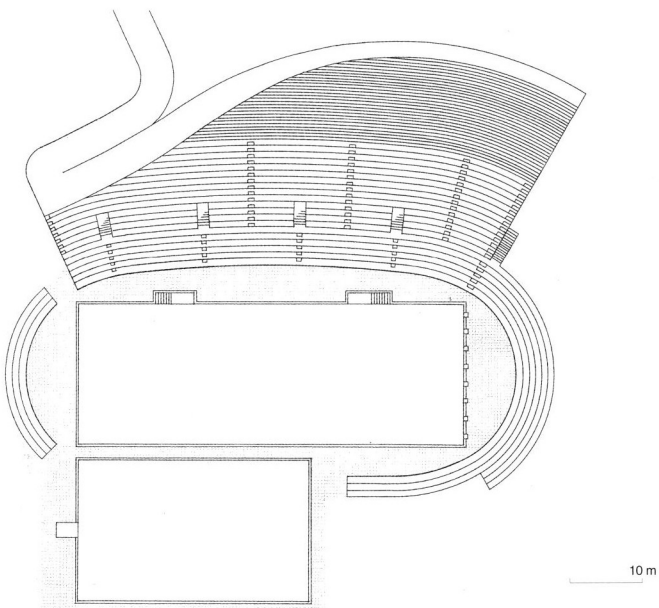

Grundriß des ersten Entwurfs des Schwimmstadions. Nur die unteren Reihen sind um das Schwimmbecken herumgeführt, um die dahinterliegen-den Bäume nicht zu überschneiden. Die Erschließung erfolgt über eine dem Zuschauerstrom entsprechend sich nach oben hin verjüngende Rampe.

Luftaufnahme des Schwimmstadions. Auf dem um das Schwimmerbecken herumgezogenen Wall sind Stehplätze, auf der Tribüne Sitzplätze vorgesehen.

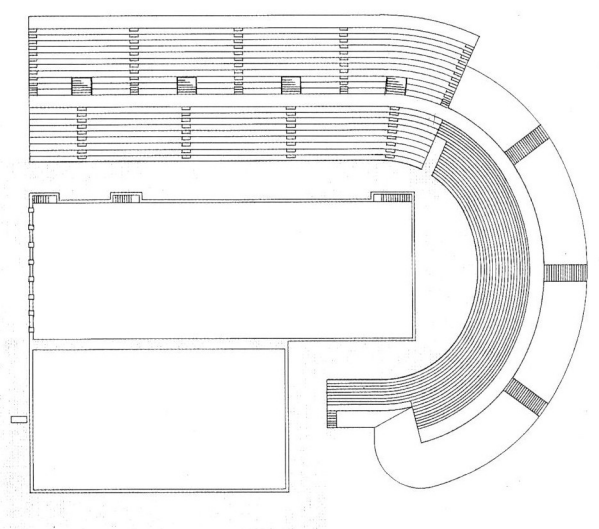

Sprungturm mit Springerbecken. Im Hintergrund die Tribüne.

Grundriß des zweiten Entwurfs des Schwimmstadions. Wiederum sind, wie im ersten Entwurf, nur die unteren Reihen um das Schwimmerbecken herumgeführt.

Stadion in Wien

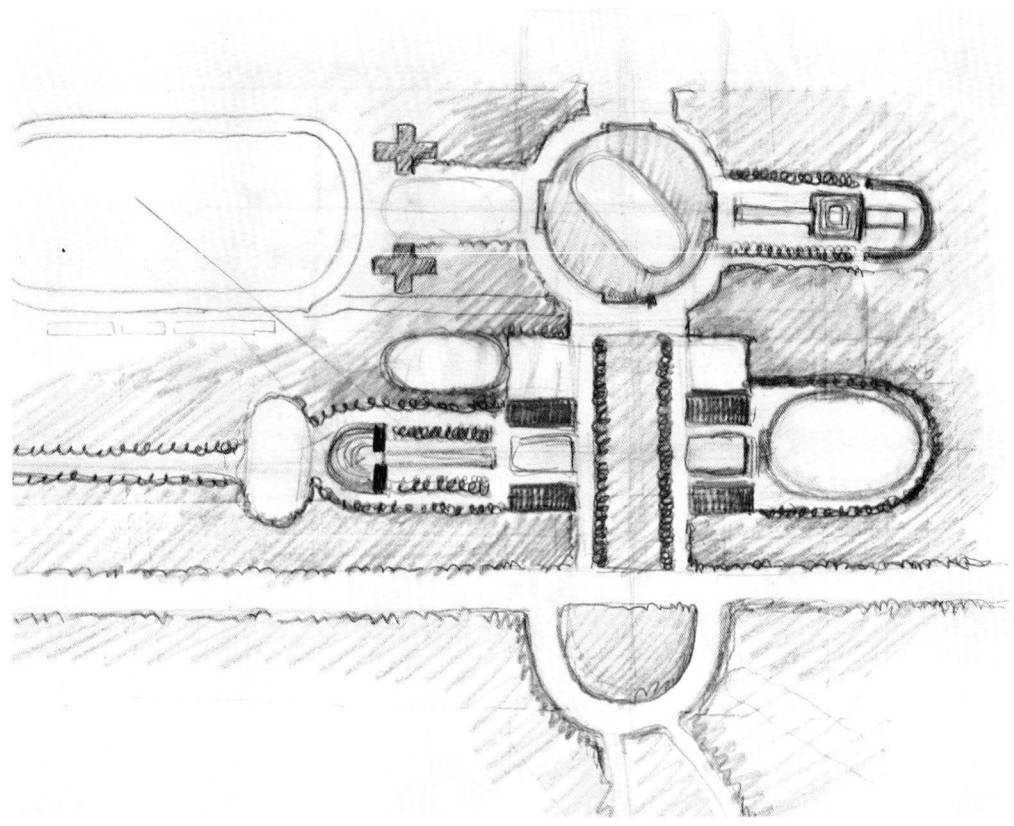

Entwurfsskizze Schweizers zum Wettbewerbsentwurf, Vorschlag II. Unten im Bild die Praterhauptallee, oben das Stadion, rechts die Motorrad- und Radrennbahn.

Modell des Vorschlags II, auf dem die Einbettung der gesamten Anlage in die gegebene Landschaft abzulesen ist

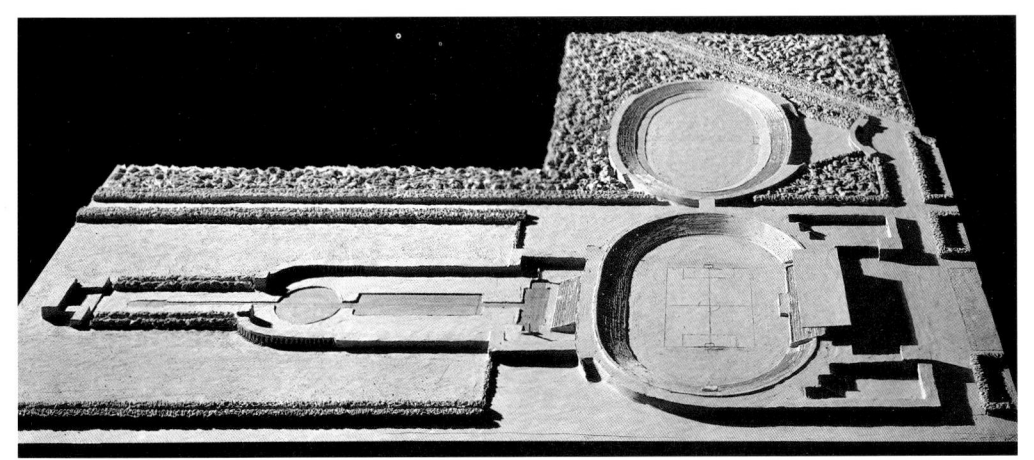

Modell des Vorschlags III. Von der Wiener Altstadt führt (im Bild von rechts) ein gerader Weg direkt in die Sportanlagen, dessen Achse sich mit der Achse Stadion-Schwimmbadanlage-Café (ganz links) deckt.

Blick vom obersten Rang des Stadions über den Spiegelteich in die Landschaft des Praters.

Blick von außen auf eine der Treppen, die den mittleren Umgang erschließen. Rechts davon ein Tunnel, der auf den unteren Umgang und auf das Spielfeld führt.

Blick in den äußeren offenen Umgang mit den in den Raum eingreifenden Stichtreppen, die den mittleren Umgang erschließen.

Das Wiener Stadt- und Landesarchiv teilte mit, daß über die am Wettbewerb beteiligten Architekten und das Preisgericht keine Unterlagen überkommen seien, wohl, weil wegen des drängenden Termins der »Arbeiterolympiade 1931« mit großer Eile vorgegangen und wichtige Entscheidungen mündlich getroffen wurden.

Zwei »reichsdeutsche« Architekten, Otto Ernst Schweizer und, nach einer Notiz Schweizers, der für die Gesamtplanung des Frankfurter Stadions verantwortliche Gartenarchitekt Bromme, sowie zwei österreichische Architekten seien zum Wettbewerb eingeladen worden. In dem Band: Joseph Cremer, *Peter Behrens. Sein Werk von 1909 bis zur Gegenwart*, Essen 1928, ist im Kapitel »Arbeiten der Wiener Meisterschüler« ein Entwurf für das Wiener Stadion des Architekten Harberger abgebildet.

Justus Bier schrieb zu Schweizers Entwurf: »Der Typus dieses geschlossenen trichterförmigen Tribünenrings geht auf die klassische Form des antiken Amphitheaters zurück. Schweizer hatte in seinem ersten Projekt eine andere Lösung mit einseitig überhöhtem Tribünenoval versucht, war aber durch die Untersuchung der Wirtschaftlichkeit sowohl hinsichtlich der Baukosten wie der Nutzung der unter den Schrägflächen entstehenden Räume zwangsläufig zu der klassischen Form zurückgeführt worden. Es ist charakteristisch für Schweizer, daß er bei der weiteren Vorbereitung des Wiener Baus nun nicht nur die Erfahrungen sämtlicher moderner Stadionbauten vom gleichen Typus zu verarbeiten suchte, sondern auch mehrere erhaltene antike Bauten daraufhin prüfte, was sie zur Durchbildung des modernen Typus beizutragen hätten. Die wesentliche Voraussetzung für ein solches Bauwerk, die Größe der menschlichen Gestalt, die die Höhe der Sitz- und Gehstufen, den Sichtwinkel auf die Arena u. a. bedingt, ist ja heute noch die gleiche wie vor 2 000 Jahren; auch heute noch wie zur Zeit der antiken Bauten bestimmt die Treppenführung, die einen stockungslosen Zu- und Abfluß der Zehntausende von Besuchern gewährleisten muß, die innere Struktur des Bauwerks, die Größe des Ganzen bleibt noch immer davon abhängig, daß die Menge, die den Raum erfüllt, sich – nach einem Wort Goethes – »zu einer Einheit bestimmt, in eine Masse verbunden und befestigt als eine Gestalt von einem Geiste belebt« fühlen kann.

So sehr sich Schweizer durch jede praktische Erfahrung gebunden erachtete, die sich noch heute als unübertroffen erwies, so wenig geriet er bei der Gestaltwerdung seiner Lösung in Abhängigkeit von den antiken Vorläufern ... Schweizer nutzte in bewußtem Gegensatz zu den antiken Lösungen die Möglichkeiten des Eisenbetons durch maximale Öffnung der Außenwände für eine größtmögliche Auflichtung der Innenräume. Er sicherte diesen Räumen zudem von der Seite des Spielfeldes mittels Fensterbändern in Höhe des ersten und zweiten Umgangs eine zusätzliche Belichtung, so daß sich diese durch die trichterförmige Anordnung der Sitzreihen ergebenden Räume bis in den letzten Zwickel voll ausnutzen lassen. Er wertete schließlich die Möglichkeiten des Eisenbetons bei der Anlage der frei hängenden Treppen aus, die vom ersten und zweiten Umgang zu den Sitz- und Stehreihen emporführen.

Alle diese Anordnungen haben neben ihrer praktischen Auswirkung auch eine ästhetische: Der überraschend kühne und großartige Eindruck des Stadionbaus ist ebensosehr der Einheitlichkeit und Höchstausnutzung des konstruktiven Gefüges zu danken, wie die Reinheit seiner Erscheinung durch den Willen bedingt ist, jede, auch die geringfügigste Form zu sprechender Klarheit zu bringen. Die schwebende Leichtigkeit der Gesamterscheinung geht über das, was sich durch wirtschaftliche Auswertung des konstruktiven Systems, also durch die technische Form an sich ergeben hätte, weit hinaus; der durch die Eisenbetonkonstruktion ermöglichte architektonische Ausdruck ist in jedem Detail festgehalten, und ohne daß irgendwo von dem Prinzip, die Zweckmäßigkeit über die Verwendung jeder Form entscheiden zu lassen, abgegangen wäre, ist durch die Auswahl der wirtschaftlich und konstruktiv gleichwertigen Formen ein Gebilde von unbedingter Einheitlichkeit des Gesamtausdrucks zustande gekommen.«

Ansicht des Stadions. Die gesimsartig vorkragende Betonplatte und das Geländer geben dem Bau nach oben einen optischen Halt und sollen die gelagerte Proportion unterstützen.

Blick über das Spielfeld auf die Tribüne mit der Vielzahl von Freitreppen und den das Ganze überragenden Baumkronen. Oben links im Bild einer der Einmarschtunnels.

Blick in eine der Massenumkleiden im Erdgeschoß, die zusätzlich durch Oberlichter auf Höhe des mittleren Umgangs belichtet werden.

Stadion in Wien

Die Abbildung zeigt eine der Wandelhallen unterhalb der Tribüne auf Höhe des mittleren Umgangs. An den Stützen sind Konsolen vorgesehen, auf die bei Bedarf Deckenträger aufgelegt werden können. Links ein Blick unter die Tribüne auf Höhe des mittleren Umgangs während des Baus.

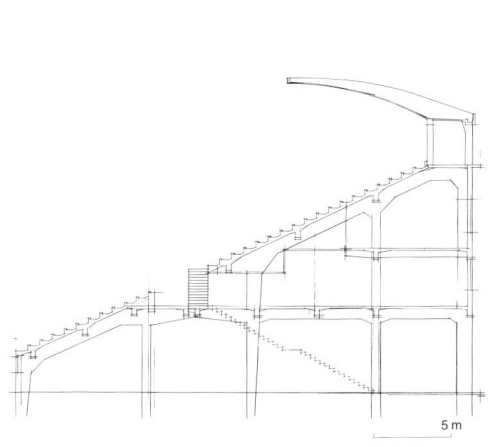

Schnitt durch die Tribüne in einer Planungsvorstufe. Das Kragdach entfiel im Ausführungsentwurf.

Schnitt durch die Tribüne im Modell mit einer der einläufigen Treppen, die auf den mittleren Umgang führen.

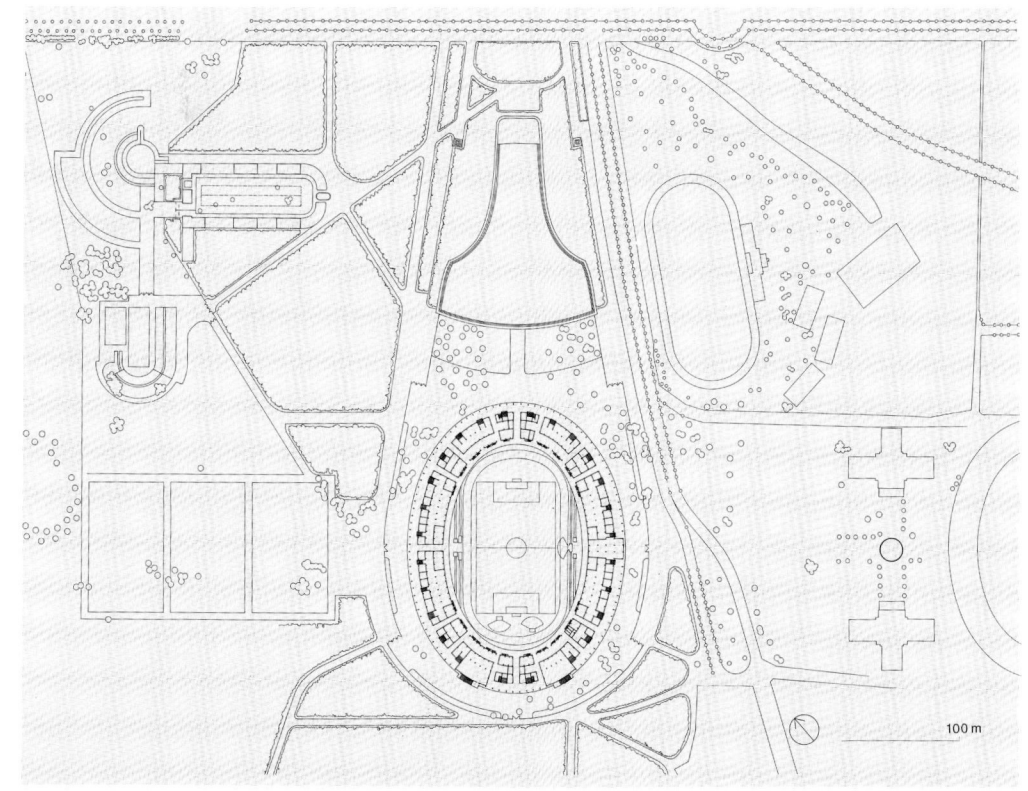

Lageplan des Ausführungsentwurfes mit Stadion, Spiegelteich und dem Schwimmstadion rechts, das, wie auch das kreisförmig gebogene Planschbecken und die eine Rasenfläche umschließenden Umkleidekabinen, auf das Café unten rechts als Drehpunkt der ganzen Anlage bezogen ist.

Stadion in Wien

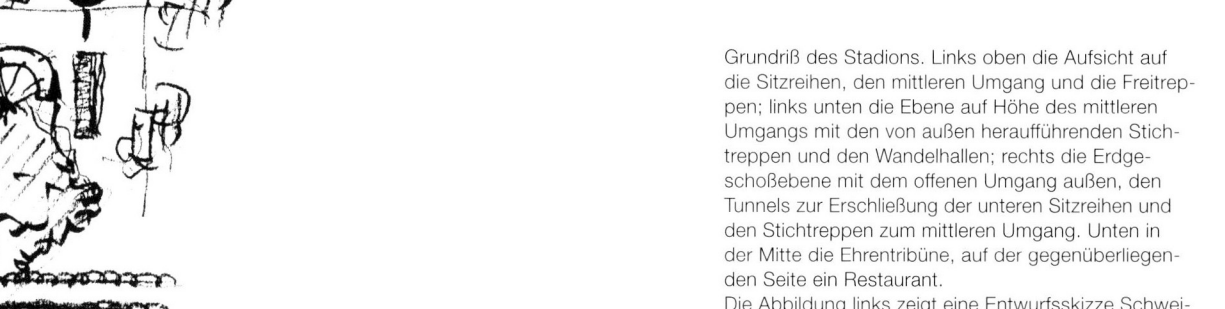

Grundriß des Stadions. Links oben die Aufsicht auf die Sitzreihen, den mittleren Umgang und die Freitreppen; links unten die Ebene auf Höhe des mittleren Umgangs mit den von außen heraufführenden Stichtreppen und den Wandelhallen; rechts die Erdgeschoßebene mit dem offenen Umgang außen, den Tunnels zur Erschließung der unteren Sitzreihen und den Stichtreppen zum mittleren Umgang. Unten in der Mitte die Ehrentribüne, auf der gegenüberliegenden Seite ein Restaurant.
Die Abbildung links zeigt eine Entwurfsskizze Schweizers zur Gesamtanlage, die alle wesentlichen Züge des Ausführungsentwurfes aufweist.

Rücksicht auf eine schöne Baumgruppe sollte die rein funktionelle Form durch einen Ausschnitt aus der Stahlbetonschale etwas abgewandelt werden. Hieraus ergab sich wie von selbst eine irrationale Form des Bauwerkes. Die Zuschauersitze sind an der Stelle am stärksten zusammengefügt, an der die beste Sicht gegeben ist. Wie beim griechischen Theater öffnet sich ein schöner Blick in die Landschaft, der hier noch über eine Wasserfläche hinweggeht.« Und zum Café: »Ein leichter Gerippe-Bau, der nicht so sehr als ein gegen die Umwelt abgegrenztes Baugebilde denn als Teil der Landschaft gedacht ist; eine typische Form der Architektur von heute.«

Lit.: »Stadion der Stadt Wien«, in: Justus Bier, *Otto Ernst Schweizer*, Berlin/Leipzig/Wien 1929, S. VIII, 49 ff. – Hans Josef Zechlin, »Stadien in Nürnberg und Wien«, in: *Wasmuths Monatshefte für Baukunst*, 13. Jg. 1929, S. 408 ff. – Wolfgang Born, »Das Wiener Stadion«; Oskar Schürer, »Dienende oder herrschende Kunst?«, in: *Deutsche Kunst und Dekoration*, 34. Jg. 1931, Heft 12, S. 368 ff. – Friedrich Mayreder u. Albin Weiss, »Stadion in Wien«, in: *Baugilde, Zeitschrift des Bundes Deutscher Architekten*, 13. Jg. 1931, Heft 16, S. 1309 ff. – »Das Stadion der Stadt Wien«, in: *Moderne Bauformen, Monatshefte für Architektur und Raumkunst*, 30. Jg. 1931, Heft 10, S. 481 ff. – Rudolf Tillmann, »Der Bau des Wiener Stadions. Konstruktive Fragen und Bauerfahrungen«, in: *Zeitschrift des österreichischen Ingenieur- und Architektenvereines*, 1931, Heft 33/34 und 35/36. – »Le Stade de Vienne«, in: *L'Architecture d'Aujourd'hui*, 1931, Nr. 7, S. 12. – Franz Xaver Friedrich, *Das Wiener Stadion*, Wien (1931). – »Sportokonkursejo en Vien«, in: *Arkitekturo internacia* (Tokio), 3. Jg. 1931, Heft 3 (10–12), S. 1 ff. – Justus Bier, »Das Wiener Stadion von Otto Ernst Schweizer«, in: *Der Baumeister*, 30. Jg. 1932, Heft 1, S. 23 ff. – »Stade de Vienne«, in: *L'Architecte*, 1932, Heft 4, S. 30 ff. – »Stade de Vienne«, in: *Encyclopédie de l'architecture*, Bd. 5, 1932, Heft 1. – Julius Posener, »Stadion/ Wien«, in: *Byggmästaren*, 1933, Heft 1, S. 10 ff. – Otto Ernst Schweizer, *Sportbauten und Bäder*, Berlin/Leipzig 1938. – Otto Ernst Schweizer, »Vom Sportbau, von der konstruktiven Form und vom Städtebau im Allgemeinen«, in: *Monatshefte für Baukunst und Städtebau*, 24. Jg. 1940, Heft 10, S. 273 ff. – Arnold Tschira, »Otto Ernst Schweizer, der Architekt«, in: *Otto Ernst Schweizer und seine Schule. Die Schüler zum sechzigsten Geburtstag ihres Meisters*, Ravensburg (1950), S. 4 ff., und in: *Bauen und Wohnen*, 5. Jg. 1950, Heft 4, S. 197 ff. – »1929. Stadion Wien«, in: Otto Ernst Schweizer, *Die architektonische Großform. Gebautes und Gedachtes*, Karlsruhe 1957, S. 100 ff. – »Sportzentrum Wiener Prater«, in: *Der Aufbau*, 1960, Heft 38.

Luftaufnahme des Stadions von Süden. Im Vordergrund der Spiegelteich, oben die Donau.

und Voraussetzungen zu klären, welche eine architektonische Einheit bestimmen. Die Großbauten sind es ja auch, welche als städtebauliche Dominanten in Beziehung zum Grün und den nach ihnen geordneten Blöcken der Wohnbauten treten. In den neuen Großbauten unserer Zeit spiegelt sich die ganze Problematik der neuen Architektur. Die Architektur ist diejenige unter den Gestaltungsformen der bildenden Kunst, welche im größtmöglichen Maßstab die Lebensvorgänge und geistigen Strömungen der Zeit festzulegen vermag.

Die Formen, die der Architekt also letzten Endes zu gestalten hat, setzen sich zusammen aus Baugedanken, welche den geistigen Komplexen und der Zweckerfüllung dieser Zeitströmungen entsprechen. Es ist nicht so, daß diese geistigen Zeitströmungen schon als konkrete Vorstellungen mit einem bestimmten Bau- und Raumprogramm verfestigt vorhanden wären, sondern es besteht nur überall der Drang nach Verwirklichung einer Bauanlage, in der diese und jene Lebensvorgänge sich abspielen sollen. Diese Lebensvorgänge sind heute andere als vor Jahrzehnten, und ihre Verfestigung in der Architektur kann nur von dem wandelbaren Ablauf des Zeitgeistes als Verwirklichung einer Idealvorstellung erfaßt werden. Das heißt, die Architektur erfaßt und verwirklicht das Ideal einer geistigen Zeitströmung.

Heute ist ihre Aufgabe die Entwicklung der Bautypen auf der Basis der veränderten soziologischen Bedingungen. Damit liegen die Probleme für das Bauen unserer Zeit in der Erfassung des Massenbedürfnisses, sie liegen in der maximalen Auswertung unserer Technik, in der Auswertung neuer Baumaterialien und in der Höchstbeanspruchung der Bauelemente. Das schafft von selbst neue funktionelle Formen. Wenn diese Gesetze restlos zur Verwendung kommen, dann wird auch ihre Auswirkung in formeller Beziehung mit den Gestaltungsgesetzen unserer Zeit übereinstimmen.

Nur in der stärksten Konzentration der Baumassen, nur in ihrer wachsenden Dimension sind diese Objekte den Forderungen unserer Zeit angemessen. In diesem Sinne kommt ihr die Dimension der Typen der Gemeinschaftsbauten entgegen, welche für die großen Massenerlebnisse und Massenbedürfnisse neu geschaffen werden müssen. So gibt die großdimensionale Anlage die Möglichkeit für die Auswertung der durch die Technik entwickelten Resultate in der Architektur.

Daher ist die neue Architektur durch und durch gesetzlich: Sie erkennt den Gestaltungsvorgang in der Großorganisation von Massen und Räumen und verfestigt diese Dispositionen hauptsächlich im Grundriß, dem heute in der Architektur eine besondere Bedeutung zukommt. Dies ist alles möglich geworden durch die große Vereinfachung in den Konstruktionsvorgängen, wie sie die neue Technik gebracht hat. Es ist der Weg zur abstrakten Architektur. Die neuen Konstruktionsmethoden ermöglichen heute ›elastisches Bauen‹. Der Begriff des elastischen Bauens besagt, daß die Dimensionierung der einzelnen Konstruktionsglieder, das sind Ständer, Balken, Decken, in ihrer Bemessung statisch bestimmt vom Gesichtspunkt der reinen konstruktiven Beanspruchung angeordnet werden. Das für die Tragfähigkeit bestimmte Konstruktionsgerippe enthält keinerlei Mauermassen, welche statische Funktion haben, sondern das zur Verwendung kommende Mauerwerk wird
vom Standpunkt der Isolierung gegen Wärme und Kälte gewählt. Dieses Konstruktionsgerippe muß so disponiert sein, daß es Variationsmöglichkeiten bietet. Es müssen daher in diesem Gerippe alle diejenigen Bauteile weggelassen werden, welche bei einer veränderten Benützungsart des Gebäudes auch mit verändert werden müßten. Diesem Konstruktionsschema ist das ewige Maß der menschlichen Größe zugrunde gelegt.

Die Anwendung des ›elastischen Bauens‹ hat überall dort Vorteile, wo die Typen der verschiedenen Bauanlagen mit ihrem Raumprogramm, und das ist auch beim Stadionbau der Fall, nicht eindeutig geklärt sind. Eine Veränderung der Raumgrößen gemäß den praktischen Bedürfnissen muß jederzeit möglich sein, ohne daß dadurch das Konstruktionsgerippe in Mitleidenschaft gezogen wird.

Das Tempo des Bauens, des Vorgangs in unserer Zeit, ist das schnellste, das man bis heute überhaupt erlebt hat. Wenn bei den Bauten der Renaissance der Bauvorgang sich über Jahrzehnte erstreckte, so war es in den meisten Fällen den Bauherrn, die die Initiative zu den einzelnen Bauwerken übernommen hatten, nicht vergönnt, die Fertigstellung des von ihnen geplanten Bauwerkes zu erleben. Dieser Bauvorgang hat aber andererseits dem Architekten die Möglichkeit gegeben, seine Gedanken über die Konzeption des Bauwerkes, besonders über Wertung und die Verfeinerung des Details, voll ausreifen zu lassen; aus diesem Grunde können wir z.B. an einem Bramante und Palladio die letzte Reinheit in der Verfeinerung der architektonischen Verhältnisse beobachten.

Der Bauvorgang in unserer Zeit ist ein anderer geworden. Die Ausmaße der Gebäude, der Bauwerke hat sich gesteigert und wird sich noch immer steigern. Dadurch, daß bei der neuen Architektur eine Trennung zwischen der Konstruktion des Bauwerks und seiner letzten Enderscheinung, das heißt, der Ausfüllung der Fachwerke oder der Verkleidung der Konstruktion bei Eisenbauten z.B., stattfindet, so ist der Architekt gezwungen, sich in der allerkürzesten Frist über die wesentlichste Disposition der Gebäude, Raumfolge, Zweckbestimmung als auch die architektonische Wirkung klar zu werden.

Bei einem derartigen Bauvorgang, der durch Rationalisierung und Industrialisierung der Montage bzw. des Konstruktionsverfahrens mit einer Geschwindigkeit erfolgt, welche jede Korrektion ausschließen würde, kommt dem Rohbau, der für diese Fälle das statische Gerippe darstellt, eine ganz besondere Bedeutung zu. Dieser Rohbau darf nicht nur eine rein technische Angelegenheit sein, sondern er muß bereits die ganze Summe der Qualitäten der architektonischen Disposition als auch die Ordnung und Bewertung der einzelnen Konstruktionsglieder hinsichtlich der Detailwirkung erfassen.

So stellt das Stadium des Rohbaus den entscheidenden Abschnitt in der neuen Architektur dar. Dieser Bauabschnitt ist absolut entscheidend für die formale Wirkung der Gesamtform. Kein Schmuck kann Komposition und Linien im Großen ersetzen.

Dies sind im wesentlichsten die Gedanken, wie sie für den Entwurf und die Durchführung des Wiener Stadions bestimmend gewesen sind.«

Bei der Planung des Schwimmstadions, das Schweizer im Gegensatz zu seinen Wettbewerbsentwürfen nicht direkt an das Stadion anbindet, sondern als selbständige Einheit auffaßt, ging er, wie beim Stadion selbst, davon aus, die Natur, den schönen Baumbestand mit dem Neubau zu verbinden. So entwarf er zunächst für die Schwimm- und Springerbecken eine weitausschwingende Tribüne aus Stahlbeton mit einer sich dem Zuschauerstrom entsprechend nach oben hin verjüngenden Rampe als Erschließungsgang. Nur die unteren Zuschauerreihen sind um die Schmalseiten des Schwimmbeckens herumgeführt, um die dahinterstehenden alten Bäume nicht zu überschneiden und um den Blick in die Weite der Praterlandschaft zu ermöglichen, über ein großes und ein kleines rundes Kinderplanschbecken mit den zugehörigen, halbrund geformten Umkleideräumen hinweg.

In der Ausführung wird die Tribüne, nun eine Holzkonstruktion mit gemauerten Wangen für 1900 Sitzplätze, begradigt, und wiederum werden nur die unteren Reihen, 1900 Stehplätze, um das Schwimmbecken herumgeführt. Die Gesamtanlage aber, das eigentliche Schwimmstadion, das Planschbecken sowie die Liegewiesen mit den zugehörigen Umkleiden, wird neu gefaßt und auf einen Drehpunkt bezogen, den das auf einer Anschüttung erhöht stehende Café bildet, ein zweigeschossiger Zentralbau mit einer Rampe als Erschließungsgang für das Obergeschoß. Schwimmstadion und Liegewiesen sind im rechten Winkel zueinander geordnet, während das Kinderplanschbecken konzentrisch um das Café herumgeführt ist. Schweizer schreibt später in seinem Buch *Die architektonische Großform. Gebautes und Gedachtes* zum ersten Entwurf des Schwimmstadions: »Die Form der Zuschauertribüne berücksichtigt guten Verkehrsablauf und gute Sicht. Mit

Blick von der Prater-Hauptallee aus über den Spiegelteich auf das Stadion, das von Bäumen weit überragt wird. Unten eine Fassadenstudie Schweizers.

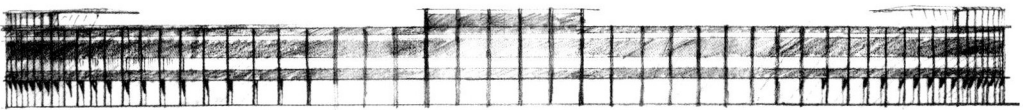

Stadion und Schwimmstadion in Wien

Wettbewerb (1. Preis) und Ausführung 1928–31

Im Jahr 1928 beschloß der Gemeinderat der Stadt Wien, anläßlich des 10. Jahrestages der Republik Österreich für eine »Arbeiterolympiade 1931« eine Stadionanlage zu errichten. Aus einem unter vier Architekten ausgelobten Wettbewerb ging Otto Ernst Schweizer, aufgefordert aufgrund seiner Nürnberger Sportanlagen, als erster Preisträger hervor und erhielt den Planungsauftrag. Als Bauplatz wurde eine zunächst 20 ha, dann auf Anraten Schweizers auf 41 ha vergrößerte Fläche in der Krieau, einem Teil des Praters östlich der Wiener Altstadt, zur Verfügung gestellt, die durch eine große Ausstellungshalle, die »Rotunde«, und durch bereits vorhandene Sportanlagen bestimmt war. In der Wettbewerbsauslobung wurde die Planung einer Gesamtanlage gefordert, die alle Sportarten umfassen sollte, vom Fußball- und Schwimmsport bis zum Fahrrad- und Motorradrennen, Hockey und Tennis, daneben aber auch einen Tanzring, ein Naturtheater, eine Festwiese und Erfrischungshallen. In mehreren Bauabschnitten sollte die Anlage ausgeführt werden.

Schweizer reichte drei Vorschläge ein, wobei Vorschlag I, der exakt den Forderungen des Wettbewerbsprogramms entsprach, lediglich zeigen sollte, daß unter den dort gestellten Bedingungen kein reifer Entwurf erzielt werden konnte. Zu den Vorschlägen II und III schrieb er: »Vorschlag II stellt eine befriedigende verkehrstechnische Lösung dar. Der vor dem Gebäude der Hauptkampfbahn, dem eigentlichen Stadion geschaffene Vorplatz dient zur Verteilung des Massenverkehrs der Besucher aus den drei Anlagen: Hauptkampfbahn, Schwimmstadion, Radrennbahn. Wenn irgend möglich, sollte der Parkplatz für Automobile vertieft angelegt werden. Die Prater-Hauptallee würde von dem Fahrverkehr nicht überschritten, sondern unterführt werden müssen. Der Aushub des Parkplatzes könnte zur Anschüttung der Rampen der Motorrad-Rennbahn verwendet werden. Die Verteilung des Fußgängerverkehrs ist sehr gut durchzuführen, besonders, nachdem aus dem Hauptkampfbahngelände der Zu- und Abstrom nach allen Seiten möglich ist. Bei diesem Entwurf können, im Gegensatz zum Vorschlag III, die Stadion-Anlagen für jeden Besucher des Praters von der großen Hauptallee aus gesehen werden. Das Gebäude der Hauptkampfbahn stellt einen neuen Typus einer solchen Anlage dar, wobei die Zuschauer an diejenige Stelle gebracht werden, an der sie am besten sehen können, während am Kopfende der beiden Längsseiten nur wenig Plätze sind. Die durch die Nord-Süd-Lage der Kampfbahn gegebene Divergenz mit der gegebenen Hauptachse der »Großen Allee« ist hier auch architektonisch ausgewertet. Die Zugänge erfolgen von allen Seiten. Dadurch ist die zwangsläufige Verteilung, rascheste Entleerung und beste Organisation des Massenverkehrs gesichert. Die notwendigen Räume, Hallen etc. konnten unter den Sitzreihen weitgehendst untergebracht werden.

Der Vorschlag II stellt die Stadion-Anlage in ihrem Ausmaß und in ihrer Richtung direkter in die städtebauliche, in verkehrstechnische und in architektonische Beziehung zu dem Altstadtkern. Die Orientierung ist die beste, die überhaupt gegeben werden kann. Der Verkehr zu der Anlage ist klar und eindeutig bestimmt, und besonders auch der weiteren Entwicklung des Verkehrs kann der notwendige Raum jederzeit gegeben werden. Die neugeschaffene großachsiale Anlage entspricht der Bedeutung der neu zu schaffenden Bauten. Dieses Projekt stellt in seiner Anlage ein Ideal-Projekt für die Verbindung eines großen Auftaktes zu einem Stadion-Bauwerk dar, und es zeigt auch in der Verbindung der Hauptkampfbahn mit dem Sonnenbad eine Ideallösung.«

Vergleichend stellte Schweizer fest:
»An dem Vorschlag III ist überzeugend: die städtebauliche Angliederung an den Stadtkörper. Die Suggestion auf die Besucher, welche durch die kürzeste Verbindung durch ein Ausfallstor der Altstadt zu dem Stadion-Komplex geschaffen wird, ist richtig. Der architektonische Reiz der Anlage liegt besonders innerhalb derselben in der räumlichen Erfassung ihrer Zusammenhänge.

Der Vorschlag II ist überzeugend in der Verteilung des Massenverkehrs in der Anlage selbst. Die Zusammenfassung von Hauptkampfbahn, Schwimmbadanlage und Radrennbahn um einen Mittelpunkt ist für jeden Besucher des Praters auch von außen erkenntlich. Der größere architektonische Reiz liegt im Vorschlag II. Die Lösung ist zeitgemäßer, und besonders zeigt sie in der Kampfbahnanlage eine neue, rationale Lösung, die ihre konsequente Auswertung in der Vorplatzanlage findet.

Eine grundsätzliche Erwägung ist die, ob nicht die Motorradrennbahn überhaupt in die Hauptkampfbahn mit hereingenommen werden soll. Je mehr Zuschauer an den Längsseiten konzentriert werden, umso interessanter wird das Bauwerk. Die Zuschauerterrassen schieben sich an der Stelle vor, an der die beste Sicht gegeben ist. Die Durchführung dieses Gedankens ist umso eher möglich, als das ganze Bauwerk in Eisenbeton hergestellt wird und hier jede Möglichkeit in der Konstruktion besteht. Bei der Durchführung dieses Gedankens könnte das neuartige Gebäude mit den interessanten Überschneidungen seiner Begrenzungslinien an irgendeiner Stelle des Geländes in geringer Entfernung von der Hauptallee abgerückt erstellt werden; es müßte dann allerdings der dazwischenliegende Baumbestand entfernt werden, damit der Bau in seiner Wirkung voll in Erscheinung tritt.«

Im Ausführungsentwurf orientierte sich Schweizer an seinem Vorschlag II und spannt das Stadion in zwei Achsen ein; die eine ist parallel zur Hauptallee durch die Rotunde gelegt, die andere hierzu im rechten Winkel. Zwischen Stadion und Hauptallee ist ein kleiner See angelegt (entstanden durch Aushub von Kies für die Glattlegung der Hauptkampfbahn), Schweizers Spiegelteich, der den notwendigen Raum schafft, um den Großbau in seiner Gesamtwirkung wie auch im Wechselspiel zur umgebenden Natur voll erfassen zu können. Südöstlich davon und ebenfalls rechtwinklig auf die Prateralle bezogen liegt das Schwimmstadion.

Das 60 000 Personen fassende Stadion mit 10 000 Sitzplätzen, das innerhalb von sieben bis acht Minuten vollständig geräumt werden konnte, ist als Amphitheater über elliptischem Grundriß nach dem Vorbild römischer Anlagen ausgebildet und erhebt sich 14,37 m über Erdbodenhöhe, so daß die umgebenden Bäume, von außen und auch vom Inneren des Stadions gesehen, dominant bleiben. Die Achsenlängen messen rund 240 und 190 m. Die Grundfläche ist 35 400 m² groß, von denen 18 400 m² auf die Spielfläche entfallen. Der Zugang für die Sportler sowie für die Zuschauer des unteren Drittels der Tribünen erfolgt durch fünfzehn ebenerdige Tunnels, während die Besucher der oberen Tribünenbereiche zu ihren Plätzen über 28 Treppen gelangen, die ohne Podest auf einem in halber Höhe rings um das Stadion laufenden Umgang führen. Von hier aus gelangt man über eine Vielzahl von Freitreppen auf die höher gelegenen Plätze. Dieser Umgang erschließt auch das – durch eine Zwischendecke unterteilbare – Obergeschoß des Tribünenrings, das bei plötzlichem Regen sämtliche Besucher aufnehmen kann. So konnte das ursprünglich geplante Kragdach über dem oberen Teil der Tribüne entfallen. Hier sind auch die Restaurants angeordnet, während alle anderen für den Sportbetrieb notwendigen Räume wie Massenumkleiden, Duschräume, WC-Anlagen, Mannschaftsräume, eine Ehrenhalle, Räume für Polizei, Arzt, Post, Rundfunk, Presse, technische Anlagen und Geräte im Erdgeschoß untergebracht sind. Ausreichende Belichtung ist durch die im Obergeschoß voll verglaste Außenhaut gegeben, auch aber, auf der Spielfeldseite, durch Fenster in den senkrechten Wänden der Umgänge.

Das Stadion ist ein reiner Stahlbetonbau und ruht auf 112 gleichen Rahmenbindern, was ein Emporwachsen in kürzester Zeit – 2 1/2 Jahre standen für Planung und Bau zur Verfügung – ermöglichte. Da ein Stadion naturgemäß starken Temperaturschwankungen ausgesetzt ist, wurden 22 Dehnungsfugen angeordnet, die die aus je fünf bis sechs Rahmenfeldern zusammengefaßten Konstruktionseinheiten voneinander trennen.

Schweizer schrieb zu seinem Entwurf:
»Die Betrachtung der Entstehung von großdimensionalen Anlagen, wie es die Stadion-Anlagen als neue Aufgabe unserer Zeit darstellen, gibt die Veranlassung, die Gedanken

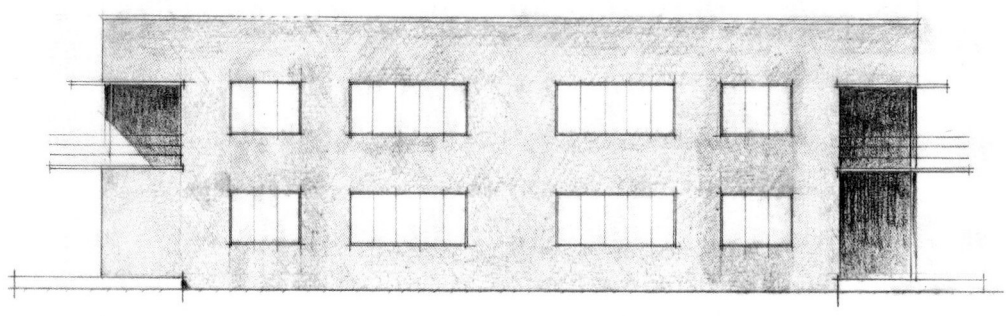

Südansicht des ausgeführten Hauses ohne das erzwungene Walmdach.

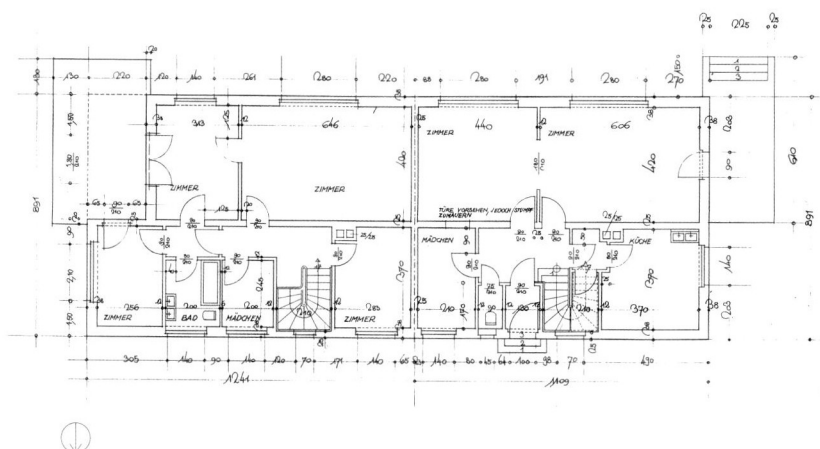

Grundriß des Erdgeschosses rechts und des Obergeschosses links. Die Wohnungen sind nicht deckungsgleich, sondern weichen in Größe und Anordnung der Räume gering voneinander ab.

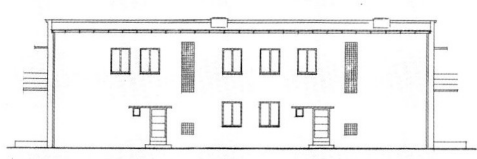

Rückansicht. Verschiebungen in der Fassade wirken einer von Schweizer nicht gewollten Symmetrie entgegen.

Doppelwohnhaus Proesler/Scheller in Nürnberg

1928/29

Im Osten Nürnbergs, am damaligen Stadtrand gelegen, baute Schweizer auf benachbarten Grundstücken drei Wohnhäuser, die Häuser Lehmann (S. 280) und Helander (S. 279) sowie das Doppelwohnhaus Proesler/Scheller, deren von Schweizer geplante Architektur, kubische Gesamtform mit flachen Dächern, zu einem grundsätzlichen Streit über die Verwendung von Steil- oder Flachdächern unter rein ästhetischen Gesichtspunkten führte. Schweizer wurde von der Baupolizeibehörde gezwungen, seine Häuser mit Walmdächern zu versehen. Die Gestaltung der Fassaden blieb davon unberührt, so daß die Dächer der Häuser wie nachträglich aufgesetzt erscheinen.

Das zwei Geschosse hohe Doppelwohnhaus steht auf dem mittleren der drei Grundstücke mit fallendem Gelände nach Südosten und ist rein Nord-Süd orientiert. Im Erdgeschoß liegen nach Süden die Wohnräume mit überdeckter Terrasse, nach Norden der Eingang, die Küche und Nebenzimmer, im Obergeschoß die Schlafräume mit Bädern und die Personalzimmer. Zwei weitauskragende Balkone öffnen die Schlafbereiche nach Südosten bzw. Südwesten und bilden zugleich die Überdachung zweier Terrassen.

Die Außenwände sind verputzt und weiß gestrichen, die Fenster nahezu außenbündig eingesetzt. Das Treppenhaus ist über eine Wand aus Glasbausteinen belichtet.

Vorentwürfe zeigen den Weg von »plastischer« Gestaltung der Fassaden, so Schweizers Ausdruck, zur streng kubischen Form des ausgeführten Baus.

Lit.: Justus Bier, »Angleichung oder neue Form. Zum Problem des neuen Bauens in alten Städten«, in *Nürnberger Zeitung* vom 11.4.1929.

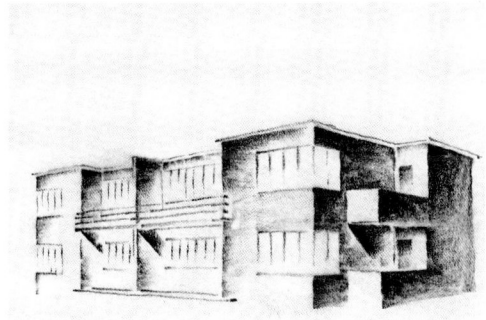

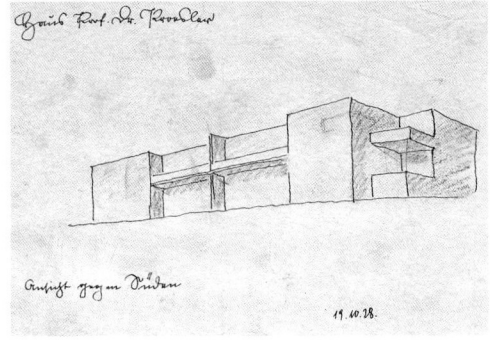

Die Abbildung oben zeigt einen Vorentwurf mit kubisch aufgefaßter Gestalt des Hauptbaukörpers und Anbauten an den Seiten sowie mit einer Veranda nach Süden.
Darunter weitere Vorentwürfe mit leicht überstehender Dachplatte, mit „plastisch" ausgebildeter Fassade und mit flachgeneigtem Walmdach.

Blick in den 200 m breiten Grünraum zwischen den zehn Geschosse hohen Hochblöcken für Kleinwohnungen mit Aussicht in die freie Landschaft.

Justus Bier schrieb: »Schweizers Projekt ist eine überzeugende Lösung eines Massenproblems, die großarchitektonische Form nur durch Ordnung und Sammlung der Einzelelemente zu großen klaren Gestaltungen erhalten hat. Sie konstituiert den Begriff einer »neuen Stadt«. Das Projekt Schweizers begegnet sich mit den Projekten Corbusiers, geht aber von typisch deutschen Verhältnissen aus. Es wäre zu wünschen, daß Schweizer die Realisierung dieses Projektes in einer Versuchssiedlung ermöglicht würde. Es würde sich dann sehr rasch erweisen, ob der mit Aufzügen bediente Wohnblock von zehn Geschossen mit seiner Möglichkeit zur Entwicklung zentraler Versorgungsanlagen und zur Einlagerung riesiger Parkflächen nicht eine idealere Wohnform sowohl für Klein- wie für Großwohnungen darstellt als die heutige viergeschossige Bebauung, nachdem eine Ansiedlung der ganzen Bevölkerung in vollwertigen Einfamilienhäusern aus wirtschaftlichen Gründen auf absehbare Zeit hinaus schwer möglich ist.«

Studie Schweizers zur Fassadengestaltung eines «Villenhochblocks» mit Balkonen vor den Wohnzimmern.

Gesamtansicht eines »Villenhochblocks« für Großwohnungen mit sechs Zimmern, Kammer, Küche und Bad. Die aus der Fassade vorspringenden Bauteile ermöglichen Fenster über Eck in den Wohnräumen und damit freie Sicht in die weite Landschaft.

Hochblock-Trabantenstadt

1928/29

Im Zusammenhang mit seinem Bebauungsplan-Entwurf für das Schloßgutgelände Großhesselohe bei München (S. 100) befaßte sich Schweizer mit grundsätzlichen Studien zu Trabantenstädten. An Stelle dörflicher Flachbebauung, die zur Zersiedelung der Landschaft geführt hätte, schlug er komprimierte Trabanten mit Hochblöcken für Kleinwohnungen und Großwohnungen vor, seine in Anlehnung an Le Corbusiers »Villenblocks« von 1922 und 1925 genannten «Villonhochblocks», die durch Schnellbahnen und Schnellstraßen an die City anzubinden sind. Höchster Wohnkomfort in Stockwerkswohnungen sollte mit dem vollen Genuß des Wohnens in freier Landschaft verbunden werden, in zehn Geschosse hohen, mäanderartig langgestreckten Wohnbauten und 200 m breiten Freiräumen als Erholungsflächen zwischen ihnen, die sich mit der umgebenden Landschaft zu einer Einheit verbinden. Von jeder Wohnung aus sollte der Blick in die freie Natur möglich sein.

Lit.: Justus Bier, *Otto Ernst Schweizer*, Berlin/Leipzig/Wien 1929, S. 52 ff, S. VIII f. – »Otto Ernst Schweizer«, in: *Die Bauzeitung* (vereinigt mit *Süddeutsche Bauzeitung*, München), 39. bzw. 26. Jg. 1929, Heft 50, S. 512 ff.

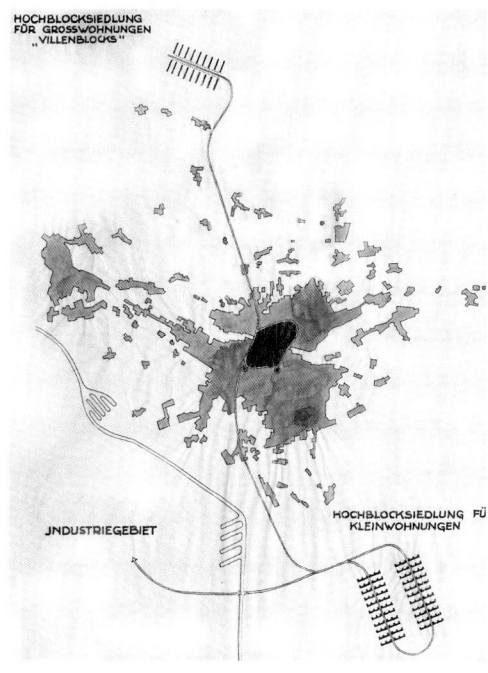

Die Abbildung zeigt Schweizers Studien bezogen auf ein bestimmtes Beispiel: zwei verschieden große Trabantenstädte mit Hochblöcken, die im Norden und im Süden an die Stadt Nürnberg angebunden sind.

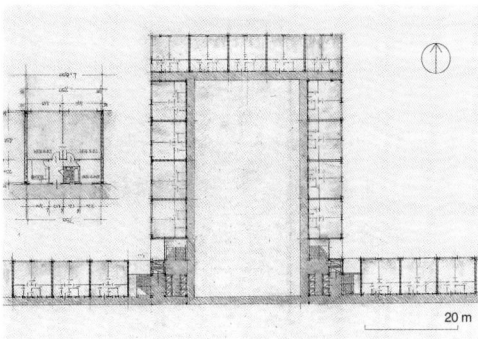

Grundrißausschnitt eines Hochblocks für Kleinwohnungen mit zwei Zimmern, Kammer, Küche und Bad. Die Erschließung erfolgt durch Laubengänge, die brückenartig über die U-förmigen Höfe hinübergeführt sind sowie durch großzügig bemessene Aufzüge und Treppen.

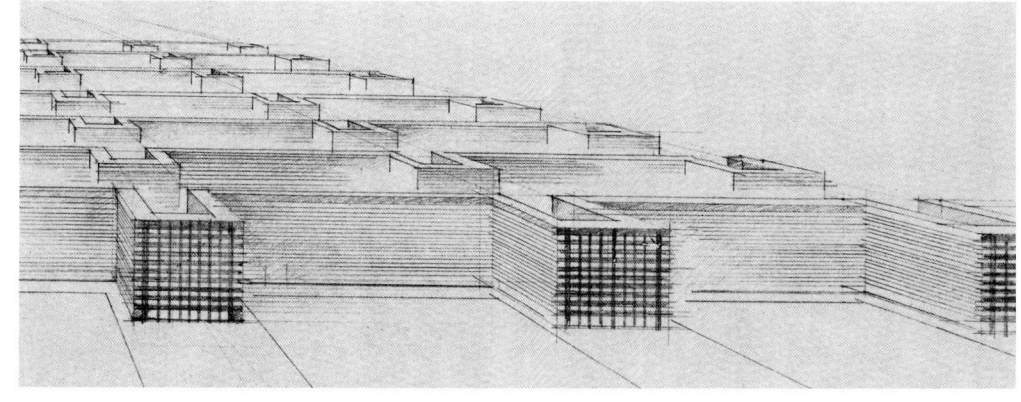

Blick aus der Luftperspektive auf die mäanderartig angelegten Hochblöcke für Kleinwohnungen.

Blick über den Gartenhof auf die Nordwestseite eines der Trakte und auf den Verbindungsgang.

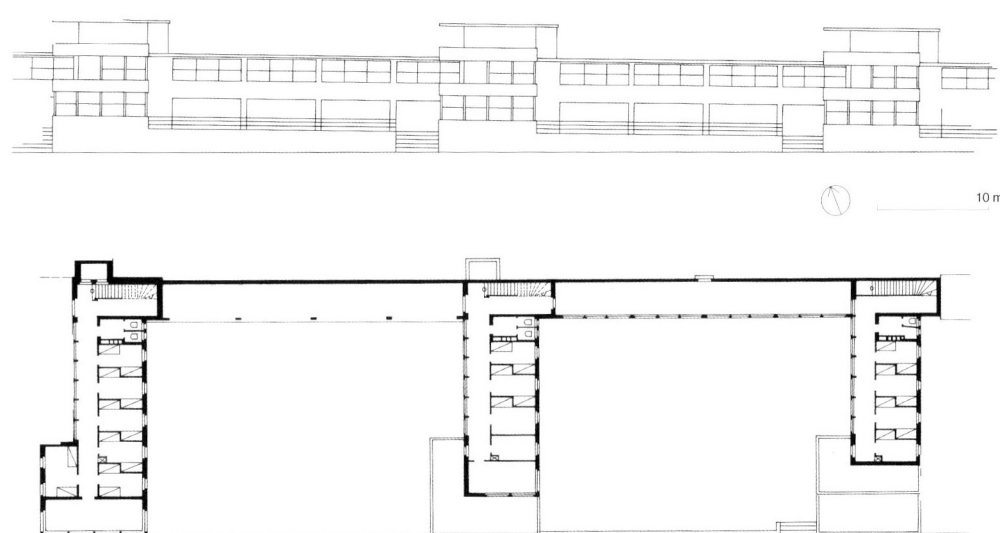

Die obere Zeichnung zeigt die Südwestansicht. Die ausgeführten Bauabschnitte weichen in geringem Maße, etwa in der Teilung der Fenster, von der ursprünglich vorgesehenen Fassung ab. Darunter die Grundrisse. Links das Erdgeschoß, in der Mitte das 1., rechts das 2. Obergeschoß. Zwischen Erdgeschoß und 1. Obergeschoß der als gedeckte Terrasse ausgebildete Verbindungsgang, der sich auf die Gartenhöfe öffnet. Von diesen führt eine Freitreppe direkt in die Landschaft des Pegnitzgrundes.

Wohn- und Pflegestätte Johannisheim in Nürnberg

1928/29

Nach seinen Ideen zu einem Krankenhausprojekt für die Düsseldorfer Gesolei-Ausstellung (vgl. S.82) plante Schweizer eine Wohn- und Pflegestätte für Lungenkranke, die außerhalb ihrer Familien der Pflege unter Aufsicht bedurften. Der Bauplatz liegt im Nürnberger Stadtteil St. Johannis auf zum Pegnitzgrund fallendem Gelände. Sechs terrassierte Trakte, die nach Nordosten, zur Schnieglinger Straße hin zweigeschossig, nach Südwesten 3 1/2-geschossig hervortreten, sind an einem Verbindungsgang aufgereiht. Zur Straße hin ist er eingeschossig und geschlossen, lediglich durch ein Lattenspalier geschmückt und jeweils zwischen den Trakten durch eine Eingangstür unterbrochen, nach Südwesten hin zweigeschossig und im Erdgeschoß als Laubengang ausgebildet, der als gedeckte Terrasse dient; sie öffnet sich auf die Gartenhöfe zwischen den Trakten, vor denen eine öffentliche Grünanlage liegt, so daß von allen Patientenräumen der Blick ins Freie in den Pegnitzgrund hinein möglich ist.

Die sechs Trakte selbst, von denen nur zwei ausgeführt wurden, sollten in sich selbständige Einheiten sein mit Küche, Bad, Personalraum, Heizung etc. im Untergeschoß, Krankenzimmern und Tagesraum im Erdgeschoß sowie weiteren Krankenzimmern, Tagesräumen und Liegeterrassen in den darüberliegenden Geschossen. Schweizer lag daran, jedes Gefühl des Abgeschlossenseins durch lichte Bauweise und enge Verbindung der Patientenzimmer mit den Gartenhöfen und der Landschaft zu unterdrücken.

Lit.: Justus Bier, *Otto Ernst Schweizer*, Berlin/Leipzig/Wien 1929, S. 27. – »Zwei neue Bauten der Stadt«, in: *Nürnberger Zeitung* vom 18. 2. 1930. – *Architektur in Nürnberg 1900–1980*, hrsg. v. Centrum Industriekultur Nürnberg, Stuttgart 1981, S. 84 ff.

Blick von Westen, vom Pegnitzgrund aus auf die beiden ausgeführten Trakte mit den Liegeterrassen im 1. und 2. Obergeschoß.

Die Abbildungen zeigen das Massenmodell, Blick von Süden (ganz links am Bildrand die Pegnitz), und die Nordostansicht an der Schnieglinger Straße. Die Strenge der Rückwand des Verbindungsganges wird durch das Lattenspalier aufgelockert. In seiner Mitte ein Eingang, der, von Südwesten gesehen, in den oberen Teil des Verbindungsganges führt.

Stadion in Nürnberg

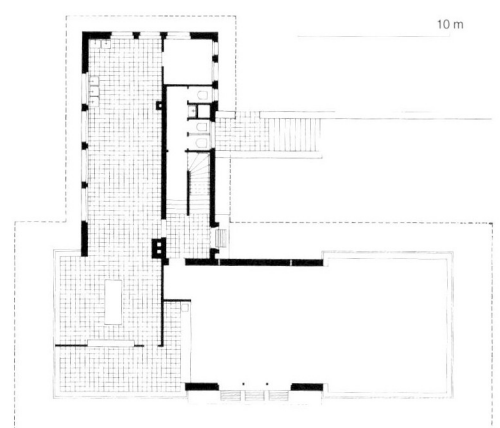

Die Abbildungen zeigen einen Blick von Süden auf den Gastraum des Sonnenbadcafés und den Grundriß. Im vorderen Flügel der Gastraum und das ursprünglich an dieser Stelle nicht vorgesehene Buffet mit Anrichte. Im rückwärtigen Teil die Küche und Nebenräume. Die Treppe führt in das Untergeschoß sowie in die Pächterwohnung im Obergeschoß. Justus Bier schrieb zum Sonnenbadcafé: „Das kühne, schnittig-leichte Bauwerk entwickelt seine Form aus einer maximalen Ausnutzung der Betonkonstruktion: Die Stützen sind nach der Mitte zusammengerückt, so daß das Dach mit seinem breiten Schattensims nach beiden Seiten frei ausgreift, einen kubisch klar begrenzten und doch seltsam von der Weite der Landschaft durchwirkten Innenraum überfaßt."

Blick von Südwesten auf das Sonnenbadcafé. Im Vordergrund der Wirtschaftsflügel mit der Pächterwohnung im Obergeschoß, im Hintergrund der Gastraum.

Fassadenstudie Schweizers zum Sonnenbadcafé, deren starke Mittenbetonung er später aufgab.

Die Abbildungen links zeigen einen Blick in den Gastraum des Sonnenbadcafés und das Gebäude im Rohbau. Das tragende Gerüst mit den Wandscheiben und dem kastenförmigen Unterzug ist ablesbar.

Stadion in Nürnberg

Blick auf die Alkoholfreie Gaststätte und die vorgelagerte Terrasse. Um aus den beiden runden Gasträumen eine ungestörte Aussicht zu gewährleisten, sind im Sichtbereich großflächige Glasscheiben angeordnet worden, während für die darüberliegende Zone und im Bereich des Schankraumes die Fensterteilung eng gewählt wurde, auch, um die Kleinmaßstäblichkeit gegenüber der Architektur des Tribünengebäudes zu betonen.

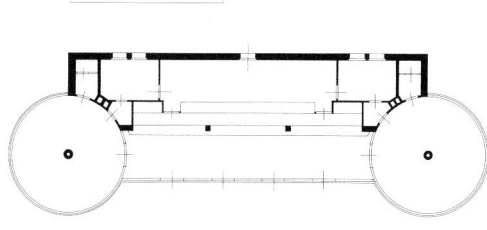

Grundriß der Alkoholfreien Gaststätte. Links und rechts die Gasträume, dazwischen der Schankraum, dessen Größe durch den Terrassenbetrieb bedingt ist, mit Buffet und dahinterliegender Küche. Den beiden Gasträumen sind jeweils getrennte WC-Anlagen zugeordnet. Vier Doppeltüren sorgen für ein reibungsloses Funktionieren auch des Terrassenbetriebes.

Alkoholfreie Gaststätte, vom Haupteingang der Stadiontribüne aus gesehen.

Rohbau der Alkoholfreien Gaststätte mit den freitragenden Dächern über den Rundstützen und dem Unterzug im Mittelteil. Die Rundstützen verjüngen sich nach unten um 3 cm.

Justus Bier schrieb zur Alkoholfreien Gaststätte: »Der Reiz der Schauseiten wird ganz durch die gläserne Ungreifbarkeit und Durchsichtigkeit des Bauwerks bestimmt. Ein seltsamer Eindruck, wenn beim Umherwandern im Tribünenvorhof sich die runden Glaskioske vor die Tribünenfront schieben und der große ernste Bau durch die leichte Glasarchitektur hindurch spricht, die ihren eigentümlich fantastischen Charakter nur streng architektonischen Mitteln, der konsequenten Anwendung und Verbindung heutiger architektonischer Elemente, verdankt.«

Stadion in Nürnberg

Die Abbildung oben zeigt das Bürogebäude im noch unausgebauten Zustand. Rechts eine Entwurfsskizze zu diesem Gebäude mit daran anschließendem Trakt für die Kassen.

Anläßlich seiner Entwürfe für die Nürnberger Stadionanlage befaßte sich Schweizer mit grundlegenden Fragen zur Architektur. Er schrieb:

»Die Architektur ist diejenige unter den bildenden Künsten, welche im größtmöglichen Maßstab die Lebensvorgänge und geistigen Strömungen der Zeit als Ideal in ewiger Form festzulegen vermag. Um diese Form in ihrer Reinheit zu erreichen, ist die geistige Idee, welche nur aus den Gegebenheiten einer restlosen Erfassung der Zweckerfüllung möglich ist, in Gemeinschaft mit allen denen festzulegen, welche die Initiative für die Durchführung eines derartigen Werkes ergreifen. Die Formen, die der Architekt also letzten Endes zu gestalten hat, setzen sich zusammen aus Baugedanken, welche den geistigen Komplexen und der Zweckerfüllung dieser Zeitströmungen entspringen. Es ist nicht so, daß diese geistigen Zeitströmungen schon als konkrete Vorstellungen mit einem bestimmten Bau- und Raumprogramm verfestigt vorhanden sind, sondern es besteht nur überall der Drang nach Verwirklichung einer Bauanlage, mit der diese und jene Lebensvorgänge sich abspielen wollen; daß diese Lebensvorgänge heute andere sind als vor Jahrzehnten, ist augenfällig, und ihre Verfestigung in der Architektur kann nur von ihrem wandelbaren Ablauf als Verwirklichung ihrer Idealvorstellung abgeleitet werden.

So sind die wesentlichsten Gedanken im engsten Einvernehmen mit demjenigen, der die Initiative von Seiten der Bauherrn aus ergreift, festzulegen, und nur aus dieser Voraussetzung läßt sich die architektonische Gesamtidee, der sich alle Spezialdisziplinen unterzuordnen haben, entwickeln. Die Architektur ist unter den bildenden Künsten diejenige, welche in der Lage ist, solche lebendigen Zeitgedanken in Raumdisposition, in räumlich plastischen Beziehungen, in der letzten Verfeinerung des architektonischen Maßes zu verwirklichen.

Der Architekt ist heute bei jeder Bauaufgabe auf die engste Zusammenarbeit mit den Ingenieuren aller Gattungen angewiesen. Die vergangene Generation hat die technischen Möglichkeiten entwickelt; wenn der Architekt in der Zusammenarbeit mit den Bauherrn die Funktion des Gebäudes und seines Raumprogramms im Grundriß festgelegt hat, so ist die nächste Zusammenarbeit die Erfassung aller Konstruktionsmöglichkeiten und technischen Ideen, welche die größte Wirkung und Leistung mit dem minimalsten Aufwand das nächste Stadium in der Durchführung eines modernen Bauwerkes bilden. Es ist aber dann rein die Angelegenheit des Architekten, welche Wirkung er aus diesen Gegebenheiten heraus im Rahmen der Gesamtdisposition verwirklichen will. Der Architekt steht also nach wie vor als Vermittler und Gestalter der geistigen Zeitströmungen und der Möglichkeiten der Technik am Anfang und am Ende jeder baulichen Disposition, der modernen Architektur.

Wir sind heute über die Zeitströmungen hinaus, in denen die Darstellung technischer und wirtschaftlicher Maximal- und Minimalergebnisse als Architektur gewertet werden. Die Architektur ist, was sie in allen Zeiten großer Kulturen immer gewesen ist, diejenige Institution, welche die Organisation und Disposition lebendiger Vorgänge zu übernehmen hat, welche ihre Aufgabe darin sieht, die Befriedigung dieser Bedürfnisse in einer Form zu suchen, welche die technischen und wirtschaftlichen Möglichkeiten berücksichtigt und im Dienste der Zweckerfüllung in ihrer Spitze als Baukunst im Dienste der Form steht.«

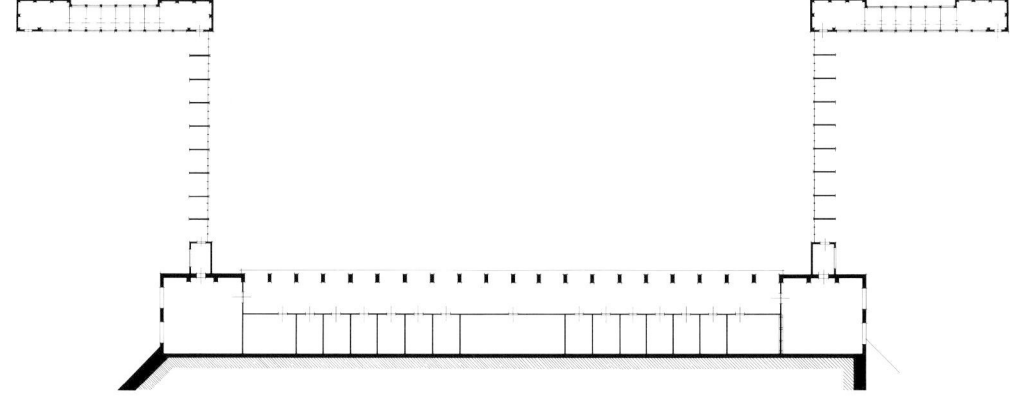

Die Abbildung rechts zeigt einen Blick auf die Sperren und den Anschluß an das Bürogebäude, die Zeichnung den Grundriß des Bürogebäudes mit den seitlich anschließenden Sperren und Kassentrakten. Büros, Vereinsräume und ein Empfangssaal in der Mitte des Büroflügels sind von einer offenen Wandelhalle zugänglich.

Stadion in Nürnberg

Schweizer schrieb zu seinen Stadionbauten, daß sie aus den Bedürfnissen der damaligen Zeit entwickelt und mit den konstruktiven Mitteln dieser Zeit geschaffen worden seien. „Bei diesen Bauten ist im allgemeinen der Eisenbeton für solche Konstruktionen verwendet worden, bei denen die Zweckbestimmung, also eine gute Sicht und Wetterschutz für eine große Zahl von Zuschauern, eine weitgehende Auswertung von Baustoff und Konstruktion vorgeschrieben hat. Das hat dazu geführt, daß der Eisenbeton hier eine rein konstruktive Aufgabe erfüllt, während für alle Wände und Umfassungsmauern von bewohnbaren Räumen das normale Füllmauerwerk zur Anwendung gekommen ist. Diese dem Baustoff und der Konstruktion wesensmäßige Form der Verwendung ist ein Skelett. Die Minimalabmessungen desselben richten sich nach dem konstruktiv Notwendigen und bestimmen die Endform. Ein solcher Konstruktionsorganismus ist dem Wesen des gotischen Systems verwandt.

Das nordische Formgefühl hat in der Gotik seinen bedeutendsten Ausdruck gefunden. Es sucht sich nun auch heute unter Verwendung der neuen technischen Mittel mit dem Raum auseinanderzusetzen. Für unsere Bedürfnisse müssen große und weite Anlagen geschaffen werden. Für die Gestaltung solcher Weiträumigkeit hat der Barock eine große Form gefunden. Er hat aber hauptsächlich, gebunden an die Symmetrie, seine strengen Anlagen gegen die Natur bestimmt abgegrenzt und hat auch die Natur in eine architektonische Form gezwungen. Die Auswertung der funktionellen gotischen Konstruktionsformen für die Gestaltung und Fassung weiter Freiräume, wie das im Barock angedeutet ist, also die Einbeziehung der freien Natur in das räumliche Erleben, wird notwendig. Die Ausformung wird ihre Aufgabe darin sehen, der vielgestaltigen Natur ohne Bindung an Symmetrie eine reine Architektur entgegenzustellen. Diese wird immer den Bedürfnissen des Menschen, mit seinem Wollen und mit der Reichweite seiner Organe rechnen müssen, und die letzte Vollendung ist die reinste Gliederung nach den architektonischen Maßverhältnissen. Die Gestaltung einer solchen Synthese von Gotik und Barock ist unserer Zeit vorbehalten".

Die Abbildung zeigt einen Blick in die Eingangshalle des Tribünengebäudes. Unten der Lageplan mit den schwarz angelegten Hochbauten Schweizers.

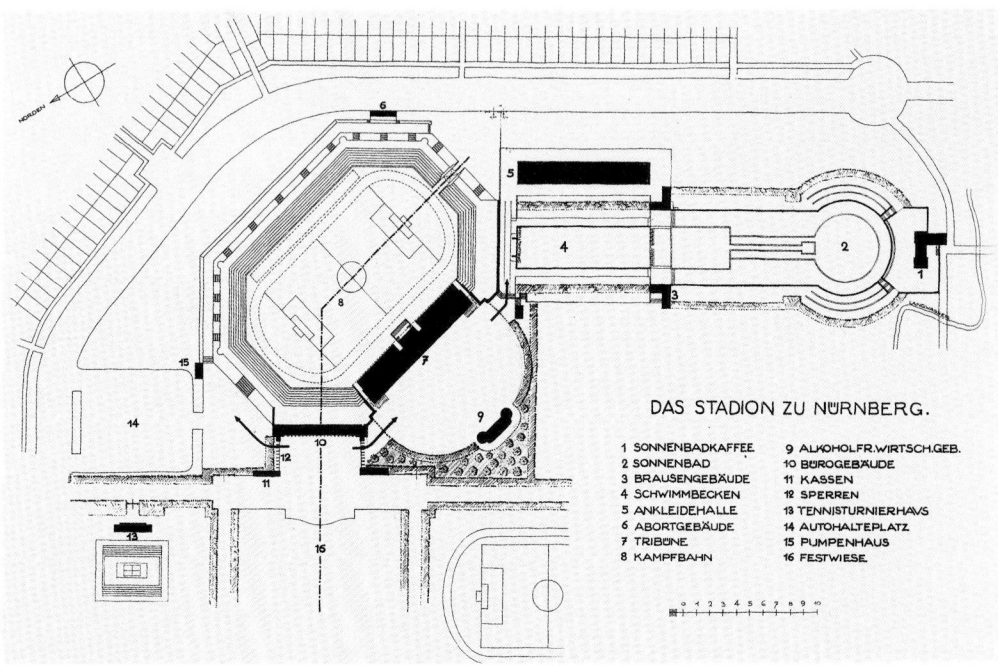

Haupteingang der Stadiontribüne. Die Wandflächen sind nicht verputzt, sondern nur geschlemmt, so daß sich das Traggerüst sichtbar vom Füllmauerwerk absetzt.

Die Abbildung oben zeigt einen Vorentwurf zur Eingangsseite der Stadiontribüne, die Abbildung rechts eine der Seitenansichten mit dem Durchlaß zum Vorplatz unten und dem Portal zum Wandelgang oben.

Stadion in Nürnberg

Blick von der Aschenbahn auf die Tribüne. Seitlich die durch Stahlbetonstützen gegen Winddruck ausgesteiften Glaswände und die Portale zwischen dem Umgang des Stadionwalls und dem Wandelgang. Vorn die vorgeschobene Ehrentribüne mit den zwei Durchlässen, die in die Eingangshalle führen.

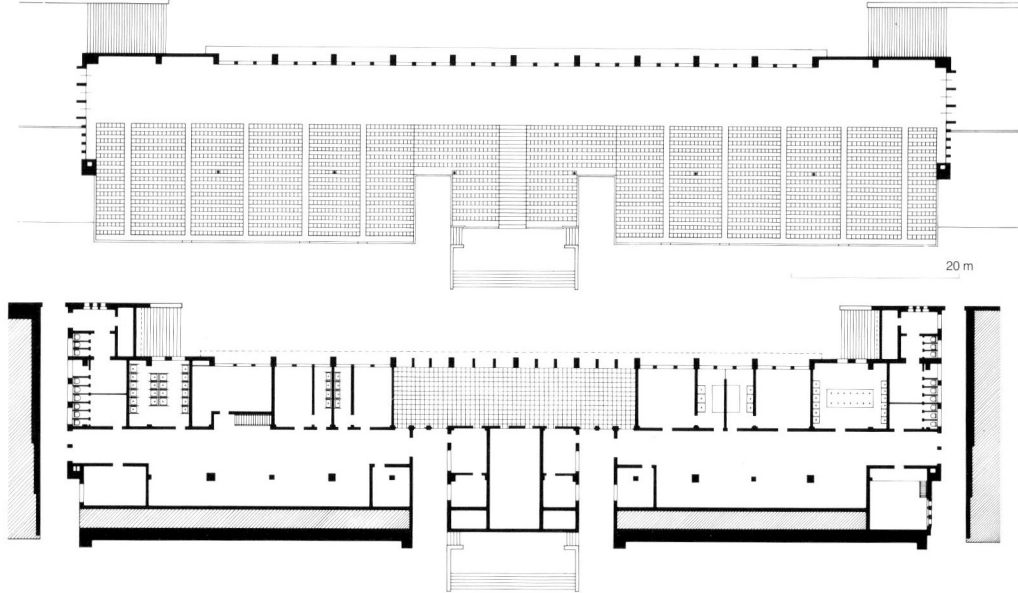

Stadiontribüne. Aufsicht auf die Platzblöcke und die den Wandelgang sowie den Umgang auf dem Stadionwall erschließenden Freitreppen. Darunter der Grundriß des Erdgeschosses mit der Eingangshalle, den Durchlässen zum Spielfeld, den Umkleidehallen rechts und links davon und der Ehrentribüne.

Lit.: Justus Bier, »Zu Otto Ernst Schweizers Nürnberger Stadionbauten«, in: *Die Form, Zeitschrift für gestaltende Arbeit*, 3. Jg. 1928, Heft 15, S. 419 ff. – Rudolf Pfister, »Nürnberger Baukunst von heute«, in: *Baukunst*, 4. Jg. 1928, Heft 8, S. 203 ff. (S. 213 ff.). – Das Stadion in Nürnberg«, in: *Zentralblatt der Bauverwaltung*, 48. Jg. 1928, Heft 50, S. 807 ff. – »Zur Einweihung des neuen Nürnberger Stadions«, in: *Wochenschau*, hrsg. im Auftrag des Stadtrates Nürnberg, 1928, Nr. 10, S. 125 ff. Darin: »Otto Ernst Schweizer, »Die Hochbauten im städtischen Stadion zu Nürnberg«, S. 128 ff. – Justus Bier, »Um die neue Gestaltung. Nürnberg«, in: *Das neue Frankfurt, Monatsschrift für die Probleme moderner Gestaltung*, 2. Jg. 1928, Heft 9, S. 171 ff. – »Otto Ernst Schweizer. III. Die Hochbauten des Stadions«, in: *Die Bauzeitung* (vereinigt mit *Süddeutsche Bauzeitung*, München), 25. Jg. 1928, Heft 35, S. 363 ff. – »Der Sprungturm im Nürnberger Stadion«, in: *Der Stahlbau*, 1. Jg. 1928, Heft 16 (Beilage zur Zeitschrift *Die Bautechnik*), S. 195. – Julius Vischer u. Ludwig Hilberseimer, *Beton als Gestalter*, Stuttgart 1928, S. 72, 77. – Hans Josef Zechlin, »Stadien in Nürnberg und Wien«, in: *Wasmuths Monatshefte für Baukunst*, 13. Jg. 1929, S. 408 ff. – Justus Bier, »Die Nürnberger Stadionbauten von Otto Ernst Schweizer«, in: *Der Baumeister*, 27. Jg. 1929, Heft 1, S. 1 ff. – Justus Bier, *Otto Ernst Schweizer*, Berlin/Leipzig/Wien 1929, S. VII f., S. 28 ff. – W. Zech, »Eisenbetonkragbauten des Nürnberger Stadions«, in: *Zement, Wochenschrift für Hoch- und Tiefbau*, 18. Jg. 1929, Heft 7, S. 199 ff. – W. Zech, »Ein neuer Eisenbetonbau im Nürnberger Stadion«, in: *Zement, Wochenschrift für Hoch- und Tiefbau*, 18. Jg. 1929, Heft 44, S. 1309 ff. – Bruno Grimschitz, »Die Stadionbauten zu Nürnberg von Otto Ernst Schweizer«, in: *Die Bau- und Werkkunst, Monatszeitschrift für alle Gebiete der Architektur und angewandten Kunst*, 5. Jg. 1929, Heft 8, S. 173 ff. – Albert Michel, »Streifzug durch Nürnberg«, in: *Bauamt und Gemeindebau, Zentralblatt der deutschen Stadt-, Kreis- und Landbauämter*, 11. Jg. 1929, Heft 13, S. 198 f. – Justus Bier, »O. E. Schweizers Kaffeehaus im Nürnberger Stadion«, in: *Die Form, Zeitschrift für gestaltende Arbeit*, 4. Jg. 1929, Heft 10, S. 268 ff. – Walter Müller-Wulckow, *Bauten der Gemeinschaft*, Königstein im Taunus/Leipzig 1929, S. 5, 7, 28, 36, 37. – Justus Bier, »Ein Kaffee«, in: *Die Form, Zeitschrift für gestaltende Arbeit*, 5. Jg. 1930, Heft 1, S. 18 ff. – »Két Német Sportpark«, in: *Tér és forma* (Budapest), 3. Jg. 1930, Heft 3, S. 109 ff. – Justus Bier, »Architecture of sport«, in: *The Studio*, Vol. 101, 1931, No. 457, S. 266 ff. – Rolf Spörhase, »Klubhäuser und Sportbauten«, in: *Moderne Bauformen, Monatshefte für Architektur und Raumkunst*, 31. Jg. 1932, S. 500 ff. (S. 510 ff.). – »Café Sonnenbad. Restaurant Stade de Nuremberg«, in: *L'architecture d'Aujourd'hui*, 5. Jg. 1934, Heft 3, S. 86. – »Restaurants«, in: *The Architectural Record*, Vol. 81, 1937, Heft 1, Beilage: »Building types«, S. 30. – Otto Ernst Schweizer, *Sportbauten und Bäder*, Berlin/Leipzig 1938. – Arnold Tschira, »Otto Ernst Schweizer, der Architekt«, in: *Otto Ernst Schweizer und seine Schule. Die Schüler zum sechzigsten Geburtstag ihres Meisters*, Ravensburg (1950), S. 4 ff. und in: *Bauen und Wohnen*, 5. Jg. 1950, Heft 4, S. 197 ff. – »1927/28. Hochbauten des Nürnberger Stadions«, in: Otto Ernst Schweizer, *Die architektonische Großform. Gebautes und Gedachtes*, Karlsruhe 1957, S. 61 ff. – *Architektur in Nürnberg 1900–1980*, hrsg. v. Centrum Industriekultur Nürnberg, Stuttgart 1981, S. 72 ff.

Blick vom Wandelgang über die Sitzreihen auf das Spielfeld. Die Fenster in der Rückwand geben den Blick auf den Vorplatz frei.

Das Stadiongelände liegt im Südosten Nürnbergs auf dem Zeppelinfeld und sollte im Zusammenhang mit den Dutzendteichen zu einem Volkspark ausgebaut, die Sportfelder mit zugehörigen Gaststätten als offene Anlage (mit einzelnen abgeschrankten Sportplätzen) integriert werden. Als Schweizer mit dem Entwurf der Hochbauten betreut wurde, war die Planung der Gesamtanlage vom Nürnberger Gartenamt bereits abgeschlossen und mit ersten Arbeiten begonnen worden: ein in seiner Grundrißform abgewinkelter Bezirk, dessen einer Schenkel die Festwiese bildete, der andere das Schwimm- und Sonnenbad. Als Bindeglied war das achteckige, wegen der Lage zur Sonne schräggestellte Stadion vorgesehen. Erschwerend für die Aufgabe war, daß bei Beginn der Planungsarbeiten kein fest umrissenes Bauprogramm vorlag.

Schweizer plante und baute – als Leiter des städtischen Hochbauamtes – im wesentlichen das Bürogebäude mit den Kassen und Sperren, das Tribünengebäude, die diesem gegenüberliegende Alkoholfreie Gaststätte, das Sonnenbadcafé sowie Nebenbauten: die Brausengebäude am Schwimmbad, die Umkleidehalle, das Tennisturnierhaus, separate WC-Anlagen hinter dem Stadionwall, zwei Spielhäuser, das eine, nah der Festwiese gelegen, aus Ziegelstein, das andere am Rande des angrenzenden Waldes aus Holz, sowie die Sprungturmanlage im Schwimmbad. Er schrieb zu seiner Arbeit: »Die Nürnberger Stadionanlage leidet darunter, daß der Architekt durch teilweise fertige Planierungen in der freien Entwicklung gehemmt war. Jedenfalls hatte ich mich mit der Drehung der Hauptkampfbahn abzufinden und darauf meine architektonischen Gedanken zu bauen. Ich sah mich zu einer Lösung im Flachbau ohne jede Richtungsbetonung der Bauwerke veranlaßt. Die Einordnung der Gebäudemassen ist nach Untersuchung am Massenmodell durch Stangen- und Lattengerüste im natürlichen Maßstab vorgenommen worden.«

Die wichtigste Änderung, die Schweizer am gegebenen Lageplan erreichen konnte, war die Straffung des Gesamten durch die Zusammenbindung der Hochbauten in drei Gruppen: das Bürogebäude mit den Kassen und Sperren, das der langgestreckten Festwiese einen räumlichen Halt gibt; das Tribünengebäude, das sich auf einen halbrunden Platz öffnet und ein Gegenüber in der Alkoholfreien Gaststätte findet, sowie das langgestreckte Schwimm- und Sonnenbad, das zwischen Sonnenbadcafé und einer hohen, den südwestlichen Stadionwall abfangenden Mauer, vor der der Sprungturm steht, eingespannt ist und durch die Brausengebäude unterteilt wird.

Die Bauten sind weitgehend aus Stahlbeton, nichttragendem Füllmauerwerk und Glas hergestellt. Schweizer: »Ein genaues Raumprogramm und bestimmte Raumgrößen sind noch nicht festgelegt. Sie sind in jeder Stadt anders und entwickeln sich aus den Bedürfnissen, die der spätere Betrieb mit sich bringt. Es ist daher besonders darauf gesehen worden, daß solche eventuell später notwendig werdenden Veränderungen vorgenommen werden können, ohne daß Konstruktionsglieder des Gebäudes in Mitleidenschaft gezogen werden. Diese Aufgabe fand ihre Lösung in der Durchführung der Hauptkonstruktion in Form von Eisenbetonskelett; eine leichte Veränderungsmöglichkeit ist daher gegeben. Diese Art des Aufbaues ermöglicht es unter allen Umständen, das Minimum an konstruktiver Notwendigkeit auszuführen. Das Füllmauerwerk hat daher keine tragende Eigenschaft mehr und kann deshalb für diese Fälle schwächer, hauptsächlich mit Rücksicht auf eine gute Isolierung gewählt werden. Das Ergebnis ist die wirtschaftlichste Konstruktionsform, die überhaupt möglich ist.«

Das Bürogebäude, an das sich der nordwestliche Stadionwall anlehnt, umschließt zusammen mit Kassen und Sperren einen großen Kassenvorplatz, der sich zur Festspielwiese hin öffnet. Der Platz liegt auf der Längsachse der Wiese, wobei das Bürogebäude mit seiner durch kräftige Pfeiler gegliederten Vorderseite (deren Dimension sich aus dem Schub des Walls, der – zum Teil – über die Deckenbalken und Pfeiler abgeleitet wird, erklärt), den räumlichen Abschluß der rund 400 m langen Grünfläche bildet. Jeweils sechs Kassenschalter mit neun Sperren dienen im Nordosten als Zugang für die Stadion-Stehplätze, im Südwesten als Zugang für die Tribünenplätze und das Schwimm- und Sonnenbad, das über den halbrunden Platz vor dem Tribünenbau erreicht wird.

Die Zuschauertribüne erstreckt sich mit etwa 103 m Länge über die ganze westliche Längsseite des Stadions und bietet 2544 Personen Platz. In der Mitte liegt, gegen das Spielfeld um etwa 5 m vorgeschoben, die Ehrentribüne, eine 5 × 14 m große und um 1 m über die Aschenbahn angehobene Plattform. Hinter den ansteigenden Sitzreihen verläuft in Verbindung mit dem Umgang auf der Krone des Stadionwalls ein breiter Wandelgang mit Fenstern, die den Blick auf den Vorplatz freigeben. Unterhalb des Wandelgangs liegt die Eingangshalle, von der zwei die Ehrentribüne flankierende Tunnel mit dem Spielfeld verbunden ist. Seitlich schließen sich Mannschaftsräume, ein Vortragssaal, Sanitärräume und öffentliche WC-Anlagen an. Unter den Sitzreihen liegen die Umkleidehallen sowie Räume für Spielleiter, Sportlehrer, Presse, Arzt und Sanitäter. Zwischen Tribünengebäude und Stadionwall sind breite Durchlässe ausgespart, die direkt auf das Spielfeld führen. Über zwei großzügig angelegte Freitreppen, die dem Tribünengebäude seitlich einen optischen Halt geben, gelangt man vom Vorplatz auf den Umgang des Stadionwalls, den Wandelgang und von hier zu den einzelnen Plätzen. Das 22 m tiefe Dach mit nur 7 cm Dicke und 12 cm starken Aufkantungen kragt über 9 m frei aus und ist mit schmalen, im Abstand von 2,85 m liegenden Tragrippen verbunden, die wiederum auf einem 1,20 m hohen Unterzug sowie auf den Pfeilern der Eingangsseite aufliegen, die hier – mit dem durchlaufenden Kragdach auf halber Höhe des Erdgeschosses – die Architektur bestimmen. Um möglichst ungestörte Sicht zu gewährleisten, sind die Tragrippen, deren Höhe an Stelle des größten Moments über dem Unterzug etwa 1 m beträgt, auf die Dachoberseite gelegt und der Unterzug im Abstand von 14 m auf Rundstützen aufgesetzt, die, aus Schiffswellenstahl gefertigt, mit einem Durchmesser von nur 18 cm auskommen.

Die Alkoholfreie Gaststätte setzte sich in ihrer Architektur vom gegenüberliegenden, geschlossen wirkenden Tribünengebäude ab und war zum Platz hin weitgehend in Glas aufgelöst. Zwischen zwei kreisrunde Governmenträume war der Schankraum und nach hinten der massiv gebaute Küchenteil eingespannt. Die dünne Betondecke lag im Bereich der Governmenträume um 4 m auskragend auf je einer Beton-Rundstütze auf (über die auch das Regenwasser abgeleitet wurde), im Mittelteil auf einem von zwei Pfeilern getragenen Unterzug, von dem sie nach vorn um 3,50 m auskragte, sowie auf dem Außenmauerwerk hinten, das dem ganzen Gebäude die notwendige Steifigkeit gab.

Das Sonnenbadcafé war als Zweiflügelanlage konzipiert, wobei der Hauptflügel den Gastraum, der rückwärtige Flügel die Küche sowie im nach hinten frei hervortretenden Kellergeschoß Sanitär- und Nebenräume und im Obergeschoß die Pächterwohnung aufnehmen sollte. Durch die Reduzierung des rückwärtigen Flügels mußte ein Teil des Gastraumes als Buffet und Anrichte abgetrennt werden. Die das Dach des Hauptflügels tragenden Unterzüge wurden von vier Beton-Wandscheiben, die seitlich des Haupteingangs sowie in die ihm gegenüberliegende Wand eingebunden waren, getragen und kragten in Längsrichtung des Flügels nach beiden Seiten um etwa 8 m aus, ein Sonnenschutzdach von hier aus um weitere 3 m. Die aufwendige Konstruktion wurde gewählt, um die Aussicht aus dem Gastraum über die gesamte Stadionanlage hinweg nicht durch Pfeiler in den Fensterflächen beeinträchtigen zu müssen. Der Eindruck des Schwebenden wurde noch gesteigert dadurch, daß die Fenster des Hauptflügels kastenförmig vor die Fassade gesetzt waren.

Vor der 85 m langen und 5 m hohen Betonwand, die die Schwimmbadanlage vom Stadion trennt, steht der Sprungturm: eine 3 m hohe Plattform, aus der der Turm mit einem Fünf- und einem Zehn-Meter-Brett herauswächst. Die Anlage ist aus Stahl konstruiert, wäre aber auch aus Beton möglich gewesen, derart, wie sie Schweizer wenig später für das Wiener Stadion vorschlug und baute (vgl. S. 132).

Hochbauten der Stadionanlage in Nürnberg

1927–29

Blick von der alkoholfreien Gaststätte auf die Eingangsseite der Stadiontribüne. Seitlich die zum Wandelgang und zum Umgang auf dem Stadionwall führenden Freitreppen.

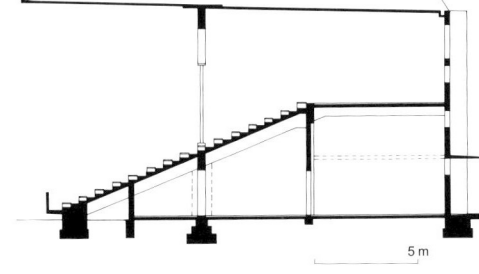

Schnitt durch die Tribüne. In der Mitte die Stützen aus Schiffswellenstahl, die den Unterzug tragen. Über der Dachplatte eine der Tragrippen, die in den Pfeilern rechts einen Halt finden.

Justus Bier schrieb zur Architektur der Stadionbauten: »Hier tritt eine ganz aus der Gegenwart, von allen romantischen Hemmungen befreite, im echtesten Sinn architektonische Kraft hervor. Durch alle Stadionbauten – von der mächtigen Haupttribüne bis zum kleinsten Nebengebäude – geht der gleiche große Zug, der sich ebenso in der klaren, sicheren Erfassung der gesetzten Zwecke wie in der das Äußerste wagenden Ausnutzung der neuen Baustoffe für eine unserer heutigen Empfindung gemäße, dem Raum sich öffnende, von kraftvoller Spannung erfüllte Gestaltung zeigt.«

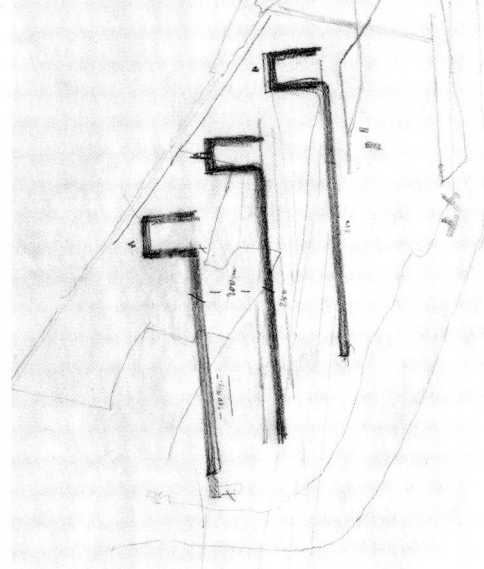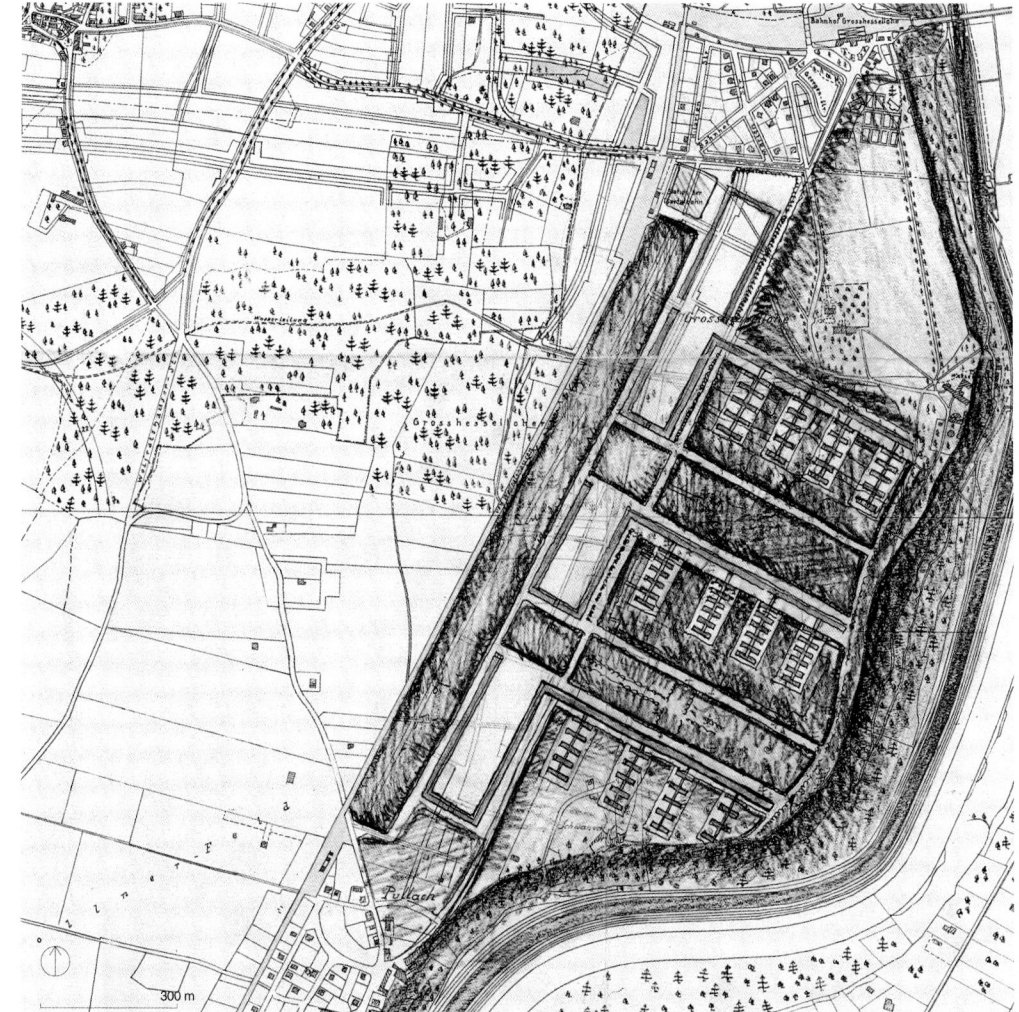

Die Entwurfsskizzen zeigen verschiedene Versuche Schweizers, die Wohnblöcke in die Landschaft des Hochgestades einzugliedern. Die langgestreckten Gebäudezüge der Skizze oben entsprechen in ihrer Länge von rund 750 m etwa der abgebildeten Westansicht.

Lageplan des Entwurfes von 1928. Rechts der Isarbogen mit dem Hochgestade, links, das Gelände begrenzend, die Haupterschließungsstraße. Unten im Bild die Gemeinde Pullach. Am Rande des Hochgestades sollte ein breiter Streifen von jeder Bebauung freigehalten werden, um zusammen mit den Grünräumen zwischen den Wohnblöcken einen durchgehenden Freiraum zu erhalten.

Westansicht des Wohnblocks einer Entwurfsvariante, in der der Gebäudezug parallel zur Erschließungsstraße geschlossen durchlaufen sollte.

Bebauungsplan für das Schloßgut Großhesselohe

Projekt
1927–29

Das Gelände des Schloßgutes Großhesselohe auf einem Hochgestade oberhalb der Isar südlich Münchens nahe der Gemeinde Pullach sollte der öffentlichen Nutzung zugeführt werden. In einem ersten Projekt von 1927 schlug Schweizer im Norden des Geländes in Bezug zum Bahnhof kleinparzellierte Aufteilung vor, im Süden direkt über dem Isartal große Villengrundstücke östlich und westlich einer langen Allee »in einer monumentalen Aufmachung, welche die Möglichkeit für die Hervorhebung besonders bevorzugter Gebäude bieten«, wie es im Erläuterungsbericht heißt. Zentrum des Ganzen ist eine weiträumige langgestreckte Platzanlage mit öffentlichen Bauten. Zur »Steigerung der Landschaft« sollten am Rande des Hochgestades »architektonisch wertvolle Bauwerke« stehen – eine Kirche, ein Aussichtspavillon und ein Restaurant.

In einem zweiten Entwurf von 1928/29 schlug Schweizer vor, das Gelände nicht in Einzelgrundstücke aufzulösen, sondern eine Art Trabantenstadt mit zusammenhängenden Wohngebäuden zu bilden. Diese langgestreckten, zehn Geschosse hohen Blöcke mit vorgelagerter niedriger Bebauung sollten so gruppiert werden, daß aus allen Wohnungen die freie Sicht in das Isartal möglich ist. Wesentlicher Gedanke dabei war, große zusammenhängende Grünflächen als Erholungsgebiete zu erhalten. Dieser zweite Entwurf ist in engem Zusammenhang mit Schweizers Planungen zum Projekt »Hochblock-Trabantenstadt« (S.116) zu sehen.

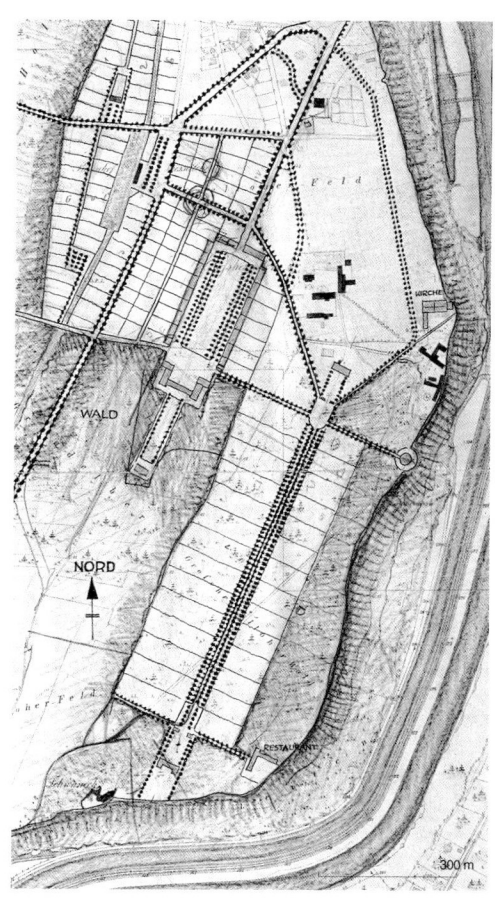

Lageplan des Entwurfes von 1927 mit dem langgestreckten Platz als Zentrum der Gesamtanlage, die in direkter Verbindung zum Bahnhof ganz oben im Bild steht. Parallel zur Achse zentraler Platz/Bahnhof verläuft im Südosten eine breite Allee, die die Villengrundstücke erschließt. Rechts in Bildmitte am Rand des Hochgestades die Kirche, darunter der Aussichtspavillon und das Restaurant.

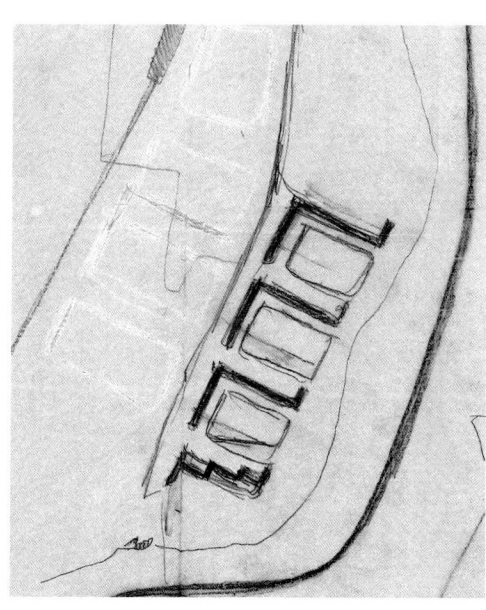

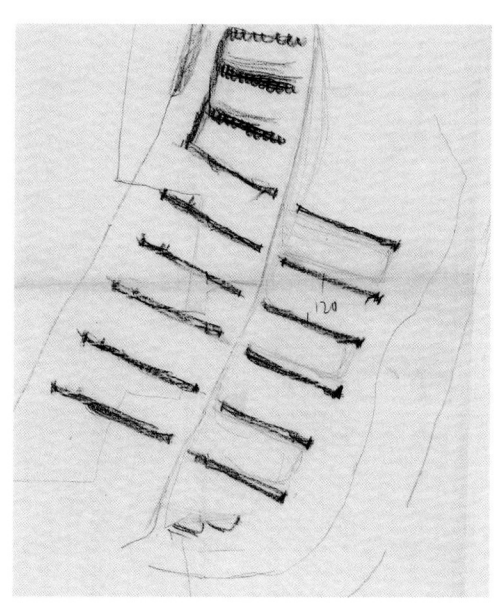

Massenmodell, das die Vorstellungen Schweizers von der Bebauung der zentralen Platzanlage an ihrer südwestlichen Schmalseite zeigt.

Erweiterung des Deutschen Museums in München

Ideenwettbewerb
1927

Zur Erweiterung des Deutschen Museums um eine Bibliothek und ein Saalgebäude, das den Anforderungen von großen Kongressen genügen sollte, war ein Ideenwettbewerb ausgelobt worden. Als Bauplatz stand der nordöstliche Teil der Museumsinsel, das Gelände zwischen dem bestehenden Museumskomplex (nach Plänen von Gabriel und Emanuel von Seidel und Oswald Eduard Bieber) und der Ludwigsbrücke zur Verfügung. Die Hauptschwierigkeit bestand darin, den Altbau durch die Neubauten nicht zu einer Art Rückgebäude werden zu lassen. Schweizer schlug vor, in weitem Abstand vom Museumsbau und nah der Ludwigsbrücke einen monumentalen Baukörper, den Saalbau, zu errichten und durch zwei Seitenflügel für die Bibliothek, die sich vom Neubau zum Altbau hin herunterstaffeln, eine Verbindung zwischen beiden Gebäuden herzustellen. Dadurch wäre vor dem Altbau ein großflächiger, allseitig gefaßter Innenhof entstanden, der beide Gebäude in ihrer Wirkung gesteigert und, von der Brücke aus gesehen, zu einer geschlossenen, mächtigen Eingangssituation geführt hätte.

Von Schweizers Arbeit haben sich nur Skizzen erhalten, aus denen sein Weg von monumentaler, plastischer Gestaltung zu einer eher kubischen Architektur ablesbar ist. In den Grundrißskizzen ist rechts das vorhandene Museumsgebäude eingezeichnet und links der Saalbau.

Lit.: »Wettbewerb für den Neubau des Bibliotheks- und Saalgebäudes im Deutschen Museum in München«, in: *Deutsche Bauzeitung*, 61. Jg. 1927, Heft 25/26, S.161 ff. – Wettbewerbsnachrichten, in: *Deutsche Bauzeitung*, 61. Jg. 1927, S. 454, 712.

Dem Preisgericht gehörten unter anderem Paul Bonatz, Theodor Fischer, Ludwig Hoffmann und Fritz Schumacher an. Ein erster Preis wurde nicht vergeben, da das Preisgericht zu der Auffassung gekommen war, daß ein gleichzeitig den praktischen und künstlerischen Anforderungen entsprechender Entwurf nicht vorgelegen habe. German Bestelmeyer, dessen Entwurf mit einem vierten Preis ausgezeichnet worden war, baute schließlich die Anlage. Weitere Wettbewerbsteilnehmer waren Hans Freese, Hans Herkommer, Hans Holzbauer mit Gustav Gsaenger und Friedrich Behlert sowie Michael Kurz mit Hans Döllgast.

Corpshaus der Catena in Stuttgart

Projekt
1927

Auf einem stark von Osten nach Westen fallenden Grundstück am damaligen südöstlichen Stadtrand Stuttgarts, am Rande eines Waldgebietes gelegen, plante Schweizer für die Catena-Studentenverbindung ein Corpshaus (S. 146). Er bildete zunächst einen mächtigen, bastionsartigen Sockel und gewann damit eine Plattform auf Straßenniveau, auf der sich – von außen besehen – das eigentliche Haus aufbaut. Das Hauptgeschoß ist bestimmt durch einen großen Festsaal, der sich über hohe Fenstertüren auf eine große Terrasse öffnet, zwei sternkuppelüberwölbte Räume in den Ecktürmen (einem Séparée und einer nach außen offenen Veranda), durch die Schenke und die großzügig bemessene Eingangssituation. Im Obergeschoß befinden sich Studentenzimmer und Räume für das Verbindungswesen, im Sockelgeschoß der Paukboden und Nebenräume.

Gartenansicht. Trotz der Ecktürme ist das Äußere durch eine eher kubische Form bestimmt, die durch das flachgeneigte Walmdach mit verdeckter Traufe und durch die Flachdächer der Ecktürme noch verstärkt wird. Durch den Kontrast, der sich aus den verputzten Außenwänden mit großen Fensteröffnungen des eigentlichen Hauses und dem weitgehend geschlossenen Natursteinmauerwerk des Sockels ergibt, sollte die besondere Stellung des Hauses verdeutlicht werden. Die Symmetrie der Fassade ist »gestört« durch verschiedenartige Ausbildung der Ecktürme im Erdgeschoß.

Auf den beiden Abbildungen rechts Entwurfsskizzen, die Schweizers Bemühungen zeigen, das Gebäude mit den mächtigen Ecktürmen und dem hohen Sockel in die Landschaft einzubinden.

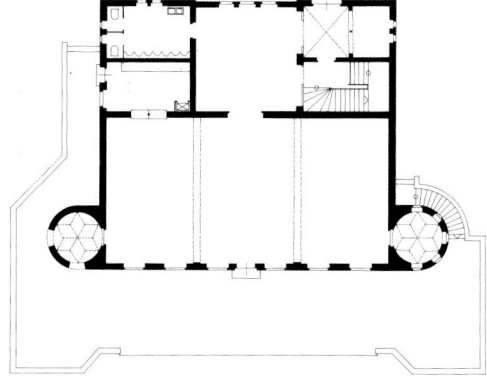

Hauptgeschoßgrundriß. Die großen Fenstertüren geben aus dem Saal über die Terrasse hinweg den Blick frei auf die Stadt und die gegenüberliegenden Hänge. Die Decke sollte aus Beton hergestellt werden mit sichtbaren Unterzügen.

Arbeitsamt Nürnberg

Blick von Südwesten in die Hintere Ledergasse mit dem Waizenbräuhaus im Vordergrund und dem im 2. Bauabschnitt ausgeführten hohen Baukörper als Bindeglied zwischen Alt und Neu, über den der mit zurückhaltendem Backsteinrelief geschmückte Giebel des Arbeitsamtes herausragt. Hinter der langen geschlossenen Mauer befinden sich Fahrradabstellplätze.

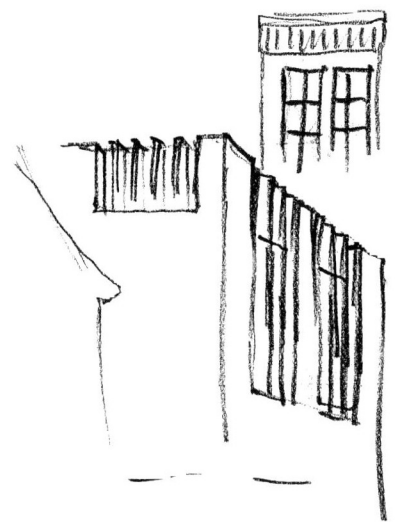

Modell von Südosten, von der Hinteren Ledergasse aus gesehen, mit den ursprünglich gleichartig geplanten hohen Baukörpern als Bindeglieder zum Waizenbräuhaus und zum im Bild rechts anschließenden Verwaltungsgebäude. Der gegliederte Vorbau, der das Erdgeschoß des Waizenbräuhauses verdeckt, wurde im Zusammenhang mit der Neuplanung des hohen Baukörpers zur einfachen Wand aus Naturstein.

Blick in die nordöstliche Eingangshalle vom Portal unter der Loggia an der Waizenstraße aus gesehen. Die Treppenstufen bestehen aus Granit, Sockelstreifen und Brüstungsverkleidungen aus blauem Jura-Marmor, Türgewände aus Terracotta. Die Böden sind mit Solnhofer Platten belegt.

Zur Architektur des Arbeitsamtes und seine Einbindung in die Nürnberger Altstadt schrieb Justus Bier: »Schweizer glaubte auf die Anwendung des Betons im Außenbau verzichten, sich größte Zurückhaltung im modernen Formenausdruck auferlegen zu müssen. Die Fassade des Arbeitsamtes, das in eine Flucht von Werksteinbauten zu stehen kam, führte er im gleichen Material, dem grau-rötlichen Nürnberger Sandstein, aus. Über diese Einbindung hinaus suchte er aber auch noch die Angleichung an die Dachneigung des Waizenbräuhauses, wodurch er eine hohe Dachmasse erhielt, die mit ihrer schneidenden Firstlinie im städtebaulichen Zusammenhang sehr wirksam spricht, den Charakter des Bürogebäudes aber nach der Seite des Speicherhauses hin verwischt. Sieht man von dieser Konzession an das Altstadtbild ab und auch von einigen romantisch angehauchten Zutaten in Gittern und Traufkästen, so interessiert der Bau gerade durch die Strenge, mit der an einer reinen Sandsteinfassade, in einem zeitlosen und darum auch heutigen Formausdruck zugänglichen Material große architektonische Form verwirklicht wurde. Wenn da und dort noch bildmäßig zu wertende Details auftauchen – sie bleiben untergeordnet der strengen Schönheit der Maßverhältnisse und dem großarchitektonischen Zug, der sich im Fluß der Fensterketten ausspricht. Zudem enthält das Innere einige ausgezeichnet durchgebildete Säle, die reine Verwirklichung einer neuen, nicht bildmäßigen, sondern im exemplarischen Sinne architektonischen Gestaltung sind.«

Blick von Osten in die Hintere Ledergasse. Rechts im Vordergrund der zweiteilig ausgebildete hohe Baublock, in dem sich Eingang und Treppenhaus bzw. Toilettenanlagen befinden. Im Fassadenknick ist der direkte Zugang in das erste Obergeschoß zu erkennen, der über eine Freitreppe zwischen dem nach außen hin eingeschossigen, flachgedeckten Vorbau links und der Wand des Lichthofes rechts erschlossen wird.

Arbeitsamt Nürnberg

Blick in den Beamtenraum der Arbeitslosenversicherung im Erdgeschoß mit Glaswänden als Trennung zur Schalterhalle. Der Raum wird durch Oberlicht sowie durch hochliegende Fenster belichtet, die an der Hinteren Ledergasse nahezu ebenerdig hervortreten.

Blick in die Schalterhalle der Arbeitslosenversicherung im Erdgeschoß, die vom Doppelportal an der Waizenstraße zugänglich ist. Die Trennwände zu den Beamtenräumen bestehen aus Rohglasscheiben in Eisenfassungen.

Blick in den Auszahlungsraum der Arbeitslosenversicherung im Untergeschoß. Die Erschließung erfolgt über die nordöstlichen Eingänge sowie das mittlere Portal an der Waizenstraße, die Belichtung über Fenster in Straßenhöhe an der Waizenstraße und den Lichthof an der Hinteren Ledergasse.

Nordwestansicht des Arbeitsamtes von der Waizenstraße aus. Mit geringfügigen Abänderungen, etwa der Formen der Erdgeschoßfenster im Waizenbräuhaus, der Portal-Laibungen oder der Dachfenster, wurde der Bau dieser Zeichnung entsprechend ausgeführt.

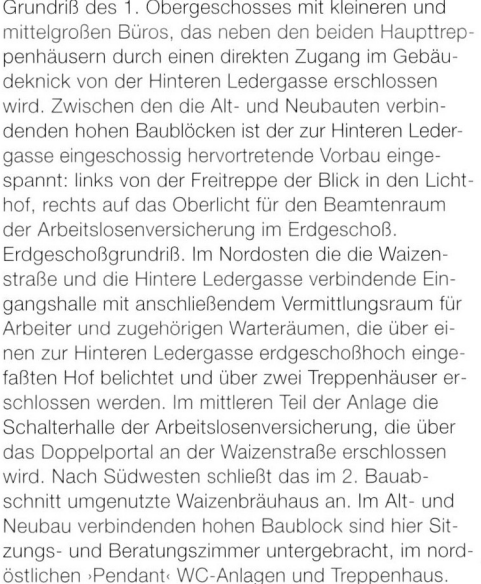

Grundriß des 1. Obergeschosses mit kleineren und mittelgroßen Büros, das neben den beiden Haupttreppenhäusern durch einen direkten Zugang im Gebäudeknick von der Hinteren Ledergasse erschlossen wird. Zwischen den die Alt- und Neubauten verbindenden hohen Baublöcken ist der zur Hinteren Ledergasse eingeschossig hervortretende Vorbau eingespannt: links von der Freitreppe der Blick in den Lichthof, rechts auf das Oberlicht für den Beamtenraum der Arbeitslosenversicherung im Erdgeschoß. Erdgeschoßgrundriß. Im Nordosten die die Waizenstraße und die Hintere Ledergasse verbindende Eingangshalle mit anschließendem Vermittlungsraum für Arbeiter und zugehörigen Warteräumen, die über einen zur Hinteren Ledergasse erdgeschoßhoch eingefaßten Hof belichtet und über zwei Treppenhäuser erschlossen werden. Im mittleren Teil der Anlage die Schalterhalle der Arbeitslosenversicherung, die über das Doppelportal an der Waizenstraße erschlossen wird. Nach Südwesten schließt das im 2. Bauabschnitt umgenutzte Waizenbräuhaus an. Im Alt- und Neubau verbindenden hohen Baublock sind hier Sitzungs- und Beratungszimmer untergebracht, im nordöstlichen ›Pendant‹ WC-Anlagen und Treppenhaus.

Modell von Westen mit dem zunächst geplanten dreiteiligen Portal des Waizenbräuhauses. Deutlich ist das Gefälle des Geländes zu erkennen.

Blick von Südwesten in die Waizenstraße. Rechts das Waizenbräuhaus, im Hintergrund links die Stirnseite des bestehenden Verwaltungsgebäudes mit der Loggia als verbindendem Bauglied.

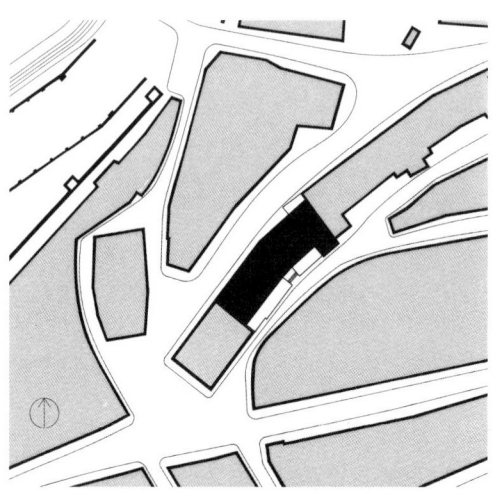

Lageplan. Das Waizenbräuhaus ist schraffiert, der Neubau schwarz angelegt. Oberhalb des Arbeitsamtes verläuft von Südwesten nach Nordosten die Waizenstraße, unterhalb die Hintere Ledergasse, die in die Mühlengasse übergeht. Oben links angeschnitten der Grünzug des Spittlertorgrabens.

Arbeitsamt in Nürnberg

1926–29

Das Baugelände liegt im Südwesten der Nürnberger Altstadt an der Waizenstraße (heute Karl-Grillenberger-Straße) und der Hinteren Ledergasse, eingespannt zwischen dem Waizenbräuhaus, das aus der Zeit der deutschen Renaissance stammt, und einem dreistöckigen Verwaltungsgebäude. Das Gelände steigt zum Waizenbräuhaus hin leicht an.

Die wesentlichen Aspekte für seinen Entwurf sah Schweizer zum einen darin, das Altstadtbild mit seinen hohen steilen Dächern nicht zu stören, zum anderen, den Neubau an das bestehende Verwaltungsgebäude im Nordosten, besonders aber an das Waizenbräuhaus im Südwesten harmonisch anzubinden und organisatorisch in die Gesamtanlage mit einzubeziehen. So war Schweizers grundlegender Entwurfsgedanke, durch einen ruhigen Baukörper in klarer Massenverteilung die Vermittlung zwischen den beiden vorhandenen Bauten herzustellen, sich in den großen Formen und im Material dem Bestehenden anzupassen und sich durch eine moderne Architektursprache zugleich vom Vorhandenen abzugrenzen.

Schweizer bildete einen dreigeschossigen, in seiner Mitte abgeknickten Baukörper mit hohem Satteldach, der – an der Waizenstraße – die Flucht des Waizenbräuhauses aufnimmt und gegenüber der Flucht des bestehenden Verwaltungsgebäudes zurückspringt. Hier vermittelt zwischen beiden Gebäuden im Erdgeschoß eine offene Loggia, die einen der Haupteingänge in das Arbeitsamt betont. An der Hinteren Ledergasse springt der Hauptbaukörper gegenüber den beiden vorhandenen Bauten zurück und nimmt nur im Erdgeschoß durch einen flachgedeckten Vorbau mit Oberlichtsälen und mit – von innen her gesehen – hochliegenden Fenstern die alten Fluchten auf. Die Überleitung zu dem Bestehenden bilden hier zwei hohe Baukörper, die zunächst trotz unterschiedlicher Funktionen in gleicher Art ausgebildet werden sollten, zweiteilig, mit langgestreckten, schmalen, nischenartigen Fenstern und spitzen Giebeln, dann aber, im Zuge eines zweiten Bauabschnitts, unterschiedlich ausgeführt wurden: wie ursprünglich geplant am alten Verwaltungsgebäude, in kubischer Form, flachgedeckt mit großen Fensterflächen am Waizenbräuhaus.

Die Fassade an der Waizenstraße, die aus Naturstein besteht, ist mit zurückhaltendem Schmuck versehen: Die Fenster aller Geschosse sind verschieden gestaltet; die gesamte Fläche ist durch drei verschiedenartig gestaltete Eingänge, die mit dem Eingang in das Waizenbräuhaus in einem Zusammenhang gesehen werden müssen, sowie durch Fensterüberdachungen und Gesimsbänder gegliedert, die große Dachfläche durch gereihte Dacherker unterbrochen. Die Fassade an der Hinteren Ledergasse ist im Detail einfacher ausgebildet und lebt eher durch das Vor- und Zurückspringen der Baukörper, durch den Kontrast von horizontal und vertikal gehaltener Architektur. Sie ist verputzt. Nur die Außenwände des hohen Blocks, der die Überleitung zum Waizenbräuhaus bildet, bestehen aus Naturstein. Die Giebel, die auf beiden Seiten über die angrenzenden Bauten hinauswachsen, sind akroterartig überhöht und mit zurückhaltendem Backsteinrelief geschmückt.

Leitender Entwurfsgedanke für die Organisation im Inneren war, trotz des starken Besucherandrangs angesichts der Massenarbeitslosigkeit eine individuelle Vermittlung zu ermöglichen. So führen mehrere, den einzelnen Abteilungen zugeordnete Eingänge in das Gebäude hinein. Die Säle mit starkem Besucherverkehr befinden sich im Erdgeschoß, die größeren Räume im 1. Obergeschoß mit direktem Zugang von der Hinteren Ledergasse aus, die kleineren Büros in den Geschossen darüber.

Der Neubau ist zweibündig ausgebildet mit tragenden Außenwänden und zwei mittleren Stützenreihen, so daß große freie Flächen entstanden sind, auf denen Zwischenwände und Einbauten variabel eingefügt werden können.

Das Waizenbräuhaus ist von Schweizer im Inneren neu geordnet, außen an seinen Längsseiten im Erdgeschoß umgestaltet worden: rechteckige Fenster statt der ursprünglichen mit gebogenem Abschluß und ein scharf in die Fassade eingeschnittenes Portal an der Waizenstraße, das zunächst dreiteilig und als Loggia ausgebildet geplant war. Eine geschlossene, das Erdgeschoß verdeckende Mauer an der Hinteren Ledergasse, die die Flucht und die Trauflinie des flachgedeckten Vorbaus mit den Oberlichtsälen aufnimmt, umschließt einen Fahrradabstellplatz.

In einer Kritik aus dem Jahr der Fertigstellung des Arbeitsamtes heißt es: »Bei der Artung des Zweckgebäudes, für das bis heute noch kein endgültiger Typ gefunden ist, lag es nahe, daß sich der Architekt mit Übereifer auf die Lösung der zahlreichen problematischen Details stürzte, daß er sich lediglich von den Prinzipien einer zweckbestimmenden Ausnützungsmöglichkeit leiten ließ und dabei das hochbedeutsame Moment der stadtbaukünstlerischen Eingliederung des Neubaues übersah. Dieser Gefahr konnte nur ein städtebaulich geschulter Architekt wie O. E. Schweizer entgehen, der an Hand des Massenmodells die großlinigen Komplexe fundamental löst, bevor er zur Aubeutungsmöglichkeit des verfügbaren Platzes schreitet.«

Lit.: *Das neuzeitliche Arbeitsnachweis-Gebäude*. Serie II, Heft 7/9 der Bücherei des Öffentlichen Arbeitsnachweises, Stuttgart 1926, S. 67 ff. – »Der Neubau des Öffentlichen Arbeitsnachweises Nürnberg«, in: *Baukunst* (Sonderheft Otto Ernst Schweizer), 3. Jg. 1927, Heft 1, S. 14 ff. – *Der Neubau des Öffentlichen Arbeitsnachweises*, Nürnberg (1927). – »Otto Ernst Schweizer. I. Der Neubau des Öffentlichen Arbeitsnachweises«, in: *Die Bauzeitung* (vereinigt mit: *Süddeutsche Bauzeitung*, München), 25. Jg. 1928, Heft 26, S. 269 ff. – Justus Bier, *Otto Ernst Schweizer*, Berlin/Leipzig/Wien 1929, S. VI f; S. 6 ff. – Otto Ernst Schweizer, *Vom Wiederaufbau zerstörter Städte*, Heft 11 der Schriftenreihe *Der Augenblick*, Baden-Baden 1949, S. 20 ff. – »1925/27. Arbeitsamt Nürnberg«, in: Otto Ernst Schweizer, *Die architektonische Großform. Gebautes und Gedachtes*, Karlsruhe 1957, S. 96 f. – *Architektur in Nürnberg 1900–1980*, hrsg. v. Centrum Industriekultur Nürnberg, Stuttgart 1981, S. 52 ff.

Die Entwurfsskizzen zeigen verschiedene Versuche Schweizers, die Neubauten niedrig zu halten, um die Silhouette der Landschaft – von der Seeseite her gesehen – nicht zu stören, oder sie bewußt gegen das Gewachsene abzusetzen.

Zunächst dachte er an eine axialsymmetrische Anlage mit zwei cour-d'honneur-artigen Höfen, deren einer sich zum See, der andere zum Park öffnet und an einen im Zentrum des Ganzen liegenden, alles überragenden Saalbau. Das Äußere sollte sich, so notierte Schweizer, am Dogenpalast in Venedig orientieren, die inneren Höfe an denen des Vatikans; der Gesamteindruck müsse »modern – romanisch – ägyptisch« sein.

Im weiteren Verlauf stellte er sich eine geschlossene, von mächtigen Ecktürmen flankierte und damit monumental wirkende Anlage über quadratischem Grundriß vor mit innenliegendem, außen nicht sichtbarem Saalbau, weiter einen eher gedrungenen Komplex mit terrassiertem Dachaufbau sowie einen im Grundriß U-förmigen Block ohne Eckbetonung, der sich eindeutig dem See zuwendet.

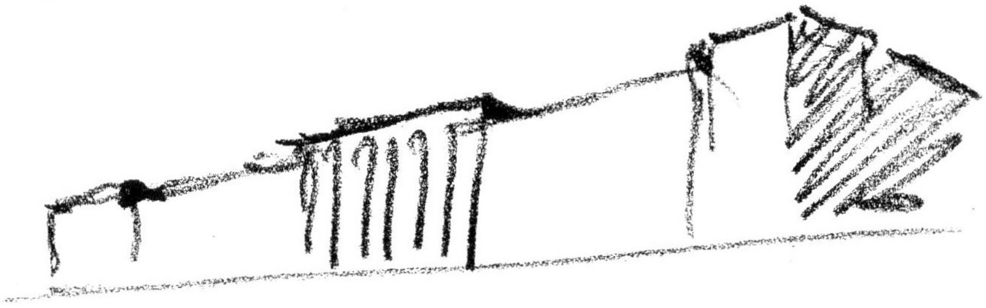

Völkerbundgebäude in Genf

Wettbewerb
1926/27

Auf einem parkartigen Gelände am nördlichen Stadtrand Genfs, das sich von einer Durchgangsstraße nach Osten zum Genfer See hin herabsenkt, mit einer Uferlänge von 400 m und einer prächtigen Aussicht über den See auf das Massiv des Mont Blanc, sollte das Völkerbundgebäude gebaut werden. Aufgabe des Wettbewerbs war es, so heißt es in der Auslobung, ein Gebäude zu entwerfen, das sich in die landschaftliche Schönheit und Größe des Geländes natürlich eingliedert. Zwei Hauptgruppen von Räumen, der große Sitzungssaal der Vollversammlung für etwa 2600 Personen und die Sitzungssäle des Rates einerseits, die Räume für das Generalsekretariat andererseits mußten miteinander verbunden werden.

Schweizer befaßte sich nur in Entwurfsskizzen mit dem Projekt und nahm dann an dem Wettbewerb nicht mehr teil.

Lit.: »Der Wettbewerb um den Völkerbundpalast in Genf«, in: *Baugilde*, 8. Jg. 1926, Heft 15, S. 849 ff. – »Wettbewerb für den Völkerbundpalast in Genf«, in: *Baugilde*, 9. Jg. 1927, Heft 8, S. 440 a; Heft 10, S. 533 ff.; Heft 11, S. 593 ff.; Heft 14, S. 780 ff. – »Internationaler Wettbewerb für das Völkerbundgebäude in Genf«, in: *Schweizerische Bauzeitung*, Bd. 90, 1927, Nr. 2, S. 13 ff.; Nr. 7, S. 86 ff.

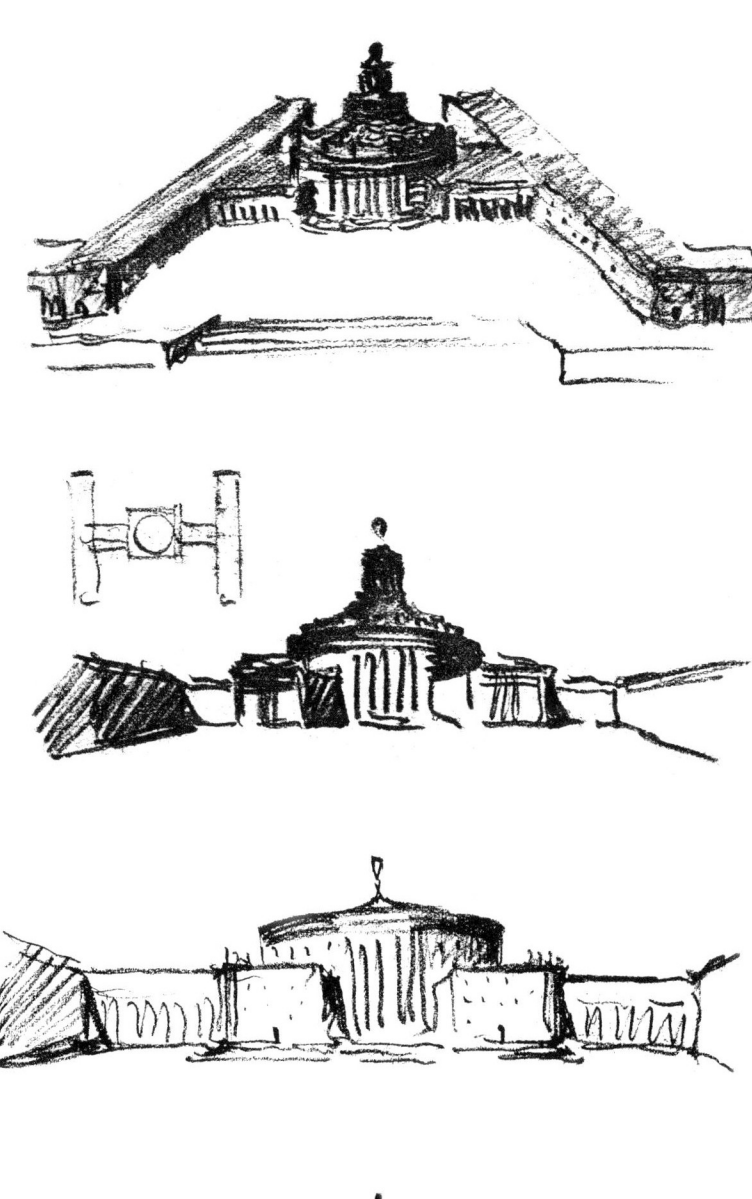

Planetarium in Nürnberg

Blick von Südwesten auf das Treppenhaus. Eingangshalle und Vorraum des Kuppelsaales werden durch die vertikalen Fensterbänder belichtet, die Treppen selbst durch Fenster in den Seitenwänden.

Blick in die Eingangshalle auf die beiden Flügeltüren zum Windfang. Rechts und links die Treppen, deren Geländer sich um die Pfeiler herumkröpfen.

Modell aus der Luftperspektive. Blick von Süden. Links im Bild der Rand der Nürnberger Altstadt mit dem Laufer Torturm im Hintergrund. Vorn der Neubau des Planetariums, der dem Wöhrder Torplatz eine neue Mitte gibt. Justus Bier schrieb: »Gedanken der beiden ersten Bauentwürfe wurden dabei in den neuen Entwurf hereingenommen. Der Eingang wurde wie im ersten Entwurf durch ein hohes Portalhaus betont, das als eckiger Körper sich aus dem Rund des Zylinders herausschiebt, wie beim ersten Entwurf flankiert durch vorgezogene niedrige Vergleichsbauten, die hier keine Räume enthalten, sondern als Terrassenmauern den Anstieg des Geländes bewältigen.«

Die Modelle zeigen Entwurfsvorstufen. Links für ein Grundstück, das im Nürnberger Stadtpark auf einer Anhöhe und in der Achse einer langen Parkallee liegt, unten ein Grundstück am Rande des Nürnberger Stadtparkes ohne besondere Orientierung.

Planetarium in Nürnberg

Rohbauaufnahme vom August 1926.

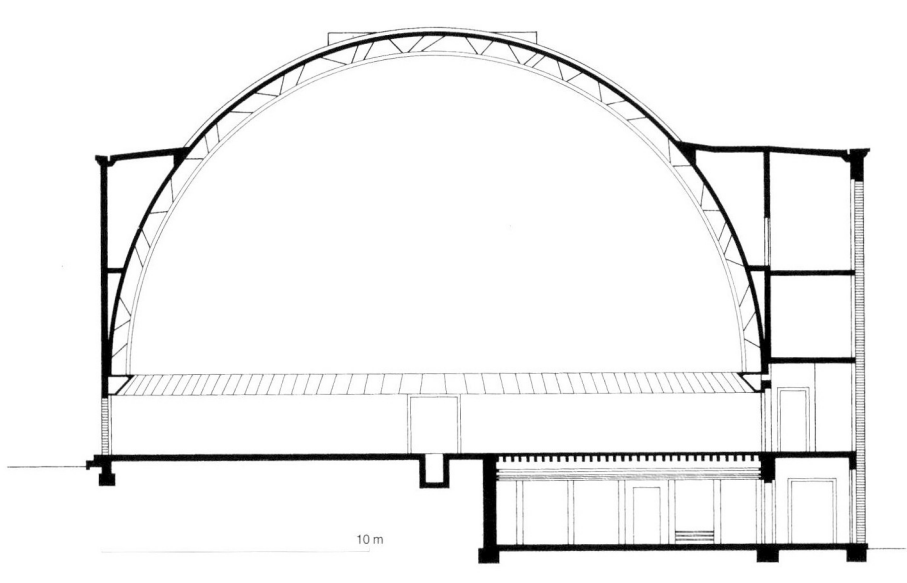

Schnitt. Zwischen der äußeren Betonschale der Kuppel und der inneren Schale aus Dämmstoff sind Tafeln in unterschiedlichen Stellungen zu Verbesserung der Akustik montiert worden.

Blick in eines der Treppenhäuser mit ›plastisch‹ gestalteter Treppenlaufuntersicht.

Blick in den Kuppelsaal. Durch die horizontale Schichtung der Dämmplatten wird die Kuppeldimension faßbar. Am Horizont die Silhouette der Altstadt Nürnbergs.

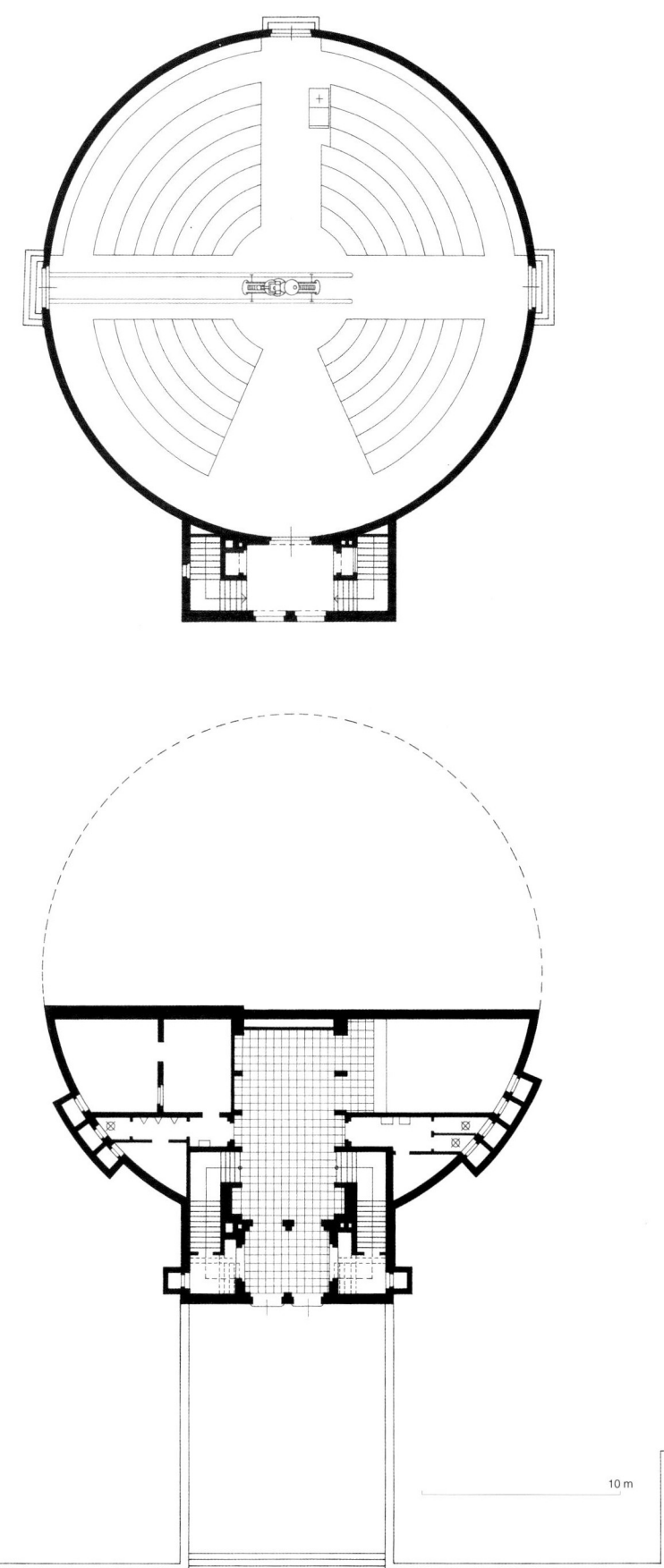

Grundriß des Saalgeschosses mit den drei Notausgängen.

Schweizer schrieb in einem Brief, in dem er sich gegen einen geplanten Umbau des Planetariums wandte: »Kein Bau in Nürnberg hat mir soviel Schwierigkeiten und Sorgen bereitet wie der des Planetariums: der Kampf gegen den Bauplatz, die geringe Bausumme und nicht zuletzt die notwendige Zurückhaltung der anschließenden Altstadt gegenüber und die städtebauliche Eingliederung. Mit all diesen erschwerenden Voraussetzungen mußte ich mich auseinandersetzen. Ich darf wohl sagen, daß es mir gelungen ist, die einfachste Form für die Aufgabe zu finden; das Nürnberger Planetarium ist auch das billigste in ganz Deutschland geworden, und ich habe erfahren, daß es allgemein als architektonische Leistung gut aufgenommen worden ist.

Es ist bei all meinen Bauten meine Absicht immer dahin gerichtet gewesen, sie nicht auf einmaligen Verwendungszweck abzustellen, so auch beim Planetarium. Schon bei einer Besichtigungsreise der damals bereits fertiggestellten und sich im Bau befindlichen Planetarien habe ich diese Notwendigkeit sofort erkannt und noch während der Bauzeit die entsprechenden Änderungen vorgenommen. Das Untergeschoß, Vorhalle und Garderoben, sind damals schon für Zwecke von Vortrags- und Kinovorführungen erweitert worden, außerdem ist eine Lichtzufuhr von oben vorgesehen. Hätte ich dies nicht getan, und niemand hat es von mir verlangt, so wäre eine anderweitige Verwendung sehr erschwert, wenn nicht unmöglich.«

Grundriß des Eingangsgeschosses mit Treppen, Windfang und Eingangshalle. Hinten rechts Garderoben, links Nebenräume. Unter den Treppen gleich am Eingang die Kassen.

Ansicht von Norden mit zwei der Regenfallrohre, die am Kuppelansatz aus der Zylinderwand hervortreten. Rechts oben ist ein Teil des Frieses erkennbar.

Planetarium in Nürnberg

1926/27

Für den Bau des Planetariums standen drei unterschiedliche Grundstücke zur Verfügung, für die Schweizer in ihrer äußeren Gestalt verschiedenartige Projekte entwarf: Baukörper mit deutlich sichtbarer Kuppel für zwei Bauplätze im Stadtpark, und für ein Gelände am Rande der Altstadt ein Projekt mit zylindrischer Ummantelung, das dann schließlich gebaut wurde.

Das Grundstück liegt im Nordosten der Nürnberger Altstadt am Wöhrder Tor auf einem mit Bäumen bepflanzten, leicht abfallenden Gelände. Aus der Notwendigkeit, den Neubau gegenüber der umgebenden drei und vier Geschosse hohen Wohnbebauung zu behaupten und zugleich einen Blickpunkt auf mehrere sich kreuzende Straßen zu schaffen, verzichtete Schweizer auf die volle Sichtbarkeit der Kuppel und damit auf eine weiche Umrißlinie, sondern bildete einen zylindrischen, blockhaft wirkenden Baukörper (mit vorgesetztem, rechteckigen Treppenhaus), aus dem nur etwa ein Drittel des Kuppelrundes herauswächst.

Der Besucher betritt das Planetarium im Untergeschoß mit Kassen, Foyer, Garderoben und Nebenräumen, das, bedingt durch das Geländegefälle, nach Süden frei hervortritt, und erreicht über zwei Treppen und eine Vorhalle den Kuppelraum, in dem etwa 500 Personen Platz finden. Drei Notausgänge führen im Norden, Osten und Westen ebenerdig ins Freie. Die Kuppelschale ist bei einem inneren Durchmesser von 25 m aus nur 6 cm dickem Beton hergestellt und – aus akustischen Gründen – mit einer abgehängten Schale aus Dämmstoff versehen worden. Die Außenwand ist mit Bockhorner Klinkern aufgemauert und mit zurückhaltendem Ornament versehen: Ein Fries mit Sternbildern des Tierkreises läuft als flaches Relief in etwa Zweidrittel der Zylinderhöhe um den Bau herum, und der Treppenhaus-Vorbau ist mit flachem, ungegenständlichem, dreieckige Felder einfassendem Relief geschmückt, in deren Mitte vollplastische Figuren auf Konsolen stehen sollten – eine Idee, die Schweizer aber als der Strenge des Baues gegenüber unangemessen verwarf (auch den Fries ließ er auf den zur Veröffentlichung vorgesehenen Photographien wegretuschieren). Vier Regenfallrohre, die am Kuppelansatz aus der Zylinderwand heraustreten, bilden eine zurückhaltende Gliederung, ebenso die drei Portale der Notausgänge. Der Ring am Kuppelscheitel sollte eine ursprünglich vorgesehene Belichtungseinrichtung aufnehmen, um den Saal auch für andere Nutzungen verwenden zu können. 1934 wurde das Planetarium abgerissen.

Lit.: »Die Auswirkung des Formgedankens beim Nürnberger Planetarium auf die verschiedenen in Erwägung gezogenen Plätze«, in: *Baukunst* (Sonderheft Otto Ernst Schweizer), 3. Jg. 1927, Heft 1, S. 12 f. – Justus Bier, »Das Planetarium der Stadt Nürnberg. Eine kritische Würdigung des Baus, in: *Nürnberger Zeitung* vom 9.6.1927 – »Das neue Planetarium in Nürnberg«, in: *Baukunst*, 4. Jg. 1928, Heft 3, S. 81 ff. – »Otto Ernst Schweizer. II. Das Planetarium«, in: *Die Bauzeitung* (vereinigt mit: *Süddeutsche Bauzeitung*, München), 25. Jg. 1928, Heft 35, S. 361 ff. – »The Nuremberg Planetarium«, in: *The Architectural Record*, Vol. 64, 1928, Nr. 3, S. 183 ff. – Justus Bier, *Otto Ernst Schweizer*, Berlin/Leipzig/Wien 1929, S. VII, S. 18 ff. – »1926. Planetarium der Stadt Nürnberg«, in: Otto Ernst Schweizer, *Die architektonische Großform. Gebautes und Gedachtes,* Karlsruhe 1957, S. 98 f. – *Architektur in Nürnberg 1900 bis 1980,* hrsg. v. Centrum Industriekultur Nürnberg, Stuttgart 1981, S. 70 f.

Um- und Erweiterungsbauten für das Städtische Krankenhaus in Nürnberg

1926/27

Das Nürnberger Städtische Krankenhaus war wegen Überbelegung den Anforderungen, die an eine großstädtische Krankenanstalt gestellt wurden, nicht mehr gewachsen, so daß verschiedene Um- und Erweiterungsbaumaßnahmen notwendig wurden, im wesentlichen die Erweiterung des Baues 21 (der psychiatrischen Aufnahmeabteilung), des Baues 11 (einer der Bettentrakte), und des Wirtschaftsgebäudes.

Bau 21, eine ehemals U-förmige Anlage, wurde durch einen rückwärtigen neuen Flügel zu einem Atriumbau geschlossen und aufgestockt, Bau 11 mit einem Verandavorbau versehen und ebenfalls aufgestockt, das Wirtschaftsgebäude, ein Komplex mit verschiedenen ungestalteten Anbauten, zu einer geschlossenen Anlage ausgebaut. Den Zusammenhang der verschiedenen Bauten versuchte Schweizer durch die einheitlich vorkragenden Dachplatten zu zeigen.

Lit.: *Baukunst* (Sonderheft Otto Ernst Schweizer), 3. Jg. 1927, Heft 1, S. 7 ff. – v. Rad, »Der Neubau der psychiatrischen Aufnahmeabteilung des allgemeinen städtischen Krankenhauses Nürnberg«, in: *Zeitschrift für das gesamte Krankenhauswesen*, 23. Jg. 1927, Heft 18, S. 489 ff. – Albert Michel, »Der Neubau der psychiatrischen Aufnahmeabteilung des allgemeinen städtischen Krankenhauses Nürnberg«, in: *Bauamt und Gemeindebau*, 11. Jg. 1929, Heft 12, S. 178 f. – Justus Bier, *Otto Ernst Schweizer*, Berlin/Leipzig/Wien 1929, S. 24 f. – Heinrich Bauer, »Erweiterung der Wirtschaftsgebäude des städtischen allgemeinen Krankenhauses in Nürnberg«, in: *Bauamt und Gemeindebau*, 13. Jg. 1931, Heft 20, S. 300 ff.

Blick in das neue Obergeschoß des Baus 11, das Schweizer durch Sichtmauerwerk mit betonten Lager- und zurückhaltenden Stoßfugen hervorhebt und durch ein schmales Gesims vom Bestehenden trennt.

Blick auf Bau 11, einen der Bettentrakte, mit der vorgebauten Veranda. In den Zwischenpfeilern befinden sich die Kanäle für die Gegengewichte der Hebefenster.

Blick auf den neugestalteten Eckpavillon des Baus 21, in dem hell belichtete Tagesräume liegen.

Krankenhaus mit 500 Betten

Projekt 1926

Für die Abteilung der Stadt Nürnberg auf der Düsseldorfer Ausstellung für Gesundheitspflege, soziale Fürsorge und Leibesübungen, der Gesolei, entwarf Schweizer ein Krankenhaus mit 500 Betten, das als Diskussionsprojekt die Erörterung neuer Lösungen für das Krankenhauswesen anregen sollte. Anstelle von einzelnen Pavillons, die bisher einen großen Teil von Krankenhausplanungen bestimmt hatten, bildete Schweizer eine kompakte, im Grundriß leicht gebogene und nach Süden offene Anlage. Sieben terrassierte Blöcke sind an Verbindungsfluren aufgereiht. Jeder dieser Blöcke hat ein eigenes Treppenhaus und wird von einem zusätzlichen, an der Rückseite des Gebäudes im Erdgeschoß liegenden Hauptkorridor erschlossen, so daß in den Verbindungsfluren vor den Patientenzimmern größtmögliche Ruhe herrscht. Durch die Terrassierung der vorspringenden Bauten erhalten alle Räume, auch die des zurückliegenden Verbindungstraktes, ausreichend Licht und Luft. Der Haupteingang sowie sämtliche Betriebsräume sind in einem nach Norden gerichteten Anbau am westlichen Ende des langgestreckten Komplexes untergebracht, der Operationssaal und andere Behandlungsräume in einem nach Norden gerichteten Anbau in der Mitte der Anlage. Von allen Liegeterrassen sollte der ungestörte Blick ins Freie möglich sein.

Lit.: »Diskussionsprojekt für die Gesolei zu einem Krankenhaus mit 500 Betten«, in: Justus Bier, *Otto Ernst Schweizer*, Berlin/Leipzig/Wien 1929, S. 26. – »Baugedanke für ein Krankenhaus mit 500 Betten«, in: *Baukunst* (Sonderheft Otto Ernst Schweizer), 3. Jg. 1927, Heft 1, S. 5 ff.

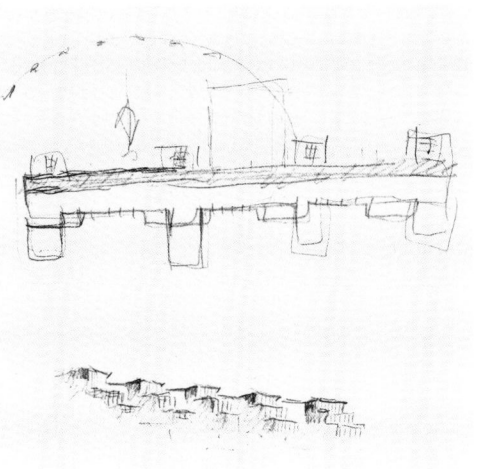

Entwurfsskizze Schweizers, in der die wesentlichen Grundzüge seines Entwurfes, die Terrassierung, die Aufreihung einzelner Blöcke an einem rückseitigen Erschließungsflur, die separaten Treppenhäuser, der in der Mitte der Anlage liegende Operationstrakt, festgelegt sind.

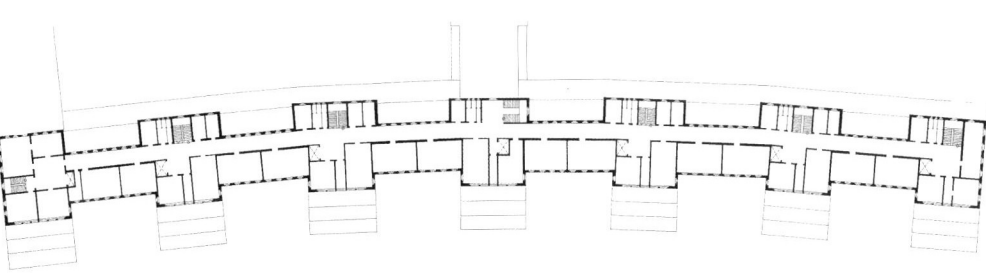

Obergeschoßgrundriß mit Patientenzimmern und Liegeterrassen nach Süden sowie den separaten Treppenhäusern nach Norden.

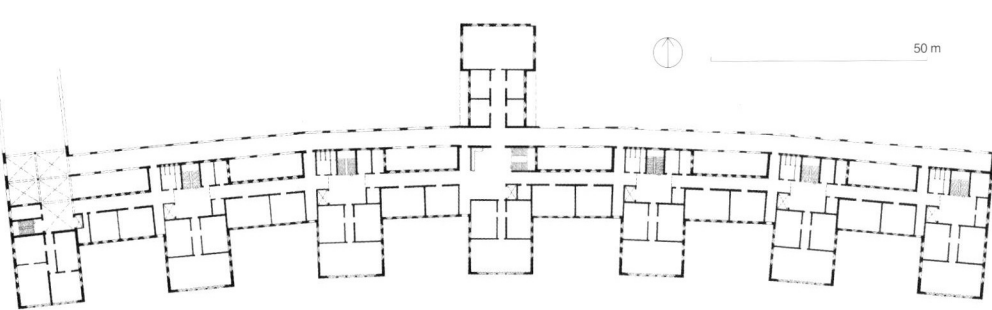

Erdgeschoßgrundriß mit dem Hauptschließungskorridor im Norden. Links die Eingangshalle, in der Mitte, nach Norden, der Trakt mit Operationssaal und anderen Behandlungsräumen.

Die nebenstehende Abbildung zeigt das Modell von Südwesten. Links zwei nach Norden gelegte, miteinander verbundene Trakte für Räume der Technik, des Betriebes und der Verwaltung. Zwischen diesem Flügel und dem Hauptbaukörper liegt als Bindeglied die Eingangshalle mit einem Doppelportal-Haupteingang.

Blick von Südwesten auf das Gebäude mit dem neuen Anbau. Das Regenfallrohr zeigt den Übergang von Alt und Neu an. Unter den Arkaden liegt der Eingang zu den Wohnungen in den Obergeschossen. Im Vordergrund die Hauptstraße, im Hintergrund die abzweigende Straße An der Steige.

Links das Gebäude vor dem Umbau von Nordwesten. Im Vordergrund das Geländer der Schiltachbrücke.

Umbau des Wohn- und Geschäftshauses Schlauder in Schramberg

1926

Das Wohn- und Geschäftshaus Schlauder, ein Gebäude aus der Zeit um die Jahrhundertwende, liegt in der Ortsmitte Schrambergs, an dem Fluß Schiltach, der an dieser Stelle hinter einer Häuserreihung frei hervortritt, der katholischen Stadtpfarrkirche gegenüber. Drei sich treffende Straßen, Hauptstraße, An der Steige und Marktstraße lassen das Gebäude nahezu freistehend erscheinen.

Schweizer stellte für seinen Entwurf die städtebaulich wichtige Lage des Hauses in den Vordergrund und versuchte, durch die Umgestaltung eine vorher unübersichtliche Situation neu zu ordnen und das Gebäude zum Mittelpunkt einer Raumfolge zu machen. Er erweiterte die Südseite, die in Blickrichtung der Hauptstraße liegt, um einen Anbau mit offenem Arkadengang und bindet damit eine vorher hinterhofähnliche Situation an das stadträumliche Gefüge Hauptstraße – Schiltach – An der Steige an, nicht zuletzt bewirkt durch die Umgestaltung der Fassaden mit Schaufenstern, in deren Umriß die Arkadenbögen weitergeführt werden.

Im Inneren werden neben den Geschäftsräumen im Erdgeschoß großzügige Wohnungen gebildet mit einem oval geschnittenen Salon als zentralem Raum. Die Decke des Arkadengangs ist als Rippendecke ausgebildet und, wie auch die Säulen, aus Sichtbeton hergestellt.

Lit.: »Otto Ernst Schweizer. IV. Haus in Schramberg (Württemberg)«, in: *Die Bauzeitung* (vereinigt mit: *Süddeutsche Bauzeitung*, München), 25. Jg. 1928, Heft 35, S 364, 367 ff. – Justus Bier, *Otto Ernst Schweizer*, Berlin/Leipzig/Wien 1929, S. 5.

Blick aus der Marktstraße nach Nordwesten vorbei am neuen Arkadenbau des Wohn- und Geschäftshauses auf den Turm der ehemaligen katholischen Stadtkirche jenseits der Schiltach.

Rechts ein Blick in den durch zwei Stützen abgetrennten Ankleideteil eines Schlafzimmers. Der Einbauschrank wurde von Schweizer entworfen.

Links der Lageplan. In Bildmitte der Neubau zwischen der in Nord-Süd-Richtung verlaufenden Marktstraße rechts und der Hauptstraße links; nach Nordosten zweigt die Straße An der Steige ab. Links oben angeschnitten die katholische Stadtpfarrkirche, darunter die ehemalige Kirche. Rechts der ovale Salon. Die Wände sind mit ornamentiertem Damast bespannt.

Entwurfsskizzen und Vorprojekt zu einer Stadthalle im Pegnitzgrund östlich des Wöhrder Talübergangs aus dem Jahre 1929–32. Schweizer sah das Projekt im Zusammenhang mit seinem Milchhof (S. 136) und schrieb, daß eine Möglichkeit für die Stadthalle bestünde beim Ausbau des Pegnitzgrundes, dem die architektonischen Dominanten noch fehlten, welche erst diese Grünfläche in ihrer riesigen Dimension ins Bewußtsein treten ließen. Die Größe, die Ausdehnung der Großstadt dürfe nicht nur im Verkehr, sondern müsse auch räumlich und architektonisch erlebt werden.

Schweizer plante eine Halle, die sich aus einem Organismus von ansteigenden Zuschauerräumen und einer Arena zusammensetzt. Außer der Arena müsse Raum für mindestens 4 000–5 000 Personen geschaffen werden. Er setze voraus, daß, wenn eine wirtschaftliche Konstruktionsform sich ergeben solle, der Bau sich ungehemmt auf einem Gelände entwickeln müsse und die Umgebung sich dieser dominierenden Gebäudeeinheit unterzuordnen hätte. Der Bauplatz, der hier in Vorschlag gebracht werde, würde durch die Gunst seiner Lage die Stadthalle so hervortreten lassen, daß dieser Bau eine weitere Bereicherung und Sehenswürdigkeit der Stadt darstelle.

Stadthalle Nürnberg

1925–32
Verschiedene Projekte

Während seiner Tätigkeit als Oberbaurat der Stadt Nürnberg setzte sich Schweizer (auch im Zusammenhang mit der Ausschreibung eines Wettbewerbes im Jahr 1929) mit dem Projekt einer Stadthalle auseinander, mit den Qualitäten verschiedener möglicher Bauplätze und mit der Ausarbeitung eines Raumprogramms.

In vielen Skizzen, die ersten aus dem Jahre 1925, die letzten von 1932, sind seine Gedanken nachzuvollziehen. Schweizer, der zu dieser Zeit an die Technische Hochschule nach Karlsruhe berufen wurde, nahm aber nicht an dem Wettbewerbteil, weil die Bindungen sowohl hinsichtlich des Raumprogramms wie auch der Platzwahl für die Architekten zu erschwerend gewesen seien. Ein reiner Baugedanke müsse sich ungehemmt entwickeln können. Er schrieb weiter: »Eine Stadthalle, welche den Bedürfnissen der heutigen Zeit entsprechen soll und muß, hat sowohl in der Berücksichtigung der heutigen technischen Mittel und konstruktiven Methoden eine Einheit darzustellen. Eine moderne Stadthalle darf nicht abgestellt werden auf einzelne Bedürfnisse, sondern sie muß den Rahmen abgeben für alle großen Veranstaltungen, welche nicht unter freiem Himmel, sondern in einem gedeckten, geheizten Raum sich abspielen. Die Verwandlung des Hallenraums und seine Ausstattung von Fall zu Fall muß möglich sein. Dagegen halte ich es für ausgeschlossen, daß eine reine architektonische Lösung erzielt werden kann, wenn man verschiedene, in ihrem Verwendungszweck differenzierte Räume aneinanderreiht und sie in einer Gebäudeeinheit zu vereinigen sucht.«

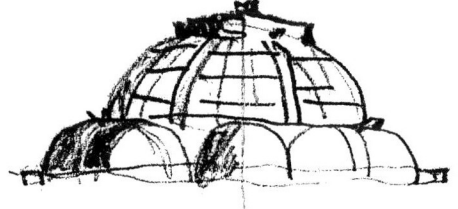

Entwurfsskizzen Schweizers zu einem Stadthallenprojekt aus dem Jahre 1925, in denen sich seine Auseinandersetzung mit der großen Form wie auch mit dem Gedankengut expressionistischer Architektur widerspiegelt.

Bebauung des Rampengebiets der Köln–Deutzer Brücke

Wettbewerb (Kennwort: »Rheinhof«)
1925

Auf einem Gelände im Bereich der linksrheinischen Zufahrtsrampe zur – im Zweiten Weltkrieg zerstörten – Köln–Deutzer Hängebrücke, zwischen Rhein und Heumarkt gelegen und etwa 4300 m² groß, sollte ein Büro- und Geschäftshaus errichtet werden mit mindestens 180 000 m³ umbauten Raumes.

Der Neubau habe, so heißt es in der Auslobung, seiner städtebaulichen Bedeutung, seinem wirtschaftlichen Werte und den besonderen Umständen der Örtlichkeit und des Verkehrs zu entsprechen. Die Höhe des Gebäudes war freigestellt. Das zum Heumarkt hin leicht ansteigende Baugelände bestand aus zwei schmalen, je 18 m breiten Streifen von etwa 120 m Länge, zwischen denen die 32 m breite Brückenrampe lag. Rücksicht zu nehmen war besonders auf die rheinseitige Silhouette der Stadt Köln mit den nahen Türmen von Dom und Groß St. Martin, auch aber auf die charakteristische Form der Hängebrücke. Ein weiteres Problem lag in der Gestaltung des Heumarktes, in den die Rampe der Brücke ausmündet, in der Ausbildung seiner rheinseitigen Platzwand sowie in der Führung der Verkehrsflüsse, besonders des Brückenverkehrs, der auf dem Heumarkt einen zweiten, innerstädtischen Verkehrsstrom kreuzt.

Schweizer schlug einen blockartig gebildeten, im Grundriß quadratischen, zwölf Geschosse hohen Atriumbau vor mit zwei achtgeschossigen Portalen zum Rhein hin, zwei sechsgeschossigen zum Heumarkt und zwei gewaltigen Portalen in der Brückenlängsachse, durch die der Verkehr hindurchgeleitet werden sollte. Er schrieb zu seinem Entwurf, daß das Gebäude in einfachster Massengliederung vom Rhein aus so aufgebaut sei, daß der Dom und Groß St. Martin die Dominanten blieben. Der Gegensatz sei noch durch die hervorragende Lagerung der Baumassen besonders betont. Im Grundriß sei größte Klarheit angestrebt. Dadurch ergäbe sich wirtschaftlichste Bauausführung und in der Benutzung eine gute Orientierung.

Lit.: Fritz Schumacher, »Die Gestaltung des linksrheinischen Brückenkopfes der Hängebrücke in Köln«, in: *Deutsche Bauzeitung*, 55. Jg. 1921, Heft 96, S. 421 ff. und folgende Hefte. – Fritz Schumacher, »Das zurückgezogene Projekt für den linksrheinischen Brückenkopf der Kölner Hängebrücke«, in: *Deutsche Bauzeitung*, 59. Jg. 1925, Heft 92, S. 725 ff. – »Wettbewerb zur Bebauung des Kölner Brückenkopfes«, in: *Deutsche Bauzeitung*, 60. Jg. 1926, Heft 27/28 der Beilage: »Wettbewerbe. Baukunst und Schwesterkünste«, S. 49 ff. und folgendes Heft. – Gustav Lampmann, »Wettbewerb zur Bebauung des linksrheinischen Rampengebietes der Hängebrücke in Köln«, in: *Bauwelt*, 17. Jg. 1926, Heft 5, S. 97 ff. – Edgar Wedepohl, »Wettbewerb zur Bebauung des linksrheinischen Rampengebietes der Kölner Hängebrücke«, in: *Die Baugilde*, 8. Jg. 1926, Heft 3, S. 134 ff. – Werner Hegemann, »Kölner Hochhaus-Carneval«, in: *Wasmuths Monatshefte für Baukunst*, 10. Jg. 1926, S. 90 ff.; S. 145.

Auf der Abbildung oben der Blick von Südosten, vom Rhein aus, auf den geplanten Neubau und die Köln-Deutzer Brücke. Im Hintergrund der Dom und der Turm von Groß St. Martin.

Die Abbildung rechts zeigt den Blick vom Heumarkt nach Osten auf den geplanten Neubau und die Zufahrtsrampe zur Köln-Deutzer Brücke.

Dem Preisgericht gehörten unter anderem Peter Behrens, German Bestelmeyer, Martin Elsässer, Emil Fahrenkamp, Josef Hoffmann und Otto Rudolf Salvisberg an. Der Wettbewerb war ausgelobt worden, nachdem Fritz Schumacher als Beigeordneter der Stadt Köln eigene Entwürfe, die starken Angriffen ausgesetzt waren, zurückgezogen hatte. Seine Arbeiten aber übten einen sichtbaren Einfluß auf den Großteil der Wettbewerbsteilnehmer aus. Zur städtebaulichen Situation schrieb Schumacher: »Bei allen Städten, die am Wasser liegen, spielt die Umrißlinie ihres Stadtbildes eine ungleich größere Rolle als bei Städten, die nicht diese Eigentümlichkeiten besitzen. Das Wasser gibt gewissermaßen eine Tribüne, von der aus die Massenentwicklung der Stadt sich zur Schau stellt. Köln aber hat nicht nur diese Eigentümlichkeit, sondern es ist zugleich eine Stadt der Türme, wie sie nur selten wiedergefunden wird. Jede vertikale Entwicklung wird dadurch doppelt bedeutsam, denn sie verlangt abgestimmt zu werden mit den starken bestehenden Akzenten. Diese alten Türme spielen aber nicht nur als Baumassen eine Rolle, die Rolle steigert sich durch die sakrale Bedeutung, die diesen Turmformen zugleich deutlich erkennbar innewohnt. Dadurch ergibt sich neben der Forderung einer taktvollen Einordnung jeder neuen Masse zugleich die zweite Forderung, daß diese Masse auch in ihrem Charakter nicht in Wettbewerb treten darf mit dem sakralen Charakter der vorhandenen Türme, wenn sie profanen Zwecken dient.«

Unter den Wettbewerbsteilnehmern waren Max Berg, Oswald Eduard Bieber, Paul Bonatz mit Friedrich Eugen Scholer, William Dunkel mit Wilhelm Pipping (1. Preis), Wilhelm Kreis, Hans Poelzig, Alexander Popp mit Hans Döllgast, Wilhelm Riphahn, Hans Scharoun, Karl Wach, Edgar Wedepohl und weitere.

Fassadenneugestaltung für das Verlagsgebäude der DAZ in Berlin

Die Redaktion der *Deutschen Allgemeinen Zeitung*, der DAZ, eines der wesentlichen Blätter in den zwanziger Jahren, schrieb im Jahre 1924 einen Wettbewerb »zur Gewinnung von Entwürfen für eine der Bedeutung der Zeitung entsprechende Fassade ihres aus mehreren Häusern bestehenden Geschäftshauses an der Wilhelmstraße« aus.

Der Verlags-, Redaktions- und Druckereibetrieb war auf drei nebeneinanderliegende, in ihrem Duktus gleichartige ehemalige Miethäuser verteilt, die durch eine einheitliche Fassade zu einer Einheit zusammengefaßt werden sollten. Eine entscheidende Schwierigkeit für den Entwurf lag darin, daß die drei Häuser nicht nur unterschiedlich hoch waren, sondern auch verschiedene Geschoßhöhen hatten; die des linken und rechten Hauses entsprachen sich in etwa, die des mittleren war jedoch höher.

Schweizer schlug eine stark vertikal gegliederte Nischenarchitektur vor, wobei die Breiten der Nischen denen der vorhandenen Fenster entsprechen, ihre unterschiedlichen Höhen jedoch durch eben diese haushoch ungebrochen durchlaufenden Nischen optisch zurückgedrängt werden und so ein einheitliches Gesamtbild entsteht. Das »fehlende« Geschoß des linken Gebäudes wird durch Übergreifen der neuen Fassade über die Traufe hinweg ausgeglichen. Der Eingang des mittleren Hauses ist als Haupteingang dreiteilig ausgebildet und durch einen risalitartig vor die Fassade tretenden, überhöhten Mittelteil hervorgehoben, die beiden Eingänge der anderen Häuser durch weitgehend geschlossene vertikale Felder betont, die die gesamte Fassade zugleich rhythmisch gliedern.

Als Materialien stellte sich Schweizer dunklen Backstein für die Pfeiler und die geschlossenen neuen Wandflächen vor, für den Sockel und das dreiteilige Hauptportal Werkstein. Die zurückliegenden Brüstungsfelder der alten Fassade sollten verputzt, die Fenster einheitlich kreuzförmig geteilt werden.

Lit.: »Zum Fassadenwettbewerb der Deutschen Allgemeinen Zeitung«, in: *Deutsche Bauzeitung*, 58. Jg. 1924, Nr. 85, S. 557 ff. – Werner Hegemann, »E. Fahrenkamp und der Sieg der Rheinländer im Schauseiten-Wettbewerb der D.A.Z.«, in: *Wasmuths Monatshefte für Baukunst*, 9. Jg. 1925, S. 1 ff. – »Entwurf von Karl Schneider«, in: *Junge Baukunst in Deutschland*, hrsg. v. H. de Fries, Berlin 1926, S. 110. – »Otto Ernst Schweizer«, in: »Architekten der Fridericiana, Skizzen und Entwürfe seit Friedrich Weinbrenner«, *Fridericiana, Zeitschrift der Universität Karlsruhe*, Heft 18, Karlsruhe 1975, S. 115 ff.

Wettbewerb (Kennwort: »In diesem Hause wohnt die Macht«)
1924

Die Abbildung unten zeigt die drei Häuser der *Deutschen Allgemeinen Zeitung* an der Wilhelmstraße vor der geplanten Umgestaltung, die Abbildung oben Schweizers Vorschlag der Fassadenneugestaltung mit den unterschiedlich hervorgehobenen Haupt- und Nebeneingängen. Links oben das »Leergeschoß«.

Die Preisrichter waren Peter Behrens, Erich Blunck und Ludwig Hoffmann. Den ersten Preis (und einen dritten für eine Entwurfsvariante) erhielt Emil Fahrenkamp. Ein weiterer Teilnehmer war Karl Schneider. Werner Hegemann schrieb zu dem Wettbewerb: »Wahrscheinlich war im Wettbewerb der D.A.Z. die ganze Problemstellung falsch, weil sie sich nur auf drei einzelne Fassaden statt auf die ganze Wilhelmstraße bezog. Wahrscheinlich hätte die Frage lauten müssen: In welcher Form kann sich das Geschäftshaus der D.A.Z. am würdigsten in die künftige Entwicklung der Wilhelmstraße einpassen? Was wir brauchen, sind nicht Pläne für Einzelfassaden, sondern künstlerische Straßenpläne, welche weitherzige Anpassungen selbst an noch unbekannte Erfordernisse der Zukunft ohne Aufgeben des künstlerischen Grundcharakters der Straße gestatten.«

Die große Abbildung zeigt den Blick von Südwesten in den trichterförmigen Platz hinein mit dem Durchgang zum Münsterportal.

Dem Preisgericht gehörten unter anderem German Bestelmeyer, Paul Bonatz, Theodor Fischer und Hermann Jansen an. Im Schlußprotokoll heißt es: »Der Durchschnitt der künstlerischen Leistung bewegt sich auf einer bemerkenswerten Höhe, aber mit Bedauern stellt das Preisgericht fest, daß noch immer ein bombastisches Übermaß einen Teil der Architektenschaft beherrscht, eine Gesinnung, die hier um so auffälliger wirkte, als es für jeden feinfühlenden Menschen klar ist, daß es sich um die entschiedene Unterordnung neuer Baukörper unter die Macht eines vorhandenen verehrungswürdigen Bauwerkes handelt. Bedauerlich wirkte ferner, daß so große Unklarheit herrscht, wo die strengen Methoden der Achsialität und Symmetrie am Platze sind und wo nicht.«

Zu Schweizers Arbeit schrieb Heinrich de Fries: »Eine gute und recht überzeugende Lösung gibt der Entwurf ›Ulmer Haus‹. Die Hirschstraße erfährt eine Verlängerung und zugleich sackartige Erweiterung, aus deren nur scheinbar totem Winkel heraus man direkt auf die Münsterpforte zuspaziert. Auch paßt sich das Ganze dem Bestehenden sehr wesensverwandt an, ohne dadurch an Charakter einzubüßen. Das Modellphoto erweist sich auch hier als beste und unbestechlichste Wertprobe. Nur die nicht ganz glücklichen Flächenverhältnisse der verbleibenden Plätze zueinander wollen nicht recht überzeugen. Sicherlich bleibt es eine der besten Arbeiten.«

478 Entwürfe wurden eingereicht, darunter die von Adolf Abel, Dominikus Böhm, Hans und Oskar Gerson, Karl Gruber, Hans Herkommer, Hanns Hopp, Richard Riemerschmid, Hans Scharoun, Hans Schwippert, Gisbert von Teuffel, Lois Welzenbacher und Heinz Wetzel.

Nach Abschluß des Wettbewerbes wurde Paul Schmitthenner, der nicht daran teilgenommen hatte, mit der Planung zur Umgestaltung des Münsterplatzes beauftragt.

Modell. Blick aus der Luftperspektive von Westen. Von unten nach rechts oben führend die Hirschstraße. Links vom Münster der kleine, von Schweizer vorgesehene Neubau, der den nördlichen vom nordwestlichen Platz trennen sollte.

Umgestaltung des Münsterplatzes, Ulm

Wettbewerb (Kennwort: »Ulmer Haus«)
1924

Mit dem Abbruch des ehemaligen Barfüßerklosters im Südwesten des Ulmer Münsters und weiterer Bauten war um 1875 ein großer leerer Platz geschaffen worden, von dem der Münsterturm in seiner ganzen Größe ungestört erfaßbar sein sollte. Schon bald danach erkannte man die Öde einer solchen Fläche, auf der »so ein freigelegtes Bauwerk ewig wie eine Torte auf dem Präsentierteller bleibt«, wie Camillo Sitte in seinem Werk *Der Städtebau nach seinen künstlerischen Grundsätzen* feststellt. Verschiedene Wettbewerbe zur Neugestaltung des Platzes wurden ausgelobt, 1905, 1924 und zuletzt 1985.

Im Wettbewerbsprogramm von 1924 heißt es, daß auf dem Gelände des ehemaligen Barfüßerklosters »ein Gebäude oder eine Gebäudegruppe zu errichten (ist), welche die Wirkung des Münsters steigert und die verkehrsreiche Fortsetzung der Hirschstraße vom eigentlichen Münsterplatz trennt«.

Schweizer bildete einen im Grundriß V-förmigen Gebäudezug, mit dem er die große Fläche in eine Raumfolge verschiedener Plätze umwandelt: in den großen, nordwestlichen Münsterplatz, den er durch einen kleinen Anbau an das Seitenschiff des Münsters vom nördlichen Platz trennt, in den südlichen, der nun nach Westen eine neue Raumwand erhält und in einen weiteren, trichterförmig nach Südwesten geöffneten Platz, über den die Besucher aus der Hirschstraße sogartig durch einen großzügig gestalteten Durchgang zum Hauptportal des Münsters geführt werden. Die Gebäudehöhen, drei und vier Geschosse, sowie die hohen Satteldächer sind der umgebenden Bebauung, deren architektonische Form an der Vorstellung von mittelalterlicher Baukunst orientiert ist, angeglichen. In den Neubauten sind im Erdgeschoß Läden, in den Obergeschossen Büros und auch Wohnungen vorgesehen.

Lit.: Heinrich de Fries, »Der Münsterplatz in Ulm«, in: *Bausteine* 1925, Heft 1, S. 2 ff. (S. 21, 40). – »Ulmer Münsterplatzwettbewerb«, in: *Die Baugilde*, 7. Jg. 1925, Heft 2, S. 79 ff. (Entwurf Schweizer: Heft 4, S. 199). – Hermann Sörgel, »Der große Wettbewerb um die Gestaltung des Münsterplatzes in Ulm«, in: *Baukunst*, 1. Jg. 1925, S. 3 ff. (daran anschließend: Paul Bonatz, »Der Wettbewerb Ulmer Münsterplatz und die Fischerschule«). – »Der Wettbewerb zur Ausgestaltung des Münsterplatzes in Ulm«, in: *Deutsche Bauzeitung*, 59. Jg. 1925, Heft 6, S. 41 ff. und folgende Hefte. – »Die Ausgestaltung des Münsterplatzes in Ulm«, in: *Die Bauzeitung* (vereinigt mit: *Süddeutsche Bauzeitung*, München), 22. Jg. 1925, Heft 3, S. 25 ff.; Heft 4, S. 36 ff. – Albert Hoffmann, »Die Wiederherstellung des Münsterplatzes in Ulm«, in: *Bauwelt*, 16. Jg. 1925, Heft 7, S. 125 ff. – Hans Herkommer, »Die räumliche Gestaltung des Münsterplatzes in Ulm. Eine Kritik und eine Lösung«, in: *Der neue Baumeister. Organ für die Interessen des gesamten Bauwesens*, o. Jg., (Stuttgart) 1925, Nr. 5, S. 33 ff. – »22 Äußerungen über den Ulmer Münsterplatz«, in: *Wasmuths Monatshefte für Baukunst*, 9. Jg. 1925, S. 398 ff. – Gisbert Freiherr von Teuffel, »Der Ulmer Münsterplatz-Wettbewerb«, in: *Städtebau*, 20. Jg. 1925, S. 29 ff. – »Otto Ernst Schweizer«, in: »Architekten der Fridericiana, Skizzen und Entwürfe seit Friedrich Weinbrenner«, *Fridericiana, Zeitschrift der Universität Karlsruhe*, Heft 18, Karlsruhe 1975, S. 115 ff. – Hubert Krins, »Die Freilegung des Ulmer Münsters und ihre Folgen. Zur Geschichte und Gestalt des Münsterplatzes«, in: *Denkmalpflege in Baden-Württemberg. Nachrichtenblatt des Landesdenkmalamtes*, 15. Jg. 1986, S. 49 ff. – August Gebeßler, »Zur Neubauplanung für den Münsterplatz«, in: *Denkmalpflege Baden-Württemberg. Nachrichtenblatt des Landesdenkmalamtes*, 16. Jg. 1987, S. 165 ff.

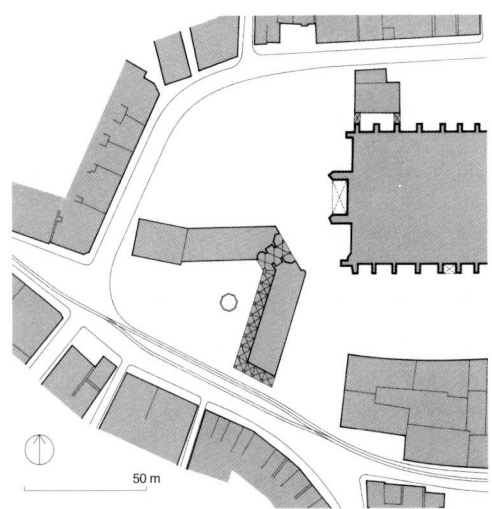

Lageplan. Unten die Hirschstraße, die nach Südosten in die Lange Straße übergeht. In den von Schweizer vorgeschlagenen Neubau sind die Arkaden und der Durchgang zum Hauptportal des Münsters eingezeichnet.

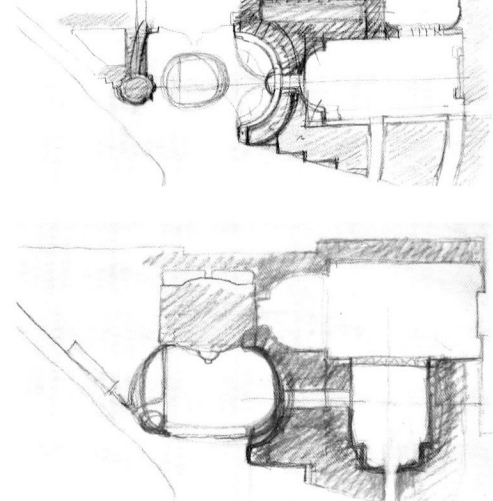

Zwei Entwurfsskizzen, in denen sich Schweizer mit der Aufteilung des Geländes in Freiflächen und Baukörper und, damit zusammenhängend, mit der Verbindung von Festhallenvorplatz und einem zentralen Platz im Ausstellungsgelände selbst befaßt.

Ausbau des Festhallengeländes in Frankfurt am Main

Wettbewerb (Kennwort: »Übersicht«)
1924

Das ursprünglich als Festplatz geplante Gelände am ehemaligen Platz der Republik (heute Schnittpunkt von Friedrich-Ebert- und Senckenberganlage) mit der von Friedrich von Thiersch in den Jahren 1908/09 erbauten Festhalle hatte, bedingt durch das zunehmende Anwachsen der Frankfurter Internationalen Messe und den damit verbundenen Neubauten von Ausstellungshallen, den Charakter des Provisorischen bekommen.

So wurde ein Wettbewerb zum Ausbau und zur Neugestaltung des Festhallengeländes ausgelobt, um einen der Bedeutung der Frankfurter Internationalen Messe entsprechenden baulichen Rahmen zu finden. Die Phantasie der Architekten sollte dabei umso weniger beschränkt werden, wie es in der Auslobung heißt, als für die einzelnen zu errichtenden neuen Bauten keine ins einzelne gehende Zweckbestimmung angegeben wird.

Die Festhalle als Mittelpunkt des Geländes, das Haus »Schuh und Leder« im Osten, das Haus der Technik im Westen sowie ein geplantes vielgeschossiges Hochhaus außerhalb des Messegeländes nordwestlich der Festhalle gelegen, mußten in die Neuplanung einbezogen werden; die Verwendung der anderen Gebäude stand zur Disposition. Es wurde ferner gefordert, »daß die baukünstlerische Ausbildung der Gebäude auf die durch die Zeitumstände und den Zweck der Bauten gebotene Wirtschaftlichkeit Rücksicht zu nehmen hat, daß dabei aber die vorhandenen Bauten gleichzeitig zu einem einheitlichen wirkungsvollen Gesamtbild zusammenzufassen sind«.

Für Schweizer stand im Vordergrund der Planung, »daß eine klare Orientierung, eine klare architektonische Form geschaffen wird«, wie er in seinem Erläuterungsbericht schrieb. In seinem Entwurf nahm er die Hauptachse der Festhalle auf und bildete durch zwei unterschiedlich geformte, stark gegliederte Eckgebäude, einen kreisrunden Ausstellungs- und Konzertsaalbau mit an Wassili Luckhardts Turmprojekt »An die Freude« von 1919 erinnerndem Turmaufsatz im Osten und einen fünfgeschossigen Block im Westen, einen Vorplatz – eine neue, großzügige Eingangssituation, die der Festhalle ihre dominierende Wirkung beläßt und zugleich ein starkes Gegengewicht zum geplanten Hochhaus auf der gegenüberliegenden Seite ist. Beide Gebäude, die dem Messebesucher als Blickpunkt dienen sollten, als städtebaulicher Point de vue, sind durch niedrige Trakte mit der Festhalle verbunden, wobei der Trakt im Westen das Portal zu einer großen, längsrechteckigen, mit Baumreihen bepflanzten Freifläche aufnimmt, die offener Ausstellungsbezirk und zugleich Verteilerfläche für die Erschließung weiterer Messehallen ist.

Lit.: »Die Frankfurter Messe und die Ausgstaltung des Festhallengeländes«, in: *Deutsche Bauzeitung*, 58. Jg. 1924, Heft 27, S. 129 ff.

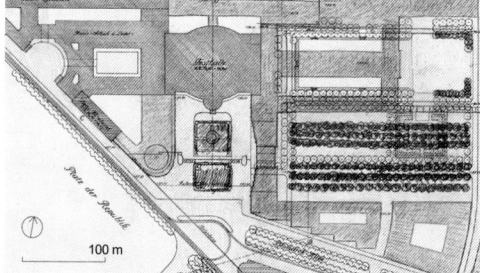

Die Abbildung links zeigt den Lageplan. Auf dem dreieckigen Grundstück zwischen Bismarck- und Moltke-Allee (heute Theodor-Heuss- und Hamburger Allee) das bestehende Hochhaus, das als einziges Gebäude außerhalb des Messegeländes in der Neuplanung zu berücksichtigen war. Dem gegenüber der von Schweizer geplante fünf Geschosse hohe Eckbau mit anschließenden niedrigeren Trakten, die nach Westen, parallel zur Bismarck-Allee, als Ausstellungsbauten, nach Süden als Verbindungstrakt zur alten Festhalle ausgebildet sind. Das leicht zurückgestaffelte Portal in diesem Trakt, das den Übergang vom neugestalteten Festhallenvorplatz zu einer dicht mit Bäumen bepflanzten Freifläche, dem eigentlichen Zentrum des Ausstellungsgeländes, herstellt, nimmt Bezug zum Rund des Ausstellungs- und Konzertsaalbaus und ist Teil einer rechtwinklig zur Festhallen-Hauptachse verlaufenden zweiten Ordnungsachse der Gesamtanlage.

Der Wettbewerb führte nicht zu »einem unmittelbar baureifen Entwurf«, so daß das Preisgericht, dem unter anderem Peter Behrens und Paul Bonatz angehört hatten, entschied, sechs gleichrangige Preise zu vergeben. Die Ursache schien den Preisrichtern in »der Einengung der Gestaltungsmöglichkeiten durch die gebotene Rücksichtnahme auf die bestehenden Bauten und in den ungünstigen Voraussetzungen für die Platzgestaltung« zu liegen. Die Namen der Architekten prämierter Entwürfe sind heute weitgehend unbekannt.

Sporthalle in Schwäbisch Gmünd

Projekt
1924

Im Südwesten der Stadt sollte auf einem den Sportplätzen an der Goethestraße gegenüberliegenden Gelände eine Sporthalle gebaut werden. Schweizer entwarf einen im Grundriß rechteckigen Baukörper mit flachgeneigtem, zweigeteiltem Dach: ein Fußwalmdach oben und darunter, durch ein Fensterband unterbrochen, ein umlaufendes Pultdach, unter dessen abgeschleppten Flächen an den Stirnseiten sich Nebenräume für Personal, Geräte, Umkleiden und Sanitäranlagen befinden. Acht im Inneren sichtbare Holzbinder, die in mächtigen Widerlagern außen ihren Halt finden, überspannen die Halle. Je ein Nebeneingang an den Schmalseiten sowie zwei Doppelportale an der sportplatzzugewandten Längsseite führen in den großen Raum hinein, der hauptsächlich durch das Fensterband im Dach, ein weiteres Fensterband in der Außenwand sowie durch Dachöffnungen an den Schmalseiten belichtet wird.

Blick in das Innere der Halle. Die Holzbinder sind in ihrer Mitte etwa 2 m hoch, ihre außen liegenden Widerlager auch im Inneren ablesbar.

Blick vom Sportplatz aus auf die Halle mit den beiden Doppelportalen, den mächtigen, übermannshohen Widerlagern für die die Halle überspannenden Binder und mit den Fensterbändern, die den Innenraum belichten.

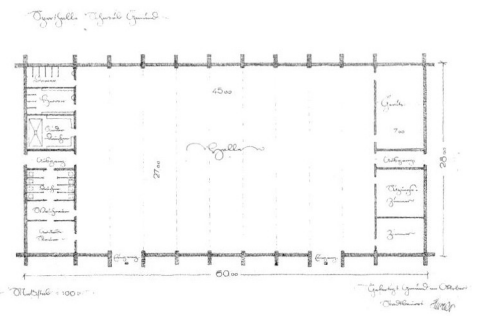

Grundriß der Halle mit den Nebenräumen in den äußeren Feldern. An der Längsseite unten im Bild die beiden zu den Sportplätzen orientierten Doppelportale.

Reihenhaus an der Karlstraße in Schwäbisch Gmünd 1923

Auf einem straßenabgewandten, ehemals inmitten von Hausgärten und Grünflächen gelegenen Grundstück oberhalb der Altstadt nordöstlich der Fachschule, plante die Gmünder Siedlungsgesellschaft den Bau von sechs Einfamilienhäusern. Schweizer entwarf eine zwei Geschosse hohe Wohnzeile mit ausgebautem Dachgeschoß. Die Eingänge, Kinderzimmer und Nebenräume sind auf einen angerartigen Vorplatz orientiert, die Wohnräume und Elternschlafzimmer nach Nordosten mit weitem Blick über die Stadt. Die Architektur ist bestimmt durch die Ordnung von großen und kleinen Fenstern, rundbogigen Haustüren und massiven Dacherkern an der Angerseite, durch gleichmäßige Fensterreihung, Fenstertüren und zwei die Fassaden räumlich fassende Erker im Obergeschoß an der Talseite. Krüppelwalme und herumgekröpfte Traufen geben den Stirnfassaden besonderes Gewicht.

Lit.: Justus Bier, *Otto Ernst Schweizer*, Berlin/Leipzig/Wien 1929, S. 4

Blick von Westen auf die Eingangsfassade am angerartigen Vorplatz.

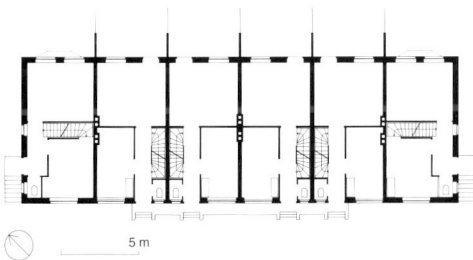

Erdgeschoßgrundriß. Die Stufen vor den vier Hauseingängen an der Längsseite sind zu einer erhöhten Plattform zusammengefaßt, unter der sich die Klärgruben befinden. Kurze Stichwände als Sichtschutz und Lattenzäune trennen die Gärten.

Blick von Norden auf die talseitige Fassade mit den Hausgärten und den beiden Erkern im Obergeschoß. Am Ende der Gärten fällt das Gelände zur Altstadt hin stark ab.

Wohnungsbau und Betriebsgebäude für das Bauunternehmen Bernhard Borst in München

Wettbewerb (Kennwort: »Baubetrieb«)
1923

Der Bauunternehmer Bernhard Borst wollte auf einem etwa 8,8 ha großen Gelände im Nordwesten Münchens, zwischen Dachauer Straße und Landshuter Allee gelegen, im Süden begrenzt durch die Pickelstraße, im Norden durch das Gelände des städtischen Gaswerkes, Wohnungen für den Mittelstand und Betriebsgebäude für sein Bauunternehmen errichten, und er veranstaltete hierfür als privater Unternehmer einen für das damalige Deutsche Reich offenen Wettbewerb.

Schweizer schlug vor, das Gelände nach Süden zur Pickelstraße und nach Südwesten zur Dachauer Straße durch Wohnbauten zu schließen: an der Pickelstraße durch einen langgestreckten, dem Bogen der Straße folgenden, dreigeschossigen Gebäudezug mit Satteldach und rückseitigen Gärten, der sich, abknickend, an der Dachauer Straße fortsetzt; hieran im rechten Winkel anschließend durch einen vier Geschosse hohen Trakt, der mit einem niedrigeren angebauten Verwaltungsgebäude einen Platz vor der Haupteinfahrt in das Betriebsgelände bildet. Für den weiteren Verlauf der Dachauer Straße plante Schweizer fünf im Grundriß quadratische, dreigeschossige Einzelhäuser mit je zwei Wohnungen pro Etage. An diese Häuser sollten sich nach Nordosten Wohnzeilen mit zugehörigen Gärten anschließen. Die Einzelhäuser sind diagonal zur Straßenachse gestellt und bestimmen mit ihren hohen, spitzen Zeltdächern und den sie untereinander verbindenden Bögen die Architektur der Gesamtanlage.

Die Betriebsanlagen liegen im Norden des Geländes, zum angrenzenden Städtischen Gaswerk hin orientiert, und sind von der Straße her nicht einsehbar. Zu dem Gebäudezug an der Pickelstraße parallel gestellte Gerätehallen schotten die Wohnungen und Gärten vom Betriebshof ab und schützen sie vor Lärm. Autogaragen sind mit einer gesonderten Zufahrt an der Landshuter Allee angeordnet.

Der Wettbewerb führte zu keinem den Ausloher befriedigenden Ergebnis. Später, ab 1927, wurde dann auf dem Gelände die heute noch bestehende Borstei von dem Architekten Oswald Eduard Bieber gebaut.

Lit.: Wettbewerbsankündigung und -ergebnis, in: *Deutsche Bauzeitung*, 57. Jg. 1923, Heft 54, S. 265; Heft 95/97, S. 396. – Otto Ernst Schweizer, »Entwicklungspläne für Industriebetriebe und ihre Bedeutung für Stadterweiterungen«, in: *Die Bauzeitung* (vereinigt mit: *Süddeutsche Bauzeitung*, München), 20. Jg. 1923, Heft 21, S. 168. – »Geländebebauung B. Borst in München«, in: *Deutsche Konkurenzen*, Bd. 34, 1924, Heft 3 (laufende Heft-Nr. 396), S. 1 ff. (Entwurf Schweizer: S. 27f.). – Ursula Henn, »Die Borstei in München«, in: *Baumeister*, 80. Jg. 1983, Heft 3, S. 244 ff.

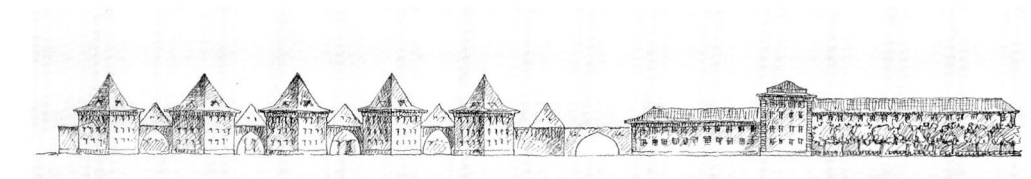

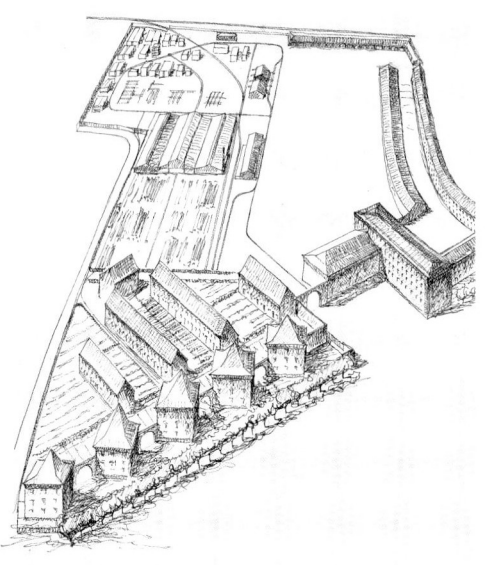

Die Abbildungen zeigen eine Luftperspektive der Gesamtanlage von Nordwesten und die Ansicht an der Dachauer Straße.

Dem Preisgericht gehörten unter anderem Oswald Eduard Bieber, Theodor Fischer und der Wettbewerbsausloher Bernhard Borst an. Teilnehmer waren die Architekten Adolf Abel, Hermann Sörgel mit Lois Welzenbacher, Otto Ernst Schweizer und andere.

Schweizer schrieb zu dem Wettbewerb: »Es ist wohl kaum damit zu rechnen, daß die Erweiterung unserer Städte neben dem Neu- und Ausbau von Wohn- und Industriesiedlungen in den nächsten Jahrzehnten noch von anderen wesentlichen Entwicklungsfaktoren beherrscht sein kann. Diese großen Bauaufgaben der Gegenwart haben ihren Schwerpunkt im Praktischen. Sie stellen als erste Forderungen: größte Wirtschaftlichkeit, raffinierteste Zweckmäßigkeit und Technik. Nach diesen Forderungen besteht noch die Möglichkeit künstlerischer Gestaltung: die Zweckform.

Die Aufgabe des Architekten, der moderne Bauaufgaben hat, ist es, sich den Hauptforderungen nicht zu verschließen, denn nur, wenn er alle Voraussetzungen zu meistern versteht, vermag er sich soviel künstlerische Bewegungsfreiheit zu sichern, daß er noch formale Möglichkeiten herausholen kann.

Die Erweiterungspläne unserer Städte sind solange illusorisch, als es nicht möglich ist, die Entwicklung der einzelnen Hauptfaktoren, die modernen Industriebetriebe mit ihren Wohnsiedlungen in der Richtung einer gesunden Städteentwicklung zu leiten und damit in die Stadtgebilde organisch aufzunehmen. Daraus ergibt sich die hohe Bedeutung von Erweiterungs- und Entwicklungsplänen für jeden einzelnen industriellen Betrieb, sowohl im Interesse der einzelnen Bauherrn, als auch im Interesse der Gesamtheit. Durch die Bebauungspläne und Ortsbausatzungen allein wird man dem Wirrwarr der rechtlichen, technischen, wirtschaftlichen und künstlerischen Probleme ziemlich hilflos gegenüber stehen, wenn nicht die individuelle Einsicht der privaten Bauherren im oben angegebenen Sinne voranschreitet.«

Schaltstation am städtischen Wasserwerk in Schwäbisch Gmünd

1923

Die Schaltstation steht an einer Straßengabelung unmittelbar neben einem niedrigen Betriebsgebäude des städtischen Wasserwerkes und bildet mit diesem ein Ensemble, das seinerzeit am Stadtrand lag.

Schweizer gliederte die verputzten Außenwände durch kräftig vorstehende Pfeiler aus Sichtmauerwerk, die an den Längsseiten mit der Traufe Nischen bilden, an den Giebelseiten in gleicher Höhe wie die Traufe enden und mit einem Kapitell aus Beton abgeschlossen sind. Verschieden große Fenster, die Türen zu den Transformatorenkammern und die beiden Eingänge in das Gebäude an den Giebelseiten sowie die Austritte der Freileitungen unterhalb der Traufe sind durch die Pfeilergliederung in eine Ordnung gebracht.

Lit.: Justus Bier, *Otto Ernst Schweizer*, Berlin/Leipzig/Wien 1929, S.3.

Blick auf das Gebäude von Osten. Die Rollschichten der längsseitigen Pfeiler sind als durchlaufendes Band unterhalb des Traufbalkens fortgeführt, die senkrechten Eckfugen zwischen giebelseitigen und längsseitigen Pfeilern durchlaufend ausgebildet, um die Eigenständigkeit der Pfeiler zu betonen.

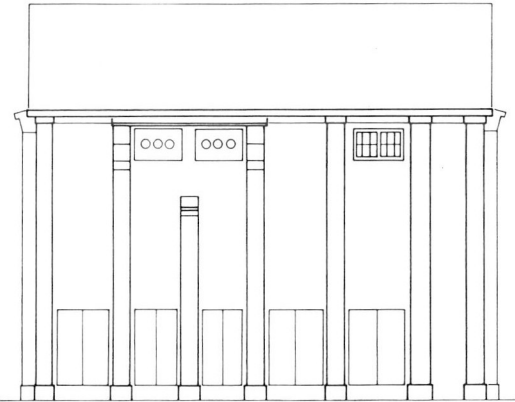

Seitenansicht. Die Türen führen in die Transformatorenkammern. Die Austritte der Freileitungen sind durch Dachabschleppungen besonders geschützt.

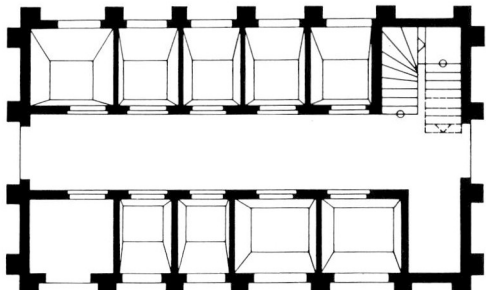

Erdgeschoßgrundriß. Rechts und links vom Erschließungsgang, der durch das ganze Gebäude hindurchführt, sind die Transformatorenkammern angeordnet. Dem Treppenhaus gegenüber liegt ein Wartungsraum.

Lagergebäude der Spiralfedernfabrik Pfaff & Schlauder in Schramberg

1923

Das Lagerhaus steht in einer städtebaulich ungeordneten Situation an der Berneckstraße, zwischen Wohnhäusern und freien Grundstücksflächen, dem zugehörigen Fabrikgebäude gegenüber (S. 267). Schweizer plante einen im Grundriß nahezu längsrechteckigen, zwei Geschosse hohen Bau mit Satteldach, dessen Kontur zur Straße hin nicht sichtbar ist, sondern von der Giebelwand mit ihrem gebogenen, im Drittelspunkt gebrochenen Umriß verdeckt wird. Das Äußere ist durch eine kräftige Gliederung der Wandflächen bestimmt: spitz hervortretende Pfeiler aus Sichtmauerwerk mit Sockel und oberem Abschluß aus Beton vor verputzten Wänden an der Straßenseite, im Grundriß viereckige, zum Teil sich nach oben verjüngende Pfeiler an den Längsseiten. Die Decken werden durch die Außenwände und eine mittlere Stützenreihe in Längsrichtung des Gebäudes getragen, die Geschosse über eine doppelläufige Treppe erschlossen.

Lit.: Walter Klein, *Gmünder Kunst,* Bd. 4: *Gmünder Kunst der Gegenwart*, Stuttgart 1924, S. 80.

Straßenansicht. Blick nach Osten. In bewußtem Gegensatz zur strengen Pfeilerordnung des unteren Fassadenteils steht das flächig gehaltene, durch ein schmales Gesimsband getrennte Giebelfeld mit seiner gekurvten Umrißlinie; ebenso die kleinformatige Fensterteilung mit dunkel abgesetztem Kreuzstock. Im Hintergrund links am Hang steht die um 1910 erbaute ehemalige Villa des Uhrenfabrikanten Arthur Junghans.

Straßen- und Hofansicht. Blick von Nordwesten. Die Pfeiler der Seitenfassaden sind – wohl aus statischen Gründen wegen unterschiedlich hoher Deckenbelastungen – verschiedenartig ausgebildet worden: gebaucht und kräftiger im Querschnitt die vorderen, senkrecht aufgemauert und zu Doppelpfeilern zusammengefaßt die hinteren.

Neuordnung der Ledergasse in Schwäbisch Gmünd

Projekt 1923

Die Ledergasse liegt am nordwestlichen Rand der Schwäbisch Gmünder Altstadt und ist über eine Durchfahrt durch das Waisenhaus mit dem Marktplatz verbunden. Sie stellte sich nach Abbruch verschiedener historischer Gebäude in früheren Zeiten als ein städtebaulich ungeordneter, zusammenhangloser Straßenraum dar, den Schweizer durch zwei Neubauten in zwei übersichtliche, von Bäumen gesäumte Plätze teilen wollte und somit eine vom Marktplatz ausgehende, zusammengehörige Platzfolge als ein neues innerstädtisches Geschäftsviertel schafft. Er schrieb zu seinem Entwurf: »Bei allen Bauten der vergangenen Jahrhunderte ist ein Streben unverkennbar und das ist: daß die Alten bei ihren Aufgaben sich bemüht haben, so schön als möglich zu bauen; das heißt aber nicht, daß man hierzu größerer Mittel bedürfe, sondern eine begabte Hand weiß auch mit einfachen Mitteln Schönes zu schaffen.« Die Neubauten sind niedrig gehalten, damit die Dominante der Hl. Kreuz-Kirche gewahrt bleibt. In ihrer großen Form, der Dachneigung, den Fensterformaten sowie in den Baumaterialien sollten die beiden Neubauten an die umgebende Bebauung angeglichen werden.

Lit.: Otto Ernst Schweizer, »Das Problem der Stadterweiterung von Gmünd«, in: Walter Klein, *Gmünder Kunst*, Bd. 4: *Gmünder Kunst der Gegenwart*, Stuttgart 1924, S. 49 ff.

Blick von Nordosten über den neugeschaffenen Platz am Waisenhaus in die Ledergasse hinein. In der Mitte Schweizers Neubau mit Treppengiebel und einem Arkadengang parallel zur Ledergasse.

Entwurfsskizze. Blick vom Waisenhaus auf den altstadtseitigen Neubau, dessen monumentale Pfeiler an der nordöstlichen Giebelseite in der Projektplanung entfielen.

Lageplan. Rechts unten das Waisenhaus, ganz links das ehemalige Reichsbankgebäude am äußeren Rand der Altstadt. Die beiden Neubauten an den von Bäumen gesäumten neuen Plätzen sind dunkelgrau angelegt.

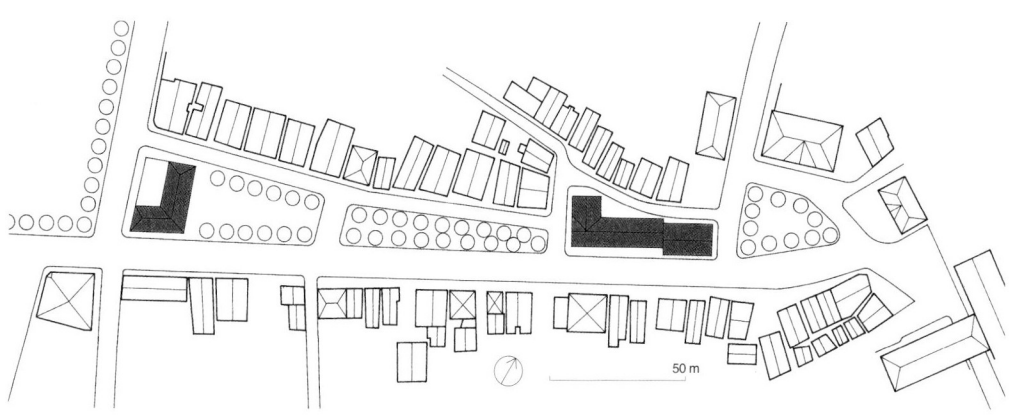

Neugestaltung des westlichen Stadteingangs in Schwäbisch Gmünd

1922–25

Zur Verschönerung auch weniger bedeutender Bezirke der Stadt Schwäbisch Gmünd schlug Schweizer vor, den seinerzeit westlichen Stadteingang an der Buchstraße auf Höhe der Neuen Kaserne neu zu gestalten. Er griff damit eine Idee wieder auf, die er 1920 noch vor seinem Amt als Stadtbaurat in seinem Wettbewerbsbeitrag für einen neuen Gmünder Bebauungsplan (S. 54) gefunden hatte. Parallel zur Buchstraße sollte an ihrer Nordseite eine Folge zur Straße hin offener Plätze entstehen, deren mittlerer durch eine zweitürmige, point-de-vue-bildende Kirche gefaßt wird. Im Osten der Kirche, auf Höhe der Neuen Kaserne, waren zwei zur Straße hin rechtwinklig stehende Wohnzeilen geplant, an die sich, parallel zu einem im spitzen Winkel auf die Straße zulaufenden Bach, ein traufenständiges Mehrfamilienhaus anschließen sollte, weiter vier giebelständige Einfamilienhäuser und schließlich, direkt an der Straße stehend, zwei traufenständige Mehrfamilienhäuser – Bauten, die den östlichen der drei Plätze begrenzen.

Diese Häuser wurden von der Gmünder Siedlungsgesellschaft nach Schweizers Konzept ausgeführt, ebenso die beiden senkrecht zur Buchstraße stehenden, auf deren östliches Schweizer 1923 den bestimmenden Einfluß ausüben konnte: eine dreigeschossige Zeile mit hohem Satteldachgeschoß, deren Giebelseiten durch die herumgekröpften Längsfassaden besonders ausgestaltet sind.

Blick von Westen auf die Zweiturmfassade der Kirche. Im Osten, vom Kirchenschiff überschnitten, die beiden senkrecht zur Buchstraße stehenden Wohnzeilen.

Der neue westliche Stadteingang von Schwäbisch Gmünd. Blick auf Kirche und Platzfolge aus der Luftperspektive von Südwesten. Östlich der Kirche die beiden senkrecht zur Buchstraße stehenden Wohnzeilen, deren rechte nach Schweizers Plänen ausgeführt wurde.

Stirnseite der von Schweizer entworfenen Wohnzeile, deren Architektur durch die herumgekröpften, erkerbildendnen Längsfassaden, das geschlossene Wandfeld dazwischen und das steile Giebeldreieck bestimmt wird. Die unterschiedliche Form der Fenster, die kräftigen Gesimse, der nur angedeutete Sockel und die Fensterläden sollten einem zu strengen Eindruck entgegenwirken.

Siedlung an der Gutenbergstraße in Schwäbisch Gmünd

1922

Für ein Grundstück im Südosten Schwäbisch Gmünds am damaligen Rand der Stadt, das im Südwesten durch einen kleinen Fluß parallel zur Gutenbergstraße begrenzt wird, wurden von der Gmünder Siedlungsgesellschaft Zweifamilienhäuser für 28 Wohnungen in Auftrag gegeben.

Schweizer entwarf zusammen mit dem Architekten der Siedlungsgesellschaft zwei zweigeschossige hohe Wohnzeilen mit hohen, ausgebauten Satteldächern. Sie sind in weitem Winkel zueinander gestellt und öffnen sich auf eine Grünfläche, die sie nach Norden und Osten abschließen. Von allen Wohnungen ist so ein weiter Blick über diesen Freiraum und den Fluß hinaus gegeben. Beide Reihenhäuser sind durch ein spitzbogiges Portal miteinander verbunden, ihre straßenseitigen Enden durch zwei mächtige, unterschiedlich ausgebildete Zwerchgiebel betont, die Ecke an der Gutenbergstraße zusätzlich durch einen Erker im ersten Obergeschoß. Die Wohnungen werden an den Stirnseiten der Gebäude und an ihren zur Grünfläche hin orientierten Längsseiten erschlossen, um die direkte Benutzung der Freifläche zu ermöglichen.

Lit.: Justus Bier, *Otto Ernst Schweizer*, Berlin/Leipzig/Wien 1929, S. 4. – Otto Ernst Schweizer, »Das Problem der Stadterweiterung von Gmünd«, in: Walter Klein, *Gmünder Kunst*, Bd. 4: *Gmünder Kunst der Gegenwart*, Stuttgart 1924, S. 49 ff.

Blick von Süden auf die beiden Hauszeilen. Ganz links im Obergeschoß der kleine Erker, der die Ecke zur Gutenbergstraße hervorheben soll.

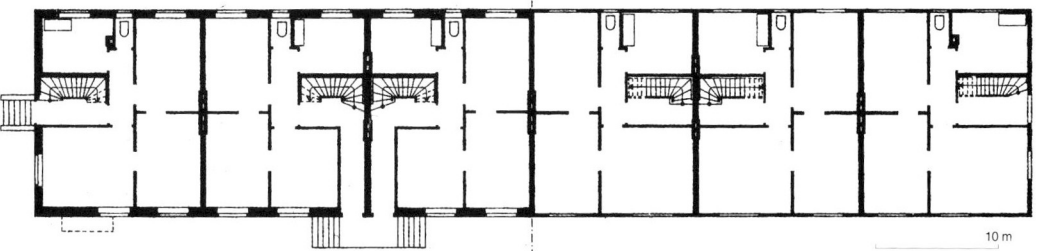

Grundriß des Erdgeschosses links und des Obergeschosses rechts mit je insgesamt sechs Drei-Zimmer-Wohnungen und einer zusätzlichen Kammer im Dachgeschoß. Um die Waschküchen und Vorratsräume im Kellergeschoß direkt belichten und belüften zu können, sind die Häuser auf einen mehrere Stufen hohen Sockel gestellt.

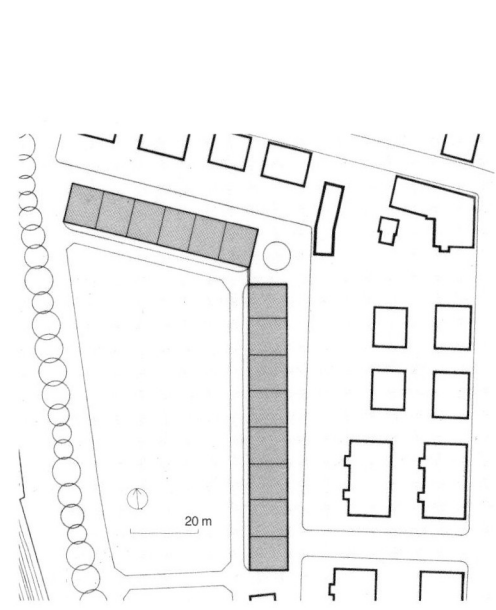

Lageplan. Links im Bild, von Norden nach Süden verlaufend, die von Bäumen gesäumte Gutenbergstraße und der kleine Fluß, der Waldstetter Bach.

Marktbrunnen und Kriegerdenkmäler in Rottweil

Wettbewerb (Kennwort: »Den Opfern«)
1922/23

An zwei verschiedenen Orten innerhalb der Stadt Rottweil sollten Kriegsgefallenendenkmäler errichtet und der Marktbrunnen, dessen historische Brunnensäule wegen Baufälligkeit abgetragen werden mußte, zu einem Wahrzeichen der Kriegs- und Nachkriegszeit umgestaltet werden. Es war den Wettbewerbsteilnehmern freigestellt, die alte, achteckige Brunnenschale in die Umgestaltung mit einzubeziehen oder einen gänzlich neuen Brunnen zu entwerfen. Zwei weitere Denkmäler sollten auf den Friedhöfen in Rottweil und in Altstadt-Rottweil entstehen.

Schweizer schlug die Erhaltung der alten, mit Wasser gefüllten Schale des Marktbrunnens vor und stellte einen rippenkuppelartigen, durchbrochenen Aufsatz in sie hinein, der körperlich wirken und dem neuen Brunnen gegenüber der umgebenden Bebauung stärkeres Gewicht geben sollte. Für den Rottweiler Friedhof entwarf er eine im Grundriß achteckige Kapelle mit flachgeneigtem Zeltdach, die nicht nur durch das Portal, sondern zusätzlich durch eine ringförmige verglaste Öffnung im Dach belichtet werden sollte. Für den Altstädter Friedhof schließlich bildete er eine hohe Stele mit bekrönendem figürlichen Schmuck, die aus einem mehrfach gestaffelten Sockel herauswächst.

Lit.: »Marktbrunnen und Kriegsgefallenendenkmal-Wettbewerb in Rottweil«, in: *Die Bauzeitung* (vereinigt mit: *Süddeutsche Bauzeitung*, München), 20. Jg. 1923, Heft 2, S. 15 f.

Blick auf die seinerzeit als Marktstätte benutzte Hochbrückenstraße von Nordwesten. Im Vordergrund der neue Marktbrunnen. Hinter dem Eckgebäude wächst der Turm der Kapellenkirche empor.

Im Auslobungstext heißt es, daß der neue Marktbrunnen ein Wahrzeichen werden solle, eine Erinnerung an das heldenhafte Ringen unseres Volkes im Weltkrieg, ein Sinnbild des Sichdurchringens und des Mutes zum Wiederaufbau trotz all dem Schweren, das über uns hereingebrochen sei. In seiner Form solle sich der Brunnen dem heutigen Verkehr anpassen, in seinen Einzelheiten ein Bild der heutigen Zeit und des werktätigen Lebens darstellen. Alles Archaisieren solle vermieden werden. Auf den Friedhöfen sollten die Soldatengräber mit schlichten Denkmälern in christlichem Charakter geschmückt und stimmungsvoll und einheitlich zusammengefaßt werden.

Dem Preisgericht gehörten der Städtebauer Heinz Wetzel, der Bildhauer Alfred Lörcher, der Bauhistoriker Ernst Fiechter und andere an; unter den Wettbewerbsteilnehmern waren neben Schweizer Richard Döcker und Hans Herkommer.

Schweizers Entwurf einer Kapelle als Kriegerdenkmal auf dem Rottweiler Friedhof. Vor den Wandfeldern sollten auf Konsolen figürliche Plastiken stehen. Das Portal war als schmiedeeisernes Gitterwerk gedacht.

Stadthalle in Mülheim an der Ruhr

Wettbewerb (Kennwort: »Gute Raumfolge«) 1922

Das Baugelände liegt unmittelbar am Ufer der Ruhr, der Mülheimer Innenstadt gegenüber, und wird im Westen durch die Vorsterstraße, im Süden durch die Schloßstraße und der in die Innenstadt weiterführenden, von Hermann Billing erbauten Brücke begrenzt. Nach Nordosten schließt sich ein großflächiges Wiesengelände an. Die neue Halle sollte Konzerten und Versammlungen dienen; im Raumprogramm war ein großer Saal mit Galerie für etwa 1400 Personen und ein kleinerer für mindestens 200 gefordert. Besonderer Wert werde darauf gelegt, heißt es im Auslobungstext, daß im Zusammenhang mit den Gebäuden am stadtseitigen Ufer eine städtebaulich hervorragende Baugruppe geschaffen und daß das Äußere der Bauanlage bei der städtebaulichen Bedeutung des Ganzen im großen Sinne zusammengefaßt und eine schlichte, würdige Größe zum Ausdruck gebracht werde.

Schweizer bildete einen im Grunde einfachen rechteckigen Baukörper mit hohem Walmdach, aus dem vier Eckbauten, die die Haupt- und Nebentreppen aufnehmen, herauswachsen, sowie nach Süden ein hohes Oktogon und nach Norden das Bühnenhaus eine Regelmäßigkeit, die zur Ruhr hin durch einen Anbau für das Café im Erdgeschoß, für ein Restaurant und eine Wandelhalle im Obergeschoß, nach Norden durch Trakte für Vereins- und Nebenräume, Hausmeister- und Pächterwohnungen ›gestört‹ wird. Der Haupteingang liegt – zurückgesetzt – an der Schloßstraße und wird durch einen von halbkreisförmigen, etwa 4,50 m hohen durchbrochenen Wänden gefaßten Vorplatz betont. Man durchschreitet die Eingangshalle mit Garderoben und Kassen im Oktogon, dann einen quer zur Hauptachse liegenden längsrechteckigen Vorraum und gelangt in den rund 4 Meter hohen Versammlungssaal. Vom Vorraum aus führen Treppen an seinen Stirnseiten in das Obergeschoß mit dem großen, über 11 Meter hohen Saal, den eine flache, kassettierte Decke überspannt und in den kleineren, etwa gleichhohen Kuppelsaal im Oktogon. Beide Säle sollten bei größeren Veranstaltungen gemeinsam benutzt werden können, ebenso ihre Emporen. Als Wandschmuck war stark farbige Fresko-Malerei vorgesehen, um, wie Schweizer schrieb, »einen eindrucksvollen Zusammenhang in den Raumwirkungen« zu erzielen. Für die »Hauptarchitekturteile« sollte Muschelkalk, für die Wandflächen rauher Putz verwendet werden.

Lit.: Wettbewerbsankündigung und -ergebnis in: *Deutsche Bauzeitung*, 56. Jg. 1922, Heft 45, S. 280; Heft 95, S. 528.

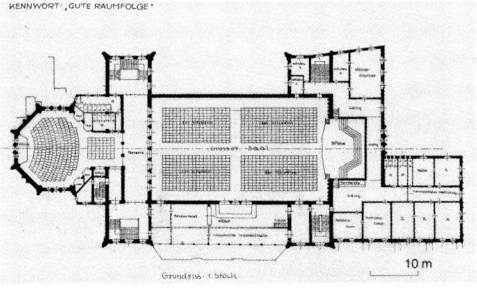

Obergeschoßgrundriß. Von links nach rechts der Kuppelsaal, der Vorraum, der große Saal mit Restaurant und glasüberdeckter Wandelhalle, das Bühnenhaus und, daran anschließend, die Künstlerzimmer sowie eine Wohnung für den Hausmeister.

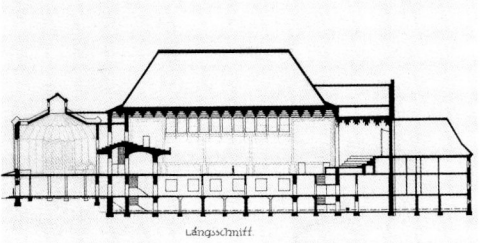

Schnitt. Die Wandflächen des großen Saales sollten durch Malereien gegliedert werden, derart, wie es im Kuppelsaal angedeutet ist.

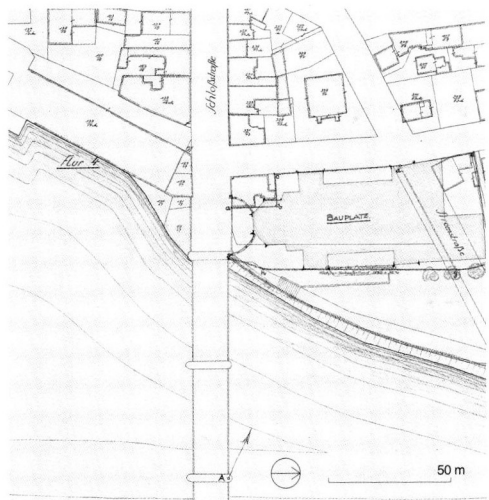

Die Perspektive zeigt den Blick von Südosten, von der Straßenbrücke aus auf die Stadthalle. Die Caféterrasse ist über eine Freitreppe mit dem Ruhrufer verbunden. Auf der Abbildung unten der Lageplan. Links die Straßenbrücke über die Ruhr von Hermann Billing, auf die die Schloßstraße zuführt, rechts eine Eisenbahnbrücke. Oben die Vorsterstraße.

Dem Preisgericht gehörten unter anderem Hermann Billing, Paul Bonatz, Ludwig Hoffmann und Fritz Schumacher an. An dem Wettbewerb beteiligten sich Adolf Abel, der den ersten Preis errang, die Architekten Pfeifer & Großmann (3. Preis), Emil Fahrenkamp, dessen Arbeit angekauft wurde, und andere. Gebaut wurde die Halle nach Plänen von Pfeifer & Großmann mit Innenausstattungen von Fahrenkamp.

Dem Preisgericht gehörten unter anderem Cornelius Gurlitt und Hermann Muthesius an. Teilnehmer waren Paul Bonatz mit Friedrich Eugen Scholer, Emil Fahrenkamp, Albert Geßner, Hans Scharoun, Karl Schneider, Otto Ernst Schweizer und weitere. Heinrich de Fries, der ebenfalls einen Entwurf eingereicht hatte, schrieb zu dem Wettbewerb: »Zur Problematik der Aufgabe sei folgendes bemerkt: Wenig geglückt scheint im allgemeinen die Grundrißidee, der fast überall der große zusammenreißende, gewinnende Wurf fehlt. Immer wieder stößt man auf Straßenfrontparallelen mit verschiedener Höhengliederung, bei denen eben innen das Übrige als Hof liegen bleibt, öfter als überdeckter Lichthof frisiert. Entwürfe, bei denen man sozusagen von einem dominierenden Haupteingang aus den Gesamtorganismus der Bauanlage sofort klar im Gefühl hätte, sind beinahe nicht vorhanden. Die Bauanlage ist meist exzentrisch verzettelt, statt konzentrisch gebunden. Städtebaulich bleibt zu bedauern, daß der gegebene Monumentalkomplex nicht mit dem schmalen Gebäudetrakt an der anderen Seite der Börsenstraße am Pregelufer vereinigt und gemeinsam gelöst werden konnte. Der Charakter der Aufgabe würde völlig geändert und zu wahrhafter monumentaler Größe hingerissen, wenn ein Teil des Pregelufers freigelegt würde, was ohne jeden Verlust an Nutzfläche geschehen könnte.«

Hauptansicht des geplanten Neubaus von Westen mit den zwei Flügelbauten, die die weit von der Straßenflucht zurückliegenden vier Hauptportale einfassen. Rechts angedeutet das anschließende Hotel.

Entwurfsskizze Schweizers. Blick von Nordwesten. Aus den in dieser Entwurfsphase noch blockartig und ohne Staffelungen ausgebildeten Flügelbauten – mit nach rechts anschließendem Hotel – wächst der Hauptbaukörper heraus.

Bürogebäude und Hotel in Königsberg

Wettbewerb (Kennwort: »Wahrzeichen«)
1922

In unmittelbarer Nähe der Königsberger Börse war ein Bürogebäude mit etwa 500 Arbeitsräumen und ein Hotel geplant, der sogenannte Börsenhof, der als größtes Gebäude der Stadt dem Königsberger Wirtschaftsleben neue Impulse geben sollte. Das von drei Straßen, der Börsenstraße, der Neuen Dammgasse und der Schnürlingstraße gesäumte Grundstück lag in der Stadtmitte nahe dem südlichen Pregelufer. Das Bürogebäude sollte, so war vom Auslober gefordert worden, mindestens sieben Geschosse hoch sein; höhere Geschoßzahlen an einzelnen Gebäudeteilen waren ausdrücklich erwünscht. Besonderer Wert wurde auf eine weitgehende Ausnutzung des Grundstücks gelegt. Im Erdgeschoß sollten Läden, eine Bank und ein Postamt untergebracht werden, in den Obergeschossen vermietbare Büroräume.

Schweizer plante ein Bürogebäude, das sich von niedriger Höhe über vier bis hin zu zwölf Geschossen hochstaffelt und somit die Börse bei weitem überragt. Ein fünf Geschosse hohes Hotel mit ein- und zweigeschossigen Anbauten an seiner Rückseite schließt sich an. Bürogebäude und Hotel sind separate Baukörper, die aber derart gruppiert sind, daß sich von Westen, von der Haupteingangsseite – aus der Fußgängerperspektive – das Bild eines zusammenhängenden Gebäudes ergibt. Schweizer schrieb zu seinem Entwurf: »Eine Trennung von Büro- und Hotelgebäude schien zweckmäßig; doch ist der Verkehr von einem zum anderen Gebäude erleichtert. Für die Lage des Bürohauses war die Nähe der Börse, für die des Hotels die Annäherung an den Bahnhof bestimmend. Seiner Bedeutung entsprechend tritt das Bürohaus auch in seiner architektonischen Gliederung gegenüber dem Hotel stärker hervor. Als sichtbares Material ist Backstein vorgesehen. Dementsprechend sind die Detailformen ausgebildet.«

Lit.: »Der Wettbewerb Büro- und Geschäftshaus der Börsenhof-Aktiengesellschaft in Königsberg«, in: *Deutsche Bauzeitung*, 56. Jg. 1922, Heft 48, S. 300. – Heinrich de Fries, »Wettbewerb der Börsenhof AG, Königsberg i. Pr.«, in: *Wasmuths Monatshefte für Baukunst*, 7. Jg. 1922/23, S. 255 ff. – Wettbewerbsankündigung und -ergebnis, in: *Deutsche Bauzeitung*, 56. Jg. 1922, Heft 45, S. 280; Heft 84, S. 484.

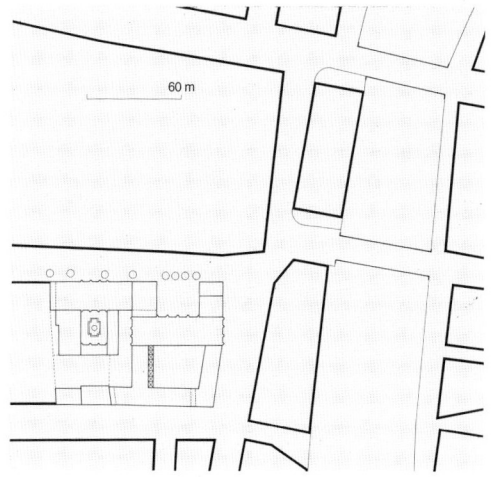

Lageplan. Rechts der Pregel und, parallel dazu, die Börsenstraße, zwischen denen die Börse nordwestlich des geplanten Neubaus liegt. Oben, von Norden nach Süden führend, die Dammgasse, unten die Schnürlingstraße, auf die die Hauptportale orientiert sind.

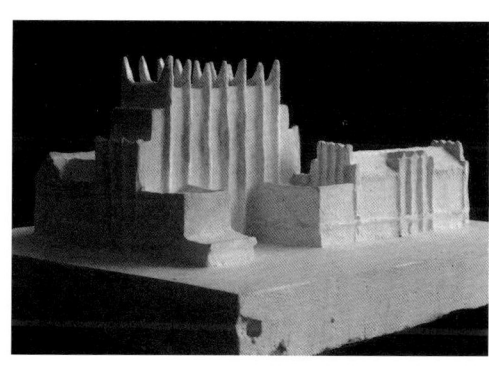

Modell von Nordwesten. Blick auf die – im Schatten liegende – Pregelseite des geplanten Neubaus und die Haupteingangsfassade an der Schnürlingstraße. Im kleineren, nach rechts anschließenden Gebäude ist das Hotel untergebracht.

Perspektive von Nordwesten mit Blick über den Pregel auf das Börsengebäude und den dahinter aufragenden Neubau des Börsenhofes.

Kriegsgefallenendenkmale im Schwarzwald

Wettbewerb (Kennwort: »Heimatlich«)
Zwei 1. Preise, ein 2. Preis
1922

Für verschiedene Orte im nördlichen Schwarzwald, in Mitteltal (S. 267), in Baiersbronn, auf dem Kniebis und auf einer der höchsten Erhebungen in dieser Region sollten Kriegsgefallenendenkmale entworfen werden.

Für Baiersbronn, auf leicht fallendem Gelände gelegen, schlug Schweizer einen mit 2,60 m hohen Mauern umgebenen, der Ruhe und Besinnung dienenden Bezirk vor, der – außen bündig – auf einem etwa 1,50 m hohen Sockel ruht, so daß sich talseitig eine rund 4,0 m hohe Werksteinwand ergibt. Der Zugang erfolgt nicht axial, sondern über eine vor der schmiedeeisernen Pforte im rechten Winkel abknickende Freitreppe.

Für den Ort Kniebis stellte sich Schweizer eine 2,70 m hohe Stele vor, die an der Kreuzung des Kirchweges mit der Straße aufgestellt werden sollte, in räumlichem Zusammenhang mit der kleinen, höher gelegenen Kirche.

Die Schwarzwaldhöhe schließlich sollte ein gewaltiger, über 30 m hoher triumphbogenartiger Bau aus örtlichem Naturstein bekrönen, der auf einem etwa 4,50 m hohen, weit ausgreifenden Sockel ruht.

Die Namen der Preisrichter und weiterer Wettbewerbsteilnehmer sind heute weitgehend unbekannt.

Perspektive des Kriegsgefallenendenkmals in Kniebis. 1. Preis. Im Preisgerichtsprotokoll heißt es, daß der Entwurf eine schlichte, der Örtlichkeit sehr gut angepaßte und fein empfundene Lösung darstelle, die zur Ausführung reif und sehr geeignet wäre.

Perspektive des Kriegsgefallenendenkmals in Baiersbronn. 1. Preis. Im Preisgerichtsprotokoll heißt es: »Der Entwurf stellt eine eigenartige, klare Lösung der Aufgabe dar und erzielt mit den einfachsten Mitteln eine eindrucksvolle Wirkung, die vor allem durch die waagerecht gelagerte Masse eine günstige Fernwirkung sichert. Der in sich geschlossene Ehrenhof verspricht einen weihevollen Eindruck. Das Preisgericht sieht in dem Entwurf eine künstlerische Lösung, die für die Ausführung angelegentlich empfohlen werden kann.«

Entwurfsskizze Schweizers für das Innere des Denkmals in Baiersbronn. Die Abbildung links zeigt das für eine der Höhen des Schwarzwaldes gedachte Mahnmal. Die eigentliche Gedenkstätte ist bodenbündig in den Sockel eingelassen.

Wohn- und Geschäftshaus Bauknecht in Schramberg

Projekt 1921/22

Das Gebäude sollte auf einem Grundstück in der Stadtmitte Schrambergs an der Hauptstraße gebaut werden, die sich hier an der abzweigenden Oberndorfer Straße zu einem Platz erweitert. An seiner Ostseite steht das Rathaus, dessen große Form und Architektur für den Entwurf ebenso bestimmend waren wie die an das Grundstück angrenzenden Häuser. Schweizer entwarf einen dreigeschossigen Baukörper mit hohem Satteldach und beidseitig freistehenden Giebelfassaden, der die Bauflucht der Oberndorfer Straße aufnimmt, von der Flucht der Hauptstraße aber – schräg verlaufend – zurückgenommen ist, um so den Blick auf das Rathaus zu lenken. Es war vorgesehen, den Neubau an der Hauptstraße über einen nur zwei Geschosse hohen flachgedeckten Trakt an die Nachbarparzelle anzubinden, wobei zwischen der hohen Giebelwand und dem niedrigen Bauteil ein über das Erdgeschoß auskragender Erker sowie ein kräftig ausgebildeter Giebel vermitteln sollten. An der Oberndorfer Straße hingegen war an eine Überleitung durch zurückspringende Bauteile des bestehenden Nachbargebäudes gedacht. Im Erdgeschoß waren Läden vorgesehen, im ersten Obergeschoß eine Weinstube und ein Café mit langgestreckter, schmaler Café-Terrasse zur Hauptstraße hin; darüber Wohnungen.

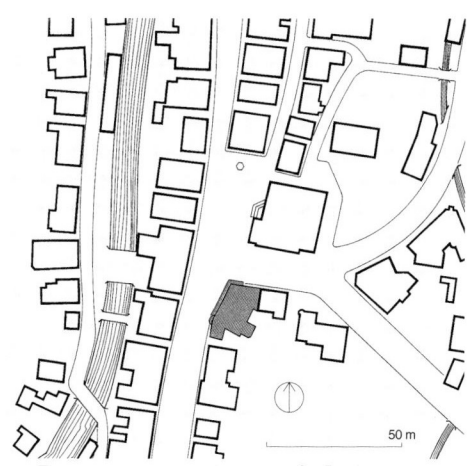

Lageplan. In der Mitte das Rathaus und der Markt. Links, von Norden nach Süden verlaufend, die Hauptstraße, von der die Oberndorfer Straße nach Osten und weiter nach Nordosten abzweigt. Südlich vom Rathaus der Neubau.

Die Perspektive zeigt den Blick von Nordwesten auf den Neubau. Links angeschnitten das Rathaus.

Die große Abbildung zeigt die Südostansicht. Im Vordergrund ein Eingang in die vier Geschosse hohe Hauptpassage mit einer gefalteten, verglasten Dachhaube darüber. Im Hintergrund angeschnitten die Dachhauben der westlichen und nördlichen Passagenhallen. Oberhalb des weitauskragenden Hauptgesimses des Hochhauses erhebt sich der 16 m hohe Glasaufbau, der dem Innenhof Licht gibt.

Auf der Abbildung unten der Erdgeschoßgrundriß mit der zentralen Treppen- und Aufzugshalle und den räumlich mit ihr verbundenen Hauptpassagen, die in ihrer Gestaltung unterschiedlich geplant waren. Licht sollte von oben und durch die hallenartigen Hauptpassagen einfallen. Unten im Bild die Friedrichstraße, links der Bahnhof Friedrichstraße, rechts das Reichstagsufer an der Spree.

Dem Preisgericht gehörten unter anderem German Bestelmeyer, Hermann Billing, Ludwig Hoffmann und Heinrich Straumer an. 144 Arbeiten wurden eingereicht, darunter die von Adolf Abel, Martin Elsässer (ein 4. Preis), Hugo Häring, Otto Kohtz (ein 4. Preis), Hans und Wassily Luckhardt mit Franz Hoffmann (2. Preis), Ludwig Mies van der Rohe, Bruno Möhring, Hans Poelzig, Hans Scharoun (Ankauf), Karl Schneider und Otto Ernst Schweizer.

Schweizer schrieb zu seiner Arbeit: »Der Entwurf zeigt, wie das wertvolle Gelände am wirtschaftlichsten und schönsten überbaut werden kann: Keine unnütze Raumverschwendung! Jede Nutzfläche muß gut belichtet sein. Diese Grundsätze wurden überall zu verwirklichen gesucht: dabei wurde auf eine klare übersichtliche Grundrißbildung besonders Wert gelegt, ebenso auf eine sichere ungehemmte Verkehrsführung, sowohl in horizontaler als auch in vertikaler Richtung.

Durch die Gliederung in drei Flügelbauten scheint die Belichtungsfrage der Räume des Hochhauses in besonders günstiger Weise gelöst zu sein, da durch diese Aufteilung jedem Raume des Hauses eine gute Belichtung gesichert ist »Für die äußere Erscheinung des Gebäudes wurde unter besonderer Berücksichtigung seiner schönen Lage an der Spree eine Form gewählt, welche auch im Stadtbild einen interessanten, fein umrißenen, reinen Anblick geben soll.«

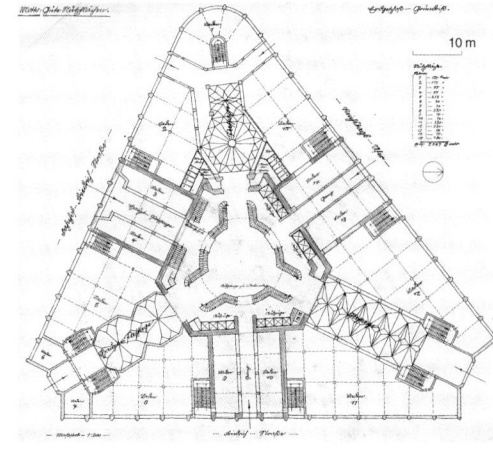

57

Hochhaus am Bahnhof Friedrichstraße in Berlin

Wettbewerb (Kennwort: »Gute Nutzflächen«) 1921/22

Anfang der zwanziger Jahre wurde der Berliner Bahnhof Friedrichstraße zum zentralen Bahnhof der Stadt ausgebaut und mit einem neuen Empfangsgebäude für den Fernverkehr versehen, das sich auf einen dreieckigen, von der Friedrichstraße im Osten und der Spree bzw. dem Reichstagsufer im Nordwesten begrenzten Platz öffnete. Zur städtebaulichen Ordnung des Bezirks und der damit verbundenen Bebauung des Platzes hatte sich eine »Turmhaus-Actiengesellschaft« gebildet, die einen Ideenwettbewerb zur Erlangung von Entwurfsskizzen für die Bebauung des Areals mit einem Hochhaus als eine Art Orientierungshilfe und Wegweiser für die fremden Besucher Berlins auslobte. Die Höhe des Gebäudes war den Wettbewerbsteilnehmern freigestellt, wenn auch, wie es in der Auslobung heißt, 80 m aus Gründen der maximal zulässigen Bodenpressung nicht überschritten werden durften. Besonderer Wert wurde auf eine klare Grundrißlösung mit variablen Nutzungsmöglichkeiten gelegt. Das Erdgeschoß sollte Geschäften vorbehalten sein, Passagen sollten einen ungehinderten Fußgängerfluß vom Bahnhof zur Friedrichstraße gewährleisten.

Schweizer reichte seine Arbeit unter dem Namen »Albert Feifel, Mitarbeiter Rud. Schweizer« ein (Feifel war ein Architekt aus Schwäbisch Gmünd, der durch die entwicklung bautechnischer Neuerungen Bedeutung gewann, Rudolf der Vorname des Vaters von Schweizer; der Wettbewerb war nur für Mitglieder des BDA, einer Vereinigung freiberuflich tätiger Architekten, offen und Schweizer als Stadtbaurat in Schwäbisch Gmünd und Nichtmitglied nicht teilnahmeberechtigt). Er schuf eine vier Geschosse hohe, das dreieckige Grundstück fast ganz ausnutzende Sockelzone mit Passagen, Geschäften, Kinosälen, Ausstellungsräumen und einer großzügigen zentralen Treppenanlage. Aus diesem Sockel wächst ein dreiflügeliges Hochhaus heraus, dessen alles überragender Mittelteil einen 19 Geschosse hohen Innenhof mit Umgängen umschließt. Ein 16 m hohes, zeltähnliches Glasdach sollte den Bau bekrönen. Im Jahr 1930 wurde ein zweiter – engerer – Wettbewerb für dasselbe Projekt ausgelobt, Schweizer aber nicht zur Teilnahme eingeladen.

Lit.: Friedrich Paulsen, »Ideenwettbewerb Hochhaus Friedrichstraße«, in: *Stadtbaukunst alter und neuer Zeit*, hrsg. v. Cornelius Gurlitt und Bruno Möhring, o. Jg. 1922, 2. Sonderheft (Entwurf Schweizer S. 28). – Max Berg, »Grundsätzliches zur Hochhausfrage. Beispiel Berliner Hochhaus Friedrichstraße«, in: *Die Bauwelt*, 13. Jg. 1922, Heft 3, S. 35 ff. – Max Berg, »Der Berliner Hochhauswettbewerb«, in: *Die Bauwelt*, 13. Jg. 1922, Heft 8, S. 123 ff. – Max Berg, »Die formale Auffassung des Hochhausgedankens. Charakteristische Entwürfe des Berliner Wettbewerbs, in: *Die Bauwelt,* 13 Jg. 1922, Heft 21, S. 359 ff.; Heft 24, S. 434 f. – »Der Wettbewerb zur Erlangung von Entwürfen für ein Hochhaus am Bahnhof Friedrichstraße zu Berlin«, in: *Deutsche Bauzeitung,* 56. Jg. 1922, Nr. 15, S. 89 ff.; Nr. 16, S. 93 ff. – Adolf Behne, »Der Wettbewerb der Turmhaus-Gesellschaft«, in: *Wasmuths Monatshefte für Baukunst und Städtebau*, 7. Jg. 1923, S. 58 ff. – »Hochhaus am Bahnhof Friedrichstraße in Berlin«, in: *Deutsche Bauzeitung*, 64. Jg. 1930, Wettbewerbsbeilage Nr. 2, S. 9 ff. – »Hochhaus Friedrichstraße«, in: *Wasmuths Monatshefte für Baukunst und Städtebau*, 14. Jg. 1930, S. 191 ff. – »Otto Ernst Schweizer«, in: »Architekten der Fridericiana, Skizzen und Entwürfe seit Friedrich Weinbrenner«, *Fridericiana, Zeitschrift der Universität Karlsruhe*, Heft 18, Karlsruhe 1975, S. 115ff. – *Der Schrei nach dem Hochhaus. Der Ideenwettbewerb Hochhaus am Bahnhof Friedrichstraße Berlin 1921/22*, Ausstellungskatalog, Berlin 1988, S. 140 f.

Perspektive von Südosten. Links die Friedrichstraße, rechts die Bahnhof-Friedrich-Straße. Am linken Bildrand angeschnitten das Bahnhofsgebäude.

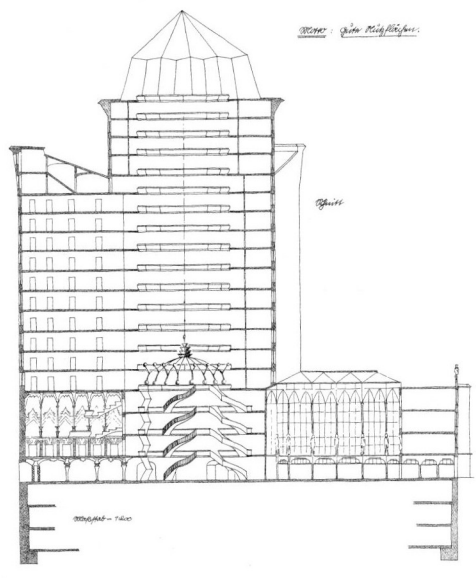

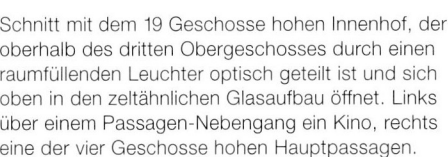

Schnitt mit dem 19 Geschosse hohen Innenhof, der oberhalb des dritten Obergeschosses durch einen raumfüllenden Leuchter optisch geteilt ist und sich oben in den zeltähnlichen Glasaufbau öffnet. Links über einem Passagen-Nebengang ein Kino, rechts eine der vier Geschosse hohen Hauptpassagen.

Neuordnung des Bahnhofsvorplatzes in Stuttgart

Wettbewerb (Kennwort: »Entwicklungsmöglichkeiten«) Ankauf
1920/21

Der Wettbewerb sollte zu Vorschlägen für die Neuordnung des von verschiedenen Verkehrsströmen zerschnittenen Bahnhofsvorplatzes führen und zu einem Gesamtverkehrskonzept für die Stadt Stuttgart unter dem Gesichtspunkt eines schnell wachsenden Industriezentrums. Schweizer schlug – in Gemeinschaftsarbeit mit G. Bernhardt – vor, den Durchgangsverkehr an der Stadtseite des Platzes vorbeizuführen und den internen Verkehr auf die Bahnhofsseite zu verlegen. Eine Unterführung sollte die Fußgänger direkt aus der Bahnsteighalle zur Königstraße führen und zugleich eine Verbindung zu einer Handels- und Geschäftszentrale auf dem Gelände des Marstalls sein, die Schweizer unter »Welthandelsgesichtspunkten« für notwendig ansah, »in der unserer Zeit angemessenen Ausdrucksform als Hochhaus. Die Dominante der Bahnhofsgegend, der Bahnhofsturm, würde allerdings abgelöst. Die beim Bahnhofsneubau gebildeten Zweckformen könnten hier in dem gewaltigen Eckpfeiler des geschlossenen Stadtzentrums weitergebildet und gesteigert werden«.

Das Gesamtverkehrskonzept sah Schweizer im übergeordneten Rahmen einer allgemeinen Neuordnung der Stadt. Am Westhang sollten Großblocksiedlungen entstehen, alle anderen Hänge von jeder Bebauung freigehalten werden. Für weiteren Wohnraum waren über ein Schnellbahnnetz mit der Innenstadt verbundene Trabantenstädte vorgesehen. Außer wenigen Skizzen zum Hochhaus hat sich nichts erhalten.

Lit.: Justus Bier, *Otto Ernst Schweizer*, Berlin/ Leipzig/ Wien 1929, S. 52. – »Wettbewerbsnachrichten«, in: *Deutsche Bauzeitung*, 54. Jg. 1920, S.368; 55. Jg. 1921, S. 160. – »Der Wettbewerb Bahnhofsvorplatz Stuttgart«, in: *Die Bauzeitung*, o.Jg. 1922, Heft 1/2, S.1ff.

Blick auf das Hochhaus von Südosten, vom Schloßgarten aus gesehen.

Das Preisgericht, dem unter anderem Emil Hoegg und Hermann Jansen angehörten, stellte fest, daß Schweizers – nicht mehr erhaltene – Bahnhofsplatzbauung klar und durchdacht sei; das Vorort-Schnellbahnnetz sei eingehend behandelt worden und verdiene eine gewisse Beachtung, auch die unterirdische Verbindung vom Bahnhof zur Königstraße. Das in den Plänen angedeutete Hochhaus ergäbe ein städtebaulich unerträgliches Verhältnis zum Bahnhofsgebäude und Bahnhofsturm.

Bebauungsplan für Schwäbisch Gmünd

Wettbewerb (Kennwort: »Heinrich Parler«)
1920

Als die Wandlung Schwäbisch Gmünds von einer Stadt des kleineren Gewerbes in eine aufstrebende Industriestadt ihre Grenzen und ihren Charakter zu sprengen drohte, wurde ein Wettbewerb ausgelobt, der zu Entwürfen für die »zeitgemäße Umgestaltung des bestehenden Stadtbauplanes und die weitere Ausdehnung des Stadtbauplangebietes« führen sollte, wie es im Auslobungstext heißt. Alle modernen städtebaulichen Probleme, die für die weitere Entwicklung der Stadt Schwäbisch Gmünd von Bedeutung sind, mußten bedacht werden: behutsame Neuordnungen im alten Stadtkern, die Anlage von neuen Industriegebieten, Wohnsiedlungen, Freizeit- und Erholungsflächen sowie die Klärung von Einzelfragen, der Gestaltung neuer Plätze, der Lage eines neuen Friedhofes im Süden und eines Krankenhauses im Norden in Verbindung mit der freien Landschaft, der Einrichtung neuer Schulen und Sportplätze.

Für den alten Stadtkern schlug Schweizer die Neuordnung des Kirchplatzes, der Plätze am Schmidturm und am Königsturm vor und versuchte, durch neue Straßenfluchten im Süden und Osten sowie durch Ausweitung einzelner Straßenzüge das mittelalterliche Stadtbild zu klären und zugleich die hygienischen und baulichen Verhältnisse zu verbessern. Der Ring um die Altstadt wird als weitgehend zusammenhängende Grünfläche vorgesehen, die mit dem Stadtgarten im Westen, mit dem Waldstetter Bachtal nach Südosten und dem Remstal nach Westen zu einer weiträumigen Grünanlage zusammengebunden werden sollte.

Die Stadteingänge wollte Schweizer neu gestalten, im Osten an der Buchstraße (S. 65) und im Westen an der Straße nach Lorch durch markante Bauten, im Südosten durch räumlich gefaßte Grünflächen, Spiel- und Sportplätze. Den Bau neuer Schulen schlug er im Südwesten beim Lehrerseminar und im Osten nahe der Neuen Kaserne vor. Industriegebiete sind wegen der bestehenden Gleisanlagen im Südwesten vorgesehen. Wohngebiete mit offener Bauweise werden im Südwesten, mit geschlossener Bauweise nach Südosten und Osten durch ein großzügig und klar angelegtes Straßennetz neu geordnet, bestehende Bauten wie das Lehrerseminar oder die Fachschule in neugeschaffene Platzanlagen eingebunden. Im Norden plante er eine großflächige Siedlung mit Einzelhäusern. Die oberen Hänge sollten grundsätzlich unbebaut bleiben, die unteren in späteren Jahren für offene Bauweise freigegeben werden

Lit.: »Wettbewerbsnachrichten«, in: *Bauwelt*, 11. Jg. 1920, S. 402, und in: *Deutsche Bauzeitung*, 54. Jg. 1920, S. 80, 268, 308. – Otto Ernst Schweizer, »Das Problem der Stadterweiterung von Gmünd«, in: Walter Klein, *Gmünder Kunst*, Bd. 4: *Gmünder Kunst der Gegenwart,* Stuttgart 1924, S. 49 ff.

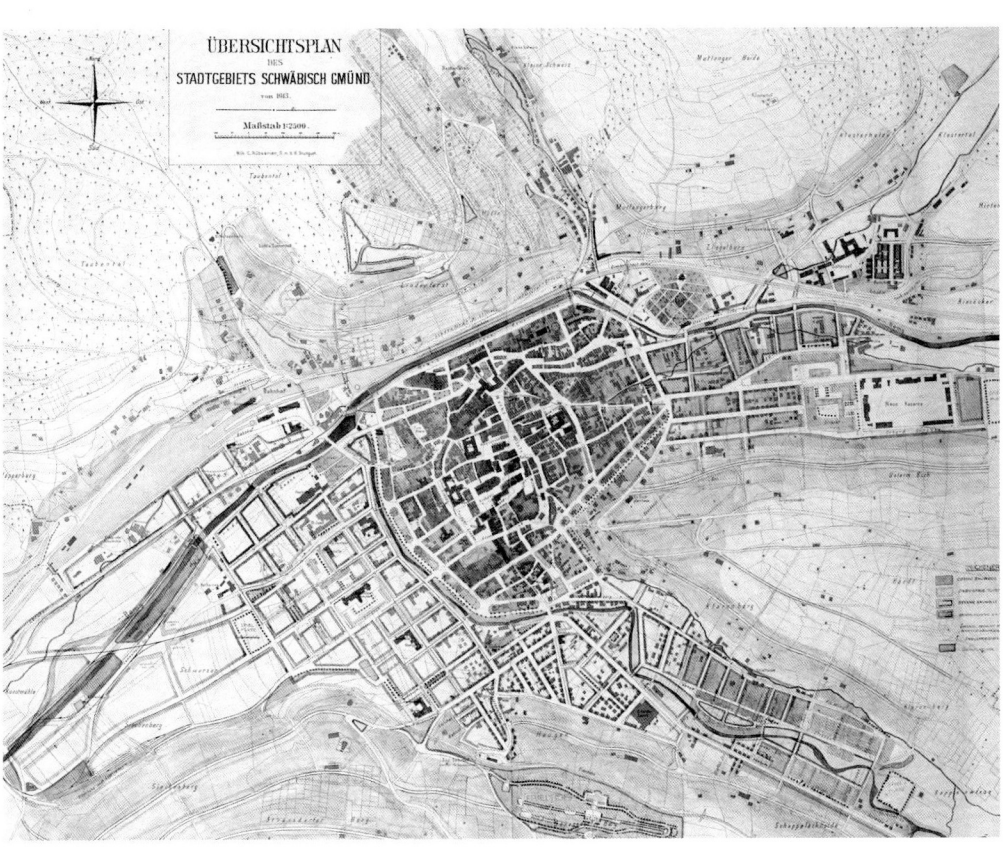

Bebauungsplan. Im Osten ein neugestalteter Stadteingang mit Kirche, Wohnbebauung und räumlich gefaßten Freiflächen, im Südwesten sein Pendant mit einem Handelshof, einer Wirtschaft und einer Geschäftshauszeile. Am nordöstlichen Rand der Altstadt der Schmidturm, den Schweizer durch ein neues Stadttor mit der bestehenden Bebauung zusammenbindet, im Südosten der Königsturm in vergleichbarer städtebaulicher Lage.

Über das Preisgericht des Bebauungsplan-Wettbewerbs konnten weder in der Literatur noch im Stadtarchiv von Schwäbisch Gmünd Hinweise gefunden werden. Preise wurden Paul Bonatz mit Friedrich Eugen Scholer (1. Preis), Richard Döcker mit Hugo Keuerleber, Hans Herkommer und weiteren zugesprochen.

Entwurfsskizze Schweizers zur Südwestansicht, in der die Baumassen und die Fassadengliederung im wesentlichen festgelegt sind.

Justus Bier schrieb, daß die Bebauung des Platzes vor dem Friedhof mit einem Leichenhaus, einer großen Kapelle und anschließendem Torbau sowie ein damit in einen räumlichen Zusammenhang gesetztes Kriegerdenkmal eine für den kleinen Ort nicht unbedeutende Anlage sei, gebaut in Fischerschem Geist, bewußt »dem guten Alten« angenähert, aber schon von einer bemerkenswerten Kraft, mit einfachen Mitteln architektonischen Ausdruck zu geben.

Blick von Nordwesten, vom Friedhof aus gesehen auf die Kapelle und das Friedhofstor. Im Hintergrund rechts Häuser der angrenzenden, tiefer gelegenen Stadt.

Friedhofskapelle in Schramberg

1919–21

Die Friedhofskapelle mit seitlich angebauter Leichenhalle steht am Rande des Waldfriedhofes, der sich parallel zur Tiersteinstraße einen steileren Hang hinaufzieht. Schweizer nutzte das Zusammentreffen zweier Straßen zur Gestaltung eines Platzes mit weiter Sicht ins Tal, der zum Hang hin von der Kapelle und dem Leichenhaus begrenzt wird sowie vom Haupttor des Friedhofes, das um etwa 120° abgewinkelt steht. Der Bau tritt hier – mit seiner Rückseite – zweigeschossig hervor und bildet mit dem Halbrund der Kapelle und dem Friedhofsportal einen Blickpunkt für den aus der tiefer gelegenen Stadt Kommenden. An das Friedhofsportal schließt eine lange Friedhofsmauer an, deren Ende den Soldatenfriedhof und Schweizers Gefallenenehrenmal (S.265) einfaßt. Der Zugang zur Kapelle liegt an einem kleinen Vorplatz zum Hang hin, während das Leichenhaus hauptsächlich von der Straße her erschlossen wird. Die Architekturteile, die Pilaster und Gesimsbänder, sind vorwiegend aus Werkstein aufgemauert, die Wandflächen sind verputzt, das Dach ist mit dunklem Schiefer gedeckt. Die Eingangsseite der Kapelle ist mit Reliefs und einem Schriftzug, die Straßenfassade des Leichenhauses mit Relieftafeln zurückhaltend geschmückt, das Kapelleninnere (S. 265) schlicht gehalten.

Ein besonderes Anliegen Schweizers war, die Architektur der Kapelle, die seinerzeit in nahezu freier Landschaft stand, auf die »Folie« des hinter ihr aufsteigenden bewaldeten Hanges abzustimmen und nicht gegen die Natur abzusetzen. Er versuchte dies durch weiche Konturen der Baukuben, durch eine gewisse Plastizität der Wände sowie durch die Wahl der Materialien zu erreichen.

Lit.: Justus Bier, *Otto Ernst Schweizer*, Berlin/Leipzig/Wien 1929, S. IV, 2. – Walter Klein, *Gmünder Kunst*, Bd. 4: *Gmünder Kunst der Gegenwart*, Stuttgart 1924, S. 79.

Blick auf Kapelle und Leichenhaus von Süden. Links das Friedhofstor und die daran anschließende Friedhofsmauer parallel zur Tiersteinstraße. Die Fenster oben belichten die Altarzone der Kapelle, das Zimmer des Geistlichen, das Treppenhaus und den Sezierraum, die Fenster unten im Kapellenbau Leichenkammern, im Anbau die Eingangshalle und den Wärterraum.

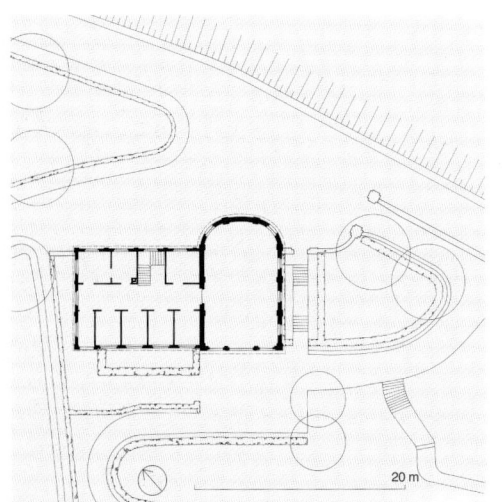

Lageplan und Saalgeschoßgrundriß. Von Süden nach Norden ansteigend die Tiersteinstraße. Links das Friedhofstor und eine die Straße und den um 3,20 m höher liegenden Platz vor dem Kapellenportal verbindende Freitreppe. In die Kapelle führen drei Portale direkt hinein. Nach Nordosten zum Hang hin orientiert liegen Leichenkammern, nach Südwesten ein Raum für den Geistlichen, das Treppenhaus und ein Sezierraum; im darunterliegenden Geschoß weitere Leichenkammern, die Eingangshalle und ein Wärterraum.

Baugenossenschaftlicher Mietwohnungsbau in Schramberg

Projekt 1919

An der Bismarckstraße, der heutigen Goethestraße, sollte ein Wohngebäude mit 18 Wohnungen unterschiedlicher Größe gebaut werden. Schweizer schlug – in Zusammenarbeit mit dem Architekten des Bauherrn, der Baugenossenschaft Schramberg eGmbH – einen langgestreckten, dreigeschossigen Block mit hohem Satteldach vor, der das Straßengefälle zum einen durch ein hohes Sockelgeschoß, zum anderen durch einen nach Osten vom Hauptgebäude abgesetzten Kopfbau auffängt. Ein über dem Erdgeschoß auskragender Erker und eine abgewalmte Dachfläche heben die frei sichtbare Stirnseite besonders hervor. Innenliegende Treppenhäuser erschließen im Hauptgebäude je zwei Wohnungen, im Kopfbau eine Wohnung pro Geschoß.

Nordostansicht. Die portalartigen Hauseingänge sind um rund einen Meter aus der Hauptbauflucht zurückgesetzt. Zusammen mit den darüberliegenden Veranden bilden sie besonders gestaltete vertikale Zonen, die das langgestreckte Gebäude gliedern. Der mächtige Erker sollte dem durch das Straßengefälle bedingte »Schieben« des Baukörpers einen optischen Halt geben.

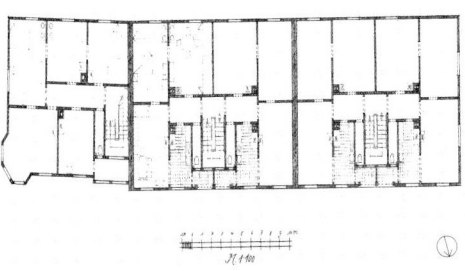

Wohngeschoßgrundriß. Zu jeder Wohnung gehört eine der Wohnküche zugeordnete Veranda, die zugleich das innenliegende Treppenhaus belichtet.

Heimstätten-Siedlung in Weilimdorf bei Stuttgart

Wettbewerb (Kennwort: »Pax vobiscum«)
1918

Vom »Schwäbischen Siedelungsverein« und dem »Siedelungsverein Groß-Stuttgart« war ein Wettbewerb zur Erlangung von Entwürfen für den Bebauungsplan und für Bautypen einer Heimstätten-Siedlung von Kleinwohnungen ausgelobt worden. Das leicht gewellte Gelände liegt – nordwestlich von Stuttgart – in landschaftlich schöner Lage und wird von der Feuerbacher Straße im Süden erschlossen. Die Größe der Grundstücke sollte sich zwischen 300 und 600 m² bewegen mit »Wohnungen für Arbeiter in einfachster Art und für den kleinen Mittelstand in etwas besserer Art«, wie es in der Auslobung heißt. Die Wohnungen waren in Einzel- und in Doppelhäusern und, in beschränkter Zahl, in Reihenhäusern unterzubringen. Außerdem waren gemeinsam zu nutzende Bade- und Waschhäuser sowie ein Gemeindehaus und Flächen für Spiel und Sport gefordert. Schweizer entwarf – noch während seiner Tätigkeit im Baubüro Theodor Fischers – einen Bebauungsplan mit klar voneinander abgesetzten Flächen für die verschiedenen Bautypen, der von einem übersichtlichen Straßen- und Wegenetz durchzogen ist. An der Feuerbacher Straße wird der Hauptzugang in das Gelände durch einen längsrechteckigen Platz mit Straßenbahnhaltestelle markiert. Von hier aus führt eine breite Allee in die Siedlung hinein auf einen Anger, der als »Verteiler« dient. An verschiedenen Stellen weiten sich Straßen- und Wegekreuzungen zu Plätzen mit Bade- und Waschhäusern, mit Bäckerei und Café, mit Grün-, Sport- und Spielflächen und, an einem Hochpunkt des Geländes, mit einer Aussichtsterrasse. Im Westen liegt das Zentrum, ein Dorfplatz, der vom Gemeindehaus, einer Wirtschaft, einem Café und einer Ladenzeile gefaßt wird.

Alle Häuser sind erdgeschossig ausgebildet mit hohen, zum Teil mehrstöckig ausgebauten Satteldachgeschossen und bestehen aus massivem Mauerwerk und Fachwerk.

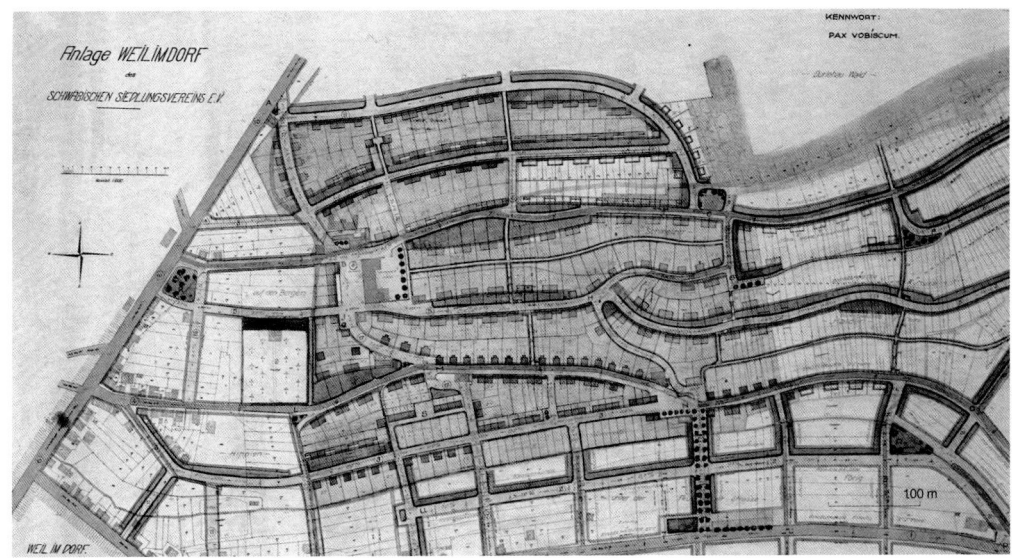

Lageplan. Unten, an der Feuerbacher Straße, der Hauptzugang in die Siedlung mit der breiten Allee, die auf den Verteilerplatz mit einer Wirtschaft und einem der Bade- und Waschhäuser führt. Darüber, auf dem höchsten Niveau des Geländes, die Aussichtsterrasse und ein Café. Weiter oben liegt ein zweites Bade- und Waschhaus, ein anderes zwischen Verteilerplatz und dem Zentrum des Dorfes links mit Gemeindehaus, Ladenzeile, Wirtschaft und einem weiteren Bade- und Waschhaus.

In der Auslobung heißt es, daß der Siedlungsverein Wohnheimstätten zu erhalten wünsche, die in der Anordnung und Ausstattung unter Verwendung guter Baustoffe und solider Konstruktionen schlicht und einfach, aber behaglich und zweckmäßig seien. Es solle die Ausführung gefunden werden, welche die größte Wirtschaftlichkeit mit der größten Zweckmäßigkeit verbinde.

Dem Preisgericht gehörten unter anderem Hermann Jansen und Paul Schmitthenner an; Teilnehmer waren Paul Bonatz mit Friedrich Eugen Scholer, Richard Döcker, Otto Ernst Schweizer und weitere.

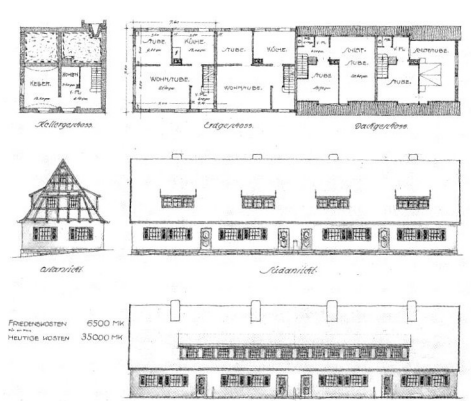 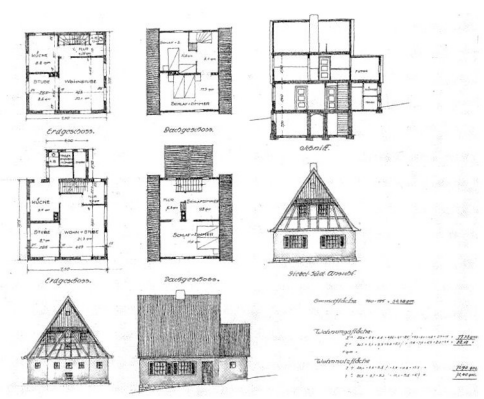

Die linke Abbildung zeigt den Reihenhaustyp mit vier Wohnungen, der für die Südseite der Siedlung vorgesehen war, die rechte den Einzelhaustyp für eine 6-Personen-Kleinwohnung mit und ohne Tierhaltung, der im Norden der Siedlung stehen sollte.

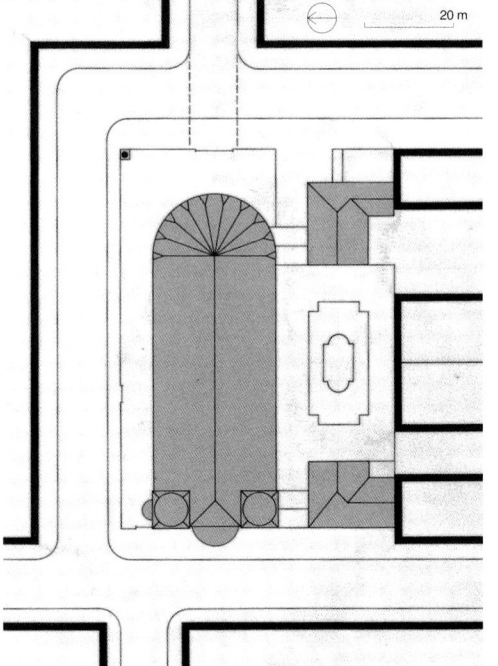

Entwurfsskizze Schweizers. Blick von Südwesten auf die Eingangsfassade mit dem durch einen im Grundriß halbrunden Vorbau betonten Portal an der Notburgastraße. Im Vordergrund das Wohnhaus für Kirchenangestellte, hinten, jenseits der Prinzenstraße, eine von Schweizer vorgeschlagene Straßenrandbebauung. Links der Lageplan. Darauf links, von Norden nach Süden führend, die Notburgastraße, rechts die Eddastraße; dazwischenliegend an die Neubauten anbindende vorhandene Bebauung; oben die – nach Schweizers Vorschlag – abknickende Prinzenstraße mit der den Knick markierenden Bildsäule. Die bestehende Straßenführung der Prinzenstraße ist eingestrichelt.

Katholische Kirche St. Magdalena in München

Wettbewerb (Kennwort: »Pax vobiscum«) 1917

Auf einem Grundstück unweit des Nymphenburger Schlosses zwischen Notburgastraße, Prinzenstraße und Eddastraße, an das nach Osten geschlossene Bebauung anschließt, sollte eine katholische Kirche mit etwa 500 Sitz- und 1000 Stehplätzen, das Pfarrhaus und ein Wohnhaus für Kirchenangestellte gebaut werden. Um den nach Schweizers Ansicht zu knapp bemessenen Bauplatz zu erweitern, schlug er die Verlegung der Prinzenstraße nach Norden vor und stellte den Neubau so auf die Achse der alten Straßentrasse, daß die Längsseite der Kirche ungestört sichtbar und, im Zusammenhang mit dem Chorabschluß, ihre Körperlichkeit betont wird, während die Eingangsseite an der Notburgastraße, eingebunden in die Straßenrandbebauung, eher flächig wirkt.

Den Anschluß bildet das drei Geschosse hohe Haus für Kirchenangestellte und, nach Osten an der Eddastraße, das Pfarrhaus. Beide Häuser umschließen mit der auf einer Plattform erhöht stehenden Kirche einen der Ruhe und Besinnung dienenden Garten. Die freie Nordwestecke an der in die Notburgastraße einmündenden Prinzenstraße wird durch ein aus der Fassade heraustretendes Halbrund, den Taufbezirk der Taufkapelle, betont.

Schweizer plante mit seiner ersten selbständigen Arbeit nach dem Diplom bei Theodor Fischer in München eine Saalkirche mit hohem Satteldach, mit halbrundem Chorabschluß und einem mächtigen, in klassizistischer Formensprache gehaltenen »Westwerk«, aus dem zwei Turmstümpfe herauswachsen. Die Außenwände sind durch ein in Höhe des unteren Drittelpunktes umlaufendes Gesims und durch hohe schmale Nischen gegliedert, die an den Längsseiten nur wenige Zentimeter, im Bereich des Chores gut zwei Meter tief sind. Die Nischen werden im Kirchenschiff durch tief in den Raum greifende Wandpfeiler aufgenommen, zwischen denen Seitenaltäre, Nebeneingänge, Beichtstühle und die Treppen auf die Orgelempore angeordnet sind. Der Altarbezirk ist durch eine Art Triumphbogen eingezogen, wodurch, direkt von Osten her zugänglich, Raum für die Sakristei, und, darüberliegend, für das Oratorium und die Aufbewahrung von Paramenten gewonnen wird. Taufkapelle und Heiliges Grab befinden sich seitlich neben dem Eingang, darüber die Orgel.

Lit.: »Otto Ernst Schweizer«, in: »Architekten der Fridericiana, Skizzen und Entwürfe seit Friedrich Weinbrenner«, *Fridericiana, Zeitschrift der Universität Karlsruhe*, Heft 18, Karlsruhe 1975, S. 115 ff. – Wettbewerbsankündigung und -ergebnis, in: *Süddeutsche Bauzeitung*, 27. Jg. 1917, Heft 20, S. 121; 28. Jg. 1918, Heft 4, S. 15.

Die nebenstehende Abbildung zeigt die Ansichten. Oben die von Westen an der Notburgastraße, darunter die von Norden an der Prinzenstraße und unten die des Chores. Der Knick in der von Schweizer neugeführten Prinzenstraße sollte durch eine Säule mit Standbild markiert werden.

Auf der Abbildung rechts der Erdgeschoßgrundriß. Oben links die den Straßenknick betonende Bildsäule, unten links die aus der Längsfassade hervortretende Taufkapelle, die optisch um den Bau herumleiten sollte. Rechts (schraffiert) die an die Neubauten anbindende geschlossene Bebauung.

Die Namen der Preisrichter und der Architekten prämierter Entwürfe sind heute weitgehend unbekannt.

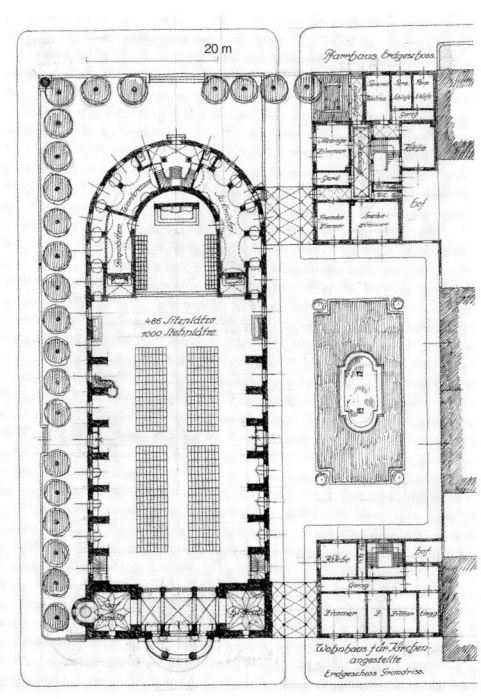

Studienarbeiten und Tätigkeit bei Theodor Fischer

Zur Prüfung des Hauptdiploms im Sommersemester 1917 gehörte die Erarbeitung eines Entwurfs unter Klausurbedingungen. Auf einem keilförmig geschnittenen Grundstück an einer Flußbiegung, auf dem Reste einer ehemaligen Befestigung, ein mächtiger Turm und ein Torbogen standen, sollte eine Kirche geplant werden. Schweizer entwarf einen Kirchenbau in romanisierender Formensprache über rechtwinklig geschnittenem Grundriß mit hohem Satteldach und weit ausgreifendem Chor, den er so in das Grundstück stellte, daß die Chorwand an der Spitze des Grundstücks wehrartig aus dem Flußlauf aufsteigt und die Eingangsseite, eine monumental wirkende Wand zwischen zwei flankierenden niedrigen Turmansätzen, mit dem vorhandenen »Campanile« eine scheinbar gewachsene Einheit bildet. Der gesamte Bezirk, die Kirche, der Campanile und der Torbogen sowie eine kleine Schule werden durch überdeckte Arkadengänge zusammengefaßt, der Kirchplatz dadurch von der Umwelt klösterlich abgeschieden. Die Abbildungen zeigen den Lageplan mit dem Campanile (A), dem Torbogen (C) und der kleinen Schule darüber, eine Seiten- und eine Vorderansicht sowie eine Perspektive mit der Kirche, dem dahinterliegenden Campanile und dem Arkadengang. In Bildmitte die walmüberdachte kleine Schule, rechts der Torbogen.

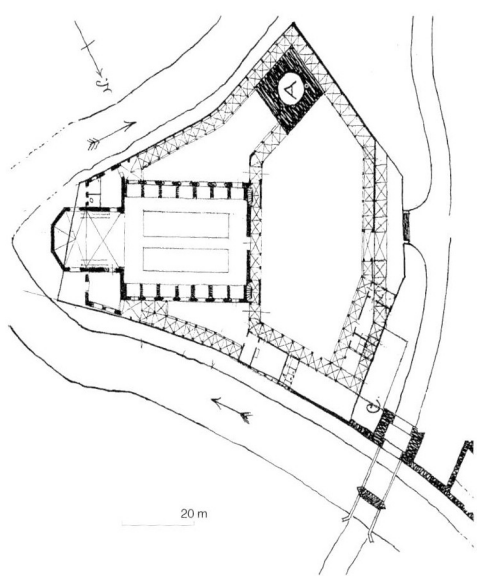

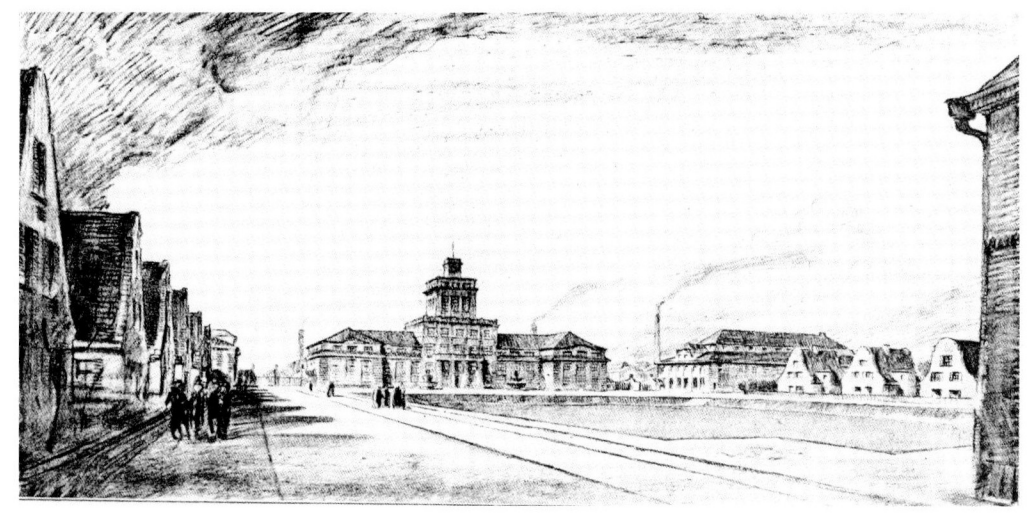

Unter der Leitung Theodor Fischers war Schweizer im Baubüro der Bayrischen Geschützwerke insbesondere mit der Planung des Speisehauses für 3 000 Arbeiter sowie mit der Gestaltung des zentralen Platzes der Wohnsiedlung für Beamte, Meister und Arbeiter befaßt, die Fischer jenseits des eigentlichen Fabrikareals plante. Die Perspektive aus der Zeit um 1918, die von Schweizers Hand stammt, zeigt einen Blick über den von Wohnhäusern für Werkmeister gesäumten Platz auf das Verwaltungsgebäude als Bindeglied zwischen Fabrikanlage und Wohnsiedlung mit den beiden Fabriktoren rechts und links des Gebäudes. Rechts anschließend das Speisehaus.

Lit.: Theodor Fischer, *Öffentliche Bauten*, Leipzig 1922, Teil II, S. 113 ff.

Für das Fach »Entwerfen II (Entwerfen von Bauten größeren Umfangs mit Detailausbildungen)«, das Theodor Fischer lehrte, entwarf Schweizer nach selbstgestelltem Thema im Sommersemester 1917 einen Saalbau für seine Heimatstadt Schramberg im Schwarzwald. Das für die kleine Stadt große Gebäude mit hohem Walmdach und einem den Hauptbaukörper dreiseitig umfassenden Seitenschiff sollte am Rande der Innenstadt stehen zwischen der Uhland- und der Leibbrandstraße auf leicht ansteigendem Gelände, das durch den kleinen Fluß Berneck von der Hauptstraße, der Berneckstraße, getrennt ist – eine städtebauliche Situation, die Schweizer nutzte, um der hochaufragenden Eingangsfassade den notwendigen Freiraum davor zu geben. Die Abbildungen zeigen einen Blick von der Berneckstraße über eine Flußbrücke auf die Eingangsseite des Saalbaus und seine Einbindung in die landschaftliche Situation, den Festsaal mit den Eingangstüren an der Stirnseite, seitlichen Portalen zu weiteren kleineren Sälen und den Zuschauergalerien in den Seitenschiffen.

Im Sommersemester 1917 entwarf Schweizer für das Fach »Entwerfen I (Renaissancebaukunst)« bei Friedrich von Thiersch und für »Übungen in der angewandten Perspektive« ein kleines Theater für 150 Zuschauer, das in einem Park stehen sollte. Die Perspektive zeigt einen achsensymmetrischen Baukörper mit Zeltdach in der Formensprache der Renaissance. Im Vordergrund liegt der Haupteingang mit vorgelagerter Säulenhalle; links eine Loggia, der eine gleiche auf der rechten Seite entspricht; dahinter geben großflächige Fensterwände dem Zuschauersaal Licht. Weiteres – gedämpftes – Licht sollte durch den Dachaufsatz in den Saal fallen.

Studienarbeiten 1914–1917
Tätigkeit bei Theodor Fischer 1917–1919

Nach seiner Lehre als Geometer holte Schweizer das Abitur nach und begann im Wintersemester 1914/15 das Studium der Architektur an der »Königlichen Technischen Hochschule zu Stuttgart«. Nach drei Semestern wechselte er an die »Königlich Bayrische Technische Hochschule zu München«, legte dort sein Vordiplom ab und studierte unter anderem bei Friedrich von Thiersch und, maßgebend, bei Theodor Fischer, bei dem er die Fächer Städtebau und Entwerfen belegt hatte. Nach seinem Hauptdiplom im Sommersemester 1917, das er durch Fischers Eintreten mit verkürzter Studienzeit nach nur sechs Semestern Gesamtstudiendauer »mit Auszeichnung« bestand, arbeitete Schweizer im Baubüro der »Bayrischen Geschützwerke Friedrich Krupp KG« in München-Freimann, die Theodor Fischer in den Jahren 1916–19 plante und zum Teil auch baute. Nach einem Zeugnis Fischers war Schweizer mit Bauführungsaufgaben sowie mit der Erarbeitung von Entwurfs- und Werkzeichnungen beauftragt; sowohl während seiner Studienzeit wie in der Praxis habe Schweizer seltenen Eifer an den Tag gelegt und sehr bemerkenswerte Fortschritte gemacht.

Im Wintersemester 1916/17 bearbeitete Schweizer für die Fächer »Formen- und Stillehre der romanischen und gotischen Baukunst« und »Ornamenten- und Figurenzeichnen« den »Entwurf zu einer katholischen Kirche«. Über rechteckig geschnittenem Grundriß mit herausgezogenem Chor erhebt sich ein saalartiges Kirchenschiff mit hohem Satteldach, das ein hölzernes Tonnengewölbe überdeckt. In den Zwickeln zwischen Schiff und Chor sind auf der einen Seite der Turm, auf der anderen Seite die Sakristei angeordnet. Eine offene Vorhalle schützt die beiden fast an den Außenwänden liegenden Portale sowie das Relief eines Gefallenendenkmals zwischen ihnen. Die schweren romanisierenden Formen des Äußeren und die Gestaltung des Turmes erinnern an Klöster in Schweizers Schwarzwälder Heimat.

Für das von Friedrich von Thiersch gelehrte Fach »Gebäudekunde« entwarf Schweizer in den »Übungen in der dekorativen Architektur« im Sommersemester 1917 ein Dorfschulhaus mit Lehrerwohnung. Das Schulhaus, zwei Geschosse hoch mit weit überstehendem Walmdach, bildet mit dem niedrigeren und einfacher gestalteten Lehrerhaus einen rechten Winkel, an dem die Eingänge liegen. Die Südfassade, die die Abbildung zeigt, ist, betont durch den Dachaufsatz, den Uhrenerker und die Fassadengliederung, klappsymmetrisch aufgebaut, eine Symmetrie, die aber durch die Zurückhaltung des Mittelfeldes, durch die Fenster der Klassenzimmer links und Loggien in beiden Geschossen rechts, weitgehend zurückgedrängt ist.

Bebauungsplan für das Havelufer bei Gatow/Kladow/Groß-Glienicke in Berlin

Wettbewerb (Kennwort: »Linie«)
1913

Nach seiner Lehrzeit als Geometer beteiligte sich Schweizer an diesem Wettbewerb als erste selbständige Arbeit, durch die er letztlich zum Studium der Architektur geführt wurde. Für ein etwa 1650 ha großes Gelände, 15 bis 20 km vom Stadtzentrum entfernt im Südwesten Berlins am jenseitigen Havelufer im Bereich der Gemeinden Gatow, Kladow und Groß-Glienicke gelegen, war ein Bebauungsplan zu entwerfen. Das wellige Gelände, das zur Havel hin stark abfällt, sollte den Charakter eines reinen Wohngebietes mit eigenem Geschäftszentrum erhalten. Für die Erschließung schlug Schweizer vor, eine Eisenbahnlinie mit fünf Bahnhöfen längs durch das Gebiet hindurchzuleiten und zusätzlich, von Osten nach Westen führend, eine Schnellbahnlinie, die die Verbindung zur Innenstadt über eine neue Havelbrücke, eine die Landschaft kaum störende Hängekonstruktion, hergestellt hätte. Parallel zu beiden Bahntrassen sollten die Hauptverkehrsstrassen laufen, die Dörfer Gatow und Kladow durch Umgehungsstraßen umfahren werden.

Schweizer ging davon aus, daß das Landschaftsbild durch die Bebauung nicht beeinträchtigt werden dürfe. Das Ufer der Havel sollte von Gebäuden weitgehend frei gehalten werden, ebenso das des Groß-Glienicker Sees.

Die vorhandenen Grünflächen faßte er zu einem geschlossenen Grünzug zusammen, so daß man, nur durch die vorgesehene Havelbrücke unterbrochen, von Berlin her durch den Grunewald über den neuen Grünzug zum Glienicker See und weiter zu den Döberitzer Forsten hätte gelangen können.

»Herrschaftshäuser«, »Villenviertel für bessere Bevölkerung«, Wohnungen für den Mittelstand und Kleinwohnungen sollten gebaut werden, wobei Schweizer Wert auf offene Bebauung und ruhige Wohngebiete legte und sich dabei auf die Gartenstadtbewegung berief. Bestimmend für die Gesamtanlage sollte das Geschäftsviertel mit geschlossener Bebauung sein, das in der Planung im Norden von der Schnellbahnlinie, im Nordwesten durch den Hauptbahnhof (im Kreuzungspunkt beider Bahnlinien) und im Westen durch eine in das Dorf Kladow führende Straße begrenzt wird. Das Zentrum dieses Viertels sollte der Rathausplatz sein. Weitere Geschäftsbauten waren längs der Hauptverkehrsstraße vorgesehen. Für öffentliche Gebäude wie Krankenhaus, Schulen, Kirchen, Restaurants, ein Theater und ein Konzerthaus nah dem Havelbrückenkopf sind im Lageplan geeignete Plätze ausgewiesen.

Schweizer schrieb, daß er lange gerade Straßen vermieden habe, um ihnen räumliche Abschlüsse zu geben, und in der Hauptsache sei darauf geachtet worden, daß schöne längliche Baublöcke entstanden. Wenn es irgend möglich gewesen sei, wären die längeren Seiten der Blöcke in die Nord-Süd-Richtung gelegt worden, damit die Häuserreihen zu beiden Seiten der Straße von der Sonne gleich beschienen würden. Hochpunkte nah dem Havelufer wollte er durch kleine Rundbauten als Aussichtsplattformen und Markierungspunkte aus der Fernsicht betonen.

Lit.: »Wettbewerb zwecks Erlangung eines Entwurfes zu einem Bebauungsplan für das rechtsseitige Havelgelände gegenüber dem Grunewald bei Berlin«, in: *Deutsche Bauzeitung*, 47. Jg. 1913, Heft 41, S. 383 f. – »Wettbewerbsnachrichten«, in: *Deutsche Bauzeitung*, 47. Jg. 1913, Heft 38, S. 344; 48. Jg. 1914, Heft 14, S. 152.

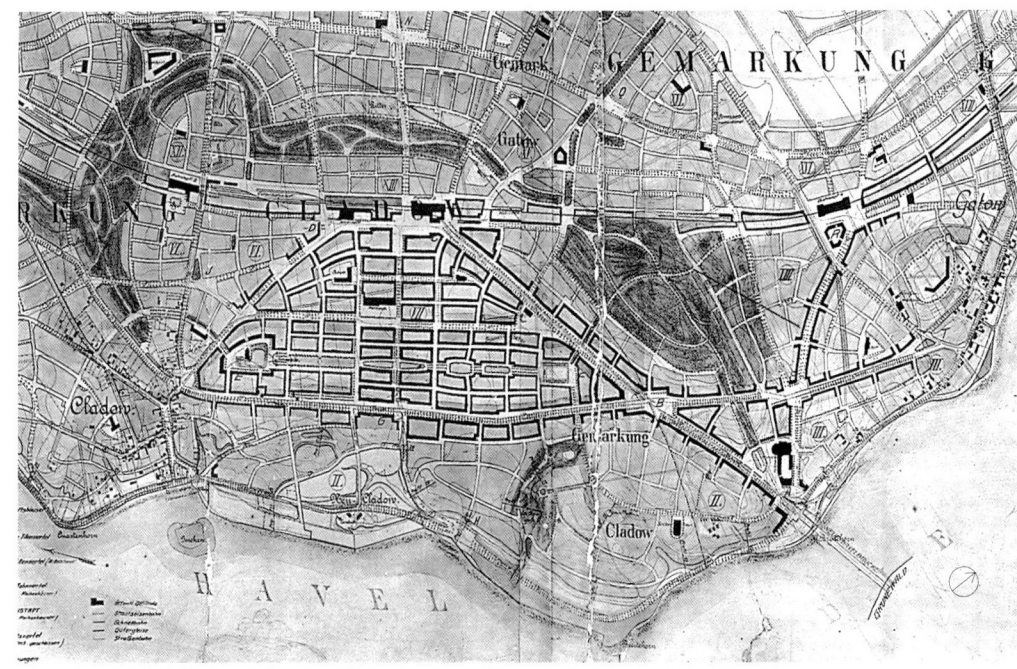

Lageplan. Oben links im Westen liegt der Groß-Glienicker See, unten die Havel mit der vorgeschlagenen Schnellbahn-Brücke rechts. Oberhalb des Brückenkopfes das Theater, links davon nah dem Havelufer das Konzerthaus. Im – durch kräftige Umrandungen der Baublöcke gekennzeichneten – Geschäftszentrum südöstlich des Hauptbahnhofes, in dem sich Eisenbahn- und Schnellbahnlinie kreuzen, liegt das Rathaus, südwestlich davon, am Rande des Zentrums durch Gebäudezüge räumlich begrenzt, der Kirchplatz (S. 262). Bestimmend ist der Grünzug, der von Südwesten nach Osten zur vorgeschlagenen Brücke hin das Gelände durchzieht.

Dem Preisgericht gehörten unter anderem Bruno Möhring und Hermann Muthesius an. Der erste Preis fiel an Bruno Taut mit Rudolf Schaar.

Schweizer schrieb zu seinem Entwurf: »Bei einem Überblick über das zur Bearbeitung gegebene Gebiet fallen sofort die hohen landschaftlichen Reize der Gegend ins Auge. Eine Wanderung durch diese Gegend läßt erkennen, daß die bewaldeten Höhenzüge, die dem Auge des Beschauers durch ihre ruhige Linie einen vollendeten Abschluß geben, die charakteristischen Merkmale sind. Diese dunklen Konturen müssen unbedingt wieder den Rahmen zu dem Städtebild ergeben, das sich vor ihnen aufbauen soll.«

Bauten und Projekte
1913–1961

[169] Brief von Rudolf Schwarz, Köln, 25. 4. 1950.
[170] »Die Welt der Ratio in der modernen Stadt«, in: Otto Ernst Schweizer, *Die architektonische Großform*, a. a. O., S. 29 ff. (S. 32).
[171] Zusammengefaßt in: Otto Ernst Schweizer, *Die architektonische Großform*, a. a. O.
[172] Thomas Mann, Ansprache im Goethejahr, 1949, in: Thomas Mann, *Goethes Laufbahn als Schriftsteller. Zwölf Essays und Reden zu Goethe*, Frankfurt am Main, 1982, S. 321 ff. (S. 320).
[173] Zusammengefaßt in: Otto Ernst Schweizer, *Über die Grundlagen des architektonischen Schaffens*, a. a. O.
[174] S. Anm. 125, S. 55.
[175] Otto Ernst Schweizer, *Über die Grundlagen des architektonischen Schaffens*, a. a. O., S. III f.; Otto Ernst Schweizer, *Die architektonische Großform*, a. a. O., S. 182 ff.; *1930–1960. Otto Ernst Schweizer. Forschung und Lehre*, a. a. O., S. 7 ff. und weitere.
[176] Wilhelm Hausenstein, »Wieder einmal in Karlsruhe«, in: *Münchener Neueste Nachrichten* vom 22. 7. 1930.
[177] »Erziehungsfragen«, in: Otto Ernst Schweizer, *Über die Grundlagen des architektonischen Schaffens*, a. a. O., S. V ff.
[178] Brief an die Abteilung für Architektur, Karlsruhe, 12. 9. 1938, auf eine Anfrage des Reichs- und Preußischen Ministers für Wissenschaft, Erziehung und Volksbildung vom 30. 7. 1938 an die Technischen Hochschulen, »welche Fachgebiete als Ergänzung für die Unterrichtung von Studenten der Ingenieurfächer an den Technischen Hochschulen nach der dortigen Ansicht vertreten sein müssen«.
[179] »Der Architekt, seine Aufgaben und seine Erziehung. I: Der Architekt, von Hans Poelzig, Berlin«, in: *Deutsche Bauzeitung*, 65. Jg. 1931, Heft 53/54, S. 313 f. (S. 314).
[180] Ebd., »III: Erziehungsfragen des Architekten, von Theodor Fischer, München«, S. 316.
[181] Die Bibliothek wurde zusammen mit dem künstlerischen Nachlaß Schweizers vom Institut für Baugeschichte an der Universität Karlsruhe übernommen.
[182] S. Anm. 179.
[183] Brief an die Architektur-Abteilung der Technischen Hochschule Karlsruhe, 18. 12. 1951.
[184] Nach einem Vorlesungsmitschnitt, um 1965 (im Besitz des Verfassers).
[185] Otto Flake, »Old man«, in: *Otto Flake, Werke*, hrsg. v. Rolf Hochhuth und Peter Härtling, Bd. 3, Frankfurt am Main 1974, S. 547 ff.
[186] Otto Flake, *Es wird Abend. Bericht aus einem langen Leben*, Frankfurt am Main, 1980, S. 484, 522.
[187] Alfons Leitl, »Ein Wohnhaus und ein Buch von Otto Ernst Schweizer«, in: *Wasmuths Monatshefte für Baukunst und Städtebau*, 24. Jg. 1940, Heft 10, S. 269 ff. (S. 271).
[188] Friedrich Ostendorf, *Sechs Bücher vom Bauen*, Bd. 1: *Einführung*, Berlin 1922, S. 12.
[189] Vgl. Werner Harting, »Theater. Kinos. Hallenbauten«, in: *Handbuch moderner Architektur*, Berlin 1957, S. 705 ff.; Roberto Aloi, *Architetture per lo spettacolo*, Mailand 1958; Hannelore Schubert, *Moderne Theaterbauten*, Stuttgart/Bern 1971.
[190] Otto Ernst Schweizer, »Ein Entwurf für ein Theater mit 1200 Sitzplätzen, 1946«, in: *1930–1960. Otto Ernst Schweizer. Forschung und Lehre*, a. a. O., S. 168.
[191] Otto Ernst Schweizer, Erläuterungsbericht zum Entwurf für den Neubau des Nationaltheaters Mannheim, 1953 (Maschinenmanuskript).
[192] »Architektur und Technik«, in: Otto Ernst Schweizer, *Über die Grundlagen des architektonischen Schaffens*, a. a. O., S. XI f.
[193] Justus Bier, *Otto Ernst Schweizer*, a. a. O., S. V.
[194] *1930–1960. Otto Ernst Schweizer. Forschung und Lehre*, a. a. O., S. 3.
[195] Richard Döcker, »Zum 70. Geburtstag von Professor Otto Ernst Schweizer«, in: *Architektur und Wohnform*, 68. Jg. 1960, Heft 4, S. 22.
[196] Justus Bier, *Otto Ernst Schweizer*, a. a. O., S. 2.
[197] Hans Eckstein, »Otto Ernst Schweizer – Planer der Bundeshauptstadt«, in: *Süddeutsche Zeitung* vom 27. 4. 1950.
[198] Werner Hegemann, *Die Bauten der großen Ausstellung für Gesundheitspflege, soziale Fürsorge und Leibesübungen, Düsseldorf 1926*, a. a. O., S. 483.
[199] Justus Bier, *Otto Ernst Schweizer*, a. a. O., S. VII.
[200] Bruno Taut, *Die Stadtkrone*, Jena 1919, S. 58 ff.
[201] Bruno Taut, »Haus des Himmels«, in: Bruno Taut, *Frühlicht*, a. a. O., S. 33 ff. (Neuausgabe).
[202] Beischrift auf den Skizzenblättern.
[203] »Die neue Stadt«, in: Otto Ernst Schweizer, *Über die Grundlagen des architektonischen Schaffens*, a. a. O., S. VII ff. (S. VII).
[204] Diplomarbeit Wintersemester 1960/61: *Stätte für Forschung und Lehre, Kulturstadt*, 17. 11. 1960 (Maschinenmanuskript).
[205] Otto Ernst Schweizer, »Die Kulturstadt. Stätte für Forschung und Lehre«, in: *1930 bis 1960. Otto Ernst Schweizer. Forschung und Lehre*, a. a. O., S. 144.
[206] Otto Ernst Schweizer, *Die architektonische Großform*, a. a. O., S. 142, und in: *1930–1960. Otto Ernst Schweizer. Forschung und Lehre*, a. a. O., S. 162.
[207] »Die Großkirche. Studentenentwürfe«, in: *1930–1960. Otto Ernst Schweizer. Forschung und Lehre*, a. a. O., S. 162 ff.
[208] Achim Wendschuh, *Brüder Luckhardt und Alfons Anker*, Schriftenreihe der Akademie der Künste, Bd. 21, Berlin 1990, S. 39 ff.
[209] Richard Döcker, »Ein Beitrag zu städtebaulichem Weiterschaffen«, in: *Der Städtebau*, 18. Jg. 1921, Heft 3/4, S. 36 ff. (Tafel 20); die Auslobung der Turmhaus-Actiengesellschaft Berlin eines »Ideenwettbewerbes zur Erlangung von Entwurfsskizzen für die Bebauung des Geländes am Bahnhof Friedrichstraße in Berlin mit einem Hochhaus« ist auf den 1. November 1921 datiert.
[210] Otto Ernst Schweizer, Erläuterungsbericht zum Ideenwettbewerb Hochhaus Friedrichstraße, 1921 (Maschinenmanuskript).
[211] Bruno Taut, »Büro- und Geschäftshaus auf dem Kaiser-Wilhelm-Platz in Magdeburg«, und: »Gefallenendenkmal für Magdeburg«, in: Bruno Taut, *Frühlicht*, a. a. O., S. 80 ff. bzw. 109 ff. (Neuausgabe).
[212] »Ein Börsenhof in Königsberg«, in: Zweites Blatt der Abendausgabe der *Königsberger Hartungschen Zeitung* vom 26. 5. 1922.
[213] Heinrich de Fries, »Der Münsterplatz in Ulm«, in: *Bausteine*, 1925, Heft 1, S. 2 ff. (S. 21, 40).
[214] *1930–1960. Otto Ernst Schweizer. Forschung und Lehre*, a. a. O., S. 162.
[215] Otto Ernst Schweizer, *Gedanken über die Gestaltung des Zusammenflusses von Rhein und Mosel*, 1946, Maschinenmanuskript.

[111] Wettbewerbsentwurf »Johanniskirche und Gemeindesaal in Mülheim an der Ruhr«, 1960 (Maschinenmanuskript).
[112] Beitrag von Ludwig Mies van der Rohe über Hochhäuser, in: *Frühlicht. Eine Folge für die Verwirklichung des neuen Baugedankens*, hrsg. v. Bruno Taut, 1. Jg. 1921/22, Heft 4, S. 122 ff. (neu hrsg. v. Ulrich Conrads, Berlin/Frankfurt am Main/Wien 1963, S. 212 ff).
[113] Otto Ernst Schweizer, »Formprobleme«, 25. 7. 1949/10. 8. 1949 (Maschinenmanuskript).
[114] Otto Ernst Schweizer, »Die neue Architektur«, in: *einhorn. Das neue Schwäbisch Gmünd*, 1956, Heft 19, S. 194 f.
[115] Otto Ernst Schweizer, *Über die Grundlagen des architektonischen Schaffens*, a. a. O., S. III.
[116] Otto Ernst Schweizer, *Die architektonische Großform*, a. a. O., S. 58.
[117] Ebd., S. 59.
[118] Hans Jantzen, *Kunst der Gotik. Klassische Kathedralen Frankreichs. Chartres, Reims, Amiens*, Hamburg 1957, S. 91; Hans Jantzen, *Die Gotik des Abendlandes. Idee und Wandel*, Köln 1963, S. 169.
[119] Otto Ernst Schweizer, *Über die Grundlagen des architektonischen Schaffens*, a. a. O., S. IX.
[120] Vgl. Immo Boyken, »Gestaltetes Eisen. Aussichtstürme in Südwest-Deutschland und in der nördlichen Schweiz im späten 19. und beginnenden 20. Jahrhundert«, in: *Erhalten historisch bedeutsamer Bauwerke*, Jahrbuch 1987, Berlin 1988, S. 155 ff.
[121] Ebd., 185; *Bruno Taut. 1880–1938*. Ausstellungskatalog der Berliner Akademie der Künste, Berlin 1980, S. 41 f.
[122] Nach einem Vorlesungsmitschnitt im Wintersemester 1963/64 (im Besitz des Verfassers).
[123] Alkoholfreie Gaststätte und Sonnenbadcafé: *Moderne Bauformen. Monatshefte für Architektur und Raumkunst*, 31. Jg. 1932, Heft 10, S. 510 ff.; Justus Bier, *Otto Ernst Schweizer*, Berlin/Leipzig/Wien 1929, S. 44 ff. Milchhof in Nürnberg: *Moderne Bauformen. Monatshefte für Architektur und Raumkunst*, 32. Jg. 1933, Heft 6, S. 318. Stadionanlage in Wien: *Der Baumeister. Monatshefte für Architektur und Baupraxis*, 30. Jg. 1932, Heft 1, S. 28, 33; *Baugilde. Zeitschrift des Bundes Deutscher Architekten*, 13. Jg. 1931, Heft 16, S. 1317; *Zeitschrift des österreichischen Ingenieur- und Architektenvereins*, 1931, Heft 33/34 und 35/36.
[124] Vgl. Immo Boyken, »Vorgefertigte Eisenkirchen. Material und Form im Widerspruch«, in: *Erhalten historisch bedeutsamer Bauwerke*, Jahrbuch 1988, Berlin 1989, S. 191 ff.
[125] Otto Ernst Schweizer, »Die architektonische Bewältigung unseres Lebensraumes«, in: *Darmstädter Gespräch 1951. Mensch und Raum*, Darmstadt 1952, S. 53 ff. (S. 58).
[126] Otto Ernst Schweizer, »Zweites Kollegiengebäude«, in: *Festschrift der Universität Freiburg zur Eröffnung des Zweiten Kollegiengebäudes*, hrsg. v. Johannes Vincke, Freiburg im Breisgau 1961, S. 6* ff.
[127] Otto Ernst Schweizer, Rede zur Einweihungsfeier des Kollegiengebäudes, 1. 3. 1962 (Maschinenmanuskript).
[128] Otto Ernst Schweizer, Erläuterungsbericht zum Bau eines Theaters, Konzert- und Versammlungsraumes in Freiburg/Br., 23. 5. 1946 (Maschinenmanuskript).
[129] S. Anm. 125, S. 59.
[130] *Bauen '20–'40. Der niederländische Beitrag zum Neuen Bauen*, Ausstellungskatalog, Amsterdam 1971, S. 94.
[131] S. Anm. 114.
[132] »Zur architektonischen Großform«, in: Otto Ernst Schweizer, *Die architektonische Großform*, a. a. O., S. 10 ff. (S. 10 f.).
[133] Otto Ernst Schweizer, *Die architektonische Großform*, a. a. O., S. 130.
[134] Otto Ernst Schweizer, *Gedanken und Erläuterungen zur Bebauung zwischen Basilika und Mustorstraße in Trier*, Gutachten, 1961 (Maschinenmanuskript).
[135] Otto Ernst Schweizer, »Der Ausbau der Altstadt von Mannheim und das Problem der Citybauten«, in: *Mannheimer Hefte*, hrsg. v. d. Gesellschaft der Freunde Mannheims und der ehemaligen Kurpfalz (Mannheimer Altertumsverein von 1859), 1953, Heft 1, S. 4 ff.
[136] Schweizer selbst sagt dies in seinem Aufsatz: »Der Ausbau der Altstadt von Mannheim...«, in: ebd. sowie in seinem Buch *Die architektonische Großform*, a. a. O., S. 58.
[137] In den meisten Veröffentlichungen der Nürnberger Stadionanlage ist der Rohbau abgebildet, der aber nicht als ein solcher gekennzeichnet ist, sondern endgültig zu sein scheint.
[138] Walter Curt Behrendt, *Alfred Messel*, Berlin 1911.
[139] Joseph Maria Olbrich, *Architektur* (vollständiger Nachdruck der drei Originalbände von 1901 bis 1914), Tübingen 1988, S. 249 ff.
[140] *Paul Bonatz und seine Arbeiten aus den Jahren 1907 bis 1937*, hrsg. v. Friedrich Tamms, Stuttgart 1937; »Paul Bonatz«, in: *Baukunst*, 4. Jg. 1928, Heft 5, S. 111 ff.
[141] »Fünf Jahre Kölner Hochbauamt. 1925-1930. Prof. Adolf Abel und seine Mitarbeiter«, in: *Baukunst*, 7. Jg. 1931, Heft 5/6.
[142] Adolf Behne, *Max Taut. Bauten und Pläne*, Berlin/Leipzig/Wien/Chicago 1927, S. 36 f., S. 72.
[143] Paul Joseph Cremers, *Peter Behrens. Sein Werk von 1909 bis zur Gegenwart*, Essen 1928, S. 27, 31, 49, 53.
[144] Theodor Heuss, *Hans Poelzig. Bauten und Entwürfe*, Berlin 1939, S. 98 f., 204.
[145] Carl Meissner, *Wilhelm Kreis*, Essen 1925, Tafel 22 f.; Werner Hegemann, »Die Bauten der großen Ausstellung für Gesundheitspflege, soziale Fürsorge und Leibesübungen, Düsseldorf 1926«, in: *Wasmuths Monatshefte für Baukunst*, 10. Jg. 1926, S. 477 f.
[146] Schweizers Skizzenheft Nr. 10 (Gmünd 1921); Werner Hegemann, »Emil Fahrenkamp und der Sieg der Rheinländer im Schauseiten-Wettbewerb der ›D.A.Z.‹«, in: *Wasmuths Monatshefte für Baukunst*, 9. Jg. 1925, S. 1 ff.
[147] Walter Klein, *Gmünder Kunst der Gegenwart*, Stuttgart 1924, S. 38; hierin auch: Otto Ernst Schweizer, »Das Problem der Stadterweiterung von Gmünd«, S. 49 ff.
[148] Piergiacomo Bucciarelli, *Fritz Höger. Maestro anseatico. 1877–1949*, Venedig 1991, S. 94 ff., 134 ff., 128 ff., 160.
[149] Immo Boyken, »Fritz Högers Kirche am Hohenzollernplatz in Berlin – Architektur zwischen Expressionismus und ›Neuer Sachlichkeit‹«, in: *architectura, Zeitschrift für Geschichte der Baukunst*, Bd. 15, 1985, Heft 2, S. 179 ff. (S. 198).
[150] Otto Ernst Schweizer, *Sportbauten und Bäder*, Berlin/Leipzig 1938, S. 110, 77.
[151] Eine Ansichtskarte von diesem Gebäude ist Schweizers Skizzenheft Nr. 83 (1. 2. 35 – 9. 5. 35) beigeklebt.
[152] Dem Standortlazarett-Projekt lag ein vorgegebener Musterentwurf zugrunde, der nur in Einzelheiten abgewandelt werden konnte.
[153] Otto Ernst Schweizer, »Bundeshauptstadt Bonn: Hotel und Großgarage-Beschrieb«, 1949 (Maschinenmanuskript).
[154] Otto Ernst Schweizer, *Über die Grundlagen des architektonischen Schaffens*, a. a. O., S. VII.
[155] S. Anm. 114 und 115.
[156] Brief an General Schmittlein, Directeur de l'Education Publique, Baden-Baden, 9. 6. 1949.
[157] S. Anm. 134.
[158] Julius Posener, »Stadion i Wien«, in: *Byggmästaren, Tidskrift för Arkitektur och Byggnadsteknik*, 1933, Nr. 2, S. 10 ff.
[159] *Ideenwettbewerb zwecks Erlangung von Vorschlägen für eine städtebauliche Umgestaltung des Stadtteils Norrmalm*. Gutachten des Preisgerichts, Stockholm 1934, S. 83 (Nr. 298).
[160] Otto Ernst Schweizer, Erläuterungsbericht zum Wettbewerb Städtebauliche Umgestaltung des Stockholmer Stadtteils Norrmalm, 25. 2. 1933 (Maschinenmanuskript).
[161] S. Anm. 32, S. 21.
[162] Otto Ernst Schweizer, Referat in der Ministerratssitzung der Landesregierung Baden-Württemberg, 5. 7. 1954, S. 7 f. (Maschinenmanuskript).
[163] Vgl. *Hauptstadt Berlin. Ergebnis des internationalen städtebaulichen Ideenwettbewerbs*, hrsg. v. Bundesminister für Wohnungsbau, Bonn, und v. Senator für Bau- und Wohnungswesen, Berlin, Stuttgart 1960, S. 43 ff.; *Hauptstadt Berlin. Internationaler städtebaulicher Ideenwettbewerb 1957/58*, hrsg. v. d. Berlinischen Galerie, Berlin 1990, S. 75 ff.
[164] S. Anm. 163, S. 87 bzw. S. 116 ff., und: W. Boesiger, *Le Corbusier et son atelier rue de Sèvres 35. Oeuvre complète 1957–1965*, Zürich 1965, S. 230 ff.
[165] S. Anm. 134.
[166] Otto Ernst Schweizer, »Altstadt und Neuzeit, erläutert am Beispiel Nürnberg«, in: *Tag für Denkmalpflege und Heimatschutz. Würzburg und Nürnberg. 1928*. Tagungsbericht, Berlin 1929, S. 253 ff. (S. 258).
[167] S. Anm. 44.
[168] S. Anm. 38.

zum Projekt »Neugestaltung des Königsplatzes in München«, 1948, Mascinenmanuskript.
⁴³ Otto Ernst Schweizer, *Die architektonische Großform,* a. a. O., S. 21 ff.
⁴⁴ Otto Ernst Schweizer, »Zur Neugestaltung des Stadtkerns von Gießen«, 18. 12. 1947, Maschinenmanuskript.
⁴⁵ »Das Reichsparteitagsgelände in Nürnberg«, in: *Die Kunst im Dritten Reich*, Aus gabe B, 2. Jg. 1938, Folge 9, S. 263 ff.
⁴⁶ Werner March, *Bauwerk Reichssportfeld*, Berlin 1936, S. 27 ff., Tafel 21 ff.
⁴⁷ Otto Ernst Schweizer, *Über die Grundlagen des architektonischen Schaffens*, a. a. O., S. VII.
⁴⁸ Otto Ernst Schweizer, *Die architektonische Großform*, a. a. O., S. 21 f.
⁴⁹ S. Wolfgang Bachmann, »Bescherung auf dem Römerberg. ›Historische Ostzeile‹ mit Anschlußbauten in Frankfurt«, in: *Bauwelt*, 74. Jg. 1983, Heft 46/47, S. 1862 ff.
⁵⁰ *Der Marktplatz zu Hildesheim. Dokumentation des Wiederaufbaus*, Hildesheim 1989.
⁵¹ Otto Ernst Schweizer, »Form aus dem Ganzen«; hier in: »Aufbau eines neuen Stadtzentrums«, 8. 5. 1948/18. 5. 1948, S. 3 (Maschinenmanuskript).
⁵² Otto Ernst Schweizer, »Form aus dem Ganzen«; hier in: »Die ideale Stadt«, 24. 3. 1953, Maschinenmanuskript.
⁵³ Otto Ernst Schweizer, *Die architektonische Großform*, a. a. O., S. 146 (»Die Thermen. Wien, großstädtisches Kultur- und Erholungszentrum 1929«).
⁵⁴ *1930–1960. Otto Ernst Schweizer. Forschung und Lehre*, a. a. O., S. 62.
⁵⁵ Erläuterungsbericht zum Wettbewerb »Haus der Arbeit«, in: Otto Ernst Schweizer, *Über die Grundlagen des architektonischen Schaffens*, a. a. O., S. 2.
⁵⁶ Otto Ernst Schweizer, »Vom Wesen des Architektonischen«, in: *Badische Werkkunst*, 3. Jg. 1932, Heft 1–4 (Sonderheft: »Lehrweg und Beruf«), S. 40 f. Schweizer versucht in seinem Beitrag »Klarheit zu schaffen, wo die Probleme der Gestaltung liegen, damit die Gedanken und Voraussetzungen geklärt werden können, welche zu einer architektonischen Einheit hinführen«. In seinem Buch *Über die Grundlagen des architektonischen Schaffens*, a. a. O., in dem das »Haus der Arbeit« publiziert ist, wiederholt er seine Gedanken sinngemäß.
⁵⁷ Planbeischrift.
⁵⁸ Winfried Nerdinger, »Walter Gropius (Ausstellungskatalog), Berlin 1985, S. 263.
⁵⁹ »Paul Ludwig Troost«, in: *Die Kunst im Dritten Reich*, Ausgabe B, 2. Jg. 1938, Folge 10, S. 2 ff.
⁶⁰ »Die Reichskanzlei«, in: *Die Kunst im Dritten Reich,* Ausgabe B, 3. Jg. 1939, Folge 7, S. 277 ff.
⁶¹ Die Titel der Zeitschriften sind bei den entsprechenden Projekten angegeben.
⁶² Schweizers Forschungsvorhaben »Die Erforschung der Hangbebauung« und »Das Wohnungsproblem in Beziehung zum Stadtganzen unter besonderer Berücksichtigung der Volkswohnung« werden von der »Stiftung zur Förderung von Bauforschungen« mit Sitz Berlin finanziert (nach Brieffragmenten der Stiftung sowie Schreiben Schweizers aus den Jahren 1936, 1937 und 1941).
⁶³ Gutachten für Verleger vom 8. 8. 1938 von der Reichsstelle zur Förderung des Deutschen Schrifttums bei dem Beauftragten des Führers für die gesamte geistige und weltanschauliche Erziehung der NSDAP, Berlin.
⁶⁴ »Die Stadt der Hermann-Göring-Werke«, in: *Städtebau. Zeitschrift der Deutschen Akademie für Städtebau, Reichs- und Landesplanung*, 4. Jg. 1939, S. 77 ff., und in: *Bauwelt*, 30. Jg. 1939, Heft 36, S. 1 ff.; *Baugilde*, 21. Jg. 1939, Heft 24, S. 779 ff.; Hans Bernhard Reichow, *Organische Stadtbaukunst*, Braunschweig 1948.; Niels Gutschow, »Die ersehnte Katastrophe«, in: *Die Zeit* vom 8. Januar 1988.
⁶⁵ Undatiertes Maschinenmanuskript (nach 1937). Der Vortrag wurde im Zusammenhang mit Schweizers Projekt »Standortlazarett in Karlsruhe« gehalten.
⁶⁶ *Deutsche Wissenschaft. Arbeit und Aufgabe* (Festschrift zum 50. Geburtstag Adolf Hitlers), Leipzig 1939.
⁶⁷ Otto Ernst Schweizer, »Architektur«, in: ebd., S. 1 f.
⁶⁸ Franco Borsi, *Die monumentale Ordnung. Architektur in Europa 1929–1939*, Stuttgart 1987, S. 32 f.
⁶⁹ Eduard Schönleben, *Fritz Todt. Der Mensch. Der Ingenieur. Der Nationalsozialist*, Oldenburg 1943.
⁷⁰ Rudolf Lodders, »Zuflucht im Industriebau«, in: *Baukunst und Werkform*, 1947, Heft 1, S. 37 ff.
⁷¹ *E. Gunnar Asplund Architect. 1885–1940*, hrsg. v. Svenska Arkitekters Riksförbund, Stockholm 1950, S. 184 ff.
⁷² *Hans Döllgast. 1891–1974*, München 1987, S. 45 ff. (Erich Altenhöfer, »Hans Döllgast und die alte Pinakothek«).
⁷³ Otto Ernst Schweizer, Erläuterungsbericht zum Wettbewerb »Haus der Arbeit«, 1934, Maschinenmanuskript.
⁷⁴ Das Projekt ist möglicherweise im Zusammenhang mit Schweizers Bewerbung um die Stelle eines »Stadtbaurates der Hauptstadt der Bewegung« München im Jahr 1937 entstanden (Brief an den Ersten Beigeordneten der Hauptstadt der Bewegung, Bürgermeister Dr. Tempel, München, 25. 3. 1937).
⁷⁵ Otto Ernst Schweizer, Erläuterungsbericht zum Projekt »Neugestaltung des Königsplatzes in München«, 1948, Maschinenmanuskript.
⁷⁶ Otto Ernst Schweizer, *Über die Grundlagen des architektonischen Schaffens*, a. a. O., S. 4.
⁷⁷ Ebd., S. 5.
⁷⁸ »Neugestaltung Baden-Badens«, in: *Der Führer* vom 19. 2. 1938.
⁷⁹ Otto Ernst Schweizer, Erläuterungsbericht zum Wettbewerbsentwurf »Ausbau der Kurstadt Baden-Baden«, 1936/37 (Maschinenmanuskript).
⁸⁰ Titel einer Perspektive der Wettbewerbsplanung.
⁸¹ *Otto Ernst Schweizer. Die Schüler zum sechzigsten Geburtstag ihres Meisters*, a. a. O., S. 15; Otto Ernst Schweizer, *Die architektonische Großform*, a. a. O., S. 118 f.
⁸² Otto Ernst Schweizer, Erläuterungsbericht zum Projekt »Standortlazarett in Karlsruhe«, 1938/39, Maschinenmanuskript.
⁸³ »Über das Wesen des Architektonischen«, in: Otto Ernst Schweizer, *Über die Grundlagen des architektonischen Schaffens*, a. a. O., S. III f. (S. IV).
⁸⁴ S. Anm. 81, S. 14/15 bzw. 120/121.
⁸⁵ Otto Ernst Schweizer, *Über die Grundlagen des architektonischen Schaffens*, a. a. O., S. VI.
⁸⁶ Ebd., S. III.
⁸⁷ Ebd., S. 27.
⁸⁸ *1930–1960. Otto Ernst Schweizer. Forschung und Lehre*, a. a. O., S. 144 ff.
⁸⁹ Otto Ernst Schweizer, *Die architektonische Großform*, a. a. O., S. 59.
⁹⁰ Egon Eiermann, »Unsere Freiheit morgen«, 1963, Maschinenmanuskript.
⁹¹ Otto Ernst Schweizer, Rede zur Einweihung des Stadions in Wien, 18. 3. 1931, Maschinenmanuskript.
⁹² Skizzenheft Nr. 58, 1930.
⁹³ Otto Ernst Schweizer, Erläuterungsbericht zum Projekt »Institutsgebäude für die philosophische Fakultät im Marstallhof«, 1959, Maschinenmanuskript.
⁹⁴ »Präzision auf Widerruf«, in: *Der Spiegel*, 26. Jg. 1972, Heft 41, S. 196.
⁹⁵ Otto Ernst Schweizer, *Über die Grundlagen des architektonischen Schaffens*, a. a. O., S. III.
⁹⁶ Ebd., S. XII.
⁹⁷ Brief an Richard Döcker, Stuttgart, 15. 1. 1951.
⁹⁸ Otto Ernst Schweizer, *Die architektonische Großform*, a. a. O., S. 46.
⁹⁹ Otto Ernst Schweizer, *Über die Grundlagen des architektonischen Schaffens*, a. a. O., S. 5.
¹⁰⁰ Otto Ernst Schweizer, Erläuterungsbericht zur Erweiterung des Kollegiengebäudes der Universität Freiburg, 18. 4. 1961 (Maschinenmanuskript).
¹⁰¹ Otto Ernst Schweizer, *Über die Grundlagen des architektonischen Schaffens*, a. a. O., S. IV.
¹⁰² Planbeischrift.
¹⁰³ Otto Ernst Schweizer, *Die architektonische Großform*, a. a. O., S. 108.
¹⁰⁴ Otto Ernst Schweizer, *Über die Grundlagen des architektonischen Schaffens*, a. a. O., S. III f.
¹⁰⁵ Notiz auf einer Ansichtskarte, 3. 5. 1936.
¹⁰⁶ Notiz auf einer Ansichtskarte, 17. 4. 1958.
¹⁰⁷ Studienreise auf Einladung der französischen Militärregierung, 1949. Teilnehmer waren unter anderem Richard Döcker, Rudolf Schwarz und Otto Ernst Schweizer.
¹⁰⁸ Notizen Schweizers über Auguste Perret und moderne französische Architektur (Maschinenmanuskript).
¹⁰⁹ »Chronique artisque«. Bericht über die Studienreise (s. Anm. 107), 25. 5. 1949 (Maschinenmanuskript).
¹¹⁰ Otto Ernst Schweizer, *Die architektonische Großform*, a.a.O., S. 58.
¹¹¹ Egon Eiermann, Erläuterungsbericht zum

Im folgenden nicht näher nachgewiesene Quellen befinden sich unveröffentlicht im künstlerischen Nachlaß Otto Ernst Schweizers, der im Südwestdeutschen Archiv für Architektur und Ingenieurbau an der Universität Karlsruhe bewahrt wird.

[1] Aus einer Pressenotiz, die auf einer Bemerkung zum Wiener Stadion aus der *Volkszeitung Wien*, vom 9. 8. 1930 fußt.
[2] Kleinere, für die Bedeutung Schweizers unwesentliche Bauten sind nicht berücksichtigt.
[3] Während Schweizers Arbeiten zu Lebzeiten in wichtigen deutschen und ausländischen Zeitschriften diskutiert werden, sein Name in Nachschlagewerken aufgenommen ist, wird er bald nach seinem Tod kaum noch genannt. Ausnahmen: Henry-Russel Hitchcock, *Architecture Nineteenth and Twentieth Centuries,* Harmondsworth, Middlesex 1958; Ernst Egli, *Geschichte des Städtebaus*, Bd. 3: *Die neue Zeit*, Erlenbach-Zürich/Stuttgart 1967; *Lexikon der Weltarchitektur*, hrsg. v. Nikolaus Pevsner, John Fleming und Hugh Honour, München 1971 (in der erweiterten Neuauflage von 1987, wenn auch in falscher Schreibweise, wenigstens erwähnt); Giulio Carlo Argan, *Die Kunst des 20. Jahrhunderts. 1880–1940*, Frankfurt am Main/Berlin/Wien 1977; Leonardo Benevolo, *Geschichte der Architektur des 19. und 20. Jahrhunderts*, München 1978; Kenneth Frampton, *Die Architektur der Moderne. Eine kritische Baugeschichte*, Stuttgart 1983; *Lexikon der Architektur des 20. Jahrhunderts*, hrsg. v. Vittorio Magnago Lampugnani, Stuttgart 1983; Leonardo Benevolo, *Die Geschichte der Stadt,* Frankfurt/New York 1983; Lewis Mumford, *Die Stadt. Geschichte und Ausblick*, München 1984; Manfredo Tafuri, Francesco Dal Co, *Klassische Moderne*, Stuttgart 1988 (*Weltgeschichte der Architektur*).
[4] Arnold Tschira, »Otto Ernst Schweizer, der Architekt«, in: *Otto Ernst Schweizer und seine Schule. Die Schüler zum 60. Geburtstag ihres Meisters*, Ravensburg (1950), S. 5 ff., und in: *Bauen und Wohnen*, 5. Jg. 1950, Heft 4, S. 197 ff. Tschira hat an der Technischen Hochschule in Karlsruhe unter anderem bei Schweizer studiert und wurde 1950 auf den dortigen Lehrstuhl für Baugeschichte berufen. Seine Diplomarbeit bei Schweizer ist abgebildet in: *Otto Ernst Schweizer: Über die Grundlagen des architektonischen Schaffens*, Karlsruhe 1935, S. 15.
[5] Justus Bier, Einführung, in: *Otto Ernst Schweizer: Die architektonische Großform. Gebautes und Gedachtes*, Karlsruhe 1957, S. 7 ff.
[6] Heinrich Tessenow, *Geschriebenes. Gedanken eines Baumeisters*, hrsg. v. Otto Kindt, Braunschweig/ Wiesbaden 1982 (*Bauwelt-Fundamente,* Bd. 61); *Hans Scharoun. Bauten, Entwürfe, Texte*, hrsg. v. Peter Pfankuch, Berlin 1974; *Hugo Häring. Schriften, Entwürfe, Bauten*, hrsg. v. Heinrich Lauterbach und Jürgen Joedicke, Stuttgart 1965.

[7] Paul Zucker, »Serene Spatial Balance«, Rezension des Buches *Otto Ernst Schweizer: Die architektonische Großform*, a. a. O., *Progressive Architecture*, Vol. 40, 1959, Heft 2, S. 190 ff.
[8] Seinen Entwurf für die Neuordnung der Stadt Bonn nennt Schweizer »Das neue Bonn – Die Stadt der weiten Freiräume« (*Die neue Stadt*, 5. Jg. 1951, Heft 8, S. 297 ff.); s. auch: »Das Problem des Freiraumes in der Architektur«, in: Otto Ernst Schweizer, *Die architektonische Großform*, a. a. O., S. 42 ff.
[9] Otto Ernst Schweizer, »Vom Wiederaufbau zerstörter Städte«. Heft 2 der Schriftenreihe *Der Augenblick*, Baden-Baden 1949, S. 8 f., S. 13 f. (nach einem Vortrag im Radio Stuttgart am 30. 1. 1949).
[10] »Das Problem des Freiraumes in der Architektur«, in: *Otto Ernst Schweizer: Die architektonische Großform*, a. a. O., S. 42 ff. (S. 45).
[11] Briefe von der Deutschen Wochenzeitung *Christ und Welt*, Stuttgart, 11. 11. 1960 und 29. 11. 1960; Antwortschreiben Schweizers, 5. 12. 1960.
[12] »Die neue Stadt«, in: Otto Ernst Schweizer, *Über die Grundlagen des architektonischen Schaffens*, a. a. O., S. VII ff., und in: Otto Ernst Schweizer, *Die architektonische Großform*, a. a. O., S. 186 ff. (S. VII f. bzw. 188f.).
[13] Dem Bebauungsplan für eine Stadtmitte Rheinhausen lag ein Wettbewerb zugrunde, aus dem Schweizer als erster Preisträger hervorging. Teile des Entwurfes führte er in Zusammenarbeit mit Karl Selg aus. Selg hat an der Technischen Hochschule in Karlsruhe studiert und sein Diplom bei Schweizer abgelegt. An verschiedenen Projekten Schweizers war er als Mitarbeiter tätig und veröffentlichte gemeinsam mit ihm die Schrift »Einfamilienhäuser« für das *Handbuch moderner Architektur*, Berlin 1957. Nach Lehraufträgen wurde Selg 1960 auf den Lehrstuhl für Wohnungsbau und Siedlungswesen an der Technischen Hochschule Karlsruhe berufen.
[14] Otto Ernst Schweizer, *Die architektonische Großform*, a. a. O., S. 146.
[15] Walter Schwagenscheidt, »Die Raumstadt«, in: *Neudeutsche Bauzeitung. Mitteilungsblatt des Bundes angestellter Architekten und Ingenieure e. V.*, 1921, Heft 24, S. 139 ff., und Heft 25, S. 147 ff.
[16] Ebd., Heft 25, S. 148, 152.
[17] Bertrand Monnet, Nachruf auf Otto Ernst Schweizer, in: *L'Architecture Française, Equipement Sportif*, III, 1966, S. 100.
[18] Otto Ernst Schweizer, *Sportbauten und Bäder*, Berlin/Leipzig 1938.
[19] Bruno Grimschitz, »Sport und Baukunst. Das Wiener Stadion von Otto Ernst Schweizer«, in: *Münchener Neueste Nachrichten* vom 24. 3. 1931.
[20] Otto Ernst Schweizer, *Die architektonische Großform*, a. a. O., S. 150.
[21] *Olympia und der deutsche Geist. Ausstellung zur XI. Olympiade. Frankfurter Kunstverein*, Ausstellungskatalog, Frankfurt 1936: Beiblatt zum Katalog: Raum III. »Die Wiederbelebung der olympischen Idee und ihr Niederschlag auf die Idee der modernen Stadt (Prof. Otto Ernst Schweizer, Karlsruhe)«.
[22] Tony Garnier, *Die ideale Industriestadt (Une Cité Industrielle)*, hrsg. v. René Jullian, Tübingen 1989. Die Planungen wurden 1904 fertiggestellt, aber – überarbeitet – erst 1917 publiziert.
[23] Ludwig Hilberseimer, *Großstadtarchitektur*, Stuttgart 1927, S. 17 ff.; Ludwig Hilberseimer, *Entfaltung einer Planungsidee*, Berlin/Frankfurt/M./Wien 1963 (*Bauwelt-Fundamente*, Bd. 6).
[24] Le Corbusier, *Städtebau*, hrsg. v. Hans Hildebrandt, Stuttgart/Berlin/Leipzig 1929; Ludwig Hilberseimer, *Großstadtarchitektur*, a. a. O., S. 12 ff.
[25] Hugo Häring, »Zwei Städte«, in: *Die Form*, 1. Jg. 1926, Heft 8, S. 172 ff., und in: *Hugo Häring. Schriften. Entwürfe, Bauten*, a. a. O., S. 17 ff.
[26] Otto Ernst Schweizer, »Über die Grundlagen des architektonischen Schaffens«, a. a. O., S. I.
[27] S. Anm. 12, S. X bzw. S. 193.
[28] Wettbewerbsnachrichten, in: *Baugilde*, 16. Jg. 1934, Heft 2, S. 57, Heft 3, S. 74; vgl. auch: »Häuser der Arbeit. Das Ergebnis des Wettbewerbs der Deutschen Arbeitsfront«, in: *Bauwelt*, 25. Jg. 1934, Heft 32, S. 771 ff.
[29] Notizen zu Assos finden sich in verschiedenen Vorlesungsmanuskripten und auf undatierten Einzelblättern. Zur Agora von Assos: Wolf Koenigs, *Westtürkei. Von Troia bis Knidos*, München/Zürich 1991, S. 49 ff.
[30] S. Anm. 21.
[31] Otto Ernst Schweizer, Gutachten zu einem Ideenwettbewerb über den Wiederaufbau der Stadt Karlsruhe, 25. 3. 1949, S. 3, Maschinenmanuskript.
[32] Otto Ernst Schweizer, »Zur städtebaulichen Neuordnung von Karlsruhe. Aus einem 1943 von der Stadtverwaltung angeforderten Vorschlag. Zum Gebrauch der Studierenden der Technischen Hochschule zu Karlsruhe bei städtebaulichen Studienaufgaben«, Karlsruhe 1948, S. 21 f.
[33] Otto Ernst Schweizer, »Programmatische Darlegung zur baulichen Gestaltung Münchens«, 25. 3. 1937, Maschinenmanuskript.
[34] Otto Ernst Schweizer, »Stadtplanung Stuttgart«, 14. 7. 1953, S. 17 (Maschinenmanuskript).
[35] S. Anm. 27.
[36] S. Schweizers Ausführungen zum Planie-Durchbruch und zum Abriß der Kronprinzenpalais-Ruine auf S. 196 ff. dieser Arbeit.
[37] Otto Ernst Schweizer, *Die architektonische Großform*, a. a. O., S. 22 f.
[38] Brief von Paul Bonatz, Stuttgart, 24. 9. 1953.
[39] S. Anm. 30.
[40] Ebd.
[41] Adolf Abel, *Regeneration der Städte*, Erlenbach-Zürich 1950, S. 53.
[42] Otto Ernst Schweizer, *Die architektonische Großform*, a. a. O., S. 144 ff.; *1930–1960. Otto Ernst Schweizer. Forschung und Lehre*, Stuttgart 1962, S. 81; Erläuterungsbericht

mehr ganz im – damaligen – Tautschen Sinne, weniger sozial-gemeinschaftlicher, geistiger, als mehr pekuniärer Art. Aber als eine Krone kann man den Entwurf schon ansehen, besonders dann, wenn man hinzufügt, daß die Spitzen der Pfeiler des Nachts angestrahlt werden sollten, um funkelnd über den Dächern von Königsberg zu stehen. Natürlich ist die Fassade Dekoration, aber, und da bleibt Schweizer doch ganz er selbst, nicht nur. Die Pfeiler zum Beispiel haben tragende Funktion, im Gegensatz zu Högers *Anzeiger*-Hochhaus, dessen Pfeiler nur vorgeblendet sind – jeder zweite endet unten im Luftraum einer Portalöffnung. Die Funktion hat Schweizer nicht vernachlässigt, und über allem expressionistischen Formwillen steht für ihn die stadträumliche Disposition seiner Bauten, die stimmen sollte und auch stimmt – eine Qualität, die in mehreren Preisgerichtsurteilen aus diesen Jahren hervorgehoben wird. Seine Wettbewerbsarbeit für die Neugestaltung des Ulmer Münsterplatzes von 1924 etwa (S. 74), die durchfällt, wird von dem renommierten Architekturkritiker Heinrich de Fries als eine der stadträumlich besten eingestuft, eine Arbeit, die sich dem Bestehenden sehr wesensverwandt anpasse, ohne dadurch an Charakter einzubüßen.[213]

Schließlich seien hier noch Entwurfsskizzen zu einem Stadthallenprojekt in Nürnberg aus den Jahren um 1925 (S. 78) erwähnt; ein bißchen kristallin, wenn man so will, ein bißchen gotisch, ein bißchen Stadtkrone – alles, was aus der Gedankenwelt der Expressionisten angesprochen wurde, ist verarbeitet. Aber einige Jahre später, um 1930, befaßt sich Schweizer erneut mit dem Projekt und kommt, nachdem er sich eingehend mit dem römischen Pantheon, mit Paul Bonatz' Stadthalle in Hannover und Max Bergs Breslauer Jahrhunderthalle, beide aus den Jahren um 1913/14, befaßt hatte, zu einer Lösung, mit der das expressionistische Formenvokabular – scheinbar wenigstens – vergessen ist, Schweizer auf seinen Kurs einschwenkt und, der Großkirche entsprechend, zu seiner Großform kommt, mit der also dem Gemeinschaftserlebnis großer Massen der angemessene Raum in einer zeitgemäßen architektonischen Gestaltung gegeben werde (S. 79).[214] Das schreibt er 1934, und 1946, als er sich mit der Neuordnung des Deutschen Ecks in Koblenz befaßt (S. 182), notiert er, daß er an ein Pantheon des Geistes denke; jede große persönliche Leistung, welche auf die Geschichte eingewirkt hätte, solle hier vermerkt werden, allen Persönlichkeiten, welche einen Beitrag zur Menschheitserhöhung geleistet hätten, sollte ein Denkmal gesetzt werden. Er denke sich einen Zentralbau mit einer Kuppel, im Äußeren ein Umgang, von dem aus der Blick in die Weite genommen werden könne. Es sei möglich, seiner Idee einen rein architektonischen Ausdruck zu geben in der Form, daß größte Eleganz der Bauglieder aus bestem Material eine strahlende Wirkung ergeben, Durchblick, Freiheit und Leichtigkeit sich wechselseitig mit den Werten der Landschaft begegnen und durchdringen würden.[215]

Das hätte, dem Sinne nach, auch von Taut stammen können, und damit schließt sich der Kreis: Wohl hat Schweizer das Gestalten mit den äußeren Merkmalen expressionistischer Architektur aufgegeben, von der Idee aber bleibt vieles erhalten, und so besehen stehen seine expressionistischen Versuche nicht derart isoliert in seinem Werk, wie es anfangs scheinen mochte, sondern, als Teil eines Ganzen, darin eingebunden.

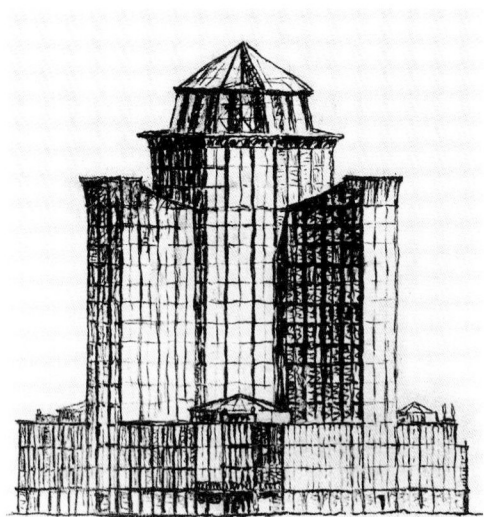

Otto Ernst Schweizer, Hochhaus am Bahnhof Friedrichstraße in Berlin, Projekt, 1921/22.
Fritz Höger, Verlagshaus für den *Hannoverschen Anzeiger*, 1927/28.

ebensowohl Ausspannung als auch »groß«städtisches Leben vermitteln könne. Es müsse ein menschliches Zentrum geboten werden als eine Bereicherung des Lebens in der Stadt, bestehend in dem Erlebnis städtischer Kulturhöhe und ihres geschichtlichen Werdens.[203]

Und haben nicht auch Schweizers Vorstellungen von einer »Kulturstadt«, die ihn bis in die sechziger Jahre hinein beschäftigen, hier einen Ursprung? 1933/34 hatte er von seinem Lehrstuhl unter seiner Leitung die »Kunst-Stadt auf dem Kohlblatt« bei Karlsruhe bearbeiten lassen (S. 165), und im Wintersemester 1960/61 kommt nochmals eine Diplomarbeit mit dem Thema »Kulturstadt« heraus,[204] nachdem er 1956 zur gleichen Problematik geschrieben hatte, es sei eine bedauerliche Tatsache in unserem Kulturleben, daß jede kulturelle Richtung für sich lebe und arbeite. Die Beziehungen untereinander, die doch zur Bildung einer einheitlichen Weltbetrachtung nötig seien, gingen mehr und mehr verloren. Der heutige Mensch werde immer nur von einem Teilgebiet dieser kulturellen Welt erfaßt. Es wäre also eine besondere Aufgabe, alle kulturellen Bestrebungen in ihrer Gesamtheit zusammenzuführen. Wenn nun versucht werden solle, die einzelnen Lebensgebiete aus ihrer Vereinsamung zu befreien und einander entgegenzuführen, so sei das nur möglich, indem die einzelnen Menschen in ihren Tätigkeitsbereichen und in ganz besonderem Maße auch menschlich zusammengeführt würden.[205]

1926/27 hat er das Planetarium gebaut, und wenn man eine der Entwurfsskizzen dazu sieht (S. 84), könnte man darin auch eine Art Tempel erkennen, der den Blick in das All, ein Begriff, der bei Taut und anderen Architekten des Expressionismus vorkommt, scheinbar wenigstens freigibt – ein reduziertes »Haus des Himmels«, wenn man so will. Die Idee der Stadtkrone ist es offenbar, die Schweizer am Expressionismus fesselt, denn seine Gedanken, die sich in den Skizzen von 1939 niedergeschlagen haben, verdichtet er weiter und entwickelt detaillierte Studien zu Zentren der Gemeinschaft, seinen Foren, Studien, die ihn schließlich zu seiner Idee einer Großkirche führen. Denn es bestehe die Aufgabe, dem religiösen Gemeinschaftserlebnis großer Massen den angemessenen Raum in einer zeitgemäßen architektonischen Gestaltung zu geben. Heute würden die Kirchen nur noch für kleine Gemeinschaften errichtet, aber die große Gesellschaft unserer Zeit, wie sie aus der industriellen Entwicklung hervorgegangen sei, verlange nach Sakralbauten, die, ähnlich wie für ihre Zeit die mittelalterlichen Dome, große Menschenmassen zu einem religiösen Gemeinschaftserlebnis vereinen könnten.[206] Dies schreibt er in den dreißiger Jahren (und liegt damit ganz im Fahrwasser Tautscher Gedanken), die Probleme aber behalten für ihn Aktualität, und 1958 gibt er dementsprechend für Studenten der Oberstufe einen Entwurf mit dem Thema Großkirche heraus.[207]

Fast allen Arbeiten Schweizers aus seiner kurzen expressionistischen Zeit liegen, wenigstens im Ansatz, diese Stadtkrone-Gedanken zugrunde, etwa der Neugestaltung des Eingangsbereiches im Wettbewerbsentwurf für den Ausbau des Frankfurter Festhallengeländes von 1924 (S. 72), der durch die große Ausstellungshalle von Friedrich von Thiersch beherrscht wird. Schweizer bildet wiederum eine Art Tempel, und wenn man sein Projekt mit Wassily Luckhardts Idealentwurf »Turm an die Freude« von 1919 vergleicht,[208] dann sieht man, daß beide auf gleichen Denkansätzen aufgebaut sind. Der ganze Expressionismus ist in beiden Phantasien, möchte man fast sagen, enthalten: das Kristalline, das Glas, das Monumentale, das Aufstrebende (das Gotische, wie die Expressionisten sagten, das ja für Schweizer in seinen Architekturbetrachtungen bis in die späten Jahre – wenn auch in anderen Zusammenhängen – von grundlegender Bedeutung ist), besonders aber eben die Idee der Stadtkrone und die Idee der Gemeinsamkeit (eben war hiervon im Zusammenhang mit der »Kulturstadt« und der Großkirche die Rede), die sich in den dichtgedrängt stehenden Menschen am Fuß des Luckhardtschen Turmes ausdrückt, und so, wie Luckhardts Projekt auch ein Ausstellungsgebäude sein könnte, würde umgekehrt Schweizers Entwurf durchaus den Titel »Turm an die Freude« verkraften.

Auch sein Entwurf für das Hochhaus an der Friedrichstraße in Berlin von 1921 (S. 56) ist, wie Fritz Högers aus gleichem Geist entstandenes Verlagshaus für den *Hannoverschen Anzeiger* sieben Jahre später, von diesem Gedanken bestimmt. Zwei Verwaltungsgebäude im großen und ganzen, die funktionieren. Aber darüber steht mehr, wiederum die Idee der Stadtkrone, denn beide Architekten bekrönen ihren Bau; Höger den seinen mit einer kupfergedeckten Kuppel, unter der sich ein Planetarium befindet, mit in Intervallen strahlenden Leuchtfeuern an ihrem Scheitel, deren weit reichendes Licht des Nachts über die Stadt streichend die hannoverschen Gemüter erhöhen sollte, und Schweizer seinen Bau mit einer Haube ganz aus Glas, in kristalliner Form, die bei Dunkelheit das Licht schimmernd nach außen dringen läßt und von innen her den schon angesprochenen Blick in das All freigibt, eine Idee, die vielleicht auf Richard Döckers in vergleichbarer Form gestaltetes Projekt eines Messehauses zurückgeht, das dieser kurz vor der Auslobung des Berliner Wettbewerbes publiziert.[209] Auch eine Art »Haus des Himmels«, wenn man so will, und Schweizer bemerkt, daß er eine Form gewählt habe, die im Stadtbild einen interessanten, fein umrissenen, reinen Anblick geben sollte[210] – rein im Sinne des Glases, des Kristallinen, des Alls, im Sinne eben dessen, was den Expressionisten als Ideal vorschwebte.

Sein Wettbewerbsentwurf für den Börsenhof in Königsberg ein Jahr später (S. 60), der wohl in der Folge der Berliner *Frühlicht*-Ausgaben aus dem Jahr 1920 entstanden ist, in der Folge von Bruno Tauts Bürogebäude auf dem Kaiser-Wilhelm-Platz in Magdeburg oder seinem Gefallenendenkmal dort,[211] steht ebenso für die Idee der Stadtkrone: ein Komplex aus Hotel und Verwaltung, der, so heißt es in der Auslobung, als größtes Gebäude der Stadt dem wirtschaftlichen Leben neue Impulse geben sollte.[212] Eine eher weltliche Bekrönung und nicht

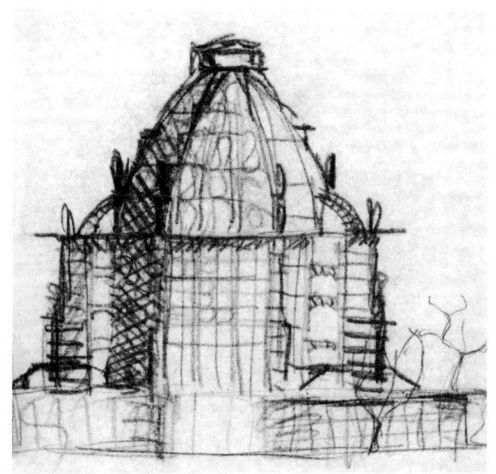

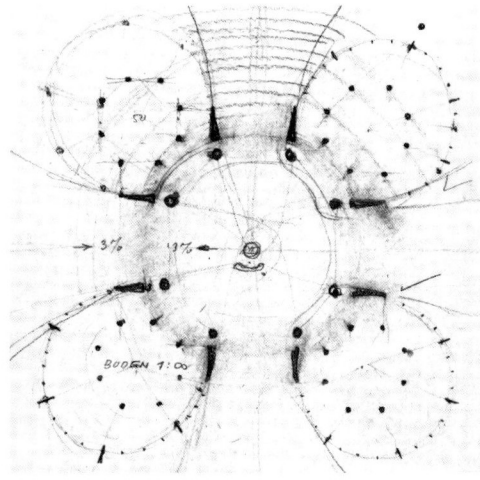

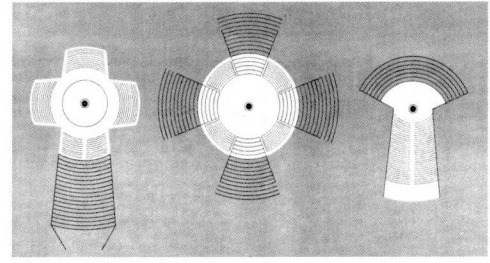

Otto Ernst Schweizer, zwei Skizzen zur Idee einer Stadtkrone, 1939.
Otto Ernst Schweizer, Großkirche, Projekt, 1958.
Schematische Grundrisse.

mit dem es ihm sich aus einer vielleicht zu beengenden Bindung an Theodor Fischer und seinem Werk zu befreien und dessen Lehre als ein mehr geistiges Fundament zu werten gelingt. Das Klinkermauerwerk, das die Kuppel ummantelt, zeige eine meisterliche Beherrschtheit der Form, heißt es in einer Würdigung Schweizers aus den fünfziger Jahren, im Gegensatz zu dem etwa zu gleicher Zeit entstandenen Planetarium auf der Düsseldorfer Gesolei-Ausstellung von Wilhelm Kreis (eben der Ausstellung, auf der auch Schweizer mit seinem zukunftsweisenden Projekt eines 500-Betten-Krankenhauses (S. 82) als terrassierter Pavillonanlage vertreten ist), das in seinem kunstgewerblichen Monumentalismus ein Gegenbeispiel zu baumeisterlicher Disziplin sei,[197] eine architektonische Attrappe, die altertümelnd an Grabmäler sagenumwobener Gotenkönige oder, vom Ehrenhof aus, an palisadenbewehrte Schutz- und Trutzburgen grauer Vorzeit erinnere.[198] Wie auch immer, so sehr entfernt scheint dieser Bau mit seinen Pfeilerreihen von Schweizers Architekturvorstellungen ja nicht zu sein; er ist es, genauer besehen, aber doch. Denn die meisten der Pfeiler sind nur vorgeblendet, tragen nichts außer sich selbst, sind also Attrappe, und das ist etwas, was Schweizer im Denken und Bauen entschieden ablehnt.

Wenn man sich allerdings sein Planetarium etwas genauer betrachtet, dann sieht man zum einen, daß die Klinkerwände weit über den Kuppelansatz hochgezogen sind, die Kuppel also in einer Art Senkkasten verschwindet – ebenfalls eine Attrappe, muß man wohl zugeben, wenn auch, wie eine Folge von Vorentwürfen zeigt, städtebauliche Überlegungen zu dieser Form führen, und daß zum anderen die Eingangsseite mit Relieffeldern in Dreiecksform sowie die äußere Wandung des Zylinders (wenn auch hier äußerst flach und auf den Photographien von Schweizer später retuschiert) mit einem Fries der Sternbilder des Tierkreises geschmückt sind; man fühle, schreibt Justus Bier, im Gesamtentwurf doch die Auseinandersetzung zwischen zwei widerstrebenden architektonischen Grundanschauungen, die miteinander stritten, eine bildmäßige, einbindende, und eine funktionelle, um jegliche Ausgleichung unbekümmerte, von neuen konstruktiven Möglichkeiten und ihrem bewußt heutigen Ausdruck ausgehende Gestaltungsart.[199]

Dreiecksform steht für Dreiecksmoderne und Zickzackarchitektur, jene Schlagworte, die die Architektur des Expressionismus umreißen, in dessen Strom auch Schweizer wie fast alle Architekten seiner Generation, Gropius etwa, Mies van der Rohe, Wilhelm Kreis, Peter Behrens, Bonatz oder Bartning, mitgeschwommen ist, wenn auch nur für kurze Zeit, von 1921/22 mit seinem Wettbewerbsentwurf für ein Hochhaus an der Berliner Friedrichstraße bis hin zum Planetarium von 1926/27 (S. 56, 84), mit dem er diesen Weg dann aber schon wieder verläßt und einen neuen, seinen Weg beschreitet.

Schweizer hat seine expressionistischen Arbeiten, wie gesagt, gering geachtet, hat sie als Jugendsünden abgetan; und wenn nicht auch Jugendsünden Reifezeiten verstehen helfen würden, dann brauchte man sich mit diesen Dingen, jedenfalls was die eigentliche Bedeutung Schweizers betrifft, zunächst nicht weiter zu befassen. Merkwürdig nur, daß Schweizer selbst einen der Kerngedanken expressionistischer Architektur aufgreift, als er längst die Nürnberger Sportbauten, das Wiener Stadion und den Nürnberger Milchhof hinter sich hat, nämlich den Gedanken der Stadtkrone, den Bruno Taut in den Jahren um 1919 entwickelt.

Es müsse auch heute wie beim alten Stadtbilde sein, schreibt Taut in seinem Buch *Die Stadtkrone*, daß das Höchste, die Krone, sich im religiösen Bauwerk verkörpere, so wie Schinkels romantischer Zug ihn zu seinem großen Domprojekt auf dem Templowerberge bei Berlin geführt habe, aus dem Gefühl heraus, endlich einmal etwas zu schaffen, was Sehen und Hoffen der Menschen in Gemeinschaft zusammenführe. Das religiöse Leben habe zwar an Innigkeit nicht nachgelassen, aber es zerfließe mehr und mehr in kleine Kanäle; die religiöse Konfession habe anscheinend nicht mehr die alte Kraft, und was einstmals große Bewegungen beseelt habe, das scheine heute, der Dogmen entkleidet, zum einzelnen zurückgezogen und in einer völligen Wandlung begriffen zu sein. Aber es müsse etwas in jedes Menschen Brust leben, das ihn über das Zeitliche hinaushebe und das ihn die Gemeinschaft mit seiner Mitwelt, seiner Nation, allen Menschen und der ganzen Welt fühlen lasse, und das sei der soziale Gedanke, der gleichsam ein Christentum in neuer Form verheiße. Wenn etwas heute die Stadt bekrönen könne, so sei es zunächst der Ausdruck dieses Gedankens.[200] Die Stadt, die Taut bekrönt, ist eine große Gartenstadt, mit weiten Freiräumen und einem Forum, wäre man in Anlehnung an Schweizers Formulierungen versucht zu sagen. Im Zentrum der Stadt befindet sich, kreuzförmig angelegt, das Haus der Gemeinschaft, ein monumentales Zentrum, das von einem Tempel der Gemeinschaft, dem »Haus des Himmels«[201], das in etwa die Krone seiner neuen Stadt verkörpert, überhöht wird.

Tauts Gedanken von 1919 gären offenbar in Schweizer weiter, auf einer zweiten Schiene sozusagen. Denn noch 1939, zwanzig Jahre nach Taut, skizziert er eine Stadtkrone, ebenfalls kreuzförmig im Grundriß, mit der Notiz, daß dieses bis zur letzten Verfeinerung seines architektonischen Formgehaltes gestaltete Bauwerk ein Monument aus Stein sei, auf der Basis des neuen sozialen Lebens einer Weltstadt als letzte Gesamtform von Architektur – Landschaft – Konstruktion; ein Ausdruck des Ringens der Zeit um die Formung neuen Lebens und neuer Umwelt[202] – Sätze, die auch Taut hätte formulieren können, die eher nach Aufbruch als nach Abgeklärtheit, eher nach 1919 als nach 1939 klingen, Gedanken indessen, die letztlich auch schon Schweizers Vorstellungen zum so sachlich und nüchtern sich gebenden Idealplan einer Großstadt von 1931 bestimmen (S. 150), schreibt er doch in seinem Aufsatz »Die neue Stadt«, daß der Mensch, der auf städtischer Kulturhöhe lebe, einen Ort brauche, welcher ihm

Otto Ernst Schweizer, Planetarium in Nürnberg, 1926/27.
Wilhelm Kreis, Planetarium auf der Düsseldorfer Gesolei-Ausstellung, 1926.

pöse, das in den dreizehn Jahren davor geübt wurde. Auf das Leichte, das von Paul Zucker das Heiter-Räumliche genannte, wurde schon hingewiesen, auf die Kragdächer etwa, die einer zu starken Monumentalität und auch zu strenger Gestaltung entgegenwirken. In Nürnberg formt Schweizer sie, für die Stadiontribüne und für das Sonnenbadcafé, in einer Eleganz und Leichtigkeit, die einen fast nicht glauben lassen mag, daß das Ganze hält (S. 105, 113), wenn man sich vorstellt, daß zusätzlich Sturm oder Schneelasten einwirken können. Nur 7 cm Dicke mißt die Kragplatte der Tribüne mit 12 cm starken Aufkantungen an den Rändern, und aufgehängt ist sie an schmalen Spannbügeln, die von fast Null auf einen Meter Höhe über dem Unterzug ansteigen und wieder auf fast Null zurückgehen und die in den Pfeilern auf der Rückseite ihren Halt finden. Unbestritten ein Meister des Stahlbetons, so wurde anfangs Arnold Tschira zitiert – an diesen Dächern ist es offenkundig.

Wenig vorher baut er als sein erstes großes Gebäude in Nürnberg das Arbeitsamt (S. 92), am Rande der Altstadt gelegen, zwischen zwei Straßen eingespannt und an ein Brauhaus aus der Zeit der Renaissance angefügt. Die beiden Längsfassaden liegen in ihrer Gestaltung noch in Schweizers Bildungstradition, und vieles, der Umgang mit der Baumasse, der Fassadenaufbau, der Rhythmus und die Form der Fenster, haben im Werk seines Lehrers Theodor Fischer ihren Ursprung. Aber als Überleitung zwischen Neubau und historischem Brauhaus bildet er, nachdem zunächst eine durch zwei im Äußeren nahezu deckungsgleiche, risalitartige Baukörper mit Doppelzwerchgiebeln gegebene symmetrische Gestaltung die Fassade bestimmen sollte, einen Block in ganz anderem Duktus, kantig, kubisch, streng, der hier fast ein wenig fremd wirkt, in einer Formensprache, die er dann bis hin zum Freiburger Kollegiengebäude nicht wieder verlassen hat.

Eine kunstvolle, aber ungekünstelte Architektur, die das Werk seiner Reifezeit charakterisiert, in dem man nichts vom (zuweilen vielleicht schönen) Schein allzu eingängiger Eintagsarchitektur findet, von rückorientierter Sentimentalität, die in Gebautes umzusetzen sich ja spätestens an eben diesem Arbeitsamt in Nürnberg, der verniedlichenden Umschreibung dieser Großstadt als Schatzkästlein des deutschen Reiches entsprechend, angeboten hätte, nichts von jenem architektonischen Süßholz, das sich durch kosmetisch gesetzte Erker, Bögen, Türme, Säulen und dergleichen mehr in Szene setzt – es hätte dem schon mehrfach zitierten zeitlosen Willen jeder großen Baukunst nach Dauer, dem Prinzip, daß individuelles Schaffen nicht des betonten Individualismus bedürfe, auch einer logischen und funktionsgemäßen Gestaltung widersprochen, und aus der Geschichte könnten wir lernen, so Schweizer im Jahr 1935, daß gerade diejenigen Bauten, welche auf den Menschen, sein Wollen, das Maß seiner Größe, die gegebene Reichweite seiner Organe bezogen seien, heute noch lebendige Schöpfungen darstellten, während Einrichtungen, welche auf modische oder vorübergehende Zeitanschauungen abgestellt worden seien, sich überlebt hätten und nicht mehr gebrauchsfähig seien.[192]

1929, zu einer Zeit, als das Wiener Stadion und der Nürnberger Milchhof erst in Entwürfen vorliegen, schreibt Justus Bier zum ersten Buch über Schweizers Arbeiten, daß seine Bauten eine geistige Freiheit und eine von keinerlei falscher Traditionsgebundenheit gehemmte Klarheit des künstlerischen Wollens zeigten, die nicht vermuten ließen, daß ihr Schöpfer diese für seine formbildende Kraft entscheidenden Eigenschaften sich mühsam Schritt für Schritt auf einem konsequenten, aber langwierigen Weg erworben habe.[193] Rund dreißig Jahre später, in der Einleitung zur Publikation *1930–1960. Forschung und Lehre* zieht Schweizer selbst das Fazit: Alle seine Bauten seien aus den Bedürfnissen der Zeit heraus gewachsen, mit deren Mitteln entwickelt und gäben Zeugnis von einer architektonischen Grundlage, die bis auf geringfügige Einzelheiten unverändert bestehe.[194] So rundet sich ein Lebenswerk: Äußerste gestalterische Zurückhaltung im einzelnen verbindet sich mit großer Freiheit im Ganzen, eine Architektur, in der Ungewohntes beherrscht, Traditionelles überlegen angewendet wird, Baukunst eben, in der das Gute übers bloß Ästhetische hinausreicht, und dementsprechend habe ich die Gedanken Thomas Manns auf Schweizers Werk projiziert. Voll Optimismus für das Neue und Künftige erlebe er die ganze Lust und Last des lehrenden und praktizierenden Architekten, schreibt Richard Döcker in einem Grußwort zum 70. Geburtstag 1960, und voll Skepsis für das fragwürdige Moderne, das heute überall entstehe und dem oft jede Theorie, jedes Prinzip des Gestaltungsvorgangs und der Geist einer echten Neuordnung fehle.[195]

Mit den unter verschiedenen Aspekten betrachteten Bauten, Projekten und Gedanken wäre das Werk Schweizers so mehr oder weniger umrundet, und man könnte es – im Rahmen dieser Studie – dabei bewenden lassen, wenn sich nicht im Nachlaß ein Konvolut von Plänen für Projekte aus den frühen zwanziger Jahren erhalten hätte, die Schweizer selbst zwar, im Gegensatz zu seinen ersten Arbeiten gleich nach dem Studium wie die Friedhofskapelle in Schramberg von 1919 (S. 52), die er noch Jahre später zur Veröffentlichung freigibt,[196] gering geachtet hat, die aber dennoch einen Platz in seinem Werk, dem gebauten und gedachten, beanspruchen können.

1926/27 entsteht sein Planetarium in Nürnberg (S. 84), mit dem er eine Übereinstimmung von architektonischer Großform im einzelnen wie auch im Übergeordneten einer städtebaulichen Gegebenheit erreicht. Der Bau steht an der Schwelle zwischen Expressionismus und einer Formensprache, die Schweizer zu originärer, zu seiner Architektur führt, vergleichbar dem schon angesprochenen Baukörper zwischen Arbeitsamt und historischem Brauhaus (S. 141),

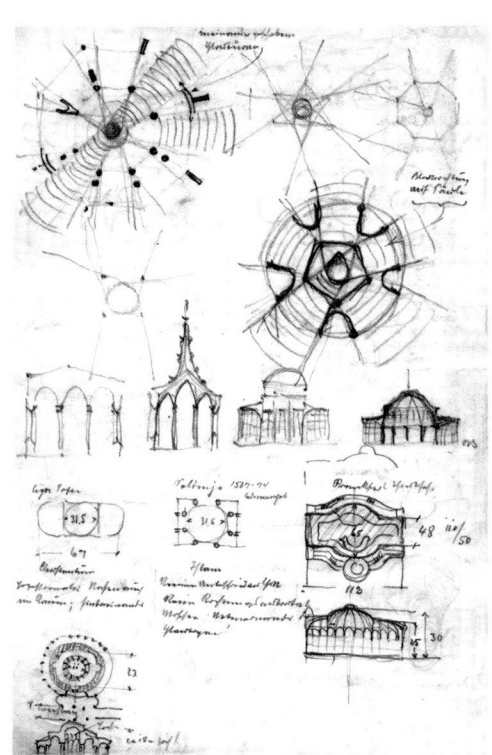

Skizzenblatt aus einem Notizbuch Schweizers von 1933 mit Überlegungen zu seinem Großkirchenprojekt.

rung des Überkommen, Achtung vor dem Menschen, vor dem Gesetz, »nach dem wir angetreten«.

Sein eigenes Haus mag dafür stehen, in Baden-Baden, oberhalb der Stadt in einem parkartigen Garten. »Am liebsten waren mir in diesem Sommer (1945) die Nachmittage bei Schweizers«, schreibt Otto Flake, der Schweizer in seinem Roman *Old man*[185] und in seinem Lebensbericht *Es wird Abend* ein literarisches Denkmal gesetzt hat; »das ein wenig überhöhte Haus, der Rasen davor, die Büsche im Hintergrund, der Blick bis über Lichtental hinaus, der versteckte Zugang, der Teetisch und die Liegestühle auf dem Gras – ich hatte jedesmal die Empfindung, bei Eichendorff zu sein, von der Gegenwart erlöst.«[186]

Das bescheidene, unaufdringliche Haus, fast unscheinbar und wie selbstverständlich von der Natur aufgenommen (vor einigen Jahren abgerissen und, wie die meisten bis zur Unkenntlichkeit verbauten und heruntergekommenen Werke Schweizers, in seinem Reiz nur noch in Plan und Photographie erkennbar), das Haus, das, wie Alfons Leitl treffend beobachtet hat, bezeichnenderweise nicht durch eine Paradeaufnahme zu erfassen sei; um dem hier Gewollten nachzugehen, müßten Durchblicke und Detailaufnahmen Hilfe leisten; an ihnen sehe man, wie sehr bei diesem Bau ein Durchdringen von außen nach innen erstrebt sei und wie stark dieses Haus, das sich in der Durchbildung der baulichen Einzelheiten der modernen Bautechnik bediene, die Werte der Landschaft und die typischen Merkmale des bodenständigen Bauens in sich trage: Im Umriß seien die Züge des Schwarzwaldhauses mit weitausladendem Dach und Galerien erhalten; dem Architekten sei es aber nicht um billige und unzulässige Nachahmung, sondern um eine Neufassung der wesentlichen Baugedanken des bodenständigen Hauses gegangen.[187] Das Haus also ist charakteristisch für Schweizers Auffassung von Architektur, gestaltet im Sinne Friedrich Ostendorfs Entwurfsdefinition als dem Suchen nach der einfachsten Erscheinungsform für ein Bauprogramm,[188] ›einfach‹ nicht im Sinne von Armut, sondern von einfacher Faßbarkeit – die Form eben, die Schweizer zu immer größerer Reinheit gebracht hat.

Einige Beispiele mögen dieses Finden der einfachsten Form im Sinne der einfachen Faßbarkeit verdeutlichen: die Schaltstation am Städtischen Wasserwerk in Schwäbisch Gmünd von 1923 und der Tribünenhaupteingang oder das Verwaltungsgebäude seines Nürnberger Stadions vier Jahre später (S. 68, 102). Und wenn man das kleine Schramberger Lagerhaus hinzunimmt, jenes Gebäude, das zwischen Theodor Fischer und dem Expressionismus angesiedelt wurde (S. 67), auch Entwürfe aus dieser Zeit, von denen noch die Rede sein wird, die Wettbewerbsbeiträge für das Frankfurter Festhallengelände oder den Börsenhof in Königsberg (S. 72, 60), dann erkennt man, wie die Form, hier insbesondere die schon mehrfach angesprochene Reihung der Pfeiler, früh gefunden ist, einfacher, logischer wird, bis sie in Nürnberg und, nach der Zäsur des »Dritten Reiches«, in Freiburg (S. 106, 236) wie selbstverständlich verwendet und beherrscht wird.

Oder der Entwurf für ein Theater und Konzerthaus gleich nach dem Krieg Anfang 1946, das in Freiburg am Rande der zerstörten Stadt vor der Kulisse des Schloßbergs errichtet werden sollte, der wirtschaftlichen Notlage entsprechend aus Holz (S. 184). Die außenliegenden Stützen, die großflächige Verglasung des Foyers, die weiten Dachüberstände – es ist das schon bekannte Vokabular. Ein Gebäude am Rande der Steinstadt, in einer parkartigen Situation und, wie schon angesprochen, nach Schweizers Sehweise in schöner Landschaft gelegen, und dementsprechend findet man die gleichen Gedanken wieder, die ihn zum Entwurf des Wiener Stadions führen – das Eingehen auf die landschaftlichen Werte, das Sich-Unterordnen, das Hereinnehmen der Natur in das Gebäude selbst, das hier durch die weitgehende Verglasung des Foyers möglich wird. Eine durchaus ungewöhnliche Architektur, wenn man andere Theater aus dieser Zeit vergleichend heranzieht,[189] die später dann auch seine Theaterentwürfe für verschiedene Bauplätze in Mannheim von 1952 bis 1954 bestimmt hat (S. 226). Zum einen die, wie Schweizer sagt, organische Form, die irrationale Architektur, die eine landschaftliche Umgebung (in Freiburg der Schloßberg, in Mannheim der Luisenpark) abseits von einer an andere Formen gebundene Altstadt erlaube, deren Wesenszüge dadurch bestimmt seien, daß die architektonischen Formen nicht romantisch oder formalistisch verwendet, sondern als Ausdruck von strukturellen Gegebenheiten erscheinen würden, denen eine rationale Gesetzmäßigkeit zugrunde liege; die Formen seien also nicht in einem romantischen Sinne frei oder gar willkürlich wählbar, sondern durch Zweck und Inhalt rational gebunden[190] – im Zusammenhang mit Schweizers Vorstellungen von einer plastisch-räumlichen Architektur wurde hierauf schon verwiesen; zum anderen die großflächige Verglasung der Foyers seiner Projekte für den Goetheplatz, die den Blick in die Weite des Naturraumes (in den angrenzenden Luisenpark) und in die des Stadtraums (in den den Platz berührenden Friedrichsring hinein) zuläßt – im ersten Entwurf noch freier gestaltet mit gebrochenen Flächen und nicht ohne weiteres ablesbarem Traggerüst, im zweiten dann wiederum die Hinwendung zur Pfeilerarchitektur, kubisch in der großen Form mit harter Kontur und klarem, aus der Konstruktion abgeleiteten Rhythmus in der Fassadengestaltung, die dem Freiburger Kollegiengebäude nahekommt: beide Gebäude in vergleichbarer städtebaulicher Situation, eben in einer Steinstadt, die nach Schweizer zur Konzentration der Baumassen wie der Einzelformen zwinge.[191]

Das Offene des Freiburger Theaters gibt dem Bau etwas Unpathetisches, Leichtes, etwas Heiteres, was im Äußeren durch das weit vorkragende Dach und das Oberlichtband darüber noch unterstrichen wird – vielleicht auch eine Reaktion Schweizers auf das Steife und Pom-

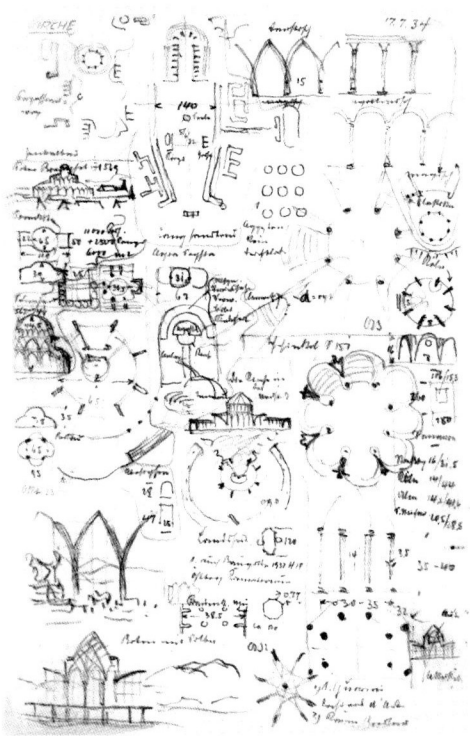

Skizzenblatt aus einem Notizbuch Schweizers von 1934 mit Überlegungen zu Zentralbauten und zu seinem Großkirchenprojekt.

Was unter einem totalen Bildungsniveau für den Architekten zu verstehen ist, notiert Schweizer 1938, als vom Reichs- und Preußischen Minister für Wissenschaft, Erziehung und Volksbildung zur Ergänzung der Ingenieurfächer an den Technischen Hochschulen der Aufbau einer »Allgemeinen Abteilung« geplant wird: Das Erziehungsresultat dürfe nicht auf einen Durchschnitt, sondern müsse auf die beste Entwicklungsmöglichkeit der Gesamtpersönlichkeit abgestimmt werden. Dabei scheine ihm die Verbreiterung der allgemeinen Bildungsgrundlagen insofern wichtig, als der junge Studierende zu den strukturellen Grundlagen der Zeit vorzudringen in der Lage sein müsse. Notwendig für die jungen Architekten seien die allgemeinen volkswirtschaftlichen und soziologischen Probleme. Es würden daher von ihm folgende Disziplinen der allgemeinen Abteilungen als notwendige Grundlage angesehen: 1. Philosophie, 2. Mathematik (anschauliche Methoden), 3. Kunstwissenschaftliche Probleme, 4. Strukturelle Baugeschichte, 5. Soziologie, 6. Volkswirtschaftslehre. Physik und Chemie träten gegenüber diesen Lehrgebieten seines Erachtens zurück. Alle diese Lehrgebiete müßten auch in ihrer Geschichte verfolgt werden insoweit, als vergangene Erscheinungsformen noch für die Gegenwart eine lebendige Bedeutung hätten.[178]

Ein wahrhaft hoher Anspruch an die Erziehung zum Architekten, und man mag sich fragen, da Schweizer kaum an ein Nur-sich-Herantasten gedacht hat, das, wird es nicht vertieft, nur oberflächliches Wissen, nur Scheinbildung nach sich zieht, ob ein wirkliches Durchdenken dieser Disziplinen in einer zwangsläufig befristeten Zeit nicht doch zu einer Überfrachtung eines sich heranbildenden Geistes und damit letztlich zu Einengungen führen muß, entsprechend Hans Poelzigs Bemerkung, daß an den Architekturschulen das reine Wissen überbewertet werde, während doch das Können in erster Linie den Ausschlag geben müsse, daß an den Hochschulen die Nebenfächer leicht auswüchsen und daß die noch so eingehende Kenntnis der Elementarfächer nicht ohne weiteres zum geistigen Schaffen befähige,[179] oder auch entsprechend Theodor Fischers Vorschlag einer Studienreform, nach der viel weniger Naturwissenschaft und historischer Formenunterricht gelehrt und mehr gewissermaßen empirischer Konstruktionsunterricht gegeben werden sollte.[180]

Schweizer selbst verfügt über ein breit aufgefächertes und gleichermaßen hohes Bildungsniveau – die Vielfalt der Themen, mit denen er sich auseinandersetzt, die Qualität seiner Vorlesungen und nicht zuletzt die Universalität seiner Privatbibliothek[181] legen hiervon Zeugnis ab. Kann ein so hoher, über Jahre gewachsener Standard Grundlage einer allgemeingültigen Studienordnung sein, besonders dann, wenn nicht mehr Meisterkurse, sondern Massenveranstaltungen den Universitätsalltag bestimmen, derart, wie es Hans Poelzig schon in den dreißiger Jahren hat kommen sehen?[182] Lassen sich hier Idealvorstellungen und Realität zu einer Deckung bringen? Selbstverständlich sei es nicht notwendig, daß alle im Architekturberuf Tätigen zu dieser Überschau gelangten und an diese Probleme herangeführt würden, führt Schweizer 1937 in einer Schrift zur Reorganisation der Architekturabteilung der Technischen Hochschule in Karlsruhe aus; man müsse aber von einem Erziehungssystem einer Hochschule verlangen, daß es der Spitzenleistung im Beruf gerecht werde, das heiße, daß die übertragbaren, strukturellen Grundlagen für die Erziehung der Architekten an den Hochschulen auf diese Spitzenleistungen ausgerichtet werden müßten.

Höchste Ansprüche also als geistige Norm (oder nur als Ansporn?) auch für das normale Maß? Bewegt sich Schweizer mit seinen Gedanken nicht auch hier auf Höhen, mit denen er, wie schon einmal angesprochen, den allgemeinmenschlichen Maßstab überbeansprucht? Er hat es wohl gespürt, denn als er 1951 zu der Absicht, in Ulm eine »Kunsthochschule« zu gründen, Stellung nimmt und davon ausgeht, daß hier architektonische und städtebauliche Probleme von der Form her angegangen werden sollten, schreibt er, daß die ausländischen und inländischen Initiatoren der Schule anscheinend nicht wüßten, was in Deutschland in den letzten 20 Jahren geschehen sei. Man müsse sich doch vor Augen halten, daß trotz des Nationalsozialismus große Bezirke geistigen Lebens von diesem gar nicht erreicht und beeinflußt und daß bei uns in Deutschland architektonische Probleme in stiller Arbeit viel weiter getrieben worden seien als in irgendeinem anderen Lande. Eines allerdings sei richtig, daß das Durchsetzen und die Vertretung solcher Probleme, deren Erfüllung nur auf einer sehr diszipliniert durchgearbeiteten geistigen Grundlage erfolgen könne, auch in Deutschland ein außerordentlich dornenvoller Weg sei. Man finde in den weitesten Kreisen Feindseligkeit und Gegensätzlichkeit, alle geistigen Bemühungen würden als leere Theorien verschrien, und man verfolge diejenigen, welche die Notwendigkeit hervorhöben, geistige Werte zu pflegen, sie in einer disziplinierten Form zu ordnen und darauf erst ein Formgebäude zu errichten.[183]

Mit allen Fragen des Bauens hat Schweizer sich in diesen Jahren befaßt. Das Gedachte in die Realität umsetzen kann er nicht. Egon Eiermann berichtet, etwas anekdotisch vielleicht im Rahmen einer Vorlesung, daß er als eben berufener Karlsruher Lehrer, der maßgebend von Schweizer der Architekturfakultät empfohlen worden war und dessen Büro seinerzeit mit den interessantesten Aufträgen, die Baden-Württemberg zu vergeben gehabt hätte, gesättigt gewesen sei, auf die etwas saloppe Frage, was Schweizer denn in den letzten Jahren gebaut habe, die Antwort hätte einstecken müssen, daß er nichts gebaut, sondern mehr für den Menschen getan habe – er habe verhindert, daß gebaut wird.[184] Schweizer hat Bauen verhindert; zahlreiche Dokumente belegen seine Kämpfe gegen planlos scheinende Bauwucherungen, gegen das rücksichtslose Niedertreten von Stadtraum und Landschaft, aber zwischen seinen Worten klingt mehr mit: Bescheidenheit und Zurückhaltung gegenüber der Natur, Respektie-

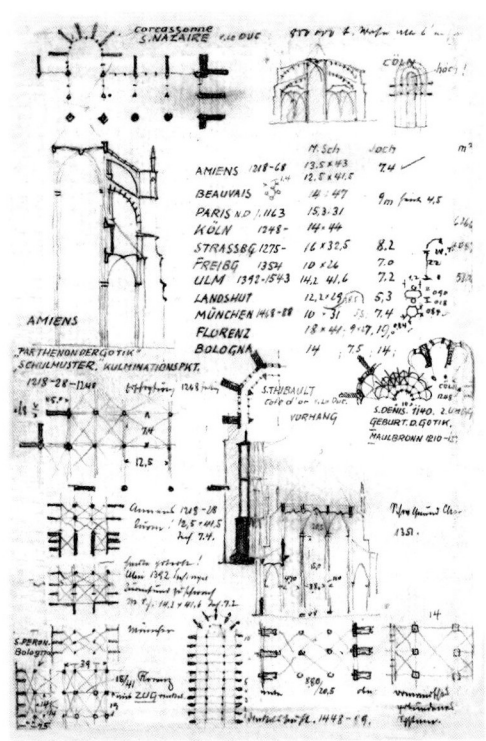

Skizzenblatt von Otto Ernst Schweizer, auf dem sich dieser mit Form- und Konstruktionsproblemen der gotischen Kathedralarchitektur auseinandersetzt.

halben, vielleicht eben noch schmackhaften und statthaften Kompromissen. Ich erinnere mich an Ihr schönes Wort, daß das große Bauen Weisheit verlange, und diese Weisheit ist in Ihren Entwürfen immer weiter gewachsen. Ich hoffe – ehrlicherweise muß ich sagen gegen alle Erfahrung, daß es Ihnen doch noch möglich sein wird, in einigen bedeutenden Werken Ihrer Gesinnung ein Denkmal zu setzen. Vielleicht besinnt sich unser Volk doch noch einmal darauf, daß die große gebaute Form höchste Aussage und höchste Tat eines Kulturvolkes ist.«[169]

Im Freiburger Kollegiengebäude (S. 236), diesem klar und prätentiös gestalteten Bau ohne jede Unproportionalität von Gefühl und Form, zu der das nahe Mittelalter, das Münster und die kleinteilige Struktur der Altstadt hätten verleiten können, mag man eine solch große gebaute Form, wie Schwarz sie umreißt, erkennen; ein Bau, in dem gleichsam als Quintessenz seines schöpferischen Denkens die ganze Lehre Schweizers augenfällig wird: das Suchen nach einer großen Form und einer großen Ordnung, die sinnvolle Verbindung von Architektur und Technik, die Welt der Ratio, wie Schweizer es nennt, mit der man zwar Räume schaffen könne, deren Maß das menschliche Vorstellungsvermögen weit übersteige, womit aber durchaus noch nicht gesagt sei, daß man damit auch dem Menschen einen Dienst erweise[170] – ein bemerkenswerter Satz, wenn man an manche, sicherlich kühn konstruierte Bauten unserer Tage denkt; weiter die Bedeutung großer räumlicher Zusammenhänge, die Bedingtheiten von Architektur und natürlich Gewachsenem, die in seinen Schriften *Die neue Stadt* von 1935, »Die moderne Großstadt«, »Das Problem des Freiraumes in der Architektur« und »Das Grün in der modernen Stadt« von 1957[171] erörtert werden, die Schaffung einer Mitte im Kleinen, einer Art Universitätsforum, das durch die große Eingangshalle in Verbindung mit dem Auditorium Maximum wie von selbst entstanden ist und von den Studenten auch angenommen wurde, die Ausbildung einer plastischen Architektur, und, nicht zuletzt, die Einbindung moderner Architektur in ein historisches Stadtgefüge, die er, wie gesagt, nicht in direkter Nachahmung sieht, sondern im Aufgreifen der Ideen vergangener Zeiten und deren gedankliche Umsetzung in die Gegenwart, was hier in Freiburg am vorherrschenden Material, eben dem ortsüblichen roten Sandstein, ablesbar wird, an der Lage im Stadtgefüge mit dem gewonnenen Freiraum in Korrespondenz zum gegenüberliegenden Theater, dem harten Nebeneinander von hohem und niedrigem Gebäude, am Rhythmus im Fassadenaufbau, der übergreifenden Pfeilerordnung, die sich – nicht wörtlich, aber gedanklich – mit den Strebepfeilern des Münsters (oder am Berliner Reichsbankgebäude mit der Säulenfront des Alten Museums am Lustgarten) in eine Verbindung bringen läßt.

Ein schöner Bau? »Der dankbare Laie und Genießer des Kunstwerks braucht zu dessen Lob und Preis das Wort ›schön‹. Aber der Künstler, der Mann vom Bau, sagt gar nicht ›schön‹, er sagt ›gut‹. Er bevorzugt dies Wort, weil das fachlich Lobenswerte, das technisch Gekonnte sich besser und nüchterner darin ausdrückt. Aber damit hat es nicht sein Bewenden. Tatsächlich schwebt alle Kunst in der Doppeldeutigkeit dieses Wortes ›gut‹, in dem das Ästhetische und Moralische sich treffen, vermischen, ununterscheidbar werden, dessen Sinn übers bloß Ästhetische hinausreicht ins überhaupt Zustimmungswürdige und hinauf bis zur höchsten gebietenden Idee der Vollendung.«[172] Diese Worte formuliert Thomas Mann, als er sich mit dem *Faust* befaßt. Das Gute, das Übers-bloß-Ästhetische-Hinausreichende, das Ästhetische, das sich mit dem Moralischen trifft, die Idee der Vollendung, des Alles-Umspannenden, wie es Paul Zucker ausdrückt, das sind Begriffe, die sich, dem Sinne nach, auch in Schweizers geistiger Welt finden, niedergelegt in seinen Schriften »Über das Wesen des Architektonischen«, *Erziehungsfragen* oder »Architektur und Technik«,[173] in denen grundsätzlich der ganze Umfang modernen Bauens umrissen und alles architektonische Schaffen auf den Menschen und seine Bedürfnisse zurückgeführt wird, auf die Verwurzelung des modernen Bauens in der Vergangenheit, in denen die Einschränkung der Technik auf ein qualitatives statt quantitatives Maß gefordert wird, damit sie nicht, so sagt er später, 1951 auf dem Darmstädter Gespräch »Mensch und Raum«, eigengesetzlich ihren Weg zerstörend fortsetze[174] – Schriften, die um 1935 entstanden sind und für Schweizer Gültigkeit behalten, so daß er sie erneut 1957 in seinem Buch *Die architektonische Großform. Gebautes und Gedachtes* veröffentlicht und für die Publikation *Otto Ernst Schweizer. Forschung und Lehre 1962* freigibt.[175]

1930 war er an die Karlsruher Architekturfakultät geholt worden, die Berufung eines der schöpferischsten und menschlichsten Geister unter den deutschen Architekten, wie Wilhelm Hausenstein seinerzeit berichtet, durch die sich ein neuer Auftrieb der von ausgezeichneten Überlieferungen getragenen Technischen Hochschule glücklich bewahrheite.[176] Bald danach, bedingt durch die politischen Verhältnisse und seine kompromißlose Haltung sich selbst und seiner Arbeit gegenüber, hatte sich Schweizer ganz auf seine Aufgabe als Lehrer zurückgezogen, eine Lehre freilich, die höchsten akademischen Erwartungen entsprach und die an die Studenten höchste Anforderungen stellte, seinen in der Schrift »Erziehungsfragen« von 1935 niedergelegten Gedanken entsprechend, daß die Initiative jedes einzelnen schöpferischen Gestalters um so bedeutungsvoller sei, je höher der Standpunkt liege, von dem die Gesamtzusammenhänge überblickt würden. Die Hauptaufgabe der Erziehung zum Architekten liege darin, daß ein totales Bildungsniveau Voraussetzung werde für den Standpunkt, von dem aus alle Erscheinungen unserer Zeit in ihrer Richtung und in ihrer Grenze erkannt werden müßten. Die Architektur sei im Gegensatz zu den Disziplinen der Technik in besonderem Maße gebunden an die Tradition und an das Menschenmögliche. Sie sei die Verkörperung sowohl einer Gefühlswelt als auch wissenschaftlicher Leistungen, die, zu einer formalen Einheit zusammengebunden, den Ausdruck der Epoche darstellten.[177]

Otto Ernst Schweizer, Arbeitsamt in Nürnberg, 1926 bis 1929. Vorderansicht und Rückansicht mit einem der beiden risalitartig vorspringenden Eckbaukörper.
Rechte Seite: Otto Ernst Schweizer, Arbeitsamt in Nürnberg. Rückansicht mit dem Pendant zu dem auf der linken Seite gezeigten Eckbaukörper, der – etwas später ausgeführt – eine für Schweizer neue architektonische Formensprache zeigt.

vorhandene Stadtstruktur eingreift und in dem gar zu wenig für die Sanierung des Gebietes geschehe, wie das Preisgericht feststellt,[159] Schweizer seine Planung aber darauf gründet, daß der Maßstab für das architektonische Schaffen aus der früheren Zeit übermittelt worden sei durch die grandiose Anlage des Schlosses und man daher versuchen müsse, für die architektonischen Forderungen unserer heutigen Zeit eine Annäherung an diese architektonischen Leistungen zu geben;[160] überzeugender wohl (in Hinsicht auf die Bewertung der Tradition, nicht auf die Großzügigkeit der Stadtraumgestaltung) in seinen Gedanken zum Wiederaufbau Karlsruhes aus den Jahren 1943/44, in der er zu Eingriffen in das innere Stadtgefüge bemerkt, daß man heute die Weinbrennerstadt als ein in sich abgeschlossenes und abgerundetes Gebilde anerkennen müsse, ein Gebilde, das in seinem Maßstab und im Geiste der Ideologie aus der Zeit seiner Entstehung und im Geiste seines Formenwesens erhalten bleiben müsse. Es gebe also kaum einen anderen Weg, als daß Gebäude, welche in dieser nur reinen Steinstadt zur Errichtung kämen, im Geiste der Alignements, im Geiste der Ideologie des Klassizismus und des Barocks und ganz besonders im Geiste des Maßstabes dieser Stadt errichtet würden. Gewiß, auch die moderne Zeit werde hier ihren Notwendigkeiten zum Durchbruch verhelfen, auf dem Gebiet der Form aber könnten Abweichungen von dem Geiste der Entstehung nur in Nuancen erfolgen.[161]

Die Stuttgarter Planung (S. 196), der behutsame Eingriff in die Schloßumgebung, der Umgang mit der Ruine des Kronprinzenpalais – von dem Schweizer sagt, daß die bauliche Tradition, die hinter diesem Werk stehe, die sichere Bewältigung des Gesamtzusammenhangs der einzelnen Bauglieder und ihrer plastischen Werte erkennen lasse; würde ein derartiges Bauwerk verschwinden, so verschwände auch eine ganze Epoche in ihrer anschaulichen Darstellungskraft und ihrer historischen Bedeutung; nach den riesigen Verlusten an Bau- und Kulturwerten durch den Krieg sei es um so wichtiger, die wenigen noch erhaltenen Zeugen der Vergangenheit zu erhalten und zu pflegen –,[162] ist im Geiste des Maßstabs dieser Stadt entstanden. Trifft dies aber auch auf Schweizers Planungen für die Stadt Gießen zu, in der er anstelle einer Reihe aus dem Mittelalter stammenden Plätze ein großflächiges Zentrum bildet (S. 190), oder auf die für den Wiederaufbau der Mannheimer Altstadt, deren Rasterstruktur er aufbrechen wollte zugunsten weiter Durchblicke (S. 210, 224)?

Sicher, sowohl in Gießen als auch in Mannheim war die gewachsene Stadt weitgehend zerstört, die ehemalige Struktur nur noch streckenweise ertastbar, eine Situation also, in der auf weitgehender Tabula rasa eine völlige Neuordnung zumindest denkbar gewesen wäre, derart, wie im Hauptstadtwettbewerb Berlin von 1957/58 von Hans Scharoun für das Stadtzentrum unter Erhaltung nur der wichtigsten historischen Bauwerke eine parkähnliche Stadt im Grünen vorgeschlagen wird,[163] oder von Le Corbusier für denselben Wettbewerb eine »Ville radieuse« mit mehreren, 60 Geschosse hohen Gebäuden, die, so heißt es im Preisgerichtsurteil, die Maßstäbe der Altstadt mit ihren historischen Bauten und die Bauten am Lustgarten zerschlagen hätten.[164]

Derartige Planungen sind für Schweizer kaum gangbare Wege; dort hätte das Dominieren des Landschaftlichen über dem Gebauten wohl zu sehr dem Charakter des Städtischen widersprochen, hier das Städtische zu sehr ein Eingreifen der Natur entbehrt: wohl kaum wäre eine Architekturform entstanden, die, einem Gedankengang Schweizers entsprechend, sich mit der freien Landschaft zu einer künstlerischen Einheit vermählt, noch eine solche, die sich daneben aus den Bindungen an die baulichen Werte unserer Altstädte gebildet hätte,[165] und derart, wie er in einem Vortrag während seiner Zeit in Nürnberg, wo sich die Aufgabe des Zusammenbindens von alter und neuer Architektur häufig stellte, ausgeführt hatte, daß die schaffenden Architekten den Wert der bewußt gestalteten Baudenkmäler am besten einzuschätzen vermöchten und daß sie nur das zufällig Gewordene kritischer betrachteten, und: Man könne nicht verlangen, daß alle Werte der Vergangenheit für immer fortbestünden; es sei eine Aufgabe der Denkmalpflege, dafür zu sorgen, daß das an die Stelle tretende Neue dieselben Qualitätswerte habe wie das verschwundene Alte,[166] derart also wollte er für Mannheim das bewußt Gestaltete, die historische Schachbrettstruktur spürbar erhalten, zugleich aber mit den Bedürfnissen der Zeit, den Vorteilen diagonaler Geh- und Sichtverbindungen, vereinen, für Gießen einerseits die gewachsenen Raumfolgen wieder erlebbar machen, andererseits ein neues Zentrum bilden, das im wesentlichen dem Zuge der früheren Geschäftsstraßen und der hintereinander so reizvoll gelegenen, aus dem Mittelalter stammenden Plätzen folge; als Ersatz für diese Plätze, welche als gebaute geschlossene Räume gewirkt hätten, sollten nun neue Wirkungsfaktoren treten, welche aus dem Leben und aus dem Geiste der modernen Zeit und deren Bedürfnissen und Anschauungen entwickelt seien.[167]

Aus diesem Geist heraus entstehen Schweizers Planungen und führen über den behutsamen Umgang mit der Tradition und auf dem Fundament der Baugeschichte zu jener Eindeutigkeit, die, wie vorhin zitiert, Paul Bonatz an der Planung für Stuttgart hervorgehoben hatte.[168]

»Es gibt Menschen, deren Leben und Dasein so etwas wie eine Garantie für die hohen und leider so bedrohten Güter unserer Kultur darstellt«, schreibt Rudolf Schwarz, der in seinem Denken Wesensverwandte, an Schweizer zu seinem 60. Geburtstag 1950. »Sie sind eigentlich der einzige Mensch in Deutschland, der noch weiß, daß die große gebaute Form etwas Kostbares ist und eine letzte Aussage im Geistigen. Sie haben diese Form gehütet und zu immer größerer Reinheit gebracht ... Sie haben dadurch Ihr Leben und Werk rein gehalten von

Otto Ernst Schweizer, Kollegiengebäude der Universität Freiburg, 1955–61.
Palais du Centenaire auf der Brüsseler Weltausstellung von 1935.
Fritz Höger, Garbáty-Zigarettenfabrik, Berlin 1930–31.

Ausland nach Deutschland hereinließ, ein weiter Zeitraum sind. Nach dem Krieg veröffentlicht Schweizer das Standortlazarett erneut (hiervon war bereits in anderem Zusammenhang die Rede), zeigt damit, daß diese Architektur für ihn Gültigkeit behalten hat und, folgerichtig, möchte man sagen, gestaltet er dann nach den gleichen Regeln 1950 den Wettbewerbsentwurf für ein Regierungsgebäude in Bonn (S. 206) und, 1957 als eine seiner letzten Arbeiten, das Institutsgebäude für die philosophische Fakultät im Heidelberger Marstallhof (S. 254).

Ein weiterer Vergleich: das Betriebsgebäude des Nürnberger Milchhofes von 1930 und das Projekt für eine Großgarage in Bonn von 1949 (S. 142, 194). Bei beiden Aufgaben mußten große Spannweiten überbrückt werden, und Schweizer löst sie auf die gleiche Weise. Die Schalenkonstruktion ermöglicht weitgehende Freiheit in der Raumdisposition und ideale Belichtungs- bzw., besonders bei der Großgarage, ideale Belüftungsverhältnisse. Ihm liegt aber auch daran, und dieses Anliegen ist ihm ebenso wichtig wie die Erfüllung der Funktion, die Fassaden plastisch zu gestalten. Es sei versucht worden, schreibt er, die Konstruktionsstruktur für eine Plastizität der Gebäude auszuwerten. Unterschnittene Formen (das über die Fassadenflucht vorstehende Faltwerk oder die Kragplatte) seien bewußt gewollt, die die besondere Eigenschaft hätten, sich mit den Schattenwerten, wie sie in der Landschaft aufträten, zu einer Einheit von Architektur und Landschaft zu verbinden,[153] wobei zu sagen ist, daß beide Bauplätze am äußeren Rand der Stadt liegen, also im Spannungsfeld von Gebautem und Natur. Wie dem auch sei, etwas vom zeitlosen Willen jeder großen Baukunst nach Dauer, um diesen Begriff wiederum zu verwenden, hat Schweizer erreicht, und als Industriebauten auch aus heutiger Sicht könnte man sich beide durchaus vorstellen.

Schließlich noch zwei Innenräume, die Eingangshalle des Milchhof-Verwaltungsgebäudes und die obere Halle im Freiburger Kollegiengebäude (S. 136, 245), denen trotz unterschiedlicher Funktion, hier eine von unruhiger Geschäftigkeit bestimmte Verteilerhalle, dort eher ein den wissenschaftlichen Instituten zugeordnetes Foyer, eine schon durch ihre abgeschiedene Lage im Obergeschoß der Tagesbetriebsamkeit entzogene Denklobby sozusagen, denen also trotz unterschiedlicher Funktionen eine gleiche räumliche Auffassung zugrunde liegt.

An diesen zum Teil nahezu deckungsgleichen Beispielen, die sich ja über einen Zeitraum von rund dreißig Jahren erstrecken, wenn man an die Berliner Reichshauptbank und das Kollegiengebäude in Freiburg denkt, sollte die Aufgabe der Architektur, wie Schweizer sie sieht, sichtbar geworden sein, daß sie sich selbst behaupte gegenüber der Technik, als deren funktionelles Ergebnis ihre Schöpfungen oft betrachtet würden. Wenn sie, die Architektur, zielsicher und für die Dauer gestalten wolle, so Schweizer, müsse sie den Umfang und die Bedeutung aller zu ordnenden Kräfte sehen und erkennen und sicher bewerten. Sie brauche zur Ableitung und Entwicklung der neuen Bauorganismen eine in der Architektur selbst ruhende Konstante,[154] eine Konstante, die er durch intensives Studium der Bauten früherer Epochen, besonders des europäischen Mittelalters und der Antike zu finden sich bemüht.

Die Baugeschichte als ein Fundament für die Entwicklung einer neuen Architektur ist schon mehrfach angesprochen worden, im Zusammenhang mit Schweizers Foren, den neuen Stadtzentren, die er mit römischen Thermenanlagen in Verbindung bringt, mit der Organisation des Wiener Stadions, die er nach intensiver Erforschung antiker Amphitheater findet und in seinem Entwurf in eine moderne Sprache überträgt, auch im Zusammenhang mit der Gotik als ein wesensmäßiges Vorbild für das Werden einer neuen Formenwelt.[155]

Gute, lebensfähige architektonische Form sei nur auf der Basis der hohen Bewertung der Tradition möglich, schreibt er 1949,[156] und dementsprechend hat die Baugeschichte das Werk Schweizers, das einzelne Gebäude ebenso wie seine städtebaulichen Planungen, wesentlich bestimmt. Nicht im Sinne einer wörtlichen Übernahme bestimmter Stilmerkmale, wie es sich am ehesten an Bauten hätte ergeben können, die in einem sensiblem historischen Kontext stehen, dem Nürnberger Arbeitsamt von 1926 bis 1929 (S. 92), dem Freiburger Kollegiengebäude aus den fünfziger Jahren (S. 236) oder den Bauten, die er anstelle der zerstörten Akademie im Kräftefeld des Stuttgarter Schlosses 1948–54 plant (S. 198), nicht im Sinne einer Angleichung durch rein äußerliche Anpassung, sondern in der gedanklichen Durchdringung des Vorhandenen und der Umformung des Durchdachten in eine eigene Architektursprache, seiner Forderung entsprechend, daß es gelte, die Aufgabe zu lösen, wertvolles Vermächtnis der Vergangenheit, das einem lebendigen Gebrauch diene, zu erhalten und mit dem Modernen organisch zu verbinden.[157] Das schreibt Schweizer zu einem seiner letzten Projekte, der schon angesprochenen Bebauung am Rande des Basilika-Bezirkes in Trier (S. 259), und dementsprechend ist das Freiburger Kollegiengebäude entstanden, neue Form auf dem geistigen Fundament der Tradition, die Stuttgarter Planung, in der die Neubauten auf das Schloß in Höhenentwicklung, Plastizität des Äußeren und Massenverteilung, nicht aber im Kleinmaßstab reagieren, sein Vorschlag für die Bebauung des Ulmer Münsterplatzes (S. 24), sein Nürnberger Arbeitsamt (S. 92), von dem noch die Rede sein wird, oder eben sein auf dem Wissen vom römischen Bauen fußender Entwurf für das Stadion in Wien (S. 120), von dem Julius Posener seinerzeit sagt, daß man es ohne weiteres als klassisch bezeichnen müsse.[158]

Auch in seinen städtebaulichen Planungen, so radikal sie auch scheinen mögen, ist jene lebensfähige architektonische Form, die also nur auf der Basis der hohen Bewertung der Tradition möglich sei, spürbar: eher theoretisch vielleicht im Wettbewerbsentwurf für die städtebauliche Umgestaltung des Stockholmer Stadtteils Norrmalm von 1932 (S. 156), der erheblich in die

Otto Ernst Schweizer, Hochbauten der Stadionanlage in Nürnberg, 1927–29. Rohbau des Verwaltungsgebäudes.

Otto Ernst Schweizer, Lagergebäude der Firma Pfaff & Schlauder in Schramberg, 1923.

Geiste seines Lehrers Theodor Fischer gehalten, wie die gekurvte Giebellinie zeigt, und es ist, wenn auch zurückhaltend, dem Expressionismus verpflichtet, was im spitzwinkligen Querschnitt der giebelseitigen Pfeiler oder in der Gestalt ihrer Sockel und Köpfe sichtbar wird. Das Nürnberger Beispiel zeigt dann die gewonnene Souveränität im Gestalten, und es sei angemerkt, daß die Mächtigkeit der Pfeiler nicht nur Form ist, sondern auch aus einer Funktion resultiert, außer der des Schönen, das auch eine Funktion hat, eine Funktion für das Auge. Sie tragen das Gebälk, natürlich, sie leiten aber dazu, und das sind weitaus stärkere, die Dimension der Pfeiler erklärende Kräfte, den Schub aus dem Tribünenerdwall des Stadions, der sich an das Gebäude anlehnt, über die Deckenbalken in den Boden ab.

Dieses Motiv der Pfeilerreihung zieht sich wie ein roter Faden durch Schweizers Architektur, hieß es eben, und wenn der tastende Beginn in der Münchener Kirche von 1917 gesehen wird, ein erster Versuch in dem Schramberger Lagerhaus von 1923 (man könnte auch die Schaltstation am Wasserwerk in Schwäbisch Gmünd (S. 68) aus demselben Jahr nennen) und die souveräne Beherrschung der Form in dem Verwaltungsgebäude der Nürnberger Stadionanlage, dann wird die Reihung der Pfeiler zum beherrschenden Faktor der Architektur im Wettbewerbsentwurf für das Berliner Reichshauptbankgebäude von 1933 (S. 158), eine Architektur, die sich über das Wiederaufbauprojekt des Aulagebäudes der Technischen Hochschule Karlsruhe von 1946 bis 1952 (S. 188), über den zweiten Wettbewerbsentwurf zum Mannheimer Nationaltheater von 1954 (S. 230), auch über kleinere Bauten, etwa dem Wohnhaus Burda in Offenburg von 1949 bis 1951 (S. 201), bis hin zu Schweizers Spätwerk, dem Freiburger Kollegiengebäude von 1955 bis 1961 (S. 236) fortsetzt.

Natürlich, möchte man bei der schon mehrfach angesprochenen Affinität Schweizers zu historischer Architektur sagen, haben Beispiele aus der Baugeschichte auf ihn eingewirkt, aus der Zeit Babylons oder aus der ägyptischen Kultur, aus der römischen Antike oder aus der Zeit der Gotik; besonders aber – auch das ein nur ganz natürliches Geschehen – haben eher zeitgenössische Einflüsse die Form werden lassen. »Pfeilerarchitektur« lag in diesen Jahren, in der Zeit um den Ersten Weltkrieg bis in die dreißiger Jahre hinein, sozusagen in der Luft, und sicherlich wird Schweizer Alfred Messels Warenhaus Wertheim am Leipziger Platz in Berlin[138] vor Augen gehabt haben, ebenso Joseph Maria Olbrichs Warenhaus Tietz in Düsseldorf[139], den Stuttgarter Hauptbahnhof und das Düsseldorfer Stumm-Haus von Paul Bonatz[140], Adolf Abels Ausstellungshalle auf der Kölner »Pressa«-Ausstellung[141], das Gewerkschafts- und das Buchdruckerhaus in Berlin von Max Taut[142], die Turbinenhalle sowie die Kleinmotorenfabrik der AEG in Berlin, den Wettbewerbsentwurf für ein Verwaltungsgebäude des Stumm-Konzerns und das Projekt für die Thyssen-Hauptverwaltung in Düsseldorf von Peter Behrens[143], die Feuerwache in Dresden oder den Wettbewerbsentwurf für ein Reichsehrenmal in Berlin von Hans Poelzig, die Kraftwerkshalle für die Rheinmetall sowie den Kokskohlenturm der Krupp-Zeche Hannibal in Duisburg und das Planetarium auf der Düsseldorfer »Gesolei«-Ausstellung von Wilhelm Kreis[145], die Arbeiten Emil Fahrenkamps, mit denen Schweizer sich in einem Skizzenheft von 1921 befaßt und die er wiederum im Zusammenhang mit dem Wettbewerb »Fassadenneugestaltung für das Verlags-, Redaktions- und Druckereigebäude der Deutschen Allgemeinen Zeitung«, an dem beide Architekten, Fahrenkamp mit Erfolg, teilnehmen,[146] oder auch Hans Herkommers Silberwarenfabrik Kurz in Schwäbisch Gmünd[147], die Schweizer während seiner Zeit als Stadtbaurat dort hat entstehen sehen.

Auch die spektakulären Werke Fritz Högers, das Chilehaus in Hamburg, das Rathaus in Rüstringen (heute: Wilhelmshaven) oder das Hochhaus für den *Hannoverschen Anzeiger* waren weithin bekannt, und als Schweizer 1933 seinen Entwurf zum Berliner Reichshauptbank-Wettbewerb (S. 158) plant – auch Höger wird zur Teilnahme aufgefordert –, ist wenig vorher dessen Garbáty-Zigarettenfabrik in Berlin fertiggestellt worden,[148] ein Gebäude, das in seiner im ganzen monumentalen, im einzelnen schlichten Haltung (und insofern ein für Höger nicht eben typisches Werk)[149] Schweizers Architektur vorwegzunehmen scheint.

Die gewaltige Pfeilerarchitektur des Schwimmstadions in Wembley von 1933/34 von Owen Williams muß Schweizer – einschließlich der durchlaufenden Platte über dem Erdgeschoß an den Stirnseiten des Gebäudes – beeindruckt haben, denn er nimmt die Anlage (ebenso wie das Berliner Olympia-Stadion aus dem Jahr 1936 von Werner March) in sein Buch *Sportbauten und Bäder* auf,[150] und die Architektur des Palais du Centenaire auf der Brüsseler Weltausstellung von 1935, die Schweizer kennt,[151] weist bis in Einzelheiten, die Ordnung der Pfeiler, die vertikal gestellten Sonnenblenden oder die Hervorhebung der Erdgeschoßzone, auf die Architektur seines Freiburger Kollegiengebäudes dreißig Jahre danach (S. 236).

Zwei andere Beispiele für jene Dauer und Logik in Schweizers Werk sind die Eingangsseite des Nürnberger Milchhof-Verwaltungsgebäudes von 1930 und die Ansicht des nicht ausgeführten Standortlazaretts in Karlsruhe[152] acht Jahre später (S. 138, 178). Das eine könnte die Entwurfszeichnung für das andere sein, und das, was eben angesprochen wurde, die Pfeiler und die Unterbrechung des Aufstrebenden durch horizontale Bänder, ist hier ebenfalls angewendet – in reduzierter Form, denn das Aufstrebende der Pfeiler wird sozusagen geschoßweise wieder durchgestrichen und ihre Plastizität gegenüber Freiburg oder den anderen eben angesprochenen Bauten weit zurückgedrängt. Hier dominieren eher die Geschoßplatten, besonders, wenn man den Schattenfall hinzunimmt.

Das von Tschira und Zucker angesprochene Dauerhafte und Zeitlose ist offenkundig, trotz der acht Jahre, die zwischen beiden Projekten liegen und die schon allein durch die erzwungene Isolierung, die nur wenig von den Bewegungen in der Architektur, vom Wandel der Stile im

me hinweg, überflüssig mache – zu Beginn dieser Studie ist es zitiert. An einigen Beispielen mögen diese Beobachtungen deutlich werden, Beispiele, denen vielleicht, um mit Schweizer zu sprechen, die Bemühungen um eine auf das Ganze gerichteten Ordnung zugrunde liegen, die Realisierung einer umfassenden Ordnung, zu der es nötig sei, die räumlichen Werte, soweit sie typischen Charakter tragen, zu kanonisieren.[132]

Einer umfassenden Ordnung, einem Kanon der räumlichen Werte entspricht es durchaus, wenn man zwei Gebäude Schweizers nebeneinanderstellt, die wenigstens in ihrer Fassadengestaltung nahezu deckungsgleich sind: das Kollegiengebäude in Freiburg, das (nach einem Wettbewerb von 1955) 1961 fertiggestellt worden ist (S. 236) und seinen Wettbewerbsentwurf für die Erweiterung des Berliner Reichshauptbankgebäudes aus dem Jahr 1933 (S. 158), das im alten Zentrum Berlins südlich des Werderschen Marktes entstehen sollte, also auch, wie in Freiburg, in einen historischen Stadtbezirk integriert werden mußte.

Die Neubauten treten in architektonisch-plastische Beziehung zueinander,[133] ein Ausdruck Schweizers, hier nach einem geplanten Durchbruch zum ehemaligen Berliner Schloß und zu Schinkels Altem Museum am Lustgarten, dort zum Freiburger Münster. Schweizer scheut nicht die harte Konfrontation des Neuen mit dem Alten; auf der Perspektive des Reichsbankgebäudes mit dem im Hintergrund liegenden Altbau wird es sichtbar, und das Kollegiengebäude, blockhaft in seiner großen Form, ist bis auf wenige Meter an den historischen Peterhof, ein eher geducktes Gebäude mit hohem Satteldach, herangerückt, was im übrigen zu einer ausgesprochen reizvollen räumlichen Situation führte – immer aber unter dem Aspekt, das wertvolle Vermächtnis der Vergangenheit, das einem lebendigen Gebrauch diene, zu erhalten und mit dem Modernen geordnet zu verbinden, wie es Schweizer in einem Gutachten zur Bebauung im Umfeld der römischen Basilika in Trier 1961 formuliert.[134] (S. 259)

Er versucht dabei, die Architektur zu äußerster Klarheit zu führen: in der Gestaltung der Fassaden durch die Reihung der Pfeiler (die in Freiburg nicht aus Beton mit vorgesetzter Schale, sondern aus aufgemauertem Naturstein bestehen (S. 246), in die die Stahl- und Stahlbetonträger einlaufen), durch die die Pfeiler zusammenbindende Kragplatte über dem Erdgeschoß, den Kontrast, der sich aus Plastizität und Flächigkeit ergibt (wenn man allein an die strukturierten Längs- und an die geschlossenen Wandflächen der Stirnseiten des Gebäudes denkt) oder durch die Kantigkeit des Gesamten wie auch der Einzelform.

Die Kragplatte, die sich wie die Pfeilerreihung einem roten Faden gleich durch Schweizers Architektur zieht, eben jenem zeitlosen Willen jeder großen Baukunst nach Dauer und jener Logik entsprechend, die über lange Zeiträume hinweg überflüssig mache, sieht er als ein architektonisches Element an, das Ordnung bewirkt, die räumliche Verbindung zwischen Innenraum und Freiraum verstärkt, dem Wetterschutz dient und durch ihre Leichtigkeit, die Paul Zucker die heiter-räumliche nennt, einer zu starken Monumentalität entgegenwirkt; an den Kragplatten der Nürnberger Stadiontribüne und des Sonnenbadcafés dort (S. 105, 113), von denen später erneut die Rede sein wird, ist es augenscheinlich. In kleinerem Maßstab wird das Moment der Ordnung sichtbar in Schweizers Versuch, das Stuttgarter Kronprinzenpalais vor dem Abbruch zu bewahren (S. 199), in der Umbildung des Erdgeschosses, der Öffnung des Ganzen durch Arkaden und Durchgänge und einem damit verbundenen weit auskragenden Dach, das zwischen neuen Architekturformen unten und darüberliegenden historischen vermitteln sollte; in größerem Maßstab in seinen Wiederaufbauplanungen für Gießen, Mannheim und Karlsruhe (S. 190, 210, 187), in seinen Gestaltungsvorschlägen der Hauptgeschäftsstraßen, in denen die unterschiedlichen Architekturen durch fortlaufende Kragplatten zusammengebunden sind, der Eindruck des Gesamten vereinheitlicht wird. Die erdgeschossige Schaufensterzone mit den mehr oder weniger zurückweichenden Ladenfronten solle von einer in etwa drei Meter Höhe durchlaufenden Kragplatte abgedeckt und zusammengefaßt werden, schreibt er zum Ausbau der Altstadt von Mannheim, sie beschatte die Läden und gewährleiste, daß sich der Käuferstrom auch bei Regenwetter geschützt entlang den Schaufenstern bewegen könne. In dieser erdgeschossigen Kaufzone werde die architektonische Gestaltung wirksam: Es wirke lediglich das Vordach als ein stark unterschnittenes, d. h. vorstehendes Element. Habe man früher die architektonische Ordnung in der durchlaufenden Trauflinie gesucht, so könne man heute die City- und Geschäftshäuser, die alle unter verschiedenen wirtschaftlichen Bedingungen entständen, nicht mehr unter eine durchgehende Trauflinie zwingen, deren Höhe ohne Rücksicht auf die Verschiedenartigkeit dieser Bedingungen festgelegt sei. Heute liege die architektonische Ordnung in der durchlaufenden Kragplatte[135] – in Schweizers Gießener Entwurf von 1947, besonders in der Gestaltung des Seltersweges, werden seine Vorstellungen deutlich, und für Karlsruhe sind seine Vorschläge von 1947 in die damaligen Bauvorschriften übernommen und in der Kaiserstraße zum Teil auch ausgeführt worden.[136]

Für den zeitlosen Willen nach Dauer und die Logik in Schweizers Bauten mögen zwei Beispiele stehen, die seinen Weg zur Pfeilerarchitektur weisen, ein kleines Lagergebäude in Schweizers Geburtsort Schramberg im Schwarzwald von 1923 und das noch unausgebaute (und von Schweizer am liebsten in diesem Zustand belassene[137]) Verwaltungsgebäude der Nürnberger Stadionanlage von 1927 (S. 67, 108).

Das Lagergebäude ist – nach einem Herantasten an eine solche Architektur, das in seinem ersten Wettbewerbsentwurf nach dem Studium, dem für die Münchener Kirche St. Magdalena von 1917 sichtbar ist (S. 48) – das Lagergebäude ist sozusagen ein erster Versuch, mit Pfeilerreihungen zu gestalten, und es ist noch kein Meisterwerk daraus geworden. Es ist im

Otto Ernst Schweizer, Erweiterung des Reichshauptbankgebäudes in Berlin, Projekt, 1933.
Otto Ernst Schweizer, Kollegiengebäude der Universität Freiburg, 1955–61.
Rechte Seite: Otto Ernst Schweizer, Hochbauten der Stadionanlage in Nürnberg, 1927–29. Sonnenbadcafé.

Otto Ernst Schweizer, Stadion in Wien, 1929 bis 1931.
Andreas Brinkman und Leendert van der Vlugt, Feyenoord-Stadion in Rotterdam, 1934–36.

bau mit ablesbarer Konstruktion zeigt (S. 112, 143, 127),[123] was er wiederum für das Freiburger Kollegiengebäude nicht tut, obwohl das Stahlgerüst, jedenfalls aus heutiger Sicht, durchaus seinen ästhetischen Rang hat.

Mit dieser Auffassung vom Eisen als etwas dem Architektonischen Wesensfremdes steht Schweizer noch in der Tradition des 19. Jahrhunderts,[124] und wenn er später, 1951 auf dem Darmstädter Gespräch *Mensch und Raum* in seinem Vortrag »Die architektonische Bewältigung unseres Lebensraumes« von der Tendenz zur Entmaterialisierung spricht, die helfe, die Landschaft als Lebensraum in ihrer Ursprünglichkeit und Eigentümlichkeit zu erhalten, von gotischen Bauten, die so entstanden seien, die praktisch kaum noch Wände hätten, sondern weitgehend in Glasflächen aufgelöst worden wären, wenn er weiter ausführt, daß man, die Tendenz zur Entmaterialisierung völlig verkennend, die Konstruktion der Technik mit Steinen ummauert, um so ihren technischen Charakter schamhaft zu verdecken, und daß man sich von solchen Rückfällen in die Romantik frei machen sollte,[125] dann klingen diese Sätze eher wie die Umkehrung seiner Gedanken von 1935, und bezogen auf das Freiburger Kollegiengebäude bleiben sie eher Theorie. Ist hier die Konstruktion nicht auch mit Steinen ummauert, ist der technische Charakter nicht auch verdeckt, auch ein Rückfall in die Romantik? Schweizer hat das wohl selbst gespürt, wenn er betont, daß das Kollegiengebäude nicht mit einem normalen Verwaltungsgebäude verglichen werden könne und daß sich dies naturgemäß nicht nur im Inneren des Gebäudes mit seiner Großräumigkeit ausdrücke, sondern auch im Äußeren; nicht die aus der Technik resultierende Idee einer modernen Industriegesellschaft sei bestimmend, sondern es müßte für eine geistige Welt ein architektonischer Ausdruck gefunden werden.[126] Und: Die Architektur des Kollegiengebäudes zeige eine andere Form als die in der freien Landschaft konzipierte. Durch die Berücksichtigung der vorhandenen Bindungen spiegele sie den individuellen Charakter der Stadt und ihrer Menschen wider. Denn nicht nur die Landschaft, auch die Architektur, das Gebaute, bilde mit das Milieu einer Stadt und ihrer Menschen. Man sehe also, daß zwei Formenwesen auftauchten. So stehe neben der Architektur-Form, die sich aus der Verbindung mit der freien Landschaft zu einer künstlerischen Einheit vermähle, diejenige, die sich bilde aus den baulichen Werten unserer Altstädte, und dies sei besonders bemerkenswert für unsere Verhältnisse. Es sei eine abendländische Verpflichtung, diese Architektur wieder aus ihren Wurzeln herauszuheben und mit modernem Geiste und den Mitteln unserer Zeit zu durchsetzen. Von der Konzeption und Formung solcher Bauwerke möge ein Ruf zur architektonischen Besinnung kommen; dann würden wir aus der technischen Monotonie, die sich in unseren Städten immer mehr ausbreite, wieder herausfinden.[127]

Sicher, Schweizer spricht nicht nur von der Steinstadt, für die ein Bau wie das Centre Pompidou in Paris aus seiner Sicht kaum ein beschreitbarer Weg gewesen wäre. Er spricht auch vom Bauen in freier Landschaft. Aber lassen sich die Grenzen derart scharf ziehen? Steht dann das Freiburger Theater und Konzerthaus von 1946 (S. 184), das im Stadtgarten in unmittelbarer Nähe der Innenstadt und in Sichtbeziehung zu umgebender Bebauung entstehen sollte, wirklich in einer schönen Landschaft, wie er schreibt, mit Bauformen anderen Charakters als solche, welche sich im Zusammenhang einer bebauten Situation zu entwickeln hätten – stark auskragende und unterschnittene Bauglieder, Kragdächer mit ebener Untersicht, die einer Höhenentwicklung des Gebäudes entgegenwirken sollten?[128] Treffen diese Kriterien nicht auch auf seinen zweiten Entwurf für das Mannheimer Nationaltheater auf dem Goetheplatz mitten in der Stadt zu (S. 230), auf seinen Vorschlag für den Wiederaufbau des Hamburger Opernhauses von 1952 (S. 220) oder auf die Wohn- und Geschäftshaustypen, die er für den Wiederaufbau der Stadt Gießen 1947 entwickelte (S. 190)?

In seinem Darmstädter Vortrag von 1951 zeigt er als ein Beispiel seine Nürnberger Stadiontribüne von 1928/29 (S. 102), ein Bauwerk in freier Landschaft, deren Dach aus der Untersicht trotz der Pendelstützen als einheitliche große Fläche wirke, die den Blick in ihren rapiden perspektivischen Verlauf hineinreiße. Das technische Element der auf ein Minimum reduzierten Pendelstütze werde dadurch, daß es räumliche Werte möglich mache, zu einem Element der Architektur.[129] Wie dem auch sei, aber bleibt die Tribüne zumindest an ihrer Eingangsseite nicht trotzdem ein Bauwerk, das durch Mauermassen und Pfeiler die Landschaft erdrückt und zudeckt, wie Schweizer in seinem Vortrag eben davor in bezug auf steinerne Brücken gesagt hatte und damit eigentlich seinen eigenen Gedanken widerspricht? Er hätte sie ja leicht und durchsichtig gestalten können, dem Duktus der gegenüberliegenden Alkoholfreien Gaststätte entsprechend (S. 110), wenn er es gewollt hätte; auch das in weitgehend freier Landschaft liegende Wiener Stadion wäre als Stahlkonstruktion möglich gewesen, derart, wie wenig später das Feyenoord-Stadion von Johannes Andreas Brinkman und Leendert Cornelius van der Vlugt in Rotterdam ausgeführt wird, das ebenfalls rund 60 000 Zuschauer faßt und das seinerzeit sogar die Kosten einer Stahlbetonkonstruktion unterschritten hatte.[130]

Schweizer hat sich einer solchen Möglichkeit nicht bedient, die Architektur wäre ihm trotz der erstrebten Verbindung mit der Praterlandschaft, die ja durch eine durchsichtige Architektur hätte erreicht werden können, zu offen, auch zu unruhig erschienen, zu wenig körperlich, wäre ihm vielleicht auch zu sehr Ausdruck des Technischen und Provisorischen gewesen; Technik bedeute Veränderung, Architektur Dauer, schreibt er 1956,[131] jener Ratio eben, die erst durch das irrationale Element zur Architektur würde.

Vom zeitlosen Willen jeder großen Baukunst nach Dauer spricht Arnold Tschira und Paul Zucker von einer Logik in Schweizers Bauten, die jede Wandlung, auch über lange Zeiträu-

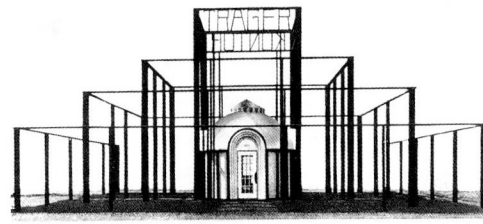

Otto Ernst Schweizer, Hochbauten der Stadionanlage in Nürnberg, 1927–29. Tribüne und Alkoholfreie Gaststätte.

Bruno Taut, Ausstellungspavillon des Stahlträger-Verkaufskontors in Berlin, 1910.

gotischen Architektur sieht, die man doch eher mit »leicht« als mit »schwer« zu verbinden gewohnt ist. So sei die Gotik ein wesensmäßiges Vorbild für das Werden einer neuen Formenwelt, schreibt er 1956 [114] und nimmt damit Gedanken wieder auf, die er schon 1935 formuliert hat: Die Architektur von heute sei eine Weiterentwicklung der Gotik als eines Konstruktionsorganismus zur Umschließung typischer Raumformen; die Entwicklung gehe über die Bereicherung der Baugedanken des Barock bis zu einer Einbeziehung des Reichtums der Naturformen in das räumliche Erleben ... Die Gestaltung einer solchen Synthese von Gotik und Barock sei unserer Zeit vorbehalten.[115]

Später, 1957, befaßt er sich erneut mit Formproblemen und schreibt, daß mancher Lebensvorgang elementar, ursprünglich und unmittelbar in einer irrationalen Form gefaßt und architektonisch gefestigt werden könne und die Ratio im Dienst des Irrationalen stehe; eine andere Bereicherung der Formen, die ihren Antrieb in der Welt der Ratio habe, sei die Ätherik, deren formaler Gehalt darin liege, daß man die einzelnen Bauglieder so gering wie möglich dimensioniere; und diese Ätherik habe ihren Ursprung in der Gotik, im gotischen Konstruktionssystem.[116]

Lesen sich diese Sätze nicht wie ein Auszug aus der Baubeschreibung des Freiburger Kollegiengebäudes mit seinen schweren Sandsteinpfeilern außen und den schlanken Stahlstützen innen (S. 236), wenn Schweizer weiter ausführt, daß das gotische Konstruktionssystem die Innenstützen zu Lasten der Außenstützen entmaterialisiere? So wären einerseits die Pendelstützen mit ihrem aufs Äußerste verringerten Querschnitt entstanden und andererseits die Strebewerke der Gotik, von denen die Kräfte aus den Gewölberegionen aufgenommen und auf die Strebepfeiler übertragen würden. Ganz analog sei die Architekturform bei den modernen Skelettbauten beeinflußt worden. Entsprechend würden im Inneren Pendelstützen angeordnet. Sie würden nur auf Druck beansprucht und könnten infolgedessen einen minimalen Querschnitt erhalten. Die Außenstützen müßten jedoch auch die Momente aufnehmen und entsprechend stärker – als »Scheiben« – ausgebildet werden. Auf diese Weise entstehe im Inneren eine größtmögliche Freiheit in der Raumdisposition. Die Folge für die Fassadengestaltung sei eine Plastizität mit starkem Schattenschlag.[117] Schweizer führt als Beispiel die Nürnberger Stadion-Tribüne mit den schlanken Stützen aus Schiffswellenstahl und den kräftigen Betonpfeilern als Widerlager für die Überzüge der Dachplatte an (S. 102) und stellt sie in Schnitt und Grundriß vergleichend neben eine gotische Kathedrale, so daß die Stahlstützen den Bündelpfeilern, die Widerlager den Strebepfeilern zu entsprechen scheinen.

Vom Freiburger Kollegiengebäude war die Rede, auch das Reichshauptbankgebäude für Berlin könnte dafür stehen, Schweizers Projekte für Bonn oder sein letzter Entwurf für das Nationaltheater in Mannheim – Bauten jedenfalls, die nicht gerade auf den ersten Blick mit gotischer Architektur in Verbindung gebracht werden können, mit jener zerklüfteten, zergliederten Masse der Kathedralarchitektur, dem Strebewerk, das den Kernbau wie eine durchsichtige Hülle von tiefer Schichtung ummantele, wie Hans Jantzen dies einmal ausgedrückt hat.[118]

Gerade das Zerklüftete, Zergliederte, Durchsichtige widerspricht Schweizers Auffassung von Architektur, widerspricht der immer wieder geforderten Plastizität, und vielleicht erklärt sich hieraus seine Abneigung gegen den Stahlbau, jedenfalls was sein äußeres Bild betrifft. Das Eisen sei für die Ausführung der Höhendimension das richtige montagefähige Konstruktionsmaterial. Es sei aber schon hinsichtlich seiner konstruktiven Bedingtheiten und besonders dort, wo es in seiner eigensten Form als »Apparatur« verwendet werde, immer etwas dem Architektonischen Wesensfremdes. Für sich allein verwendet, sei es ein irrationales Element, denn seine konstruktive Erscheinung in der Natur werde von der Luft und vom Licht gleichsam aufgesogen.[119] Als »Apparatur« verwendet Schweizer den Stahl, zum Beispiel für das innere konstruktive Gerüst seines Freiburger Kollegiengebäudes (S. 246), das dann aber – bis auf die Stützen in der Erdgeschoßhalle – weitgehend hinter Ummantelungen und auch Verkleidungen verschwindet, »für sich allein« aber verwendet er ihn kaum.

Werden Stahlbauten wirklich von Licht und Luft gleichsam aufgesogen, selbst wenn es sich um offene Konstruktionen, um Gittermasten, Aussichtstürme[120], Hängebrücken oder Ausstellungsbauten, etwa Bruno Tauts Pavillon des Stahlträger-Verkaufskontors in Berlin 1910 [121] handelt, von »massiven«, weitgehend in Glas aufgelösten Gebäuden, die ja nur von innen aus gesehen durchsichtig sind, von außen aber einen geschlossenen Eindruck machen (es sei denn, daß man, wie bei Schweizers Alkoholfreier Gaststätte der Nürnberger Sportanlagen (S. 110), durch den Bau hindurchsehen kann) – von »massiven« Bauten wie die Brüsseler Ausstellungspavillons aus dem Jahr 1958 von Egon Eiermann und Sep Ruf, die, einer Situation in freier Landschaft vergleichbar, in einem Parkgelände standen, gar nicht zu reden? Auf die Alkoholfreie Gaststätte träfe es vielleicht zu, wenn die Eisenteile der Fassade nicht weiß, sondern dunkel gestrichen worden wären, ein Bau, der in seiner leichten, vor dem dunklen Waldgrund fast schwebenden Wirkung als Solitär in Schweizers Werk steht und der von Egon Eiermann, jenem Architekten, der, wie Schweizer mit Stahlbeton, vornehmlich mit Stahl in Verbindung gebracht wird, besonders geschätzt wurde.[122] Die Gaststätte wirkt indessen nur wie ein Stahlbau, ist es im wesentlichen aber nicht: Innenliegende Pilzstützen aus Beton tragen die dünne Decke aus gleichem Material, von der die Fassade aus Glas und Stahl abgehängt ist, und Schweizer ist – wie auch für das Sonnenbadcafé und den Milchhof in Nürnberg oder die Wiener Stadionanlage – die reine Betonkonstruktion so wichtig, daß er in Publikationen und Ausstellungen nicht nur das fertiggestellte Gebäude, sondern auch den Roh-

Paul Bonatz und Friedrich Eugen Scholer, »Zeppelinbau« in Stuttgart, 1929–31.
Marcel Breuer, Kaufhaus De Bijenkorf in Rotterdam, 1953–57.
Auguste Perret, Marine-Bauamt in Paris, 1928–31. Schweizer hat die Fassadenarchitektur dieses Gebäudes besonders geschätzt.
Rechte Seite: Otto Ernst Schweizer, Milchhof Nürnberg, 1929–31. Betriebsgebäude.

gen« betont, dort mit dem in Freiburg traditionellen Baumaterial Sandstein, der der Situation in der Altstadt entspreche und einer Betonmonotonie entgegenwirke, mit der »bis an die Grenzen ihrer Tragfähigkeit gehenden Aufgabe volltragender Glieder«[100]; sie sind für ihn keine »Formalistik«[101], ebenso nicht die freien Formen seines Entwurfes für das Mannheimer Nationaltheater in der ersten Wettbewerbsstufe, die aus der Beziehung zwischen der neuen Architektur und dem Baumgrün, der Möglichkeit eines weiten Blicks in das Parkgelände hinein ... eröffnet worden seien,[102] auch nicht die gekurvte Kontur des ersten Entwurfes seiner Wiener Schwimmstadiontribüne und der sich dem Zuschauerstrom entsprechend nach oben hin verjüngenden Rampe als Erschließungsgang, wodurch ein guter Verkehrsablauf und eine gute Sicht erreicht werden sollten; mit Rücksicht auf eine schöne Baumgruppe sei die rein funktionelle Form durch einen Ausschnitt aus der Stahlbetonschale etwas abgewandelt worden; hieraus hätte sich wie von selbst eine irrationale Form des Bauwerkes ergeben.[103] Die plastisch-räumliche Architektur, die irrationale Gestaltung sind für Schweizer keine Formalismen, sondern rational-architektonische Mittel, um einem übersteigerten Rationalismus, sprich: ausschließlichem Funktionieren eines Gebäudes entgegenzuwirken, um der modernen Technik, die neben veränderten soziologischen Bindungen die Gleichmäßigkeit der architektonischen Entwicklung unterbrochen hätte, wie es in seinem Aufsatz »Über das Wesen des Architektonischen«[104] heißt, zu begegnen. Dementsprechend lehnt er die glatte äußere Form eines Gebäudes wie das Stuttgarter Zeppelinhaus von Paul Bonatz und Friedrich Eugen Scholer als »Improvisation des Wollens der neuen Architektur ohne jede substantielle Grundlage in Organismus und Konstruktion – kubistisch ohne Plastizität – Verirrung – ausweglos« ab,[105] ebenso Marcel Breuers Bijenkorf-Kaufhaus in Rotterdam – »alles schwimmt, nur die Vermassung steigt eindeutig – Modell einer funktionellen Architektur???«,[106] wertet aber die Form des Stuttgarter Hauptbahnhofs, die Anhäufung von Kuben, die stark plastische Wandgestaltung hoch, auch die Arbeiten von Auguste Perret, mit denen er sich auf einer Studienreise 1949 befaßt,[107] den Wiederaufbau von Le Havre, der einer guten, lebensfähigen architektonischen Form entspreche, die nur auf der Basis der hohen Bewertung der Tradition möglich sei,[108] eine Synthese zwischen Tradition und unbedingter Modernität.[109] Aber: Die irrationale Form komme nicht in einem romantischen oder formalistischen Sinne zustande, sondern als Ausdruck struktureller Gegebenheiten; diese Formen seien also keineswegs frei oder willkürlich wandelbar oder übertragbar, es müsse ihnen vielmehr eine rational gebundene, durch Zweck und Inhalt gegebene Aufgabe zugrunde liegen; die Ratio stehe im Dienst des Irrationalen.[110]

Keine Formalistik? So ganz mag man Schweizers Argumentation nicht folgen, und vielleicht steht doch auch die Liebe zu einer bestimmten Idee im Vordergrund, die erst durch theoretische Untermauerung »paßbar« gemacht werden mußte, um vor dem eigenen Werkkonzept, der eigenen Grundauffassung von Architektur bestehen zu können, vergleichbar Egon Eiermanns Erläuterung zu seinem Wettbewerbsentwurf für eine Kirche mit Gemeindesaal in Mülheim an der Ruhr von 1960, das einzige Projekt in seinem Werk, das (scheinbar?) frei gewählte Formen zeigt, die nach Eiermann indessen rational bedingt seien: Die außergewöhnliche Konzeption folge im Aufbau geometrisch-mathematischen Gesetzmäßigkeiten, die in ihrer Strenge den gleichen Bedingungen unterlägen wie diejenigen Formen, welche aus Kreis, Rechteck und Vieleck entwickelt würden,[111] oder auch vergleichbar Ludwig Mies van der Rohes subtiler Beschreibung zum Projekt des gläsernen Hochhauses aus dem Jahr 1922, dessen gekurvte Grundrißkontur nur bei oberflächlicher Betrachtung willkürlich erscheine; für die Kurven seien bestimmend die Belichtung des Gebäudeinneren, die Wirkung der Baumasse im Straßenbild und zuletzt das Spiel der erstrebten Lichtreflexe gewesen.[112]

Noch einmal sei Schweizer zitiert, wenn er sich 1949 mit »Formproblemen« auseinandersetzt: In den zwanziger Jahren unseres Jahrhunderts habe sich unter dem Einfluß und als Ergebnis der Maschine eine neue Form manifestiert, die sich als funktionelle und konstruktivistische Form dargeboten hätte, in der auch viele Architekten eine Vollendung zu sehen geglaubt hätten. Heute erkenne man indessen, daß die aus der Technik und der Maschine resultierenden Formen wohl einen Beitrag zum allgemeinen Formproblem darstellten, daß aber die in diesen waltenden Kräfte nicht allein vermöchten, die dem Menschen in seiner Ganzheit gemäße Form seiner Werke zu schaffen. Von diesem Gesichtspunkt aus werde also die Architektur einen entscheidenden Beitrag zur Bewertung des Phänomens Technik zu geben haben. Die Architektur könne sich nicht einfach dem eigengesetzlichen Entwicklungsablauf der Technik anschließen, sie werde im Gegensatz bzw. in Ergänzung derselben alle lebenskräftigen Elemente und Triebe in den Gestaltungsprozeß aufnehmen und so aus den verschiedenen menschlichen Dimensionen zur Harmonie durch die Form zu gelangen versuchen. Die Architektur werde sich also nicht weiter nach der in den zwanziger Jahren proklamierten Vorherrschaft der rein aus dem Technischen kommenden Zweckform entwickeln, die z. B. zur Wohnmaschine hingeführt hätten, sie werde überdies eine Verbindung zwischen den Formen der Vergangenheit und den Formen aus der Maschine suchen müssen.[113]

Harmonie durch die Form? Verbindung zwischen Form der Vergangenheit und Form der Maschine? Die Ratio im Dienst des Irrationalen, wie es eben hieß? Diesen Maximen ist für Schweizer am ehesten durch seine räumlich-plastische Gestaltung zu entsprechen, durch eine geplante, gewollte Schwere in der Architektur (der aber, kontrapunktisch sozusagen, durch leichte, schwebend wirkende Architekturglieder, seine Kragdächer zum Beispiel, entgegengewirkt wird); und das, obwohl er den für die moderne Architektur bestimmenden Impuls in der

Le Corbusier, Wallfahrtskirche Notre-Dame-du-Haut in Ronchamp, 1950.
Otto Ernst Schweizer, Schwimmstadion in Wien. Tribüne, erster Entwurf, um 1930.
Otto Ernst Schweizer, Milchhof Nürnberg. Tankstelle, 1931.

ruhe zur Förderung des Zusammenwirkens dieser drei Künste führen (S. 165) und die ihm wesentlich genug sind, sich noch Jahre später, um 1960, erneut damit zu befassen: in seiner Publikation *Forschung und Lehre. 1930–1960*, in der das Kunst-Stadt-Projekt von 1933 erneut vorgestellt wird, nicht zuletzt als Anregung für Diplomaufgaben mit dem Thema »Kulturstadt« aus den 50er und 60er Jahren; es solle versucht werden, die einzelnen Lebensgebiete aus ihrer Vereinsamung zu befreien und entgegenzuführen, und das sei nur möglich, indem die einzelnen Menschen in ihren Tätigkeitsbereichen und in ganz besonderem Maße auch menschlich zusammengeführt würden; es sei notwendig, daß der Architekt mit dem Maler und dem Bildhauer zusammenarbeite; ebenso sei es mit den anderen Wissensgebieten der Natur- und Geisteswissenschaft[88] – Gedanken, die auf Schweizers Bildungs- und Erziehungsideal weisen, das im folgenden noch einmal behandelt wird.

Wenige Jahre vorher, 1957, spricht er von den Schwesterkünsten der Architektur, der Malerei und Plastik, von denen Antriebe für die architektonische Formenwelt ausgingen. Um eine solche Wechselwirkung möglich zu machen, sollten alle drei Kunstgattungen auf der Basis einer höheren künstlerischen Bemühung miteinander in Verbindung gebracht werden. Er sagt aber auch, und diese Sätze könnten als ein Motto über Schweizers architektonischem Schaffen stehen, daß diese gegenseitigen Beziehungen, die in den kulturellen Blütezeiten immer bestanden hätten, nun nicht so aussehen dürften, daß man versuchte, durch die architektonische Form Ausdruck, Mittel und Wirkung der Malerei und Plastik vorwegzunehmen. Die Architektur müsse sich auf ihren eigenen Formenausdruck beschränken, und wenn sie Anregungen empfange, dürfe sie doch nicht ihre eigenen Formgesetze vergessen.[89]

Gerade der Stahlbeton, mit dem Schweizer seine Formvorstellungen so meisterhaft zu verwirklichen wußte, hätte zu einer Architektur führen können, in der durchaus Mittel, Wirkung und Ausdruck der Plastik hätten vorweggenommen werden können, wenn man an die Architektur der 50er Jahre etwa auf dem Feld des Kirchenbaues denkt, an Le Corbusiers Wallfahrtskirche in Ronchamp, die Egon Eiermann – wie Schweizer Lehrer an der Karlsruher Fakultät für Architektur – als »begehbare Plastik« anerkennt, als Architektur aber ablehnt, weil Architektur keine Architektur sei, wenn auch nur eines ihrer vielen Glieder, und das sei in Ronchamp die Klarheit der Konstruktion, der räumlichen Idee zum Opfer gebracht werde; gute Architektur sei allgemeinverständlich und forme sich aus allgemein gültigen Konstruktionen, ökonomischen und gesellschaftlichen Gesetzen.[90]

Schweizer hätte diese Sätze sicher unterstrichen, wenn man an das Betriebsgebäude seines Nürnberger Milchhofes, an die Tankstelle dort denkt (S. 143, 145) oder an sein Wiener Stadion (S. 120), zu dem er um 1930 schreibt, heute sei die Aufgabe der Architektur die Entwicklung der Bautypen auf der Basis der veränderten soziologischen Bedingungen; damit lägen die Probleme für das Bauen unserer Zeit in der Erfassung des Massenbedürfnisses, in der maximalen Auswertung unserer Technik, in der Auswertung neuer Baumaterialien und in der Höchstbeanspruchung der Bauelemente; das schaffe von selbst neue funktionelle Formen; wenn diese Gesetze restlos zur Verwendung kämen, dann werde auch ihre Auswertung in formeller Beziehung mit den Gestaltungsgesetzen unserer Zeit übereinstimmen.[91]

Auch wenn es zunächst widersprüchlich scheint (und seine Bemerkung, daß da eine neue Form von selbst geschaffen werde, sich mit seinem eigenen Gedankengebäude so ganz wohl doch nicht zur Deckung bringen läßt), können – aus seiner Sicht – auch die mächtigen Natursteinpfeiler-Fassaden in Berlin von 1933 oder in Freiburg von 1955 dafür stehen (S. 158, 236), die gekurvte Grundrißkontur des Institutsgebäudes im Heidelberger Marstallhof von 1957/58 (S. 254), die sich schon in Skizzenbuchnotizen von 1930 ankündigt,[92] die Forderungen nach Plastizität der Fassaden, seine irrationalen Formen, jene der Stadionbad-Tribüne in Wien von 1928 (S. 132), des Restaurants im Bonner Hotel- und Großgaragenprojekt von 1948/49 (S. 194) oder der ersten Mannheimer Theaterentwürfe von 1952/53 (S. 226) – Formen, wie Schweizer sagt, mit denen man dem heute so häufig festzustellenden übertriebenen Rationalismus zu begegnen hätte.[93]

Für Schweizer hat dies mit Formalismus, Form um der Form willen, nichts zu tun. Der Beton ist für ihn ein Konstruktionsmittel, kein Gestaltungsmittel, und vielleicht liegt gerade darin sein souveräner Umgang mit dem Material begründet, das Eiermann eine »breiig-schmierige Masse« nennt, »charakterlos und demagogisch verformbar«.[94] Durch die Überwindung des Formalismus sei der Schwerpunkt der Gestaltung von der formalen Durchbildung der Disposition über Räume, Massen und Landschaft verschoben worden, schreibt er 1935,[95] und: Die Überbetonung einzelner Elemente aus nur ästhetischen Gründen müsse ausgeschlossen werden;[96] 1951 heißt es anläßlich eines Wettbewerbspreisgerichtes in einem Brief an den ihm geistesverwandten Richard Döcker: »Ich bin sehr darüber beunruhigt gewesen, zu erleben, daß eine dünne Oberschicht eines modernistischen Formalismus fast auf der ganzen Linie festzustellen war und die bauliche Struktur kaum berührt wurde ... Ich kämpfe auch an unserer Schule gegen derartige Tendenzen, die nur allzuleicht von den Studenten aufgenommen werden«,[97] und in seinem Buch *Die architektonische Großform* spricht er davon, daß eine Konzentration des Gebauten um so mehr erwünscht sei, als auch die immer auftretenden individuellen Sonderexzesse im Ganzen einer verdichteten Gruppe untergingen.[98]

Wie gesagt: Die schweren Natursteinpfeiler der Berliner Reichsbank und des Kollegiengebäudes in Freiburg wollte Schweizer kaum aus nur ästhetischen Gründen überbetont wissen, Pfeiler, die er hier mit »der Abschwächung der Sonnenbestrahlung« der Fassaden, mit haustechnischen und statischen Belangen begründet[99] und ausdrücklich die »minimalsten Abmessun-

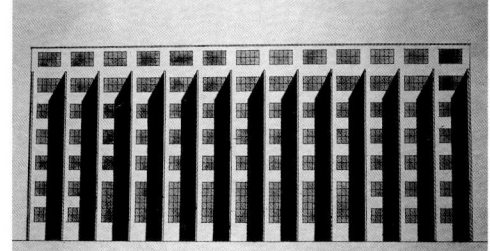

Otto Ernst Schweizer, Kurhaus, Projekt, 1937. Schweizer wiederholte die Architektur 1949 bei seinem Projekt zum Wiederaufbau des Architekturgebäudes der Technischen Hochschule in Karlsruhe.
Otto Ernst Schweizer, Erweiterung des Reichshauptbankgebäudes, Berlin, Projekt, 1933.

aus den frühen 50er Jahren (S. 201, 205), im Aufbau der sich über mehrere Geschosse erstreckenden Hallen in Freiburg und im Nürnberger Milchhof von 1929 bis 1931 (S. 245, 136), auch im Umgang mit den Baustoffen Beton und Naturstein ebenso ablesbar wie in seinen städtebaulichen Planungen, seinen Foren: im »Haus der Arbeit« mit seinen gewaltigen Dimensionen im Ganzen einerseits, der »elastischen« Stahlbetonskelettarchitektur andererseits (S. 162), wodurch die Voraussetzungen geschaffen würden, architektonische Schöpfungen wieder in Beziehung zum Menschen zu bringen, der sie dann beschaulich aufnehmen könnte;[73] in seinem Vorschlag für das neue Stadtzentrum am Englischen Garten in München[74] (S. 176), in dem schon das Eingreifen des Naturparkes auf der ganzen Länge des Zentrums, die nur einseitige Bebauung jedem »Heroischen« entgegenwirkt – ein Gedanke im übrigen, den Schweizer wieder aufnimmt, als er zur Neuordnung des Münchner Königsplatzes nach der Sprengung der nationalsozialistischen »Ehrentempel« 1948 vorschlägt, durch Baumpflanzungen den Eindruck hereinfließender Natur zu erreichen und damit wieder »den Platz in seinem ureigensten Wesen mit allen seinen axialen Blickzielen und in seiner Weite von der innersten Mitte aus aufnehmen zu können«[75] (S. 192); oder in seinem Wettbewerbsentwurf für die städtebauliche Umgestaltung des Stadtteils Norrmalm in Stockholm von 1932 (S. 156), in dem die gewaltigen Dimensionen der Platzanlagen durch das Eingreifen von Grünzonen und Wasserflächen zurückgenommen und zu einer »großzügigen Synthese von Architektur und Natur«[76] werden.

Der Wettbewerbsentwurf für die Erweiterung des Berliner Reichshauptbankgebäudes von 1933 kann dafür stehen (S. 158), dessen elastisches Konstruktionsschema »als Skelett in der minimalsten Abmessung der Konstruktionsglieder« die Architektur ebenso bestimmt wie die schweren »Hausteinpfeiler«,[77] oder die Wettbewerbsplanungen zum Ausbau der Kurstadt Baden-Baden von 1936/37 (S. 172), zu dem der damalige Reichsstatthalter ausdrücklich darauf hingewiesen hatte, daß Neubauten den Charakter des Dritten Reiches zu atmen, daß sie von einem überzeugenden Standpunkt aufgefaßt und für weite Zeiten Bedeutung und Gestaltung haben müßten,[78] Schweizer indessen in seinem Erläuterungsbericht unbeeindruckt von einer Architektur spricht, die sich der Landschaft unterordnen müsse, von einer Gestaltung in großer Leichtigkeit, Eleganz und Durchsichtigkeit[79] – Projekte, die durchaus nicht den Geist des Dritten Reiches atmen; und so konnte er die für den Baden-Badener Wettbewerb entwickelte »Spielbankarchitektur«[80] 1950 erneut als Entwurf zum Wiederaufbau des Architekturgebäudes der Technischen Hochschule Karlsruhe ebenso verwenden und publizieren wie einige Jahre später als »Skizze einer Kurhausarchitektur«.[81]

Auch seine Planung für ein Standortlazarett in Karlsruhe von 1938/39 atmet diesen Geist und entspricht in seiner Fassadengestaltung, für die, so Schweizer, die Proportionalität sowohl in der Fläche als auch in der plastischen Gliederung das Entscheidende sei, das heißt, daß es nicht so sehr an der Gestaltung der Detailform selbst gelegen sei als an der Bedingtheit der Detailformen im gesamten städtebaulichen und großdimensionalen Massengefüge;[82] auch das Standortlazarett entspricht seinen Grundsätzen, die er schon 1935 in seinem Aufsatz »Über das Wesen des Architektonischen« formuliert hatte: Durch die Überwindung des Formalismus sei der Schwerpunkt der Gestaltung von der formalen Durchbildung zur Disposition über Räume, Massen und Landschaft verschoben worden … Bei dem großen Reichtum der Mittel sei es für die Architektur eine wichtige Aufgabe, eine Auswahl zu treffen und das Übermäßige der technischen Möglichkeiten auf einen menschlichen Maßstab zurückzuführen. … Die Loslösung von der Formalistik, die Abkehr von der Impression zur eindeutigen Klarheit der Form … zwinge den Architekten zur Erkenntnis des Wesentlichsten seiner Gestaltungsvoraussetzungen. Dieser Zwang werde die Architektur reinigen und zu einer gesetzmäßigen Verfestigung bringen … Denn das Wesentlichste einer Idee könne in aller Reinheit nur mit Hilfe des Ideals dargestellt werden, und nur die ideale Form vermöge ohne Zufälligkeiten die Kräfte darzulegen, die hinter dem Gestaltungsprozeß stünden.[83]

Eindeutige Klarheit der Form, gereinigte Architektur und gesetzmäßige Verfestigung, die ideale Form – sie haben die Spielbankarchitektur bestimmt und so, wie er den Entwurf trotz anderer Voraussetzungen wiederverwenden konnte, behält für ihn auch sein Standortlazarett Gültigkeit, das er nach dem Krieg erneut veröffentlicht[84] – ein Charakteristikum in Schweizers Werk, das Arnold Tschira mit dem zeitlosen Willen jeder großen Baukunst nach Dauer, der in seinen Arbeiten erkennbar sei, umschrieben hat, Paul Zucker mit der Beobachtung, daß er nicht auf modische Architekturformen hereinfalle und Justus Bier mit seinem Wort, daß man von ihm lernen könne, wie individuelles Schaffen nicht des betonten Individualismus bedürfe: Schweizers Auffassung von Architektur im Grundsätzlichen ist angesprochen, die auf das Typische, Kanonische hinzielt, ein Aspekt, von dem noch die Rede sein wird.

Schweizer selbst hat die Architektur zu den bildenden Künsten gezählt – in seinem Buch *Über die Grundlagen des architektonischen Schaffens* spricht er von der Entwicklung zeitgemäßer Bautypen, bei der vom Architektonischen aus die Verpflichtung bestehe, den Anschluß an alle bildenden Künste zu suchen, um damit eine Verfeinerung des Formengehalts und eine Bereicherung der architektonischen Struktur zu gewinnen,[85] spricht er von der Architektur als derjenigen unter den Gestaltungsformen der bildenden Kunst, die im großartigsten Maßstab und in umfassender Form die Lebensvorgänge und geistigen Strömungen der Zeit zu umschließen und festzulegen vermöge,[86] vom Zusammenwirken der drei Künste: Architektur, Plastik, Malerei[87] – Gedanken, die ihn 1933/34 zu dem Projekt »Kunst-Stadt auf dem Kohlblatt« bei Karls-

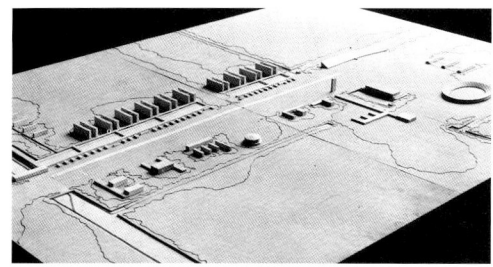

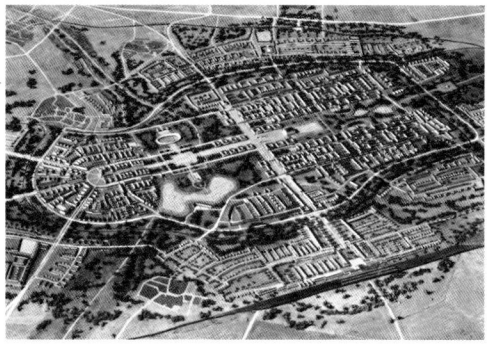

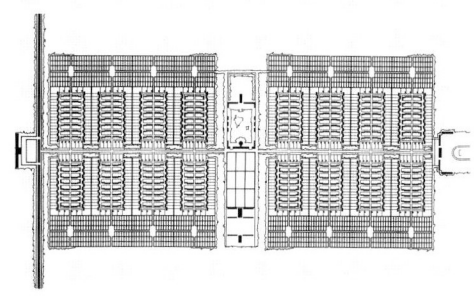

Otto Ernst Schweizer, Kultur-, Kunst- und Sportzentrum einer Großstadt, Projekt, 1936.
Herbert Rimpl, Stadtplanung, Projekt, um 1940.
Hans Bernhard Reichow, Stadtplanung, Projekt, um 1940.

wiesener Interpretationen begeben will, als eine – wie schon gesagt – mehr taktische Überlegung, um die Arbeit nicht von vornherein scheitern zu lassen; muß dagegen nicht die architektonische Ausbildung, die strenge, eher karge Form ohne jedes Ornament, die so gar nicht den nationalsozialistischen Forderungen von repräsentativer Architektur entsprach, jenes »Speer- und Troost-losen« Klassizismus, wie sie die wenig später entstandenen Ehrentempel am Münchner Königsplatz[59] oder die Erweiterung der Berliner Reichskanzlei[60] zeigen, geradezu als ein Affront gewirkt haben?

Schweizer, der während der Jahre des Nationalsozialismus nicht gebaut hat, vielleicht unter einem zu erwartenden Formendiktat nicht hat bauen wollen, hat sich eine solch distanzierte, der offiziellen Parteiarchitektur gegenüber kritische Haltung offenbar leisten können, vielleicht, weil der Respekt vor seinem internationalen Renommée, vor seinen wissenschaftlichen Arbeiten, die von den Reichsbehörden durchaus geachtet werden, auch vor seiner Persönlichkeit bestimmte Freiräume offengelassen hat. Seine großen Bauten und Projekte, das Nürnberger Planetarium, die Sportanlagen und der Milchhof dort, das Stadion in Wien, der Idealplan einer Großstadt und die »Parkstadt im Hochbau« waren von der ausländischen Fachpresse aufgenommen worden,[61] wissenschaftliche Vorhaben Schweizers werden bis in die 40er Jahre hinein finanziell unterstützt,[62] sein Buch *Sportbauten und Bäder*, das 1938 als Taschenbuch erscheint, wird von der »Reichsstelle zur Förderung des Deutschen Schrifttums« ausdrücklich empfohlen als ein Band, der erstmals die profanen Zweckbauten als künstlerisch wertvolle Kulturbauten herausstelle und der dazu beitragen werde, sich mit ihrem künstlerischen Wert, der neben der Betrachtung von Kirchen und Schlössern oft ganz unbeachtet geblieben sei, auseinanderzusetzen;[63] schließlich sind in Projekten für neue Städte während der nationalsozialistischen Zeit, in Herbert Rimpls »Stadt der Hermann-Göring-Werke« von 1939 oder in Hans Bernhard Reichows Idealplan einer Stadt von 1941 (1948 als ein Beispiel für »organische Stadtbaukunst« modifiziert)[64] Einflüsse Schweizerischen Denkens nicht zu verkennen, etwa in der Anlage der Foren oder ihrer deutlichen Verbindung mit der freien Landschaft.

Obwohl Schweizer in Planungen und Schriften kompromißlos ist und obwohl er seine Meinung auch öffentlich vertritt, wenn er zum Beispiel in einem Vortrag vor der Generalität im Jahr 1940 ausführt, daß Architektur noch nicht gleichbedeutend sei mit monumentalen Säulenhallen, Marmor und Stuck, auch nicht gleichbedeutend sei mit einem kostbaren Mäntelchen, welches man einem irgendwie geformten Bau einfach umzuhängen hätte,[65] sind seine Ansichten doch gefragt, ist seine Person derart geachtet, daß er in der Festschrift, mit der die Deutsche Wissenschaft zu Hitlers 50. Geburtstag 1939 »über ihre Arbeit im Rahmen der ihr gestellten Aufgabe Rechenschaft abgibt«,[66] mit einem Aufsatz zum Wesen der Architektur als erstem Beitrag des Buches vertreten ist.

Er spricht hierin von der Architektur in ihrer Ganzheit, von der Einbindung des Einzelbaus in große Zusammenhänge, um ihn so aus seinem Wesen und seinem Organismus heraus in Verbindung mit dem Ganzen zu bringen, von der Gestaltung, in deren Zusammenhang er auf den Autobahnbau verweist, der nicht als reiner Zweckbau gesehen werde, sondern in dem auch die Probleme der Gestaltung eine wichtige Rolle spielten. Sie führten in der anschaulichsten Weise die formale Auseinandersetzung mit den landschaftlichen Werten ebenso wie die Formung und Eingliederung der einzelnen Bauwerke in diesem neuen Geist vor Augen.[67] Weiter geht Schweizer auf seine Idee der neuen Stadtzentren ein, mit denen als großdimensionale Anlagen Maßstäbe für städtebauliche Planungen geschaffen würden, wie sie früher nicht hätten erträumt werden können. Daß diese Maßstäbe und Möglichkeiten im Architektonischen und Stadtkünstlerischen Wirklichkeit geworden seien, hätte seinen Grund darin, daß der Nationalsozialismus ... den Willen zur Form an den Anfang gesetzt habe und diesen heute entscheidend bei allen Fragen der Gestaltung in den Vordergrund rücke. Erstmalig könne daher das bauliche Schaffen in neuen lebendigen Zusammenhängen alle Probleme in Angriff nehmen, ordnen und klären, von der Bewältigung der größten architektonischen Dimensionen ausgehend über die organische Entwicklung des Einzelbaues bis zur höchsten Verfeinerung der Einzelform.

Diese Sätze, die auf die Architektur der nationalsozialistischen Repräsentationsbauten zugeschnitten zu sein scheinen, auf ihre Gestaltung, den »Willen zur Form«, auf die großdimensionalen Zentren, privilegierte Orte, zu denen die Massen in Bewegung gesetzt worden seien und dank derer die kolossale Dimension erst möglich geworden wäre[68] – diese Sätze Schweizers meinen aber eher eine andere Architektur, wenn er die Autobahnen und ihre Brücken, Tankstellen und Straßenmeistereien vergleichend heranzieht, eben die Bauten der Organisation Todt in ihrer weitgehenden Übereinstimmung von Technik und Form;[69] nicht jene, die für viele Architekten ein Ventil war, wie Rudolf Lodders es ausgedrückt hat,[70] den Industriebau, sondern jene räumlich-plastische Gestaltung, die Schweizer für seine Architektur fordert, in der sich Monumentalität mit einer fast heiteren Leichtigkeit verbindet – Monumentalität nicht im Sinne nationalsozialistischer Gigantomanie, sondern im Sinne einer gebauten Würde, derart, wie sie Gunnar Asplund mit der Vorhalle seines Stockholmer Krematoriums 1935–40 erreichte,[71] oder, nach dem Kriege, Hans Döllgast mit seiner Treppenhalle in der wiederaufgebauten Münchner Alten Pinakothek.[72]

Das Räumlich-Plastische ist in seinen Einzelbauten, in der Fassadengestaltung der Nürnberger Tribüne von 1927 bis 1929 (S. 102), des Wiener Stadions von 1928 bis 1931 (S. 120), der Bonner Projekte aus den Jahren um 1950 (S. 194, 206), des Kollegiengebäudes in Freiburg von 1955 bis 1961 (S. 236) oder auch der Wohnhäuser Burda und Stahl in Offenburg und Stuttgart

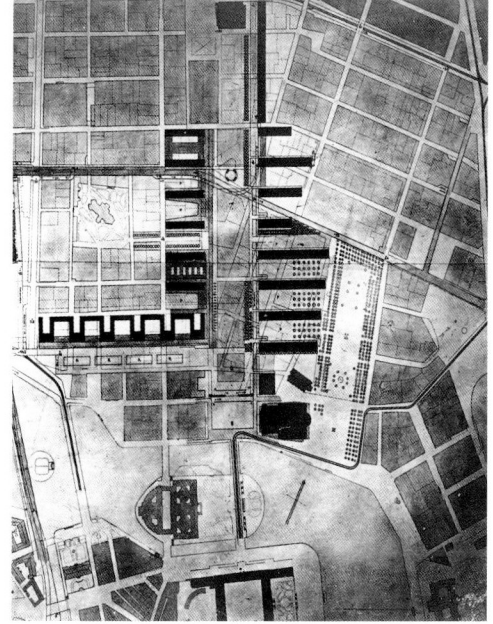

Otto Ernst Schweizer, Ausbau des Pratergeländes in Wien, Projekt, 1929–31.
Otto Ernst Schweizer, städtebauliche Umgestaltung des Stadtteils Norrmalm in Stockholm, Projekt, 1932.
Beide Projekte sind im Zusammenhang mit Schweizers Idealzentren, seinen »Foren«, zu sehen.

Macht und Machtgehabe bezogen, sondern auf einen anderen Maßstab, eben den des genießenden einzelnen Menschen, der diese Plätze in sich aufnehmen und nutzen können sollte, so eben, wie die Italiener ihre Piazza: Der Mensch, der auf städtischer Kulturhöhe lebe, schreibt er 1935, brauche einen Ort, welcher ihm ebenso Ausspannung als auch »groß« städtisches Leben vermitteln könne. Dabei sei festzustellen, daß in den meisten unserer Städte jene eigentliche Note des »Groß«städtischen erst noch hineingetragen werden müsse, welche nicht nur durch die Höhenentwicklung der Gebäude und durch die Monumentalität, sondern auch durch das Erlebnis der Weite zu schaffen sei.[47] Schweizer beruft sich dabei auf die römischen Thermenanlagen, nicht nur, wie schon angesprochen, auf ihren Zweck, sondern auch auf ihre Dimensionen als einem Beispiel, das ein steinernes Gebilde für großstädtische Erholung in vollendeter Form und Dimension zeige. Ein derartiges Bauwerk könnte heute etwa 1/3 der Fläche eines alten Stadtkerns in Anspruch nehmen. Diese einzelnen Großbauanlagen würden ihrer Aufgabe, den kulturellen Bedürfnissen einer Großstadtbevölkerung zu dienen, am besten gerecht werden können, wenn sie sich in sinnvoller Anlage entlang eines großen Freiraumes, der ganz dem Fußgänger vorbehalten bleibe, derart aufreihten, daß sie eine architektonische Einheit bildeten und so als Gebilde architektonischer Großform zum Brennpunkt des kulturellen Lebens würden.[48]

Eine andere Frage ist, ob Schweizer sich nicht mit seinen Gedanken auf Höhen bewegt hat, die das Wesen und das Empfinden der meisten Menschen überfordern: Der Mehrzahl ist wohl letztlich eher ein Hang zur Romantik, eher zum Kleinteiligen als zum Großzügigen zu eigen, Rothenburg ob der Tauber entspricht ihr mehr als der Münchner Königsplatz, und derart, wie man mit Erstaunen – im positiven wie im negativen Sinne – die City-Architektur etwa von Frankfurt am Main zur Kenntnis nimmt und sich doch, zugegebenermaßen oder nicht, zur scheinbar stilgetreu wiederaufgebauten Ostzeile des Römerberges[49] hingezogen fühlt (man könnte auch die Alt-Neugestaltung des Hildesheimer Marktplatzes[50] nennen), so hätte man, wären die Entwürfe nicht Projekt geblieben, auch das »Haus der Arbeit«, die Varianten für Berlin, Nürnberg und Stuttgart, Schweizers frühe und späte Foren wohl als Architektur von großem Format, als große geistige Leistung gesehen, um dann aber doch in der Altstadt den eigentlich erwünschten Ausgleich zu finden.

Der Demonstration von Macht und Machtgehabe steht schon entgegen, daß Schweizer im Gegensatz zu den nationalsozialistischen Anlagen in Berlin oder Nürnberg nicht eine reine Steinarchitektur plant, die sich über die Natur erhebt, Architektur und Landschaft voneinander isoliert sieht, sondern daß er versucht, wie schon mehrfach angesprochen, Gebautes und Natur als räumliche Ganzheit zu großer Form zusammenzuschließen; und dementsprechend kennzeichnet er seinen Wettbewerbsentwurf »Haus der Arbeit« mit dem Kennwort »Vorherrschen der Landschaft« (S. 162), und dementsprechend sollte durch das Eingreifen des Parkgeländes in die gebaute Situation hinein (über offene Erdgeschoßzonen und niedrige Bauhöhen, fünf Geschosse zur Stadt hin und nur zwei zum Park) das Erleben des Forums mit dem Erleben der Natur verbunden werden. Bei großen Freiräumen, welche inmitten der Städte im Zusammenhang mit Parkanlagen oder Flüssen und Flußniederungen usw. bestünden, sei es möglich, eine architektonische Fassung eines solchen Raumes am besten in konkav geschwungener Form nur auf der einen Seite des Platzes zu verwirklichen und die räumliche Gestaltung der gegenüberliegenden Platzgrenze z. T. nur durch andere Raumschwellen und auch mit geringeren Mitteln zu bewältigen, schreibt er 1948 für ein geplantes Buch *Form aus dem Ganzen* und bezieht sich offensichtlich auf seinen Entwurf von 1934; das Charakteristische der Landschaft als etwas Gegebenes und Gewachsenes ... könnte dabei als Erlebnis bei dem Hin- und Hergehen auf diesem Zentrum aufgenommen und so der Allgemeinheit bei gemeinschaftlichen Veranstaltungen die Größe, die Bedeutung und die Geschichte der Stadt veranschaulicht und jedem einzelnen zum Erlebnis gebracht werden.[51]

Das Grün sei das verbindende, allen gehörende Gemeinschaftselement, es fülle das gemeinsame Lebenszentrum, heißt es 1953 in einem Essay zur idealen Stadt;[52] und auf diesem geistigen Fundament konzipiert er seine Zentren, die, entsprechend dem wachsenden Naturgefühl der heutigen Menschen, in großen Grün- und Freiflächen errichtet werden müßten mit räumlicher Verbindung zur Weite der Landschaft, wie er es zum Ausbau des Pratergeländes, seinem neuen Zentrum für die Stadt Wien 1929–31 formuliert hat (S. 134);[53] und derart plant er auch die Anlage in Stockholm unter Berücksichtigung der Beziehungen von Architektur und Landschaft (S. 156), oder sein letztes Projekt dieser Art, die Gartenstadt Maria-Hof bei Trier aus dem Jahr 1960 (S. 256), mit der durch die Verbindung von Architektur und Landschaft das Dokument für unsere Zeit gegeben werde.[54]

Mit seinem Vorschlag zum »Haus der Arbeit« von 1934 (S. 162) hat Schweizer versucht, seine Gedanken zur Anlage neuer Stadtzentren, neuer Foren als Brennpunkte des Gemeinschaftslebens[55] Wirklichkeit werden zu lassen, mit seinen Vorstellungen von einer monumentalen, räumlich-plastischen, vom Formalismus gereinigten, absoluten Architektur[56] zu überzeugen, ohne sich jedoch mit seiner Formensprache den Forderungen der nationalsozialistischen Kulturpolitiker annähern zu wollen.

Sicher, Bauten wie »Ehrenhalle und Fahnenheiligtum«[57] sowie das Einmarschtor kann man als eine Verbeugung vor dem nationalsozialistischen Regime verstehen, derart, wie vier Hakenkreuzfahnen auf der Perspektive zu Gropius' Wettbewerbsbeitrag zu einer »penetrant anbiedernden Darstellung«[58] werden, dann aber auch, wenn man sich schon auf das Glatteis unbe-

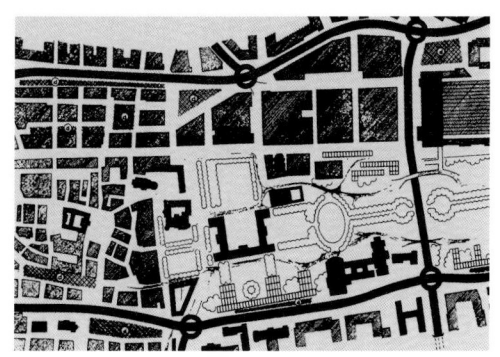

Otto Ernst Schweizer, Neuordnung des Stadtzentrums von Stuttgart, Projekt, 1948–54.
Otto Ernst Schweizer, Idealzentrum, Projekt, 1957. Schweizer sah eine Möglichkeit der Integration des Idealzentrums im Bereich des Stuttgarter Schloßgartens.
Rechte Seite: Otto Ernst Schweizer, Stadion in Wien, 1929–31.

der Möglichkeit, große Promenaden anzulegen, die dem Grün zugehörten und die das Hin- und Herfluten der zahlreichen Bevölkerung ermöglichten, natürlich nicht immer in ihrer idealen, allgemeingültigen Form verwirklicht werden könnten. Die Kulturzentren sollten ja charakteristisch sein für die einzelnen Städte. Es werde sich daher immer darum handeln, die Besonderheiten der Lage zu berücksichtigen und alle charakteristischen landschaftlichen und architektonischen Merkmale in die Planung einzubeziehen, wie z. B. Blickbeziehungen auf weite Grünflächen, Wasserflächen, Berge und auf hervorragende architektonische Anlagen. Unter allen Umständen müßten diese Gebilde, die für unsere Stadtbaukunst etwas Neues seien, in allen ihren Merkmalen eine Architektur der Gegenwart darstellen. Es wäre falsch, wenn den Bildungsgesetzen der überholten alten Stadt gefolgt würde.[37]

Die Stuttgarter Planung, von der Paul Bonatz schreibt, er sei glücklich darüber, daß Schweizer mit dieser Eindeutigkeit die Schonung des Herzstücks der Stadt verlange; das Verkehrsschema bringe alles auf die einfachste Form; auf diese Weise sei der verheerende Planie-Durchbruch unnötig[38] – die Stuttgarter Planung wäre sicher von der Bevölkerung in lebendigen Gebrauch[39] genommen worden, auch die für Gießen – Entwürfe, die nicht zuletzt durch bestehende Bauten, durch noch vorhandene städtische Strukturen bestimmt worden sind; vielleicht auch das Münchener Zentrum, das zu einer Erweiterung des Englischen Gartens sich hätte entwickeln können, oder die weiten Freiräume für Wien, Bonn und Trier, die mit der Zeit zu weitläufigen Parklandschaften gewachsen wären.

Aber auch die – aus räumlicher Sicht großartige – Platzanlage für Stockholm, das »Haus der Arbeit«, das Karlsruher Neue Zentrum von 1933/34 oder die Stadtmitte für Rheinhausen, Flächen, die im Stockholmer Entwurf rund 670 x 110 m, im Entwurf »Haus der Arbeit« 400 x 100 m messen, in Karlsruhe sich über 1 200 m, in Rheinhausen über 900 m Länge erstrecken, von der etwa 1 qkm großen innerstädtischen Anlage in Mannheim 1952 oder dem Idealentwurf von 1936 mit rund 2 000 x 250 m im Mittel gar nicht zu reden? Hätte hier wirklich neue Form zu neuem Gemeinschaftsleben geführt,[40] wie es Schweizer gedacht hat?

Seine Entwürfe sind weitgehend Projekt geblieben, auch Rheinhausen ist nur zum Teil und in veränderter Form ausgeführt worden. Aber: Vergleichbare Planungen wurden realisiert, und obwohl sie mit allen notwendigen kulturellen und merkantilen Einrichtungen versehen sind, haben sie nicht funktioniert. Als ein Beispiel mag die neue Prager Straße in Dresden stehen, die einem Zentrum wie das für Rheinhausen geplante wohl vergleichbar ist: eine schon großzügig gefaßte Fläche, die aber seelenlos in ihrer Aussage ist, ein steriler, zugiger Stadtraum, der auf dem menschlichen Maßstab weniger aufbaut als ihn sprengt; oder, als ein anderes Beispiel, der Campus der Universität Bochum, auf dem die Menschen ebenso wenig genießend verweilen wie in einer noch so groß dimensionierten Abfertigungshalle. Hier wird der Bewohner, um eine Beobachtung aus Adolf Abels Schrift *Regeneration der Städte* aufzunehmen, kaum das Gefühl haben, Herr der Stadt zu sein und nicht ihr Sklave.[41] Ist nicht auch die Place de la Concorde in Paris, die Schweizer oft als Vergleichsbeispiel heranzieht, im Plan von edler Proportion, in Wirklichkeit aber eine ausufernde Fläche, die den Rahmen des menschlichen Fassungsvermögens sprengt?[42]

Für Massenveranstaltungen wären seine neuen Stadtzentren, seine Foren, in die allerdings immer, wie schon im Zusammenhang mit Bonn, Rheinhausen und auch mit dem Wiener Stadion angesprochen, der Freiraum, die Natur als ein wesentliches zusätzliches, auf den Menschen bezogenes Element soweit wie möglich hineingreifen sollte, sicher geeignet gewesen, aber auch für das tägliche Leben, zum alltäglichen Gebrauch, derart, wie sich etwa in Italien gegen Abend die städtischen Plätze füllen? Schweizer hat es sich wohl so vorgestellt, schreibt er doch im Zusammenhang mit seiner Gießener Planung (und er wiederholt seine Gedanken, allgemeiner gefaßt, in seinem Buch *Die architektonische Großform. Gebautes und Gedachtes*[43]), daß die Neuanlage eines Zentrums nicht nur für den Fahrverkehr, sondern auch für den Fußgängerverkehr so eingerichtet werden müsse, daß es den Bedürfnissen des modernen Lebens, des modernen Menschen, der im Stadtzentrum gerne den Betrieb suche und an den Geschäften vorübergehe, auch im Hin- und Hergehen ein räumliches Erlebnis im Zusammenhang mit dem verdichteten städtischen Verkehr einerseits und andererseits mit den landschaftlichen Werten suche, gerecht werde. Diese Forderung führe dazu, daß ein modernes Stadtzentrum nur ein in die Länge gezogenes Gebilde sein könne, auf dem sich die städtische Bevölkerung hin- und herbewege, promeniere, die Geschäfte betrachte, Einkäufe besorge, sich erhole und auch ausruhe. Darum müßten an diesem in die Länge gezogenen Zentrum alle jene Einrichtungen erstehen, welche der heutige Mensch für seine Bedürfnisse und für seine Wünsche brauche.[44]

In der nationalsozialistischen Zeit heißen die Foren Aufmarschplätze; auch Schweizer benutzt diesen Begriff, für den »Entwurf Haus der Arbeit« ebenso wie für das Karlsruher Neue Zentrum, und man fragt sich, ob nicht allein die Dimension der Anlagen diesem Begriff eher entsprechen als dem des Zentrums, ob ihre aus Sicht des Fußgängers weiten Entfernungen von den historischen Stadtmitten – in Karlsruhe sind es rund 2 km, in Mannheim fast 1,5 – nicht doch den menschlichen Maßstab, den Schweizer als den grundlegenden Wert seiner Planungen fordert, überbeanspruchen.

So ist es naheliegend, zu naheliegend vielleicht, seine Entwürfe mit den Planungen der Nationalsozialisten gleichzusetzen, mit den Nürnberger Parteianlagen[45] oder dem Berliner Maifeld[46], das ideell zumindest in die Nähe des Karlsruher Aufmarschforums anzusiedeln ist. Die geistigen Grundlagen aber sind bei Schweizer anderer Natur. Sie sind nicht auf Demonstration von

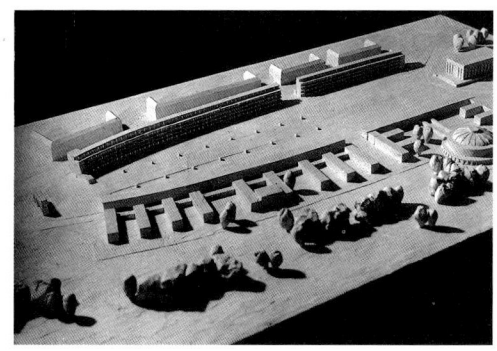

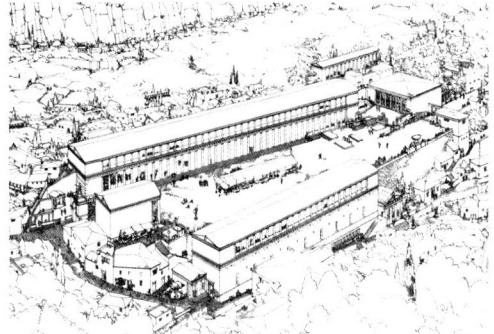

Otto Ernst Schweizer, »Haus der Arbeit«, Projekt, 1934. Blick in die Platzanlage.
Agora von Assos, entstanden in hellenistischer Zeit.

ganz schließen. Eine gewaltige Anlage, wenn man mit Gropius oder Abel vergleicht, ein Projekt, das er sich als Typenentwurf für neue Zentren in bestehenden Großstädten denkt, deren sprunghaftes Anwachsen ihre historischen Mittelpunkte sprengen und damit Urbanität zerstören würden. Die neuen Zentren sollten, wie ja auch das im Prater vorgesehene, die alten städtischen Mittelpunkte sozusagen entlasten; neue Form sollte zu neuem Gemeinschaftsleben führen, und dementsprechend schreibt Schweizer, je großartiger und bedeutender die Gestaltung der Bauanlagen und der Einzelbauwerke sei, um so bedeutender werde das unbewußte Erleben und Erfühlen derjenigen sein, welche diese Anlagen in lebendigen Gebrauch nähmen. Durch die Struktur der modernen Stadt werde der Mensch gezwungen, zwangsläufig in einem bestimmten Rhythmus und Lebenslauf Sport und Erholung, Arbeit und Wohnen aufzunehmen, und er werde diesen Lebenslauf als seinem Wesen entsprechend empfinden.[30]

Schweizer stellt sich seine Idee nun nicht als reine Theorie vor, sondern durchaus verwirklicht, und so reicht er zu seinem Entwurf drei konkrete Vorschläge ein, für Nürnberg, Stuttgart und Berlin (S. 164), dort am westlichen Rande der Altstadt in Beziehung zum Pegnitzgrund gelegen, hier im Bereich der heutigen Königstraße in Verbindung zum Hauptbahnhof, zu den Theatern und zum Schloß, in Berlin schließlich im Tiergarten zwischen dem Spreebogen am Kronprinzenufer und dem Kemperplatz in Beziehung zum Reichstagsgebäude. Zu gleicher Zeit, 1934 also, schlägt er vor, für die stark anwachsende Stadt Karlsruhe an ihrem südlichen Rand ein neues Zentrum mit Stadion, öffentlichen Gebäuden, Waldbühne und großen Versammlungsflächen zu schaffen (S. 161), um den schleichenden und dauernden Einwirkungen des modernen Lebens, des modernen Verkehrs und seinen Folgen dadurch zu begegnen, daß die Innenstadt mit ihren schönen klassizistischen Bauwerken, mit ihren glücklich disponierten Straßen und Platzräumen in sich abgeschlossen gehalten und an der Peripherie dieser sogenannten Weinbrennerstadt ein modernes, dem heutigen Leben entsprechendes Stadtzentrum neu aufgebaut werde.[31]

Dies schreibt er rückblickend 1949 und kommt damit auf Gedanken zurück, die ihn 1943, als er sich mit dem Wiederaufbau der zerstörten Stadt befaßt, im Zuge der Neuplanung des Großraums Karlsruhe wiederum zum Vorschlag eines neuen Zentrums führen, das jetzt nicht mehr in nahezu freier Landschaft, sondern an die Innenstadt direkt anschließend entstehen sollte.[32]

1936 hat Schweizer das schon erwähnte Idealzentrum entwickelt (S. 170), in dem Erholungsbezirke, kulturelle Einrichtungen, Sportanlagen sowie Geschäfts- und Verwaltungsbauten zu einer großflächigen Einheit verbunden worden sind; ein Jahr später plant er für München die Anlage verschiedener Trabantenstädte und ein diesen neuen Wohngebieten und der bestehenden Stadt entsprechendes Zentrum am Rande des Englischen Gartens parallel zur Ludwigstraße (S. 176) – eine 2 km lange, rund 100 m breite Fläche, an der öffentliche Großbauten mit bester Wirkung errichtet werden könnten, wie es im Erläuterungsbericht heißt.[33]

1947 konzipiert er im Rahmen der Wiederaufbauplanung für die Stadt Gießen in ihrer geometrischen Mitte ein neugestaltetes, weiträumiges Zentrum in Verbindung mit der Hauptgeschäftsstraße, mit neuen Verwaltungsbauten und öffentlichen Einrichtungen sowie mit bestehenden historischen Gebäuden (S. 190), und in den Jahren 1948–54 entstehen detaillierte Entwürfe zur Neuordnung des Stuttgarter Stadtzentrums (S. 196), in denen er parallel zur Neckarstraße und in Verbindung zum Bahnhof, zum Schloß und Schloßgarten sowie zu den Theatern ein neues Zentrum vorsieht, das den schönsten Teil des Stuttgarter Tales neu darstelle und zu den großartigsten traditionellen Bauten neue Bauwerke und Anlagen hinzufüge. Die Flächen, die den Fußgänger zur Benutzung wie von selbst einlüden, führten ihm täglich diese großartigen Bilder der Vergangenheit vor Augen, und sie zeigten ihm hier eine Welt, die auch durch neue Bauwerke, aber noch viel mehr durch grüne Freiräume im Zusammenhang mit dem Gebauten dargestellt würden.[34]

Mit diesen Planungen belegt Schweizer, daß seine Gedanken durchaus nicht uferlos sind, wie er es vorher einmal, im Zusammenhang mit seinem Idealstadtentwurf und dem darin entwickelten Zentrum bemerkt hatte;[35] durchaus nicht fern aller Realität, denn der Stuttgarter Entwurf, die Führung des Verkehrs um das Zentrum herum, die Verbindung von mittelalterlicher und neuerer Stadt ohne die Trennung der Bezirke durch die später eingebrochene Verkehrsspange, die Planie, die erst nach dem Abbruch der Ruine des Kronprinzpalais möglich wurde, den Schweizer vergeblich zu verhindern sucht[36] – der Stuttgarter Entwurf hätte, wäre er verwirklicht worden, zu einer der großartigsten städtebaulichen Raumschöpfungen und damit zu einer der bemerkenswertesten stadträumlichen Wiederaufbauleistungen nach dem Krieg werden können, und die Versuche heute, den Planie-Durchbruch zurückzubauen, zeigen, wie weitsichtig Schweizers Gedanken seinerzeit waren.

1949/50 plant er für die Stadt Bonn als provisorischem Regierungssitz jene Arbeit, die er »Die Stadt der weiten Freiräume« nennt – zu Beginn dieser Studie war hiervon die Rede (S. 202); 1952 schlägt er für Mannheim im Norden der barocken Stadt ein Sport- und Erholungszentrum vor (S. 219), 1954–60 entsteht die schon angesprochene Planung für Rheinhausen (S. 232), an die sich dann die Trierer Gartenstadt Maria-Hof von 1960 mit ihrem weitläufigen Zentrum anschließt (S. 256), nachdem Schweizer im Jahr 1957 als Quintessenz des über zwei Jahrzehnte Gewachsenen das Projekt »Idealzentrum einer Großstadt« vorgelegt hatte (S. 252), das er als modifizierbare Grundlage für neue Planungen verstanden wissen wollte, und er bemerkt dazu, daß derartige neustädtische Forumanlagen mit der Möglichkeit zur Aufstellung und Konzentration der kulturellen Einrichtungen und öffentlichen Gebäude, mit

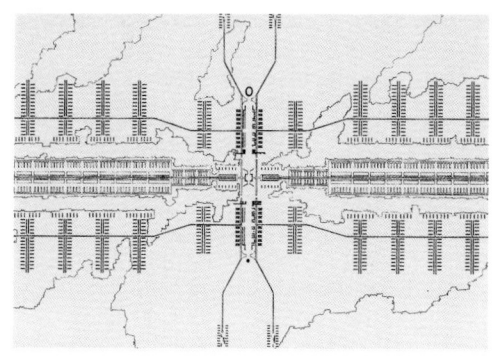

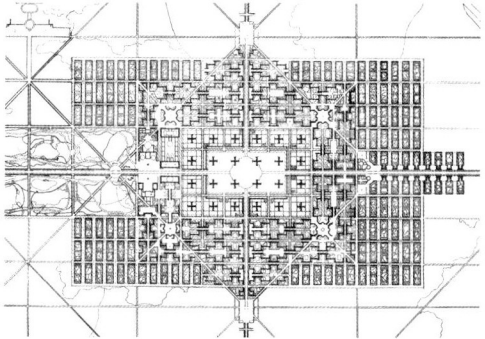

Otto Ernst Schweizer, Idealplan einer Großstadt, Projekt, 1930/31.
Le Corbusier, Plan einer Stadt für drei Millionen Einwohner, Projekt, 1929.
Ludwig Hilberseimer, Hochhausstadt, Projekt, 1924.

und angeregt durch Ludwig Hilberseimers Hochhausstadt aus den Jahren um 1924,[23] in der Wohnen und Arbeiten in zwanzig Geschosse hohen, langgestreckten Scheiben zusammengefaßt werden sollten, Arbeiten in den ersten fünf Geschossen oberhalb der Fahrverkehrsstraßen, Wohnen in den fünfzehn Geschossen darüber oberhalb einer nur den Fußgängern vorbehaltenen Ebene – den Plan also hat Schweizer aus seiner Idealstadt entwickelt, die er Le Corbusiers Stadt für 3 Millionen Einwohner von 1922 entgegenstellt,[24] ein Projekt, dessen Zentrum von 60 Geschosse hohen Verwaltungsgebäuden beherrscht wird, an das die Wohngebiete für die 600 000 in diesem Zentrum arbeitenden Angestellten direkt angrenzen. In weit außerhalb der Stadt und jenseits des sie abschirmenden, mehrere Kilometer breiten Grüngürtels liegenden Trabantenstädten sollten die restlichen rund zwei Millionen Menschen wohnen, ihre Arbeitsstätten die ebenfalls weit außerhalb gelegenen Industriegebiete sein – eine Verwaltungsmetropole, in der, wie Hugo Häring kritisch bemerkt, als er sich mit Le Corbusiers sowie mit Hilberseimers Projekten auseinandersetzt, der Mensch dem geometrischen Ordnungsprinzip einer mechanistischen Welt unterworfen werde, die keinen Raum für das Lebendige lasse, den Menschen zur Sache entwürdige und in der Unterdrückung des Individuellen antisozial sei.[25]

Diesem starren Schema stellt Schweizer seinen Entwurf entgegen, dem die Zusammenhänge zwischen Arbeit, Wohnen und Erholung zugrunde liegen, eine von der variablen Größenstruktur des Stadtkörpers bis hin zum elastischen Skelettbau für die einzelnen Gebäude wandlungsfähige und weniger hierarchisch als bei Le Corbusier aufgebaut gedachte Stadt, die in verschiedene, in sich geschlossene Wohnbezirke mit jeweils 10 000–20 000 Menschen aufgeteilt ist, bezogen auf ein der damaligen Vorstellung von Großstadt entsprechendes Kultur- und Wirtschaftszentrum mit einem Stadion, Ladenzeilen, Geschäftshäusern und Verwaltungsgebäuden, mit Museen, Bädern und anderen gemeinschaftlich zu nutzenden Einrichtungen. Seitlich schließen sich längs der Hauptverkehrsbänder die Industriegebiete an und, diesen im maximalen Abstand von zwanzig Gehminuten zugeordnet, die durch breite Grüngürtel geschützten Wohnbezirke. Die Idee einer Stadt, ein Schema zunächst, das durch den Kompromiß mit den jeweiligen landschaftlichen Gegebenheiten zu einer menschlichen Stadt werden kann. Erst durch die Beziehung zur Natur erhalte die nach strukturellen Gesetzen disponierte Baugestaltung ihren wesentlichen, architektonischen Wert,[26] so Schweizer, derart, wie etwa seine Vorstellungen zur Neuordnung des Großraumes Karlsruhe aus dem Jahr 1943/44 gewachsen sind (S. 180), in denen er Trabantenbänder aus Wohnsiedlungen und zugeordneten Arbeitsstätten in Anlehnung an bereits bestehende Wohngebiete entwickelt hat.

Uferlos könnten seine Gedanken scheinen, schreibt er zu seinem Entwurf, aber mehr als in den letzten Jahrzehnten sei man wieder darauf zurückgekommen, die Umwelt und die Zustände vom Menschen aus zu betrachten, und darauf baue seine Arbeit auf, die ihm notwendig sei als Orientierung nach dem Ideal, das einerseits das größte Maß individueller Freiheit sichere, auf der anderen Seite aber alle jene Bindungen auferlege, die sich durch die Entwicklung der heutigen Zeit herausgebildet hätten.[27]

Noch einmal zurück zu Schweizers Foren, die er, wie gesagt, in seinen Entwürfen für Stockholm, Bonn, Rheinhausen und Trier, für die Praterbebauung und die Idealzentren, weiter für Karlsruhe und München vor dem Krieg, für Gießen, Stuttgart und Mannheim danach Gestalt werden läßt. Besonders eingehend hat er sich damit in einem Projekt befaßt, das 1934 entsteht, das sogenannte »Haus der Arbeit« (S. 162), eine eher kleine Wettbewerbsaufgabe, die, initiiert von einer nationalsozialistischen Institution, zu »Kultstätten deutschen Arbeitsgeistes« in jeder größeren Stadt führen sollte, wie es in der Auslobung heißt[28] und die an keinen bestimmten Bauplatz gebunden war.

Im Gegensatz zu den meisten Wettbewerbsbeiträgen, dem von Walter Gropius, der – in Zusammenarbeit mit Rudolf Hillebrecht – ein Ensemble von Bauten verschiedener Funktion in der Formensprache der »Neuen Sachlichkeit« vorschlägt, oder dem von Adolf Abel, der eine Lösung in direkter baulicher Umsetzung des Hakenkreuzsymbols findet, sieht Schweizer die Aufgabe in städtebaulichen Dimensionen und läßt sie unter einem großen Gedankenbogen zu einem Zentrum des Gemeinschaftslebens werden, zu einem Forum für eine Stadt mit etwa einer halben Million Einwohner. Er bildet einen von mehrgeschossiger Randbebauung gefaßten Platz mit außerhalb der Hauptachse liegender und damit allzu strenger Achsialität entgegenwirkender Festhalle (und allen anderen Gemeinschaftseinrichtungen) sowie mit einem Einmarschtor und einer Ehrenhalle, Bauten, die als bewußt geplante optische »Haltepunkte«, vielleicht aber auch – besonders in ihren Funktionen – als ein seinerzeit nur schwer zu umgehendes »Muß« zu erklären sind. Jedenfalls stehen sie schon außerhalb des räumlichen Gefüges und widersprechen eigentlich, wenn man an den Stockholmer Entwurf zwei Jahre vorher, an Bonn und Trier oder an die frühen und späteren Idealprojekte denkt, Schweizers Wollen, aus den Foren den Blick ungestört in die Weite, in die freie Landschaft zu ermöglichen.

Die Platzwände sind gebogen, der Platz verjüngt sich zur einen Seite hin und weitet sich zur anderen, um die Dimension des Raumes dem Auge erlebbar zu machen. Eine organische Gestaltung, möchte man sagen, wenn der Ausdruck nicht durch die Diskussion über Hugo Häring und seinen Kreis schon zu sehr belegt wäre, und gebaut stellt sich Schweizer das Ganze in einer nüchternen, offenen Stahlbeton-Rasterarchitektur vor. Orientiert vielleicht an der Agora von Assos, jedenfalls notiert sich Schweizer Gedanken zu diesem Ort,[29] deren Platzwände ebenfalls nicht parallel verlaufen, und vielleicht haben hier auch die beiden Kopfbauten ihren Ursprung, die eindeutige Endpunkte des Platzes setzen und ihn dennoch nicht

Otto Ernst Schweizer, Milchhof Nürnberg, 1929 bis 1931. Eingangs- und Verteilerhalle im Verwaltungsgebäude, in der auch die Auktionen durchgeführt wurden.
Rechte Seite: Otto Ernst Schweizer, Kollegiengebäude der Universität Freiburg, 1955–61. Obere Halle.

sowie das Modell eines Idealentwurfes von 1957 (S. 252), in dem um einen etwa 100 Meter breiten, nur den Fußgängern vorbehaltenen Grünraum, Läden und Geschäftsbauten, öffentliche Gebäude und kulturelle Einrichtungen gruppiert sind – ein Entwurf jenes Forums also, in dem sich Architektur und Freiraum zu Schweizers neuer architektonischen Großform verbinden.

Der heutige Mensch, schreibt er, verlange nach einem Ausgleich für das Leben in der streng rationalisierten Industrie- und Arbeitswelt, ein Ausgleich, den die Bewohner der Großstädte finden könnten, wenn ihnen Gelegenheit zu einer Erholung geboten würde, die den ganzen Menschen erfasse,[14] also seinen Körper und seinen Geist (in einem nicht nur »geistigen Forum«, derart, wie es Walter Schwagenscheidt für seine Raumstadt um 1921 plant,[15] in dem Theater, Konzertsäle, Lesehallen, Volkshochschulen usw. zu einem Raum vereinigt werden, ein Museum unter freiem Himmel),[16] und Schweizer verweist als den Urgrund seiner Idee auf die Baugeschichte, auf die römischen Thermenanlagen, in denen eben jene regenerative Betätigung aus Sport und Geist gepflegt werden konnte.

Diesen Entwürfen zu städtischen Zentren ist ein Charakteristikum Schweizerschen Denkens gemein, das also Architektur und Landschaft nicht isoliert sieht, sondern in einer räumlichen Ganzheit, oder, anders umschrieben, das Gebautes und Natur immer zu großer Form zusammenzuschließen sucht. Aber nicht nur an großräumigen Anlagen, sondern auch am einzelnen Bauwerk ist – im Zusammenhang mit seiner Umgebung – dieser Gedanke offenkundig; am Wiener Stadion (S. 120), dessen Architektur Schweizers außergewöhnliche Begabung für das Monumentale zeige, wie Bertrand Monnet in einem Nachruf schreibt, verbunden mit einem fast musikalischen Sinn für die Eurythmie, eine vorausschauende Intelligenz für die Anwendung von Eisenbeton, die ihn – wie Mies van der Rohe – zur äußersten Aussparung des Materials geführt habe.[17]

Die Landschaft, ihre Erhaltung und Einbeziehung, sind Schweizer ebenso wichtig wie die Architektur und die Erfüllung aller praktischen Anforderungen, die der inneren Organisation etwa, die die vollständige Räumung der rund 60 000 Menschen fassenden Anlage innerhalb von nur sieben Minuten ermöglicht. So hat er das Stadion als einen in sich geschlossenen Baukörper derart geplant, daß den Zuschauern trotz der großen Baumasse das Gefühl erhalten bleibt, sich inmitten der Praterlandschaft zu befinden. Von außen gesehen, liegt es als niedrige, breitgelagerte Form zwischen den das Ganze weit überragenden Bäumen, und innen ist die Steigung der Zuschauerränge so bemessen, daß die Baumkronen von jedem Platz aus sichtbar sind. Auch wird die Praterlandschaft nicht durch zugehörige Kleinbauten sozusagen zersiedelt; alle für den Sportbetrieb notwendigen Räume, Sanitäranlagen, Umkleiden, Unterstände, Sammelräume, Restaurants und Verwaltung sind nach dem Vorbild antiker Amphitheater, mit deren Erforschung Schweizer sich intensiv befaßt hat, Forschungen, die dann in seiner Schrift *Sportbauten und Bäder*, erschienen 1938,[18] ihren Niederschlag gefunden haben – all diese Nebenräume sind unter die das Oval des Sportfeldes umschließende Tribüne gelegt.

Trotz des großen Bauvolumens – der äußere Umfang mißt 681 Meter – ruht das Stadion, es schwimmt sozusagen in der Landschaft, sich unterordnend und doch auch, frei von allem Modischen, sich behauptend, ohne den damaligen Parkcharakter des Praters zu zerstören. Eine beispielhaft konsequente und vorbildlich besonnene Durchgestaltung der architektonischen Aufgabe, schreibt Bruno Grimschitz, der österreichische Kunst- und Bauhistoriker, die künstlerische Form rein aus den Bedingungen des Ortes und der Zweckbestimmung wie aus den konstruktiven Grundlagen entwickelt, eine geniale Auswertung der letzten Möglichkeiten des Eisenbetons.[19]

Zurück zu den Stadtplanungen, zu den Zentren, Schweizers Foren, und zu den weiten Freiräumen, die er 1949, 1956 und um 1960 plant. Grundsätzliche Ideen, die über Jahre gewachsen sind und von ihm erstmals mit seinem Vorschlag, den Wiener Prater zu einem großräumigen Zentrum auszubauen, dargelegt werden, ein Forum also zu bilden und sein Stadion mit Wohnbebauungen an der Donau, mit Ausstellungshallen, Schwimmbädern, einer Thermenanlage und mit eben den weiten Freiräumen zu einer städtebaulichen Einheit zusammenzubinden (S. 134).

Theoretisch zur Vollendung gebracht hat er seine Ideen in den dreißiger Jahren: zum einen mit seinem Wettbewerbsentwurf zur städtebaulichen Umgestaltung des Stockholmer Stadtteils Norrmalm 1932 (S. 156), der als eine neue Stadtmitte ein weiträumiges Forum zeigt, von wo aus, so Schweizer, die Hauptwesenszüge der Stadt, ihre Tradition und ihre unvergleichliche Lage augenfällig aufgenommen werden könnten – es sei möglich, die wichtigsten öffentlichen Gebäude (das Königliche Schloß, das Reichstagsgebäude, das Stadthaus, die Oper und das Konzerthaus) zu überschauen, sich zu orientieren und einen Blick in die Weite zu nehmen – eine großzügige Synthese von Architektur und Natur;[20] zum anderen mit seinem Idealzentrum aus dem Jahr 1936 (S. 170), das auf der Ausstellung »Olympia und der deutsche Geist« gezeigt wird und »die Wiederbelebung der olympischen Idee und ihren Niederschlag auf die Idee der modernen Stadt«[21] verdeutlichen sollte, eine Arbeit, die in Form und Aufbau einen entsprechenden Entwurf Schweizers aus dem Jahr 1957 (S. 252) vorwegnimmt.

Den Plan hat er, als Exkurs sei es eingeschoben, aus seiner Idealstadt von 1931 entwickelt (S. 150), angeregt durch Tony Garniers Cité industrielle von 1904,[22] eine auf die Besonderheiten der Landschaft abgestimmte Stadt mit differenzierten Bezirken des Wohnens, des Arbeitens und der Erholung sowie mit getrennten Bahnen für den Fußgänger und den Fahrverkehr,

Arbeit und seine Erholung, und dabei ist ihm das Wichtigste eine angemessene Zuordnung des Gebauten zur Natur. So werden die Dimensionen und die Proportionen der Wohngebiete sowie der von Bebauung freien Flächen, große, von den menschlichen Sinnen aber erfaßbare innerstädtische Grünzonen, in Übereinstimmung mit dem menschlichen Maß gestaltet, weite Freiräume, wie Schweizer sie nennt,[8] die im Bonner Entwurf mit rund 1800 und 700 Metern Länge Dimensionen freier Natur annehmen, in Rheinhausen durch die engere Verzahnung mit den Baugebieten eher einer Stadtlandschaft im wörtlichen Sinne entsprechen.

Aus der Absicht, die Bauten zu konzentrieren und ein Höchstmaß an unangetasteter Landschaft zu erhalten, hat sich für Schweizer eine umfassendere Aufgabe gestellt, als sie die Moderne um 1950/60 weitgehend wahrgenommen hat. Der Mensch habe heute eine andere Beziehung zur Natur wie im 19. Jahrhundert, sagt er 1949 in einem Radiovortrag zum Wiederaufbau zerstörter Städte. Von der Steinwelt unserer Städte dränge er hinaus ins Freie. Unter Schwierigkeiten hätten die Städtebauer der vergangenen Jahrzehnte versucht, eine Auflockerung zu erreichen und durchlaufende Grünzüge in Wohnquartiere hineinzuziehen. Heute sehe man, daß man diese Grünzüge auch bis in die Stadtmitte hineinführen müsse. Die unmittelbare Verbindung zwischen der Natur und dem Stadtzentrum schaffe eine neue elementare Erlebnismöglichkeit ... Und: Wenn man den Wiederaufbau als Ganzes betrachte, so müsse man auch die Forderung stellen, daß das Gebaute zusammengehalten werde, um die schönen Landschaftsflächen zu erhalten. Nichts sei gefährlicher und zerstörender als wenn eine zerteilte und zerflatternde Kleinbebauung die landschaftlichen Werte, selbst noch weitab von den großstädtischen Bereichen, aufsauge.[9]

Die architektonische Großform ist Schweizer wichtiger als die Einzelform. Die Voraussetzungen, aus denen neue Einzelform entstehe, seien die Abstellung auf den Menschen, die Vermittlung eines Erlebnisses, die Schaffung eines neuen Raumes für die modernen Lebenszentren.[10] Das einzelne Gebäude wird von ihm nicht für sich gesehen und gestaltet, nicht als Solitär, der auf die ihn umgebenden Bezirke einwirken kann, sondern als ein Teil der auf die Landschaft orientierten Gesamtanlage. Baulich-plastische Dominanten, große Einzelbauwerke, wie sie ein hervortretender Ausdruck geistiger Strömungen früherer Zeiten seien, hätten für das heutige architektonische Schaffen ihre Bedeutung, ja, ihren Sinn weitgehend verloren. Der Ausdruck unserer Zeit liege in den großen Freiräumen, schreibt Schweizer 1957 und präzisiert seine Gedanken wenig später, als er einer Anfrage, welchen Neubau aus der Zeit nach 1945 er für den besten und baukünstlerisch gelungensten halte, ablehnend begegnet: Die Problematik in der Architektur von heute sei so, daß seines Erachtens die Frage kaum nach dem besten Einzelbauwerk gestellt werden sollte. Die Frage nach den besten Einzelbauten isoliere und reduziere die wesentlichsten Architekturmerkmale, die sich auf das Ganze bezögen, und zwinge zu einer formalistischen Wertung. Es sei doch so, daß heute als entscheidend mehr und mehr wieder die großen Zusammenhänge im Architektonischen und Stadtbaukünstlerischen erkannt würden; es bahne sich bei uns langsam eine neue Betrachtungsweise an, welche uns aus der problematischen Situation von heute herausführen könnte. Die Dinge seien aber erst im Werden.[11]

Es müsse, sagt Schweizer in seinem Aufsatz »Die neue Stadt« schon 1935, und er wiederholt seine Gedanken in den fünfziger Jahren, ein menschliches Zentrum geboten werden als eine Bereicherung des Lebens in der Stadt, bestehend aus dem Erlebnis städtischer Kulturhöhe und ihres geschichtlichen Werdens. Daneben aber müsse die beglückende Erfahrung vermittelt werden, abgewandt von diesem Getriebe unmittelbar mit der Natur wieder verbunden zu sein. Es müsse eine Art verkehrsgeschütztes Zentrum geschaffen werden, von dem aus die Eigenart der Stadt, ihre landschaftliche Lage und ihr geschichtliches Leben aufgenommen werden könne.[12]

Drei übergeordnete Einheiten der menschlichen Beziehungen zu der ihn umgebenden Welt werden von ihm als Forderung erhoben: Der Mensch, der von seiner Wohnung aus das Grün, den weiten freien Raum erleben, der auf kurzem Weg von seiner Wohnung durch schöne Bezirke zu Fuß und frei von Staus und Gedränge und den damit verbundenen seelischen Beengtheiten seine Arbeitsstätte erreichen können muß und der sich zur täglichen Erholung und Entspannung in den weiten Freiräumen, die zu Foren, so Schweizers sich an die Antike anlehnender Ausdruck, auszubauen und zu gestalten sind, unbelästigt und ungefährdet vom motorisierten Verkehr bewegen, seine Einkäufe tätigen, Sport betreiben, seine Freizeit nützen können soll. Der Verkehr wird von den Wohn- und Erholungsbezirken zurückgedrängt, es werden ihm Umwege zugemutet, und er wird um die Bezirke herum von hinten an sie herangeführt, auf eigenen, nur ihm zustehenden Straßen.

Beiden Entwürfen liegen diese Vorstellungen zugrunde, dem für Rheinhausen, der eine ausführbare und zum Teil auch – in Zusammenarbeit mit Karl Selg [13] – ausgeführte Lösung darstellt, und dem für Bonn, der Züge eines Vorentwurfs in sich trägt mit Tendenzen zu einem Idealplan, nicht gedacht als ein starres Schema, sondern als prinzipieller, wandlungsfähiger Vorschlag, der die Gedanken auf die Brennpunkte der städtebaulichen Fragen richten und zu Denkansätzen für mögliche Lösungen führen soll.

Der Freiraum als Zentrum der neuen Stadt – zwei weitere Entwürfe sind durch ihn charakterisiert: der Bebauungsplan für die Gartenstadt Maria-Hof 1960 (S. 256), im Südwesten Triers auf einer Anhöhe gelegen, für die Schweizer im Westen die Wohnbezirke, im Osten die gemeinschaftlichen Einrichtungen plant und dazwischen, von beiden Gebäudegruppen sozusagen gefaßt, eben den Freiraum mit weiter Aussicht aus ihm heraus in die freie Landschaft,

Denken und Bauen
Betrachtungen zum Werk des Architekten Otto Ernst Schweizer

Als im Jahr 1961 das zweite Kollegiengebäude der Universität Freiburg seiner Bestimmung übergeben wurde, war mit diesem »Prunkbau der Einfachheit«[1] (S. 236) noch einmal, nach fast dreißigjähriger, letztlich durch die nationalsozialistische Zeit bewirkter Zäsur, ein Architekt zum Bauen gekommen,[2] Otto Ernst Schweizer, der, hochgerühmt und schnell vergessen,[3] schon in frühen Jahren durch Gradlinigkeit beeindruckt und der seine Aufgabe und sein Ziel scheinbar unbeeindruckt von den Schwankungen der Zeiten konsequent verfolgt hatte.

Der Bauhistoriker und Architekt Arnold Tschira hat ihn, seinen einstigen Lehrer und späteren Kollegen an der Technischen Hochschule in Karlsruhe, für den Bauen ohne das Fundament der Geschichte und des Geistes undenkbar war, den unbestrittenen Meister des Stahlbetonbaus in Deutschland genannt, dem die Erkenntnis, daß mit dem vertieften Wissen vom inneren Zusammenhang jeden Stils in sich und seiner Abhängigkeit von den Denk- und damit auch den Lebensformen der Menschen eine Wahrheit gefunden worden wäre, welche die Architektur schließlich frei gemacht hätte, die sich immer fruchtbarer erweisende Grundlage seiner Arbeit gewesen sei. Weiter heißt es, daß in seinem Bauen, und angesprochen sind die Nürnberger Sportanlagen von 1927 bis 1929, der Milchhof dort wenig später sowie das Stadion in Wien aus den Jahren um 1930 (S. 102, 136, 120), zwei sich widerstrebende Tendenzen ohne Bruch miteinander vereinten: einmal die moderne Forderung nach der Wandlungsfähigkeit der inneren Disposition und dann der zeitlose Wille jeder großen Baukunst nach Dauer. Der Stahlbeton sei hier verwendet wie ein Werkstein, das Rohe seines Ursprungs bleibe unverwischt und erhalte ihm den Ausdruck elementarer Kraft. Als Gegengewicht dazu ständen saubere Glasflächen. Das Material sei mit seinen ganzen Möglichkeiten eingesetzt im Dienste einer irrationalen Idee: zur Gestaltung einer offenen Architektur. Welche Summe von geistiger Disziplin, welche Summe künstlerischer Kraft sei notwendig gewesen, für diese Aufgabe die präzise Form zu finden.[4]

Und Justus Bier, der Kunst- und Bauhistoriker und Freund Schweizers aus seiner Nürnberger Zeit, schreibt einige Jahre später, daß Schweizer in seinen Sportbauten für eine typisch moderne und doch zwangsläufig zur Auseinandersetzung mit antikem Formgut führende Aufgabe eine Formulierung gefunden habe, die Ausdruck eines neuen Lebensgefühls und Ausdruck neuer technischer Möglichkeiten in einer reinen architektonischen Gestaltung geworden sei. Eine Generation junger Architekten habe von ihm gelernt, wie neue architektonische Formulierungen sich aus dem Verstehen modernen Lebens und moderner technischer Entwicklungen ergäben. Sie lernte zudem, wie individuelles Schaffen nicht des betonten Individualismus bedürfe. Indem sich der Architekt dienend Prozessen überpersönlicher Natur einordne, erreiche er, wie Schweizers Bauten zeigten, mit Zwangsläufigkeit individuelle Ausdrucksmöglichkeiten.[5]

Und Paul Zucker schließlich, der nach Amerika emigrierte und von dort aus beobachtende Historiker, sieht gewichtige Gründe, Schweizer aus der Elite jener Architekten, die das Bauen im Nachkriegsdeutschland wesentlich bestimmt hätten (er nennt Otto Bartning, Hans Scharoun, Hugo Häring, Egon Eiermann, Wilhelm Riphahn und Friedrich Wilhelm Kraemer), herauszuheben. Denn zum einen sei Schweizer der einzige ältere Architekt, der, nach einer erzwungenen Untätigkeit während der Regierung Hitlers, fähig gewesen sei, seinen eigenen Stil weiterzuentwickeln, dort wieder anzufangen, wo er vor 1933 gestanden habe. In seinen früheren Großbauten – mit denen sich Zucker, wie vorher Tschira und Bier, auf die in Nürnberg und Wien bezieht – sei er nicht auf die damals modischen Architekturformen hereingefallen, und mit »modisch« spricht er, etwas vereinfacht gesagt, die sich in seiner Zeit vordrängende nationalromantische Strömung eines Schultze-Naumburg oder auch eines Schmitthenner sowie die wiederaufkommenden klassizistischen Tendenzen, auch aber – ideologisch überzogene – »bauhäuslerische« Richtungen an, Schweizer sei also nicht auf diese Architekturformen hereingefallen, sondern er habe so logisch und funktionsgemäß gestaltet, daß dann, nach 1945, jede Wandlung im Sinne einer Angleichung an die Nachkriegszeit für ihn völlig überflüssig gewesen sei – im Gegensatz etwa zu Häring oder Riphahn, in deren Arbeiten nach dem Kriege sich der Einfluß neuerer, internationaler Richtungen mehr bemerkbar mache und nicht immer völlig verarbeitet sei.

Ein zweiter Grund, Schweizer herauszuheben, ergäbe sich aus seiner einzigartigen Stellung unter den deutschen Architekten als Philosoph der Architektur, der, wie Fritz Schumacher, und man sollte aus heutiger Sicht Heinrich Tessenow und vielleicht auch Hans Scharoun und Hugo Häring hinzunehmen,[6] seine eigene, klar definierte Philosophie der Architektur entwickelt habe. Er habe die seltene Gabe, seine Ideen mit äußerster Genauigkeit zu formulieren, im Gegensatz zu so vielen deutschen Darlegungen auf diesem Gebiet, die sich in metaphysischen Verallgemeinerungen verlören. Er denke mehr als irgendein anderer in Begriffen des Raumes, und wenngleich auch jeder Architekt dies zu tun versuche, so sei es für Schweizers Denkweise charakteristisch, daß es bei ihm immer die allesumspannende Raumidee sei, welche die individuellen Formen des Aufbau-Volumens bestimmten. Soweit Paul Zucker.[7]

Zwei Entwürfe für Stadtgebiete mögen diese Gedanken verdeutlichen; eine Arbeit aus den Anfängen der Bundesrepublik für das neue, als provisorischer Regierungssitz gedachte Bonn (S. 202) und ein späteres Werk von 1954, ein Wettbewerbsentwurf mit erstem Preis für die Stadt Rheinhausen bei Duisburg (S. 232), für die es galt, verschiedene verstreut liegende Ansiedlungen und Dörfer durch ein neues Zentrum zu einer urbanen Einheit zusammenzubinden. In beiden Entwürfen sucht Schweizer nach grundsätzlichen Lösungen für die moderne Stadt, für die moderne Architektur, nach neuen Lösungen für den Menschen und sein Wohnen, seine

Otto Ernst Schweizer
1890–1965

1890 geboren am 27. April in Schramberg im Schwarzwald als Sohn des Kürschnermeisters Rudolf Schweizer und dessen Frau Anna, geborene King

1906–13 Lehre und Beruf als Geometer. Ausbildung bei Katastergeometern in Schramberg und Neuenbürg sowie an der Königlichen Baugewerkschule Stuttgart, Fachschule für Vermessungswesen. Mitarbeit an städtebaulichen Planungen und Wettbewerben

1912 Staatsexamen als Feldmesser

1915 Nachholung der Reifeprüfung als Externer an der Oberrealschule in Ludwigsburg

WS 1914/15 Beginn des Architekturstudiums an der »Königlichen Technischen Hochschule zu Stuttgart«

WS 1915/16 Wechsel an die »Königlich Bayrische Technische Hochschule zu München«, um maßgebend bei Theodor Fischer zu studieren

SS 1917 Diplomhauptprüfung »mit Auszeichnung« nach sechs Semestern Gesamtstudiendauer

1917–19 Tätigkeit im Baubüro der »Bayrischen Geschützwerke Friedrich Krupp KG« in München-Freimann, wo er unter der Leitung von Theodor Fischer an Planungsarbeiten beteiligt war

1919–20 Stellvertretender Stadtbaumeister in Schramberg

1920–21 »Städtebaufachmann« im Stadterweiterungsamt Stuttgart

1921 Staatsprüfung im Hochbaufach Regierungsbaumeister.

1921 Heirat mit Gertrud Schlauder

1922 Geburt des Sohnes Hanspeter (1942 vermißt in Stalingrad)

1921–25 Stadtbaurat in Schwäbisch Gmünd

1924 Beteiligung an der Ausstellung »Kunststadt Schwäbisch Gmünd« in Stuttgart

1925–29 Oberbaurat in Nürnberg. Leiter der Neubauabteilung und Abteilung für Bauberatung und Denkmalpflege

1928 »Goldene Medaille« im Kunstwettbewerb der IX. Olympiade in Amsterdam, Abteilung Architektur, für die Gesamtanlage des Nürnberger Stadions

Um 1929 Mitglied des Deutschen Werkbunds

1929–30 Nach dem Ausscheiden aus dem Beamtenstand freier Architekt in Nürnberg

1930 Ausstellung von Arbeiten Schweizers im Künstlerhaus Berlin

1930 Beteiligung an einer Ausstellung anläßlich des XII. Internationalen Architekten-Kongresses in Budapest und an weiteren Ausstellungen im Ausland

1930 Berufung auf einen Lehrstuhl für städtischen Hochbau, Wohnungs- und Siedlungswesen an der Technischen Hochschule in Karlsruhe als Nachfolger von Hans Freese

1932 Beteiligung an einer Architekturausstellung anläßlich der X. Olympischen Spiele in Los Angeles

1932 Ausstellung »Arbeiten von Otto Ernst Schweizer« in Karlsruhe und Stuttgart

1933 Teilnahme an der V. Triennale di Milano: »Esposizione internazionale delle arti decorative ed industriali moderne e dell' architettura moderna«

1933 Beteiligung an der Ausstellung »Deutsche Architektur« in Stockholm

1936 Beteiligung an der Ausstellung »Olympia und der deutsche Geist« in Frankfurt am Main

1937 Ernennung zum Mitglied des Reichsprüfungsamtes für höhere bautechnische Verwaltungsbeamte in Berlin

1938 Ruf der türkischen Regierung, in der Türkei zu lehren und zu bauen, den Schweizer ablehnte

1941 Vorschlag Heinrich Tessenows, Schweizer zu seinem Nachfolger als Lehrer an die Technische Hochschule in Berlin-Charlottenburg zu berufen, was vom Reichsminister für Wissenschaft, Erziehung und Volksbildung abgelehnt wurde

1946 Ernennung zum Mitglied des Beirats für die Belange des Wiederaufbaus als Verbindungsmann zwischen den Regierungen von Nordbaden und Nordwürttemberg

1948 Ernennung zum Mitglied des von der französischen Militärregierung eingesetzten Conseil Supérieur d'Architecture et d'Urbanisme (SAU)

1949 Berufung in einen Planungsrat (gemeinsam mit Hermann Mattern und Hans Schwippert) durch den vorbereitenden Ausschuß für die Einrichtung der Stadt Bonn als provisorisches Regierungszentrum

1949 Einladung der französischen Militärregierung zu einer Studienreise durch Frankreich gemeinsam mit sieben weiteren deutschen Architekten, darunter Richard Döcker und Rudolf Schwarz

1950 Verleihung der Würde eines Ehrendoktors der Technischen Hochschule in Stuttgart auf Vorschlag von Richard Döcker

1951 Einladung zur Teilnahme am Congrès International d'Architecture Moderne (CIAM) in Hoddesdon, England.

1953 Freigabe seines 1945 von der Besatzungsmacht beschlagnahmten Hauses in Baden-Baden

1955 Ordentliches Mitglied der Akademie der Künste in Berlin

1960 Verleihung des Ehrenbürgerrechts der Stadt Schramberg im Schwarzwald

1960 Verleihung des Großen Verdienstkreuzes des Verdienstordens der Bundesrepublik Deutschland

1960 Emeritierung

1961 Verleihung der Würde eines Ehrensenators der Albert-Ludwigs-Universität in Freiburg im Breisgau

1961 Ausstellung »Otto Ernst Schweizer« in Stuttgart

1965 Verleihung der Würde eines Ehrendoktors der Technischen Hochschule in Wien

1965 gestorben am 14. November in Baden-Baden

Die Abbildungen zeigen Portraits aus den Jahren 1921 und 1961 sowie Schweizer auf der Baustelle des Freiburger Kollegiengebäudes. Mitte der fünfziger Jahre schrieb Justus Bier: »Otto Ernst Schweizer vereinigt in sich die Fähigkeiten des akademischen Lehrers von Format, der durch seine Lehre schulbildend gewirkt hat, des schöpferischen Architekten, dem die moderne Baukunst grundlegende Werke verdankt, und des Städtebauers von humanistischer Weite des Blickpunktes, der der Enge technischer Spezialisierung die Lehre von der architektonischen Großform entgegengesetzt hat. Die ungewöhnliche Vereinigung solcher Fähigkeiten ist das natürliche Ergebnis einer reifen, organisch aus sich entwickelten Persönlichkeit.«

Projekte zu zeigen, daß das »Gebaute und Gedachte« noch heute, oder, wenn man etwa an die Neuordnung der Stadtmitte Berlins, an die Gefahr des Zu-Pflasterns städtischer Bezirke denkt, gerade heute wieder von besonderer Aktualität sind.

Nachdem der künstlerische Nachlaß Schweizers von seiner Frau Gertrud dem Karlsruher Institut für Baugeschichte, dem ich als wissenschaftlicher Mitarbeiter angehörte, übergeben worden war, wurde ich 1984 mit der Ordnung, Sichtung und Bearbeitung der Materialien – nahezu vollständig die Pläne der Bauten und Projekte, dazu Photographien, Skizzenbücher sowie reichhaltige Aufzeichnungen Schweizers – betraut, eine Aufgabe, die mir das Außerordentliche des Werkes sichtbar machte, und so wuchs neben der rein manuellen Tätigkeit die geistige Auseinandersetzung mit Schweizers Werk, die dann in dieser Schrift ihren Niederschlag fand. Mit meiner Berufung an die Fachhochschule für Technik, Wirtschaft und Gestaltung in Konstanz im Jahr 1991 konnte ich meine Arbeit druckfertig abschließen.

Biographischen Daten folgt eine Studie zum Werk Schweizers, in der er selbst umfassend zu Wort kommt, um seine Gedanken, die ihn – nach Paul Zucker – zu einem Philosophen der Architektur werden ließen, nachvollziehen zu können; anschließend werden die für Schweizers Werk und für die neuere Architekturgeschichte wichtigen Bauten und Projekte vorgestellt mit Beschreibungen, entsprechenden Literaturhinweisen und Abbildungen. Den Schluß der Arbeit bilden ein Werkverzeichnis sowie eine Zusammenfassung der Literatur über Schweizer und seiner eigenen Schriften.

Ohne die freizügige Benutzung der Materialien auch nach meinem Ausscheiden aus dem Institut für Baugeschichte wäre die Fertigstellung des Buches nicht möglich gewesen. Im Verlauf der Arbeit habe ich wertvolle Anregungen und Hilfen in großer Zahl empfangen und nutzen können, die mir heute nach so langer Zeit im einzelnen gerecht zu werten kaum mehr möglich ist – so bleibe ich in der Schuld. Viel verdanke ich dem ehemaligen Leiter des Instituts für Kunstgeschichte an der Universität Karlsruhe, Herrn Professor Dr. phil. Klaus Lankheit, der mein Vorhaben – aus einer eher zufälligen Diskussion über kleinere Schriften zur Architektur Fritz Högers heraus – von Anfang an mit kritischen Anmerkungen begleitet und mich immer wieder zu kürzeren Sätzen (ohne großen Erfolg, wie ich nach der letzten Durchsicht meiner Manuskripte bekennen muß) und zu knappen, präzisen Texten (hoffentlich mit Erfolg) angetrieben hat. Herr Dipl.-Ing. Winfried Oechsner, letzter Assistent Schweizers und dessen Mitarbeiter in seinen späten Jahren, trug mit Rat und Tat zur Klärung vieler Fragen bei. Ihm habe ich ebenso zu danken wie auch Frau Margarethe Lübben für das »Übersetzen« der schwer lesbaren Aufzeichnungen Schweizers, Guido Weber, der den größten Teil der Neuzeichnungen äußerst umsichtig und selbstkritisch besorgte, sowie Ulrich Rumstadt und Karen Leyk, schließlich auch meinem jetzigen Mitarbeiter Andreas Spaett und Uwe Heinzelmann, die sich für die Fertigstellung der Druckvorlagen als schlichtweg unentbehrlich erwiesen.

Weiter danke ich Herrn Rudolf Herrmann, stellvertretender Amtsleiter des Stadtplanungsamtes in Gießen, Herrn Regierungsbaudirektor a. D. Robert Horn, den Mitarbeitern des Stadtplanungsamtes in Schwäbisch Gmünd, Herrn Franz Fehrenbacher vom Städtischen Archiv in Schramberg, Frau Lisi Stahl sowie Frau Elisabeth Zieher, der Schwägerin Schweizers, die mir fehlende Unterlagen freizügig zur Verfügung stellten und viele Fragen aufschlüsseln konnten.

Großen Dank schulde ich meinem Verleger, Herrn Dipl.-Ing. Axel Menges mit seinem Stab, der sich sehr tief in das Werk Schweizers und in meine Arbeit hineingedacht und sie mit sensibler Hand ins »Verlegerische« umgesetzt hat, wie auch meiner Fakultät in Konstanz, die mir durch wie selbstverständlich gewährte Freizügigkeiten auf der ganzen Linie geholfen hat, die letzten Hürden zu nehmen.

Schließlich sage ich dem Verband der Freunde, Förderer und Absolventen der Fachhochschule Konstanz e.V., der Nemetschek Programmsystem GmbH in München sowie der Stadt Schramberg meinen besonderen Dank, die durch großzügige finanzielle Zuwendungen den Druck des Buches unterstützt haben.

Last but not least danke ich von Herzen meinen Freunden Jürgen Rasch, Catharine Hof und Michael Borrmann sowie meiner Frau Inge und meiner Mutter, die mir durch ungeschminkte Kritik und aufbauende Anerkennung und Rückhalt in jeder Hinsicht sehr geholfen haben. Ohne sie hätte ich das Ganze nicht mehr durchgestanden.

Vorwort

Meine erste Begegnung mit dem Architekten Otto Ernst Schweizer rührt aus den Anfängen meines Studiums der Architektur an der ehemaligen Technischen Hochschule in Karlsruhe, der heutigen Universität, zu Beginn der sechziger Jahre, als Schweizer in einem Vortrag, in den ich eher von Haus aus geschickt als aus freien Stücken hineingegangen war, den jungen Studenten zwar geistig weit überfordert, wohl aber den Eindruck einer Persönlichkeit von außerordentlicher Ausstrahlung hinterlassen hatte, die mir, verstärkt sicher auch durch den natürlichen Gebrauch seines Schwarzwälder Heimatdialekts, so völlig selbstverständlich schien.

Er hatte, wenn ich meiner Mitschrift von damals folge, die Baugeschichte als einen der Grundpfeiler allen architektonischen Wirkens in seine Überlegungen einbezogen; das war für mich ganz ungewöhnlich, hatte ich doch bisher Bau- und Kunstgeschichte schon als Fächer angesehen, die anregend waren und an denen ich Freude hatte, die für mich aber doch eigentlich außerhalb dessen standen, was ich mit Architektur verband.

Es ging um das Bauen von heute, und Schweizer sprach von den Tempelanlagen des Griechentums, ihrer Form im Ganzen und ihrer Plastizität, ihrer Beziehung zu einer landschaftlichen Umgebung, ihrer architektonischen Werte sowohl aus der Fernsicht zusammen mit dem natürlich Gewachsenen wie auch in der Verfeinerung aus der Nähe. Er sprach von der Konstruktivität, von irrationalen Eindrücken für das Auge, und er verband dies mit der Baukunst der Gotik, sprach von neuem Städtebau, von notwendigen Freiräumen in ihren Zentren und, in diesem Zusammenhang, von den Werten des Gemüts, die dem Großstadtmenschen verlorengegangen seien, von seiner seelischen Verlassenheit.

Werte des Gemüts? Seelische Verlassenheit? Neuer Städtebau und griechische Tempel? Konstruktivität und Gotik? Und das alles in einem Vortrag über moderne Architektur? Mein Kopf war voll von anderen Gedanken, von hochfliegenden Vorstellungen, die mit dem Althergebrachten ziemlich rigide aufräumen wollten, und ich werde wohl den Saal einigermaßen verwirrt verlassen haben.

Wie gesagt, verstanden hatte ich wenig, aber nachdenklich war ich doch geworden, und unbemerkt hatten Schweizers Worte weit tiefer auf mich eingewirkt, als ich mir dessen seinerzeit bewußt geworden war.

Kurz danach schrieb ich mich, um ein paar Monate aus der Einseitigkeit meines Architekturstudiums auszubrechen, als Gasthörer an der Universität Freiburg ein. Wenige Jahre zuvor war dort das neue Kollegiengebäude, das letzte große Werk Schweizers, seiner Bestimmung übergeben worden, und schlagartig hatte sich der studentische Treffpunkt vom Haupteingang des alten Kollegiengebäudes in die Halle des neuen verlagert, war das Gebäude von den Studenten, den vielleicht unvoreingenommensten Benutzern, in lebendigen Gebrauch – ein Ausdruck Schweizers – genommen worden, derart, wie er es sich von seinen Bauten immer erhofft hatte.

Ohne den Architekten näher zu kennen, ohne von seinem Werk zu wissen, hatte der Bau, seine noble Einfachheit der architektonischen Formensprache wie auch das Monumenthafte, das Würde, nicht aber Pomposität ausstrahlte, einen tiefen Eindruck auf mich gemacht: die großartige Raumfolge der beiden übereinanderliegenden Hallen, die Durchsichtigkeit der weitgehend verglasten Institutsräume, die mir – zu Beginn meines Studiums – das Sinnbild eines erhofften offenen akademischen Wesens zu sein schien; das Auditorium maximum, das, ebenso wie die Hallen, Einfachheit und Größe und als Forum für akademische Vorlesungen das Zusammenspiel von Form und Funktion vollendet zeigte (was mir aber erst später bewußt wurde); das Studentencafé auf dem Dach des Gebäudes, das weite Ausblicke über die Stadt hinweg auf die Hänge des Schwarzwalds und den Kaiserstuhl bot und sich dem Freiheitsgefühl junger Menschen mitteilte; auch aber die Gestaltung des Äußeren, die Schwere der Werksteinpfeiler, die mir zunächst unverständlich waren, die so gar nicht zur Lehre Egon Eiermanns, die ich in Karlsruhe dominierend aufnahm, passen wollte, seiner Forderung nach Leichtigkeit, nach Wegnehmbarkeit von Architektur, und deren Sinn ich erst später einsah. Meine Eindrücke hielten der Zeit stand, verdichteten sich mit den Jahren – für mich ein Beweis, daß hier wirklich Architektur entstanden war, Baukunst eben, die nicht auf billigen Effekten basierte und die Bestand hatte.

Schweizers Namen jedenfalls habe ich seit meinen ersten Semestern nicht vergessen, obwohl er in der Lehre meines Studiums kaum, unter uns Architekturstudenten gar keine Rolle spielte – einzig an seine Alkoholfreie Gaststätte am Nürnberger Stadion kann ich mich erinnern, die Eiermann in einer Vorlesung als ein Beispiel bester Architektur zeigte, sowie an seine Idealstadt und die Idealforen, die wir Studenten abgebildet fanden und die an uns unverstanden vorübergingen.

Und auch heute noch ist sein Werk aus der Architekturdiskussion nahezu vollständig ausgeschlossen, trotz der frühen Monographie von Justus Bier, die 1929, also noch vor Schweizers maßstabsetzenden Bauten des Wiener Stadions und des Milchhofs in Nürnberg erschien, trotz vieler Einzelbeschreibungen zu seinen Bauten und Projekten sowie Schweizers eigenen Büchern, *Über die Grundlagen des architektonischen Schaffens* von 1936, *Sportbauten und Bäder*«, 1938 in der weitverbreiteten Sammlung Göschen als Taschenbuch erschienen, oder *Die architektonische Großform. Gebautes und Gedachtes* von 1957, trotz der späten Publikation über Forschung und Lehre aus dem Jahr 1962.

So ist die vorliegende Monographie letztlich mit dem Ziel entstanden, das Werk dieses Architekten, den ich für einen der Großen halte, für einen der Beweger in der neueren Architekturgeschichte, wieder in Erinnerung zu rufen, durch seine Gedanken und durch seine Bauten und

Inhalt

6 Vorwort

8 Biographische Daten

10 Denken und Bauen.
Betrachtungen zum Werk des Architekten Otto Ernst Schweizer

43 Bauten und Projekte 1913–1961

261 Werkverzeichnis

302 Schriften von Otto Ernst Schweizer

303 Literatur zum Werk von Otto Ernst Schweizer

304 Abbildungsnachweise

Die vorliegende Monographie ist zum größten Teil während meiner Tätigkeit am Institut für Baugeschichte sowie im Südwestdeutschen Archiv für Architektur und Ingenieurbau an der Universität Karlsruhe, wo der künstlerische Nachlaß von Otto Ernst Schweizer bewahrt wird, erarbeitet worden.

Der Druck wurde unterstützt durch den Verband der Freunde, Förderer und Absolventen der Fachhochschule Konstanz e. V., durch die Nemetschek Programmsystem GmbH in München sowie durch die Stadt Schramberg.

Immo Boyken, geboren 1943 in Oldenburg. Studium der Architektur an der Technischen Hochschule in Karlsruhe. Freier Architekt. Ab 1976 wissenschaftlicher Mitarbeiter am Institut für Baugeschichte und beim Südwestdeutschen Archiv für Architektur und Ingenieurbau an der Universität Karlsruhe. Promotion über Fragen zum Werk des Architekten Egon Eiermann. Verschiedene Schriften zur Architektur des späten 19. und des 20. Jahrhunderts. Seit 1991 Professor für Baugeschichte und Entwerfen an der Hochschule für Technik, Wirtschaft und Gestaltung – Fachhochschule Konstanz.

© 1996 Edition Axel Menges, Stuttgart
ISBN 3-930698-01-3

Alle Rechte vorbehalten, besonders die der Übersetzung in andere Sprachen.

Alle Rechte an den Plänen, Photographien und Archivalien verbleiben, soweit sie aus dessen Bestand kommen, beim Institut für Baugeschichte an der Universität Karlsruhe.

Photographien der Pläne: Kleiber Studio, Fellbach
Reproduktionen: Hang Ngai Graphic Arts Co., Ltd., Hong Kong
Druck- und Bindearbeiten: Everbest Printing Co., Ltd., Hong Kong

Lektorat: Dorothea A. Duwe
Gestaltung: Immo Boyken
Herstellung: Helmuth Flubacher

Immo Boyken

**Otto Ernst Schweizer
1890–1965
Bauten und Projekte**

Edition Axel Menges

Otto Ernst Schweizer
1890–1965
Bauten und Projekte